高校转型发展系列教材

中级财务会计实务

古　华　编著

清华大学出版社
北　京

内容简介

本书以会计学原理为基础，全面阐释会计确认、计量、记录和报告的基本理论与方法，系统讲解企业持续经营条件下引起会计要素变动的主要交易和事项的会计处理程序，力求理论性和实践性相统一，并与其他有关专业的课程内容互为补充、互为协调。本书理论新，参照2018年修订的企业会计准则及相关税法调整，借鉴国际、国内成熟的研究成果；实用性强，结合我国会计工作实际，配合大量实务图表，简明阐述会计的基本理论、基本方法和基本技能；按知识点配备例题，便于教学或自学。

本书可作为应用型本科会计学专业及其他经济管理类相关专业开设财务会计课程的教材，也可作为各类成人教育用书、在职会计人员中高级岗位培训用书以及广大在职会计人员学习考试用书。

图书在版编目(CIP)数据

中级财务会计实务 / 古华 编著. —北京：清华大学出版社，2019（2024.8重印）
(高校转型发展系列教材)
ISBN 978-7-302-51927-0

Ⅰ.①中…　Ⅱ.①古…　Ⅲ.①财务会计—会计实务—高等学校—教材　Ⅳ.①F234.4

中国版本图书馆CIP数据核字(2018)第288532号

责任编辑：施　猛
封面设计：常雪影
版式设计：方加青
责任校对：牛艳敏
责任印制：宋　林

出版发行：清华大学出版社
网　　址：https://www.tup.com.cn，https://www.wqxuetang.com
地　　址：北京清华大学学研大厦A座　　**邮　　编**：100084
社 总 机：010-83470000　　**邮　　购**：010-62786544
投稿与读者服务：010-62776969，c-service@tup.tsinghua.edu.cn
质 量 反 馈：010-62772015，zhiliang@tup.tsinghua.edu.cn
印 装 者：天津鑫丰华印务有限公司
经　　销：全国新华书店
开　　本：185mm×260mm　　**印　　张**：31.25　　**字　　数**：741千字
版　　次：2019年6月第1版　　**印　　次**：2024年8月第4次印刷
定　　价：78.00元

产品编号：074462-01

高校转型发展系列教材

编委会

前　言

中级财务会计是财会专业等相关经管类的专业课程，也是经管类各专业的核心必修课程，主要研究财务会计信息及其对外报告。本书全面介绍了财务会计的基本理论体系构成；介绍了财务会计要素确认、计量、记录及报告的规则、程序和方法，既有国际惯例的做法，也有我国会计实务的规范。教材内容体现了教学与科研的结合、中国特色与国际化的结合、继承与发展的结合，既重视典型实例的演绎又注重理论的归纳总结，使学生不仅要“知其然”，还要“知其所以然”，注重理论联系实际，便于学生学习掌握。

全书共有十九章，内容主要包括总论，存货，金融资产，长期股权投资，固定资产，无形资产，投资性房地产，资产减值，股份支付，负债与借款费用，收入与政府补助，所得税会计，外币交易，非货币性资产交换，债务重组，或有事项，会计政策、会计估计变更和前期差错更正，资产负债表日后事项，财务报告。本书的编写在介绍财务会计理论知识的基础上，兼顾中级财务会计和初级财务会计内容的衔接，参照企业经济业务和企业会计准则及其修订的内容变化。

本书与同类书相比，具有以下鲜明特点。

第一，教材内容体现了与基础会计及初级会计知识的衔接。本书在学生现有零散财务会计知识的基础上予以衔接与整合，培养学生会计知识衔接与掌控企业整体经济业务处理的能力。

第二，教材内容体现最新准则和相关法规要求。本书根据国家会计准则、会计准则修订及会计准则解释、最新税法等相关法规、政策的变化及时加以修订，使之与最新准则和法规要求相契合。

第三，教材打破了传统的按知识的逻辑联系构建教材体系的做法，尝试按企业典型的不同会计相关业务岗位工作处理过程来构建教材新体系。

编者在编写本书过程中参考了大量中级财务会计教材与相关著作，得到有关专家、同行及责任编辑等的支持和帮助，在此深表谢意！

限于水平，疏漏在所难免，敬请各位同行和读者不吝指教，以利于我们对中级财务会计课程体系的不断完善。反馈邮箱：wkservice@vip.163.com。

编　者

2019年1月

前　言

编　者

2019年1月

目　录

第一章　总论

引导案例

帕玛拉特(Parmalat)是典型的意大利家族式企业集团，在全球30个国家开展业务，共拥有3.6万余名雇员，年收入超过75亿欧元，并一度被视为意大利北部成功企业的代表。这个曾在全球食品行业雄踞榜首长达10年之久的乳业帝国，却在2003年岁末，突然因财务问题“穿帮”而没有迎来新年的曙光。随后，有关帕玛拉特的爆炸性新闻接二连三传来：其资产负债表出现了143亿欧元的黑洞；公司提出破产保护申请；帕玛拉特股票急剧波动直至最终停牌；司法、财政机构迅速介入；债权人公开宣布追讨投资；创始人兼公司董事长卡利斯托·坦齐锒铛入狱……短短两周多时间，号称“牛奶帝国”的帕玛拉特就终结了它的神话。

帕玛拉特此前繁荣景象的背后早就潜伏着巨大的财务危机。在新任CEO邦迪走马上任后，他最先发现的一笔巨额资金的欺诈行为甚至可以追溯到10年前。紧接着，检查人员发现了帕玛拉特公司的巨额财务黑洞、金融欺诈、提供假文件、做假账以及卡利斯托·坦齐本人私吞公款等不法行为。

帕玛拉特在Epicurum基金中的投资被列入其子公司Bonlat Finance的资产名下，而这家子公司称在美洲银行账户中拥有现金39.5亿欧元，但经银行证实，这笔钱根本就不存在。自从Bonlat在1999年成立以来，似乎使用的都是虚假账户。知情人士透露，在1999年以前，帕玛拉特就已经利用其他海外公司来粉饰公司的流动性资产。帕玛拉特在10年来经营计划一片混乱，10多家在全球各地投资的子公司共欠下了约100亿欧元的债务。

人们也许会问：一家年销售额75亿欧元的全球乳业集团，为何会有巨额的债务和39亿欧元的流动性资产呢？有人认为，帕玛拉特似乎具有很机敏的能力，它通过快速收购提高利润和收入制造出繁荣的市场景象。一些全球著名的银行，包括花旗集团、摩根大通和德意志银行，它们心甘情愿地为帕玛拉特构筑衍生交易，使帕玛拉特这样的公司能够向海外转移资金和利用这种交易进行投机。

像安然公司一样，帕玛拉特公司过于喜欢复杂的债务和衍生交易，经常利用包括它的某些子公司在内的复杂的海外机构进行关联交易。许多投资者和银行都难以理解它的资产负债表，也难以对它的债务情况进行准确评估。因此，由于帕玛拉特公司的财务缺乏必要透明度，投资者无法把握股票的真实行情，结果蒙受巨大损失。

资料来源：http://baike.baidu.com/link?url=BXdzmfBAIAFa0xGDFeYWgc9SbD9xBZFtmann2BvxsqmofD6V7ypuSu3D3enh3IVfbnXqyGCc7YaLKTTQN25raa.

学习目标

掌握会计基本假设、会计信息质量要求，熟悉会计要素的确认与计量原则，理解会计计量属性要求的内容。

第一节　会计概述

一、会计定义

会计是以货币为主要计量单位，采用专门方法和程序，反映和监督一个单位经济活动的一种经济管理工作。会计主要反映企业的财务状况、经营成果和现金流量，并对企业经营活动和财务收支进行监督。会计是随着人类社会生产的发展和经济管理的需要而产生、发展并不断完善的。人类文明不断进步，社会经济活动不断革新，生产力不断提高，会计的核算内容、核算方法等也得到了较大发展，逐步由简单的计量与记录行为发展成为以货币单位综合地反映和监督经济活动过程的一种经济管理工作，并在参与单位经营管理 决策、提高资源配置效率、促进经济健康持续发展方面发挥积极作用。

二、会计的作用

会计是现代企业的一项重要的基础性工作，其通过一系列会计程序，提供对决策有用的信息，并积极参与经营管理决策，从而提高企业经济效益，使市场经济健康有序地发展。具体来说，会计在社会主义市场经济中的作用，主要包括以下几个方面。

第一，会计提供的信息是经营决策的依据，并能提高企业透明度，从而规范企业行为。

企业会计通过其反映职能，其提供的有关企业财务状况、经营成果和现金流量方面的信息，是投资者和债权人等进行决策的依据。比如，作为投资者，他们选择投资对象、衡量投资风险、做出投资决策时，不仅需要了解企业包括毛利率、总资产收益率、净资产收益率等指标在内的盈利能力和发展趋势方面的信息，也需要了解有关企业经营情况方面的信息及其所处行业的信息；作为债权人的银行，他们选择贷款对象、衡量贷款风险、做出贷款决策时，不仅需要了解企业包括流动比率、速动比率、资产负债率等指标在内的短期偿债能力和长期偿债能力，也需要了解企业所处行业的基本情况及其在同行业所处的地位；作为社会经济管理者的政府部门，他们制定经济政策、进行宏观调控、配置社会资源时，不仅需要从总体上掌握企业的资产负债结构、损益状况和现金流转情况，也需要从宏观上把握经济运行的状况和发展变化趋势。所有这一切，都需要会计提供有助于他们进行决策的信息，并通过提高会计信息透明度来规范企业会计行为。

第二，会计的预测与分析有助于企业加强经营管理，从而提高经济效益，促进企业可持续发展。

企业经营管理水平的高低直接影响着企业的经济效益、经营成果、竞争能力和发展前景，进而在一定程度上决定着企业的前途和命运。为了满足企业内部经营管理对会计信息的需要，现代会计已经渗透到企业内部经营管理的各个方面。比如，企业会计通过分析和利用有关企业财务状况、经营成果和现金流量方面的信息，可以全面、系统地了解企业生产经营活动情况、财务状况和经营成果，并在此基础上预测和分析未来发展前景；可以通过发现过去经营活动中存在的问题，找出存在的差距及原因，并提出改进措施；可以通过预算的分解和落实，建立起内部经济责任制，从而做到目标明确、责任清晰、考核严格、赏罚分明。总之，会计通过真实地反映企业的财务信息，参与经营决策，为处理企业与各方面的关系、考核企业管理人员的经营业绩、落实企业内部管理责任奠定了基础，实现加强企业经营管理、提高经济效益的目的。

第三，会计的信息反馈有助于考核企业管理层经济责任的履行情况。

企业接受了所有投资者(包括国家)和债权人的投资，就有责任按照其预定的发展目标和要求，接受考核和评价。会计信息有助于评价企业的业绩，有助于考核企业管理层经济责任的履行情况。比如，作为企业所有者的投资者，他们需要将利润表中的净利润与上年度进行对比，来了解企业当年度经营活动成果和当年度的资产保值和增值情况，以反映企业的盈利发展趋势；需要将其与同行业进行对比，以反映企业与同行业竞争时所处的位置，从而考核企业管理层经济责任的履行情况。作为社会经济管理者的政府部门，他们需要了解企业执行计划的能力，需要将资产负债表、利润表和现金流量表中所反映的实际情况与预算进行对比，以反映企业完成预算的情况、表明企业执行预算的能力和水平。所有这一切，都需要会计提供信息。

三、企业会计准则的制定与企业会计准则体系

根据《中华人民共和国会计法》(以下简称《会计法》)的规定，中国企业会计准则由财政部制定。多年来，尤其是改革开放以来，我国一直与时俱进，顺时应势，积极推进会计改革和会计制度(会计准则是会计制度的一部分)建设。2006年，财政部在多年会计改革经验积累的基础上，顺应我国社会主义市场经济发展和经济全球化的需要，发布了企业会计准则体系。这套企业会计准则体系包括《企业会计准则——基本准则》(以下简称“基本准则”)和具体准则及有关应用指南，实现了与国际财务报告准则的趋同。企业会计准则体系自2007 年1月1日起首先在上市公司范围内施行，之后逐步扩大到几乎所有大中型企业。基本会计准则是企业会计准则体系的概念基础，是具体准则及应用准则及其指南等的制定依据，具有重要的地位。2014年7月23日做出了修正与调整，随着经济环境的不断发展变化，会计准则仍在不断修正与调整。会计准则体系的建立能提高会计信息质量，报告企业财务状况、经营成果和现金流量，有助于财务报告使用者做出决策，对于规范企业会计行为，完善资本市场和市场经济将发挥积极的作用。

中国现行企业会计准则体系由基本准则、具体准则、应用指南和解释4部分组成。

(一) 基本准则

1. 基本准则的内容

我国企业会计准则体系的基本准则主要规范了以下几项内容。

(1) 财务报告目标。基本准则明确了我国财务报告的目标是向财务报告使用者提供对其决策有用的信息，并反映企业管理层受托责任的履行情况。

(2) 会计基本假设。基本准则强调了企业会计确认、计量和报告应当以会计主体、持续经营、会计分期和货币计量为会计基本假设。

(3) 会计基础。基本准则要求企业会计确认、计量和报告应当以权责发生制为基础。

(4) 会计信息质量要求。基本准则建立了企业会计信息质量要求体系，规定企业财务报告中提供的会计信息应当满足会计信息质量要求。

(5) 会计要素的定义及其确认、计量原则。基本准则将会计要素分为资产、负债、所有者权益、收入、费用和利润6个要素，同时对各要素进行了严格定义。会计要素在计量时以历史成本为基础，可供选择的计量属性包括历史成本、重置成本、可变现净值、现值和公允价值等。

(6) 财务报告。基本准则明确了财务报告的基本概念、应包括的主要内容和应反映信息的基本要求等。

2. 基本准则的作用

基本准则在企业会计准则体系中发挥着十分重要的作用，主要表现为两个方面。

(1) 统驭具体准则的制定。基本准则是制定具体准则的基础，对各具体准则的制定起着统驭作用，可以确保各具体准则的内在一致性。我国企业会计体系的基本准则第三条明确规定：“企业会计准则包括基本准则和具体准则，具体准则的制定应当遵循本准则(即基本准则)。”在企业会计准则体系的建设中，各项具体准则也都明确规定要按照基本准则的要求加以制定和完善。

(2) 为会计实务中出现的、具体准则尚未规范的新问题提供会计处理依据。在会计实务中，由于经济交易事项的不断发展、创新，具体准则的制定有时会出现滞后，会出现一些新的交易或者事项在具体准则中尚未规范但又急需处理的情况，这时，企业不仅应当对这些新的交易或者事项及时进行会计处理，还应当在处理时严格遵循基本准则的要求，尤其是基本准则关于会计要素的定义及其确认与计量等方面的规定。因此，基本准则不仅为具体准则制定提供依据，也为会计实务中出现的、具体准则尚未做出规范的新问题提供了会计处理依据，从而确保了企业会计准则体系对所有会计实务问题的规范作用。

(二) 具体准则

具体准则是在基本准则的指导下，对企业各项资产、负债、所有者权益、收入、费用、利润及相关交易事项的确认、计量和报告进行规范的会计准则。

(三) 应用指南

应用指南是对具体准则相关条款的细化和为有关重点难点问题提供的操作性指南，以利于会计准则的贯彻落实和指导实务操作。

(四) 解释

解释是对具体准则实施过程中出现的问题、具体准则条款规定不清楚或者尚未规定的问题做出的补充说明。2011年10月18日，财政部又发布了《小企业会计准则》。《小企业会计准则》规范了适用于小企业的资产、负债、所有者权益、收入、费用、利润及利润分配、外币业务、财务报表等会计处理及其报表列报等问题。《小企业会计准则》适用于在中华人民共和国境内依法设立的、符合《中小企业划型标准规定》所规定的小型企业标准的企业，但股票或债券在市场上公开交易的小企业、金融机构或其他具有金融性质的小企业、属于企业集团内的母公司和子公司的小企业除外，自2013年1月1日起在所有适用的小企业范围内施行。为了积极贯彻落实国务院批转财政部的《权责发生制政府综合财务报告制度改革方案》，建立健全政府会计准则体系，2018年，财政部制定发布了《政府会计准则第8号——负债》等政府会计准则。这些会计准则的发布与实施，标志着我国涵盖所有行业企业的会计准则体系的建成。

第二节　财务报告目标、会计基本假设和会计基础

一、财务报告目标

(一) 财务报告目标的作用

企业会计通过向企业外部会计信息使用者提供有用的信息，帮助使用者做出相关决策。承担这一信息载体和功能的是企业编制的财务报告，它是财务会计确认和计量的最终结果，是沟通企业管理层与外部信息使用者之间的桥梁和纽带。因此，财务报告的目标定位十分重要。财务报告的目标定位决定着财务报告应当向谁提供有用的会计信息，应当保护谁的经济利益，这是编制企业财务报告的出发点；财务报告的目标定位决定着财务报告所要求会计信息的质量特征，决定着会计要素的确认和计量原则，是财务会计系统的核心与灵魂。

关于财务报告目标通常认为有两种观点，即受托责任观和决策有用观两种。在受托责任观下，财务报告的目标是反映受托责任的履行情况，此时，会计信息更多地强调可靠性，会计计量主要采用历史成本；在决策有用观下，财务报告的目标是提供有助于财务报告使用者做出经济决策的信息，此时，会计信息更多地强调相关性，如果采用其他计量属性能够提供更加相关信息的，会较多地采用除历史成本之外的其他计量属性。

(二) 财务报告目标的主要内容

我国企业财务报告的目标是向财务报告使用者提供与企业财务状况、经营成果和现金流量等有关的会计信息，反映企业管理层受托责任履行情况，有助于财务报告使用者做出

经济决策。

财务报告外部使用者主要包括投资者、债权人、政府及其有关部门和社会公众等。满足投资者的信息需要是企业财务报告编制的首要出发点，将投资者作为企业财务报告的首要使用者，突显了投资者的重要地位，体现了保护投资者利益的要求，是市场经济发展的必然。如果企业在财务报告中提供的会计信息与投资者的决策无关，那么财务报告就失去了其编制的意义。根据投资者决策有用这个目标，财务报告所提供的信息应当如实反映以下几项内容：一是如实反映企业所拥有或者控制的经济资源、对经济资源的要求权以及经济资源及其要求权的变化情况。二是如实反映企业的各项收入、费用、利润和损失的金额及其变动情况。三是如实反映企业各项经营、投资和筹资等活动所形成的现金流入和现金流出情况等。财务报告的如实反映有助于现在的或者潜在的投资者正确、合理地评价企业的资产质量、偿债能力、盈利能力和营运效率等；有助于投资者根据相关会计信息做出理性的投资决策；有助于投资者评估与投资有关的未来现金流量的金额、时间和风险等。由于投资者是企业资本的主要提供者，如果财务报告能够满足这一群体的会计信息需求，通常情况下也可以满足其他使用者的大部分信息需求。

二、会计基本假设

会计基本假设是对会计核算所处时间、空间环境等所做出的合理假定，是企业会计确认、计量和报告的前提。会计基本假设包括会计主体、持续经营、会计分期和货币计量4项内容。

(一) 会计主体

会计主体，是指会计工作服务的特定对象，是企业会计确认、计量和报告的空间范围。为了向财务报告使用者反映企业财务状况、经营成果和现金流量，提供对其决策有用的信息，会计核算和财务报告的编制应当集中反映特定对象的活动，将其与其他经济实体区别开来。在会计主体假设下，企业应当对其本身发生的交易或事项进行会计确认、计量和报告，反映企业本身所从事的各项生产经营活动和其他相关活动。明确界定会计主体是开展会计确认、计量和报告工作的重要前提。

明确会计主体，才能划定会计所要处理的各项交易或事项的范围。在会计工作中，只有那些影响企业本身经济利益的各项交易或事项才能加以确认、计量和报告。

明确会计主体，才能将会计主体的交易或者事项与会计主体所有者的交易或者事项以及其他会计主体的交易或者事项区分开来。例如，企业所有者的交易或者事项是属于企业所有者主体所发生的，不应纳入企业会计核算的范围，但是企业所有者投入到企业的资本或者企业向所有者分配的利润，则属于企业主体所发生的交易或者事项，应当纳入企业会计核算的范围。

会计主体不同于法律主体。一般来说，法律主体必然是一个会计主体。例如，一个企业作为一个法律主体，应当建立财务会计系统，独立反映其财务状况、经营成果和现金流量。但是，会计主体不一定是法律主体。例如，在企业集团的情况下，一个母公司拥有若干子公司，母子公司虽然是不同的法律主体，但是母公司对于子公司拥有控制权，为了全面反映企业集团的财务状况、经营成果和现金流量，就有必要将企业集团作为一个会计主体，编制合并财务报表。

(二) 持续经营

持续经营，是指在可以预见的将来，企业将会按当前的规模和状态继续经营下去，不会停业，也不会大规模削减业务。在持续经营前提下，会计确认、计量和报告应当以企业持续、正常的生产经营活动为前提。

企业是否持续经营，在会计原则、会计方法的选择上有很大差别。一般情况下，应当假定企业将会按照当前的规模和状态继续经营下去。明确这个基本假设，就意味着会计主体将按照既定用途使用资产，按照既定的合约条件清偿债务。会计人员就可以在此基础上选择会计原则和会计方法。如果判断企业会持续经营，就可以假定企业的固定资产会在持续经营的生产经营过程中长期发挥作用，并服务于生产经营过程，固定资产就可以根据历史成本进行记录，并采用一定的折旧方法，将历史成本分摊到各个会计期间或相关产品的成本中。如果判断企业不会持续经营，固定资产就不应采用历史成本进行记录并按期计提折旧。如果一个企业在不能持续经营时仍按持续经营基本假设选择会计确认、计量和报告原则与方法，就不能客观地反映企业的财务状况、经营成果和现金流量，对会计信息使用者的经济决策制定产生误导。

(三) 会计分期

会计分期，是指将一个企业持续经营的生产经营活动划分为一个个连续的、长短相同的期间。会计分期的目的在于通过会计期间的划分，将持续经营的生产经营活动划分成连续、相等的期间，据以结算盈亏，按期编报财务报告，从而及时向财务报告使用者提供有关企业财务状况、经营成果和现金流量的信息。

在会计分期假设下，企业应当划分会计期间，分期结算账目和编制财务报告。会计期间通常分为年度和中期。中期，是指短于一个完整的会计年度的报告期间。由于会计分期，才产生了当期与以前期间、以后期间的差别，才使不同类型的会计主体有了记账的基准，进而才会有折旧、摊销等会计处理方法。

(四) 货币计量

货币计量，是指会计主体在会计确认、计量和报告时以货币计量反映会计主体的生产经营活动。

在会计的确认、计量和报告过程中之所以选择货币为基础进行计量，是由货币的本身属性决定的。货币是商品的一般等价物，是衡量一般商品价值的共同尺度，具有价值尺度、流通手段、贮藏手段和支付手段等特点。其他计量单位，如重量、长度等，只能从一个侧面反映企业的生产经营情况，无法在量上进行汇总和比较，不便于会计计量和经营管理，只有选择货币尺度进行计量，才能充分反映企业的生产经营情况，所以《企业会计准则——基本准则》规定，会计确认、计量和报告选择货币作为计量单位。

三、会计基础

企业会计的确认、计量和报告应当以权责发生制为基础。权责发生制要求，凡是当期已经实现的收入和已经发生或应当负担的费用，无论款项是否收付，都应当作为当期的收入和费用，记入利润表；凡是不属于当期的收入和费用，即使款项已在当期收付，也不应当作为当期的收入和费用。

在实务中，企业交易或者事项的发生时间与相关货币收支时间有时并不完全一致。如款项已经收到，但销售并未实现：或者款项已经支付，但并不是为本期生产经营活动而发生的。收付实现制是与权责发生制相对应的一种会计基础，它是以收到或支付的现金及其时点作为确认收入和费用的依据。为了更加真实、公允地反映特定会计期间的财务状况和经营成果，基本准则明确规定，企业在会计确认、计量和报告中应当以权责发生制为基础。

第三节 会计信息质量要求

会计信息质量要求是对企业财务报告所提供的会计信息的基本要求，也是能使投资者等信息使用者做出有用决策的会计信息应具备的基本特征，它主要包括可靠性、相关性、可理解性、可比性、实质重于形式、重要性、谨慎性和及时性等。

一、可靠性

会计信息质量的可靠性要求企业应当以实际发生的交易或者事项为依据进行确认、计量和报告，如实反映符合确认和计量要求的会计要素及其他相关信息，保证会计信息真实可靠、内容完整。

会计信息要有用，必须以可靠为基础，如果财务报告所提供的会计信息是不可靠的，就会对投资者等信息使用者的决策产生误导，甚至给其带来损失。为了贯彻可靠性要求，企业应当做到以下几点。

第一，以实际发生的交易或者事项为依据进行确认、计量，将符合会计要素定义及其确认条件的资产负债、所有者权益、收入、费用和利润等如实反映在财务报表中。

第二，在符合重要性和成本效益原则的前提下，保证会计信息的完整性，要求编报的报表及其附注内容等都应保持完整，不能随意遗漏或者减少应予披露的信息。

第三，财务报告所提供的会计信息应当是中立的。如果企业为了达到事先设定的结果或效果，在财务报告中通过选择或列示有关会计信息以影响决策和判断，这样的财务报告信息就有失偏颇。

二、相关性

会计信息质量的相关性要求企业提供的会计信息应当与投资者等财务报告使用者的经济决策需要相关，有助于投资者等财务报告使用者对企业过去、现在或未来的情况做出评价或者预测。

会计信息是否具有价值，关键要看其与使用者的决策需要是否相关，是否有助于使用者做出决策或者提高决策水准。相关的会计信息具有反馈价值，有助于使用者评价企业过去的决策，证实或者修正过去的有关预测；相关的会计信息具有预测价值，有助于使用者根据财务报告所提供的会计信息预测企业未来的财务状况、经营成果和现金流量。例如，在企业财务报告中区分收入和利得、费用和损失，区分流动资产和非流动资产、流动负债和非流动负债以及适度引入公允价值等，都可以提高会计信息的预测价值，进而提升会计信息的相关性。

会计信息质量的相关性要求企业在确认、计量和报告会计信息的过程中，要充分考虑使用者的决策模式和信息需要。但是相关性是以可靠性为基础的，两者之间并不矛盾，不应将两者对立起来。也就是说，会计信息在可靠性前提下，应尽可能地做到相关，以满足投资者等财务报告使用者的顺利做出决策的需要。

三、可理解性

会计信息质量的可理解性要求企业提供的会计信息应当清晰明了，便于投资者等财务报告使用者理解和使用。

企业编制财务报告、提供会计信息的目的在于使用，而要想让使用者有效使用会计信息，就应当让其了解会计信息的内涵，弄懂会计信息的内容，这就要求财务报告所提供的会计信息清晰明了，易于理解。只有这样才能提高会计信息的有用性，实现编制财务报告的目标，即向投资者等财务报告使用者提供有用的信息，帮助其做出相关决策。

会计信息是一种专业性较强的信息，在强调会计信息的可理解性要求的同时，还应假定使用者具有一定的有关企业经营活动和会计方面的知识，并且愿意付出努力去研究这些信息。对于某些复杂的信息，如有关交易本身或者会计处理的信息，虽然这类信息较为复杂，但是若与使用者的经济决策相关，企业也应在财务报告中阐明。

四、可比性

会计信息质量的可比性要求企业提供的会计信息应当相互可比，主要包括以下两层含义。

(一) 同一企业不同时期可比

为了便于投资者等财务报告使用者了解企业财务状况、经营成果和现金流量的变化趋势，比较企业在不同时期的财务报告信息，全面、客观地评价过去、预测未来，从而做出决策，会计信息质量的可比性要求同一企业不同时期发生的相同或者相似的交易或者事项，应当采用一致的会计政策，不得随意变更。但是，满足会计信息可比性要求，并非表明企业不得变更会计政策，如果按照规定或者在会计政策变更后可以提供更可靠、更相关的会计信息，就可以变更会计政策，但有关会计政策变更的情况应当在附注中予以说明。

(二) 不同企业相同会计期间可比

为了便于投资者等财务报告使用者评价不同企业的财务状况、经营成果和现金流量及其变动情况，会计信息质量的可比性要求不同企业同一会计期间发生的相同或者相似的交易或者事项，应当采用规定的会计政策，确保会计信息口径一致、相互可比，以使不同企业按照一致的确认、计量和报告要求提供有关会计信息。

五、实质重于形式

会计信息质量的实质重于形式要求企业应当按照交易或者事项的经济实质进行会计确认、计量和报告，而不仅仅是以交易或者事项的法律形式为依据。

在实际工作中，交易或者事项的外在法律形式并不总能完全反映其实质内容，企业发生的交易或者事项在多数情况下，其经济实质和法律形式是一致的。但在有些情况下，会出现不一致，例如以融资租赁方式租入的资产，虽然从法律形式来讲企业并不拥有其所有权，但是由于租赁合同中规定的租赁期相当长，往往接近于该资产的使用寿命；租赁期结束时承租企业有优先购买该资产的选择权，在租赁期内承租企业有权支配资产并从中受益等，从其经济实质来看，企业能够控制融资租入资产所创造的未来经济利益，在会计确认、计量和报告时就应当将以融资租赁方式租入的资产视为企业的资产，列入企业的资产负债表。

如果企业的会计核算仅按照交易或事项的法律形式进行，而这些形式又没有反映其经济实质和经济现实，那么，这样的会计信息不仅不会有助于会计信息使用者做出决策，反而会对会计信息使用者的决策制定产生误导。

六、重要性

会计信息质量的重要性要求企业提供的会计信息应当反映与企业财务状况、经营成果和现金流量有关的所有重要交易或者事项。在实务中，如果某省略或者错报的会计信息会影响投资者等财务报告使用者做出的决策，那么该信息就具有重要性。某会计信息是否重要，企业应当根据其所处环境和实际情况，从项目的性质和金额大小两方面加以判断。

七、谨慎性

会计信息质量的谨慎性要求企业对交易或者事项进行会计确认、计量和报告时应当保持应有的谨慎，不应高估资产或者收益、低估负债或者费用。

在市场经济环境下，企业的生产经营活动面临许多风险和不确定性，如应收款项的可收回性、固定资产的使用寿命、无形资产的使用寿命、售出存货可能发生的退货或者返修等。会计信息质量的谨慎性要求企业在面临不确定性因素的情况下做出职业判断时，应当保持应有的谨慎，充分估计到各种风险和损失，既不高估资产或者收益，也不低估负债或者费用。例如，企业对可能发生的资产减值损失计提资产减值准备、对售出商品可能发生的保修义务等确认预计负债等，这都体现了会计信息质量的谨慎性要求。

八、及时性

会计信息质量的及时性要求企业对于已经发生的交易或者事项应当及时进行确认、计量和报告，不得提前或延后。会计信息的价值在于帮助所有者或者其他使用者及时做出经济决策。即使是可靠、相关的会计信息，如果不及时提供给使用者，该会计信息就会失去时效性，滞后的会计信息对于使用者的效用大大降低，甚至不再具有实际意义。

在会计确认、计量和报告过程中贯彻及时性：一是要求及时收集会计信息，即在经济交易或者事项发生后，及时收集整理各种原始单据或者凭证；二是要求及时处理会计信息，即按照会计准则的规定，及时对经济交易或者事项进行确认或者计量，并编制财务报告；三是要求及时传递会计信息，即按照国家规定的有关时限，及时地将编制的财务报告传递给财务报告使用者，便于其及时使用和用于决策。

在实务中，为了及时提供会计信息，可能需要在有关交易或者事项的信息全部获得之前已进行会计处理，从而满足会计信息的及时性要求，但可能会影响会计信息的可靠性；反之，如果企业等到与交易或者事项有关的全部信息获得之后再进行会计处理，这样的信息披露可能会存在时效性不强的问题，从而使投资者等财务报告使用者做出决策的有用性大大降低。这就需要企业在及时性和可靠性之间作相应权衡，以投资者等财务报告使用者能更好地做出经济决策为判断标准。

第四节 会计要素及其确认与计量原则

会计要素是根据交易或者事项的经济特征所确定的财务会计对象和基本分类。会计要素按照其性质分为资产、负债、所有者权益、收入、费用和利润。其中，资产、负债和所有者权益要素侧重于反映企业的财务状况，收入、费用和利润要素侧重于反映企业的经营成果。

一、资产的定义及其确认条件

(一) 资产的定义

资产是指企业过去的交易或者事项形成的，由企业拥有或者控制的预期会给企业带来经济利益的资源。根据资产的定义，资产具有以下3个方面的特征。

1. 资产预期会给企业带来经济利益

资产预期会给企业带来经济利益，是指资产直接或者间接导致现金和现金等价物流入企业的潜力。这种潜力可以来自企业日常的生产经营活动，也可以来自非日常活动；带来的经济利益可以是现金或者现金等价物，也可以是能转化为现金或者现金等价物的形式，还可以能减少现金或者现金等价物流出的形式。

预期能为企业带来经济利益是资产的重要特征。例如，企业采购的原材料、购置的固定资产等可以用于生产经营过程制造商品或者提供劳务，对外出售后收回货款，货款即为企业所获得的经济利益。如果某一项目预期不能为企业带来经济利益，那么就不能将其确认为企业的资产。前期已经确认为资产的项目，如果不能再为企业带来经济利益，也不能再确认为企业的资产。

2. 资产应为企业拥有或者控制的资源

资产作为一项资源，应当由企业拥有或者控制，具体是指企业享有某项资源的所有权，或者虽然不享有某项资源的所有权，但该资源能被企业所控制。

企业享有资产的所有权，通常表明企业能够排他性地从资产中获取经济利益。通常在判断资产是否存在时，所有权是考虑的首要因素。在有些情况下，资产虽然不为企业所拥有，即企业并不享有其所有权，但企业控制了这些资产，同样表明企业能够从资产中获取经济利益，这符合会计上对资产的定义。如果企业既不拥有资产也不能控制资产所带来的经济利益，就不能将其作为企业的资产予以确认。

3. 资产是由企业过去的交易或者事项形成的

资产是由企业过去的交易或事项形成的，过去的交易或者事项包括购买、生产、建造行为以及其他交易或者事项。只有过去的交易或者事项才能产生资产。企业预期在未来发生的交易或者事项不形成资产。例如，企业有购买某项存货的意愿或计划，但是购买行为尚未发生，该项存货就不符合资产的定义，不能确认为存货资产。

(二) 资产的确认条件

将一项资源确认为资产，除需要符合资产的定义外，还应同时满足以下两个条件。

1. 与该资源有关的经济利益很可能流入企业

从资产的定义可以看到，能带来经济利益是资产的一个本质特征。但在现实生活中，由于经济环境瞬息万变，与资源有关的经济利益能否流入企业或者能够流入多少，实际上带有不确定性。因此，资产的确认还应与经济利益流入的不确定性程度的判断结合起来。如果根据编制财务报表时所取得的证据，判断与资源有关的经济利益很可能流入企业，那么就应当将其作为资产予以确认；反之，不能确认为资产。

2. 该资源的成本或价值能够可靠地计量

可计量性是所有会计要素确认的重要前提，资产的确认也是如此。只有当有关资源的成本或者价值能够可靠地计量时，资产才能予以确认。在实务中，企业取得的许多资产都需要付出成本，例如，企业购买或者生产的存货、企业购置的厂房或者设备等，对于这些资产，只有发生的实际成本或者生产成本能够可靠计量，才能视为符合了资产确认的可计量条件。在某些情况下，对于企业取得的没有发生实际成本或者发生的实际成本很小的资产，例如，企业持有的某些衍生金融工具形成的资产，尽管它们没有实际成本或者发生的实际成本很小，但是如果其公允价值能够可靠计量，也被认为符合了资产可计量性的确认条件。

二、负债的定义及其确认条件

(一) 负债的定义

负债是指企业过去的交易或者事项形成的，预期会导致经济利益流出企业的现时义务。根据负债的定义，负债具有以下几个方面的特征。

1. 负债是企业承担的现时义务

负债必须是企业承担的现时义务，这里的现时义务是指企业在现行条件下已承担的义务。未来发生的交易或者事项形成的义务，不属于现时义务，不应当确认为负债。

这里所指的义务可以是法定义务，也可以是推定义务。其中，法定义务是指具有约束力的合同或者法律、法规规定的义务，通常在法律意义上需要强制执行。例如，企业购买原材料形成应付账款、企业向银行贷入款项形成借款、企业按照税法规定应当缴纳的税款等，均属于企业承担的法定义务，需要依法予以偿还。推定义务是指根据企业多年来的习惯做法、公开的承诺或者公开宣布的经营政策而导致企业将承担的责任，这些责任也使有关各方形成了企业将履行义务承担责任的合理预期。例如，企业多年来制定的一项销售政策：“对于售出商品提供一定期限内的售后保修服务。”这种预期为售出商品提供的保修服务就属于推定义务，应当将其确认为一项负债。

2. 负债预期会导致经济利益流出企业

预期会导致经济利益流出企业也是负债的一个本质特征，只有在履行义务时会导致经济利益流出企业的，才符合负债的定义。在履行现时义务清偿负债时，导致经济利益流出企业的形式多种多样，例如，用现金偿还或以实物资产形式偿还；以提供劳务形式偿还；部分转移资产、部分提供劳务形式偿还；将负债转为资本等。

3. 负债是由企业过去的交易或者事项形成的

负债应当由企业过去的交易或者事项所形成。换句话说，只有过去的交易或者事项才形成负债，企业在未来发生的承诺、签订的合同等交易或者事项，不形成负债。

(二) 负债的确认条件

将一项现时义务确认为负债，除需要符合负债的定义外，还应同时满足以下两个条件。

1. 与该义务有关的经济利益很可能流出企业

从负债的定义来看，负债预期会导致经济利益流出企业，但是履行义务所需流出的经济利益带有不确定性，尤其是与推定义务相关的经济利益通常需要依赖大量的估计。因此，负债的确认应当与经济利益流出的不确定性程度的判断结合起来。如果有确凿证据表明，与现时义务有关的经济利益很可能流出企业，就应当将其作为负债予以确认；反之，如果企业承担了现时义务，但是导致经济利益流出企业的可能性已不复存在，就不符合负债的确认条件，不应将其作为负债予以确认。

2. 未来流出的经济利益的金额能够可靠地计量

负债的确认在考虑经济利益流出企业的同时，对于未来流出的经济利益的金额应当能够可靠计量。对于与法定义务有关的经济利益流出金额，企业通常可以根据合同或者法律规定的金额予以确定，考虑到经济利益流出的金额通常在未来期间，有时未来期间较长，有关金额的计量需要考虑货币时间价值等因素的影响。对于与推定义务有关的经济利益流出金额，企业应当根据履行相关义务所需支出的最佳估计数进行估计，并综合考虑有关货币时间价值、风险等因素的影响。

三、所有者权益的定义及其确认条件

(一) 所有者权益的定义

所有者权益是指企业资产扣除负债后由所有者享有的剩余权益。公司的所有者权益又称为股东权益。所有者权益是所有者对企业资产的剩余索取权，它是企业资产中扣除债权人权益后应由所有者享有的部分，既可反映所有者投入资本的保值增值情况，又可体现保护债权人权益的理念。

(二) 所有者权益的来源构成

所有者权益的来源包括所有者投入的资本、直接计入所有者权益的利得和损失、留存收益等，通常由实收资本(或股本)、资本公积(含资本溢价或股本溢价、其他资本公积)、盈余公积和未分配利润构成，商业银行等金融企业按照规定在税后利润中提取的一般风险准备，也构成所有者权益。

所有者投入的资本是指所有者投入企业的资本部分，它既包括构成企业注册资本或者股本部分的金额，也包括投入资本超过注册资本或者股本部分的金额，即资本溢价或者股本溢价。这部分投入资本在我国企业会计准则体系中被计入资本公积，并在资产负债表中的资本公积项目下反映。

直接计入所有者权益的利得和损失，是指不应计入当期损益、会导致所有者权益发生增减变动的、与所有者投入资本或者向所有者分配利润无关的利得或者损失。其中，利得是指由企业非日常活动所形成的、会导致所有者权益增加的、与所有者投入资本无关的经济利益的流入；利得包括直接计入所有者权益的利得和直接计入当期利润的利得。损失是指由企业非日常活动所发生的、会导致所有者权益减少的、与向所有者分配利润无关的经济利益的流出；损失包括直接计入所有者权益的损失和直接计入当期利润的损失。直接计入所有者权益的利得和损失主要包括可供出售金融资产的公允价值变动额、现金流量套期中套期工具公允价值变动额(有效套期部分)等。

留存收益是企业历年实现的净利润留存于企业的部分，主要包括累计计提的盈余公积和未分配利润。

(三) 所有者权益的确认条件

所有者权益体现的是所有者在企业中的剩余权益，因此，所有者权益的确认主要依赖其他会计要素，尤其是资产和负债的确认；所有者权益金额的确定也主要取决于资产和负债的计量。例如，企业接受投资者投入的资产，在该资产符合资产确认条件时，就相应地符合了所有者权益的确认条件；当该资产的价值能够可靠计量时，所有者权益的金额也就可以确定。

(四) 所有者权益与负债的区别

通常企业收入增加时，会导致资产的增加，相应地也会增加所有者权益；企业发生费用时，会导致负债的增加，相应地也会减少所有者权益。因此，企业日常经营的好坏和资产负债的质量直接决定着企业所有者权益的增减变化和资本的增值减值。

所有者权益反映的是企业所有者对企业资产的索取权，负债反映的是企业债权人对企业资产的索取权，但通常债权人对企业资产的索取权要优先于所有者对企业资产的索取权，所有者享有的是企业资产的剩余索取权，两者在性质上有本质区别。因此企业在会计确认、计量和报告中应当严格区分负债和所有者权益，以如实反映企业的财务状况，尤其是企业的偿债能力和产权比率等。在实务中，企业某些交易或者事项可能同时具有负债和所有者权益的特征，在这种情况下，企业应当将属于负债和所有者权益的部分分开处理和列报。例如，企业发行的可转换公司债券，企业应当将其中的负债部分和权益工具部分进行分拆，分别确认负债和所有者权益。

四、收入的定义及其确认条件

(一) 收入的定义

收入是指企业在日常活动中形成的、会导致所有者权益增加的、与所有者投入资本无关的经济利益的总流入。根据收入的定义，收入具有以下特征。

1. 收入是企业在日常活动中形成的

日常活动是指企业为完成其经营目标所从事的经常性活动以及与之相关的活动。例如，工业企业制造并销售产品、商业企业销售商品、保险公司签发保单、咨询公司提供咨询服务、软件企业为客户开发软件、安装公司提供安装服务、商业银行对外贷款、租赁公司出租资产等，均属于企业的日常活动。明确界定日常活动是为了将收入与利得相区分，日常活动是确认收入的重要判断标准，凡是日常活动所形成的经济利益的流入应当确认收入；反之，非日常活动所形成的经济利益的流入不能确认为收入，而应当计入利得。比如处置固定资产属于非日常活动，所形成的净利益就不应确认为收入，而应确认为利得。再如，无形资产出租所取得的租金收入属于日常活动所形成的，应当确认为收入，但是处置无形资产属于非日常活动，所形成的净利益，不应当确认为收入，而应确认为利得。

2. 收入会导致所有者权益的增加

与收入相关的经济利益的流入应当会导致所有者权益的增加，不会导致所有者权益增加的经济利益的流入不符合收入的定义，不应确认为收入。例如，企业向银行借入款项，这尽管也导致了企业经济利益的流入，但该流入并没有导致所有者权益的增加，而使企业承担了一项现时义务，不应将其确认为收入，应将其确认为一项负债。

3. 收入是与所有者投入资本无关的经济利益的总流入

收入应当会导致经济利益的流入，从而导致资产的增加。例如，企业销售商品，应当收到现金或者在未来有权收到现金，才表明该交易符合收入的定义。但是，经济利益的流入有时是所有者投入资本的增加所致，所有者投入资本的增加不应当确认为收入，应当将其直接确认为所有者权益。

(二) 收入的确认条件

企业收入的来源渠道多种多样，不同收入来源的特征有所不同，其收入确认条件也往往存在一些差别，如销售商品、提供劳务、让渡资产使用权等。一般而言，收入只有在经济利益很可能流入从而导致企业资产增加或者负债减少、经济利益的流入额能够可靠计量时才能予以确认。收入的确认至少应当符合以下条件：一是与收入相关的经济利益应当很可能流入企业；二是经济利益流入企业的结果会导致资产的增加或者负债的减少；三是经济利益的流入额能够可靠计量。

五、费用的定义及其确认条件

(一) 费用的定义

费用是指企业在日常活动中发生的、会导致所有者权益减少的、与向所有者分配利润无关的经济利益的总流出。根据费用的定义，费用具有以下特征。

1. 费用是企业在日常活动中形成的

费用必须是企业在其日常活动中所形成的，这些日常活动的界定与收入定义中涉及的日常活动的界定相一致。因日常活动所产生的费用通常包括销售成本(营业成本)、管理费用等。将费用界定为日常活动所形成的，是为了将其与损失相区分：企业非日常活动所形成的经济利益的流出不能确认为费用，而应当计入损失。

2. 费用会导致所有者权益的减少

与费用相关的经济利益的流出应当导致所有者权益的减少，不会导致所有者权益减少的经济利益的流出不符合费用的定义，不应确认为费用。

3. 费用导致的经济利益总流出与向所有者分配利润无关

费用的发生应当会导致经济利益的流出，从而导致资产的减少或者负债的增加(最终也会导致资产的减少)。表现形式包括现金或者现金等价物的流出，存货、固定资产和无形资产等的流出或者消耗等。企业向所有者分配利润也会导致经济利益的流出，而该经济利益的流出属于投资者投资回报的分配，是所有者权益的直接抵减项目，不应确认为费用，应当将其排除在费用之外。

(二) 费用的确认条件

费用的确认除了应当符合定义外，也应当满足严格的条件，即费用只有在经济利益很可能流出从而导致企业资产减少或者负债增加，并且经济利益的流出额能够可靠计量时才能予以确认。费用的确认至少应当符合以下条件：一是与费用相关的经济利益应当很可能流出企业；二是经济利益流出企业的结果会导致资产的减少或者负债的增加；三是经济利益的流出额能够可靠计量。

六、利润的定义及其确认条件

(一) 利润的定义

利润是指企业在一定会计期间的经营成果。通常情况下，如果企业实现了利润，表明企业的所有者权益将增加，业绩提升；反之，如果企业发生了亏损(即利润为负数)，表明企业的所有者权益将减少，业绩下降。利润是评价企业管理层业绩的指标之一，也是投资者等财务报告使用者进行决策时的重要参考。

(二) 利润的来源构成

利润包括收入减去费用后的净额、直接计入当期利润的利得和损失等。其中，收入减去费用后的净额反映企业日常活动的经营业绩；直接计入当期利润的利得和损失反映企业非日常活动取得的直接计入当期利润的利得和损失，是指应当计入当期损益、最终会引起所有者权益发生增减变动的、与所有者投入资本或者向所有者分配利润无关的利得或者损失。企业应当严格区分收入和利得、费用和损失，以更加全面地反映企业的经营成果。

(三) 利润的确认条件

利润反映收入减去费用、利得减去损失后的净额。利润的确认主要依赖于收入和费用以及利得和损失的确认，其金额的确定也主要取决于收入、费用、利得、损失金额的计量。

七、会计要素计量属性及其应用原则

(一) 会计要素的计量属性

会计计量是为了将符合确认条件的会计要素登记入账并列报于财务报表而确定其金额的过程。企业应当按照规定的会计计量属性进行计量，确定相关金额。计量属性是指予以计量的某一要素的特性方面，如桌子的长度、铁矿的重量、楼房的面积等。从会计角度，计量属性反映的是会计要素金额的确定基础，主要包括历史成本、重置成本、可变现净值、现值和公允价值等。

1. 历史成本

历史成本又称为实际成本，就是取得或制造某项财产物资时所实际支付的现金或其他等价物。在历史成本计量下，资产按照其购置时支付的现金或者现金等价物的金额，或者按照购置资产时所付出的对价的公允价值计量。负债按照其承担现时义务而实际收到的款项或者资产的金额，或者承担现时义务的合同金额，或者按照日常活动中为偿还负债预期需要支付的现金或者现金等价物的金额计量。

2. 重置成本

重置成本又称现行成本，是指按照当前市场条件，重新取得同样一项资产所需支付的现金或现金等价物金额。在重置成本计量下，资产按照现在购买相同或者相似资产所需支付的现金或者现金等价物的金额计量。负债按照现在偿付该项债务所需支付的现金或者现金等价物的金额计量。

3. 可变现净值

可变现净值是指在正常生产经营过程中，以资产预计售价减去进一步加工成本和预计销售费用以及相关税费后的净值。在可变现净值计量下，资产按照其正常对外销售所能收到现金或者现金等价物的金额扣减该资产至完工时估计将要发生的成本、估计的销售费用以及相关税费后的金额计量。可变现净值通常应用于存货资产减值情况下的后续计量。

4. 现值

现值是指对未来现金流量以恰当的折现率进行折现后的价值，是考虑货币时间价值的一种计量属性。在现值计量下，资产按照预计从其持续使用和最终处置中所取得的未来净现金流入量的折现金额计量。负债按照预计期限内需要偿还的未来净现金流出量的折现金额计量。

5. 公允价值

公允价值是指市场参与者在计量日发生的有序交易中，出售一项资产所能收到或者转移一项负债需支付的价格，即脱手价格。企业以公允价值计量相关的资产或负债，应当考虑该资产或负债的特征以及该资产或负债是以单项还是以组合的方式进行计量。企业应当假定市场参与者在计量日出售资产或者转移负债的交易是在当前市场条件下的有序交易。企业应当假定出售资产或者转格负债的有序交易在该资产或负债的主要市场进行；不存在主要市场的，应当假定该交易在该资产或负债的最有利市场进行。企业以公允价值计量相关资产或负债，应当采用市场参与者在对该资产或负债定价时为实现其经济利益最大化所使用的假设，包括有关风险的假设。企业应当根据交易性质和相关资产或负债的特征等，判断初始确认时的公允价值是否与其交易价值相等。企业以公允价值计量相关资产或负债，应当采用在当前情况下适用并且有足够可利用数据和其他信息支持的估值技术。企业应当根据估值技术中所采用的输入值确定公允价值计量结果所属的层次。

(二) 各种计量属性之间的关系

在各种会计要素计量属性中，历史成本通常反映的是资产或者负债过去的价值，而重置成本、可变现净值、现值以及公允价值通常反映的是资产或者负债的现时成本或者现时价值，是与历史成本相对应的计量属性。公允价值相对于历史成本而言，具有很强的时间概念，也就是说，当前环境下某项资产或负债的历史成本可能是过去环境下该项资产或负债的公允价值，而当前环境下某项资产或负债的公允价值也许就是未来环境下该项资产或负债的历史成本。一项交易在交易时点通常是按公允价值交易的，随后就变成了历史成本，资产或者负债的历史成本许多就是根据交易时有关资产或者负债的公允价值确定的，比如在非货币性资产交换中，如果交换具有商业实质且换入、换出资产的公允价值能够可靠计量，换入资产入账成本的确定应当以换出资产的公允价值为基础，除非有确凿证据表明换入资产的公允价值更加可靠。在非同一控制下的企业合并交易中，合并成本也是以购买方在购买日为取得对被购买方的控制权而付出的资产、发生或承担的负债等的公允价值确定的。在应用公允价值时，当相关资产或者负债不存在活跃市场的报价或者不存在同类或者类似资产的活跃市场报价时，需要采用估值技术来确定相关资产或者负债的公允价值，而在采用估值技术估计相关资产或者负债的公允价值时，现值计量往往是比较普遍的一种估值方法，在这种情况下，公允价值就是以现值为基础确定的。

(三) 计量属性的应用原则

基本准则规定，企业在对会计要素进行计量时，一般应当采用历史成本。采用重置成本、可变现净值、现值、公允价值计量的，应当保证所确定的会计要素金额能够取得并可靠计量。

企业会计准则体系引入公允价值这一计量属性，是因为随着我国资本市场的发展，越来越多的股票、债券、基金等金融产品在交易所挂牌上市，使得这类金融资产的交易已经形成了较为活跃的市场，已经具备了引入公允价值的条件。在这种情况下，引入公允价值，更能反映企业此类交易的实际情况，对投资者等财务报告使用者的决策更具相关性。

在引入公允价值过程中，我国充分考虑了国际财务报告准则中公允价值应用的三个级次。第一，资产或负债等存在活跃市场的，活跃市场中的报价应当用于确定其公允价值；第二，资本或负债等不存在活跃市场的，参考熟悉情况并自愿交易的各方最近进行的市场交易中使用的价格或参照实质上相同或相似的其他资产或负债等的市场价格确定其公允价值；第三，资本或负债等不存在活跃市场且不满足上述两个条件的，应当采用估值技术等确定公允价值。

企业会计准则体系引入公允价值是适度、谨慎和有条件的，其原因是我国尚属新兴和转型的市场经济国家，如果不加限制地引入公允价值，有可能出现公允价值计量不可靠，甚至出现某些人借机人为操纵利润的现象。因此，在投资性房地产和生物资产等具体准则中规定，只有在公允价值能够取得并可靠计量的情况下，才能采用公允价值计量。

本章小结

本章叙述了与会计核算相关的一些基本概念，包括会计的概念和作用、会计核算基本前提、会计信息质量要求、会计要素构成等内容。

第二章　存货

引导案例

李小军大学毕业后，被分配到光明有限责任公司担任会计工作，刚上班不久，公司财务部就发生被盗事件。被盗前夕，公司为了全面提升公司管理水平，提高工作效率，要求财务部全部业务操作由手工改为财务软件。为此，公司分两批购买了不同型号的电脑设备，本年1月份第1批购入3台，每台单价为6 700元；4月份第2批购入4台，每台单价为5 640元。被盗电脑是第2次购买的2台。由于公司在上年末对公司财产进行保险，现保险公司正在办理理赔手续。财务部主管责成李小军去查询第2批购买电脑设备的发票金额，以便来确定2台电脑的实际成本。因为不同成本选择，会导致保险公司不同的赔付。

学习目标

本章主要阐述存货的确认及范围、存货取得时的初始计量、存货的期末计价会计核算问题。要求依据《企业会计准则第1号——存货》的规定，学生能熟练掌握企业存货初始计量、存货期末的会计处理。

第一节　存货的确认与初始计量

一、存货概述

(一) 存货的定义

《企业会计准则第1号——存货》规定，存货是指企业在日常活动中持有以备出售的产成品或商品、处在生产过程中的在产品、在生产过程或提供劳务过程中耗用的材料和物料等。

(二) 存货的分类

存货属于企业的流动资产，包括以下几类。

1. 原材料

原材料是指企业在生产过程中经加工改变其形态或性质并构成产品主要实体的各种原

料以及主要材料、辅助材料、外购半成品(外购件)、修理用备件(备品备件)、包装材料、燃料等。

原材料按其存放地点不同可以分为：在途材料、库存材料、委托加工材料三大类。

2. 在产品

在产品是指企业正在制造且尚未加工完的生产物资，包括正在各个生产工序加工的产品和已加工完毕但尚未检验或已经检验但尚未办理入库手续的产品。

3. 半成品

半成品是指经过一定生产过程并已检验合格交付半成品仓库保管，但尚未制造为产成品，仍需进一步加工的中间产品。但不包括从一个生产车间转到另一个生产车间继续加工的自制半成品和不能单独计算成本的自制半成品。

4. 产成品

产成品是指企业已经完成全部生产过程并已验收入库，可以按照合同规定的条件送交订货单位，或者可以作为商品对外销售的成品。企业接受外单位委托加工制造的代制品和为外单位加工修理的代修品，制造和修理完成验收入库后，视同企业的产成品。

5. 商品

商品是指流通企业外购或委托加工完成验收入库用于销售的各种商品。

6. 周转材料

周转材料是指企业能够多次使用、逐渐转移其价值但仍保持原有形态且不符合固定资产定义的材料，如包装物、低值易耗品等。

(1) 包装物是指企业为了包装本企业商品而储备的各种包装容器，如桶、箱、瓶、坛、袋等。包装物按其具体用途可分为：①生产过程中用于包装产品作为产品组成部分的包装物；②随同商品出售不单独计价的包装物；③随同商品出售单独计价的包装物；④出租或出借给购买单位使用的包装物。

需要注意的是，下列各项不属于包装物核算的范围：①各种包装材料，如纸、绳、铁丝、铁皮等，应作为原材料进行核算；②用于储存和保管产品、材料而不对外出售的包装物，这类包装物应按其价值的大小和使用年限的长短，分别作为固定资产或低值易耗品管理和核算；③单独列作企业商品产品的自制包装物，应作为库存商品进行管理和核算。

(2) 低值易耗品是指不能作为固定资产管理的各种用具物品，如工具、管理用具、玻璃器皿，以及在经营过程中周转使用的包装容器等。其特点是单位价值较低；相对于固定资产来说，使用期限较短；在使用过程中基本保持其原有实物形态不变。

二、存货的确认条件

某个项目要确认为存货，除了要符合存货的定义外，还要符合《企业会计准则第1号——存货》规定的存货确认的两个条件。

(一) 与该存货有关的经济利益很可能流入企业

存货是企业一项重要的流动资产，对存货的确认，关键是判断该项存货是否可能给企业带来经济利益或所包含的经济利益是否可能流入企业。

通常，取得存货的所有权是与存货相关的经济利益很可能流入企业的一个重要标志。一般情况下，根据销售合同已经售出(取得现金或收取现金的权利)、所有权已经转移的存货，因其所含经济利益已不能流入本企业，因而不能再作为企业的存货进行核算，即使该存货尚未远离企业。或者，委托代销商品的所有权并未转移至受托方，因而该商品只是委托企业存货的一部分。总之，企业在判断存货所含经济利益能否流入企业时，通常应考虑该项存货所有权的归属。

(二) 该存货的成本能够可靠地计量

成本能够可靠地计量是资产确认的一项基本条件。存货作为企业资产的组成部分，要予以确认的条件也必须是能够对其成本进行可靠计量。存货的成本能够可靠地计量必须以取得的确凿、可靠的证据为依据，并且具有可验证性。如果存货成本不能可靠地计量，则不能被确认为一项存货。例如，企业承诺的订货合同，由于并未实际发生，不能可靠确定其成本，因此就不能被确认为购买企业的存货。

三、存货的范围

(一) 存货范围的确认原则

只有存货的产权属于企业才可以纳入企业的核算范围。企业的存货一般包括下列3类有形资产。

1. 在日常生产经营过程中持有以备出售的存货

这类存货是指企业在日常生产经营过程中处于待销状态的各种物品，如企业的库存产成品、商品流通企业的库存商品等。

2. 为了最终出售但目前尚处于生产过程中的存货

这类存货是指为了最终出售但目前尚处于生产加工过程中的各种物品，如委托加工物资、工业企业的在产品和自制半成品等。

3. 为了生产供销售的商品或提供劳务以备消耗的存货

这类存货是指企业为产品生产或提供劳务过程中耗用而储存的各种物品，如企业为生产产品而储存的原材料、燃料、包装物、低值易耗品等。

(二) 特殊案例

1. 受托代销商品

产权虽然不属于企业，但由于该存货受代销方的实质控制，按实质重于形式的原则，应作为企业的存货处理。但在列示资产负债表中的存货项目时，却与“代销商品款”对抵后再填列，所以虽然在账务处理上当作企业的一项存货看待，但在报告中却不列示。

2. 在途物质

在途物质是否属于企业的存货，关键看此项交易是否完成，如交易完成则该项存货属于购买方，就应作为购买方的存货处理，否则就应作为销售方的存货处理。

3. 关于购货约定问题

对于约定未来购入的商品，由于企业并没有实际的购货行为发生，因此，不作为企业的存货处理。

四、存货的初始计量

《企业会计准则第1号——存货》第五条规定，存货应当按照成本进行初始计量。存货成本包括采购成本、加工成本和其他成本，如图2-1所示。

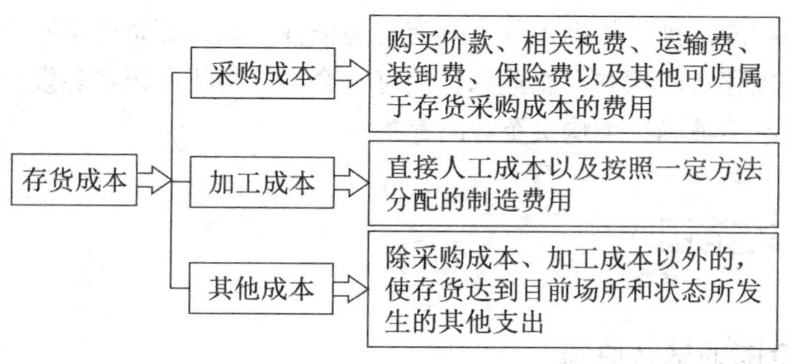

图2-1 存货成本的构成

下面简要介绍外购存货、通过进一步加工而取得的存货、其他方式取得的存货和通过提供劳务取得的存货的初始计量成本。

(一) 外购存货

外购存货的成本包括存货的购买价款、存货的相关税费和其他可归属于存货采购成本的费用。

1. 购买价款

购买价款是指企业购入材料或商品的发票账单上列明的价款，但不包括按规定可以抵扣的增值税额。

2. 相关税费

相关税费是指企业购买、自制或委托加工存货所发生的消费税、资源税和不能从增值税销项税额中抵扣的进项税额等。

3. 其他可归属于存货采购成本的费用

其他可归属于存货采购成本的费用是指采购成本中除上述各项外的可归属于存货采购成本的费用，如在存货采购过程中发生的仓储费、包装费、运输途中的合理损耗费用、入库前的整理挑选费用等。这些费用能分清负担对象的，应直接计入存货的采购成本；不能分清负担对象的，应选择合理的分配方法，分配计入有关存货的采购成本。分配方法通常按照所购存货的重量或采购价格的比例来进行分配。

(二) 通过进一步加工而取得的存货

通过进一步加工而取得的存货的成本由采购成本、加工成本以及为使存货达到目前场所和状态所发生的其他成本构成。

1. 委托外单位加工的存货

委托外单位加工完成的存货，以实际耗用的原材料或者半成品的成本、加工费、运输费、装卸费、保险费等以及按规定应计入成本的税金，作为实际成本。在其会计处理时主要包括拨付加工物资、支付加工费用和税金、收回加工物资和剩余物资等几个环节。

需要交纳消费税的委托加工物资，收回后直接用于销售的，应将受托方代收代缴的消费税计入委托加工物资成本；收回后用于连续生产应税消费品，按规定准予抵扣的，受托方代收代缴的消费税计入“应交税费——应交消费税”科目的借方。

例2-1 某企业为增值税一般纳税人，适用的增值税税率为13%，适用的消费税税率为10%。该企业委托其他单位(增值税一般纳税企业)加工一批属于应税消费品的原材料(非金银首饰)，该批委托加工原材料收回后用于继续生产应税消费品。发出材料的成本为180万元，支付的不含增值税的加工费为90万元，支付的增值税为11.7万元。该批原材料已加工完成并验收入库的成本为(　　)万元。

A. 270　　B. 280　　C. 300　　D. 314.4

【解析】原材料已加工完成并验收入库的成本=180+90=270(万元)，所以应该选择A。

例2-2 · 多选 下列各项中，增值税一般纳税企业应计入收回委托加工物资成本的有(　　)。

A. 加工费

B. 随同加工费支付的增值税

C. 委托加工物资收回后继续加工应税消费品的消费税

D. 委托加工物资收回后直接销售的消费税

【解析】随同加工费支付的增值税应作为进项税额抵扣；委托加工物资收回后继续加工应税消费品的消费税应计入“应交税费——应交消费税”科目，所以应该选择AD。

例2-3 甲企业委托乙企业加工一批材料(应税消费品)。原材料成本为20 000元，支付的加工费为7 000元(不含增值税)，消费税税率为10%，材料加工完成并已验收入库，加工费用等已经支付。双方适用的增值税税率为13%。甲企业按实际成本核算原材料，有关账务处理应如何进行?

【答案】甲企业的有关账务处理如下：

(1) 发出委托加工材料

借：委托加工物资——乙企业　　20 000
　　贷：原材料　　20 000

(2) 支付加工费和税金

消费税组成计税价格 = (20 000+7 000) ÷ (1−10%) = 30 000(元)

受托方代收代交的消费税税额 = 30 000 × 10% = 3 000(元)

应交增值税税额 = 7 000 × 13% =910(元)

① 甲企业收回加工后的材料用于连续生产应税消费品的

借：委托加工物资——乙企业　　7 000
　　应交税费——应交增值税(进项税额)　　910
　　　　　　——应交消费税　　3 000
　　贷：银行存款　　11 120

② 甲企业收回加工后的材料直接用于销售的

借：委托加工物资——乙企业(7 000+3 000)　　10 000
　　应交税费——应交增值税(进项税额)　　910
　　贷：银行存款　　10 910

(3) 加工完成，收回委托加工材料

① 甲企业收回加工后的材料用于连续生产应税消费品的

借：原材料(20 000+7 000)　　27 000
　　贷：委托加工物资——乙企业　　27 000

② 甲企业收回加工后的材料直接用于销售的

借：库存商品(20 000+10 000)　　30 000
　　贷：委托加工物资——乙企业　　30 000

2. 自行生产的存货

自行生产的存货的初始成本包括投入的原材料或半成品、直接人工和按照一定方法分配的制造费用。制造费用是指企业为生产产品和提供劳务而发生的各项间接费用，包括企业生产部门(如生产车间)管理人员的薪酬、折旧费、办公费、水电费、机物料消耗、劳动保护费、季节性和修理期间的停工损失等。在生产车间只生产一种产品的情况下，企业归集的制造费用可直接计入该产品成本；在生产多种产品的情况下，企业应采用与该制造费用相关性较强的方法对其进行合理分配。通常采用的方法有生产工人工时比例法、生产工人工资比例法、机器工时比例法和按年度计划分配率分配法等。还可以按照耗用原材料的数量或成本、直接成本及产品产量分配制造费用。

(三) 其他方式取得的存货

1. 投资者投入存货

投资者投入存货的成本，应当按照投资合同或协议约定的价值确定，但合同或协议约定价值不公允的除外。

例2-4 2020年1月1日，A、B、C三方共同投资设立了甲责任有限公司(以下简称甲公司)，A以其生产的产品作为投资(甲公司以此作为原材料管理和核算成本)。该批产品的公允价值为5 000 000元。甲公司取得的增值税专用发票上注明的不含税价款为5 000 000元，增值税额为650 000元。假定甲公司的实收资本总额为10 000 000元。A在甲公司享有的份额为35%。甲公司为一般纳税人，适用的增值税税率为13%。甲公司采用实际成本法核算存货。如何进行甲公司的账务处理？

【答案】 本例中，A甲公司享有的实收资本金额=10 000 000×35%=3 500 000 (元)

A在甲公司投资的资本溢价=5 000 000+650 000−3 500 000=2 150 000(元)

甲公司的账务处理如下：

借：原材料	5 000 000	
应交税费——应交增值税(进项税额)	650 000	
贷：实收资本——A公司		3 500 000
资本公积——资本溢价		2 150 000

2. 通过非货币性资产交换和债务重组等取得的存货

通过非货币性资产交换和债务重组等取得的存货的成本，分别参照本书相关章节的内容核算。

(四) 通过提供劳务取得的存货

通过提供劳务取得的存货，其成本按从事劳务提供人员的直接人工成本和其他直接费用以及可归属于该存货的间接费用确定。

此外，下列费用应当在发生时确认为当期损益，不计入存货成本：①非正常消耗的直接材料、直接人工和制造费用；②仓储费用(不包括在生产过程中为达到下一个生产阶段所必需的费用)；③不能归属于使存货达到目前场所和状态的其他支出。

例2-5·多选 下列各项中，一般纳税企业应计入存货成本的有(　　)。

A. 购入存货支付的关税

B. 商品流通企业采购过程中发生的保险费

C. 委托加工材料发生的增值税

D. 自制存货生产过程中发生的直接费用

【解析】 购入存货支付的关税和自制存货生产过程中发生的直接费用应计入存货成本；商品流通企业采购过程中发生的运输费、装卸费、保险费以及其他可归属于存货采购成本的费用等应当计入存货采购成本；委托加工材料发生的增值税应作为进项税额抵扣，不计入存货成本。所以应该选择ABD。

例2-6·多选 下列各项与存货相关的费用中，应计入存货成本的有(　　)。

A. 材料采购过程中发生的保险费

B. 材料入库前发生的挑选整理费用

C. 在生产过程中为达到下一个生产阶段所必需的仓储费用

D. 非正常消耗的直接材料

【解析】非正常消耗的直接材料应计入当期损益，所以应该选择ABC。

第二节　存货的期末计量

一、存货期末计量原则

《企业会计准则第1号——存货》规定，资产负债表日，存货应当按照成本与可变现净值孰低计量。存货成本高于其可变现净值的，应当计提存货跌价准备，计入当期损益。其中，存货成本是指期末存货的实际成本。可变现净值是指企业在正常经营过程中，以存货的估计售价减去至完工估计将要发生的成本、估计的销售费用以及相关税金后的金额。其计算公式为

可变现净值=存货的估计售价-至完工估计将要发生的成本

-估计的销售费用以及相关税金

(一) 确定材料的可变现净值的原则

确定材料的可变现净值应该遵循以下几个原则。

(1) 对于用于生产而持有的材料等(如原材料、在产品、委托加工材料等)，如果用其生产的产成品的可变现净值预计高于成本，则该材料应当按照成本计量。

(2) 对于用于生产而持有的材料等，如果材料的价格下降，表明产成品的可变现净值低于成本，则该材料应当按照可变现净值计量。

(3) 对于出售的材料，应以该材料的市场售价作为计量基础。这里的市场价格是指材料等的市场销售价格。

(二) 确定存货的估计售价的原则

对于企业持有的各类存货，在确定其可变现净值时，应区别以下情况确定其估计售价。在运用以上公式时，确定存货的估计售价是计算的关键。根据会计准则的规定，确定存货可变现净值中估计售价应当遵循以下几个原则。

(1) 为执行销售合同或者劳务合同而持有的存货，通常应当以产成品或商品的合同价格作为其可变现净值的计量基础。

(2) 如果企业持有存货的数量多于销售合同订购的数量，超出部分的存货可变现净值应当以产成品或商品的一般销售价格作为计量基础。

(3) 没有销售合同约定的存货，但不包括用于出售的材料，其可变现净值应当以产成

品或商品一般销售价格(即市场销售价格)作为计量基础。

二、存货的期末计量方法

(一) 存货减值迹象的判断

1. 存货存在下列情况之一的，表明存货的可变现净值低于成本

(1) 该存货的市场价格持续下跌，并且在可预见的未来无回升的希望。

(2) 企业使用该项原材料生产的产品的成本大于产品的销售价格。

(3) 企业因产品更新换代，原有库存原材料已不适应新产品需要，而该原材料的市场价格又低于其账面成本。

(4) 因企业所提供的商品或劳务过时或消费者偏好改变而使市场的需求发生变化，导致市场价格逐渐下跌。

(5) 其他足以证明该项存货实质上已经发生减值的情形。

2. 存货存在下列情形之一的，表明存货的可变现净值为零

(1) 已霉烂变质的存货。

(2) 已过期且无转让价值的存货。

(3) 生产中已不再需要，并且已无使用价值和转让价值的存货。

(4) 其他足以证明已无使用价值和转让价值的存货。

(二) 期末存货可变现净值的确定

1. 企业确定存货的可变现净值时应考虑的因素

企业确定存货的可变现净值，应当以取得的确凿证据为基础，并且考虑持有存货的目的、资产负债表日后事项的影响等因素。

(1) 存货可变现净值的确凿证据。存货的采购成本、加工成本和其他成本以及其他方式取得存货的成本，应当以取得外来原始凭证、生产成本资料、生产成本账簿记录等作为确凿证据；产成品或商品的市场销售价格、与产品或商品相同或类似商品的市场销售价格、销售方提供的有关资料等。

(2) 持有存货的目的。企业持有存货的目的不同，确定存货可变现净值的计算方法也不同。通常企业持有存货的目的有两种：一是持有以备出售，如商品、产成品，其中又分为有合同约定的存货和没有合同约定的存货；二是将在生产过程或提供劳务过程中耗用，如材料等。

(3) 资产负债表日后事项的影响。在确定资产负债表日存货的可变现净值时，不仅要考虑资产负债表日与该存货相关的价格与成本的波动，还要考虑未来的相关事项。即不仅限于资产负债表批准报出日之前发生的相关价格与成本波动，还应考虑以后期间发生的相关事项。

2. 可变现净值的确定

下面介绍4种情况下可变现净值的确定的情况。

(1) 产成品、商品等直接用于出售的商品存货，没有销售合同约定的，其可变现净值应当为：在正常生产经营过程中，产成品或商品的一般销售价格(即市场销售价格)减去估计的销售费用和相关税费后的金额。

(2) 用于出售的材料等，应当以市场销售价格减去估计的销售费用和相关税费后的金额作为其可变现净值。这时的市场销售价格指材料等的市场销售价格。

(3) 需要经过加工的材料存货，如原材料、在产品、委托加工材料等，由于持有该材料的目的是用于生产产成品，而不是出售，该材料存货的价值将体现在用其生产的产成品上。因此，在确定需要经过加工的材料存货的可变现净值时，需要以其生产的产成品的可变现净值与该产品的成本进行比较：一是如果该产品的可变现净值高于其成本，则该材料的价值应当按照其成本计量；二是如果其生产的产成品的可变现净值低于成本，则该材料的价值应当按可变现净值确定，其可变现净值为：在正常生产经营过程中，以该材料所生产的产成品的估计售价减去至完工时估计将要发生的成本、估计的销售费用以及相关税费后的金额。

(4) 为执行销售合同或劳务合同而持有的存货，其可变现净值应当为：合同价格(不是估计售价)减去估计的销售费用和相关税费等后的金额，这里又分为两种情况。

第一，企业与购买方签订的销售合同(或劳务合同，下同)，并且销售合同的数量大于或等于企业持有的存货的数量，在这种情况下，与该合同相关的存货的可变现净值，应当以合同价格为计量基础。即如果企业就其产成品或商品签订了销售合同，则该批产成品或商品的可变现净值应当以合同价格作为计量基础；如果企业销售合同所规定的标的物尚未生产出来，但持有专门用于该标的物生产的材料，其可变现净值也应以合同价格作为计量基础。

第二，如果企业持有的同一项存货数量多于销售合同或劳务合同订购的数量的，应当分别确定其可变现净值，并与其相对应的成本进行比较，分别确定存货跌价准备的计提或转回金额。超出合同部分的存货的可变现净值，应当以一般销售价格为基础计算。

不同状态下的存货期末可变现净值的确定具体情况如表2-1所示。

表2-1　不同状态下的存货期末可变现净值的确定

<table>
<tr><th colspan="3">存货状态</th><th>可变现净值确定</th></tr>
<tr><td rowspan="4">用于直接出售的产成品(即库存商品)</td><td rowspan="3">有合同部分</td><td>存量等于订购量</td><td>可变现净值=合同价-估计的税金及费用</td></tr>
<tr><td>存量大于订购量(超过合同数)</td><td>合同数量内可变现净值按照第一种方式计算，超过合同数量部分可变现净值的计算公式：
可变现净值=一般市场价-估计的税金及费用</td></tr>
<tr><td>存量小于订购量(合同数量内)</td><td>可变现净值=合同价-估计的税金及费用；如果该合同为亏损合同，按照“或有事项”处理</td></tr>
<tr><td colspan="2">无合同部分</td><td>可变现净值=一般市场价-估计的税金及费用</td></tr>
<tr><td rowspan="2">用于直接出售的原材料</td><td colspan="2">有合同部分</td><td>材料可变现净值=材料合同价-销售材料估计的销售费用和相关税金</td></tr>
<tr><td colspan="2">无合同部分</td><td>材料可变现净值=材料一般市场价-销售材料估计的销售费用和相关税金</td></tr>
<tr><td colspan="3">用于生产产品的原材料</td><td>材料可变现净值=生产产品的可变现净值-至完工估计将要发生的成本=(产品估计售价-产品出售估计的销售费用和相关税金)-至完工估计将要发生的成本</td></tr>
</table>

可变现净值中估计售价的确定方法如图2-2所示。

有合同{合同数量内 ⟹ 合同价；超过合同数量 ⟹ 一般市场价}

无合同 ⟹ 一般市场价

图2-2 可变现净值中估计售价的确定方法

例2-7 2019年，东方公司根据市场需求的变化，决定停止生产丙产品。为减少不必要的损失，决定将原材料中专门用于生产丙产品的外购D材料全部出售，2019年12月31日其成本为200万元，数量为10吨。据市场调查，D材料的市场销售价格为10万元/吨，同时销售10吨D材料可能发生的销售费用及税金1万元。2019年12月31日D材料的账面价值为(　　)万元。

A. 99　　B. 100　　C. 90　　D. 200

【解析】 2019年12月31日D材料的可变现净值=10×10−1=99(万元)，成本为200万元，所以账面价值为99万元，所以应该选择A。

例2-8 甲公司2019年12月31日库存配件100套，每套配件的账面成本为12万元，市场价格为10万元。该批配件可用于加工100件A产品，将每套配件加工成A产品尚需投入17万元。A产品2019年12月31日的市场价格为每件28.7万元，估计销售过程中每件将发生销售费用及相关税费1.2万元。该配件此前未计提存货跌价准备，甲公司2019年12月31日该配件应计提的存货跌价准备为(　　)万元。

A. 0　　B. 30　　C. 150　　D. 200

【解析】 该配件所生产的A产品成本=100×(12+17)=2 900(万元)，其可变现净值=100×(28.7−1.2)=2 750(万元)，A产品发生减值。该配件的可变现净值=100×(28.7−17−1.2)=1 050(万元)，应计提的存货跌价准备=100×12−1 050=150(万元)，所以应该选择C。

例2-9 甲公司期末原材料的账面余额为100万元，数量为10吨。该原材料专门用于生产与乙公司所签合同约定的20台Y产品。该合同约定：甲公司为乙公司提供Y产品20台，每台售价10万元(不含增值税，本题下同)。将该原材料加工成20台Y产品尚需加工成本总额为95万元。估计销售每台Y产品尚需发生相关税费1万元。本期期末市场上该原材料每吨售价为9万元，估计销售每吨原材料尚需发生相关税费0.1万元。期末该原材料的账面价值为(　　)万元。

A. 85　　B. 89　　C. 100　　D. 105

【解析】 产成品的成本=100+95=195(万元)，产成品的可变现净值=20×10−20×1=180(万元)，产品发生减值。期末该原材料的可变现净值=20×10−95−20×1=85(万元)，成本为100万元，账面价值为85万元，所以应该选择A。

例2-10 • 多选 下列有关确定存货可变现净值基础的表述，正确的有(　　)。

A. 无销售合同的库存商品以该库存商品的估计售价为基础

B. 有销售合同的库存商品以该库存商品的合同价格为基础

C. 用于出售的无销售合同的材料以该材料的市场价格为基础

D. 用于生产有销售合同产品的材料以该材料的市场价格为基础

【解析】用于生产有销售合同产品的材料，可变现净值的计量应以该材料生产产品的合同价格为基础，所以应该选择ABC。

例2-11 2019年12月31日，甲公司库存原材料——钢材的账面价值为600 000元，可用于生产1台C型机器，相对应的市场销售价格为550 000元，假设不发生其他购买费用。由于钢材的市场销售价格下降，用钢材作为原材料生产的C型机器的市场销售价格由1500 000元下降为1350 000元，但其生产成本仍为1 400 000元，即将该批钢材加工成C型机器尚需投入800 000元，估计销售费用及税金为50 000元。计算该批钢材的期末价值。

【答案】根据上述资料，可按以下步骤确定该批钢材的账面价值：

第一步，计算用该原材料所生产的产成品的可变现净值。

C型机器的可变现净值=C型机器估计售价-估计销售费用及税金=1 350 000-50 000=1 300 000(元)

第二步，将用该原材料所生产的产成品的可变现净值与其成本进行比较。

C型机器的可变现净值1 300 000元小于其成本1 400 000元，即钢材价格的下降和C型机器销售价格的下降表明C型机器的可变现净值低于其成本，因此该批钢材的价值应当按可变现净值计量。

第三步，计算该批钢材的可变现净值，并确定其期末价值。

该批钢材的可变现净值=C型机器的估计售价-将材料加工成C型机器尚需投入的成本-估计销售费用及税金=1 350 000-800 000-50 000=500 000(元)

该批钢材的可变现净值500 000元小于其成本600 000元，因此该批钢材的期末价值应为其可变现净值500 000元，即该批钢材应按500 000元列示在2019年12月31日资产负债表的存货项目之中。

三、存货跌价准备的核算

(一) 存货跌价准备的计提

企业要定期检查，期末重新确定存货的可变现净值。当成本低于可变现净值时，不需要进行账务处理，资产负债表中的存货仍按照存货期末账面成本列示；当可变现净值低于成本时，应在当期确认存货跌价准备，计入“存货跌价准备”账户。期末对“存货跌价准备”账户的金额进行调整，使其贷方余额反映期末存货可变现净值低于其成本的差额，其对应的账户为“资产减值损失”。

存货跌价准备计提方法主要包括以下几种。

(1) 存货跌价准备应当按照单个存货项目计提，即将每个存货项目的成本与其可变现净值逐一进行比较，按较低者计量存货，并且按成本高于可变现净值的差额，计提存货跌价准备。对其可变现净值低于成本的，两者的差额即为应计提的存货的跌价准备，然后再与已提数进行比较，若应提数大于已提数，则应予补提。企业计提的存货跌价准备，应计入当期资产减值损失。企业应当根据管理的要求及存货的特点，具体规定存货项目的确定标准。例如，将某一型号和规格的材料作为一个存货项目、将某一品牌和规格的商品作为一个存货项目等。

(2) 在某些情况下，比如具有类似目的或最终用途并在同一地区生产和销售的产品系列相关，并且难以将其与该产品系列的其他项目区别开来进行估价的存货，可以合并计提存货跌价准备。存货具有类似目的或最终用途并在同一地区生产和销售，意味着所处的经济环境、法律环境、市场环境等相同，具有相同的风险和报酬。因此，在这种情况下，可以对存货进行合并计提存货跌价准备。

(3)对于数量繁多、单价较低的存货，可以按存货类别计提存货跌价准备。如果某一类存货的数量繁多且单价较低，企业可以按存货类别计量成本与可变现净值，即按存货类别的成本的总额与可变现净值的总额进行比较，每个存货类别均取较低者确定存货期末价值。

例2-12　光明公司采用成本与可变现净值孰低法对期末存货进行计量，存货成本与可变现净值采用单项比较法。2017年12月31日，A、B两种存货的成本分别为30万元、21万元，可变现净值分别为28万元、25万元。试分析A、B两种存货是否需要计提，若计提，计算存货跌价准备。

【答案】对于A存货，其成本30万元高于可变现净值28万元，应计提存货跌价准备为：30−28=2万元。对于B存货，其成本21万元低于可变现净值25万元，不需计提存货跌价准备。

因此，该企业对A、B两种存货计提的跌价准备共计2万元，在当日资产负债表中列示的存货金额为：28+21=49万元。

例2-13　B公司期末存货采用成本与可变现净值孰低法计价。2019年9月26日B公司与M公司签订销售合同：由B公司于2020年3月6日向M公司销售笔记本电脑10 000台，每台1.5万元。2019年12月31日B公司库存笔记本电脑13 000台，单位成本1.4万元，账面成本为18 200万元。2019年12月31日市场销售价格为每台1.3万元，预计销售税费均为每台0.05万元。则2019年12月31日笔记本电脑的账面价值为(　　)万元。

A. 18 250　　B. 18 700　　C. 18 200　　D. 17 750

【解析】由于B公司持有的笔记本电脑数量13 000台多于已经签订销售合同的数量10 000台。因此，销售合同约定数量10 000台，其可变现净值=10 000×1.5−10 000×0.05=14 500(万元)，成本为14 000万元，账面价值为14 000万元；超过部分的可变现净值=3 000×1.3−3 000×0.05=3 750(万元)，其成本为4 200万元，账面价值为3 750万元。该批笔记本电脑账面价值=14 000+3 750=17 750(万元)，所以应该选择D。

(二) 存货跌价准备的转回

企业应在每一资产负债表日，比较存货成本与可变现净值，计算出应计提的存货跌价准备，再与已提数进行比较，若应提数大于已提数，应予补提。企业计提的存货跌价准备，应计入当期损益(资产减值损失)。

当以前减记存货价值的影响因素已经消失，减记的金额应当予以恢复，并在原已计提的存货跌价准备金额内转回，转回的金额计入当期损益(资产减值损失)。

例2-14 丙公司采用成本与可变现净值孰低法对A存货进行期末计量。

丙公司2018年年末，A存货的账面成本为100 000元，由于本年以来A存货的市场价格持续下跌，根据资产负债表日状况确定的A存货的可变现净值为95 000元，“存货跌价准备”期初余额为零。

要求：试计算2018年年末A存货计提存货跌价准备是多少，并做出相关的账务处理。

【答案】应计提的存货跌价准备为5 000元(100 000−95 000)。

相关账务处理如下：

借：资产减值损失——A存货 5 000

贷：存货跌价准备——A存货 5 000

例2-15 沿用例2-14，假定2019年年末，A存货的种类和数量、账面成本和已计提的存货跌价准备均未发生变化，2018年年末，A存货的可变现净值为97 000元。

要求：试计算2019年年末A存货计提存货跌价准备是多少，并做出相关的账务处理。

【答案】计算出应计提的存货跌价准备为3 000元(10 0000−97 000)。由于A存货已经计提存货跌价准备5 000元，因此，应冲减已计提的存货跌价准备2 000元(5 000−3 000)。

相关的账务处理如下：

借：存货跌价准备 2 000

贷：资产减值损失 2 000

例2-16 沿用例2-14，假设2019年年末，丙公司存货的种类和数量、账面成本和已计提的存货跌价准备均未发生变化，但是2019年以来A存货市场价格持续上升，市场前景明显好转，至2019年年末根据当时状态确定的A存货的可变现净值为110 000元。

要求：相关的账务处理应如何进行？

【答案】本例中，由于A存货市场价格上涨，2019年年末A存货的可变现净值(110 000元)高于其账面成本(100 000元)，可以判断以前造成减记存货价值的影响因素(价格下跌)已经消失。A存货减记的金额应当在原已计提的存货跌价准备金额5 000元内予以恢复。

相关账务处理如下：

借：存货跌价准备——A存货 5 000

贷：资产减值损失——A存货 5 000

需要注意的是，导致存货跌价准备转回的是以前减记存货价值的影响因素的消失，而不是在当前造成存货可变现净值高于其成本的其他因素。如果本期导致存货可变现净值高于其成本的影响因素不是以前减记该存货价值的影响因素，则不允许将该存货跌价准备转回。

再次强调，关于存货跌价准备计提，是将期末成本和可变现净值比较。

(三) 存货跌价准备的结转

企业计提了存货跌价准备，如果其中有部分存货已经销售，则企业在结转销售成本时，应同时结转对其已计提的存货跌价准备。

例2-17 A公司某项库存商品2019年12月31日账面余额为100万元，已计提存货跌价准备20万元。2020年1月20日，A公司将上述商品对外出售，售价为90万元，增值税销项税额为11.7万元，收到款项存入银行。

要求：编制出售商品时的会计分录。

【答案】A公司编制的会计分录为：

借：银行存款 101.7

　　贷：主营业务收入 90

　　应交税费——应交增值税(销项税额) 11.7

借：主营业务成本 100

　　贷：库存商品 100

借：存货跌价准备 20

　　贷：主营业务成本 20

例2-18 2018年，甲公司库存A机器5台，每台成本为5 000元，已经计提的存货跌价准备合计为6 000元。2119年，甲公司将库存的5台A机器全部以每台6 000元的价格售出，适用的增值税税率为13%，货款未收到。甲公司如何进行相关的账务处理？

【答案】甲公司的相关账务处理如下：

借：应收账款 33 900

　　贷：主营业务收入——A机器 30 000

　　应交税费——应交增值税(销项税额) 3 900

借：主营业务成本——A机器 19 000

　　存货跌价准备——A机器 6 000

　　贷：库存商品——A机器 25 000

例2-19 · 多选 下列关于存货会计处理的表述中，正确的有(　　)。

A. 存货采购过程中发生的合理损耗计入存货采购成本

B. 存货跌价准备通常应当按照单个存货项目计提，也可分类计提

C. 债务人因债务重组转出存货时不结转已计提的相关存货跌价准备

D. 发出原材料采用计划成本核算的应于资产负债表日调整为实际成本

【解析】债务人因债务重组转出存货，视同销售存货，其持有期间对应的存货跌价准备要相应结转，所以应该选择ABD。

四、存货的披露

按照存货准则的规定，企业应该在会计报表中披露下列与存货有关的信息。

(1) 材料、在产品、产成品等存货的当期期初和期末账面价值。

(2) 确定发出存货成本所采用的方法。

(3) 确定存货可变现净值的依据、存货跌价准备的计提方法、当期计提的存货跌价准备的金额、当期转回的存货跌价准备的金额以及计提和转回的有关情况。

(4) 用于担保的存货的账面价值。

本章小结

存货作为企业生产制造及销售过程中关键的基础物料，在企业具有非常重要的地位。在会计核算上，存货对应的会计业务很多，这些业务中最重要的就是存货的初始计量和存货的期末计量，只有正确的核算才能如实反映企业的资产情况，尤其是对流动资产情况的反映。

第三章　金融资产

引导案例

2010年1月19日，苏州常柴股份有限公司公布2009年度业绩报告，多家媒体以“苏常柴2009年业绩扭亏为盈，金融资产助业绩提升”或“投资收益添彩，苏常柴2009年扭亏为盈”等显著标题加以报告。该公司2009年度净利润2.1亿元，每股收益0.374元。而2008年净利润亏损8 539万元，每股亏损0.228元。公司两年业绩的大起大落与其金融资产的分类与处理有很大关系。苏常柴将持有的北汽福田汽车股票，按照持有目的分别作为两类不同的金融资产进行会计处理。同一股票投资、两种分类造成不同的经济后果，其差别极其显著。

企业对投资的金融资产的不同分类和会计处理，将对企业财务状况和经营成果产生怎样的影响?

学习目标

通过本章学习，学生能掌握相关金融资产的分类；熟悉交易性金融资产、持有至到期投资、可供出售金融资产的概念；掌握交易性金融资产、可供出售金融资产、持有至到期投资的特点及其取得、期末计价和处置的会计处理。

第一节　金融资产概述

一、金融资产的概念

金融资产是指在金融市场中可交易的金融资产，是用来证明贷者与借者之间融通货币余缺的书面证明，其基本要素为支付的金额与支付条件。

金融资产(如股票、期货、黄金、外汇、保单等)也叫金融产品、金融工具、有价证券。因为它们是在金融市场可以买卖的产品，故称金融产品；因为它们有不同的功能，能达到不同的目的，如融资、避险等，故称金融工具；因为它们是产权和债权债务关系的法律凭证，故称有价证券。绝大多数的金融资产(或称产品、工具、有价证券)具有不同程度的风险。

二、金融资产的分类

金融资产主要包括库存现金、应收账款、应收票据、贷款、垫款、其他应收款、应收利息、债权投资、股权投资、基金投资、衍生金融资产等。金融资产"广义"与"狭义"的映射关系如图3-1所示。

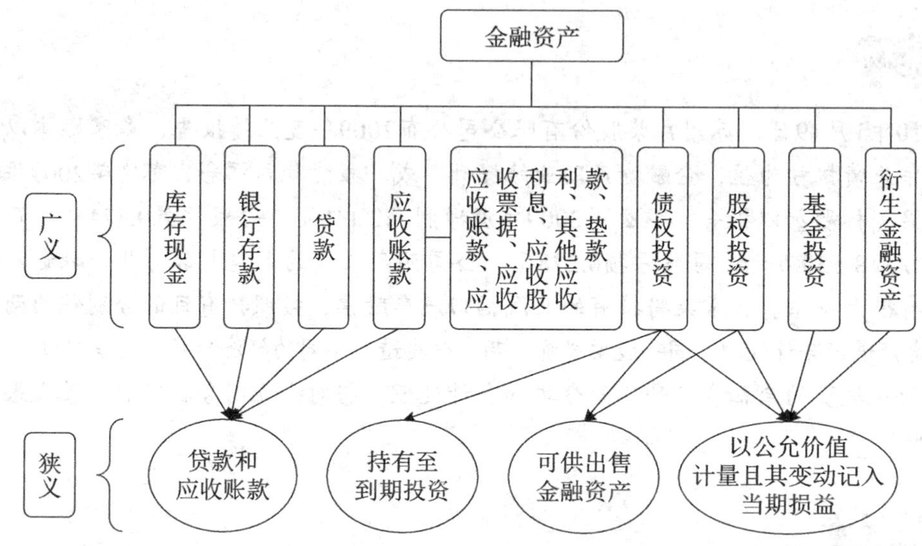

图3-1 金融资产"广义"与"狭义"的映射关系

注：① 贷款和应收款项泛指一类金融资产，包括金融企业发放的贷款和其他债权，也包括非金融企业持有的现金、银行存款、各类应收款项、持有的其他企业的债权(无活跃市场报价)。

②"贷款和应收款项"不是会计科目，它所包含的金融资产各自有单独的会计科目进行核算。

③ 金融工具确认和计量准则(第22号准则)中所规范的金融资产是狭义的金融资产，即上图所示的4类金融资产，也是本章的主要内容。广义金融资产中的部分内容，如长期股权投资，不属于上述4类金融资产。

④ 上图形象说明了是一般情况下金融资产"广义"与"狭义"的映射关系。企业应当结合自身业务特点和风险管理要求，特别是管理者的持有意图，对金融资产进行核算分类

对金融资产的理解，需要注意以下几点。

(1) 企业放弃金融资产所获得的经济利益可能是非现金金融资产。例如，政府债券赋予持有人收取政府债券而非现金的合同权利，这一政府债券就是金融资产。

(2) 永续债券工具通常赋予持有人一种合同权利，即在无权收回本金的情况下，或是在有权收回本金但其条款使得收回本金不大可能或在极其遥远的未来的情况下，按固定的日期在未来无限收取利息的权利。例如，企业可能发行一项金融工具，该工具按照固定的面值或本金并以固定的利率按年永久支付利息，则该金融工具的持有人即拥有一项金融资产。

(3) 存货、固定资产、无形资产等都不是金融资产。控制这些有形和无形资产能够制造产生现金或其他金融资产流入的机会，但并不会引起收取现金或其他金融资产的现时权利。类似的，预付账款产生的未来经济利益是收取商品或劳务，而不是收取现金或其他金融资产，因此也不属于金融资产。

在构成金融资产的项目中，以公允价值计量且其变动计入当期损益的金融资产、持有至到期投资、可供出售金融资产将在本章介绍，长期股权投资等将在第四章介绍。

第二节　交易性金融资产

一、交易性金融资产概述

(一) 交易性金融资产概念

交易性金融资产主要是指企业为了近期内出售或回购而取得并持有的衍生金融资产，如企业以赚取差价为目的从二级市场购入的股票、债券、基金等。

(二) 交易性金融资产的特点

1. 投资的变现能力强

交易性金融资产在活跃市场中有报价，具有很强的变现能力，其流动性仅次于货币资金，当企业急需资金时可以立即将其兑现。

活跃市场是指同时具有下列特征的市场：①市场内交易的对象具有同质性；②可随时找到自愿交易的买方和卖方；③市场价格信息是公开的。

2. 投资目的是利用生产经营过程的暂时闲置资金获得一定的收益

在企业正常的生产经营过程中，有时会形成一笔暂时闲置的资金，这在季节性的生产企业中尤为明显。企业可以在充分考虑风险的前提下，用这笔资金购买随时可以变现的投资，以期获得高于银行存款利息的投资收益。

3. 近期内出售，不以控制被投资单位等为目的，回收金额不固定或不可确定

企业用于交易性投资的资金是暂时闲置的，一旦企业生产经营需要资金或者出现较好的获利机会，企业可能随时将交易性投资转为货币资金，但是由于投资具有一定的风险性，交易性投资的回收金额不固定或不可确定，投资也可能发生亏损。

二、交易性金融资产核算

(一) 交易性金融资产的入账时间及初始成本的确定

企业取得交易性金融资产同取得其他资产一样，必须明确入账时间和入账金额。

交易性金融资产的入账时间，应以付款或投出资产的时间作为投资确立的入账时间。

企业取得交易性金融资产时，应当按照取得时的公允价值作为初始确认金额，相关的交易费用在发生时计入当期损益。支付的价款中包含已宣告但尚未发放的现金股利或已到

付息期但尚未领取的债券利息，应当单独确认为应收项目。

(二) 交易性金融资产的会计处理

1. 交易性金融资产核算会计科目的设置

为了核算交易性金融资产的取得、收取现金股利或利息、处置等业务，企业应当设置以下账户。

(1)“交易性金融资产”账户。该科目属于资产类账户，核算企业为交易目的所持有的债券、股票、基金等交易性金融资产的公允价值。企业持有的直接指定为以公允价值计量且其变动计入当期损益的金融资产也在“交易性金融资产”账户核算。本账户的借方登记交易性金融资产的取得成本、资产负债表日其公允价值高于账面余额的差额等；贷方登记资产负债表日其公允价值低于账面余额的差额、企业出售交易性金融资产时结转的成本和公允价值变动损益等。本账户按交易性金融资产的类别和品种，分别通过“成本”“公允价值变动”等账户进行明细核算。

(2)“公允价值变动损益”账户。该账户属于损益类账户，核算交易性金融资产等因公允价值变动而形成的应计入当期损益的利得或损失，贷方登记资产负债表日企业持有的交易性金融资产等的公允价值高于账面余额的差额；借方登记资产负债表日企业持有的交易性金融资产等的公允价值低于账面余额的差额。公允价值是指在公平交易中，熟悉情况的交易双方自愿进行资产交换或者债务清偿的金额。

(3)“应收股利”账户，核算因股权投资而产生的现金股利。

(4)“应收利息”账户，核算因债权投资而产生利息收益。

(5)“投资收益”账户，核算企业投资所发生的损益。

2. 交易性金融资产的账务处理

(1) 交易性金融资产的取得。企业取得交易性金融资产时，应当按其公允价值，借记“交易性金融资产——成本”账户，按发生的交易费用，借记“投资收益”账户，按已宣告但尚未发放的现金股利或已到付息期但尚未领取的债券利息，借记“应收股利”或“应收利息”账户，按实际支付的金额，贷记“银行存款”等账户。

交易费用是指可直接归属于购买、发行或处置金融工具时新增的外部费用，包括支付给代理机构、咨询公司、券商等的手续费和佣金及其他必要支出，在发生时计入当期损益，作为投资收益进行会计处理。发生交易费用取得增值税专用发票的，进项税额经认证后可从当月销项税额中扣除。

例3-1 光明公司2018年2月1日以存出投资款购入东方公司发行在外的普通股股票10 000股，作为交易性金融资产投资。每股买入价为7.5元，另支付税金和手续费400元，取得增值税专用发票上注明的增值税额为24元。编制光明公司会计分录。

【答案】 借：交易性金融资产——东方公司股票(成本)　　75 000

投资收益——交易费用　　400

应交税费——应交增值税(进项税额)　　24

贷：其他货币资金——存出投资款(或银行存款)　　75 424

例3-2 光明公司于2018年3月16日以存出投资款购入新华公司发行在外的普通股股票20 000股，作为交易性金融资产投资。每股买入价为9.5元，其中0.4元为新华公司于3月1日宣告但尚未分派的现金股利，登记日为3月20日，股利发放日为4月5日。光明公司另付税金和手续费1 500元，取得增值税专用发票上注明的增值税税额为90元。编制光明公司会计分录。

【答案】借：交易性金融资产——新华公司股票(成本)　　182 000
应收股利——新华公司　　8 000
投资收益——交易费用　　1 500
应交税费——应交增值税(进项税额)　　90
贷：其他货币资金——存出投资款　　191 590

例3-3 光明公司于2018年4月6日以存出投资款 90 000元购入长治公司于2018年1月1日发行的 3 年期债券作为交易性金融资产投资。该债券年利率为6%，到期一次还本付息，另支付手续费600元，取得增值税专用发票上注明的增值税税额为36元。编制光明公司会计分录。

【答案】借：交易性金融资产——长治公司债券(成本)　　90 000
投资收益——交易费用　　600
应交税费——应交增值税(进项税额)　　36
贷：其他货币资金——存出投资款　　90 636

例3-4 光明公司2018年1月5日以银行存款108 000元买入长江公司于2016年1月1日发行的3年期债券，作为交易性金融资产投资，其中已到期但尚未领取的债券利息为4 000元。该债券按年付息，到期还本，利息发放日为1月10日，年利率为4%，票面金额为100 000元。光明公司购买该债券时另支付相关税费500元，取得增值税专用发票上注明的增值税税额为30元。编制光明公司会计分录。

【答案】借：交易性金融资产——长江公司债券(成本)　　104 000
应收利息　　4 000
投资收益——交易费用　　500
应交税费——应交增值税(进项税额)　　30
贷：其他货币资金——存出投资款　　108 530

(2) 交易性金融资产持有期间收到现金股利或债券利息的核算。根据《企业会计准则第22号——金融工具的确认与计量》的规定，交易性金融资产持有期间收到的现金股利或债券利息，应在股利宣告日或计息日确认为投资收益，同时记入“应收股利”或“应收利息”科目，实际收到时，借记“其他货币资金”或“银行存款”科目，贷记“应收股利”

或“应收利息”科目。

例3-5 承例3-1，假设2018年4月8日，光明公司宣告将于5月10日按每10股3元发放现金股利。股权截止日为5月25日。编制光明公司会计分录。

【**答案**】2018年4月8日

借：应收股利——东方公司 3 000

贷：投资收益 3 000

2018年5月10日

借：其他货币资金——存出投资款 3 000

贷：应收股利——东方公司 3000

例3-6 承例3-4，2018年1月10日，光明公司收到未领取的债券利息4 000元，编制会计分录。

【**答案**】借：其他货币资金——存出投资款 4 000

贷：应收利息 4 000

例3-7 仍承例3-4，光明公司于2018年12月31日计息，编制会计分录。

【**答案**】借：应收利息——长江公司 4 000

贷：投资收益 4 000

例3-8 仍承例3-4，2019年1月10日，光明公司收到上述购入债券一年的利息，编制会计分录。

【**答案**】借：其他货币资金——存出投资款 4 000

贷：应收利息——长江公司 4 000

例3-9 2018年1月8日，甲公司购入丙公司发行的公司债券，该笔债券于2017年7月1日发行，面值为2 500万元，票面利率为4%，债券利息按年支付。甲公司将其划分为交易性金融资产，支付价款为2 600万元(其中已过付息期但尚未发放的债券利息50万元)，另支付交易费用30万元，取得增值税专用发票上注明的增值税税额为1.8万元。2018年2月5日，甲公司收到该笔债券利息50万元。2019年2月10日，甲公司收到债券利息100万元。

编制甲公司会计分录。

【**答案**】① 2018年1月8日，购入丙公司的公司债券时

借：交易性金融资产——成本 25 500 000

应收利息 500 000

投资收益 300 000

应交税费——应交增值税(进项税额) 18 000

贷：其他货币资金——存出投资款 26 318 000

② 2018年2月5日，收到购买价款中包含的已宣告发放的债券利息时

借：其他货币资金——存出投资款　　500 000

　　贷：应收利息　　500 000

③ 2018年12月31日，确认丙公司的公司债券利息收入时

借：应收利息　　1 000 000

　　贷：投资收益　　1 000 000

④ 2019年2月10日，收到持有丙公司的公司债券利息时

借：其他货币资金——存出投资款　　1 000 000

　　贷：应收利息　　1 000 000

(3) 交易性金融资产的期末计价。根据《企业会计准则第22号——金融工具的确认与计量》的规定，在资产负债表日，应编制调整分录，将公允价值的变动计入当期损益。交易性金融资产期末以公允价值计价，能够公允地反映企业财务状况和经营成果，满足会计报表使用者对会计信息的需求。

资产负债表日按照公允价值计量，公允价值与账面余额间的差额计入当期损益。

例3-10　承例3-9，假定2018年6月30日，甲公司购买的该笔债券的市价为2 580万元；2018年12月31日，甲公司购买的该笔债券的市价为2 560万元。编制甲公司会计分录。

【答案】① 2018年6月30日，确认该笔债券的公允价值变动损益时

借：交易性金融资产——公允价值变动　　300 000

　　贷：公允价值变动损益　　300 000

② 2018年12月31日，确认该笔债券的公允价值变动损益时

借：公允价值变动损益　　200 000

　　贷：交易性金融资产——公允价值变动　　200 000

【解析】在本例中，2018年6月30日，该笔债券的公允价值为2 580元，账面余额为2 550元，公允价值大于账面余额30万元，应记入“公允价值变动损益”科目的贷方；2018年12月31日，该笔债券的公允价值为2 560元，账面余额为2 580万元，公允价值小于账面余额20万元，应记入“公允价值变动损益”科目的借方。

(4) 交易性金融资产的处置。企业在需要周转资金或决定投资于更有利的机会时，可以随时将持有的交易性金融资产在证券市场上出售。企业处置交易性金融资产时，其公允价值与初始入账金额之间的差额应确认为投资收益，同时调整公允价值变动损益。

企业出售交易性金融资产时应按实际收到的金额，借记“银行存款”“其他货币资金”等科目，按其账面余额，贷记“交易性金融资产——成本、公允价值变动”科目，按借贷方的差额贷记或借记“投资收益”科目。

另外，企业处置交易性金融资产时，其账面余额应根据不同情况予以结转：①全部处置某项交易性投资时，其账面余额全部结转；②部分处置某项投资时，应按出售的比例和

该项投资的总平均成本确定处置部分的成本。

例3-11 光明公司将3个月前购入的新华公司股票全部出售，扣除相关税费后实际收到价款110 000元。该股票“交易性金融资产——新华公司股票(成本)”的借方余额为105 000元，“交易性金融资产——新华公司股票(公允价值变动)”的贷方余额为3 000元。编制光明企业会计分录。

【答案】 借：其他货币资金——存出投资款 110 000
交易性金融资产——新华公司股票(公允价值变动) 3 000
贷：交易性金融资产——新华公司股票(成本) 105 000
投资收益 8 000

例3-12 2018年6月25日，甲公司以每股1.3元购进某股票200万股，划分为交易性金融资产；6月30日，该股票市价为每股1.1元；11月2日，以每股1.4元的价格全部出售该股票。假定不考虑相关税费，甲公司出售该金融资产形成的投资收益为( )万元。

A. −20 B. 60 C. 10 D. −10

【解析】 出售交易性金融资产时，应将出售时的公允价值与其初始入账金额之间的差额确认为当期投资收益。故出售形成的投资收益=(1.4−1.1)×200=60(万元)，所以选择B。

例3-13 2018年3月1日，甲公司购入A公司股票，市场价值为1 500万元，甲公司将其划分为交易性金融资产，支付价款为1 550万元，其中，包含A公司已宣告但尚未发放的现金股利50万元，另支付交易费用10万元，取得增值税专用发票上注明增值税税额为0.6万元。2018年3月15日，甲公司收到该现金股利50万元；2018年6月30日，该股票的市价为1 520万元；2018年9月15日，甲公司出售了所持有的A公司的股票，售价为1 600万元。

要求：根据上述资料进行相关的会计处理。

【答案】 ① 2018年3月1日，购入时

借：交易性金融资产——成本 15 000 000
应收股利 500 000
投资收益 100 000
应交税费——应交增值税(进项税额) 6 000
贷：其他货币资金——存出投资款 15 606 000

② 2018年3月15日，收到现金股利

借：其他货币资金——存出投资款 500 000
贷：应收股利 500 000

③ 2018年6月30日，确认该股票的公允价值变动损益

借：交易性金融资产——公允价值变动 200 000
贷：公允价值变动损益 200 000

④ 2018年9月15日，出售该股票时

借：其他货币资金——存出投资款　16 000 000

　贷：交易性金融资产——成本　15 000 000

　　　　　　　　　——公允价值变动　200 000

　　投资收益　800 000

第三节　持有至到期投资

一、持有至到期投资的概念及特点

(一) 持有至到期投资的概念

持有至到期投资，是指到期日固定、回收金额固定或可确定且企业有明确意图和能力持有至到期的非衍生金融资产。

企业不能将下列非衍生金融资产划分为持有至到期投资：①初始确认时即被指定为以公允价值计量且其变动计入当期损益的非衍生金融资产；②初始确认时被指定为可供出售的非衍生金融资产；③符合贷款和应收款项的定义的非衍生金融资产。

(二) 持有至到期投资的特点

1. 到期日固定、回收金额固定或可确定

到期日固定、回收金额固定或可确定，是指相关合同明确了投资者在确定的期间内获得或应收取现金(例如投资利息和本金等)的金额和时间。

2. 有明确意图持有至到期

有明确意图持有至到期，是指投资者在取得投资时意图就是明确的，除非遇到一些企业所不能控制、预期不会重复发生且难以合理预计的独立事件，否则将持有至到期。

3. 有能力持有至到期

有能力持有至到期，是指企业有足够的财务资源，并可在不受外部因素影响的前提下将投资持有至到期。

4. 到期前处置或重分类对所持有剩余非衍生金融资产会产生影响

企业将持有至到期投资在到期前处置或重分类，通常表明其违背了将投资持有至到期的最初意图。如果该资产被处置或重分类为其他类金融资产后，其金额大于该类投资(即企业全部持有至到期)在出售或重分类前的总额，则企业在处置或重分类该资产后，应立即将剩余的持有至到期投资(即全部持有至到期投资扣除已处置或重分类的部分)重分类为可供出售金融资产。

二、持有至到期投资的核算

(一) 持有至到期投资核算会计科目的账户设置

企业核算持有至到期投资，应设置“持有至到期投资”账户。该账户属于资产类账户，核算企业持有至到期投资的摊余成本。本账户应当按照持有至到期投资的类别和品种，分别通过“成本”“利息调整”“应计利息”等明细账户进行核算。

(二) 持有至到期投资的账务处理

企业对持有至到期投资的会计处理，应着重于该金融资产的持有者打算“持有至到期”，未到期前通常不会出售或重分类，主要应解决该金融资产实际利率的计算、摊余成本的确定、持有期间的收益确认以及将其处置时损益的处理。

(1) 取得的持有至到期投资时，应按该投资的面值，借记“持有至到期投资——成本”账户，按支付价款中包含的已到付息期但尚未领取的利息金额，借记“应收利息”账户，按实际支付的金额，贷记“银行存款”等账户，按其差额，借记或贷记“持有至到期投资——利息调整”账户。

(2) 资产负债表日，持有至到期投资为一次还本、分期付息债券投资的，应按票面利率计算确定的应收未收利息金额，借记“应收利息”账户，按持有至到期投资的摊余成本和实际利率计算确定的利息收入金额，贷记“投资收益”账户，按其差额，借记或贷记“持有至到期投资——利息调整”账户。

持有至到期投资为一次还本付息债券投资的，应于资产负债表日按票面利率计算确定的应收未收利息金额，借记“持有至到期投资——应计利息”账户，按持有至到期投资的摊余成本和实际利率计算确定的利息收入金额，贷记“投资收益”账户，按其差额，借记或贷记“持有至到期投资——利息调整”账户。

(3) 将持有至到期投资重分类为可供出售金融资产的，应在重分类日按该资产的公允价值，借记“可供出售金融资产”账户，按其账面余额，贷记“持有至到期投资——成本、应计利息”账户，贷记或借记“持有至到期投资——利息调整”账户，按其差额，贷记或借记“其他综合收益”账户。已计提减值准备的，还应同时结转减值准备。

(4) 出售持有至到期投资时，应按实际收到的金额，借记“银行存款”等账户，按其账面余额，贷记“持有至到期投资——成本、应计利息”账户，贷记或借记“持有至到期投资——利息调整”账户。按其差额，贷记或借记“投资收益”账户。已计提减值准备的，还应同时结转减值准备。

例3-14 2018年1月1日，光明公司支付价款1 000元(含交易费用)从活跃市场上购入新华公司5年期债券，面值1 250元，票面利率4.72%。按年支付利息(即每年59元)，本金最后一次支付。合同约定，该债券的发行方在遇到特定情况时可以将债券赎回，且不需要为提前赎回支付额外款项。光明公司在购买该债券时，预计发行方不会提前赎回。不考虑所得税、减值损失等因素。

要求：根据上述资料，作光明公司的相关会计处理。

【答案】 实际利率r=59×(1+r)+59×(1+r)+59×(1+r)+59 ×x(1+r)+(59+1 250)×(1+r)=1 000(元)，采用插值法计算得出r=10%。

据此，得出各年溢价推销情况，如表3-1所示。

表3-1　各年溢价推销情况　　单位：元

年份	期初摊余成本(a)	实际利息(b)(按10%计算)	现金流入(c)	期末摊余成本(d)(d=a+b−c)
2018	1 000	100	59	1 041
2019	1 041	104	59	1 086
2020	1 086	109	59	1 136
2021	1 136	113	59	1 190
2022	1 190	119	1309	0

根据上述数据，光明公司的有关会计处理如下：

① 2018年1月1日，购入债券时

借：持有至到期投资——成本　　1 250

　　贷：银行存款　　1 000

　　　　持有至到期投资——利息调整　　250

② 2018年12月31日，确认实际利息收入、收到票面利息等

借：应收利息　　59

　　持有至到期投资——利息调整　　41

　　贷：投资收益　　100

借：银行存款　　59

　　贷：应收利息　　59

③ 2019年12月31日，确认实际利息收入、收到票面利息等

借：应收利息　　59

　　持有至到期投资——利息调整　　45

　　贷：投资收益　　104

借：银行存款　　59

　　贷：应收利息　　59

④ 2020年12月31日，确认实际利息收入、收到票面利息等

借：应收利息　　59

　　持有至到期投资——利息调整　　50

　　贷：投资收益　　109

借：银行存款　　59

　　贷；应收利息　　59

⑤ 2021年12月31日，确认实际利息收入、收到票面利息等

借：应收利息　59

　　持有至到期投资——利息调整　54

　　贷：投资收益　113

借：银行存款　59

　　贷：应收利息　59

⑥ 2022年12月31日，确认实际利息收入、收到票面利息和本金等

借：应收利息　59

　　持有至到期投资——利息调整　60

　　贷：投资收益　119

借：银行存款　59

　　贷：应收利息　59

借：银行存款等　1 250

　　贷：持有至到期投资——成本　1 250

例3-15　承例3-14，假定光明公司购买的债券不是分次付息，而是到期一次还本付息，且利息不是以复利计算。

要求：根据上述资料，作光明公司的相关会计处理。

【答案】光明公司所购买债券的实际利率r计算如下：(59+59+59+59+59+1 250)×(l+r)=1 000，由此得出r=9.05%。

据此，得出各年溢价推销情况，如表3-2所示。

表3-2　各年溢价摊销情况　单位：元

年份	期初摊余成本(a)	实际利息(b)(按9.05%计算)	现金流入(c)	期末摊余成本(d)(d=a+b—c)
2018	1000	90.5	0	1 090.5
2019	1 090.5	98.69	0	1 189.19
2020	1 189.19	107.62	0	1 296.81
2021	1 296.81	117.36	0	1 414.17
2022	1 414.17	130.83	1545	0

根据上述数据，光明公司的有关账务处理如下：

① 2018年1月1日，购入债券时

借：持有至到期投资——成本　1 250

　　贷：银行存款　1 000

　　　　持有至到期投资——利息调整　250

② 2018年12月31日，确认实际利息收入时

借：持有至到期投资——应计利息　59

　　　　　　　　　——利息调整　31.5

贷：投资收益　90.5

③ 2019年12月31日，确认实际利息收入时

借：持有至到期投资——应计利息　59

——利息调整　39.69

贷：投资收益　98.69

④ 2020年12月31日，确认实际利息收入时

借：持有至到期投资——应计利息　59

——利息调整　48.62

贷：投资收益　107.62

⑤ 2021年12月31日，确认实际利息收入时

借：持有至到期投资——应计利息　59

——利息调整　58.36

贷：投资收益　117.36

⑥ 2022年12月31日，确认实际利息收入、收到本金和名义利息等

借：持有至到期投资——应计利息　59

——利息调整　71.83

贷：投资收益　130.83

借：银行存款　1 545

贷：持有至到期投资——成本　1 250

——应计利息　295

例3-16　光明公司2018年1月1日购入新华公司同日发行的5年一次还本付息债券。票面年利率为8%，债券面值为600 000元，实际支付价款650 000元，不考虑其他相关税费。假定发行时的市场利率为6%，年末计息一次。各年溢价摊销情况见表3-3。

表3-3　各年溢价推销情况　单位：元

年份	期初摊余成本(a)	实际利息(b)(按6%计算)	现金流入(c)	期末摊余成本(d)($d=a+b-c$)
2018	650 000	39 000	48 000	64 1000
2019	641 000	38 460	48 000	631 460
2020	631 460	37 888	48 000	621 348
2021	621 348	37 281	48 000	610 629
2022	610 629	37 371	648 000	0

要求：根据上述资料，作光明公司相关会计处理。

根据上述资料，编制会计分录如下：

① 2018年1月1日购入债券时

借：持有至到期投资——成本　600 000

——利息调整　50 000

贷：银行存款 650 000

② 2018年12月31日计算应计利息及投资收益时

借：持有至到期投资——应计利息 48 000

贷：持有至到期投资——利息调整 9 000

投资收益 39 000

③ 2019年12月31日计算应计利息及投资收益时

借：持有至到期投资——应计利息 48 000

贷：持有至到期投资——利息调整 9 540

投资收益 38 460

④ 2020年12月31日计算应计利息及投资收益时

借：持有至到期投资——应计利息 48 000

贷：持有至到期投资——利息调整 10 112

投资收益 37 888

⑤ 2021年12月31日计算应计利息及投资收益时

借：持有至到期投资——应计利息 48 000

贷：持有至到期投资——利息调整 10 719

投资收益 37 281

⑥ 2022年12月31日计算应计利息及投资收益时

借：持有至到期投资——应计利息 48 000

贷：持有至到期投资——利息调整 10 629

投资收益 37 371

⑦ 到期收回本金

借：银行存款 840 000

贷：持有至到期投资——成本 600 000

持有至到期投资——应计利息 240 000

(三) 持有至到期投资转换

企业因持有至到期投资部分出售或重分类的金额较大且不属于企业会计准则所允许的例外情况，使该投资的剩余部分不再适合划分为持有至到期投资的，企业应当将该投资的剩余部分重分类为可供出售金融资产，并以公允价值进行后续计量。重分类日，该投资剩余部分的账面价值与其公允价值之间的差额计入其他综合收益，在该可供出售金融资产发生减值或终止确认时转出，计入当期损益。

例3-17 2019年3月，由于贷款基准利率的变动和其他市场因素的影响，乙公司持有的、原划分为持有至到期投资的某公司债券价格持续下跌。为此，乙公司于4月1日对外出售该持有至到期债券投资10%，收取价款1 200 000元(即所出售债券的公允价值)。

要求：(1) 假定4月1日该债券出售前的账面余额(成本)为10 000 000元，不考虑债券出售等其他相关因素的影响，进行相关的账务处理。

(2) 假定4 月23 日，乙公司将该债券全部出售，收取价款11 800 000元，进行相关的账务处理。

【答案】(1) 乙公司相关的账务处理如下：

	借方	贷方
借：银行存款	1 200 000	
贷：持有至到期投资		1 000 000
投资收益		200 000
借：可供出售金融资产	10 800 000	
贷：持有至到期投资——成本		9 000 000
其他综合收益		1 800 000

(2) 乙公司相关账务处理如下：

	借方	贷方
借：银行存款	11 800 000	
贷：可供出售金融资产		10 800 000
投资收益		1 000 000
借：其他综合收益	1 800 000	
贷：投资收益		1 800 000

【解析】划分为贷款和应收款项的金融资产，其会计处理与持有至到期投资基本相同。

第四节　可供出售金融资产

一、可供出售金融资产的概念

可供出售金融资产，是指初始确认时即被指定为可供出售的非衍生金融资产以及除下列各类资产以外的金融资产：①贷款和应收款项；②持有至到期投资；③以公允价值计量且其变动计入当期损益的金融资产。例如，企业购入的在活跃市场上有报价的股票、债券和基金等，没有划分为以公允价值计量且其变动计入当期损益的金融资产或持有至到期投资等金融资产的，可归为此类。

二、可供出售金融资产的会计处理

可供出售金融资产的会计处理，与以公允价值计量且其变动计入当期损益的交易性金融资产的会计处理有些类似，例如，均要求按公允价值进行后续计量。也有一些不同，例如，可供出售金融资产取得时发生的交易费用应当计入初始入账金额；可供出售金融资产后续计量时公允价值变动计入所有者权益；可供出售外币股权投资因资产负债表日汇率变动形成的汇兑损益计入所有者权益等。

可供出售金融资产的会计处理，还需要注意以下几个事项。

(1) 企业因持有意图或能力发生改变，使某项投资不再适合划分为持有至到期投资的，应当将其重分类为可供出售金融资产，并以公允价值进行后续计量。重分类日，该投资的账面价值与公允价值之间的差额计入所有者权益，在该可供出售金融资产发生减值或终止确认时转出，计入当期损益。

(2) 持有至到期投资部分出售或重分类的金额较大，且不属于例外情况，使该投资的剩余部分不再适合划分为持有至到期投资的，企业应当将该投资的剩余部分重分类为可供出售金融资产，并以公允价值进行后续计量。重分类日，该投资剩余部分的账面价值与其公允价值之间的差额计入所有者权益，在该可供出售金融资产发生减值或终止确认时转出，计入当期损益。

(3) 因持有意图或能力发生改变，或可供出售金融资产的公允价值不再能够可靠计量(极少出现)，或可供出售金融资产持有期限已超过企业会计准则所指“两个完整的会计年度”，使金融资产不再适合按照公允价值计量时，企业可以将该金融资产改按成本或摊余成本计量，该成本或摊余成本为重分类日该金融资产的公允价值或账面价值。

可供出售金融资产的账务处理也可分为取得时、持有期间和出售时三个步骤。

(一) 取得时

(1) 企业取得可供出售的金融资产是股票投资的，应按其公允价值与交易费用之和，借记“可供出售金融资产——成本” 科目，按支付的价款中包含的已宣告但尚未发放的现金股利，借记“应收股利”科目。按实际支付的金额，贷记“银行存款”等科目。

(2) 企业取得的可供出售金融资产为债券投资的，应按债券的面值，借记“可供出售金融资产——成本”科目，按支付的价款中包含的已到付息期但尚未领取的利息，借记“应收利息”科目，按实际支付的金额，贷记“银行存款”等科目，按其差额，借记或贷记“可供出售金融资产——利息调整”科目。

(二) 持有期间

(1) 资产负债表日，可供出售债券为分期付息、一次还本债券投资的，应按票面利率计算确定的应收未收利息，借记“应收利息”科目，按可供出售债券的摊余成本和实际利率计算确定的利息收入，贷记“投资收益”科目，按其差额，借记或贷记“可供出售金融资产——利息调整”科目。

可供出售债券为一次还本付息债券投资的，应于资产负债表日按票面利率计算确定的应收未收利息，借记“可供出售金融资产——应计利息”科目，按可供出售债券的摊余成本和实际利率计算确定的利息收入金额，贷记“投资收益”科目，按其差额，借记或贷记“可供出售金融资产——利息调整” 科目。

(2) 资产负债表日，可供出售金融资产的公允价值高于其账面余额的差额，借记“可供出售金融资产——公允价值变动”科目，贷记“其他综合收益”科目；公允价值低于其账面余额的差额做相反的会计分录。

确定可供出售金融资产发生减值的，按应减记的金额，借记“资产减值损失”科目，按应从所有者权益中转出原计入其他综合收益的累计损失金额，贷记“其他综合收益”科目，按其差额，贷记“可供出售金融资产——公允价值变动”科目。

对于已确认减值损失的可供出售金融资产，在随后会计期间内公允价值已上升且客观上与确认原减值损失事项有关的，应按原确认的减值损失，借记“可供出售金融资产——公允价值变动”科目，贷记“资产减值损失”科目；但可供出售金融资产为股票等权益工具投资的(不含在活跃市场上没有报价、公允价值不能可靠计量的权益工具投资)，借记“可供出售金融资产——公允价值变动”科目，贷记“其他综合收益”科目。

将持有至到期投资重分类为可供出售金融资产的，应在重分类日按其公允价值，借记“可供出售金融资产” 科目，按其账面余额，贷记“持有至到期投资”科目，按其差额，贷记或借记“其他综合收益”科目。

(三) 出售时

出售可供出售的金融资产，应按实际收到的金额，借记“银行存款”等科目，按其账面余额，贷记“可供出售金融资产——成本、公允价值变动、利息调整、应计利息”科目，按应从所有者权益中转出的公允价值累计变动额，借记或贷记“其他综合收益”科目，按其差额，贷记或借记“投资收益”科目。

例3-18　2018年7月13日，光明公司从二级市场购入股票100 000股，每股市价15元，手续费30 000元；初始确认时，该股票划分为可供出售金融资产。

2018年12月31日，光明公司仍持有该股票，该股票当时的市价为16元。

2019年2月1日，光明公司将该股票售出，售价为每股13元，另支付交易费用13 000元。假定不考虑其他因素，进行相关的账务处理。

【答案】光明公司的账务处理如下：

① 2018年7月13 日，购入股票时

借：可供出售金融资产——成本　　1 530 000

　　贷：银行存款　　1 530 000

② 2018年12月31日，确认股票价格变动

借：可供出售金融资产——公允价值变动　　70 000

　　贷：其他综合收益　　70 000

③ 2019年2月1日，出售股票时

借：银行存款　　1 287 000

　　其他综合收益　　70 000

　　投资收益　　243 000

　　贷：可供出售金融资产——成本　　1 530 000

　　　　　　　　　　　　——公允价值变动　　70 000

例3-19 2018年1月1日，新华公司支付价款1 028.244元购入东方公司发行的3年期公司债券，该公司债券的票面总金额为1 000元，票面年利率为4%，实际利率为3%，利息每年末支付，本金到期支付。新华公司将该公司债券划分为可供出售金融资产。2018年12月31日，该债券的市场价格为1 000.094元。假定不考虑交易费用和其他因素的影响，对新华公司相关的账务进行处理。

【答案】新华公司的账务处理如下：

① 2018年1月1日，购入债券时

借：可供出售金融资产——成本　　1 000

　　　　　　　　　　——利息调整　　28.244

　贷：银行存款　　1 028.244

② 2018年12月31日，收到债券利息、确认公允价值变动时

实际利息=1 028.244×3%=30.84 732=30.85(元)

应收利息=1 000×4%=40(元)

年末摊余成本= 1 028.244+30.85−40=1 019.094(元)

借：应收利息　　40

　贷：投资收益　　30.85

　　　可供出售金融资产——利息调整　　9.15

借：银行存款　　40

　贷：应收利息　　40

借：其他综合收益　　19

　贷：可供出售金融资产——公允价值变动　　19

例3-20 2018年5月6日，新华公司支付价款10 160 000(含交易费用10 000元和已宣告发放现金股利150 000元)，购入光明公司发行的股票2 000 000股，占光明公司有表决权股份的0.5%。新华公司将其划分为可供出售金融资产。

2018年5月10日，新华公司收到光明公司发放的现金股利150 000元。

2018年6月30日，该股票市价为每股5.2元。

2018年12月31 日，新华公司仍持有该股票；当日该股票市价为每股5元。

2019年5月9日，光明公司宣告发放股利40 000 000元。

2019年5月13日，新华公司收到光明公司发放的现金股利。

2019年5月20日，新华公司以每股4.9元的价格将股票全部转让。

假定不考虑其他因素，新华公司应如何进行账务处理？

【答案】新华公司的账务处理如下：

① 2018年5月6日，购入股票时

借：可供出售金融资产——成本　　10 010 000

　　应收股利　　150 000

　贷：银行存款　　10 160 000

② 2018年5月10日，收到现金股利时

借：银行存款 150 000

贷：应收股利 150 000

③ 2018年6月30日，确认股票的价格变动时

借：可供出售金融资产——公允价值变动 390 000

贷：其他综合收益 390 000

④ 2018年12月31日，确认股票价格变动时

借：其他综合收益 400 000

贷：可供出售金融资产——公允价值变动 400 000

⑤ 2019年5月9日，确认应收现金股利时

借：应收股利 200 000

贷：投资收益 200 000

⑥ 2019年5月 13日，收到现金股利时

借：银行存款 200 000

贷：应收股利 200 000

⑦ 2019年5月20日，出售股票时

借：银行存款 9 800 000

投资收益 210 000

可供出售金融资产——公允价值变动 10 000

贷：可供出售金融资产——成本 10 010 000

其他综合收益 10 000

本章小结

本章阐述了金融资产的分类及各类金融资产的特征及界定条件，对各类金融资产的会计计量、记录做出全面解析，对于期末金融资产的减值提取作了理论分析及案例说明。

本章应重点关注如下几个问题。

(1) 交易性金融资产的处置损益的计算及累计投资收益的计算。

(2) 持有至到期投资每期投资收益的计算及期初摊余成本的计算。

(3) 持有至到期投资减值计提的会计处理。

(4) 金融资产重分类的原则及会计处理。

(5) 可供出售金融资产减值处理。

(6) 可供出售金融资产处置时损益额的计算。

第四章　长期股权投资

引导案例

科龙电器1999年的会计报表中与长期投资有关的信息如下：利润表中的投资收益约为5.42亿元，占当年利润总额的84%；资产负债表中长期投资的账面价值约为17.35亿元，占资产总额的27.86%；现金流量表中与投资收益对应的现金流量约为1 970万元。从上述3组数据中可以看出，在企业总资产27.86%的对外长期投资，却取得了占利润84%的投资收益，而这些投资收益只产生了不足2 000万元的现金流量。通过这样的信息应如何对科龙电器当年长期投资的质量进行判断？3张会计报表中有关长期投资的项目是如何核算的？为什么如此高的投资收益只带来2 000万元的现金流入？这样的投资收益反映了什么内容？本章将详细介绍被越来越多的企业所重视的长期投资的会计核算。

资料来源：根据广东科龙电器股份有限公司1999年年报数据整理而成

学习目标

通过本章学习，学生能熟悉长期股权投资的范围和初始计量；掌握长期股权投资的成本法和权益法的内容及其账务处理。

第一节　长期股权投资的范围和初始计量

一、长期股权投资的范围

本章涉及的长期股权投资指按照《企业会计准则第2号——长期股权投资》进行核算的权益性投资，这类投资主要包括4个方面。

1. 对子公司投资

对子公司投资，是指投资方能够对被投资单位实施控制的权益性投资。

母公司与子公司要具有以下关系：①两者之间必须有投资关系；②两者之间必须有控制关系。

控制，是指投资企业拥有对被投资单位的权力，通过参与被投资单位的相关活动而享有可变回报，并且有能力运用对被投资单位的权力影响其回报金额。控制=持股过半+

非常手段。“非常手段”指投资企业对被投资单位具有的实质控制权。拥有“非常手段”的投资企业具有以下一种或几种特征：①通过与其他投资者的协议，投资企业拥有被投资单位50%以上表决权资本的控制权；②根据章程或协议，投资企业有权控制被投资单位的财务和经营政策；③有权任免被投资单位董事会等类似权力机构的多数成员；④在被投资单位董事会或类似权力机构会议上有半数以上投票权。

2. 对合营企业投资

对合营企业投资，是指投资企业与其他合营方一同对被投资单位实施共同控制的权益性投资。

共同控制，是指按照合同约定对某项经济活动所共有的控制。在确定是否构成共同控制时，一般把以下情况作为确定基础：①任何一个合营方均不能单独控制合营企业的生产经营活动；②涉及合营企业基本经营活动的决策需要各合营方一致同意；③各合营方可能通过合同或协议的形式任命其中的一个合营方对合营企业的日常活动进行管理，但其必须在各合营方已经一致同意的财务和经营政策范围内行使管理权。

3. 对联营企业投资

对联营企业投资，是指投资企业对被投资单位具有重大影响的权益性投资。

重大影响，是指对一个企业的财务和经营政策有参与决策的权力，但并不能够控制或者与其他方一起共同控制这些政策的制定。在确定是否构成重大影响时，一般把以下情况作为确定基础：①投资企业直接或通过子公司间接拥有被投资单位20%以上但低于50%的表决权股份时，一般认为对被投资单位具有重大影响。②投资企业拥有被投资单位有表决权股份的比例低于20%的，一般认为对被投资单位不具有重大影响，但符合下列情况之一的，应认为对被投资单位具有重大影响：在被投资单位的董事会或类似权力机构中派有代表；参与被投资单位的政策制定过程，包括股利分配政策等的制定；与被投资单位之间发生重要交易；向被投资单位派出管理人员；向被投资单位提供关键技术资料。

总之，此类长期股权投资在对被投资方的影响程度上均达到或超过了重大影响程度。

4. 投资企业持有的对被投资单位不具有共同控制或重大影响，并且在活跃市场中没有报价，公允价值不能可靠计量的权益性投资

需要注意的是，当持股比例比较低，在活跃市场上有报价，公允价值能够可靠计量的，就不能在长期股权投资里核算，要在金融资产里核算：如果短期内赚差价的，作为交易性金融资产；如果持有时间长，超过1年或1年以上的，作为可供出售金融资产。

除上述以外其他的权益性投资，包括风险投资机构、共同基金以及类似主体持有的并在初始确认时按照《企业会计准则第22号——金融工具确认和计量》的规定以公允价值计量且其变动计入当期损益的金融资产，投资性主体对不纳入合并财务报表的子公司的权益性投资，应当按照《企业会计准则第22号——金融工具确认和计量》的规定核算。

二、长期股权投资初始计量

(一) 长期股权投资核算会计科目的设置

为了总括地核算和监督长期股权投资的增减变动和结存情况，企业应设置“长期股权投资”科目。它属于资产类科目，用来核算企业投出的期限在1年以上(不含1年)的各种股权性质的投资，包括购入的股票和其他股权投资等。其借方登记长期股权投资的增加数；贷方登记长期股权投资的减少数；期末借方余额反映企业持有的长期股权投资的价值。本科目应按被投资单位进行明细核算。长期股权投资核算采用权益法的，应当通过“成本”“损益调整”“其他权益变动”科目进行明细核算。

(二) 长期股权投资初始计量

长期股权投资的取得方式不同，其初始投资成本的确定也各不相同。具体来说，长期股权投资初始投资成本的确定，应当分为企业合并形成的长期股权投资和其他方式取得的长期股权投资两种形式。在企业合并形成的长期股权投资中，还可进一步分为同一控制下的企业合并和非同一控制下的企业合并。

1. 同一控制下的企业合并取得的长期股权投资

(1) 初始投资成本的确定。同一控制下的企业合并，是指参与合并的企业在合并前后均受同一方或相同的多方最终控制且该控制并非是暂时性的。同一方，是指对参与合并企业在合并前后均实施最终控制的投资者，如企业集团的母公司等。相同的多方，通常是指根据投资者之间的协议约定，在对被投资单位的生产经营决策行使表决权时发表一致意见的两个或两个以上的投资者。控制并非暂时性，是指参与合并各方在合并前后较长的时间内受同一方或相同的多方最终控制，控制时间通常在1年以上(含1年)。例如，合并前母公司A有两个子公司B和C，C又有一子公司D，合并后D公司成为B公司的子公司，这种合并就属于同一控制下的合并。

不管哪种形式的同一控制下的合并，从最终控制方的角度看，合并前和合并后其拥有的资源并没有发生变化，变化的只是集团的布局、结构与资本链条，而且合并的交易价格往往不公允，所以同一控制下的企业合并取得的长期股权投资不以公允价值作为初始投资成本。

根据《企业会计准则第2号——长期股权投资》的规定，同一控制下的企业合并，合并方以支付现金、转让非现金资产或承担债务方式作为合并对价的，应当在合并日按照取得被合并方所有者权益账面价值的份额作为长期股权投资的初始投资成本。长期股权投资初始投资成本与支付的现金、转让的非现金资产以及所承担债务账面价值之间的差额，应当调整资本公积；资本公积不足冲减的，依次冲减盈余公积和未分配利润。

合并方以发行权益性证券作为合并对价的，应当在合并日按照取得被合并方所有者权益账面价值的份额作为长期股权投资的初始投资成本。按照发行股份的面值总额作为股本，长期股权投资初始投资成本与所发行股份面值总额之间的差额，应当调整资本公积；

资本公积不足冲减的，依次冲减盈余公积和未分配利润。

合并方应根据合并日享有被合并方在最终控制方合并财务报表中的净资产的账面价值的份额，确定长期股权投资的初始投资成本的前提是：合并前合并方与被合并方采用的会计政策应当一致。企业合并前，合并方与被合并方若采用的会计政策不同的，应基于重要性原则，统一合并方与被合并方的会计政策。在按照合并方的会计政策对被合并方在最终控制方合并财务报表中的净资产的账面价值进行调整的基础上，计算确定长期股权投资的初始投资成本。如果被合并方编制合并财务报表，则应当以合并日被合并方的合并财务报表为基础确认长期股权投资的初始投资成本。

(2) 账务处理。同一控制下企业合并形成的长期股权投资，应在合并日按取得被合并方所有者权益账面价值的份额，借记“长期股权投资(成本)”科目，按享有被投资单位已宣告但尚未收取的现金股利或利润，借记“应收股利”科目，按支付的合并对价的账面价值，贷记有关资产或借记有关负债科目。按其差额，贷记“资本公积——资本溢价或股本溢价”科目；如果为借方差额，则借记“资本公积——资本溢价或股本溢价”科目。资本公积(资本溢价或股本溢价)不足冲减的，应依次借记“盈余公积”“利润分配——未分配利润”科目。

例4-1　光明公司和新华公司同为兴华集团的子公司，2018年1月2日，光明公司和新华公司达成合并协议，光明公司以银行存款5 000万元作为对价，取得新华公司60%的股权。合并日新华公司的账面所有者权益总额为8 000万元。假定光明公司合并时“资本公积——股本溢价”科目的余额为500万元。

根据以上资料，光明公司应如何作会计分录？

【答案】光明公司会计分录如下：

借：长期股权投资——新华公司(成本)　　48 000 000

　　资本公积——股本溢价　　2 000 000

　　贷：银行存款　　50 000 000

例4-2　承例4-1，如果光明公司以每股面值为1元的普通股1000万股作为合并对价，则在取得长期股权投资时光明公司应如何作会计分录？

借：长期股权投资——新华公司(成本)　　48 000 000

　　贷：股本　　10 000 000

　　　　资本公积——股本溢价　　38 000 000

例4-3　2019年6月30日，A公司向其母公司P发行10 000 000股普通股(每股面值为1元，每股公允价值为4.34元)，取得母公司P拥有对S公司100%的股权，并于当日起能够对S公司实施控制。合并后S公司仍维持其独立法人地位继续经营。2019年6月30日，P公司合并财务报表中的S公司净资产账面价值为40 000 000元。假定A公司和S公司都受P公司最终同一控制，在企业合并前采用的会计政策相同。不考虑相关税费等其他因素影响。A公司应如何作会计处理？

【答案】 A公司在合并日应确认对S公司的长期股权投资，初始投资成本为应享有S公司在P公司合并财务报表中的净资产账面价值的份额，账务处理为：

借：长期股权投资——S公司(成本)　　40 000 000
　　贷：股本　　10 000 000
　　　　资本公积——股本溢价　　30 000 000

另外，企业通过多次交易分步取得同一控制下被投资企业的股权，最终形成企业合并的，应当判断多次交易是否属于“一揽子交易”。多次交易的条款、条件以及经济影响符合以下一种或多种情况，通常表明应将多次交易事项作为一揽子交易进行会计处理：①这些交易是同时或者在考虑彼此影响的情况下订立的；②这些交易整体才能达成一项完整的商业结果；③一项交易的发生取决于其他至少一项交易的发生；④一项交易单独看是不经济的，但是和其他交易一并考虑时是经济的。

属于一揽子交易的，合并方应当将各项交易作为一项取得控制权的交易进行会计处理。不属于“一揽子交易”的，取得控制权日，应按照以下几个步骤进行会计处理。

(1) 确定同一控制下企业合并形成的长期股权投资的初始投资成本。在合并日，根据合并后应享有被合并方净资产在最终控制方合并财务报表中的账面价值的份额，确定长期股权投资的初始投资成本。

(2) 长期股权投资初始投资成本与合并对价账面价值之间的差额的处理。合并日长期股权投资的初始投资成本，与达到合并前的长期股权投资账面价值加上合并日进一步取得股份所支付对价的账面价值之和的差额，调整资本公积(资本溢价或股本溢价)，资本公积不足冲减的，冲减留存收益。

(3) 合并日之前持有的股权投资，因采用权益法核算或金融工具确认和计量准则核算而确认的其他综合收益，暂不进行会计处理，直至处置该项投资时采用与被投资单位直接处置相关资产或负债相同的基础才进行会计处理；因采用权益法核算而确认的被投资单位净资产中除净损益、其他综合收益和利润分配以外的所有者权益其他变动，暂不进行会计处理，直至处置该项投资时转入当期损益。其中，处置后的剩余股权采用成本法或权益法核算的，其他综合收益和其他所有者权益应按比例结转，处置后的剩余股权改按金融工具确认和计量准则进行会计处理的，其他综合收益和其他所有者权益应全部结转。

例4-4　2019年1月1日，A公司取得同一控制下的B公司25%的股份，实际支付款项90 000 000元，能够对B公司施加重大影响。相关手续于当日办理完毕。当日，B公司可辨认净资产账面价值为330 000 000元(假定与公允价值相等)。2019年度及2020年度，B公司共实现净利润15 000 000元，无其他所有者权益变动。2019年1月1日，公司以定向增发30 000 000股普通股(每股面值为1元，每股公允价值为4.5元)的方式取得同一控制下另一企业所持有的B公司35%股权，相关手续于当日完成。进一步取得投资后，A公司能够对B公司实施控制。当日，B公司在最终控制方合并财务报表中的净资产的账面价值为

345 000 000元。假定A公司和B公司采用的会计政策和会计期间相同，均按照10%的比例提取法定盈余公积。A公司和B公司一直受同一最终控制方控制。上述交易不属于一揽子交易，不考虑相关税费等其他因素影响。A公司合并日应如何进行账务处理？

【解析】(1) 确定合并日长期股权投资的初始投资成本：合并日追加投资后A公司持有B公司股权比例为：25%+35%=60%，合并日A公司享有B公司在最终控制方合并财务报表中净资产的账面价值份额为：345 000 000× 60%=207 000 000元。

B公司长期股权投资的损益调整为：1 500 000 × 25%=3 750 000元

(2) 长期股权投资初始投资成本与合并对价账面价值之间的差额的处理：合并日原25%的股权投资采用权益法核算，原账面价值为：90 000 000+15 000 000×25%=93 750 000元，

追加投资(35%)所支付对价的账面价值为30 000 000元，

合并对价账面价值=93 750 000+30 000 000=123 750 000元，

故长期股权投资初始投资成本与合并对价账面价值之间的差额=207 000 000−123 750 000 =83 250 000元。

【答案】A公司合并日应进行的账务处理为：

借：长期股权投资——B公司	207 000 000	
贷：长期股权投资——B公司——投资成本		90 000 000
——损益调整		3 750 000
股本		30 000 000
资本公积——股本溢价		83 250 000

2. 非同一控制下的企业合并形成的长期股权投资

(1) 初始投资成本的确定。非同一控制下的企业合并是指参与合并的各方在合并前后不属于同一方或相同的多方最终控制的情况下进行的合并。非同一控制下的合并一般以市价为基础，交易作价相对公平合理，因此，非同一控制下企业合并取得的长期股权投资以公允价值为基础计价。

非同一控制下的控股合并中，购买方应当按照确定的企业合并成本作为长期股权投资的初始投资成本。企业合并成本包括购买方付出的资产、发生或承担的负债、发行的权益性工具或债务性工具的公允价值之和。购买方为企业合并发生的审计、法律服务、评估咨询等中介费用以及其他相关管理费用，应于发生时计入当期损益：购买方作为合并对价发行的权益性工具或债务性工具的交易费用，应当计入权益性工具或债务性工具的初始确认金额。

(2) 账务处理。非同一控制下企业合并形成的长期股权投资，应在购买日按企业合并成本(不含应向被投资单位收取的现金股利或利润)，借记“长期股权投资——成本”科目，按享有被投资单位已宣告但尚未发放的现金股利或利润，借记“应收股利”科目，按支付合并对价的账面价值，贷记有关资产或借记有关负债科目，按发生的直接相关费用，贷记“银行存款”等科目，按其差额，贷记“营业外收入”或借记“营业外支出”等科目。非同一控制下涉及以库存商品等作为合并对价的，应按库存商品的公允价值，贷记

“主营业务收入”科目，并同时结转相关的成本，涉及增值税的还应进行相应的处理。

例4-5 光明公司2018年1月20日购买新华公司发行的股票5 000 000股准备长期持有，占新华公司股份的30%。每股买入价6元，另外，购买该股票时发生有关税费500 000元，款项已由银行存款支付。2017年12月31日，新华公司的所有者权益的账面价值(与其公允价值不存在差异)100 000 000元。光明公司应如何进行会计处理？

【答案】光明公司的会计处理如下：

借：长期股权投资——成本　　30 500 000

　贷：银行存款　　30 500 000

在该例中，长期股权投资的初始投资成本30 500 000元(5 000 000×6+500 000)大于投资时应享有被投资单位可辨认净资产公允价值份额30 000 000元(100 000 000×30%)，成本与份额的差额为500 000元，不调整已确认的初始投资成本。但是，如果长期股权投资的初始投资成本小于投资时应享有被投资单位可辨认净资产公允价值份额，应借记“长期股权投资——成本”科目，贷记“银行存款”等科目，按其差额，贷记“营业外收入”科目。

例4-6 2018年4月1日，光明公司与新华公司达成合并协议，约定光明公司以一批产品向新华公司投资，占新华公司股份总额的60%。该产品的成本为350万元，公允价值为500万元，该产品适用的增值税税率为16%。假定光明公司与新华公司在此之前不存在任何投资关系，不考虑其他相关税费。根据以上资料，光明公司应如何作会计分录？

【答案】光明公司应作如下会计分录：

借：长期股权投资——新华公司(成本)　　5 800 000

　贷：主营业务收入　　5 000 000

　　　应交税费——应交增值税(销项税额)　　800 000

同时结转该批产品的成本：

借：主营业务成本　　3 500 000

　贷：库存商品　　3 500 000

例4-7 2018年3月20日，光明公司与新华公司达成合并协议，约定光明公司以一项专利权向新华公司投资，占新华公司股份总额的60%。该专利权的账面原价为1000万元，已累计摊销200万元，已计提无形资产减值准备50万元，公允价值为900万元。假定光明公司和新华公司在此之前不存在任何投资关系。根据以上资料，不考虑相关税费等其他因素影响，光明公司应如何作会计分录？

【答案】光明公司应作如下会计分录：

借：长期股权投资——新华公司(成本)　　9 450 000

　　累计摊销——专利权　　2 000 000

资产减值准备——无形资产减值准备　　500 000

贷：无形资产—专利权　　10 000 000

营业外收入　　1 950 000

例4-8　2019年3月31日，A公司取得B公司70%的股权，并于当日起能够对B公司实施控制。合并中A公司支付的有关资产在购买日的账面价值与公允价如表4-1所示。合并中A公司为核实B公司的资产价值，聘请专业资产评估机构对B公司的资产进行评估，支付评估费用1 000 000元。假定合并前A公司与B公司不存在任何关联方关系，不考虑相关税费等其他因素影响，A公司应如何进行账务处理？

表4-1　A公司支付的有关资产购买日的账面价值与公允价值

2019年3月31日　　单位：元

项目	账面价值	公允价值
土地使用权(自用)	20 000 000 (成本为30 000 000，累计摊销10 000 000)	32 000 000
专利技术	8 000 000 (成本为10 000 000，累计摊销2 000 000)	10 000 000
银行存款	8 000 000	8 000 000
合 计	36 000 000	50 000 000

【答案】本例中因A公司与B公司在合并前不存在任何关联方关系，应作为非同一控制下的企业合并处理。合并形成的A公司对B公司的长期股权投资，应按支付对价的公允价值确定其初始投资成本。A公司应进行的账务处理为：

借：长期股权投资——B公司　　50 000 000

累计摊销　　12 000 000

管理费用　　1 000 000

贷：无形资产　　40 000 000

银行存款　　9 000 000

营业外收入　　14 000 000

企业通过多次交易分步实现非同一控制下企业合并的，应当区分个别财务报表和合并财务报表进行会计处理。在编制个别财务报表时，应当按照原持有的股权投资的账面价值加上新增投资成本之和，作为改按成本法核算的初始投资成本。

购买日之前持有的股权采用权益法核算的，相关其他综合收益应当在处置该项投资时采用与被投资单位直接处置相关资产或负债相同的基础进行会计处理，因被投资方净损益、其他综合收益和利润分配以外的其他所有者权益变动而确认的所有者权益，应当在处置该项投资时相应转入处置期间的当期损益。其中，处置后的剩余股权采用成本法或权益法核算的，其他综合收益和其他所有者权益应按照比例结转，处置后的剩余股权改按金融工具确认和计量准则进行会计处理的，其他综合收益和其他所有者权益应全部结转。

购买日之前持有的股权投资采用金融工具确认和计量准则进行会计处理的，应当按照确定的股权投资的公允价值加上新增投资成本之和，作为改按成本法核算的初始投资成本，原持有股权的公允价值与账面价值之间的差额以及原计入其他综合收益的累计公允价值变动应当全部转入改按成本法核算的当期投资收益。

例4-9·多选 2018 年1月1日，A公司以现金45 000 000元自非关联方取得了B公司20%的股权，并能够对其施加重大影响。当日，B公司可辨认净资产公允价值为210 000 000元，2020年7月1日，A公司另支付现金120 000 000元，自另一非关联方取得B公司40%股权，并取得对B公司的控制权。购买日，A公司原持有的对B公司的20 %股权的公允价值为60 000 000元。购买日前A公司确认与B公司权益法核算相关的累计其他综合收益为6 000 000元，其他所有者权益变动为1 500 000元，B公司可辨认净资产公允价值为270 000 000元。假设A公司购买B公司20%股权和后续购买40%的股权的交易不构成“ 一揽子交易”。以上交易的相关手续均于当日完成。不考虑相关税费等其他因素影响。

下列选项中对A公司个别报表会计处理正确的是(　　)。

A. 购买日前A公司原持有股权的账面价值为52 500 000元

B. 本次投资支付的对价的公允价值为120 000 000元

C. 购买日前A公司原持有股权相关的其他综合收益以及其他所有者权益变动在购买日进行会计处理

D. 购买日对子公司按成本法核算的初始投资成本为172 500 000元

【解析】购买日前，A公司持有B公司的投资作为对联营企业的投资进行会计核算，购买日前A公司原持有股权的账面价值为52 500 000元(45 000 000 + 6 000 000 +1 500 000)。

本次投资支付对价的公允价值为120 000 000元。

购买日对子公司按成本法核算的初始投资成本为172 500 000元(52 500 000 +120 000 000)。

购买日前A公司原持有股权相关的其他综合收益6 000 000元以及其他所有者权益变动1 500 000元在购买日均不进行会计处理，所以应该选择ABD。

例4-10 2018年1月1日，A公司以每股6元的价格购入某上市公司B公司的股票2 000 000股，并由此持有B公司5%的股权。A公司与B公司不存在关联方关系。A公司将对B公司的投资作为可供出售金融资产进行会计处理。2020年1月1日，A公司以现金150 000 000元为对价，向B公司大股东收购B公司50%的股权，相关手续于当日完成。2020年1月1日B公司当日股价为每股6.5元，B公司可辨认净资产的公允价值为240 000 000元。假设A公司购买B公司5%的股权和后续购买50%的股权不构成“一揽子交易”，不考虑相关税费等其他因素影响。A公司应如何作会计处理?

【答案】购买日前，A公司持有对B公司的股权投资作为可供出售金融资产进行会计处理。购买日前A公司原持有可供出售金融资产的账面价值为13 000 000元(6.5×2 000 000)。

本次追加投资支付对价的公允价值为150 000 000元。

购买日对子公司按成本法核算的初始投资成本为163 000 000元(150 000 000+13 000 000)。

购买日前A公司原持有可供出售金融资产相关的其他综合收益为1 000 000元[(6.5−6)×2 000 000]，购买日该其他综合收益转入购买日所属当期投资收益。

A公司应进行的账务处理为：

借：长期股权投资——B公司　163 000 000

　　贷：可供出售金融资产—B公司股票——成本　12 000 000

　　　　　　　　　　　　　　　　——公允价值变动　1 000 000

　　　　银行存款　150 000 000

借：其他综合收益　1 000 000

　　贷：投资收益　1 000 000

3. 企业合并以外的其他方式取得的长期股权投资

除企业合并形成的长期股权投资以外，其他方式取得的长期股权投资应当按照下列规定确定其初始投资成本。

(1) 以支付现金取得的长期股权投资，应当按照实际支付的购买价款作为初始投资成本。初始投资成本包括与取得长期股权投资直接相关的费用、税金及其他必要支出。

(2) 以发行权益性证券取得的长期股权投资，应当按照发行权益性证券的公允价值作为初始投资成本。

(3) 投资者投入的长期股权投资，应当按照投资合同或协议约定的价值作为初始投资成本，但合同或协议约定价值不公允的除外。

(4) 通过非货币性资产交换取得的长期股权投资，其初始投资成本应当按照《企业会计准则第7号——非货币性资产交换》确定。

(5) 通过债务重组取得的长期股权投资，其初始投资成本应当按照《企业会计准则第12号——债务重组》确定。

例4-11　为保证原料的供应，2018年4月2日，光明公司在公开交易的股票市场上购买新华公司5%的股票100万股，每股12.2元，其中0.2元为已宣告但尚未收取的现金股利，另支付相关税费24 000元，所有款项已通过银行存款支付。根据以上资料，光明公司应如何作会计分录？

【答案】长期股权投资的初始投资成本=1 000 000×(12.2−0.2)+24 000= 12 024 000(元)

光明公司应作如下会计分录：

借：长期股权投资——新华公司(成本)　12 024 000

　　应收股利　200 000

　　贷：银行存款　12 224 000

例4-12　2018年4月30日，光明公司接受新华公司所持有的对兴华公司的长期股权投资。新华公司对兴华公司长期股权投资的账面价值为2 400万元，未计提长期股权投资减值准备。光明公司和新华公司约定，对兴华公司的长期股权投资的价值为3 600万元，占光明公司所有者权益的25%，在2018年4月30日，光明公司的所有者权益总额为12 000万元。假定不考虑其他相关税费。根据以上资料，光明公司应如何作会计分录？

【答案】光明公司应作如下会计分录：

借：长期股权投资——兴华公司(成本)　　36 000 000

　贷：实收资本(股本)　　30 000 000(12 000 × 25%)

　　　资本公积——投本溢价　　6 000 000

第二节　长期股权投资的后续计量

长期股权投资的后续计量，应该根据不同情况采用成本法和权益法。对子公司的长期股权投资应当按照成本法核算，对合营企业、联营企业的长期股权投资应当采用权益法核算。

一、长期股权投资成本法的核算

(一) 成本法的含义

成本法是指长期股权投资按投资成本计价核算的方法。在成本法下，长期股权投资以取得股权时的初始投资成本计价，其后，除了投资企业追加投资、收到被投资单位分派的盈余分配额、收回投资外，长期股权投资的账面价值一般应当保持不变。即长期股权投资的价值一经入账，无论被投资单位的生产经营情况如何，是实现利润还是发生亏损，是增加净资产还是减少净资产，投资企业均不改变其长期股权投资的账面价值，仍以初始投资成本反映企业的长期股权投资。

(二) 成本法的适用范围

根据《企业会计准则第2号——长期股权投资》的规定，企业持有的长期股权投资，投资企业能够对被投资单位实施控制的长期股权投资，应采用成本法核算。

(三) 采用成本法核算长期股权投资一般的会计处理

(1) 企业初始投资或追加投资时，以支付现金取得的长期股权投资，应按实际支付的购买价款，作为初始投资成本。企业所发生的与取得长期股权投资直接相关的费用、税金及其他必要支出应计入长期股权投资的初始投资成本。如果实际支付的价款中包含已宣告但尚未领取的现金股利，作为应收股利单独核算，不计入初始投资成本。

(2) 根据财政部下发的《企业会计准则解释第3号》规定采用成本法核算的长期股权投资，除取得投资时实际支付的价款或对价中包含的已宣告但尚未发放的现金股利或利润外，投资企业应当按照享有被投资单位宣告发放的现金股利或利润确认投资收益，不再划分是否属于投资前和投资后被投资单位实现的净利润，即被投资企业宣告分派的利润或现金股利，投资企业按应享有的部分，确认为当期投资收益。

例4-13　光明公司2018年1月10日购买新华股份有限公司发行的股票50 000股，准备长期持有，从而拥有新华股份有限公司5%的股份，每股买入价为6元。另外，企业购买该股票时发生有关税费5 000元，款项已由银行存款支付。光明公司应如何作会计处理？

【答案】长期股权投资的初始投资成本=50 000 × 6+5 000=305 000(元)

光明公司应作如下会计处理：

借：长期股权投资　　305 000

　贷：银行存款　　305 000

例4-14　承例4-13，如果光明公司于2018年6月20日收到新华股份有限公司宣告发放2017年度现金股利的通知，应分得现金股利5 000元。光明公司应如何作会计处理？

【答案】光明公司应作如下会计处理：

借：应收股利　　5 000

　贷：投资收益　　5 000

例4-15　光明公司将其作为长期投资持有的远洋股份有限公司15 000股股票，以每股10元的价格卖出，支付相关税费1 000元，取得价款149 000元，款项已由银行收妥。该长期股权投资账面价值为140 000元，假定没有计提减值准备。光明公司应如何作会计处理？

【答案】光明公司应作如下会计处理：

借：银行存款　　149 000

　贷：长期股权投资　　140 000

　　投资收益　　9 000

二、长期股权投资权益法的核算

(一) 权益法的含义

长期股权投资的权益法是指投资企业最初以初始投资成本计价后，在投资持有期间根据投资企业享有被投资单位所有者权益份额的变动对投资的账面价值进行调整的方法。在权益法下，长期股权投资的账面价值反映的不是企业的初始投资成本，而是企业占被投资单位所有者权益的份额。

(二) 权益法的适用范围

根据《企业会计准则第2号——长期股权投资》的规定，投资企业对被投资单位具有共同控制或重大影响的长期股权投资，应当采用权益法核算。

投资方在判断对被投资单位是否具有共同控制、重大影响时，应综合考虑直接持有的股权和通过子公司间接持有的股权。在综合考虑直接持有的股权和通过子公司间接持有的股权后，如果认定投资方在被投资单位拥有共同控制或重大影响的，在个别财务报表中，投资方进行权益法核算时，应仅考虑直接持有的股权份额；在合并财务报表中，投资方进行权益法核算时，应同时考虑直接持有和间接持有的份额。

(三) 采用权益法核算的长期股权投资一般的会计处理

(1) 初始投资或追加投资时，按照初始投资成本或追加投资的投资成本，增加长期股权投资的账面价值。

(2) 比较初始投资成本与投资时应享有被投资单位可辨认净资产公允价值的份额，前者大于后者的，不调整长期股权投资账面价值；前者小于后者的，应当按照两者之间的差额调增长期股权投资的账面价值，同时计入取得投资当期损益(营业外收入)。

(3) 持有投资期间，随着被投资单位所有者权益的变动而相应调整(增加或减少)长期股权投资的账面价值，分别作以下情况处理：对于因被投资单位实现净损益和其他综合收益而产生的所有者权益的变动，投资方应当按照应享有的份额，增加或减少长期股权投资的账面价值，同时确认投资损益和其他综合收益；对于被投资单位宣告分派的利润或现金股利计算应分得的部分，相应减少长期股权投资的账面价值；对于被投资单位除净损益、其他综合收益以及利润分配以外的因素导致的其他所有者权益变动，相应调整长期股权投资的账面价值，同时确认资本公积(其他资本公积)。

值得注意的是，在评估投资方对被投资单位是否具有重大影响时，应当考虑潜在表决权的影响，但在确定应享有的被投资单位实现的净损益、其他综合收益和其他所有者权益变动的份额时，潜在表决权所对应的权益份额不应予以考虑。

在持有投资期间，被投资单位编制合并财务报表的，应当以合并财务报表中净利润、其他综合收益和其他所有者权益变动归属于被投资单位的金额为基础进行会计处理。

此外，如果被投资单位发行了分类为权益的可累积优先股等类似的权益工具，无论被投资单位是否宣告分配优先股股利，投资方计算应享有被投资单位的净利润时，均应将其归属于其他投资方的累积优先股股利予以扣除。

(四) 权益法下，长期股权投资的后续计量的核算步骤

1. 初始投资成本的调整

投资方取得对联营企业或合营企业的投资以后，对于取得投资时初始投资成本与应享有被投资单位可辨认净资产公允价值份额之间的差额，应区别处理，分为两种情况。

(1) 初始投资成本大于取得投资时应享有被投资单位可辨认净资产公允价值份额的，该部分差额是投资方在取得投资过程中通过作价体现出的与所取得股权份额相对应的商誉价值，这种情况下不要求对长期股权投资的成本进行调整。

(2) 初始投资成本小于取得投资时应享有被投资单位可辨认净资产公允价值份额的，

两者之间的差额体现为双方在交易作价过程中转让方的让步，该部分经济利益应计入取得投资当期的营业外收入，同时调整长期股权投资的账面价值。

例4-16 A公司于2019 年1月2日取得B公司30%的股权，支付价款30 000 000元。取得投资时被投资单位账面所有者权益的构成如下所示(假定该时点被投资单位各项可辨认资产、负债的公允价值与其账面价值相同，单位：元)。

实收资本	30 000 000
资本公积	24 000 000
盈余公积	6 000 000
未分配利润	15 000 000
所有者权益总额	75 000 000

假定在B公司的董事会中，所有股东均以其持股比例行使表决权。A公司在取得对B公司的股权后，派人参与了B公司的财务和生产经营决策。因能够对B公司的生产经营决策施加重大影响，A公司对该项投资采用权益法核算。

要求：取得投资时，A公司应如何进行会计处理？

【解析】长期股权投资的成本30 000 000元大于取得投资时应享有B公司可辨认净资产公允价值的份额22 500 000元(75 000 000 × 30%)，不对其初始投资成本进行调整。

【答案】取得投资时，A公司应进行的会计处理为：

借：长期股权投资——B公司——投资成本　　30 000 000
　　贷：银行存款　　30 000 000

假定上例中取得投资时B公司可辨认净资产公允价值为120 000 000元，A公司按持股比例30%确定应享有长期股权的初始投资成本为36 000 000元，则初始投资成本与应享有B公司可辨认净资产公允价值份额之间的差额6 000 000元应计入取得投资当期的损益。此时，A公司应进行的会计处理为：

借：长期股权投资——B公司——投资成本　　36 000 000
　　贷：银行存款　　30 000 000
　　　　营业外收入　　6 000 000

2. 投资损益的确认

投资企业取得长期股权投资后，按照应享有的被投资单位实现的净收益的份额，确认投资收益并调整长期股权投资的账面价值。投资企业按照被投资单位宣告分派的利润或现金股利计算应分得的部分，相应减少长期股权投资的账面价值。

投资企业确认被投资单位发生的净亏损，应以长期股权投资的账面价值以及其他实质上构成对被投资单位净投资的长期权益减记至零为限，投资企业负有承担额外损失义务的除外。

采用权益法核算的长期股权投资，在确认应享有(或分担)被投资单位的净利润(或净亏损)时，在被投资单位账面净利润的基础上进行调整时，应考虑以下几种因素的影响。

(1) 被投资单位采用的会计政策和会计期间与投资方不一致的，应按投资方的会计政策和会计期间对被投资单位的财务报表进行调整，在此基础上确定被投资单位的损益。

(2) 以取得投资时被投资单位固定资产、无形资产等的公允价值为基础计提的折旧额或摊销额以及有关资产减值准备金额等对被投资单位净利润的影响。投资方取得投资时被投资单位有关资产、负债的公允价值与其账面价值不同的，未来期间，在计算归属投资方应享有的净利润或应承担的净亏损时，应考虑对被投资单位计提的折旧额、摊销额以及资产减值准备金额等进行调整。

(3) 投资方在对被投资单位的净利润进行调整时，应考虑重要性原则，不具有重要性的项目可不予调整。投资企业无法合理确定取得投资时被投资单位各项可辨认资产、负债等公允价值的，或者投资时被投资单位可辨认资产、负债的公允价值与账面价值之间的差额不具有重要性的，或者其他原因导致无法取得对被投资单位净利润进行调整所需资料的，可以按照被投资单位的账面净利润为基础，经调整未实现内部交易损益后，计算确认投资收益。

例4-17 2018年新华股份有限公司实现净利润10 000 000元。光明公司按照持股比例确认投资收益3 000 000元。2019年5月15日，新华股份有限公司已宣告发放现金股利，每10股分派3元，光明公司可分派到1 500 000元。2019年6月15日，光明公司收到新华股份有限公司分派的现金股利。光明公司应如何作会计处理？

【答案】光明公司应作如下会计处理：

(1) 确认从新华股份有限公司实现的投资收益时

借：长期股权投资——损益调整　　3 000 000

　　贷：投资收益　　3 000 000

(2) 新华股份有限公司宣告发放现金股利时

借：应收股利　　1 500 000

　　贷：长期股权投资——损益调整　　1 500 000

(3) 收到新华股份有限公司宣告发放的现金股利时

借：银行存款　　1 500 000

　　贷：应收股利　　1 500 000

例4-18 承例4-16，假定A公司长期股权投资的成本大于取得投资时B公司可辨认净资产公允价值份额的情况下，2019年B公司实现净利润8 000 000元。A公司、B公司均以公历年度作为会计年度，采用相同的会计政策。A公司应如何作会计处理？

【解析】由于投资时B公司各项资产、负债的账面价值与其公允价值相同，不需要对B公司的净利润进行调整，A公司应确认的投资收益为2 400 000元(8 000 000×30%)，一方面增加长期股权投资的账面价值，另一方面作为利润表中的投资收益确认。

【答案】A公司的会计处理如下：

借：长期股权投资——B公司——损益调整　　　　2 400 000

　　贷：投资收益　　　　2 400 000

例4-19　甲公司于2019 年1月2日购入乙公司30%的股份，购买价款为20 000 000元，自取得股份之日起派人参与乙公司的生产经营决策。取得投资日，乙公司可辨认净资产公允价值为60 000 000元，除表4-2所示项目外，其他资产、负债的公允价值与账面价值相同。

表4-2　存货、固定资产、无形资产的各项可辨认资产

项目	账面原价/元	已提折旧/元	公允价值/元	原预计使用年限/年	剩余使用年限/年
存货	5 000 000		7 000 000		
固定资产	10 000 000	2 000 000	12 00 000	20	16
无形资产	6 000 000	1 200 000	8 000 000	10	8
小计	21 000 000	3 200 000	27 000 000		

假定乙公司2019年实现净利润6 000 000元，其中在甲公司取得投资时的账面存货5 000 000元中有80%对外出售。甲公司与乙公司的会计年度和采用的会计政策相同。固定资产、无形资产等均按直线法提取折旧或摊销，预计净残值均为零。假定甲、乙公司间未发生其他任何内部交易。(假定不考虑相关税费等其他因素影响)

要求：甲公司应如何作账务处理？

【答案】甲公司在确定其应享有乙公司2019年的投资收益时，应在乙公司实现净利润的基础上，根据取得投资时乙公司有关资产的账面价值与其公允价值差额的影响进行调整。调整后的净利润=6 000 000−(7 000 000−5 000 000)×80%−(12 000 000÷16−10 000 000÷20)−(8 000 000÷8−6 000 000÷10) = 3 750 000元，甲公司应享有份额=3 750 000 × 30%=1 125 000元。

甲公司的账务处理如下：

借：长期股权投资——乙公司——损益调整　　　　1 125 000

　　贷：投资收益　　　　1 125 000

(3) 对于投资方或纳入投资方合并财务报表范围的子公司与其联营企业及合营企业之间发生的未实现内部交易损益应予抵销，即投资方与联营企业之间发生的未实现内部交易损益，按照应享有的比例计算归属于投资方的部分，应当予以抵销，在此基础上确认投资损益。投资方与被投资单位发生的内部交易损失，按照资产减值准则等规定属于资产减值损失的，应当全额确认。

未实现内部交易损益的抵销，应当分别按顺流交易和逆流交易进行会计处理。顺流交易是指投资方向其联营企业或合营企业投出或出售资产。逆流交易是指联营企业或合营企业向投资方出售资产。未实现内部交易损益体现在投资方或其联营企业、合营企业持有的资产账面价值中的，在计算确认投资损益时应予抵销，具体情况如下所述。

第一，对于投资方向联营企业或合营企业投出或出售资产的顺流交易，在该交易存在未实现内部交易损益的情况下(即有关资产未对外部独立第三方出售或未被消耗)，投资方在采用权益法计算确认应享有联营企业或合营企业的投资损益时，应抵销该未实现内部交易损益的影响，同时调整对联营企业或合营企业长期股权投资的账面价值。投资方因投出或出售资产给其联营企业或合营企业而产生的损益中，应仅限于确认归属于联营企业或合营企业其他投资方的部分。

例4-20 甲公司持有乙公司20%的有表决权的股份，能够对乙公司施加重大影响。2019年9月，甲公司将其账面价值为8 000 000元的商品以12 000 000元的价格出售给乙公司，乙公司将取得的商品作为管理用固定资产，预计使用寿命为10年，净残值为0。假定甲公司取得该项投资时，乙公司各项可辨认资产、负债的公允价值与其账面价值相同。两者在以前期间未发生过内部交易。乙公司2019年实现净利润为20 000 000元。不考虑相关税费等其他因素影响。计算甲公司2019年应确认的投资收益并作相应的会计分录。

【答案】甲公司在该项交易中实现利润4 000 000元(12 000 000−8 000 000)，其中的800 000元(4 000 000×20%) 是针对本公司持有的对联营企业的权益份额，在采用权益法计算确认投资损益时应予以抵销，同时应考虑相关固定资产折旧对损益的影响，甲公司2019年应确认的投资收益=[(20 000 000－4 000 000＋4 000 000÷10×3/12)×20%]=3 220 000元。

甲公司应当进行以下账务处理：

借：长期股权投资——乙公司——损益调整　　3 220 000

　贷：投资收益　　3 220 000

第二，对于联营企业或合营企业向投资方投出或出售资产的逆流交易，该交易比照上述顺流交易处理。

例4-21 甲公司持有乙公司20%的有表决权股份，能够对乙公司施加重大影响。2019年8月，乙公司将其成本为9 000 000元的某商品以15 000 000元的价格出售给甲公司，甲公司取得商品后把其作为存货。至2019年12月31日，甲公司仍未对外出售该存货。乙公司2019年实现净利润48 000 000元。假定甲公司取得该项投资时，乙公司各项可辨认资产、负债的公允价值与其账面价值相同，两者在以前期间未发生过内部交易。假定不考虑相关税费等其他因素影响。

要求：(1) 甲公司在按照权益法确认应享有乙公司2019年净损益时，应如何进行账务处理？

(2) 假定2020年，甲公司将该商品以18 000 000元的价格出售给外部独立第三方，乙公司2020年实现的净利润为30 000 000元。甲公司应如何进行账务处理？

【答案】(1) 甲公司账务处理如下：

借：长期股权投资——乙公司——损益调整　　8 400 000

[(48 000 000−6 000 000) ×20%]

贷：投资收益 8 400 000

(2) 借：长期股权投资——乙公司——损益调整 7 200 000

[(30 000 000 + 6 000 000)×20%]

贷：投资收益 7 200 000

应该说明的是，投资方与其联营企业及合营企业之间发生的无论是顺流交易还是逆流交易产生的未实现内部交易损失，其中属于所转让资产发生减值损失的，有关未实现内部交易损失不应予以抵销。

例4-22 甲公司持有乙公司20%的有表决权的股份，能够对乙公司施加重大影响。2019年，甲公司将其账面价值为2 000 000元的商品以1 600 000元的价格出售给乙公司。至2019年12月31日，该批商品尚未对外部第三方出售。假定甲公司取得该项投资时，乙公司各项可辨认资产、负债的公允价值与其账面价值相同。两者在以前期间未发生过内部交易。乙公司2019年实现净利润为15 000 000元。不考虑相关税费等其他因素影响。甲公司应如何进行会计处理。

【答案】甲公司在确认应享有乙公司2019年净损益时，如果有证据表明该商品交易价格1 600 000元与其账面价值2 000 000元之间的差额为减值损失的，不应予以抵销。

甲公司应当进行以下会计处理：

借：长期股权投资——乙公司——损益调整(15 000 000 × 20%) 3 000 000

贷：投资收益 3 000 000

应注意的是，投资方与联营、合营企业之间发生投出或出售资产的交易，该资产构成业务的，应当按照《企业会计准则第20号——企业合并》《企业会计准则第33号——合并财务报表》的有关规定进行会计处理。有关会计处理如下：①联营、合营企业向投资方出售业务的，投资方应按《企业会计准则第20号——企业合并》的规定进行会计处理。投资方应全额确认与交易相关的利得或损失。②投资方向联营、合营企业投出业务，投资方因此取得长期股权投资但未取得控制权的，应以投出业务的公允价值作为新增长期股权投资的初始投资成本，初始投资成本与投出业务的账面价值之差，全额计入当期损益。③投资方向联营、合营企业出售业务，取得的对价与业务的账面价值之间的差额，全额计入当期损益。

3. 被投资单位其他综合收益变动的处理

被投资单位其他综合收益发生变动的，投资方应当按照归属于本企业的部分，相应调整长期股权投资的账面价值，同时增加或减少其他综合收益。

例4-23 2018年新华股份有限责任公司可供出售金融资产的公允价值增加了4 000 000元。光明公司按照持有股份比例确认相应的其他综合收益为1 200 000元。光明公司应如何作会计处理？

【答案】光明公司应作的会计处理为：

借：长期股权投资——其他权益变动　　1 200 000

　贷：其他综合收益　　1 200 000

例4-24　甲公司持有乙公司30%的股份，能够对乙公司施加重大影响，当期乙公司因持有的可供出售金融资产公允价值的变动计入其他综合收益的金额为20 000 000元，除该事项外，乙公司当期实现的净利润为80 000 000元。假定甲公司与乙公司适用的会计政策、会计期间相同，两者在当期及以前期间未发生任何内部交易，投资时乙公司各项可辨认资产、负债的公允价值与其账面价值相同。不考虑相关税费等其他因素影响。甲公司应如何进行账务处理？

【答案】甲公司应进行以下账务处理：

借：长期股权投资——乙公司——损益调整　　24 000 000

　　　　　　　　——其他综合收益　　6 000 000

　贷：投资收益　　24 000 000

　　　其他综合收益　　6 000 000

4. 取得现金股利或利润的处理

按照权益法核算的长期股权投资，投资方向被投资单位取得的现金股利或利润，应抵减长期股权投资的账面价值。在被投资单位宣告分派现金股利或利润时，借记"应收股利"科目，贷记"长期股权投资——损益调整"科目。

5. 超额亏损的确认

按照权益法，投资方确认应分担被投资单位发生的损失，原则上应以长期股权投资及其他实质上构成对被投资单位净投资的长期权益减记至零为限，投资方负有承担额外损失义务的除外。这里所讲"其他实质上构成对被投资单位净投资的长期权益" 通常是指长期应收项目。比如，投资方对被投资单位的长期债权，该债权没有明确的清收计划且在预计未来期间不准备收回的，实质上构成对被投资单位的净投资。应予以说明的是，该类长期权益不包括投资方与被投资单位之间因销售商品、提供劳务等日常活动所产生的长期债权。

投资方在确认应分担被投资单位发生的亏损时，应按照以下顺序处理。首先，减记长期股权投资的账面价值。其次，在长期股权投资的账面价值减记至零的情况下，考虑是否有其他构成长期权益的项目。如果有此类项目，则以其他实质上构成对被投资单位长期权益的账面价值为限，继续确认投资损失，冲减长期应收项目的账面价值。最后，在其他实质上构成对被投资单位长期权益的价值也减记至零的情况下，如果按照投资合同或协议约定，投资方需要履行其他额外的损失赔偿义务，则需预计将承担责任的金额确认预计负债，计入当期投资损失。

除按上述顺序已确认的损失以外仍有额外损失的，应在账外做备查登记，不再予以确认。

在确认了有关的投资损失以后，被投资单位以后期间实现盈利的，应按以上相反顺序分别减记已确认的预计负债、恢复其他长期权益和长期股权投资的账面价值，同时确认投资收益，即应当按顺序分别借记“预计负债”“长期应收款”“长期股权投资”等科目，贷记“投资收益”科目。

例4-25　甲公司持有乙公司40%的股权，能够对乙公司施加重大影响。2018年12月31日，该项长期股权投资的账面价值为20 000 000元。假定甲公司取得投资时，乙公司各项可辨认资产、负债的公允价值与其账面价值相同，两公司采用的会计政策和会计期间也相同。

(1) 假定乙公司2019年发生亏损30 000 000元，甲公司应如何作账务处理？

(2) 假定乙公司2019年的亏损额为60 000 000元，如果没有其他实质上构成对被投资单位净投资的长期权益项目，甲公司应如何作账务处理？

(3) 假定乙公司2019年的亏损额为60 000 000元，甲公司账上仍有乙公司的长期应收款8 000 000元(实质上构成对乙公司的净投资)，甲公司应如何作账务处理？

(4) 假定乙公司2019年的亏损额为60 000 000元，甲公司账上仍有乙公司的长期应收款3 000 000元(实质上构成对乙公司的净投资)，甲公司应如何作账务处理？

【答案】(1)甲公司2019年应确认的投资损失为12 000 000元，确认上述投资损失后，长期股权投资的账面价值变为8 000 000元。相关账务处理为：

借：投资收益　　12 000 000

　贷：长期股权投资——乙公司——损益调整　　12 000 000

(2) 乙公司2019年的亏损额为60 000 000元，甲公司按其持股比例确认应分担的损失为24 000 000元，但期初长期股权投资的账面价值仅为20 000 000元，如果没有其他实质上构成对被投资单位净投资的长期权益项目，甲公司应确认的投资损失仅为20 000 000元，未确认的超额损失4 000 000元在账外进行备查登记。相关账务处理为：

借：投资收益　　20 000 000

　贷：长期股权投资——乙公司——损益调整　　20 000 000

(3) 在确认了20 000 000元的投资损失后，甲公司账上仍有应收乙公司的长期应收款8 000 000元(实质上构成对乙公司的净投资)，则在长期应收款的账面价值大于4 000 000元的情况下，应进一步确认投资损失4 000 000元。相关账务处理为：

借：投资收益　　24 000 000

　贷：长期股权投资——乙公司——损益调整　　20 000 000

　　　长期应收款——乙公司——超额亏损　　4 000 000

(4) 在确认了20 000 000元的投资损失后，甲公司账上仍有应收乙公司的长期应收款3 000 000元(实质上构成对乙公司的净投资)，另承担额外损失500 000元，未确认的超额损失500 000元在账外进行备查登记。相关账务处理为：

借：投资收益　　23 500 000

　贷：长期股权投资——乙公司——损益调整　　20 000 000

　　　长期应收款——乙公司——超额亏损　　3 000 000

　　　预计负债——乙公司　　500 000

6. 被投资单位除净损益、其他综合收益以及利润分配以外的所有者权益的其他变动

被投资单位除净损益、其他综合收益以及利润分配以外的所有者权益的其他变动主要包括被投资单位接受其他股东的资本性投入、被投资单位发行可分割交易的可转换债券中包含的权益成分、以权益结算的股份支付、其他股东对被投资单位增资导致投资方持股比例变动等。投资方应按所持有股权比例计算应享有的份额，调整长期股权投资的账面价值，同时计入资本公积(其他资本公积)，并在备查簿中登记，投资方在后续处置股权投资但对剩余股权仍采用权益法核算时，应按处置比例将这部分资本公积转入当期投资收益；对剩余股权终止权益法核算时，将这部分资本公积全部转入当期投资收益。

三、长期股权投资核算方法的转换

(一) 公允价值计量转权益法核算

投资方原持有的对被投资单位的股权投资(不具有控制、共同控制或重大影响的)，按照金融工具确认和计量准则进行会计处理的，因追加投资等原因导致持股比例上升，能够对被投资单位施加共同控制或重大影响的，在转按权益法核算时，投资方应当按照金融工具确认和计量准则确定的原股权投资的公允价值加上为取得新增投资而应支付对价的公允价值，作为改按权益法核算的初始投资成本；原持有的股权投资分类为可供出售金融资产的，其公允价值与账面价值之间的差额，以及原计入其他综合收益的累计公允价值变动应当转入改按权益法核算的当期损益。

比较上述两种计算方法所得的初始投资成本，与按照追加投资后全新的持股比例计算确定的应享有被投资单位在追加投资日可辨认净资产公允价值份额之间的差额，前者大于后者的，不调整长期股权投资的账面价值；前者小于后者的，应调整长期股权投资的账面价值，并计入当期营业外收入。

例4-26 2018年2月，甲公司以9 000 000元现金自非关联方处取得乙公司10%的股权。甲公司根据金融工具确认和计量准则将其作为可供出售金融资产。2020年1月2日，甲公司又以18 000 000元的现金自另一非关联方取得乙公司15%的股权，相关手续于当日完成。当日，乙公司可辨认净资产公允价值总额为120 000 000元，甲公司对乙公司的可供出售金融资产的公允价值15 000 000元，计入其他综合收益的累计公允价值变动为6 000 000元。取得该部分股权后，甲公司能够对乙公司施加重大影响，对该项股权投资转为采用权益法核算。不考虑相关税费等其他因素影响。甲公司应如何作账务处理？

【答案】甲公司原持有10%股权的公允价值为15 000 000元，为取得新增投资而支付对价的公允价值为18 000 000元，因此甲公司对乙公司25%股权的初始投资成本为33 000 000元。

甲公司对乙公司新持股比例为25%，应享有乙公司可辨认净资产公允价值的份额为30 000 000元(120 000 000 × 25 %)，由于初始投资成本(33 000 000元)大于应享有乙公司可辨

认净资产公允价值的份额(30 000 000元)，因此，甲公司无须调整长期股权投资的成本。

2020年1月2日，甲公司应进行如下账务处理：

借：长期股权投资——乙公司——投资成本 33 000 000
　　其他综合收益 6 000 000
　　贷：可供出售金融资产 15 000 000
　　　　银行存款 18 000 000
　　　　投资收益 6 000 000

(二) 公允价值计量或权益法核算转成本法核算

投资方原持有的对被投资单位不具有控制、共同控制或重大影响的，按照金融工具确认和计量准则进行会计处理的权益性投资，或者原持有对联营企业、合营企业的长期股权投资，因追加投资等原因能够对被投资单位实施控制的，应按本章前面所述企业合并形成的长期股权投资有关内容进行会计处理。

(三) 权益法核算转公允价值计量

投资方原持有的对被投资单位具有共同控制或重大影响的长期股权投资，因部分处置等原因导致持股比例下降，不能再对被投资单位实施共同控制或重大影响的，应改按金融工具确认和计量准则对剩余股权投资进行会计处理，其在丧失共同控制或重大影响之日的公允价值与账面价值之间的差额计入当期损益。原采用权益法核算的相关其他综合收益应当在终止采用权益法核算时，采用与被投资单位直接处置相关资产或负债相同的基础进行会计处理，因被投资方除净损益、其他综合收益和利润分配以外的其他所有者权益变动而确认的所有者权益，应当在终止采用权益法核算时全部转入当期损益。

另外，需要注意以下两点事项。

(1) 在按照新的持股比例视同自取得投资时点即采用权益法核算进行调整时，应以被投资单位初始投资日的可辨认净资产公允价值为基础进行持续计量。

(2) 如果原投资方个别财务报表中存在与本权益投资有关的其他综合收益项目，在本次被动稀释时，还应当按处置下降比例结转有关其他综合收益计入当期损益或未分配利润。

例4-27 甲公司持有乙公司30%的有表决权股份，能够对乙公司施加重大影响，对该股权投资采用权益法核算。2018年10月，甲公司将该项投资中的60%出售给非关联方，取得价款32 000 000元。相关手续于当日完成，甲公司无法再对乙公司施加重大影响，将剩余股权投资转为可供出售金融资产，出售时，该项长期股权投资的账面价值为48 000 000元，其中投资成本39 000 000元，损益调整为4 500 000元，其他综合收益为3 000 000元(为被投资单位的可供出售金融资产的累计公允价值变动)，除净损益、其他综合收益和利润分配外的其他所有者权益变动为1 500 000元，剩余股权的公允价值为21 000 000元。不考虑相关税费等其他因素影响。甲公司应如何进行账务处理？

【答案】 甲公司的账务处理如下：

(1) 确认有关股权投资的处置损益

借：银行存款　　32 000 000

　贷：长期股权投资——乙公司——损益调整(4 500 000×60%)　　2 700 000

　　　　　　　　　——投资成本(39 000 000×60%)　　23 400 000

　　　　　　　　　——其他综合收益(3 000 000×60%)　　1 800 000

　　　　　　　　　——其他权益变动(1 500 000×60%)　　900 000

　　投资收益　　3 200 000

(2) 由于终止采用权益法核算，将原确认的相关其他综合收益全部转入当期损益

借：其他综合收益　　3 000 000

　贷：投资收益　　3 000 000

(3) 由于终止采用权益法核算，将原计入资本公积的其他所有者权益变动全部转入当期损益

借：资本公积——其他资本公积　　1 500 000

　贷：投资收益　　1 500 000

(4) 剩余股权投资转为可供出售金融资产，当日公允价值为21 000 000元，账面价值为19 200 000元，两者差异应计入当期投资收益

借：可供出售金融资产　　21 000 000

　贷：长期股权投资——乙公司——损益调整　　1 800 000

　　　　　　　　　——投资成本　　15 600 000

　　　　　　　　　——其他综合收益　　1 200 000

　　　　　　　　　——其他权益变动　　600 000

　　投资收益　　1 800 000

(四) 成本法转权益法核算

因处置投资等原因导致对被投资单位由能够实施控制转为具有重大影响或者与其他投资方一起实施共同控制的，首先应按处置投资的比例结转应终止确认的长期股权投资成本，然后比较剩余长期股权投资成本与按照剩余持股比例计算原投资时应享有被投资单位可辨认净资产公允价值的份额，前者大于后者的，不调整长期股权投资的账面价值，前者小于后者的，在调整长期股权投资成本的同时，调整留存收益。

原取得投资后至处置投资时(转为权益法核算)被投资单位实现净损益中投资方应享有的份额，应调整长期股权投资的账面价值，同时，对于原取得投资时至处置投资当期期初被投资单位实现的净损益(扣除已宣告发放的现金股利和利润)中应享有的份额，调整留存收益。处置投资当期期初至处置投资之日被投资单位实现的净损益中享有的份额，调整当期损益。被投资单位其他综合收益变动中应享有的份额，在调整长期股权投资账面价值的

同时，应当计入其他综合收益。除净损益、其他综合收益和利润分配外的其他原因导致被投资单位其他所有者权益变动中应享有的份额，在调整长期股权投资账面价值的同时，应当计入资本公积(其他资本公积)。

例4-28　甲公司原持有乙公司60%的股权，能够对乙公司实施控制。2018年11月6日，甲公司对乙公司的长期股权投资账面价值为30 000 000元，未计提减值准备，甲公司将其持有的对乙公司长期股权投资中的1/3出售给非关联方，取得价款18 000 000元，当日被投资单位可辨认净资产公允价值总额为80 000 000元。相关手续于当日完成，甲公司不再对乙公司实施控制，但具有重大影响。甲公司原取得乙公司60%股权时，乙公司可辨认净资产公允价值总额为45 000 000元(假定公允价值与账面价值相同)，自甲公司取得对乙公司长期股权投资后至部分处置投资前，乙公司实现净利润25 000 000元，其中，自甲公司取得投资日至2018年年初实现净利润20 000 000元。假定乙公司一直未进行利润分配，也未发生其他计入资本公积的交易或事项。甲公司按净利润的10%计提法定盈余公积(不考虑相关税费等其他因素影响)，甲公司应如何进行账务处理？

【答案】甲公司有关账务处理如下：

(1) 确认长期股权投资处置损益

借：银行存款	18 000 000	
贷：长期股权投资——乙公司——投资成本		10 000 000
投资收益		8 000 000

(2) 调整长期股权投资账面价值

剩余长期股权投资的账面价值为20 000 000元，与原投资时应享有被投资单位可辨认净资产公允价值份额之间的差额2 000 000元(20 000 000−45 000 000×40%)为商誉，该部分商誉的价值不需要对长期股权投资的成本进行调整。处置投资以后按照持股比例计算享有被投资单位自购买日至处置投资当期期初之间实现的净损益为8 000 000元(20 000 000×40%)，应调整长期股权投资的账面价值，同时调整留存收益；处置期初至处置日之间实现的净损益2 000 000元，应调整长期股权投资的账面价值，同时计入当期投资收益。

借：长期股权投资——乙公司——损益调整	10 000 000	
贷：盈余公积——法定盈余公积		800 000
利润分配——未分配利润		7 200 000
投资收益		2 000 000

(五) 成本法核算转公允价值计量

投资方原持有的对被投资单位具有控制的长期股权投资，因部分处置等原因导致投资方持股比例下降，不再对被投资单位实施控制、共同控制或者重大影响的，应改按金融工具确认和计量准则进行会计处理，在丧失控制之日的公允价值与账面价值之间的差额计入当期投资收益。

例4-29 甲公司持有乙公司60%的股权，能够对乙公司实施控制，对该公司股权投资采用成本法核算。2018年8月，甲公司将该项投资中的80%出售给非关联方，取得价款80 000 000元，相关手续于当日完成。甲公司无法对乙公司进行控制，也不能施加共同控制和重大影响，将剩余股权投资转为可供出售金融资产。出售时，该项长期股权投资的账面价值为90 000 000元，剩余股权投资的公允价值为20 000 000元。

要求：作甲公司的相关会计处理(不考虑相关税费等其他因素影响)。

【答案】甲公司有关账务处理如下：

(1) 确认有关长期股权投资的处置损益

	借方	贷方
借：银行存款	80 000 000	
贷：长期股权投资——乙公司		72 000 000
投资收益		8 000 000

(2) 对剩余股权转换为可供出售金融资产的，视同自取得投资时即采用权益法核算进行调整

	借方	贷方
借：可供出售金融资产——乙公司	20 000 000	
贷：长期股权投资——乙公司		18 000 000
投资收益		2 000 000

四、长期股权投资的减值

(一) 长期股权投资减值的含义

长期股权投资的减值，是指长期股权投资未来可收回金额低于账面价值所发生的损失。企业应对长期股权投资的账面价值定期地逐项进行检查，至少于每年年末检查一次。如果由于市价持续下跌或被投资单位经营状况变化等原因导致可收回金额低于投资的账面价值，应当计提减值准备。

(二) 长期股权投资减值的判断

企业持有的长期股权投资，有的在活跃市场中有报价，有的在活跃市场中没有报价。对持有的长期投资是否计提减值准备，可以分为以下两种情况。

1. 在活跃市场中有报价的长期股权投资

在活跃市场中有报价的长期股权投资是否应计提减值准备，可以根据下列几种迹象判断。

(1) 市价持续2年低于账面价值。

(2) 该项投资暂停交易1年或4年以上。

(3) 被投资单位当年发生严重亏损。

(4) 被投资单位持续两年发生亏损。

(5) 被投资单位进行清理整顿、清算或出现其他不能持续经营的迹象。

2. 在活跃市场中没有报价的长期股权投资

如果企业持有的长期投资在活跃的市场中没有报价，是否应当计提减值准备，可以根据下列几种迹象判断。

(1) 影响被投资单位经营的政治或法律环境的变化，如税收、贸易等法规的颁布或修订，可能导致被投资单位出现巨额亏损。

(2) 被投资单位所供应的商品或提供的劳务因产品过时或消费者偏好改变而使市场的需求发生变化，从而导致被投资单位财务状况发生严重恶化。

(3) 被投资单位所在行业的生产技术等发生重大变化，被投资单位已失去竞争能力，从而导致财务状况发生严重恶化，如进行清理整顿、清算等。

(4) 有证据表明该项投资实质上已经不能再给企业带来经济利益的其他情形。

(三) 长期股权投资减值的核算

在核算长期股权投资的减值时，应将长期股权投资分两类：一类是按成本法核算的、在活跃市场中没有报价、公允价值不能可靠计量的长期股权投资，其减值应当按照《企业会计准则第22号——金融工具的确认与计量》处理。由于公允价值不能可靠计量，所以期末应将这类长期股权投资的账面价值与按照类似金融资产当时市场收益率对未来现金流量折现确定的现值之间的差额，确认为减值损失，计入当期损益一类是除上一类以外的其他长期股权投资，其减值应当按照《企业会计准则第8号——资产减值》处理。期末将长期股权投资的账面价值与可收回金额之间的差额，确认为减值损失，计入当期损益。这里的“可收回金额”是指长期股权投资的公允价值减去处置费用、预期从该资产的持有和投资到期处置中形成的预计未来现金流量的现值，这两者之中的较高者。

为了核算长期股权投资减值准备的计提情况，应设置“长期股权投资减值准备”科目。本科目属于资产类科目，是“长期股权投资”的备抵调整科目。其贷方登记长期股权投资减值准备的计提；借方登记处置长期股权投资时转出的长期股权投资减值准备；期末余额在贷方，反映企业已计提但尚未转销的长期股权投资减值准备。该科目按被投资单位进行明细核算。

计提长期股权投资的减值时，借记“资产减值损失”科目，贷记“长期股权投资减值准备”科目。根据《企业会计准则第8号——资产减值》和《企业会计准则第22号——金融工具的确认与计量》的规定，长期股权投资确认减值损失后，原确认的减值损失不得转回。

例4-30 2018年12月31日，光明公司持有的新华上市公司的普通股股票的账面价值为850 000元，该投资采用权益法进行核算。由于新华公司连年经营不善，资金周转发生困难，使得其股票市价下跌，光明公司持有的新华公司普通股的可收回金额为570 000元，短期内难以恢复。2018年12月31日，光明公司应如何作会计处理？

【答案】 应计提的资产减值损失=850 000−570 000= 280 000(元)

借：资产减值损失　　　　　　　　　　280 000

贷：长期股权投资减值准备——新华公司 280 000

五、长期股权投资的处置

处置长期股权投资时，应相应结转与所售股权相对应的长期股权投资的账面价值，一般情况下，出售所得价款与处置长期股权投资账面价值之间的差额，应确认为处置损益。

投资方全部处置权益法核算的长期股权投资时，原权益法核算的相关其他综合收益应当在终止权益法核算时采用与被投资单位直接处置相关资产或负债相同的基础进行会计处理，因被投资方除净损益、其他综合收益和利润分配以外的其他所有者权益变动而确认的所有者权益，应当在终止采用权益法核算时全部转入当期投资收益。投资方部分处置权益法核算的长期股权投资，剩余股权仍采用权益法核算的，原权益法核算的相关其他综合收益应当采用与被投资单位直接处置相关资产或负债相同的基础处理并按比例结转，因被投资方除净损益、其他综合收益和利润分配以外的其他所有者权益变动而确认的所有者权益，应当按比例转入当期投资收益。

例4-31 甲公司持有乙公司40%的股权并采用权益法核算。2019年7月1日，甲公司将乙公司20%的股权出售给非关联的第三方，对剩余20%的股权仍采用权益法核算。甲公司取得乙公司股权至2019年7月1日期间，确认的相关其他综合收益为8 000 000元(为按比例享有的乙公司可供出售金融资产的公允价值变动)，享有乙公司除净损益、其他综合收益和利润分配以外的其他所有者权益变动为2 000 000元。不考虑相关税费等其他因素影响。

要求：(1) 甲公司应如何作账务处理？

(2) 假设，2019 年7月1日，甲公司将乙公司35%的股权出售给非关联的第三方，剩余5%股权作为可供出售金融资产核算。

【答案】(1) 由于甲公司处置后的剩余股权仍采用权益法核算，因此相关的其他综合收益和其他所有者权益应按比例结转。甲公司有关账务处理如下：

借：其他综合收益 4 000 000

资本公积——其他资本公积 1 000 000

贷：投资收益 5 000 000

(2) 由于甲公司处置后的剩余股权改按金融工具确认和计量准则进行会计处理，因此相关的其他综合收益和其他所有者权益应全部结转。甲公司有关账务处理如下：

借：其他综合收益 8 000 000

资本公积——其他资本公积 2 000 000

贷：投资收益 10 000 000

企业通过多次交易分步处置对子公司股权投资直至丧失控制权，如果这些交易属于“一揽子交易”的，应当将各项交易作为一项于公司股权投资并丧失控制权的交易进行会计处理，但是，在丧失控制权之前每一次处置价款与所处置的股权对应的长期股权投资账面价值之间的差额，在个别财务报表中，应当先确认为其他综合收益，到丧失控制权时再一并转入丧失控制权的当期损益。

第三节　共同经营

某些情况下，企业作为合营方直接享有合营安排的相关资产且承担该安排的相关负债，这就构成了共同经营。

一、共同经营的判断

合营安排分为共同经营和合营企业。共同经营，是指合营方享有相关资产且承担相关负债的合营安排。共同经营区别于合营企业，合营企业中合营方对合营安排的净资产享有权利。合营方应当根据其在合营安排中享有的权利和承担的义务确定一项合营安排究竟属于共同经营还是合营企业，具体判断时应考虑该安排的结构、法律形式以及合同条款等多种因素。

未通过单独主体达成的合营安排，应当划分为共同经营。单独主体，是指具有单独可辨认的财务架构的主体，包括单独的法人主体和不具备法人主体资格但法律认可的主体，常见的单独主体包括有限责任公司、合伙企业、合作企业等。某些情况下，信托、基金也可被视为单独主体。

通过单独主体达成的合营安排，通常划分为合营企业，但有确凿证据表明满足下列任一条件并且符合相关法律法规规定的合营安排应当划分为共同经营：①合营安排的法律形式表明，合营方对该安排中的相关资产和负债分别享有权利和承担义务；②合营安排的合同条款约定，合营方对该安排中的相关资产和负债分别享有权利和承担义务。③其他相关事实和情况表明，合营方对该安排中的相关资产和负债分别享有权利和承担义务。

如果合营安排同时具有以下特征，则表明该安排是共同经营：①各参与方实质上有权享有并有义务接受由该安排资产产生的几乎所有经济利益(从而承担了该经济利益的相关风险，如价格风险、存货风险、需求风险等)，如该安排所从事的活动主要是向合营方提供产出等：②持续依赖于合营方清偿该安排活动产生的负债，并维持该安排的运营。

例4-32·判断　甲公司、乙公司、丙公司建立了一项共同制造汽车的安排。协议约定：该安排相关活动的决策需要甲公司、乙公司、丙公司一致同意方可做出，甲公司负责生产并安装汽车发动机，乙公司负责生产汽车车身和底盘，丙公司负责生产其他部件并进行组装：甲公司、乙公司、丙公司负责各自部分的成本费用，如人工成本、生产成本等，汽车实现对外销售后，甲公司、乙公司、丙公司各自获得销售收入的1/3。试判断该事项是否是共同经营。

【解析】本例中，由于关于该安排相关活动的决策需要甲公司、乙公司、丙公司一致同意方可做出，所以甲公司、乙公司、丙公司共同控制该安排，该安排为合营安排。由于甲公司、乙公司、丙公司只是各自负责汽车制造的相应部分，并未成立一个单独主体，因此该合营安排不可能是合营企业，只是共同经营。

例4-33 • 判断 甲公司、乙公司均从事汽车装配和销售业务，为了保障正常装配过程中对于汽车座椅配件的供应，并节约成本，甲公司、乙公司共同出资设立丙公司专门生产汽车座椅配件，甲公司和乙公司各占丙公司50%的股权，对丙公司实施共同控制。协议约定：①甲公司、乙公司均需按其持股比例购买丙公司生产的所有产品，采购价格以原材料成本、加工毛利及利息支出之和为基础定价，以恰好弥补丙公司的运营、筹资等成本费用；②除甲公司、乙公司外，丙公司不得将其产品出售给其他方；③甲公司、乙公司按出资比例享有丙公司的净利润以及净资产；④甲公司和乙公司将从丙公司购买的产品用于生产。试判断该事项是否是共同经营。

【解析】本例中，成立丙公司是为了向股东提供其所有产出。甲公司、乙公司有权利并且有义务购买丙公司的全部产出，实质上获得了所有来自丙公司资产的所有经济利益，同时丙公司完全依赖来源于甲公司、乙公司的采购款，以确保其运作的持续性，甲公司、乙公司承担了丙公司的负债，因此，该合营安排为共同经营。

应当注意的是，不能仅凭合营方对合营安排提供债务担保就将其视为合营方承担该安排相关负债。担保所赋予担保人的是对被担保人债务的次级义务，而非首要义务，因此，担保不是承担债务义务的决定性因素。如果担保提供方在被担保人违约时须付款或履行责任，这可能表明相关事实和情况发生了变化，或者可能伴随该安排的合同条款发生了变化。这些变化可能引起对该安排是否仍具有共同控制的重新评估。另外，合营方承担向合营安排支付认缴出资义务的，不视为合营方承担该安排相关负债。

二、共同经营参与方的会计处理

(一) 合营方的一般会计处理原则

合营方应当确认其与共同经营中利益份额相关的下列项目，并按照相关企业会计准则的规定进行会计处理：一是确认单独所持有的资产以及按其份额确认共同持有的资产；二是确认单独所承担的负债以及按其份额确认共同承担的负债：三是确认出售其享有的共同经营产出份额所产生的收入；四是按其份额确认共同经营因出售产出所产生的收入；五是确认单独所发生的费用以及按其份额确认共同发生的费用。

(二) 合营方向共同经营投出或者出售不构成业务的资产的处理

合营方向共同经营投出或出售资产等(该资产构成业务的除外)，在该资产等由共同经营出售给第三方之前，应当仅确认因该交易产生的损益中归属于共同经营其他参与方的部分。投出或出售的资产发生符合《企业会计准则第8号——资产减值》等规定的资产减值损失的，合营方应当全额确认该损失。

(三) 合营方自共同经营购买不构成业务的资产的会计处理

合营方自共同经营购买资产等(该资产构成业务的除外)，在将该资产等出售给第三方之前，应当仅确认因该交易产生的损益中归属于共同经营其参与方的部分。购入的资产发生符合《企业会计准则第8号——资产减值》等规定的资产减值损失的，合营方应当按其承担的份额确认该部分损失。

对共同经营不享有共同控制的参与方，如果享有该共同经营中相关资产且承担该共同经营相关负债的，应当按照合营方的上述处理原则进行会计处理。否则，应当按照相关企业会计准则的规定进行会计处理。例如，如果该参与方对于合营安排的净资产享有权利并具有重大影响，则按照长期股权投资准则等相关规定进行会计处理；如果该参与方对于合营安排的净资产享有权利并且无重大影响，则按照金融工具确认和计量准则等相关规定进行会计处理；向共同经营投出构成业务资产的以及取得共同经营的利益份额的，则按照合并财务报表及企业合并等相关准则进行会计处理。

例4-34 A公司和B公司各出资50%设立一个合营安排，该合营安排为共同经营。双方合同约定，各自按出资比例确认持有的共同经营资产。现共同经营用A、B公司投入的资金购入如下资产：材料物资100 000元，增值税13 000元；生产用固定资产350 000元，增值税额45 500元；管理用固定资产25 000元，增值税额2 250元；无形资产90 000元，增值税额5 400元。作A公司的相关会计处理。

【答案】本例中，共同经营合营方A公司按其出资比例确认持有的共同经营资产时，应根据相关凭证编制会计分录如下：

借：原材料(100 000×50%) 50 000

固定资产(375 000×50%) 187 500

无形资产(90 000×50%) 45 000

应交税费——应交增值税(进项税额)

(13 000×50%+45 500×50%+2 250×50%+5 400×50%) 33 075

贷：银行存款 315 575

三、合营企业参与方的会计处理

准则规定，合营方应当按照《企业会计准则第2号——长期股权投资》的规定对合营企业的投资进行会计处理。对合营企业不享有共同控制的——参与方、对该合营企业具有重大影响的，应当按照《企业会计准则第2号——长期股权投资》的规定进行会计处理；

对该合营企业不具有重大影响的，应当按照《企业会计准则第22号——金融工具确认和计量》的规定进行会计处理。

例4-35 A公司和B公司2018年年初共同出资设立一个单独主体，该合营安排被认定为合营企业。A公司以240 000元的货币资金取得合营安排50%的表决权，合营安排2018年年初的所有者权益账面价值为480 000元，公允价值为500 000元。合营企业2018年至2021年各年净利润及利润分配记录如表4-3所示。

表4-3 合营企业2018年至2021年各年净利润及利润分配记录 单位：元

年份	净利润	分派利润
2018	320 000	0
2019	200 000	280 000
2020	(240 000)	40 000
2021	(240 000)	40 000
合计	40 000	360 000

要求：根据以上资料，编制A公司时会计分录。

【答案】A公司的会计分录如下：

(1) 2018年年初的相关账务处理

借：长期股权投资——投资资本 250 000

　　贷：银行存款 240 000

　　　　营业外收入 10 000

(2) 2018年年末的相关账务处理

应确认的投资收益=320 000×50% =160 000(元)

借：长期股权投资——损益调整 160 000

　　贷：投资收益 160 000

(3) 2019年年末的相关账务处理

应确认的投资收益=200 000×50% =100 000(元)

收到的利润=280 000×50% =140 000(元)

借：长期股权投资——损益调整 100 000

　　贷：投资收益 100 000

借：银行存款 140 000

　　贷：长期股权投资——损益调整 140 000

(4) 2020年年末的相关账务处理

应确认的投资损失=240 000×50% =120 000(元)

收到的利润=40 000×50% =200 000(元)

借：投资收益 120 000

　　贷：长期股权投资——损益调整 120 000

借：银行存款 20 000

　　贷：长期股权投资——损益调整　　　　20 000

(5) 2021年年末的相关账务处理

应确认的投资损失=240 000×50% =120 000(元)

收到的利润=40 000×50% =20 000(元)

借：投资收益　　　　120 000

　　贷：长期股权投资——损益调整　　　　120 000

借：银行存款　　　　20 000

　　贷：长期股权投资——损益调整　　　　20 000

本章小结

长期股权投资属于金融资产，但是和第三章中的金融资产是有差别的，长期股权投资能作为金融资产(第三章所讲)核算，要满足两条标准：首先，公允价值要可靠计量，其次，持有目的并非长期的。但如果持股比例在20%以上了，就适用长期股权投资准则。所以金融资产准则核算的范围可以理解成20%股权比例以下。

取得长期股权投资的方式有很多，购买、接受捐赠、非货币性资产交换等。长期股权投资的后续核算方法包括成本法和权益法。成本法比较简单，着重理解和掌握权益法的核算。另外，核算方法的转换及共同经营也需要理解并掌握。

第五章　固定资产

引导案例

在2001年整个石油石化行业不景气的背景下，某石化公司主营业务收入比2000年减少了4.7%，经营活动现金流量同比也减少1亿多元，但该公司却通过延长折旧年限，直接减少了2001年管理费用8 362.29万元，利润总额相应增长了8 362.29万元，净利润增长了5 602.74万元，占到2001年净利润的50.28%。该公司的净利润从2000年的-1064万元增加到2001年的1.11 亿元。企业固定资产的核算为什么会对利润产生如此重大的影响？

学习目标

通过本章学习，学生能够掌握固定资产的初始计量、后续计量、固定资产处置的相关会计处理。

第一节　固定资产的确认和初始计量

一、固定资产的确认

(一) 固定资产的定义

固定资产，是指同时具有下列特征的有形资产：①为生产商品、提供劳务、出租或经营管理而持有的；②使用寿命超过一个会计年度的。

(二) 固定资产的确认条件

固定资产同时满足下列条件的，才能予以确认：①与该固定资产有关的经济利益很可能流入企业；②该固定资产的成本能够可靠计量。

需要注意的是，固定资产的各组成部分具有不同使用寿命或者以不同方式为企业提供经济利益，适用不同折旧率或折旧方法的，应当分别将各组成部分确认为单项固定资产；企业拥有的备品备件和维修设备通常确认为存货，但某些备品备件和维修设备需要与相关固定资产组合发挥效用，例如民用航空运输企业的高价周转件，应当确认为固定资产。

例5-1·多选 为遵守国家有关环保的法律规定，2019年1月31日，甲公司对A生产设备进行停工改造，安装环保装置。3月25日，新安装的环保装置达到预定可使用状态并交付使用。A生产设备预计使用16年，已使用8年，安装环保装置后还可使用8年；环保装置预计使用5年。下列各项关于环保装置的会计处理中，正确的有(　　)。

A. 环保装置不应作为单项固定资产单独确认

B. 环保装置应作为单项固定资产单独确认

C. 环保装置达到预定可使用状态后按A生产设备剩余使用年限计提折旧

D. 环保装置达到预定可使用状态后按环保装置的预计使用年限计提折旧

【答案】BD

二、固定资产的初始计量

固定资产应当按照成本进行初始计量。

固定资产的成本，是指企业购建某项固定资产达到预定可使用状态前所发生的一切合理、必要的支出。这些支出包括直接发生的价款、运杂费、包装费和安装成本等，也包括间接发生的，如应承担的借款利息、外币借款折算差额以及应分摊的其他间接费用。

对于特殊行业的特定固定资产，确定其初始入账成本时还应考虑弃置费用。

(一) 外购固定资产

企业外购固定资产的成本，包括购买价款，相关税费，使固定资产达到预定可使用状态前所发生的可归属于该项资产的运输费、装卸费、安装费和专业人员服务费等。外购固定资产分为购入不需要安装的固定资产和购入需要安装的固定资产两类。

1. 购入不需要安装的固定资产

相关支出直接计入固定资产成本。

2. 购入需要安装的固定资产

购入需要安装的固定资产通过“在建工程”科目核算。

外购需要安装的固定资产的核算流程如图5-1所示。

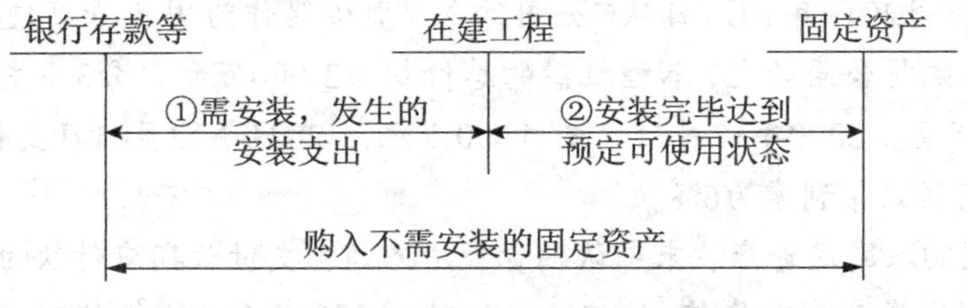

图5-1 外购需要安装的固定资产的核算流程

3. 外购固定资产的其他情形

(1) 以一笔款项购入多项没有单独标价的固定资产，应当按照各项固定资产的公允价值比例对总成本进行分配，分别确定各项固定资产的成本。

例5-2 甲公司为一家制造性企业。2019年6月1日，为降低采购成本，向乙公司一次购进了三套不同型号且有不同生产能力的设备X、Y和Z。甲公司以银行存款支付货款9 126 000元、增值税税额1 118 380元、包装费42 000元。X设备在安装过程中领用生产用原材料账面成本35 100元，支付安装费40 000元。假定设备X、Y和Z分别满足固定资产的定义及其确认条件，公允价值分别为2 926 000元、3 594 800元、1 839 200元。假设不考虑其他相关税费，则X设备的入账价值为(　　)元。

A. 2 814 700　　B. 2 819 800　　C. 3 001 100　　D. 3 283 900

【解析】X设备的入账价值=(9 126 000+42 000)÷(2 926 000+3 594 800+1 839 200)×2 926 000+35 100+40 000=3 283 900(元)，应该选择D。

(2) 购买固定资产的价款超过正常信用条件延期支付、实质上具有融资性质的，固定资产的成本以购买价款的现值为基础确定。实际支付的价款与购买价款的现值之间的差额，应当在信用期间内采用实际利率法进行摊销，摊销金额除满足借款费用资本化条件应当计入固定资产成本外，均应当在信用期间内确认为财务费用，计入当期损益。

例5-3 如果购买固定资产的价款超过正常信用条件延期支付，实质上具有融资性质的，下列说法中正确的是(　　)。

A. 固定资产的成本以购买价款为基础确定

B. 固定资产的成本以购买价款的现值为基础确定

C. 实际支付的价款与购买价款的现值之间的差额，无论是否符合资本化条件，均应当在信用期间内计入当期损益

D. 实际支付的价款与购买价款的现值之间的差额，无论是否符合资本化条件，均应当在信用期间内资本化

【解析】购买固定资产的价款超过正常信用条件延期支付、实质上具有融资性质的，固定资产的成本以购买价款的现值为基础确定，应该选择B。

例5-4 A公司2019年1月1日从C公司购入N型机器作为固定资产使用，该机器已收到，不需安装。购货合同约定，N型机器的总价款为2 000万元，分3年支付，2019年12月31日支付1 000万元，2020年12月31日支付600万元，2021年12月31日支付400万元。假定A公司3年期银行借款年利率为6%。

要求：编制购入固定资产、未确认融资费用摊销、支付长期应付款的会计分录。

【答案】固定资产入账价值=$1\ 000 \div (1+6\%)+600 \div (1+6\%)^2+400 \div (1+6\%)^3$=1 813.24(万元)

长期应付款入账价值=2 000(万元)

未确认融资费用=2 000−1 813.24=186.76(万元)

借：固定资产　　1 813.24

　未确认融资费用　　186.76

　贷：长期应付款　　2 000

2019年12月31日

未确认融资费用摊销=期初摊余成本×实际利率

=期初应付本金余额×实际利率

=(期初长期应付款余额-期初未确认融资费用余额)×实际利率

=(2000-186.76)×6%=108.79(万元)

借：财务费用　　108.79

　贷：未确认融资费用　　108.79

借：长期应付款　　1000

　贷：银行存款　　1000

2020年12月31日

未确认融资费用摊销=[(2000-1000)-(186.76-108.79)]×6%=55.32(万元)

借：财务费用　　55.32

　贷：未确认融资费用　　55.32

借：长期应付款　　600

　贷：银行存款　　600

2021年12月31日

未确认融资费用摊销=(186.76-108.79-55.32)=22.65(万元)

借：财务费用　　22.65

　贷：未确认融资费用　　22.65

借：长期应付款　　400

　贷：银行存款　　400

(二) 自行建造固定资产

1. 自营方式建造固定资产

企业通过自营方式建造的固定资产，其入账价值应当按照该项资产达到预定可使用状态前所发生的必要支出确定，包括直接材料、直接人工、直接机械施工费等。

工程完工后剩余的工程物资，如转为本企业库存材料的，按其实际成本或计划成本转为企业的库存材料。存在可抵扣增值税进项税额的，应减去增值税进项税额后的实际成本或计划成本，转为企业的库存材料。

工程项目尚未完工时，盘盈、盘亏、报废、毁损的工程物资的成本减去残料价值以及保险公司、过失人赔偿部分后的差额，计入或冲减所建工程项目的成本；工程项目已经完工的，计入当期营业外收支。盘盈、盘亏、报废、毁损的工程物资净损益的会计处理如图5-2所示。

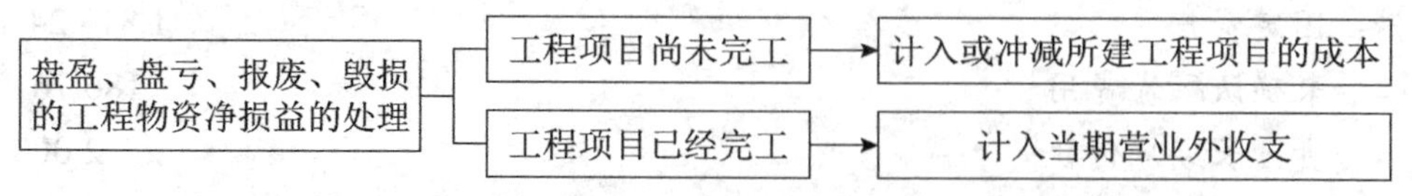

图5-2　盘盈、盘亏、报废、毁损的工程物资净损益的会计处理

所建造的固定资产已达到预定可使用状态，但尚未办理竣工决算的，应当自达到预定可使用状态之日起，根据工程预算、造价或者工程实际成本等，按估计价值转入固定资产，并按有关计提固定资产折旧的规定，计提固定资产折旧。待办理了竣工决算手续后再调整原来的暂估价值，但不需要调整原已计提的折旧额。自营方式建造固定资产核算流程如图5-3所示。

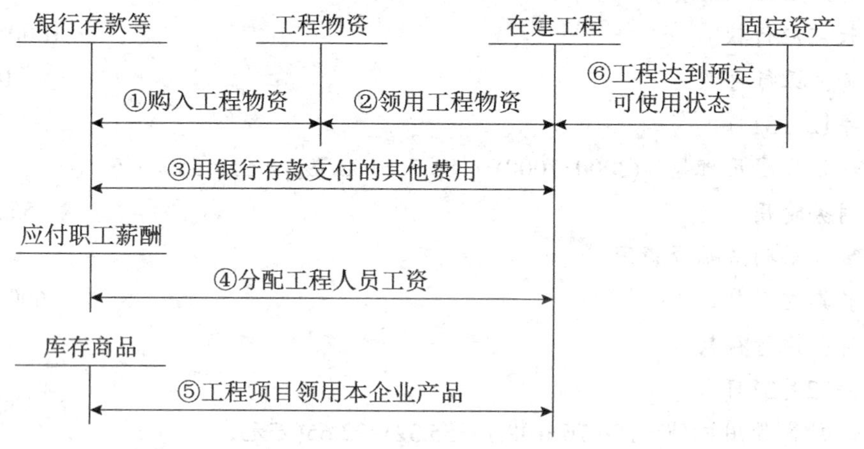

图5-3　自营方式建造固定资产核算流程

例5-5　某企业购入一台需要安装的设备，取得的增值税发票上注明的设备买价为50 000元，增值税额为6 500元，支付的运输费为1 500元(不考虑增值税)，设备安装时领用工程用材料价值1 000元(不含增值税)，设备安装时支付有关人员工资2 000元。该固定资产的成本为(　　)元。

A. 63 170　　B. 60 000　　C. 54 500　　D. 61 170

【解析】该固定资产的成本=50 000+1 500+1 000+2 000=54 500(元)，应该选择C。

高危行业企业按照国家规定提取的安全生产费，应当计入相关产品的成本或当期损益，同时记入“4301 专项储备”科目。企业使用提取的安全生产费时，属于费用性支出的，直接冲减专项储备。企业使用提取的安全生产费形成固定资产的，应当通过“在建工程”科目归集所发生的支出，待安全项目完工达到预定可使用状态时确认为固定资产；同时，按照形成固定资产的成本冲减专项储备，并确认相同金额的累计折旧。该固定资产在以后期间不再计提折旧。

“专项储备”科目期末余额在资产负债表所有者权益项目下以“减：库存股”和“盈余公积”之间增设“专项储备”项目反映。

例5-6 甲公司是一家煤矿企业，依据开采的原煤产量按月提取安全生产费，提取标准为每吨15元，假定每月原煤产量为10万吨。2019年5月26日，经有关部门批准，该企业购入一批需要安装的用于改造和完善矿井运输的安全防护设备，价款为100万元，增值税的进项税额为13万元，设备预计于2019年6月10日安装完成。甲公司于2019年5月份支付安全生产设备检查费10万元。假定2019年5月1日，甲公司"专项储备——安全生产费"余额为500万元。不考虑其他相关税费，2019年5月31日，甲公司"专项储备——安全生产费"余额为(　　)万元。

A. 523　　　　B. 650　　　　C. 640　　　　D. 540

【解析】5月31日，生产设备未完工，不冲减专项储备，甲公司"专项储备——安全生产费"余额=500+10×15-10=640(万元)，应该选择C。

例5-7 甲公司是一家煤矿企业，依据开采的原煤产量按月提取安全生产费，提取标准为每吨10元，假定每月原煤产量为70 000吨。2019年7月8日，经有关部门批准，该企业购入一批需要安装的用于改造和完善矿井运输的安全防护设备，价款为2 000 000元，增值税进项税额为260 000元，安装过程中支付人工费300 000元，7月28日安装完成，2019年7月30日，甲公司另支付安全生产检查费150 000元。假定2019年6月30日，甲公司"专项储备——安全生产费"余额为50 000 000元。不考虑其他相关税费，甲公司应如何作账务处理？

【答案】(1) 企业按月提取安全生产费

	借方	贷方
借：生产成本	700 000	
贷：专项储备——安全生产费		700 000

(2) 购置安全防护设备

	借方	贷方
借：在建工程——××设备	2 000 000	
应交税费——应交增值税(进项税额)	260 000	
贷：银行存款		2 260 000
借：在建工程——××设备	300 000	
贷：应付职工薪酬		300 000
借：应付职工薪酬	300 000	
贷：银行存款或库存现金		300 000
借：固定资产——××设备	2 300 000	
贷：在建工程——××设备		2 300 000
借：专项储备——安全生产费	2 300 000	
贷：累计折旧		2 300 000

支付安全生产检查费

	借方	贷方
借：专项储备——安全生产费	150 000	
贷：银行存款		150 000

2. 出包方式建造固定资产

企业以出包方式建造固定资产，其成本由建造该项固定资产达到预定可使用状态前所发生的必要支出构成，包括发生的建筑工程支出、安装工程支出以及需分摊计入各固定资产价值的待摊支出。待摊支出是指在建设期间发生的，不能直接计入某项固定资产价值、而应由所建造固定资产共同负担的相关费用，包括为建造工程发生的管理费、可行性研究费、临时设施费、公证费、监理费、应负担的税金、符合资本化条件的借款费用、建设期间发生的工程物资盘亏、报废及毁损净损失以及负荷联合试车费等。出包方式建造固定资产核算流程如图5-4所示。

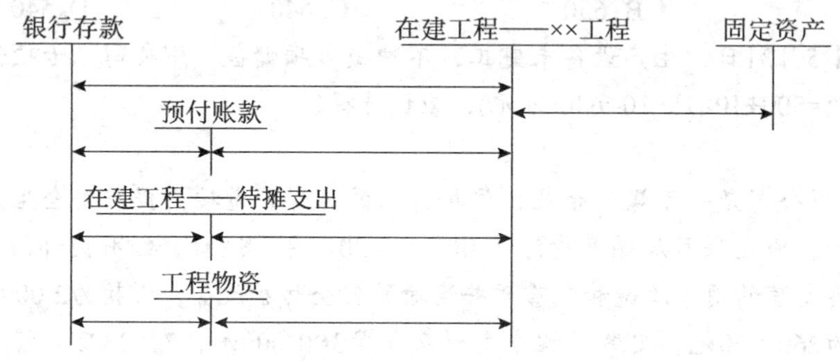

图5-4　出包方式建造固定资产核算流程

出包方式建造固定资产的计算公式为

待摊支出分摊率=累计发生的待摊支出÷(建筑工程支出+安装工程支出)×100%

××工程应分配的待摊支出=××工程的建筑工程支出×待摊支出分摊率

例5-8　甲公司是一家化工企业，2019年1月经批准启动硅酸钠项目建设工程，整个工程包括建造新厂房和冷却循环系统以及安装生产设备等3个单项工程。2019年2月1日，甲公司与乙公司签订合同，将该项目出包给乙公司承建。根据双方签订的合同，建造新厂房的价款为6 000 000元，建造冷却循环系统的价款为4 000 000元，安装生产设备需支付安装费用500 000元。建造期间发生的有关经济业务如下：

(1) 2019年2月10日，甲公司按合同约定向乙公司预付10%备料款1 000 000元，其中厂房600 000元，冷却循环系统400 000元。

(2) 2019年8月2日，建造厂房和冷却循环系统的工程进度达到50%，甲公司与乙公司办理工程价款结算5 000 000元，其中厂房3 000 000元，冷却循环系统2 000 000元。甲公司抵扣了预付备料款后，将余款通过银行转账付讫。

(3) 2019年10月8日，甲公司购入需要安装的设备，取得的增值税专用发票上注明的价款为4500 000元，增值税税额为585 000元，已通过银行转账支付。

(4) 2020年3月10日，建筑工程主体已完工，甲公司与乙公司办理工程价款结算5 000 000元，其中，结算厂房价款3 000 000元，结算冷却循环系统价款2 000 000元，款项已通过银行转账支付。

(5) 2020年4月1日，甲公司将生产设备运抵现场，交给乙公司安装。

(6) 2020年5月10日，生产设备安装到位，甲公司与乙公司办理设备安装价款结算500 000元，款项已通过银行转账支付。

(7) 整个工程项目发生管理费、可行性研究费、监理费共计300 000元，已通过银行转账支付。

(8) 2020年6月1日，完成验收，各项指标达到设计要求。

假定不考虑其他相关税费，甲公司应如何作有关财务处理？

【答案】(1) 2019年2月10日，预付备料款

借：预付账款——乙公司　　1 000 000

　贷：银行存款　　1 000 000

(2) 2019年8月2日，办理工程价款结算

借：在建工程——乙公司——建筑工程——厂房　　3 000 000

　　　　　　　　　　　　　　　　——冷却循环系统　　2 000 000

　贷：银行存款　　4 000 000

　　预付账款——乙公司　　1 000 000

(3) 2019年10月8日，购入设备

借：工程物资——××设备　　4 500 000

　应交税费——应交增值税(进项税额)　　585 000

　贷：银行存款　　5 085 000

(4) 2020年3月10日，办理建筑工程价款结算

借：在建工程——乙公司——建筑工程——厂房　　3 000 000

　　　　　　　　　　　　　　　　——冷却循环系统　　2 000 000

　贷：银行存款　　5 000 000

(5) 2020年4月1日，将设备交给乙公司安装

借：在建工程——乙公司——安装工程——××设备　　4 500 000

　贷：工程物资——××设备　　4 500 000

(6) 2020年5月10日，办理安装工程价款结算

借：在建工程——乙公司——安装工程——××设备　　500 000

　贷：银行存款　　500 000

(7) 支付工程发生的管理费、可行性研究费、监理费

借：在建工程——乙公司——待摊支出　　300 000

　贷：银行存款　　300 000

(8) 结转固定资产

① 计算分摊待摊支出

待摊支出分摊率=300 000÷(6 000 000+4 000 000+4 500 000+500 000)×100%=2%

厂房应分摊的待摊支出=6 000 000×2%=120 000(元)

冷却循环系统应分摊的待摊支出=4 000 000×2%=800 000(元)

安装工程应分摊的待摊支出=(4 500 000+500 000)×2%=100 000(元)

借：在建工程——乙公司——建筑工程——厂房 120 000

——冷却循环系统 80000

——安装工程——××设备 100 000

贷：在建工程——乙公司——待摊支出 300 000

②计算完工固定资产的成本

厂房的成本=6 000 000+120 000=6 120 000(元)

冷却循环系统的成本=4 000 000+80 000=4 080 000(元)

生产设备的成本=(4 500 000+500 000)+100 000=5 100 000(元)

借：固定资产——厂房 6 120 000

——冷却循环系统 4 080 000

——××设备 5 100 000

贷：在建工程——乙公司——建筑工程——厂房 6 120 000

——冷却循环系统 4 080 000

——安装工程——××设备 5 100 000

例5-9 乙股份有限公司(简称乙公司)为增值税一般纳税人，适用的增值税税率为16%。该公司在生产经营期间以自营方式建造一建筑物。

2018年1月至4月发生的有关经济业务如下：

(1) 购入一批工程物资，收到的增值税专用发票上注明的价款为200万元，增值税额为32万元，款项已通过银行转账支付。

(2) 工程领用工程物资200万元。

(3) 工程领用生产用A原材料一批，实际成本为100万元；购入该批A原材料支付的增值税额为16万元；未对该批A原材料计提存货跌价准备。

(4) 应付工程人员职工薪酬114万元。

(5) 工程建造过程中，由于非正常原因造成部分毁损，该部分工程实际成本为50万元，未计提在建工程减值准备；应从保险公司收取赔偿款5万元，该赔偿款尚未收到。

(6) 以银行存款支付工程其他支出40万元。

(7) 工程达到预定可使用状态前，领用生产用B原材料实际成本为20万元，购入该批B原材料支付的增值税额为3.2万元；以银行存款支付其他支出5万元。未对该批B原材料计提存货跌价准备。

(8) 工程达到预定可使用状态并交付使用。

(9) 剩余工程物资转为生产用原材料，并办妥相关手续。

要求：根据以上资料，逐笔编制乙公司相关业务的会计分录。

(1) 借：工程物资 200

应交税费——应交增值税(进项税额) 32

贷：银行存款 232

(2) 借：在建工程 200

贷：工程物资　　200

(3) 借：在建工程　　100

贷：原材料　　100

(4) 借：在建工程　　114

贷：应付职工薪酬　　114

(5) 借：营业外支出　　45

其他应收款　　5

贷：在建工程　　50

(6) 借：在建工程　　40

贷：银行存款　　40

(7) 借：在建工程　　25

贷：原材料——B原材料　　20

银行存款　　5

(8) 借：固定资产(200+100+114-50+40+25)　　429

贷：在建工程　　429

(9) 借：原材料　　20

贷：工程物资　　20

(三) 租入固定资产

如果一项租赁在实质上没有转移与租赁资产所有权有关的全部风险和报酬，那么该项租赁应认定为经营租赁。在经营租赁方式下，由于与租赁资产所有权有关的全部风险和报酬在实质上没有转移给承租企业，因此，承租企业不需承担租赁资产的主要风险，其会计处理比较简单，不需要将所取得的租入资产的使用权资本化，只需将支付或应付的租金按一定方法计入相关资产成本或当期损益。

例5-10　2019年1月1日，甲公司从乙租赁公司采用经营租赁方式租入一台办公设备。租赁合同规定：租赁期开始日为2019年1月1日，租赁期为3年，租金总额为270 000元，租赁开始日，甲公司先预付租金200 000元，第3年年末再支付租金70 000元；租赁期满，乙租赁公司收回办公设备。假定甲公司在每年年末确认租金费用，不考虑其他相关税费。甲公司应如何作有关财务处理？

【答案】确认租金费用时，不能依据各期实际支付的租金的金额来确定，而应采用直线法分摊确认，此项租赁租金总额270 000元，按直线法计算，每年分摊的租金费用为90 000元。

(1) 2019年1月1日，预付租金

借：预付账款——乙租赁公司　　200 000

贷：银行存款　　200 000

(2) 2019年12月31日，确认本年租金费用

借：管理费用　　90 000

　　贷：预付账款——乙租赁公司　　90 000

(3) 2020年12月31日，确认本年租金费用

借：管理费用　　90 000

　　贷：预付账款——乙租赁公司　　90 000

(4) 2021年12月31日，支付第3期租金并确认本年租金费用

借：管理费用　　90 000

　　贷：银行存款　　70 000

　　　　预付账款——乙租赁公司　　20 000

(四) 其他方式取得的固定资产

1. 接受固定资产投资的企业

在办理了固定资产移交手续之后，应按投资合同或协议约定的价值加上应支付的相关税费作为固定资产的入账价值，但合同或协议约定价值不公允的除外。

2. 非货币性资产交换、债务重组等方式取得的固定资产的成本(参见本书相关章节的的相关内容)

(五) 存在弃置费用的固定资产

弃置费用通常是指根据国家法律和行政法规、国际公约等规定，企业承担的环境保护和生态恢复等义务所确定的支出，如核电站核设施等的弃置和恢复环境等义务。对于这些特殊行业的特定固定资产，企业应当按照弃置费用的现值计入相关固定资产成本。石油天然气开采企业应当按照油气资产的弃置费用现值计入相关油气资产成本。在固定资产或油气资产的使用寿命内，按照预计负债的摊余成本和实际利率计算确定的利息费用，应当在发生时计入财务费用。一般工商企业的固定资产发生的报废清理费用，不属于弃置费用，应当在发生时作为固定资产处置费用处理。

固定资产的初始入账成本在考虑弃置费用时，需要注意以下几点。

第一，弃置费用具有的特点是发生的金额很大，通常是附有法律义务的支出。

第二，存在弃置费用时需要将弃置费用的现值计入固定资产的入账价值。

第三，弃置费用是在资产处置等时候才发生的，而最终发生的金额(终值)与当时入账的价值(现值)之间的差额按照实际利率计算的金额作为每年的财务费用计入当期损益。

例5-11　某核电站以10 000万元购建一项核设施，现已达到预定可使用状态，预计在使用寿命届满时，为恢复环境将发生弃置费用1 000万元，该弃置费用按实际利率折现后的金额为620万元。该核设施的入账价值为(　　)万元。

A. 9 000　　B. 10 000　　C. 10 620　　D. 11 000

【解析】该核设施的入账价值=10 000+620=10 620(万元)，应该选择C。

例5-12　长江公司属于核电站发电企业，2018年1月1日正式建造完成并交付使用一座核电站核设施，全部成本为100 000万元，预计使用寿命为40年。据国家法律和行政法规、国际公约等规定，企业应承担环境保护和生态恢复等义务。2018年1月1日预计40年后该核电站核设施弃置时，将发生弃置费用10 000万元，且金额较大。在考虑货币的时间价值和相关期间通货膨胀等因素确定的折现率为5%，利率为5%，期数为40期的复利现值系数为0.1420。

要求：(1) 编制2018年1月1日固定资产入账的会计分录。

(2) 编制2018年和2019年计提利息的会计分录。

(3) 编制40年后实际发生弃置费用的会计分录。

【答案】(1) 固定资产入账的金额=100 000+10 000×0.1420=101 420(万元)

借：固定资产　101 420
　　贷：在建工程　100 000
　　　　预计负债　1 420

(2) ① 2018年计提利息=1420×5%=71(万元)

借：财务费用　71
　　贷：预计负债　71

② 2019年计提利息=(1420+71)×5%=74.55(万元)

借：财务费用　74.55
　　贷：预计负债　74.55

(3) 借：预计负债　10 000
　　　　贷：银行存款　10 000

第二节　固定资产的后续计量

一、固定资产折旧

(一) 确定固定资产使用寿命应考虑的因素

使用寿命，是指企业使用固定资产的预计期间，或者该固定资产所能生产产品或提供劳务的数量。企业在确定固定资产的使用寿命时，主要应当考虑下列因素：①预计生产能力或实物产量；②预计有形损耗或无形损耗；③法律或者类似规定对资产使用的限制。

(二) 固定资产折旧范围

除以下两种情况外，企业应对所有固定资产计提折旧：①已提足折旧仍继续使用的固定资产；②按照规定单独估价作为固定资产入账的土地。

在确定计提折旧的范围时还应注意以下几点。

第一，已达到预定可使用状态的固定资产，无论是否交付使用，尚未办理竣工决算的，应当按照估计价值确认为固定资产，并计提折旧；待办理了竣工决算手续后，再按实际成本调整原来的暂估价值，但不需要调整原已计提的折旧额。

第二，处于更新改造过程停止使用的固定资产，应将其账面价值转入在建工程，不再计提折旧。更新改造项目达到预定可使用状态转为固定资产后，再按重新确定的折旧方法和该项固定资产尚可使用寿命计提折旧。

第三，融资租入的固定资产，应当采用与自有应计折旧资产相一致的折旧政策。可以合理确定租赁期届满时能够取得租赁资产所有权的，应当在租赁资产使用寿命内计提折旧；无法合理确定租赁期届满时能够取得租赁资产所有权的，应当在租赁期与租赁资产使用寿命两者中较短的期间内计提折旧。

第四，固定资产应当按月计提折旧，当月增加的固定资产，当月不计提折旧，从下月起计提折旧；当月减少的固定资产，当月仍计提折旧，从下月起停止计提折旧。

第五，因进行大修理而停用的固定资产，应当照提折旧，计提的折旧额应计入相关资产成本或当期损益。

例5-13・多选 下列固定资产中，应计提折旧的有(　　)。

A. 经营租赁方式租入的固定资产发生的改良支出

B. 季节性停用的固定资产

C. 正在改扩建而停止使用的固定资产

D. 大修理停用的固定资产

【解析】经营租赁方式租入的固定资产发生的改良支出应计入长期待摊费用，按期进行摊销，故选项A 不正确；处于更新改造过程而停止使用的固定资产不计提折旧，故选项C错误，应该选择BD。

(三) 固定资产折旧方法

企业应当根据与固定资产有关的经济利益的预期实现方式，合理选择固定资产折旧方法。

可选用的折旧方法包括年限平均法、工作量法、双倍余额递减法和年数总和法等。固定资产的折旧方法一经确定，不得随意变更。

固定资产应当按月计提折旧，并根据用途计入相关资产的成本或者当期损益。固定资产提足折旧后，不管能否继续使用，均不再提取折旧；提前报废的固定资产，也不再补提折旧。

例5-14　甲公司自行建造某项生产用大型设备，该设备由A、B、C、D4个部件组成。建造过程中发生外购设备和材料成本7 320万元、人工成本1 200万元、资本化的借款费用1 920万元、安装费用1 140万元，为达到正常运转发生测试费600万元、外聘专业人员服务费360万元、员工培训费120万元。2019年1月，该设备达到预定可使用状态并投入使用。因设备刚刚投产，未能满负荷运转，甲公司当年度亏损720万元。

该设备整体预计使用年限为15年，预计净残值为零，采用年限平均法计提折旧。A、B、C、D各部件在达到预定可使用状态时的公允价值分别为3 360万元、2 880万元、4 800万元、2160万元，各部件的预计使用年限分别为10年、15年、20年和12年。按照税法规定该设备采用年限平均法按10年计提折旧，预计净残值为零，其初始计税基础与会计计量相同。

甲公司预计该设备每年停工维修时间为15天。因技术进步等原因，甲公司于2023年1月对该设备进行更新改造，以新的部件E替代了A部件。

要求：(1) 计算甲公司建造该设备的成本。

(2) 说明甲公司该设备折旧年限的确定方法。

(3) 计算甲公司该设备2019年度应计提的折旧额。

【答案】(1) 甲公司建造该设备的成本=7 320+1 200+1 920+1 140+600+360=12 540(万元)。员工培训费应计入当期损益。

(2) 对于构成固定资产的各组成部分，如果各自具有不同使用寿命或者以不同方式为企业提供经济利益，适用不同折旧率或折旧方法的，该各组成部分实际上是以独立的方式为企业提供经济利益，因此，企业应当分别将各组成部分确认为单项固定资产，按各组成部分的预计使用年限计提折旧。

(3) A部件的成本=12 540÷(3 360+2 880+4 800+2 160)×3 360= 3 192(万元)，B部件的成本=12 540÷(3 360+2 880+4 800+2 160)×2 880= 2 736(万元)，C部件的成本=12 540÷(3 360+2 880+4 800+2 160)×4 800= 4 560(万元)，D部件的成本=12 540÷(3 360+2 880+4 800+2 160)×2 160= 2 052(万元)。甲公司该设备2019年度应计提的折旧额=3 192÷10×11/12+2 736÷15×11/12+4 560÷20×11/12+2 052÷12×11/12=825.55(万元)。

(四) 固定资产预计使用寿命等的复核

企业至少应当于每年年度终了对固定资产的使用寿命、预计净残值和折旧方法进行复核。

使用寿命预计数与原先估计数有差异的，应当调整固定资产使用寿命。

预计净残值预计数与原先估计数有差异的，应当调整预计净残值。

与固定资产有关的经济利益预期实现方式有重大改变的，应当改变固定资产折旧方法。

固定资产使用寿命、预计净残值和折旧方法的改变应当作为会计估计变更。

二、固定资产的后续支出

固定资产后续支出，是指固定资产在使用过程中发生的更新改造支出、修理费用等。

(一) 资本化的后续支出

与固定资产有关的更新改造等后续支出，符合固定资产确认条件的，应当计入固定资产成本，同时将被替换部分的账面价值扣除。企业将固定资产进行更新改造的，应将相关固定资产的原价、已计提的累计折旧和减值准备转销，将固定资产的账面价值转入在建工程，并停止计提折旧。固定资产发生的可资本化的后续支出，通过“在建工程”科目核算。

确认固定资产资本化的后续支出时，需要注意以下两点。

第一，处于更新改造期间的固定资产不计提折旧，待固定资产发生的后续支出完工并达到预定可使用状态时，再从在建工程转为固定资产，并按重新确定的使用寿命、预计净残值和折旧方法计提折旧。

第二，固定资产发生的改良支出，被替换部分资产的出售收入不冲减固定资产的账面价值。被替换部分的账面价值(原值-累计折旧-减值准备)与出售收入单独核算，与原固定没有任何关系，此时，固定资产的账面价值为原固定资产减去被替换部分的账面价值加上发生的改良支出确定账面价值。

例5-15 企业的某项固定资产原价为2 000万元，采用年限平均法计提折旧，使用寿命为10年，预计净残值为零，在第4个折旧年度年末企业对该项固定资产的某一主要部件进行更换，发生支出合计1 000万元，符合准则规定的固定资产确认条件，被更换的部件的原价为800万元。固定资产更新改造后的原价为(　　)万元。

A. 2 200　　B. 1 720　　C. 1 200　　D. 1 400

【解析】固定资产进行更换后的原价=该项固定资产进行更换前的账面价值-该项固定资产被更换部件的账面价值+发生的后续支出=(2 000-2 000÷10×4)-(800-800÷10×4)+1 000= 1 720(万元)，应该选择B。

例5-16 甲公司为增值税一般纳税人，适用的增值税税率为13%。该公司董事会决定于2020年3月31日对某生产用动产固定资产进行技术改造。2020年3月31日，该固定资产的账面原价为5 000万元，已计提折旧为3 000万元，未计提减值准备；该固定资产预计使用寿命为20年，预计净残值为零，按年限平均法计提折旧。为改造该固定资产领用生产用原材料585万元(不包含增值税)，发生人工费用190万元，领用工程用物资1300万元；拆除原固定资产上的部分部件的账面价值为10万元。假定该技术改造工程于2020年9月25日达到预定可使用状态并交付生产使用，改造后该固定资产预计可收回金额为3 900万元，预计尚可使用寿命为15年，预计净残值为零，按年限平均法计提折旧。甲公司2020年度对该生产用固定资产计提的折旧额为(　　)万元。

A. 125　　　　B. 127.5　　　　C. 129　　　　D. 130.25

【解析】2020年改扩建前固定资产计提折旧=5 000÷20×3/12=62.5(万元)。改造后在建工程金额=(5 000−3 000)+585+190+1 300−10=4 065(万元)。由于改造后该固定资产预计可收回金额为3 900万元，故改造后固定资产的入账价值为3 900万元。改扩建后该生产用固定资产计提的折旧额=3 900÷15×3/12=65(万元)，甲公司2019年度对该生产用固定资产计提的折旧额=62.5+65=127.5(万元)，应该选择B。

例5-17　甲公司是一家饮料生产企业，有关业务资料如下：

(1) 2019年12月，该公司自行建成了一条饮料生产线并投入使用，建造成本为600 000元；采用年限平均法计提折旧；预计净残值率为固定资产原价的3%，预计使用年限为6年。

(2) 2021年12月31日，由于生产的产品适销对路，现有这条饮料生产线的生产能力已难以满足公司生产发展的需要，但若新建生产线成本过高，周期过长，于是公司决定对现有生产线进行改扩建，以提高其生产能力。假定该生产线未发生过减值。

(3) 至2022年4月30日，完成了对这条生产线的改扩建工程，达到预定可使用状态。改扩建过程中发生以下支出：用银行存款购买工程物资一批，增值税专用发票上注明的价款为210 000元，增值税税额为27 300元，已全部用于改扩建工程；发生有关人员薪酬84 000元。

(4) 该生产线改扩建工程达到预定可使用状态后，大大提高了生产能力，预计尚可使用年限为7年。假定改扩建后的生产线的预计净残值率为改建后其账面价值的4%；折旧方法仍为年限平均法。

假定甲公司按年度计提固定资产折旧，为简化计算过程，整个过程不考虑其他相关税费，甲公司应如何作账务处理？

【答案】(1) 本例中，饮料生产线改扩建后生产能力大大提高，能够为企业带来更多的经济利益，改扩建的支出金额也能可靠计量，因此该后续支出符合固定资产的确认条件，应计入固定资产的成本。

固定资产后续支出发生前，该条饮料生产线的应计折旧额=600 000×(1−3%)=582 000(元)

年折旧额=582 000÷6=97 000(元)

2020年1月1日至2021年12月31日两年间，各年计提固定资产折旧

借：制造费用　　97 000

　　贷：累计折旧　　97 000

(2) 2021年12月31日，将该生产线的账面价值406 000元[600 000−(97000×2)]转入在建工程

借：在建工程——饮料生产线　　406 000

　　累计折旧　　194 000

　　贷：固定资产——饮料生产线　　600 000

(3) 发生改扩建工程支出

借：工程物资　　210 000

应交税费——应交增值税(进项税额)　　27 300
　　贷：银行存款　　237 300
借：在建工程——饮料生产线　　294 000
　　贷：工程物资　　210 000
　　　　应付职工薪酬　　84 000

(4) 2022年4月30日，生产线改扩建工程达到预定可使用状态，转为固定资产

借：固定资产——资料生产线　　700 000
　　贷：在建工程——饮料生产线　　700 000

(5) 2022年4月30日，转为固定资产后，按重新确定的使用寿命、预计净残值和折旧方法计提折旧

应计折旧额=700 000×(1−4%)=672 000(元)

月折旧额=672 000÷(7×12)=8 000(元)

2022年应计提的折旧额为64 000元(8 000×8)，会计分录为：

借：制造费用　　64 000
　　贷：累计折旧　　64 000

2023年至2028年每年应计提的折旧额为96 000元(8 000×12)，会计分录为：

借：制造费用　　96 000
　　贷：累计折旧　　96 000

2029年应计提的折旧额为32 000元(8 000×4)，会计分录为：

借：制造费用　　32 000
　　贷：累计折旧　　32 000

例5-18　2019年6月30日，甲公司一台生产用升降机械出现故障，经检修发现其中的电动机磨损严重，需要更换。该升降机械购买于2015年6月30日，甲公司已将其整体作为一项固定资产进行了确认，原价400 000元(其中的电动机在2015年6月30日的市场价格为85 000元)，预计净残值为零，预计使用年限为10年，采用年限平均法计提折旧。为继续使用该升降机械并提高工作效率，甲公司决定对其进行改造，为此购买了一台更大功率的电动机替代原电动机。新购置电动机的价款为82 000元，增值税税额为10 660元，款项已通过银行转账支付；改造过程中，辅助生产车间提供了劳务支出15 000元。

假定原电动机磨损严重，没有任何价值。不考虑其他相关税费，甲公司应如何作账务处理？

【答案】(1) 固定资产转入在建工程

在本例中的更新改造支出符合固定资产的确认条件，应予资本化；同时终止确认原电动机价值。2019年6月30日，原电动机的价值=85 000−(85 000÷10)×4=51 000(元)

借：营业外支出——处置非流动资产损失　　51 000
　　在建工程——升降机械　　189 000
　　累计折旧——升降机械(400 000÷10×4)　　160 000
　　贷：固定资产——升降机械　　400 000

(2) 更新改造支出

借：工程物资——新电动机　　82 000

　　应交税费——应交增值税(进项税额)　　10 660

　　贷：银行存款　　92 660

借：在建工程——升降机械　　97 000

　　贷：工程物资——新电动机　　82 000

　　　　生产成本——辅助生产成本　　15 000

(3) 在建工程转回固定资产

借：固定资产——升降机械　　286 000

　　贷：在建工程——升降机械　　286 000

(二) 费用化的后续支出

与固定资产有关的修理费用等后续支出，不符合固定资产确认条件的，应当根据不同情况分别在发生时计入当期管理费用或销售费用。

企业以经营租赁方式租入的固定资产发生的改良支出，应予资本化，作为长期待摊费用，选择剩余租赁期与租赁资产尚可使用年限两者中的较短期限，并在这个期限内合理进行摊销。

(三) 固定资产减值

固定资产在资产负债表日存在可能发生减值的迹象时，其可收回金额低于账面价值的，企业应当将该固定资产的账面价值减记至可收回金额，减记的金额确认为减值损失，计入当期损益，同时计提相应的资产减值准备，借记“资产减值损失——计提的固定资产减值准备”科目，贷记“固定资产减值准备”科目。固定资产减值损失一经确认，在以后会计期间不得转回。

第三节　固定资产的处置

固定资产处置，包括固定资产的出售、转让、报废和毁损、对外投资、非货币性资产交换、债务重组等。固定资产处置一般通过“固定资产清理”科目核算。

一、固定资产终止确认的条件

固定资产满足下列条件之一的，应当予以终止确认：①该固定资产处于处置状态；②该固定资产预期通过使用或处置不能产生经济利益。

二、固定资产处置的会计处理

企业出售、转让、报废固定资产或发生固定资产毁损，应当将处置收入扣除账面价值和相关税费后的金额计入当期损益。固定资产的账面价值是固定资产成本扣减累计折旧和累计减值准备后的金额。固定资产处置的会计处理流程如图5-5所示。

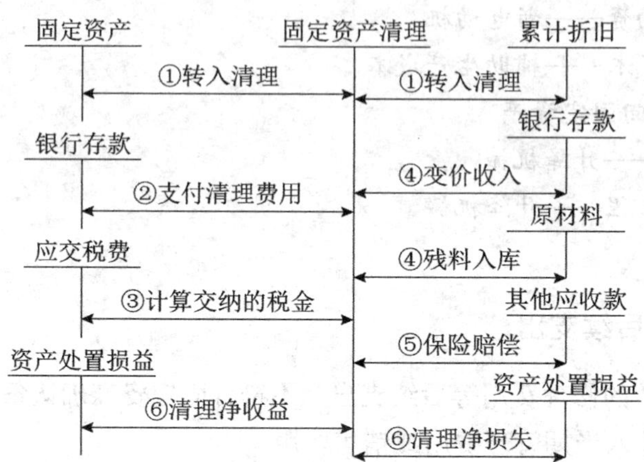

图5-5　固定资产处置的会计处理流程

例5-19　乙公司现有一台设备由于性能等原因决定提前报废，原价为500 000元，已计提折旧450 000元，未计提减值准备。报废时的残值变价收入为20 000元，报废清理过程中发生清理费用3 500元。有关收入、支出均通过银行办理结算。乙公司应如何作会计处理？

【答案】(1) 将报废固定资产转入清理时

借：固定资产清理	50 000	
累计折旧	450 000	
贷：固定资产		500 000

(2) 收回残料变价收入时

借：银行存款	20 000	
贷：固定资产清理		20 000

(3) 支付清理费用时

借：固定资产清理	3 500	
贷：银行存款		3 500

(4) 结转报废固定资产发生的净损失时

借：营业外支出——非流动资产处置损失	33 500	
贷：固定资产清理		33 500

需要注意的是，固定资产清理后发生的净损益，应区分不同情况进行账务处理：属于生产经营期间正常的处置损失的，借记“资产处置损益”科目，贷记“固定资产清理”科目；属于自然灾害等非正常原因造成的损失，借记“营业外支出——非常损失”科目，贷记“固定资产清理”科目；如为贷方余额，借记“固定资产清理”科目，贷记“资产处置

损益”科目，或“营业外收入——非流动资产处置利得”科目。

本章小结

固定资产是指企业为生产产品、提供劳务、出租或者经营管理而持有的、使用时间超过12个月的，价值达到一定标准的非货币性资产，包括房屋、建筑物、机器、机械、运输工具以及其他与生产经营活动有关的设备、器具、工具等。企业不管以何种方式取得固定资产时都以实际成本作为入账价值。固定资产在使用中发生的价值损耗，应通过计提折旧的方式予以补偿。固定资产因出售、报废、毁损等而减少时，应按照规定的会计处理方法进行会计处理，期末还应该按照固定资产的可收回金额低于账面价值的差额计提固定资产减值准备。

第六章　无形资产

引导案例

李小军所任职的光明有限责任公司分别在2018年1月1日、3月1日、4月1日开始了编号分别为01、02、03的科研项目。研究项目开始后，公司让李小军对该业务进行会计处理，李小军把发生的科研费用一并作为企业的管理费用入账，财务经理看到后，说李小军的会计处理不对。对此，李小军感到很疑惑，不知道自己究竟错在哪里，为什么错了。

这就涉及本章我们要学习和讨论的如何确定无形资产入账价值和无形资产摊销、对外转让等问题。

学习目标

通过本章的学习，要求依据《企业会计准则第6号——无形资产》的规定，掌握无形资产会计处理的相关规定；掌握研发支出的会计处理；掌握使用寿命不确定的无形资产的会计处理；等等。

第一节　无形资产的确认和初始计量

一、无形资产的确认条件

无形资产，是指企业拥有或者控制的没有实物形态的可辨认非货币性资产。

商誉的存在无法与企业自身分离，不具有可辨认性，不属于本章所指无形资产。

无形资产同时满足下列两个条件的，才能予以确认：①与该无形资产有关的经济利益很可能流入企业；②该无形资产的成本能够可靠计量。

二、无形资产的初始计量

无形资产应当按照成本进行初始计量。

(一) 外购无形资产的成本

外购无形资产的成本，包括购买价款、相关税费以及直接归属于使该项资产达到预定用途所发生的其他支出。

下列两种情况不包括在无形资产的初始成本中：①为引入新产品进行宣传发生的广告费、管理费用及其他间接费用；②无形资产已经达到预定用途以后发生的费用。

例6-1　2018年2月5日，甲公司以1 800万元的价格从产权交易中心竞价获得一项专利权，另支付相关税费90万元。为推广由该专利权生产的产品，甲公司发生宣传广告费用25万元、展览费15万元，上述款项均用银行存款支付。甲公司取得该项无形资产的入账价值为(　　)万元。

A. 1 800　　B. 1 890　　C. 1 930　　D. 1 905

【解析】无形资产的入账价值=1 800+90=1 890(万元)。

购买无形资产的价款超过正常信用条件延期支付并实质具有融资性质的，无形资产的初始成本以购买价款的现值为基础确定。实际支付的价款与购买价款的现值之间的差额，作为未确认融资费用，摊销金额除按照本书“长期负债及借款费用”的有关规定应予资本化的以外，应当在信用期间内采用实际利率法进行摊销，计入当期损益(财务费用)。

例6-2　2019年7月1日，甲公司与丁公司签订合同，自丁公司购买管理系统软件，合同价款为5 000万元，款项分5次支付，其中合同签订之日支付购买价款的20%，其余款项分4次自次年起每年7月1日支付1 000万元。管理系统软件购买价款的现值为4 546万元，折现率为5%。该软件预计使用5年，预计净残值为零，采用直线法摊销。

要求：(1) 计算甲公司2019年7月1日购买管理系统软件的入账价值，并编制相关会计分录。

(2) 计算2019年12月31日无形资产的账面价值，并编制2019年无形资产摊销的会计分录。

(3) 计算2019年12月31日长期应付款的账面价值，并编制2019年未确认融资费用摊销的会计分录。

【答案】(1) 管理系统软件应该按照购买价款的现值4 546万元作为入账价值。

借：无形资产　　4 546
　未确认融资费用　　454
　贷：长期应付款　　4 000
　　银行存款　　1 000

(2) 2019年无形资产摊销额=4 546÷5×6/12=454.6(万元)

2019年无形资产账面价值=4 546−454.6=4 091.4(万元)

借：管理费用　　454.6
　贷：累计摊销　　454.6

(3) 2019年未确认融资费用摊销额=(4 000−454)×5%×6/12=88.65(万元)

2019年12月31日长期应付款的账面价值=4 000−(454−88.65)=3 634.65(万元)

借：财务费用　　88.65
　贷：未确认融资费用　　88.65

(二) 投资者投入无形资产的成本

投资者投入无形资产的成本，应当按照投资合同或协议约定的价值确定，但合同或协议约定价值不公允的除外。

(三) 非货币性资产交换、债务重组等方式取得的无形资产的成本

这类成本应当分别按照本书“非货币性资产交换”“债务重组”的有关内容确定。

(四) 土地使用权的处理

企业取得的土地使用权通常应确认为无形资产，但属于投资性房地产的土地使用权，应当按投资性房地产进行会计处理。

土地使用权用于自行开发建造厂房等地上建筑物时，相关的土地使用权账面价值不转入在建工程成本，土地使用权与地上建筑物分别进行摊销和提取折旧。但下列两种情况除外：①房地产开发企业取得的土地使用权用于建造对外出售的房屋建筑物，相关的土地使用权应当计入所建造的房屋建筑物成本。②企业外购房屋建筑物所支付的价款应当在地上建筑物与土地使用权之间进行分配；确实难以合理分配的，应当全部作为固定资产处理。企业改变土地使用权的用途，停止自用土地使用权而用于赚取租金或资本增值时，应将其账面价值转为投资性房地产。

例6-3·判断 企业购入的土地使用权，先按实际支付的价款计入无形资产，待土地使用权用于自行开发建造厂房等地上建筑物时，再将其账面价值转入相关在建工程。(　　)

【解析】企业会计准则规定，企业购入的土地使用权，按实际支付的价款作为无形资产入账，并按规定期限进行摊销，但土地使用权用于自行开发建造厂房等地上建筑物时，相关的土地使用权账面价值不转入在建工程成本。土地使用权与地上建筑物分别进行摊销和提取折旧。只有当外购土地和建筑物支付的价款无法在两者之间合理分配的，才全部计入固定资产成本，所以本题不正确。

第二节　内部研究开发支出的确认和计量

一、研究与开发阶段的区分

研究开发项目区分为研究阶段与开发阶段。企业应当根据研究与开发的实际情况加以判断项目的阶段。

(一) 研究阶段

所谓研究是指为获取并理解新的科学或技术知识而进行的独创性的有计划的调查。研究阶段基本上是探索性的，为进一步开发活动进行资料及相关方面的准备，已进行的研究活动将来是否会转入开发、开发后是否会形成无形资产等均具有较大的不确定性。

(二) 开发阶段

所谓开发是指在进行商业性生产或使用前，将研究成果或其他知识应用于某项计划或设计，以生产出新的或具有实质性改进的材料、装置、产品等。相对于研究阶段而言，开发阶段应当是已完成研究阶段的工作，在很大程度上具备了形成一项新产品或新技术的基本条件。

二、研究与开发支出的确认

(一) 研究阶段的支出

研究阶段的支出应确认为管理费用。

(二) 开发阶段的支出

企业内部研究开发项目开发阶段的支出，同时满足下列条件的，才能确认为无形资产：①完成该无形资产以使其能够使用或出售，即在技术上具有可行性；②具有完成该无形资产并使用或出售的意图；③很可能为企业带来未来经济利益；④有足够的技术、财务资源和其他资源支持，以完成该无形资产的开发，并有能力使用或出售该无形资产；⑤归属于该无形资产开发阶段的支出能够可靠计量。

需要注意的是，无法区分研究阶段和开发阶段的支出，应当在发生时作为管理费用。

三、内部开发的无形资产的计量

内部开发形成的无形资产成本，由可直接归属于该资产的创造、生产并使该资产能够以管理层预定的方式运作的所有必要支出构成。

内部开发无形资产的支出仅包括在满足资本化条件的时点至无形资产达到预定用途前发生的支出总和，对于同一项无形资产在开发过程中达到资本化条件之前已经费用化计入当期损益的支出不再进行调整。

四、内部研究开发费用的会计处理

在会计处理时此类账目设置为“研发支出”科目，“研发支出”科目余额计入资产负债表中“开发支出”项目。

企业发生的研发支出，通过“研发支出”科目归集。在会计处理过程中注意以下两点。

第一，企业研究阶段的支出全部费用化，计入当期损益(管理费用)。会计核算时，首先在“研发支出——费用化支出”中归集，期末结转到管理费用。

第二，开发阶段的支出符合条件的，才能资本化，不符合资本化条件的计入当期损益(首先在“研发支出”中归集，期末结转管理费用)。

例6-4 甲公司2019年1月10日开始自行研究开发无形资产，12月31日达到预定用途。其中，研究阶段发生职工薪酬30万元、计提专用设备折旧40万元；进入开发阶段后，相关支出符合资本化条件前发生的职工薪酬30万元、计提专用设备折旧30万元，符合资本化条件后发生职工薪酬100万元、计提专用设备折旧200万元。假定不考虑其他因素，甲公司2019年对上述研发支出进行的下列会计处理中，正确的是( )。

A. 确认管理费用70万元，确认无形资产360万元

B. 确认管理费用30万元，确认无形资产400万元

C. 确认管理费用130万元，确认无形资产300万元

D. 确认管理费用100万元，确认无形资产330万元

【解析】根据相关的规定，只有在开发阶段符合资本化条件后的支出才能计入无形资产入账价值，此题中开发阶段符合资本化支出金额=100+200=300(万元)，确认为无形资产；其他支出全部计入当期损益，所以计入管理费用的金额=(30+40)+(30+30)=130(万元)。正确答案为C。

例6-5 2019年1月1日，甲公司的董事会批准研发某项新型技术，该公司董事会认为，研发该项目具有可靠的技术和财务等资源的支持，并且一旦研发成功将降低该公司的生产成本。2020年1月31日，该项新型技术研发成功并已达到预定用途。研发过程中所发生的直接相关的必要支出情况如下：

(1) 2019年度发生材料费用9 000 000元，人工费用4 500 000元，计提专用设备折旧750 000元，以银行存款支付其他费用3 000 000元，总计17 250 000元，其中，符合资本化条件的支出为7 500 000元。

(2) 2020年1月31日前发生材料费用800 000元，人工费用500 000元，计提专用设备折旧50 000元，其他费用20 000元，总计1 370 000元。

要求：甲公司应如何作账务处理？

【解析】本例中，首先，甲公司经董事会批准研发某项新型技术，并认为完成该项新型技术无论从技术上，还是财务等方面都能够得到可靠的资源支持，研发成功将降低公司的生产成本，并且有确凿证据予以支持。因此，符合条件的开发费用可以资本化。

其次，甲公司在开发该项新型技术时，累计发生了18 620 000元的研究与开发支出，其中符合资本化条件的开发支出为8 870 000元，符合“归属于该无形资产开发阶段的支出能够可靠计量”的条件。

【答案】甲公司的财务处理为：

(1) 2019年度发生研发支出

借：研发支出——××技术——费用支出	9 750 000	
——资本化支出	7 500 000	
贷：原材料		9 000 000
应付职工薪酬		4 500 000
累计折旧		750 000
银行存款		3 000 000

(2) 2019年12月31日，将不符合资本化条件的研发支出转入当期管理费用

借：管理费用——研究费用	9 750 000	
贷：研发支出——××技术——费用化支出		9 750 000

(3) 2020年1月份发生研发支出

借：研发支出——××技术——资本化支出	1 370 000	
贷：原材料		800 000
应付职工薪酬		500 000
累计折旧		50 000
银行存款		20 000

(4) 2020年1月31日，该项新型技术已经达到预定用途

借：无形资产——××技术	8 870 000	
贷：研发支出——××技术——资本化支出		8 870 000

第三节　无形资产的后续计量

一、无形资产使用寿命的确定

(一) 估计无形资产的使用寿命

企业应当于取得无形资产时分析判断其使用寿命。无形资产的使用寿命为有限或确定的，应当估计该使用寿命的年限或者构成使用寿命的产量等类似计量单位数量；无法预见无形资产为企业带来经济利益期限的，应当视为使用寿命不确定的无形资产。

(二) 无形资产使用寿命的复核

企业至少应当于每年年度终了，对无形资产的使用寿命进行复核。无形资产的使用寿命与以前估计不同的，应当改变其摊销期限，并按会计估计变更进行处理。

对于使用寿命不确定的无形资产，如果有证据表明无形资产的使用寿命是有限的，应当估计其使用寿命，视为会计估计变更，并按使用寿命有限的无形资产的有关规定进行会计处理。

二、使用寿命有限的无形资产摊销

(一) 摊销期和摊销方法

企业无形资产的摊销期，应当自无形资产可供使用时起，至不再作为无形资产确认时止。

企业选择的无形资产摊销方法，应当反映与该项无形资产有关的经济利益的预期实现方式。无法可靠确定预期实现方式的，应当采用直线法摊销。

(二) 残值的确定

使用寿命有限的无形资产，其残值应当视为零，但下列情况除外：①有第三方承诺在无形资产使用寿命结束时购买该无形资产；②可以根据活跃市场得到预计残值信息，并且该市场在无形资产使用寿命结束时可能存在。

(三) 使用寿命有限的无形资产摊销的会计处理

无形资产的摊销金额一般应当计入当期损益(管理费用、其他业务成本等)。某项无形资产包含的经济利益通过所生产的产品或其他资产实现的，其摊销金额应当计入相关资产的成本。

例6-6·多选 对使用寿命有限的无形资产，下列说法中正确的有(　　)。

A. 其摊销金额应当在使用寿命内系统合理摊销

B. 其摊销期限应当自无形资产可供使用时起，至不再作为无形资产确认时止

C. 其摊销期限应当自无形资产可供使用的下个月时起，至不再作为无形资产确认时止

D. 无形资产可能有残值

【解析】无形资产的摊销期限应当自无形资产可供使用时起，至不再作为无形资产确认时止，所以应该选择ABD。

三、使用寿命不确定的无形资产减值测试

根据无形资产可获得的情况，无法合理估计其使用寿命的，应作为使用寿命不确定的无形资产。按照准则规定，对于使用寿命不确定的无形资产，在持有期间内不需要摊销，但应当在每一会计期末进行减值测试。发生减值时，借记“资产减值损失”科目，贷记“无形资产减值准备”科目。

无形资产的后续计量流程如图6-1所示。

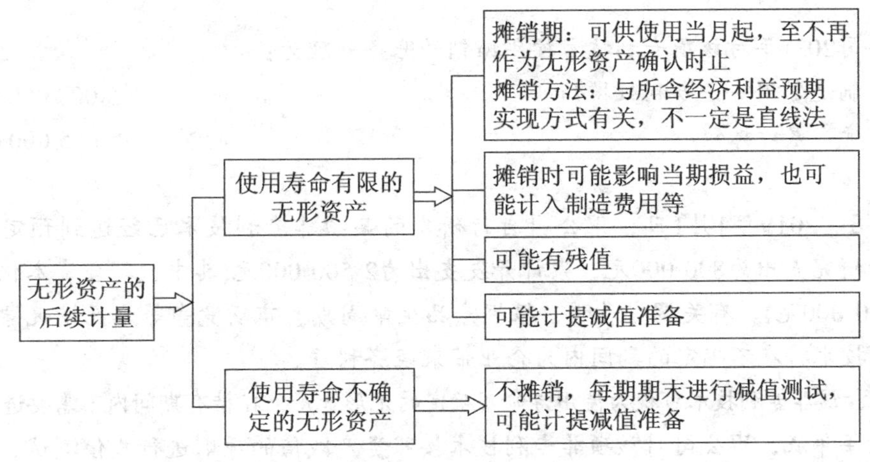

图6-1 无形资产的后续计量流程

例6-7 甲公司2019年至2021年有关资料如下：

(1) 2019年4月1日，甲公司从外单位购得一项新专利技术用于产品生产，支付价款75 000 000元，增值税为4 500 000元，款项已支付。该项专利技术法律保护期间为15年，公司预计运用该专利生产的产品在未来10年内会为公司带来经济利益。假定这项无形资产的净残值均为零，并按年采用直线法摊销。甲公司应如何作账务处理？

(2) 2021年4月1日，就上述专利技术，第三方向甲公司承诺在3年内以其最初取得公允价值的60%购买该专利技术，从公司管理层目前的持有计划来看，准备在3年内将其出售给第三方。为此，甲公司应当在2021年变更该项专利技术的估计使用寿命为3年，变更净残值为45 000 000元(75 000 000×60%)，并按会计估计变更进行处理。甲公司2021年对该项专利技术按年推销时应如何作账务处理？

【答案】(1)本例中，甲公司外购的专利技术的预计使用期限(10年)短于法律保护期间(15年)，则应当按照企业预期使用期限确定其使用寿命，同时这也就表明该项专利技术是使用寿命有限的无形资产，且该无形资产用于产品生产，因此，应当将其摊销金额计入相关产品的成本。

甲公司的账务处理如下：

① 取得无形资产时

借：无形资产——专利权　　75 000 000

　　应交税费——应交增值税(进项税额)　　4 500 000

　　贷：银行存款　　79 500 000

② 按年摊销时

借：制造费用——专利权摊销　　7 500 000

　　贷：累计摊销　　7 500 000

(2) 2021年该项无形资产的摊销金额为5 000 000元(75 000 000−7 500 000×2−45 000 000)÷3。

甲公司2021年对该项专利技术按年摊销的账务处理为：

借：制造费用——专利权摊销　　5 000 000

　　贷：累计摊销　　5 000 000

例6-8　2019年1月1日，甲公司自行研发的某项非专利技术已经达到预定可使用状态，累计研究支出为800 000元，累计开发支出为2 500 000元(其中，符合资本化条件的支出为2 000 000元)。有关调查表明，根据产品生命周期、市场竞争等方面情况综合判断，该非专利技术将在不确定的期间内为企业带来经济利益。

由于，该非专利技术可视为使用寿命不确定的无形资产，在持有期间内不需要进行摊销。

2020年年底，甲公司对该项非专利技术按照资产减值的原则进行减值测试，经测试表明其已发生减值。2020年年底，该非专利技术的可收回金额为1 800 000元。

要求：甲公司应如何作账务处理？

【答案】甲公司的账务处理为：

(1) 2019年1月1日，非专利技术达到预定用途

借：无形资产——非专利技术　　2 000 000

　　贷：研发支出——资本化支出　　2 000 000

(2) 2020年12月31日，非专利技术发生减值

借：资产减值损失——非专利技术(2 000 000−1 800 000)　　200 000

　　贷：无形资产减值准备——非专利技术　　200 000

第四节　无形资产的处置

无形资产的处置，主要是指无形资产的对外出租、出售、对外捐赠，或无法为企业带来经济利益时，应予转销并终止确认。

一、无形资产出租

企业无形资产出租时，应按照要求确认其他业务收入和其他业务成本。

例6-9　2019年1月1日，甲公司将某商标权出租给乙公司使用，租期为4年，每年收取租金150 000元。甲公司在出租期间内不再使用该商标权。甲公司为一般纳税人，应缴纳的增值税为9 000元(适用税率为6%)。该商标权为甲公司2018年1月1日购入的，初始入账价值为1 800 000元，预计使用年限为15年，采用直线法摊销。假定按年摊销商标权，且不

考虑除增值税以外的其他税费。

要求：作甲公司的相关会计处理。

【答案】甲公司的账务处理为：

(1) 每年取得租金

借：银行存款　159 000

　贷：其他业务收入——出租商标权　150 000

　　应交税费——应交增值税(销项税额)　9 000

(2) 按年对该商标权进行摊销

借：其他业务成本——商标权摊销　120 000

　贷：累计摊销　120 000

二、无形资产出售

企业出售无形资产，应当将取得的价款与该无形资产账面价值的差额计入资产处置损益。

例6-10　甲企业出售一项商标权，开具增值税专用发票，所得价款为1 200 000元，税率6%，增值税为72 000元。该商标权成本为3 000 000元，出售时已摊销金额为1 800 000元，已计提的减值准备为300 000元。甲企业应如何作账务处理？

【答案】甲企业的账务处理为：

借：银行存款　1 200 000

　累计摊销　1 800 000

　无形资产减值准备——商标权　300 000

　贷：无形资产——商标权　3 000 000

　　应交税费——应交增值税　72 000

　　资产处置损益　228 000

三、无形资产报废

无形资产预期不能为企业带来经济利益的，应当将该无形资产的账面价值予以转销，其账面价值转作当期损益(营业外支出)。

例6-11　甲企业原拥有一项非专利技术，采用直线法进行摊销，预计使用期限为10年。现该项非专利技术已被内部研发成功的新技术所替代，并且根据市场调查，用该非专利技术生产的产品已没有市场，预期不能再为企业带来任何经济利益，故应当予以转销。

转销时，该项非专利技术的成本为9 000 000元，已摊销6年，累计计提减值准备2 400 000元，该项非专利技术的残值为0。假定不考虑其他相关因素。甲企业应如何作会计处理？

【答案】甲企业的账务处理为：

借：累计摊销　　5 400 000
　　无形资产减值准备——专利权　　2 400 000
　　营业外支出——处置非流动资产损失　　1 200 000
　　贷：无形资产——专利权　　9 000 000

例6-12　甲股份有限公司2017年至2023年与无形资产业务有关的资料如下：

(1) 2017年12月1日，以银行存款600万元购入一项无形资产(不考虑相关税费)，该无形资产的预计使用年限为10年，无残值。

(2) 2021年12月31日，预计该无形资产的可收回金额为284万元。该无形资产发生减值后，原预计使用年限不变。

(3) 2022年12月31日，预计该无形资产的可收回金额为259.6万元，调整该无形资产减值准备后，原预计使用年限不变。

(4) 2023年4月1日，将该无形资产对外出售，取得价款290万元并收存银行(不考虑相关税费)。

要求：(1) 编制购入该无形资产的会计分录。

(2) 计算2021年12月31日该无形资产的账面净值。

(3) 编制2021年12月31日该无形资产计提减值准备的会计分录。

(4) 计算2022年12月31日该无形资产的账面净值。

(5) 编制2022年12月31日调整该无形资产减值准备的会计分录。

(6) 计算2023年3月31日该无形资产的账面净值。

(7) 计算该无形资产出售形成的净损益。

(8) 编制该无形资产出售的会计分录。

(答案中的金额单位用万元表示)

【答案】(1) 借：无形资产　　600
　　贷：银行存款　　600

(2) 账面净值=600−600÷10×1/12−600÷10×4=355(万元)

或账面净值=600−600÷120×49=355(万元)

(3) 借：资产减值损失(355−284)　　71
　　贷：无形资产减值准备　　71

(4) 2022年该无形资产的摊销额=284÷(12×5+11)×12=48(万元)

2022年12月31日该无形资产的账面净值=355−48=307(万元)

(5) 2022年12月31日无形资产的账面价值=284−48=236(万元)，无形资产的预计可收回金额为259.6万元，按新准则规定，无形资产减值准备不能转回。

(6) 2023年1月至3月,该无形资产的摊销额=236÷(12×4+11)×3=12(万元)

2023年3月31日该无形资产的账面净值=307-12=295(万元)

(7) 该无形资产出售净损益=290-(236-12)=66(万元)

(8) 至无形资产出售时累计摊销金额=600÷10×1/12+600÷10×4+48+12=305(万元)

借：银行存款　290

　　无形资产减值准备　71

　　累计摊销　305

　　贷：无形资产　600

　　　　资产处置损益　66

例6-13　甲公司2017年至2019年有关资料如下：

(1) 2017年1月1日，甲公司与丁公司签订技术转让协议，自丁公司取得其拥有的一项专利技术。协议约定，专利技术的转让价款为1 500万元，甲公司应于协议签订之日支付300万元，其余款项分4次自当年起每年12月31日支付300万元。当日，甲公司与丁公司完成了专利技术的权利变更手续办理。上述取得的专利技术用于甲公司机电产品的生产，预计使用10年，预计净残值为零，采用直线法摊销。

(2) 2019年1月1日，甲公司与庚公司签订技术转让协议，将2017年从丁公司取得的专利技术转让给庚公司，转让价款为1 000万元。同时，甲公司、庚公司与丁公司签订协议，约定甲公司因取得该专利技术尚未支付丁公司的款项600万元由庚公司负责偿还。

2019年1月5日，甲公司收到庚公司支付的款项400万元。同日，甲公司与庚公司完成了专利技术的权利变更手续办理。

(3) 其他相关资料如下：①假定上述交易或事项不考虑增值税及其他相关税费；相关资产未计提减值准备。②假定实际利率为6%。③复利现值系数：(*P*/*S*，6%，1)=0.943 4，(*P*/*S*，6%，2)=0.890 0，(*P*/*S*，6%，3)= 0.839 6，(*P*/*S*，6%，4)=0.792 1；年金现值系数：(*P*/*A*，6%，3)=2.673 0，(*P*/*A*，6%，4)=3.465 1。

要求：(1) 计算甲公司取得的专利技术的入账价值，并编制相关会计分录。

(2) 计算甲公司取得的专利技术的月摊销金额、该专利技术2018年12月31日的账面价值，并编制转让专利技术的相关会计分录。(答案中的金额单位用万元表示)

【答案】(1) 甲公司取得的专利技术的入账价值=300+300×3.465 1=1 339.53(万元)

借：无形资产　1 339.53

　　未确认融资费用　160.47

　　贷：银行存款　300

　　　　长期应付款　1 200

(2) 甲公司取得的专利技术的月摊销金额=1 339.53÷10÷12=11.16(万元)，该专利技术2018年12月31日的账面价值=1 339.53-11.16×24=1 071.69(万元)，转让时“累计摊销”科目余额=11.16×24=267.84(万元)。

甲公司对丁公司2017年年未确认融资费用的摊销额=(1 200-160.47)×6%=62.37(万元)

甲公司对丁公司2017年年末长期应付款摊余成本=1 200-160.47+62.37-300=801.9(万元)

甲公司对丁公司2018年年未确认融资费用的摊销额=801.9×6%=48.11(万元)

转让时未确认融资费用余额=160.47-62.37-48.11=49.99(万元)

借：长期应付款　　600

　　银行存款　　400

　　资产处置损益　　121.68

　　(1 339.53+49.99-267.84-400-600=121.68)

　　累计摊销　　267.84

　　贷：无形资产　　1 339.53

　　　　未确认融资费用　　49.99

本章小结

无形资产，是指企业拥有或者控制的没有实物形态的可辨认非货币性资产。无形资产能在较长的时间里给企业带来效益。与有形资产相比，无形资产虽然没有实物形态，但可能具有超常的盈利能力或巨大的潜在价值。无形资产包括专利权、非专利技术、商标权、土地使用权、特许经营权等。企业自创的商誉以及未满足无形资产确认条件的其他项目，不能作为无形资产。

无形资产有研究阶段与开发阶段的区分。

无形资产的摊销期自其可供使用时(即其达到能够按管理层预定的方式运作所必需的状态)开始，至终止确认时止。对某项无形资产摊销所使用的方法应依据从资产中获取的预期未来经济利益的预计消耗方式来选择，并一致地运用于不同会计期间。

无形资产的残值一般为零，除非有第三方承诺在无形资产使用寿命结束时愿意以一定的价格购买该项无形资产或是存在活跃的市场，通过市场可以得到无形资产使用寿命结束时的残值信息，并且从目前情况看，在无形资产使用寿命结束时，该市场还可能存在的情况下，无形资产可以存在残值。

企业取得的土地使用权通常应确认为无形资产，但改变土地使用权用途，用于赚取租金或资本增值的，应当将其转为投资性房地产。

自行开发建造厂房等建筑物，相关的土地使用权与建筑物应当分别进行处理。外购土地及建筑物支付的价款应当在建筑物与土地使用权之间进行分配；难以合理分配的，应当全部作为固定资产。

房地产开发企业取得土地用于建造对外出售的房屋建筑物，相关的土地使用权账面价值应当计入所建造的房屋建筑物成本。

无形资产的摊销金额一般应当计入当期损益。某项无形资产包含的经济利益通过所生产的产品或其他资产实现的，其摊销金额应当计入相关资产的成本。

对于使用寿命不确定的无形资产，在持有期间内不需要摊销，但需要至少于每一会计期末进行减值测试。

第七章　投资性房地产

引导案例

2017年4月10日，A公司与B公司签订了一项经营租赁合同，约定自2017年5月1日起，A公司以年租金10 000 000元租赁使用B公司拥有的一块500 000平方米的场地，租赁期为10年。2017年6月1日，A公司又将这块场地租赁给C公司，以赚取租金差价，租赁期为5年。以上交易假设不违反国家有关规定。请思考，对于A公司而言，租入的场地是否应确认为资产？对B公司而言，这块出租场地是否继续确认为无形资产呢？

学习目标

通过本章学习，掌握投资性房地产的概念、投资性房地产的账务处理。

第一节　投资性房地产概述

一、投资性房地产的定义与特征

(一) 投资性房地产的定义

投资性房地产是指为赚取租金或资本增值或者两者兼有而持有的房地产。投资性房地产应当能够单独计量和出售。

(二) 投资性房地产的特征

投资性房地产具有以下几个特征。

1. 投资性房地产是一种经营性活动

投资性房地产的主要形式是出租建筑物、出租土地使用权。这实质上属于一种让渡资产使用权行为。房地产租金就是让渡资产使用权取得的使用收入，是企业为完成其经营目标所从事的经营性活动以及与之相关的其他活动形成的经济利益总流入。投资性房地产的另一种形式是持有并准备增值后转让的土地使用权，其目的是增值后转让以赚取增值收益，也是企业为完成其经营目标所从事的经营性活动以及与之相关的其他活动形成的经济利益总流入。

2. 投资性房地产在用途、状态、目的等方面区别于作为生产经营场所的房地产和用于销售的房地产

企业持有的房地产除了用作自身管理、生产经营活动场所和对外销售之外，出现了将房地产用于赚取租金或增值收益的活动，甚至成为企业的主营业务。这就需要将投资性房地产单独作为一项资产核算和反映与自用的厂房、办公楼等房地产和作为存货(已建完工商品房)的房地产加以区别，从而更加清晰地反映企业所持有房地产的构成情况和盈利能力。

二、投资性房地产的范围

(一) 属于投资性房地产的项目

投资性房地产主要包括已出租的土地使用权、持有并准备增值后转让的土地使用权、已出租的建筑物。

1. 已出租的土地使用权

已出租的土地使用权是指企业通过出让或转让方式取得并以经营租赁方式出租的土地使用权。企业计划用于出租但尚未出租的土地使用权，不属于此类。以经营租赁方式租入土地使用权再转租给其他单位的，不能确认为投资性房地产。

例7-1 2019 年5月10日，甲公司与乙公司签订了一项经营租赁合同，约定自2019年6月1日起，甲公司以年租金8 000 000元租赁使用乙公司拥有的一块400 000 平方米的场地，租赁期为8年。2019年7月1日，甲公司又将这块场地转租给丙公司，以赚取租金差价，租赁期为5年。以上交易假设不违反国家有关规定。试判断该土地是否属于投资性房地产。

【答案】本例中，对于甲公司而言，这项土地使用权不能予以确认，其也不属于投资性房地产。对于乙公司而言，自租赁开始日(2019年6月1日)起，这项土地使用权属于投资性房地产。

2. 持有并准备增值后转让的土地使用权

持有并准备增值后转让的土地使用权，是指企业通过出让或转让方式取得并准备增值后转让的土地使用权。但是，按照国家有关规定认定的闲置土地，不属于持有并准备增值后的土地使用权，也不属于投资性房地产。

3. 已出租的建筑物

已出租的建筑物，是指企业拥有产权并以经营租赁方式出租的房屋等建筑物，包括自行建造或开发活动完成后用于出租的建筑物。

企业在判断和确认已出租的建筑物时，应当把握以下几个要点。

第一，用于出租的建筑物是指企业拥有产权的建筑物，企业以经营租赁方式租入再转

租的建筑物不属于投资性房地产。

第二，已出租的建筑物是企业已经与其他方签订了租赁协议，约定以经营租赁方式出租的建筑物。一般自租赁协议规定的租赁期开始日起，经营租赁的建筑物才属于已出租的建筑物。

第三，企业将建筑物出租，按租赁协议向承租人提供的相关辅助服务在整个协议中不重大的，应当将该建筑物确认为投资性房地产。例如，企业将其办公楼出租，同时向承租人提供维护、保安等日常辅助服务，企业应当将该办公楼确认为投资性房地产。

(二) 不属于投资性房地产的项目

下列房地产不属于投资性房地产。

1. 自用房地产

自用房地产是指为生产商品、提供劳务或者经营管理而持有的房地产，包括自用建筑物(固定资产)和自用土地使用权(无形资产)。例如，企业出租给本企业职工居住的宿舍，虽然也收取租金，但间接为企业自身的生产经营服务，因此具有自用房地产的性质。又如，企业拥有并自行经营的旅馆，其持有目的主要是通过提供客房服务赚取服务收入，该旅馆不确认为投资性房地产。

2. 作为存货的房地产

作为存货的房地产，通常指房地产开发企业在正常经营过程中销售的或为销售而正在开发的商品房和土地。

第二节　投资性房地产的确认和初始计量

一、投资性房地产的确认和初始计量

(一) 投资性房地产的确认条件

根据《企业会计准则第3号——投资性房地产》的规定，投资性房地产同时满足下列条件的，才能予以确认：①与该投资性房地产有关的经济利益很可能流入企业；②该投资性房地产的成本能够可靠计量。这两个条件是成为企业资产具备的基本特征，只有既符合投资性房地产的定义又同时具备这两个条件的，才能确认为投资性房地产。

(二) 投资性房地产初始成本的计量

1. 外购投资性房地产的确认和初始计量

外购的土地使用权和建筑物，按照取得时的实际成本进行初始计量。取得时的实际成本包括购买价款、相关税费和可直接归属于该资产的其他支出。企业购入的房地产，部分用于出租(或资本增值)、部分自用，用于出租(或资本增值)的部分予以单独确认的，应按照不同部分的公允价值占公允价值总额的比例将成本在不同部分之间进行分配。

如果用公允价值模式计量，需要在“投资性房地产”科目下设置“成本”和“公允价值变动”两个明细科目，其中，“投资性房地产成本”科目反映外购的土地使用权和建筑物发生的实际成本。

2. 自行建造投资性房地产的确认和初始计量

自行建造投资性房地产，其成本由建造该项资产达到预定可使用状态前发生的必要支出构成，包括土地开发费、建筑成本、安装成本、应予以资本化的借款费用、支付的其他费用和分摊的间接费用等。建造过程中发生的非正常性损失，直接计入当期损益，不计入建造成本。

3. 非投资性房地产转换为投资性房地产的确认和初始计量

非投资性房地产转换为投资性房地产，实质上是因房地产用途发生改变而对房地产进行的重新分类。如果投资性房地产采用成本模式计量，则按照该项房地产在转换日的账面价值入账；如果投资性房地产采用公允价值模式计量，则按该项房地产在转换日的公允价值入账。

例7-2 2019年2月，甲公司从其他单位购入一块使用期限为50年的土地，并在这块土地上开始自行建造两栋厂房。2019年11月，甲公司预计厂房即将完工，与乙公司签订了经营租赁合同，将其中的一栋厂房租赁给乙公司使用。租赁合同约定，该厂房完工时开始起租。2019年12月5日，两栋厂房同时完工。该块土地使用权成本为9 000 000元，至2019年12月5日，土地使用权已摊销165 000元，两栋厂房的实际造价均为12 000 000元，能够单独出售。为简化处理，假设两栋厂房分别占用这块土地的一半面积，并且以占用的土地面积作为土地使用权面积的划分依据。假设甲公司采用成本模式进行后续计量。

要求：甲公司应如何作账务处理？

【解析】由于甲公司在购入的土地上建造的两栋厂房中，其中的一栋厂房用于出租，因此应当将土地使用权中的对应部分转换为投资性房地产。

【答案】借：固定资产——厂房　　12 000 000
　　投资性房地产——厂房　　12 000 000
　贷：在建工程——厂房　　24 000 000
借：投资性房地产——已出租土地使用权　　4 500 000
　累计摊销　　82 500
　贷：无形资产——土地使用权(9 000 000÷2)　　4 500 000
　　投资性房地产累计摊销 (165 000÷2)　　82 500

二、投资性房地产有关的后续支出

(一) 资本化的后续支出

与投资性房地产有关的后续支出，满足投资性房地产确认条件的，应当计入投资性房地产成本。例如，企业为了提高投资性房地产的使用效能，往往需要对投资性房地产进行改建、扩建而使其更加坚固耐用，或者通过装修而改善其室内装潢，改扩建或装修支出满足确认条件的，应当将其资本化。

采用成本模式计量的，投资性房地产进入改扩建或者装修阶段后，应当将其账面价值转入改扩建工程。借记"投资性房地产——在建""投资性房地产累计折旧"等科目，贷记"投资性房地产" 科目。发生资本化的改良或装修支出，通过"投资性房地产——在建"科目归集，借记"投资性房地产——在建"科目，贷记"银行存款""应付账款"等科目。改扩建或装修完成后，借记"投资性房地产" 科目，贷记"投资性房地产——在建"科目。

采用公允价值模式计量的，投资性房地产进入改扩建或装修阶段，借记"投资性房地产——在建"科目，贷记"投资性出地产——成本"，"投资性房地产——公允价值变动" 等科目。改扩建或装修完成后，借记"投资性房地产——成本"科目，贷记"投资性房地产——在建"科目。

企业对某项投资性房地产进行改扩建等再开发且将来仍作为投资性房地产的，在开发期间应继续将其作为投资性房地产，不计提折旧或摊销。

例7-3　2019年5月，甲公司与乙公司的一项厂房经营租赁合同即将到期，该厂房原价为50 000 000元，已计提折旧10 000 000元。为了提高厂房的租金收入，甲公司决定在租赁期满后对该厂房进行改扩建，并与丙公司签订了经营租赁合同，约定自改扩建完工时将该厂房出租给丙公司。2019年5月31日，与乙公司的租赁合同到期，该厂房随即进入改扩建工程。2019年12月31日，该厂房改扩建工程完工，共发生支出5 000 000元，均已支付，即日按照租赁合同出租给丙公司。假定甲公司采用成本计量模式。甲公司应如何作账务处理？

【答案】本例中，改扩建支出属于后续支出，假定符合《企业会计准则第3号——投资性房地产》第六条的规定，应当计入投资性房地产的成本。

甲公司的账务处理如下：

(1) 2019年5月31日，投资性房地产转入改扩建工程

借：投资性房地产——厂房——在建	40 000 000	
投资性房地产累计折旧	10 000 000	
贷：投资性房地产——厂房		50 000 000

(2) 2019年5月31日至2019年12月31日，发生改扩建支出

借：投资性房地产——厂房——在建	5 000 000	
贷：银行存款		5 000 000

(3) 2019 年12月31日，改扩建工程完工

借：投资性房地产——厂房　45 000 000

　贷：投资性房地产——厂房——在建　45 000 000

例7-4　2019年5月，甲公司与乙公司的一项厂房经营租赁合同即将到期。为了提高厂房的租金收入，甲公司决定在租赁期满后对该厂房进行改扩建，并与丙公司签订了经营租赁合同，约定自改扩建完工时将该厂房出租给丙公司。2019年5月31日，与乙公司的租赁合同到期，该厂房随即进入改扩建工程。2019年5月31日，该厂房账面余额为20 000 000元，其中成本1 6 000 000元，累计公允价值变动4 000 000元。2019年11月30日，该厂房改扩建工程完工，共发生支出3 000 000元，均已支付，即日按照租赁合同出租给丙公司。假定甲公司采用公允价值计量模式。甲公司应如何作账务处理？

【答案】甲公司的账务处理如下：

(1) 2019年5月31日，投资性房地产转入改扩建工程

借：投资性房地产——厂房——在建　20 000 000

　贷：投资性房地产——厂房——成本　16 000 000

　　　　　　　　　　——公允价值变动　4 000 000

(2) 2019年5月31 日至2019年11月30日，发生改扩建支出

借：投资性房地产——厂房——在建　3 000 000

　贷：银行存款　3 000 000

(3) 2019年11月30日，改扩建工程完工

借：投资性房地产——厂房——成本　23 000 000

　贷：投资性房地产——厂房——在建　23 000 000

(二) 费用化的后续支出

与投资性房地产有关的后续支出，不满足投资性房地产确认条件的，如企业对投资性房地产进行日常维护所发生的支出，应当在发生时计入当期损益。借记“其他业务成本”等科目，贷记“银行存款”等科目。

第三节　投资性房地产的后续计量

为了核算投资性房地产的价值，不管是采用成本模式计量的投资性房地产，还是采用公允价值模式计量的投资性房地产，都应设置“投资性房地产”科目。该科目属于资产类科目。当采用成本模式计量时，该科目借方登记取得的投资性房地产的成本；贷方登记处置时转出的投资性房地产的成本。当采用公允价值计量模式时，该科目借方登记取得的投资性房地产的成本和拥有投资性房地产期间公允价值变动收益；贷方登记拥有投资性房

地产期间公允价值变动损失以及处置时转出的投资性房地产的价值。该账户的期末余额在借方，反映企业拥有的投资性房地产的价值。当投资性房地产采用成本模式计量时，企业应当按照投资性房地产的类别和项目进行明细核算；投资性房地产采用公允价值模式计量的，企业应当按照投资性房地产的类别和项目并分“成本”和“公允价值变动”进行明细核算。

一、采用成本模式核算投资性房地产

采用成本模式进行后续计量的投资性房地产，应当遵循以下几条会计处理规定：①按照固定资产或无形资产的有关规定，按期(月)计提折旧或摊销，借记“其他业务成本”等科目，贷记“投资性房地产累计折旧(摊销)”科目。②取得的租金收入，借记“银行存款”等科目，贷记“其他业务收入”等科目。③投资性房地产存在减值迹象的，适用资产减值的有关规定。经减值测试后确定发生减值的，应当计提减值准备，借记“资产减值损失”科目，贷记“投资性房地产减值准备”科目。已经计提减值准备的投资性房地产，其减值损失在以后的会计期间不得转回。

例7-5　2018年1月2日，光明公司购入一幢建筑物用于出租，取得时实际支付的价款为1 500 000元，已支付。2018年2月底，计提折旧。假定该建筑物的预计净残值率为4%，预计使用年限为50年，采用平均年限法计提折旧。光明公司应如何作会计处理？

【答案】光明公司会计处理如下：

(1) 购入建筑物时

借：投资性房地产——××建筑物　　1500 000

　贷：银行存款等　　1500 000

(2) 2018年2月底，应计提折旧2 400[1 500 000 ×(1-4%)] ÷ 50 ÷ 12)元

借：其他业务成本　　2 400

　贷：投资性房地产累计折旧　　2 400

例7-6　承例7-5，2018年年底，该建筑物的可收回金额为1 350 000元，账面净额为1 473 600(1 500 000-2 400 × 11)元，应计提 123 600元的减值准备，光明公司应如何作会计分录？

【答案】借：资产减值损失——计提的投资性房地产减值准备　　123 600

　贷：投资性房地产减值准备——××建筑物　　123 600

例7-7　甲公司将一栋写字楼出租给乙公司使用，确认为投资性房地产，采用成本模式进行后续计量，假设这栋办公楼的成本为72 000 000元，按照年限平均法计提折旧，使用寿命为20年，预计净残值为零，经营租赁合同约定乙公司每月等额支付甲公司租金400 000元。假定不考虑增值税。甲公司应如何作账务处理？

【答案】甲公司的账务处理如下：

(1) 每月计提折旧

每月计提的折旧=(72 000 000 ÷ 20) ÷ 12 = 300 000(元)

借：其他业务成本——出租写字楼折旧　　300 000

　　贷：投资性房地产累计折旧　　300 000

(2) 每月确认租金收入

借：银行存款(或其他应收款)　　400 000

　　贷：其他业务收入——出租写字楼租金收入　　400 000

二、采用公允价值模式核算投资性房地产

根据《企业会计准则第3号——投资性房地产》的规定，当存在确凿证据表明投资性房地产的公允价值能够持续可靠取得时，可以采用公允价值计量模式。

(一) 采用公允价值模式计量的投资性房地产的条件

采用公允价值模式计量的投资性房地产，应当同时满足下列条件：①投资性房地产所在地有活跃的房地产交易市场；②企业能够从活跃的房地产交易市场上取得同类或类似房地产的市场价格及其他相关信息，从而对投资性房地产的公允价值做出科学合理的估计。

用公允价值模式计量的，不对投资性房地产计提折旧或进行摊销，应当以资产负债表日投资性房地产的公允价值为基础调整其账面价值，公允价值与原账面价值之间的差额计入当期损益。

从建筑物方面而言，同类或类似的房地产指所处地理位置和地理环境相同、性质相同、结构类型相同或相近、新旧程度相同或相近、可使用状况相同或相近的建筑物；从土地使用权方面而言，同类或类似房地产指同一城区、同一位置区域、所处地理环境相同或相近、可使用状况相同或相近的土地。

投资性房地产的公允价值是市场参与者在计量日的有序交易中，出售该房地产所能收到的金额。确定投资性房地产的公允价值时，应当参照活跃市场上同类或类似房地产的现行市场价格(市场公开报价)；无法取得同类或类似房地产现行市场价格的，应当参照活跃市场上同类或类似房地产的最近交易价格，并考虑交易情况、交易日期、所在区域等因素，从而对投资性房地产的公允价值做出合理的估计；也可以基于预计未来获得的租金收益和相关现金流量予以计量。

(二) 采用公允价值模式进行后续计量的投资性房地产

采用公允价值模式进行后续计量的投资性房地产，应当遵循以下几条会计处理规定：①不对投资性房地产计提折旧或摊销。企业应当以资产负债表日投资性房地产的公允价的

为基础调整账面价值，公允价值与原账面价值之间的差额计入当期损益。②资产负债表日，投资性房地产的公允价值高于原账面价值的差额，借记“投资性房地产——公允价值变动”科目，贷记“公允价值变动损益”，公允价值低于原账面价值的差额，作相反的账务处理。③取得的租金收入，借记“银行存款”等科目，贷记“其他业务收入”等科目。

例7-8　2019年9月，甲公司与乙公司签订租赁协议，约定将甲公司新建造的一栋写字楼租赁给乙公司使用，租赁期为10年。

2019年12月1日，该写字楼开始起租，写字楼的工程造价为80 000 000元，公允价值也为相同金额。该写字楼所在区域有活跃的房地产交易市场，而且能够从房地产交易市场上取得同类房地产的市场报价，甲公司决定采用公允价值模式对该项出租的房地产进行后续计量。

在确定该投资性房地产的公允价值时，甲公司选取了与该处房产所处地区相近、结构及用途相同的房地产，参照公司所在地房地产交易市场上平均销售价格，结合周边市场信息和自有房产的特点。2019年12月31日，该写字楼的公允价值为84 000 000元。甲公司应如何作账务处理？

【答案】甲公司的账务处理如下：

(1) 2019年12月1日，甲公司出租写字楼

借：投资性房地产——写字楼——成本　　80 000 000

　　贷：固定资产——写字楼　　80 000 000

(2) 2019年12月31日，按照公允价值调整其账面价值，公允价值与原账面价值之间的差额计入当期损益

借：投资性房地产——写字楼——公允价值变动　　4 000 000

　　贷：公允价值变动损益——投资性房地产　　4 000 000

三、投资性房地产后续计量模式的变更

为保证会计信息的可比性，企业对投资性房地产的计量模式一经确定，不得随意变更。企业通常采用成本模式对投资性房地产进行后续计量，只有在房地产市场比较成熟、能够满足采用公允价值模式条件的情况下，才允许企业对投资性房地产从成本模式计量变更为公允价值模式计量。成本模式转为公允价值模式的，应作为会计政策变更处理，按照《企业会计准则第28号——会计政策、会计估计变更和差错更正》将计量模式变更时公允价值与账面价值的差额，调整期初留存收益。企业变更投资性房地产计量模式，符合《企业会计准则第3号——投资性房地产》规定的，应当按照计量模式变更日投资性房地产的公允价值，借记“投资性房地产——成本”科目，按照已计提的折旧或摊销额，借记“投资性房地产累计折旧(摊销)”科目；原已计提减值准备的，借记“投资性房地产减值准

备”科目，按照原账面余额，贷记“投资性房地产”科目；按照公允价值与其账面价值之间的差额，贷记或借记利润分配——未分配利润”“盈余公积”等科目。已采用公允价值模式计量的投资性房地产，不得从公允价值模式转为成本计量模式。企业应当采用一种模式对投资性房地产进行后续计量，不得同时采用两种计量模式。

在极少数情况下，采用公允价值对投资性房地产进行后续计量的企业，有证据表明，当企业首次取得某项投资性房地产(或某项现有房地产在完成建造或开发活动或改变用途后首次成为投资性房地产)时，该投资性房地产的公允价值不能持续可靠取得的，应当对投资性房地产采用成本模式计量直至其被处置，并假设无残值。但是，采用成本模式对投资性房地产进行后续计量的企业，即使有证据表明，企业首次取得某项投资性房地产时，该投资性房地产的公允价值能够持续可靠取得的，该企业仍对该投资性房地产采用成本模式进行后续计量。

第四节　投资性房地产的转换和处置

一、房地产的转换

(一) 房地产的转换形式与转换日

房地产的转换是指房地产用途的变更。企业不得随意对自用或作为存货的房地产进行重新分类。企业有确凿证据表明房地产用途发生改变，满足下列条件之一的，才应当将投资性房地产转换为其他资产或者将其他资产转换为投资性房地产。

(1) 投资性房地产开始自用，即将投资性房地产转为自用房地产。在此种情况下，转换日为房地产达到自用状态时，企业开始将其用于生产商品、提供劳务或者经营管理的日期。

(2) 作为存货的房地产改为出租，通常指房地产开发企业将其持有的开发产品以经营租赁的方式出租，存货相应地转换为投资性房地产。在此种情况下，转换日为房地产的租赁期开始日；租赁期开始日是指承租人有权行使其使用租赁资产权利的日期。

(3) 自用建筑物改为出租，即企业将原本用于生产商品、提供劳务或者经营管理的房地产改用于出租，固定资产相应地转换为投资性房地产。在此种情况下，转换日为租赁期开始日。

(4) 自用土地使用权停止自用，改用于赚取租金或资本增值，即企业将原本用于生产商品、提供劳务或者经营管理的土地使用权改用于赚取租金或资本增值，该土地使用权相应地转换为投资性房地产。在此种情况下，转换日为自用土地使用权停止自用后确定用于赚取租金或资本增值的日期。

(5) 房地产企业将用于经营出租的房地产重新开发用于对外销售，从投资性房地产转为存货。在这种情况下，转换日为租赁期满时企业董事会或类似机构给出书面决议明确表明将其重新开发用于对外销售的日期。这里所指确凿证据包括两个方面：一是企业董事会类似机构应当就改变房地产用途形成正式的书面决议；二是房地产因用途改变而发生实际状态上的改变，如从自用状态改为出租状态。

(二) 房地产转换的会计处理

1. 成本模式下的转换

(1) 投资性房地产转换为自用房地产。企业将采用成本模式计量的投资性房地产转换为自用房地产时，应当按该项投资性房地产在转换日的账面余额、累计折旧、减值准备等，分别转入“固定资产”“累计折旧”“固定资产减值准备”等科目，按其账面余额，借记“固定资产”或“无形资产”科目，贷记“投资性房地产”科目，按已计提的折旧或摊销，借记“投资性房地产累计折旧(摊销)” 科目，贷记“累计折旧”或“累计摊销”科目，原已计提减值准备的，借记“投资性房地产减值准备”科目，贷记“固定资产减值准备”或“无形资产减值准备”科目。

例7-9　2019年8月10日，为扩大生产经营，甲公司董事会做出书面决议，计划于2019年8月31日将某出租在外的厂房在租赁期满时将其收回，用于本公司生产产品。随后，甲公司做好了厂房重新用于生产的各项准备工作。2019年8月31日，甲公司将该出租的厂房收回，2019年9月1日开始用于本公司生产产品。该项房地产在转换前采用成本模式计量，截至2019年8月31日，账面价值为60 000 000元，其中，原价80 000 000元、累计已提折旧20 000 000元。假定不考虑其他因素。甲公司应如何作账务处理？

【答案】本例属于成本模式下投资性房地产转换为自用房地产，甲公司应当将投资性房地产在转换日的账面余额 80 000 000元转入“固定资产——厂房”，将投资性房地产在转换日的累计折旧20 000 000元转入“累计折旧——厂房”。

2019 年9月1日，甲公司的账务处理如下：

借：固定资产——厂房	80 000 000	
投资性房地产累计折旧	20 000 000	
贷：投资性房地产——厂房		80 000 000
累计折旧——厂房		20 000 000

(2) 投资性房地产转换为存货。企业将采用成本模式计量的投资性房地产转换为存货时，应当按照该项房地产在转换日的账面价值，借记“开发产品”科目，按照已计提的折旧或摊销，借记“投资性房地产累计折旧(摊销)”科目，原已计提减值准备的，借记“投资性房地产减值准备” 科目，按其账面余额，贷记“投资性房地产”科目。

(3) 自用房地产转换为投资性房地产。企业将自用土地使用权或建筑物转换为采用成本模式计量的投资性房地产时，应当按该建筑物或土地使用权在转换日的原价、累计折旧、减值准备等，分别转入 “投资性房地产”“投资性房地产累积折旧(摊销)”“投资性房地产减值准备”科目，按其账面余额，借记“投资性房地产”科目，贷记“固定资产”或“无形资产”科目，按已计提的折旧或摊销，借记“累计折旧”或“累计摊销”科目，贷记“投资性房地产累计折旧(摊销)”科目，原已计提减值准备的，借记“固定资产减值准备”或“无形资产减值准备”科目，贷记“投资性房地产减值准备”科目。

例7-10 甲公司拥有一栋本公司总部办公使用的办公楼，公司董事会就将该栋办公楼用于出租形成了书面决议，2019年4月10日，甲公司与乙公司签订了经营租赁协议，将这栋办公楼整体出租给乙公司使用，租赁期开始日为2019年5月1日，租赁期为5年，2019年5月1日，这栋办公楼的账面余额为500 000 000元，已计提折旧5 000 000元。假设甲公司所在城市不存在活跃的房地产交易市场。甲公司应如何作账务处理？

【答案】 2019 年5月1日，甲公司的账务处理如下：

借：投资性房地产——办公楼　　500 000 000

　　累计折旧　　5 000 000

　　贷：固定资产——办公楼　　500 000 000

　　　　投资性房地产累计折旧　　5 000 000

(4) 作为存货的房地产转换为投资性房地产。企业将作为存货的房地产转换为采用成本模式计量的投资性房地产时，应当按该项存货在转换日的账面价值，借记“投资性房地产”科目，原已计提跌价准备的，借记“存货跌价准备”科目，按其账面余额，贷记“开发产品”等科目。

例7-11 甲公司是从事房地产开发的企业，2019年4月10日，甲公司董事会就将其开发的一栋写字楼不再出售而改用出租形成了书面决议。甲公司遂与乙公司签订了租赁协议，将此写字楼整体出租给乙公司使用，租赁期开始日为2019年5月1 日，租赁期为5年。2019年5月1 日，该写字楼的账面余额为500 000 000元，未计提存货跌价准备，转换后采用成本模式进行后续计量。甲公司应如何作账务处理？

【答案】 2019年5月1 日，甲公司的账务处理如下：

借：投资性房地产——写字楼　　500 000 000

　　贷：开发产品　　500 000 000

2. 公允价值模式下的转换

(1) 投资性房地产转换为自用房地产。企业将采用公允价值模式计量的投资性房地产转换为自用房地产时，应当以其转换当日的公允价值作为自用房地产的账面价值，公允价值与原账面价值的差额计入当期损益。转换当日按该项投资性房地产的公允价值，借记“固定资产”或“无形资产”科目，按该项投资性房地产的成本，贷记“投资性房地产——成本”科目，按该投资性房地产的累计公允价值变动，贷记或借记“投资性房地产——公允价值变动”科目，按其差额，贷记或借记“公允价值变动损益”科目。

例7-12 2019年11月1日，甲公司将租赁期满的写字楼收回，公司董事会就将该写字楼作为办公楼用于本公司的行政管理形成了书面决议。2019年11月1日，该写字楼正式开始自用，相应由投资性房地产转换为自用房地产，当日的公允价值为72 000 000元。该项房地产在转换前采用公允价值模式计量，原账面价值为70 000 000元，其中，成本为67 000 000元，公允价值变动为增值3 000 000元。甲公司应如何作账务处理？

【答案】借：固定资产——写字楼　　72 000 000

　　贷：投资性房地产——写字楼——成本　　67 000 000

　　　　——公允价值变动　　3 000 000

　　　公允价值变动损益——投资性房地产　　2 000 000

(2) 投资性房地产转换为存货 。企业将采用公允价值模式计量的投资性房地产转换为存货时，应当以其转换当日的公允价值作为存货的账面价值，公允价值与原账面价值的差额计入当期损益。转换当日按该投资性房地产的公允价值，借记“开发产品”等科目，按该项投资性房地产的成本，贷记“投资性房地产——成本”科目，按该项投资性房地产的累计公允价值变动，贷记或借记“投资性房地产——公允价值变动”科目，按其差额，贷记或借记“公允价值变动损益”科目。

(3) 自用房地产转换为投资性房地产。企业将自用土地使用权或建筑物转换为采用公允价值模式计量的投资性房地产时，应当按该项土地使用权或建筑物在转换日的公允价值，借记“投资性房地产——成本”科目，已计提的累计摊销或累计折旧，借记“累计摊销”或“累计折旧”科目，原已计提减值准备的，借记“无形资产减值准备”“固定资产减值准备” 科目，按其账面余额，贷记“固定资产”或“无形资产”科目，同时，转换当日公允价值小于账面价值的，按其差额，借记“公允价值变动损益”，转换当日公允价值大于账面价值的，指其差额，贷记“其他综合收益”科目。待该投资性房地产处置时，因转换计入其他综合收益的部分应转入当期损益。

例7-13 2018年1月2日，某房地产开发企业将一自用建筑物转为投资性房地产，并打算采用公允价值的计量模式。该建筑物的原值为2 200 000元，累计计提折旧余额为200 000元，已计提减值准备50 000元，在转换日公允价值为 2 500 000元。根据以上资料编制会计分录。

【答案】(1) 根据转换日该建筑物的账面价值作会计分录如下：

借：投资性房地产——××建筑物(成本)　　1 950 000

　　累计折旧　　200 000

　　固定资产减值准备　　50 000

　　贷：固定资产　　2 200 000

(2) 同时，按该项房产在转换日的公允价值与其账面价值的差额，作会计分录如下：

借：投资性房地产——××建筑物(公允价值变动)　　550 000

　　贷：其他综合收益　　550 000

例7-14 承例7-13，假定在2018年12月31日该建筑物的公允价值为2 800 000元，根据公允价值的变动应如何作会计分录？

【答案】借：投资性房地产——××建筑物(公允价值变动)　　300 000
　　贷：公允价值变动损益　　300 000

(4) 作为存货的房地产转换为投资性房地产。企业将作为存货的房地产转换为采用公允价值模式计量的投资性房地产时，应当按该项房地产在转换日的公允价值，借记“投资性房地产——成本”科目，原已计提跌价准备的，借记“存货跌价准备”科目，按其账面余额，贷记“开发产品”等科目，同时，转换当日公允价值小于账面价值的，按其差额，借记“公允价值变动损益”科目，转换当日公允价值大于账面价值的，按其差额，贷记“其他综合收益”科目。待该项投资性房地产处置时，因转换计入其他综合收益的部分应转入当期损益。

例7-15 2019年4月15日，甲房地产开发公司(甲公司)董事会形成书面决议，将其开发的一栋写字楼用于出租。甲公司遂与乙公司签订了租赁协议，租赁期开始日为2019年5月1日，租赁期为5年。2019 年5月1 日，该写字楼的账面余额为400 000 000元，公允价值为430 000 000元，甲公司应如何作账务处理？

【答案】2019 年5月1日，甲公司的账务处理如下：

借：投资性房地产——写字楼——成本　　430 000 000
　　贷：开发产品　　400 000 000
　　　　其他综合收益——公允价值变动——投资性房地产　　30 000 000

二、投资性房地产的处置

当投资性房地产被处置或者永久退出使用且预计不能从其处置中取得经济利益时，应当终止确认该项投资性房地产。企业出售、转让、报废投资性房地产或者发生投资性房地产毁损，应当将处置收入扣除其账面价值和相关税费后的金额计入当期损益。此外，企业因其他原因，如非货币性资产交换等而减少投资性房地产，也属于投资性房地产的处置。

(一) 成本模式计量的投资性房地产的处置

采用成本模式计量处置投资性房地产时，应当按实际收到的金额，借记“银行存款”等科目，贷记“其他业务收入”科目，按该项投资性房地产的账面价值，借记“其他业务成本”科目，按其账面余额，贷记“投资性房地产”科目，按照已计提的折旧或摊销，借记“投资性房地产累计折旧(摊销)”科目，原已计提减值准备的，借记“投资性房地产减值准备”科目。

例7-16　甲公司将其出租的一栋写字楼确认为投资性房地产。租赁期满，甲公司将该栋写字楼出售给乙公司，合同价款为200 000 000元，乙公司已用银行存款付清。假设这栋写字楼原采用成本模式计量，出售时，该栋写字楼的成本为1 80 000 000元，已计提折旧20 000 000元，不考虑相关税费。甲公司应如何作账务处理？

【答案】甲公司的账务处理如下：

借：银行存款　　200 000 000

　　贷：其他业务收入　　200 000 000

借：其他业务成本　　160 000 000

　　投资性房地产累计折旧　　20 000 000

　　贷：投资性房地产——写字楼　　180 000 000

(二) 公允价值模式计量的投资性房地产的处置

采用公允价值模式计量处置投资性房地产时，应当按实际收到的金额，借记“银行存款”等科目，贷记 “其他业务收入”科目，按该项投资性房地产的账面余额，借记“其他业务成本”科目，按其成本，贷记“投资性房地产——成本”科目，按其累计公允价值变动，贷记或借记“投资性房地产——公允价值变动”科目，同时结转投资性房地产累计公允价值变动。

例7-17　光明公司将其出租的一栋写字楼确认为投资性房地产。租赁期满，光明公司将该栋写字楼出售给新华公司，合同价款为300 000 000元，新华公司已用银行存款付清。假设这栋写字楼原采用公允价值模式计量。出售时，该栋写字楼的成本为210 000 000元，公允价值变动为借方余额 40 000 000元。光明公司应如何作账务处理？

【答案】光明公司的账务处理如下：

借：银行存款　　300 000 000

　　贷：其他业务收入　　300 000 000

借：其他业务成本　　250 000 000

　　贷：投资性房地产——××写字楼(成本)　　210 000 000

　　　　　　　　　——××写字楼(公允价值变动)　　40 000 000

同时，将投资性房地产累计公允价值变动转入其他业务收入

借：公允价值变动损益　　40 000 000

　　贷：其他业务收入　　40 000 000

本章小结

投资性房地产是指为赚取租金或资本增值或者两者兼有而持有的房地产；投资性房地产的计量模式有成本计量模式和公允价值计量模式两种；投资性房地产的计量模式只能由成本计量模式转为公允价值计量模式，而不能由公允价值计量模式转为成本计量模式；房地产的转换是因房地产用途发生改变而对房地产进行的重新分类，即自用房地产或作为存货的房地产转换为投资性房地产，投资性房地产转换为自用房地产；区别成本计量模式和公允价值计量模式两种不同情况处置投资性房地产的会计处理。

第八章　资产减值

引导案例

京能置业股份有限公司
关于计提资产减值准备的补充公告

京能置业股份有限公司(以下简称“本公司”)于2017年12月23日发布了《关于计提资产减值准备的公告》，现将计提资产减值准备的相关事项补充说明如下。

一、关于本次计提资产减值准备的测试过程

2012年，大连京能阳光房地产开发有限公司(简称“大连公司”) 签订《国有土地使用权出让合同》后，按照开发流程及年度开发建设经营计划要求至2016年上半年开展了一系列前期工作。由于该项目未能如期开发，会计师事务所根据谨慎性原则建议大连公司自2016年7月起暂停借款利息资本化。根据北京中资房地产土地评估有限公司出具的中资房评报字〔2016〕168号评估报告，2016年12月31日，大连公司计提存货资产减值准备5 479.51万元，对本公司合并报表归母净利润影响为零，大连公司存货账面价值70 456.00万元。公司2017年一季度收到大连市旅顺口区政府(以下简称“区政府”)来函，告知大连公司已无法进行琥珀湾(A区)地块项目的开发。公司多次与区政府协商沟通，深入研究解决方案，截至 2017年11月底，未果。公司资产负债表日为12月31日，公司提前安排了资产减值测试工作，聘请了具有证券期货执业资格的中水致远资产评估有限公司对大连公司土地采用市场法进行了评估，根据市场中的替代原理，将待估宗地与具有替代性的且在评估基准日近期市场上交易的类似宗地进行比较，资产评估基准日为2017年11月30日(资产评估报告有效期为1年)，拟根据评估结果计提资产减值准备。

二、关于本次计提资产减值准备的充分性说明

截至2017年11月30日，大连公司存货账面价值70 474.49万元，其中土地原始价值为51 928.63万元，资本化利息20 623.19万元，其余为前期投入3 402.18万元和2016年已计提的减值5 479.51万元。中水致远资产评估有限公司出具了中水致远评报字〔2017〕第 010226号《国有土地使用权市场价值资产评估报告》，根据评估结论，大连公司土地价值57 533.87万元，与账面价值相比增值5 605.24万元，增值率10.79%。土地评估价值即存货价值57 533.87万元，与存货账面价值相比，大连公司本期对存货需计提12 940.62 万元减值准备。

上述计提资产减值准备符合大连公司的实际情况及会计准则的规定且计提减值准备金额充足。

三、会计师事务所对计提资产减值准备及时性和充分性的说明

会计师事务所认为：该公司本次计提资产减值准备符合《企业会计准则》的要求，自

1月收到函件起至11月底，沟通未果立即聘请资产评估事务所对土地进行评估，并根据评估结果计提资产减值准备，符合及时性和充分性要求。本次计提资产减值准备后，财务报表能够更加公允地反映该公司的财务状况和经营成果，有助于向投资者提供更加真实、可靠、准确的会计信息。

特此公告。

京能置业股份有限公司

2017年12月26日

思考：企业为什么要计提减值准备？企业计提减值准备的依据是什么？如何计提？

学习目标

通过本章的学习，学生能了解资产减值的认定、资产组的概念、资产减值金额的测算及相关的会计处理。

第一节　资产减值的认定

资产是指企业过去的交易或者事项形成的、由企业拥有或者控制的、预期会给企业带来经济利益的资源。资产的主要特征是它必须能够为企业带来经济利益的流入，如果资产不能够为企业带来经济利益或者带来的经济利益低于其账面价值，那么该资产就不能再予以确定，或者不能再以原账面价值来确认，否则不符合资产的定义，也无法反映资产的实际价值。若不及时对资产予以确认，会导致企业资产、利润和净资产虚增。因此，当资产发生减值时，企业应当将资产的账面价值减记至合适金额，减记的金额确认为减值损失，计入当期损益，同时计提减值准备。

企业所有的资产在发生减值时，原则上都应当对所发生的减值损失及时加以确认和计量，因此，资产减值包括所有资产的减值。但是，由于有关资产特性不同，其减值会计处理也有所差别，因而所适用的具体准则也不尽相同。例如，建造合同形成的资产的减值适用《企业会计准则第15号——建造合同》，递延所得税资产的减值适用《企业会计准则第18号——所得税》等，这些资产减值会计处理由相关章节阐述，本章不涉及这些内容。

一、资产减值的概念及其范围

资产减值是指资产的可收回金额低于其账面价值。本章所指资产，包括单项资产和资产组，特别说明的除外。

本章涉及的资产减值对象主要包括以下几种：①对子公司、联营企业和合营企业的长期股权投资；②采用成本模式进行后续计量的投资性房地产；③固定资产；④生产性生物资产；⑤无形资产；⑥商誉；⑦探明石油天然气矿区权益和井及相关设施。

例8-1 · 多选 以下不适用于“资产减值”准则的资产有(　　)。

A. 存货　　B. 长期股权投资　　C. 持有至到期投资　　D. 商誉

【解析】存货的减值，适用“存货”准则；持有至到期投资的减值适用“金融工具确认和计量”准则。正确答案为AC。

二、资产减值认定的步骤

企业应当在资产负债表日判断资产是否存在可能发生减值的迹象；对于存在减值迹象的资产，应当进行减值测试，计算可收回金额，可收回金额低于账面价值的，应当按照可收回金额低于账面价值的金额，计提减值准备。

第二节　资产可收回金额的计量和减值损失的确定

一、资产可收回金额计量的基本要求

在估计资产可收回金额时，原则上应当以单项资产为基础，如果企业难以对单项资产的可收回金额进行估计的，应当以该资产所属的资产组为基础确定资产组的可收回金额。

资产的可收回金额为资产的公允价值减去处置费用后的净额与资产预计未来现金流量的现值两者之间较高者。

确定资产可收回金额流程如图8-1所示。

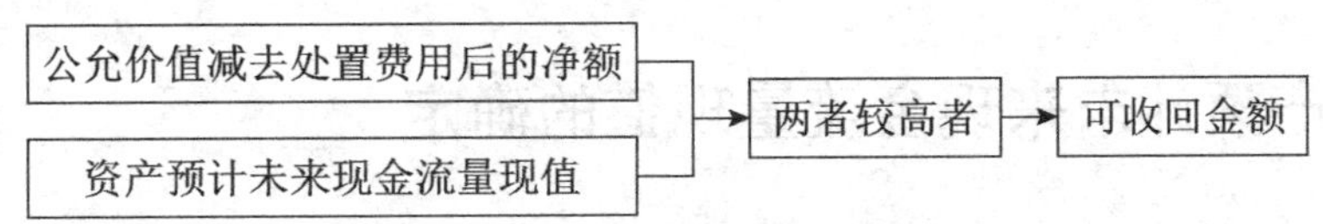

图8-1　确定资产可收回金额流程

估计资产的可收回金额，通常需要同时估计该资产的公允价值减去处置费用后的净额和资产预计未来现金流量的现值，但是在下列几种情况下，可以有例外或者做特殊考虑：①如果资产的公允价值减去处置费用后的净额和资产预计未来现金流量的现值，只要有一项超过了资产的账面价值，就表明资产没有发生减值，不需要再估计另一项金额。②如果没有确凿证据或者理由表明，资产预计未来现金流量的现值显著高于其公允价值减去处置费用后的净额，可以将资产的公允价值减去处置费用后的净额视为资产的可收回金额。③以前报告期间的计算结果表明，资产可收回金额显著高于其账面价值，之后又没有发生消除这一差异的交易或者事项的，资产负债表日可以不重新估计该资产的可收回金额。④以前报告期间的计算与分析表明，资产可收回金额相对于某种减值迹象反应不敏感，在本报告期间又发生了该减值迹象的，可以不因该减值迹象的出现而重新估计该资产的可收回金额。

例8-2 · 多选 关于资产可收回金额的计量，下列说法中正确的有(　　)。

A. 可收回金额应当根据资产的销售净价减去处置费用后的净额与资产预计未来现金流量的现值两者之间较高者确定

B. 可收回金额应当根据资产的销售净价减去处置费用后的净额与资产预计未来现金流量的现值两者之间较低者确定

C. 可收回金额应当根据资产的公允价值减去处置费用后的净额与资产预计未来现金流量的现值两者之间较高者确定

D. 资产的公允价值减去处置费用后的净额与资产预计未来现金流量的现值，只要有一项超过了资产的账面价值，就表明资产没有发生减值，不需再估计另一项金额

【解析】估计的基础是公允价值而不是销售净价，应选择CD。

二、资产的公允价值减去处置费用后的净额的确定

资产的公允价值减去处置费用后的净额，通常反映的是资产如果被出售或者被处置时可以收回的净现金收入。

资产的公允价值的确定可根据以下3种价格：①销售协议价格；②资产的市场价格(买方出价)；③熟悉情况的交易双方自愿进行公平交易愿意提供的交易价格。

如果企业无法可靠估计资产的公允价值减去处置费用后的净额，应当以该资产预计未来现金流量的现值作为其可收回金额。

三、资产预计未来现金流量现值的确定

资产预计未来现金流量的现值，应当按照资产在持续使用过程中和最终处置时所产生的预计未来现金流量，选择恰当的折现率对其进行折现后的金额加以确定。因此，预计资产未来现金流量的现值主要应当综合考虑以下因素：①资产的预计未来现金流量；②资产的使用寿命；③折现率。

(一) 资产未来现金流量的预计

1. 预计资产未来现金流量的基础

预计资产未来现金流量的基础建立在经企业管理层批准的最近财务预算或者预测数据之上的。

2. 预计资产未来现金流量包括的内容

预计资产未来现金流量应当包括的内容有以下几点。

第一，资产持续使用过程中预计产生的现金流入。

第二，为实现资产持续使用过程中产生的现金流入所必需的预计现金流出(包括为使资产达到预定可使用状态所发生的现金流出)。

第三，资产使用寿命结束时，处置资产所收到或者支付的净现金流量。每期净现金流量的计算公式为

每期净现金流量=每期现金流入-该期现金流出

例8-3 甲公司管理层2018年年末批准的财务预算中与产品W生产线预计未来现金流量有关的资料如表8-1所示(有关现金流量均发生于年末，各年年末不存在与产品W相关的存货，收入、支出均不含增值税)，甲公司2019—2021年现金流量分别为多少？

表8-1 与产品W生产线预计未来现金流量有关资料 单位：万元

项目	2019年	2020年	2021年
产品W销售收入	1 000	900	800
上年销售产品W产生应收账款本年收回	0	50	80
本年销售产品W产生应收账款将于下年收回	50	80	0
购买生产产品W的材料支付现金	500	450	400
以现金支付职工薪酬	200	190	150
其他现金支出	120	110	90
处置生产线净现金流入			50

【答案】2019年净现金流量=(1 000-50)-500-200-120=130(万元)

2020年净现金流量=(900+50-80)-450-190-110=120(万元)

2021年净现金流量=(800+80)-400-150-90+50=290(万元)

3. 预计资产未来现金流量应当考虑的因素

(1) 以资产的当前状况为基础预计资产未来现金流量。企业应当以资产的当前状况为基础，不应当包括与将来可能会发生的、尚未做出承诺的重组事项或者与资产改良有关的预计未来现金流量。

(2) 预计资产未来现金流量不应当包括筹资活动和所得税收付产生的现金流量。

(3) 对通货膨胀因素的考虑应当和折现率相一致。

(4) 内部转移价格应当予以调整。

4. 预计资产未来现金流量的方法

(1) 单一的未来每期预计现金流量。例如，A企业拥有某项固定资产，该固定资产剩余使用年限为5年，企业预计未来5年内，该资产每年可为企业产生的净现金流量分别为100万元、80万元、60万元、40万元和20万元。该现金流量通常即为最有可能产生的现金流量，企业应以该现金流量的预计数为基础计算资产的未来现金流量现值。

(2) 期望现金流量法预计资产未来现金流量。采用期望现金流量法核算时，资产未来现金流量应当根据每期现金流量期望值进行预计，每期现金流量期望值按照各种可能情况下的现金流量乘以相应的发生概率加总计算。

例8-4 假定乙固定资产生产的产品受市场行情波动影响大，企业预计未来5年每年的现金流量情况如表8-4所示。

表8-2 某企业对乙固定资产未来现金流量预计表　　单位：万元

年数	产品行情好 (30%的可能性)	产品行情一般 (60%的可能性)	产品行情差 (10%的可能性)
第1年	120	100	80
第2年	100	80	60
第3年	80	60	40
第4年	60	40	20
第5年	40	20	0

要求：计算企业预计未来5年每年的现金流量的期望值。

第1年的预计现金流量(期望现金流量)=120×30%+100×60%+80×10%=104(万元)

第2年的预计现金流量(期望现金流量)=100×30%+80×60%+60×10%=84(万元)

第3年的预计现金流量(期望现金流量)=80×30%+60×60%+40×10%=64(万元)

第4年的预计现金流量(期望现金流量)=60×30%+40×60%+20×10%=44(万元)

第5年的预计现金流量(期望现金流量) =40×30%+20×60%+0×10%=24(万元)

(二) 折现率的预计

为了资产减值测试的目的，计算资产未来现金流量现值时所使用的折现率应当是反映当前市场货币时间价值和资产特定风险的税前利率。该折现率是企业在购置或者投资资产时所要求的必要报酬率。

例8-5 · 判断 在资产减值测试中，计算资产未来现金流量现值时所采用的折现率应当是反映当前市场货币时间价值和资产特定风险的税前利率。 (　　)

【答案】这种说法是正确的。

(三) 资产未来现金流量现值的预计

在预计了资产的未来现金流量和折现率的基础上，企业将该资产的预计未来现金流量按照预计的折现率在预计资产使用期限内予以折现后，即可确定该资产未来现金流量的现值。

资产预计未来现金流量的现值的流程如图8-2所示。

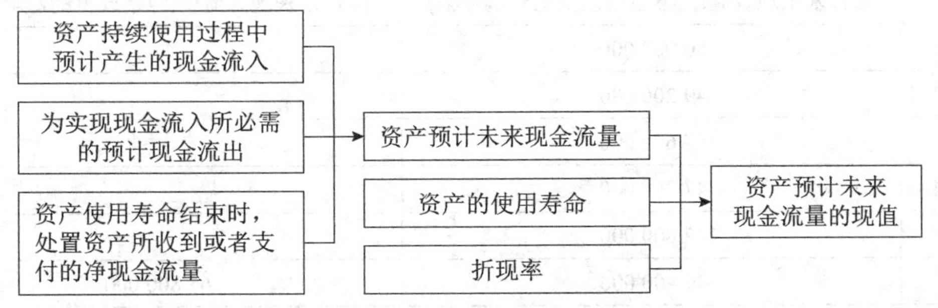

图8-2 资产预计未来现金流量的现值预计流程

例8-6 2019年12月31日，乙公司预计某生产线在未来4年内每年产生的现金流量净额分别为200万元、300万元、400万元、600万元，2024年产生的现金流量净额以及该生产线使用寿命结束时处置形成的现金流量净额合计为400万元；该生产线的公允价值减去处置费用后的净额为1 500万元；假定按照5%的折现率和相应期间的时间价值系数计算该生产线未来现金流量的现值。已知部分时间价值系数如表8-3所示。

表8-3 已知部分时间价值系数表

年数	1年	2年	3年	4年	5年
5%的复利现值系数	0.952 4	0.907 0	0.863 8	0.822 7	0.783 5

该生产线2019年12月31日的可收回金额为(　　)万元。

A. 1 615.12　　B. 1 301.72　　C. 1 500　　D. 115.12

【解析】该生产线未来现金流量现值=200×0.952 4+300×0.907 0+400×0.863 8+600×0.822 7+400×0.783 5=1 615.12(万元)，而公允价值减去处置费用后的净额=1 500(万元)，所以，该生产线可收回金额=1 615.12(万元)，正确答案为A。

例8-7 乙航运公司于2020年年末对一艘远洋运输船舶进行减值测试。该船舶账面价值为320 000 000元，预计尚可使用年限为8年。乙航运公司难以确定该船舶的公允价值减去处置费用后的净额，因此，需要通过计算其未来现金流量的现值确定资产的可收回金额。假定乙航运公司的增量借款利率为15%，公司认为15%是该资产的最低必要报酬率，已考虑了与该资产有关的货币时间价值和特定风险。因此，计算该船舶未来现金流量现值时，使用15%作为其折现率(所得税前)。

乙航运公司管理层批准的最近财务预算显示：公司将于2025年更新船舶的发动机系统，预计为此发生资本性支出36 000 000元，这一支出将降低船舶运输油耗、提高使用效率等，因此，将显著提高船舶的运营绩效。

为了计算船舶在2020年年末未来现金流量的现值，乙航运公司首先要预计其未来现金流量。假定公司管理层批准的2020年年末与该船舶有关的预计未来现金流量如表8-4所示。

表8-4　该船拥有的未来现金流量预计表　　单位：元

年份	预计未来现金流量(不包括改变的影响金额)	预计未来现金流量(包括改良的影响金额)
2021	50 000 000	
2022	49 200 000	
2023	47 600 000	
2024	47 200 000	
2025	47 800 000	
2026	49 400 000	65 800 000
2027	50 000 000	66 320 000
2028	50 200 000	67 800 000

要求：计算2020年末资产各年的预计未来现金流量现值以及应计提的减值准备金额。

【答案】乙航运公司在2020年年末预计资产未来现金流量时，应当以资产的当前状态为基础，不应当考虑与该资产改良有关的预计未来现金流量，因此，尽管2025年船舶的发动机系统将进行更新从而改良资产绩效，提高资产未来现金流量，但是在2020年年末对其进行减值测试时，不应将其包括在内，即在2020年年末计算该资产未来现金流量现值时，应当以不包括资产改良影响金额的未来现金流量为基础加以计算，具体计算过程如表8-5所示。

表8-5　计算未来现金流量现值的过程

年份	预计未来现金流量/元(不包括改良的影响金额)	折现率15%的折现系数	预计未来现金流量现值/元
2021	50 000 000	0.869 6	43 480 000
2022	49 200 000	0.756 1	37 200 000
2023	47 600 000	0.657 5	31 300 000
2024	47 200 000	0.571 8	26 980 000
2025	47 800 000	0.497 2	23 770 000
2026	49 400 000	0.432 3	21 360 000
2027	50 000 000	0.375 9	18 800 000
2028	50 200 000	0.326 9	16 410 000
合计			219 300 000

由于在2020年年末，船舶的账面价值(尚未确认减值损失)为320 000 000元，可收回金额为219 300 000元，账面价值高于其可收回金额，因此，应当确认减值损失，并计提相应的资产减值准备。应当确认的减值损失=320 000 000−219 300 000=100 700 000(元)。

本例中，在2021—2024年间，该船舶没有发生进一步减值的迹象，因此不必再进行减值测试，无须计算其可收回金额。

本例中，2025年发生了36 000 000元的资本性支出，改良了资产绩效，导致其未来现金流量增加，由于资产减值准则不允许将以前期间已经确认的长期资产减值损失予以转回，因此，在这种情况下，不必计算其可收回金额。

(四) 外币未来现金流量及其现值的确定

企业使用的资产所收到的未来现金流量为外币的，应当按照下列顺序确定资产未来现金流量的现值。

首先，应当以该资产所产生的未来现金流量的结算货币为基础预计其未来现金流量，并按照该货币适用的折现率计算资产的现值。

然后，将该外币现值按照计算资产未来现金流量现值当日的即期汇率进行折算，从而折现成按照记账本位币表示的资产未来现金流量的现值。

最后，在该现值基础上，将其与资产公允价值减去处置费用后的净额相比较，确定其可收回金额，根据可收回金额与资产账面价值相比较，确定是否需要确认减值损失以及确认多少减值损失。

例8-8 甲公司为一物流企业，经营国内、国际货物运输业务。由于拥有的货轮出现了减值迹象，甲公司于2018年12月31日对其进行减值测试。相关资料如下：

(1) 甲公司以人民币为记账本位币，国内货物运输采用人民币结算，国际货物运输采用美元结算。

(2) 货轮采用年限平均法计提折旧，预计使用20年，预计净残值率为5%。2018年12月31日，货轮的账面原价为人民币38 000万元，已计提折旧为人民币27 075万元，账面价值为人民币10 925万元。货轮已使用15年，尚可使用5年，甲公司拟继续经营使用货轮直至报废。

(3) 甲公司将货轮专门用于国际货物运输。由于国际货物运输业务受宏观经济形势的影响较大，甲公司预计货轮未来5年产生的净现金流量(假定使用寿命结束时处置货轮产生的净现金流量为零，有关现金流量均发生在年末)如表8-6所示：

表8-6 甲公司对货轮未来5年的净现金流量预计表 单位：万美元

年数	业务好时(20%的可能性)	业务一般时(60%的可能性)	业务差时(20%的可能性)
第1年	500	400	200
第2年	480	360	150
第3年	450	350	120
第4年	480	380	150
第5年	480	400	180

(4) 由于不存在活跃市场，甲公司无法可靠估计货轮的公允价值减去处置费用后的净额。

(5) 在考虑了货币时间价值和货轮特定风险后，甲公司确定10%为人民币适用的折现率，确定12%为美元适用的折现率。相关复利现值系数如下：

(P/F，10%，1)=0.909 1；(P/F，12%，1)=0.892 9

(P/F，10%，2)=0.826 4；(P/F，12%，2)=0.797 2

(P/F，10%，3)=0.751 3；(P/F，12%，3)=0.711 8

(P/F，10%，4)=0.683 0；(P/F，12%，4)=0.635 5

(P/F，10%，5)=0.620 9；(P/F，12%，5)=0.567 4

(6) 2018年12月31日的汇率为1美元=6.85元人民币。甲公司预测以后各年末的美元汇率如下：第1年年末为1美元=6.80元人民币；第2年年末为1美元=6.75元人民币；第3年年末为1美元=6.70元人民币；第4年年末为1美元=6.65元人民币；第5年年末为1美元=6.60元人民币。

要求：(1) 使用期望现金流量法计算货轮未来5年每年的现金流量。

(2) 计算货轮按照记账本位币表示的未来5年现金流量的现值，并确定其可收回金额。

(3) 计算货轮应计提的减值准备，并编制相关会计分录。

(4) 计算货轮2019年应计提的折旧，并编制相关会计分录。(计算结果精确到小数点后两位)

【答案】(1) 第1年期望现金流量=500×20%+400×60%+200×20%=380(万美元)

第2年期望现金流量=480×20%+360×60%+150×20%= 342(万美元)

第3年期望现金流量=450×20%+350×60%+120×20%= 324(万美元)

第4年期望现金流量=480×20%+380×60%+150×20%= 354(万美元)

第5年期望现金流量=480×20%+400×60%+180×20%= 372(万美元)

(2) 未来5年现金流量的现值=(380×0.892 9+342×0.797 2+324×0.711 8+354×0.635 5+372×0.567 4)×6.85= 875 8.46(万元)，因无法可靠估计货轮的公允价值减去处置费用后的净额，所以可收回金额为8 758.46万元。

(3) 应计提减值准备=10 925-8 758.46= 2 166.54(万元)

会计分录：

借：资产减值损失　　2 166.54

　　贷：固定资产减值准备　　2 166.54

(4) 2019年应计提折旧=8758.46÷5=1751.69(万元)

会计分录：

借：主营业务成本　　1 751.69

　　贷：累计折旧　　1 751.69

四、资产减值损失的确定及其账务处理

(一) 资产减值损失的确定

资产可收回金额确定后，如果可收回金额低于其账面价值，企业应当将资产的账面价值减记至可收回金额，减记的金额确认为资产减值损失，计入当期损益，同时计提相应的

资产减值准备。资产的账面价值是指资产成本扣减累计折旧(或累计摊销)和累计减值准备后的金额。资产减值损失确认后，减值资产的折旧或者摊销费用应当在未来期间作相应调整，以使该资产在剩余使用寿命内，系统地分摊调整后的资产账面价值(扣除预计净残值)。

例8-9　2018年6月10日，某上市公司购入一台不需要安装的生产设备，设备入账价值为100万元，购入后即达到预定可使用状态。该设备的预计使用寿命为10年，预计净残值为8万元，按照年限平均法计提折旧。2019年12月因出现减值迹象，对该设备进行减值测试，预计该设备的公允价值为55万元，处置费用为13万元；如果继续使用，预计未来使用及处置产生现金流量的现值为35万元。假定原预计使用寿命、预计净残值不变。2020年该生产设备应计提的折旧为(　　)万元。

A. 4　　B. 4.25　　C. 4.375　　D. 9.2

【解析】该设备2019年12月31日计提减值准备前的账面价值=100−(100−8)÷10×1.5=86.2(万元)，而可收回金额为42(55-13)万元，计提减值准备后的账面价值为42万元。2020年该生产设备剩余使用年限8.5年，应计提的折旧=(42−8)÷8.5=4(万元)。正确答案为A。

资产减值损失一经确认，在以后会计期间不得转回。但是，遇到资产处置、出售、对外投资、以非货币性资产交换方式换出、在债务重组中抵偿债务等情况，同时符合资产终止确认条件的，企业应当将相关资产减值准备予以转销。

例8-10　下列各项资产减值准备中，在相应资产的持有期间内可以转回的是(　　)。

A. 固定资产减值准备　　B. 持有至到期投资减值准备

C. 商誉减值准备　　D. 长期股权投资减值准备

【解析】持有至到期投资减值准备可以转回并计入当期损益，应选择B。

例8-11 • 多选　关于资产减值准则中规范的资产减值损失的确定，下列说法中正确的有(　　)。

A. 可收回金额的计量结果表明，资产的可收回金额低于其账面价值的，应当将资产的账面价值减记至可收回金额，减记的金额确认为资产减值损失，计入当期损益，同时计提相应的资产减值准备

B. 资产减值损失确认后，减值资产的折旧或者摊销费用应当在未来期间作相应调整，以使该资产在剩余使用寿命内，系统地分摊调整后的资产账面价值(扣除预计净残值)

C. 资产减值损失一经确认，在以后会计期间不得转回

D. 确认的资产减值损失，在以后会计期间可以转回

【解析】资产减值损失一经确认，在以后会计期间不得转回，应选择ABC。

(二) 资产减值损失的账务处理

企业应当设置“资产减值损失”科目，核算企业计提各项资产减值准备所形成的损

失。对于固定资产、无形资产、商誉、长期股权投资等资产发生减值的，企业应当按照所确认的可收回金额低于账面价值的差额，借记“资产减值损失”科目，贷记“固定资产减值准备”“无形资产减值准备”“商誉减值准备”“长期股权投资减值准备”“投资性房地产减值准备”等科目。

例8-12 承例8-7，根据乙航运公司船舶减值测试结果，在2020年年末，船舶的账面价值为320 000 000元，可收回金额为219 300 000元，可收回金额低于账面价值100 700 000元，乙航运公司应当在2020年年末计提固定资产减值准备，确认相应的资产减值损失。乙航运公司应如何作账务处理。

【答案】借：资产减值损失——固定资产——船舶　　100 700 000
　　贷：固定资产减值准备　　100 700 000

第三节　资产组的认定及减值的处理

一、资产组的认定

(一) 资产组的概念

资产组是企业可以认定的最小资产组合，其产生的现金流入应当基本上独立于其他资产或者资产组产生的现金流入。资产组应当由创造现金流入相关的资产组成。

(二) 认定资产组应当考虑的因素

资产组认定应当考虑的因素有以下两点。

第一，资产组的认定，应当以资产组产生的主要现金流入是否独立于其他资产或者资产组的现金流入为依据。

例8-13 甲上市公司由专利权X、设备Y以及设备Z组成的生产线，专门用于生产产品W。该生产线于2011年1月投产，至2017年12月31日已连续生产7年。甲公司按照不同的生产线进行管理，产品W存在活跃市场。生产线生产的产品W，经包装机H进行外包装后对外出售。与产品W生产线及包装机H的有关资料如下：

(1) 专利权X于2011年1月取得，专门用于生产产品W。该专利权除用于生产产品W外，无其他用途。

(2) 专用设备Y和Z于2010年12月取得，是为生产产品W专门订制的，除生产产品W无其他用途。

(3) 包装机H为甲公司于2010年12月18日购入，用于对公司生产的部分产品(包括产品W)进行外包装。该包装机由独立核算的包装车间使用。公司生产的产品进行包装时需按市场价格向包装车间内部结算包装费。除用于本公司产品的包装外，甲公司还用该机器承接其他企业产品外包装，收取包装费。包装机的公允价值减去处置费用后的净额及未来现金流量现值都能够合理确定。

要求：判断甲公司与生产产品W相关的各项资产中，哪些资产构成资产组，并说明理由。

【答案】在本例中，包装机H的可收回金额能够单独计算确定，可作为一单项资产计提减值准备。专利权X、设备Y以及设备Z均无法独立产生现金流入，但该三项资产共同产生现金流入，应将三项资产作为一个资产组。

需要说明的是，若包装机H只对产品W进行包装，无法独立产生未来现金流量，则包装机H应和专利权X、设备Y以及设备Z共同组成一个资产组。

第二，资产组的认定，应当考虑企业管理层对生产经营活动的管理或者监控方式和对资产的持续使用或者处置的决策方式等。

(三) 资产组认定后不得随意变更

资产组一经确定后，在各个会计期间应当保持一致，不得随意变更。

二、资产组可收回金额和账面价值的确定

资产组的可收回金额应当按照该资产组的公允价值减去处置费用后的净额与其预计未来现金流量的现值两者之间较高者确定。

资产组的账面价值应当包括可直接归属于资产组与可以合理和一致地分摊至资产组的资产账面价值，通常不应当包括已确认负债的账面价值，但如不考虑该负债金额就无法确定资产组可收回金额的除外。这是因为在预计资产组的可收回金额时，既不包括与该资产组的资产无关的现金流量，也不包括与已在财务报表中确认的负债有关的现金流量。

资产组在处置时如要求购买者承担一项负债(如环境恢复负债等)，该负债金额已经确认并计入相关资产账面价值，而且企业只能取得包括上述资产和负债在内的单一公允价值减去处置费用后的净额的，为了比较资产组的账面价值和可收回金额，在确定资产组的账面价值及其预计未来现金流量现值时，应当将已确认的负债金额从中扣除。

例8-14　乙公司在东北经营一座有色金属矿山，根据有关规定，公司在矿山完成开采后应当将该地区恢复原貌。弃置费用主要是山体表层复原费用(比如恢复植被等)，因为山体表层必须在矿山开发前挖走。因此，乙公司在山体表层挖走后，确认了一项金额为10 000 000元的预计负债，并计入矿山成本。

2019年12月31日，随着开采的进展，乙公司发现矿山中的有色金属储量远低于预期，有色金属矿山有可能发生了减值，因此，对该矿山进行了减值测试。考虑到矿山的现金流

量状况，整座矿山被认定为一个资产组。该资产组在2019年年末的账面价值为20 000 000元(包括确认的恢复山体原貌的预计负债)。

乙公司如果在2019年12月31日对外出售矿山(资产组)，买方愿意出价16 400 000元(包括恢复山体原貌成本，即已经扣减这一成本因素)，预计处置费用为400 000元，因此该矿山的公允价值减去处置费用后的净额为16 000 000元。乙公司估计矿山的未来现金流量现值为24 000 000元，不包括弃置费用。

为比较资产组的账面价值和可收回金额，乙公司在确定资产组的账面价值及其预计未来现金流量现值时，应当将已确认的预计负债金额从中扣除。

要求：根据上述资料确定乙公司资产组的账面价值和可收回金额，并判断是否确认资产减价损失。

【答案】在本例中，资产组的公允价值减去处置费用后的净额为16 000 000元，该金额已经考虑了弃置费用。该资产组的预计未来现金流量现值在考虑了弃置费用后为14 000 000元(24 000 000−10 000 000)。因此，该资产组的可收回金额，为16 000 000元。资产组的账面价值在扣除了已确认的恢复原貌预计负债后的金额，为10 000 000元(20 000 000−10 000 000)。资产组的可收回金额大于其账面价值，没有发生减值，乙公司不应当确认资产减值损失。

三、资产组减值测试

根据减值测试的结果，资产组(包括资产组组合)的可收回金额如低于其账面价值的，应当确认相应的减值损失。减值损失金额应当按照下列顺序进行分摊：第一，抵减分摊至资产组中商誉的账面价值；第二，根据资产组中除商誉之外的其他各项资产的账面价值所占比重，按比例抵减其他各项资产的账面价值。

以上资产账面价值的抵减，应当作为各单项资产(包括商誉)的减值损失处理，计入当期损益。抵减后的各资产的账面价值不得低于以下三者之中最高者：该资产的公允价值减去处置费用后的净额(如可确定的)、该资产预计未来现金流量的现值(如可确定的)和零。因此而导致的未能分摊的减值损失金额，应当按照相关资产组中其他各项资产的账面价值所占比重进行分摊。

例8-15 某公司在A、B、C三地拥有三家分公司，其中，C分公司是上年吸收合并的公司。由于A、B、C三家分公司均能产生独立于其他分公司的现金流入，所以该公司将这三家分公司确定为三个资产组。2017年12月1日，企业经营所处的技术环境发生了重大不利变化，出现减值迹象，需要进行减值测试。减值测试时，C分公司资产组的账面价值为520万元(含合并商誉为20万元)。该公司计算C分公司资产的可收回金额为400万元。假定C分公司资产组中包括甲设备、乙设备和一项无形资产，其账面价值分别为250万元、150万元和100万元。

要求：计算商誉、甲设备、乙设备和无形资产应计提的减值准备，并编制有关会计分录。

【答案】本例中，C资产组的账面价值为520万元，可收回金额为400万元，发生减值120万元。C资产组中的减值额先冲减商誉20万元，余下的100万元分配给甲设备、乙设备和无形资产。

甲设备应承担的减值损失=100÷(250+150+100)×250=50(万元)

乙设备应承担的减值损失=100÷(250+150+100)×150=30(万元)

无形资产应承担的减值损失=100÷(250+150+100)×100=20(万元)

会计分录：

借：资产减值损失　　　　120

　　贷：商誉减值准备　　　　20

　　　　固定资产减值准备　　80

　　　　无形资产减值准备　　20

例8-16　丙公司拥有一条生产线生产某精密仪器，该生产线由A、B、C三部机器构成，成本分别为800 000元、1 200 000元和2 000 000元。使用年限均为10年，预计净残值为零，采用年限平均法计提折旧。

2019年，该生产线生产的精密仪器有替代产品上市，导致公司精密仪器的销售锐减40%，该生产线可能发生了减值，因此，丙公司在2019年12月31日对该生产线进行减值测试。假定至2019年12月31日，丙公司整条生产线已经使用5年，预计尚可使用5年，以前年度未计提固定资产减值准备，因此，A、B、C三部机器在2019年12月31日的账面价值分别为400 000元、600 000元和1 000 000元。

要求：确定丙公司该条生产线是否计提减值准备。

【答案】丙公司在综合分析后认为，A、B、C三部机器均无法单独产生现金流量，但整条生产线构成完整的产销单元，属于一个资产组。丙公司估计A机器的公允价值减去处置费用后的净额为300 000元，B和C机器都无法合理估计其公允价值减去处置费用后的净额以及未来现金流量的现值。

丙公司估计整条生产线未来5年的现金流量及其恰当的折现率后，得到该生产线预计未来现金流量现值为1 200 000元。由于无法合理估计整条生产线的公允价值减去处置费用后的净额，丙公司以该生产线预计未来现金流量现值为其可收回金额。

在2019年12月31日，该生产线的账面价值为2 000 000元，可收回金额为1 200 000元，生产线的账面价值高于其可收回金额，该生产线发生了减值，应当确认减值损失800 000元，并将该减值损失分摊到构成生产线的A、B、C三部机器中。由于A机器的公允价值减去处置费用后的净额为300 000元，因此，A机器分摊减值损失后的账面价值不应低于300 000元，具体分摊过程如表8-7所示。

表8-7 生产线减值在A、B、C三部机器中分摊的具体情况

项目	机器A	机器B	机器C	整条生产线(资产组)
账面价值/元	400 000	600 000	1 000 000	2 000 000
可收回金额/元				1 200 000
减值损失/元				800 000
减值损失分摊比例/%	20%	30%	50%	
分摊减值损失/元	100 000	240 000	400 000	740 000
分摊后账面价值/元	300 000	360 000	600 000	
尚未分摊的减值损失/元				60 000
二次分摊比例/%		37.50%	62.50%	
二次分摊减值损失/元		22 500	37 500	60 000
二次分摊后应确认减值损失总额/元		262 500	437 500	
二次分摊后账面价值/元		337 500	562 500	

注：按照分摊比例，机器A应当分摊减值损失160 000元(800 000×20%)，但由于机器A的公允价值减去处置费用后的净额为300 000元，因此机器A最多只能确认减值损失100 000元(400 000−300 000)，未能分摊的减值损失60 000元(160 000−100 000)，应当在机器B和机器C之间进行再分摊

根据上述计算和分摊结果，构成生产线的机器A、机器B和机器C应当分别确认减值损失100 000元、262 500元和437 500元。

【答案】借：资产减值损失——机器A　　100 000
　　　　　　　　　　——机器B　　262 500
　　　　　　　　　　——机器C　　437 500
　　　贷：固定资产减值准备——机器A　　100 000
　　　　　　　　　　　　——机器B　　262 500
　　　　　　　　　　　　——机器C　　437 500

例8-17 甲上市公司由专利权X、设备Y以及设备Z组成的生产线，专门用于生产产品W。该生产线于2011年1月投产，至2017年12月31日已连续生产7年。甲公司按照不同的生产线进行管理，产品W存在活跃市场。生产线生产的产品W，经包装机H进行外包装后对外出售。

(1) 产品W生产线及包装机H的有关资料如下：

① 专利权X于2011年1月以400万元取得，专门用于生产产品W。甲公司预计该专利权的使用年限为10年，采用直线法摊销，预计净残值为零。该专利权除用于生产产品W外，无其他用途。

② 专用设备Y和Z是为生产产品W专门订制的，除生产产品W外，无其他用途。

专用设备Y为甲公司于2010年12月10日购入，原价1 400万元，购入后即达到预定可使

用状态。设备Y的预计使用年限为10年，预计净残值为零，采用年限平均法计提折旧。

专用设备Z为甲公司于2010年12月16日购入，原价200万元，购入后即达到预定可使用状态。设备Z的预计使用年限为10年，预计净残值为零，采用年限平均法计提折旧。

③ 包装机H为甲公司于2010年12月18日购入，原价180万元，用于对公司生产的部分产品(包括产品W)进行外包装。该包装机由独立核算的包装车间使用。公司生产的产品进行包装时需按市场价格向包装车间内部结算包装费。除用于本公司产品的包装外，甲公司还用该机器承接其他企业产品外包装，收取包装费。该机器的预计使用年限为10年，预计净残值为零，采用年限平均法计提折旧。

(2) 2017年，市场上出现了产品W的替代产品，产品W市价下跌，销量下降，出现减值迹象。2017年12月31日，甲公司对有关资产进行减值测试。

① 2017年12月31日，专利权X的公允价值为118万元，如将其处置，预计将发生相关费用8万元，无法独立确定其未来现金流量现值；设备Y和设备Z的公允价值减去处置费用后的净额以及预计未来现金流量的现值均无法确定；包装机H的公允价值为62万元，如处置预计将发生的费用为2万元，根据其预计提供包装服务的收费情况来计算，其未来现金流量现值为63万元。

② 甲公司管理层2017年年末批准的财务预算中与产品W生产线预计未来现金流量有关的资料如表8-8所示(有关现金流量均发生于年末，各年末不存在与产品W相关的存货，收入、支出均不含增值税)。

表8-8 产品W生产线预计未来现金流量表 单位：万元

项目	2018年	2019年	2020年
产品W销售收入	1 200	1 100	720
上年销售产品W产生应收账款本年收回	0	20	100
本年销售产品W产生应收账款将于下年收回	20	100	0
购买生产产品W的材料支付现金	600	550	460
以现金支付职工薪酬	180	160	140
其他现金支出(包括支付的包装费)	100	160	120

③ 甲公司的增量借款年利率为5%(税前)，公司认为5%是产品W生产线的最低必要报酬率。复利现值系数如表8-9所示。

表8-9 已知复利现值系数

年数	1年	2年	3年
5%的复利现值系数	0.952 4	0.9070	0.863 8

(3) 其他有关资料：

① 甲公司与生产产品W相关的资产在2017年以前未发生减值。

② 甲公司不存在可分摊至产品W生产线的总部资产和商誉价值。

③ 本题中有关事项均具有重要性。

④ 本题中不考虑中期报告及所得税影响。

要求：(1) 判断甲公司与生产产品W相关的各项资产中，哪些资产构成资产组，并说明理由。

(2) 计算确定甲公司与生产产品W相关的资产组未来每一期间的现金净流量及2017年12月31日预计未来现金流量的现值。

(3) 计算包装机H在2017年12月31日的可收回金额。

(4) 填列甲公司2017年12月31日与生产产品W相关的资产组减值测试表，表中所列资产不属于资产组的，不予填列。

(5) 编制甲公司2017年12月31日计提资产减值准备的会计分录。

(答案中的金额单位以万元表示)

【答案】(1) 专利权X、设备Y以及设备Z构成一个资产组。理由：各单项资产均无法独立产生现金流入，该三项资产共同产生现金流入。

(2) ①2018年现金净流量=1 200-20-600-180-100=300(万元)

② 2019年现金净流量=1 100+20-100-550-160-160=150(万元)

③ 2020年现金净流量=720+100-460-140-120=100(万元)

④ 2017年12月31日资产组未来现金流量的现值=300×0.952 4+150×0.907 0+100×0.863 8=508.15(万元)

(3) H包装机的可收回金额

公允价值减去处置费用后的净额=62-2=60(万元)，未来现金流量现值为63万元，根据孰高原则，H包装机的可收回金额为63万元。

(4) 资产组减值测试如表8-10所示。

表8-10 资产组减值测试表

项目	专利权X	设备Y	设备Z	包装机H	资产组
账面价值	120	420	60		600
可收回金额					508.15
减值损失					91.85
减值损失分摊比例	20%	70%	10%		
分摊减值损失	10	64.30	9.19		83.49
分摊后账面价值	110	355.70	50.81		516.51
尚未分摊的减值损失					8.36
二次分摊比例		87.50%	12.50%		
二次分摊减值损失		7.32	1.04		
二次分摊后应确认减值损失总额	10	71.62	10.23		91.85
二次分摊后账面价值	110	348.38	49.77		508.15

(5) 借：资产减值损失　　91.85

　　贷：固定资产减值准备　　81.85

　　　　无形资产减值准备　　10

四、总部资产减值测试

企业总部资产包括企业集团或其事业部的办公楼、电子数据处理设备、研发中心等资产。总部资产的显著特征是难以脱离其他资产或者资产组产生独立的现金流入，而且其账面价值难以完全归属于某一资产组。因此，总部资产通常难以单独进行减值测试，需要结合其他相关资产组或者资产组组合进行。资产组组合，是指由若干个资产组组成的最小资产组组合，包括资产组或者资产组组合，以及按合理方法分摊的总部资产部分。

在资产负债表日，如果有迹象表明某项总部资产可能发生减值的，企业应当计算确定该总部资产所归属的资产组或者资产组组合的可收回金额，然后将其与相应的账面价值相比较，据以判断是否需要确认减值损失。

企业在对某一资产组进行减值测试时，应当先认定所有与该资产组相关的总部资产，再根据相关总部资产能否按照合理和一致的基础分摊至该资产组的情况来处理。

(1) 相关总部资产能够按照合理和一致的基础分摊至该资产组的部分，应当将该部分总部资产的账面价值分摊至该资产组，再据以比较该资产组的账面价值(包括已分摊的总部资产的账面价值部分)和可收回金额，并按照前述有关资产组的减值损失处理顺序和方法处理。

(2) 相关总部资产难以按照合理和一致的基础分摊至该资产组的，应当按照下列步骤处理。

首先，在不考虑相关总部资产的情况下，估计和比较资产组的账面价值和可收回金额，并按照前述有关资产组减值损失处理顺序和方法处理。

其次，认定由若干个资产组组成的最小的资产组组合，该资产组组合应当包括所测试的资产组与可以按照合理和一致的基础将该总部资产的账面价值分摊其上的部分。

最后，比较所认定的资产组组合的账面价值(包括已分摊的总部资产的账面价值部分)和可收回金额，并按照前述有关资产组减值损失的处理顺序和方法处理。

总部资产减值测试流程如图8-3所示。

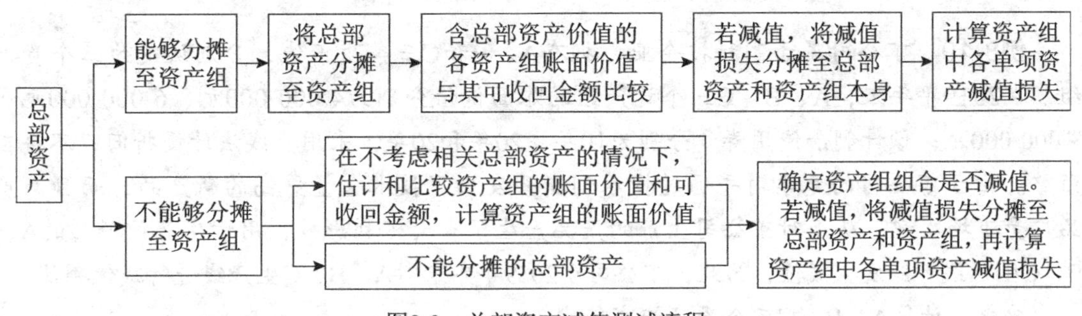

图8-3　总部资产减值测试流程

例8-18　长江公司在A、B、C三地拥有三家分公司，这三家分公司的经营活动由一个总部负责运作。由于A、B、C三家分公司均能产生独立于其他分公司的现金流入，所以该公司将这三家分公司确定为三个资产组。2017年12月1日，企业经营所处的技术环境发生了重大不利变化，出现减值迹象，需要进行减值测试。假设总部资产的账面价值为200万元，能够按照各资产组账面价值的比例进行合理分摊，A、B、C分公司和总部资产的使用寿命均为20年。减值测试时，A、B、C三个资产组的账面价值分别为320万元、160万元和320万元。长江公司计算得出A分公司资产的可收回金额为420万元，B分公司资产的可收回金额为160万元，C分公司资产的可收回金额为380万元。

要求：计算A、B、C三个资产组和总部资产计提的减值准备。

【答案】(1) 将总部资产分配至各资产组

总部资产应分配给A资产组的金额=200×320/800=80(万元)

总部资产应分配给B资产组的金额=200×160/800=40(万元)

总部资产应分配给C资产组的金额=200×320/800=80(万元)

分配后各资产组的账面价值为：

A资产组的账面价值=320+80=400(万元)

B资产组的账面价值=160+40=200(万元)

C资产组的账面价值=320+80=400(万元)

(2) 进行减值测试

A资产组的账面价值=400(万元)，可收回金额=420(万元)，没有发生减值；

B资产组的账面价值=200(万元)，可收回金额=160(万元)，发生减值40万元；

C资产组的账面价值=400(万元)，可收回金额=380(万元)，发生减值20万元。

将各资产组的减值额在总部资产和各资产组之间分配：

B资产组减值额分配给总部资产的金额=40×40/200=8(万元)，分配给B资产组本身的金额=40×160÷200=32(万元)。

C资产组减值额分配给总部资产的金额=20×80/400=4(万元)，分配给C资产组本身的金额=20×320/400=16(万元)。

所以，A资产组没有发生减值，B资产组发生减值32万元，C资产组发生减值16万元，总部资产发生减值=8+4=12(万元)。

例8-19 丁公司属于高科技企业，拥有A、B和C三条生产线，分别认定为三个资产组。在2019年年末，A、B、C三个资产组的账面价值分别为4 000 000元、6 000 000元和8 000 000元；预计剩余使用寿命分别为10年、20年和20年，采用直线法计提折旧；不存在商誉。由于丁公司的竞争对手通过技术创新开发出了技术含量更高的新产品，而且新产品广受市场欢迎，从而对丁公司生产的产品产生了重大不利影响，用于生产该产品的A、B、C生产线可能发生减值，为此，丁公司于2019年年末对A、B、C生产线进行减值测试。

要求：计算A、B、C三个资产组减值准备。

【答案】首先，丁公司在对资产组进行减值测试时，应当认定与其相关的总部资产。丁公司的生产经营管理活动由公司总部负责，总部资产包括一栋办公大楼和一个研发中心，研发中心的账面价值为6 000 000元，办公大楼的账面价值为2 000 000元。研发中心的账面价值可以在合理和一致的基础上分摊至各资产组，但是办公大楼的账面价值难以在合理和一致的基础上分摊至各相关资产组。

其次，丁公司根据各资产组的账面价值和剩余使用寿命加权平均计算的账面价值分摊比例，分摊研发中心的账面价值，具体如表8-11所示。

表8-11 各资产组分摊研发中心账面价值情况表

项目	资产组A	资产组B	资产组C	合计
各资产组账面价值/元	4 000 000	6 000 000	8 000 000	18 000 000
各资产组剩余使用寿命/年	10	20	20	
按使用寿命计算的权重	1	2	2	
加权计算后的账面价值/元	4 000 000	12 000 000	16 000 000	32 000 000
研发中心分摊比例(各资产组加权计算后的账面价值/各资产组加权计算后的账面价值合计)	12.5%	37.5%	50%	100%
研发中心账面价值分摊到各资产组的金额/元	750 000	2 250 000	3 000 000	6 000 000
包括分摊的研发中心账面价值部分的各资产组账面价值/元	4 750 000	8 250 000	11 000 000	24 000 000

研发中心账面价值分摊到资产组A的余额=6 000 000 ×(4 000 000×10) ÷ (4 000 000×10+6 000 000 ×20+8 000 000 ×20) = 750 000(元)。

最后，丁公司应当确定各资产组的可收回金额，并将其与账面价值(包括已分摊的研发中心的账面价值部分)进行比较，确定相应的减值损失。考虑到办公大楼的账面价值难以按照合理和一致的基础分摊至相关资产组，因此，丁公司确定由A、B、C三个资产组组成最小资产组组合(即为丁公司整个企业)，通过计算该资产组组合的可收回金额，并将其与账面价值(包括已分摊的办公大楼和研发中心的账面价值部分)进行比较，以确定相应的减值损失。假定各资产组和资产组组合的公允价值减去处置费用后的净额难以确定，丁公司根据它们的预计未来现金流量现值计算其可收回金额，计算现值所用的折现率为15%，计算过程如表8-12所示。

表8-12 A、B、C三个资产组的预计未来现金流量的计算过程表 单位：元

年数	资产组A		资产组B		资产组C		包括办公大楼在内的最小资产组组合(丁公司)	
	未来现金流量	现值	未来现金流量	现值	未来现金流量	现值	未来现金流量	现值
1	720 000	626 112	360 000	313 056	400 000	347 840	1 560 000	1 356 576
2	1 240 000	937 564	640 000	483 904	800 000	604 880	2 880 000	2 177 568
3	1 480 000	973 100	960 000	631 200	1 360 000	894 200	4 200 000	2 761 500
4	1 680 000	960 624	1 160 000	663 288	1 760 000	1 006 368	5 120 000	2 927 616
5	1 840 000	914 848	1 280 000	636 416	2 040 000	1 010 208	5 720 000	2 843 984
6	2 080 000	899 184	1 320 000	570 636	2 240 000	968 352	6 200 000	2 680 260
7	2 200 000	826 980	1 360 000	511 224	2 400 000	902 160	6 480 000	2 435 832
8	2 200 000	719 180	1 400 000	457 660	2 520 000	823 788	6 640 000	2 170 616
9	2 120 000	602 716	1 400 000	398 020	2 600 000	739 180	6 680 000	1 899 124
10	1 920 000	474 624	1 400 000	346 080	2 640 000	652 608	6 760 000	1 671 072

(续表)

年数	资产组A		资产组B		资产组C		包括办公大楼在内的最小资产组组合(丁公司)	
	未来现金流量	现值	未来现金流量	现值	未来现金流量	现值	未来现金流量	现值
11			1 440 000	309 456	2 640 000	567 336	5 280 000	1 134 672
12			1 400 000	261 660	2 640 000	493 416	5 240 000	979 356
13			1 400 000	227 500	2 640 000	429 000	5 240 000	851 500
14			1 320 000	186 516	2 600 000	367 380	5 120 000	723 456
15			1 200 000	147 480	2 480 000	304 792	4 880 000	599 752
16			1 040 000	111 176	2 400 000	256 560	4 600 000	491 740
17			880 000	81 752	2 280 000	211 812	4 320 000	401 328
18			720 000	58 176	2 040 000	164 832	3 880 000	313 504
19			560 000	39 368	1 720 000	120 916	3 400 000	239 020
20			400 000	24 440	1 400 000	85 540	2 840 000	173 524
现值合计		7 934 932		6 459 008		10 951 168		28 832 000

根据表8-6可见，资产组A、B、C的可收回金额分别为7 934 932元、6 459 008元和10 951 168元，相应的账面价值(包括分摊的研发中心账面价值)分别为4 750 000元、8 250 000元和11 000 000元，资产组B和C的可收回金额均低于其账面价值，应当分别确认1 790 992元和48 832元减值损失，并将该减值损失在研发中心和资产组之间进行分摊。根据分摊结果，因资产组B发生减值损失1 790 992元而导致研发中心减值488 452元(1 790 992×2 250 000÷8 250 000)，导致资产组B所包括资产发生减值1 302 540元(1 790 992×6 000 000÷8 250 000)；因资产组C发生减值损失48 832元而导致研发中心减值13 318元(48 832×3 000 000÷11 000 000)，导致资产组C中所包括的资产发生减值35 514元(48 832×8 000 000÷11 000 000)。

经过上述减值测试后，资产组A、B、C和研发中心的账面价值分别为4 000 000元、4 697 460元、7 964 486元和5 498 230元，办公大楼的账面价值仍为2 000 000元，由此包括办公大楼在内的最小资产组组合(即丁公司)的账面价值总额为24 160 176元(4 000 000+4 697 460+7 964 486+5 498 230+2 000 000)，但其可收回金额为28 832 000元，高于其账面价值，因此，丁公司不必再进一步确认减值损失(包括办公大楼的减值损失)。

根据上述计算和分摊结果，丁公司的生产线B、生产线C、研发中心应当分别确认减值损失1 302 540元、35 514元和501 770元，账务处理如下：

借：资产减值损失——生产线B　　1 302 540
　　　　　　　——生产线C　　35 514
　　　　　　　——研发中心　　501 770
　贷：固定资产减值准备——生产线B　　1 302 540
　　　　　　　　　——生产线C　　35 514
　　　　　　　　　——研发中心　　501 770

第四节　商誉减值的处理

一、商誉减值测试的基本要求

企业合并所形成的商誉，至少应当在每年年度终了时进行减值测试。商誉应当结合与其相关的资产组或者资产组组合进行减值测试。相关的资产组或者资产组组合应当是能够从企业合并的协同效应中受益的资产组或者资产组组合，不应当大于企业所确定的报告分部。

已经分摊商誉的资产组或资产组组合，无论是否存在资产组或资产组组合可能发生减值的迹象，每年都应当通过比较包含商誉的资产组或资产组组合的账面价值与可收回金额进行减值测试。

企业进行资产减值测试时，因企业合并形成的商誉的账面价值的，应当自购买日起按照合理的方法分摊至相关的资产组；难以分摊至相关的资产组的，应当将其分摊至相关的资产组组合。

例8-20·判断　企业控股合并形成的商誉，不需要进行减值测试，但应在合并财务报表中分期摊销。（　　）

【解析】根据“资产减值”准则的规定，商誉应于每年年度终了进行减值测试。企业控股合并形成的商誉，应在合并财务报表中做减值测试。该说法错误。

二、商誉减值的测试及其账务处理

在对包含商誉的相关资产组或者资产组组合进行减值测试时，如与商誉相关的资产组或者资产组组合存在减值迹象的，应当按照下列步骤处理：

①先对不包含商誉的资产组或者资产组组合进行减值测试，计算可收回金额，并与相关账面价值相比较，确认相应的减值损失。②再对包含商誉的资产组或者资产组组合进行减值测试，比较这些相关资产组或者资产组组合的账面价值(包括所分摊的商誉的账面价值部分)与其可收回金额，如相关资产组或者资产组组合的可收回金额低于其账面价值，应当确认相应的减值损失。

减值损失金额应当先抵减分摊至资产组或者资产组组合中商誉的账面价值，再根据资产组或者资产组组合中除商誉之外的其他各项资产的账面价值所占比重，按比例抵减其他各项资产的账面价值。相关减值损失的处理顺序和方法与资产组减值损失的处理顺序和方法一致。

在对存在少数股东权益情况下的商誉减值测试时，应当按照下列步骤处理：①根据《企业会计准则第20号——企业合并》的规定，在合并财务报表中反映的商誉，不包括子公司归属于少数股东的商誉。但对相关的资产组(或者资产组组合，下同)进行减值测试时，应当将归属于少数股东权益的商誉包括在内，调整资产组的账面价值，然后根据调整后的资产组账面价值与其可收回金额(可收回金额的预计包括了少数股东在商誉中的权益价值部分)进行比较，以确定资产组(包括商誉)是否发生了减值。②上述资产组如已发生减值，应当按照准则规定进行处理，但由于根据上述步骤计算的商誉减值损失包括了应由少数股东权益承担的部分，应当将该损失在可归属于母公司和少数股东权益之间按比例进行分摊，以确认归属于母公司的商誉减值损失。

例8-21 甲企业在2018年1月1日以6 400万元的价格收购了乙企业80%股权。在购买日，乙企业可辨认资产的公允价值为6 000万元，没有负债。假定乙企业所有资产被认定为一个资产组，且该资产组包括商誉，至少于每年年度终了进行减值测试。乙企业2018年年末可辨认净资产的账面价值为5 000万元。资产组(乙企业)在2018年年末的可收回金额为4 000万元。假定乙企业2018年年末可辨认资产包括一项固定资产和一项无形资产，其账面价值分别为3 000万元和2 000万元。

要求：(1) 计算甲企业在其合并日的合并财务报表中确认的商誉。

(2) 计算2018年年末资产组(乙企业)的账面价值(包括完全商誉)。

(3) 计算资产组(乙企业)减值损失并确认每一项资产减值损失。

(4) 编制资产减值损失的会计分录。(答案中金额单位用万元表示)

【答案】(1) 甲企业在其合并日的合并财务报表中确认的商誉=6 400−6 000×80%=1 600(万元)

(2) 2018年年末合并报表反映的资产组(乙企业)的账面价值=5 000+1 600=6 600(万元)

计算归属于少数股东权益的商誉价值=(6 400 ÷ 80%−6 000)×20%=400(万元)

资产组账面价值(包括完全商誉)=6 600+400=7 000(万元)

(3) 资产组(乙企业)减值损失=7 000−4 000=3 000(万元)

公司应当首先将3 000万元减值损失，分摊到商誉减值损失，其中分摊到少数股东权益的为400万元，剩余的2 600万元应当在归属于母公司的商誉和乙企业可辨认资产之间进行分摊。

应确认商誉减值损失为1 600万元。

固定资产应分摊的减值损失=(2 600−1 600)×3 000/(3 000+2 000)=600(万元)

无形资产应分摊的减值损失=(2 600−1 600)×2 000/(3 000+2 000)=400(万元)

(4) 资产减值的账务处理如下：

借：资产减值损失　　1 600
　　贷：商誉减值准备　　1 600

借：资产减值损失　　600
　　贷：固定资产减值准备　　600

借：资产减值损失　　400
　　贷：无形资产减值准备　　400

例8-22　甲公司在2019年1月1日以32 000 000元的价格收购了乙公司80%股权。在购买日，乙公司可辨认资产的公允价值为30 000 000元，假定乙公司没有负债和或有负债。

甲公司在购买日编制的合并资产负债表中确认商誉8 000 000元(32 000 000−30 000 000×80%)、乙公司可辨认净资产30 000 000元和少数股东权益6 000 000元(30 000 000×20%)。

假定乙公司的所有资产被认定为一个资产组。由于该资产组包括商誉，因此，甲公司至少应当在每年年度终了进行减值测试。

在2019年年末，甲公司确定该资产组的可收回金额为20 000 000元，可辨认净资产的账面价值为27 000 000元。

要求：试对甲公司该资产组进行减值测试。

【答案】考虑到乙公司作为一个单独的资产组可收回金额20 000 000元中，包括归属于少数股东权益在商誉价值中享有的部分。因此，由于减值测试的目的，在与资产组的可收回金额进行比较之前，甲公司应当首先对资产组的账面价值进行调整，使其包括归属于少数股东权益的商誉价值2 000 000元[(32 000 000÷80%−30 000 000)×20%]。然后再据以比较该资产组的账面价值和可收回金额，确定是否发生了资产减值损失以及应予确认的资产减值损失金额。减值测试的过程如表8-13所示。

表8-13　该资产组的减值测试情况表　　单位：元

2019年年末	商誉	可辨认净资产	合计
账面价值	8 000 000	27 000 000	35 000 000
未确认的归属于少数股东权益的商誉价值	2 000 000	—	2 000 000
调整后账面价值	10 000 000	27 000 000	37 000 000
可收回金额			20 000 000
减值损失			17 000 000

根据表8-13的计算结果，资产组发生减值损失17 000 000元，应当首先冲减商誉的账面价值，然后再将剩余部分分摊至资产组中的其他资产。在本例中，17 000 000元减值损失中有10 000 000元应当归属于商誉减值损失，但合并财务报表中确认的商誉仅限于甲公司持有乙公司80%股权部分，因此，甲公司只需要在合并财务报表中确认10 000 000元商誉减值损失的80%，即8 000 000元，剩余的7 000 000元(17 000 000−10 000 000)减值损失应当冲减乙公司可辨认净资产的账面价值，作为乙公司可辨认净资产的减值损失。减值损失的具体分摊过程如表8-14所示。

表8-14　该资产减值损失的具体分摊情况表　　单位：元

2019年年末	商誉	可辨认净资产	合计
账面价值	8 000 000	27 000 000	35 000 000
确认的减值损失	(8 000 000)	(7 000 000)	(15 000 000)
确认减值损失后的账面价值	—	20 000 000	20 000 000

根据表8-14的计算结果，甲公司应当确认的商誉减值损失为8 000 000元，应当确认的其他资产(假定为固定资产)减值损失为7 000 000元，账务处理如下：

借：资产减值损失——商誉　　　　　　　　8 000 000
　　　　　　　　——固定资产××　　　　　7 000 000
　　贷：商誉减值准备　　　　　　　　　　　8 000 000
　　　　固定资产减值准备——固定资产××　　7 000 000

本章小结

熟悉资产减值迹象；掌握未来现金流量现值的确定；掌握资产组的判断、资产组的减值测试、总部资产减值测试；熟悉商誉减值测试。

第九章　股份支付

引导案例

甲公司为上市公司，采用授予职工限制性股票的形式实施股权激励计划。2018年1月1日，公司以非公开发行方式向100名管理人员每人授予10万股自身股票(每股面值为1元)，授予价格为每股6元。当日，100名管理人员全部出资认购，总认购款项为6 000万元，甲公司履行了相关增资手续。甲公司估计该限制性股票股权激励在授予日的公允价值为每股6元。

激励计划规定，这些管理人员从2018年1月1日起在甲公司连续服务满3年的，所授予股票将于2021年1月1日全部解锁；对于这间离职的员工，甲公司将按照原授予价格每股6元回购股票。2018年1月1日至2021年1月1日期间，所授予股票不得上市流通或转让；激励对象因获授的授限制性股票而取得的现金股利由公司代管，作为应付股利在解锁时向激励对象支付；对于未能解锁的限制性股票，甲公司在回购股票时应扣除激励对象已享有的该部分现金股利。

2018年度，甲公司有5名管理人员离职，甲公司估计3年中离职的管理人员合计为10名，当年宣告发放现金股利为每股1元(限制性股票持有人享有同等分配权利)；2019年度，又有2名管理人员离职，甲公司将3年离职人员合计数调整为8人，当年宣告发放现金股利为每股1.1元；2020年度，甲公司没有管理人员离职，当年宣告发放现金股利为每股1.2元。

假定甲公司管理人员离职均发生在年末，不考虑其他因素。

请思考：

(1) 甲公司股票授予日该如何进行会计处理？

(2) 甲公司等待期内各期确认管理费用和资本公积的会计处理。

(3) 甲公司等待期内各期分配现金股利及股票回购的会计处理。

(4) 甲公司解锁日的会计处理。

学习目标

通过本章学习，学生能了解股份支付的概念，掌握权益结算的股份支付和以现金结算的股份支付的相关会计处理。

第一节　股份支付概述

一、股份支付的定义与特征

(一) 股份支付的定义

股份支付是指企业为获取职工和其他方提供服务而授予权益工具或者承担以权益工具为基础确定的负债的交易。

(二) 股份支付的特征

股份支付具有以下几个特征。

1. 股份支付是企业与职工或其他方之间发生的交易

以股份为基础的支付可能发生在企业与股东之间、合并交易中的合并方与被合并方之间或者企业与其职工之间，只有发生在企业与其职工或向企业提供服务的其他方之间的交易，才可能符合股份支付的定义。

2. 股份支付是以获取职工或其他方服务为目的的交易

企业在股份支付交易中意在获取其职工或其他方提供的服务(费用)或取得这些服务的权利(资产)。企业获取这些服务或权利是为了更好地从事生产经营，不是转手获利等。

3. 股份支付交易的对价或其定价与企业自身权益工具未来的价值密切相关

股份支付交易与企业和其职工间其他类型交易的最大不同，是交易对价或其定价与企业自身权益工具未来的价值密切相关。在股份支付中，企业要么向职工支付其自身权益工具，要么向职工支付一笔现金，其金额高低取决于结算时企业自身权益工具的公允价值。

二、股份支付的4个主要环节

典型的股份支付通常涉及4个主要环节：①授予；②可行权；③行权；④出售。

授予日，是指股份支付协议获得批准的日期。

可行权日，是指可行权条件得到满足、职工或其他方具有从企业取得权益工具或现金权利的日期。

从授予日至可行权日的时段，是可行权条件得到满足的期间，称为“等待期”，又称“行权限制期”。

行权日，是指职工和其他方行使权利、获取现金或权益工具的日期。

出售日，是指股票的持有人将行使期权所取得的期权股票出售的日期。

4个主要环节如图9-1所示。

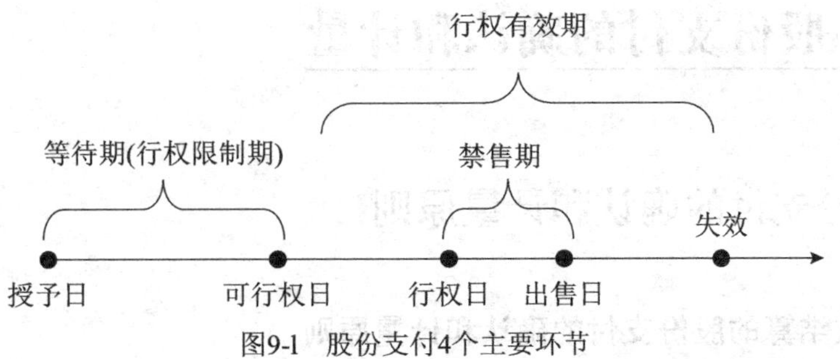

图9-1　股份支付4个主要环节

三、股份支付的主要类型

股份支付主要分为以权益结算的股份支付和以现金结算的股份支付。

(一) 以权益结算的股份支付

以权益结算的股份支付是指企业为获取服务而以股份或其他权益工具作为对价进行结算的交易。

以权益结算的股份支付最常用的工具有两类：限制性股票和股票期权。

限制性股票是指职工或其他方按照股份支付协议规定的条款和条件，从企业获得一定数量的本企业股票。在实务中，企业可以通过定向增发或由股东受让等方式使职工获得限制性股票。

股票期权是指企业授予职工或其他方在未来一定期限内以预先确定的价格和条件购买本企业一定数量股票的权利。股票期权实质是一种向激励对象定向发行的认购权证。目前多数上市公司的股权激励方案采用股票期权方式。

以权益结算的股份支付，最终要对职工或其他方授予股份或认股权等，这种情形经济利益未流出企业。

(二) 以现金结算的股份支付

以现金结算的股份支付是指企业为获取服务而承担以股份或其他权益工具为基础计算确定的交付现金或其他资产义务的交易。

以现金结算的股份支付最常用的工具有两类：模拟股票和现金股票增值权。

模拟股票和现金股票增值权是用现金支付模拟的股权激励机制，是一种与股票挂钩但用现金支付的方式。除不需要实际授予股票和持有股票之外，模拟股票的运作原理与限制性股票是一样的；除不需要实际行权和持有股票之外，现金股票增值权的运作原理与股票期权是一样的，都是一种以增值权形式与股票价值挂钩的薪酬工具。

第二节　股份支付的确认和计量

一、股份支付的确认和计量原则

(一) 权益结算的股份支付的确认和计量原则

1. 换取职工服务的股份支付的确认和计量原则

对于换取职工服务的股份支付，企业应当以股份支付所授予的权益工具的公允价值计量。企业应在等待期内的每个资产负债表日，以可行权权益工具数量的最佳估计为基础，按照权益工具在授予日的公允价值，将当期取得的服务计入相关资产成本或当期费用，同时计入资本公积中的其他资本公积。

对于授予后立即可行权的换取职工提供服务的权益结算的股份支付，企业应在授予日按照权益工具的公允价值，将取得的服务计入相关资产成本或当期费用，同时计入资本公积中的股本溢价。

2. 换取其他方服务的股份支付的确认和计量原则

对于换取其他方服务的股份支付，企业应当以股份支付所换取的服务的公允价值计量。

3. 权益工具公允价值无法可靠确定时的处理原则

在极少数情况下，授予权益工具的公允价值无法可靠计量。在这种情况下，企业应当在获取对方提供服务的时点、后续的每个报告日以及结算日，以内在价值计量该权益工具，内在价值变动计入当期损益。同时，企业应当以最终可行权或实际行权的权益工具数量为基础，确认取得服务的金额。

内在价值是指交易对方有权认购或取得的股份的公允价值与其按照股份支付的协议应当支付的价格间的差额。企业对上述以内在价值计量的已授予权益工具进行结算，应当遵循以下两点要求。

(1) 结算发生在等待期内的，企业应当将结算作为加速可行权处理，即立即确认本应于剩余等待期内确认的服务金额。

(2) 结算时支付的款项应当作为回购该权益工具处理，即减少所有者权益。结算支付的款项高于该权益工具在回购日内在价值的部分，计入当期损益。

例9-1　关于权益结算的股份支付的计量，下列说法中错误的是(　　)。

A. 应按授予日权益工具的公允价值计量，不确认其后续公允价值变动

B. 对于换取职工服务的股份支付，企业应当按在等待期内的每个资产负债表日的公允价值计量

C. 对于授予后立即可行权的换取职工提供服务的权益结算的股份支付，企业应在授予日按照权益工具的公允价值计量

D. 对于换取职工服务的股份支付，企业应当按照权益工具在授予日的公允价值，将当期取得的服务计入相关资产成本或当期费用，同时计入资本公积中的其他资本公积

【解析】对于换取职工服务的股份支付，企业应当以股份支付所授予的权益工具的公允价值计量。企业应在等待期内的每个资产负债表日，以可行权权益工具数量的最佳估计为基础，按照权益工具在授予日的公允价值，将当期取得的服务计入相关资产成本或当期费用，同时计入资本公积中的其他资本公积，应该选择B。

(二) 现金结算的股份支付的确认和计量原则

现金结算的股份支付应按资产负债表日当日权益工具的公允价值重新计量，确认成本费用和相应的应付职工薪酬，每期权益工具公允价值变动计入当期损益。

二、股份支付条件的种类

股份支付条件的种类分为可行权条件和非可行权条件。

可行权条件是指确定企业是否得到职工或其他方提供的服务且该服务使职工或其他方具有获取股份支付协议规定的权益工具或现金等权利的条件；反之，为非可行权条件。

可行权条件包括服务期限制条件和业绩条件。

服务期限条件是指职工或其他方完成规定服务期限才可行权的条件。例如，某公司向总经理授予1 000 000股股票期权，约定总经理从即日起在该公司连续服务5年，即可以每股4元购买1 000 000股该公司股票，“连续服务5年”就是服务期限条件。

业绩条件是指企业达到特定业绩目标的条件，具体包括市场条件和非市场条件。市场条件是指行权价格、可行权条件以及行权可能性与权益工具的市场价格相关的业绩条件，例如股份支付协议中关于股价上升至何种水平职工可相应取得多少股份的规定。企业在确定权益工具在授予日的公允价值时，应考虑市场条件的影响，而不考虑非市场条件的影响；市场条件是否得到满足，不影响企业对预计可行权情况的估计。

非市场条件是指除市场条件之外的其他业绩条件，如股份支付协议中关于达到最低盈利目标或销售目标才可行权的规定。

非市场条件是指除市场条件之外的其他业绩条件，如股份支付协议中关于达到最低盈利目标或销售目标才可行权的规定。

例9-2　A公司为上市公司，2016年12月1日，公司股东大会通过了《关于A公司股票期权激励计划的议案》，对管理层人员进行股权激励。该股权激励计划的行权条件是：

(1) 公司净利润以2016年年末为固定基数，2017—2019年的净利润增长率分别比2016年增长12%、24%、36%以上；

(2) 管理层成员在其后3年中都在公司任职服务。在满足行权条件后，管理层成员即可低于市价的价格购买一定数量的本公司股票。同时，作为协议的补充，公司规定：激励对

象在行权日后第1年的行权数量不得超过其获授股票期权总量的50%，此后每年的行权数量不得超过其获授股票期权总量的20%。当年未行权的股票期权可在以后年度行权。

A公司以期权定价模型估计授予的此项期权在授予日公允价值为9 000 000元。

在授予日，A公司估计3年内管理层离职的比例为10%；在第2年年末，A公司调整其估计离职率为5%；到第3年年末，实际离职率为6%。

A公司2017—2019年的净利润增长率分别为13%、25%和30%。公司在2017年、2018年年末都预计下年能实现净利润增长率的目标。

要求：此例中涉及哪些条款和条件？A公司应如何处理？

【答案】如果不同时满足服务3年和净利润增长率的要求，管理层成员就无权行使其股票期权，因此服务满3年和净利润增长率的要求都属于可行权条件，其中服务满3年是一项服务期限条件，10%的股价增长要求是一项非市场业绩条件。

虽然公司要求激励对象在行权日后第1年的行权数量不得超过其获授股票期权总量的50%，此后每年的行权数量不得超过其获授股票期权总量的20%，但不影响其可行权，因此此项条款不属于可行权条件。

按照股份支付准则的规定，第1年年末确认的服务费用为：

9 000 000×1/3×90%=2 700 000(元)

第2年年末累计确认的服务费用为：

9 000 000×2/3×95%=5 700 000(元)

第3年年末累计确认的服务费用为：

9 000 000×94%=8 460 000(元)

由此，第2年应确认的费用为：

5 700 000−2 700 000=3 000 000(元)

第3年应确认的费用为：

8 460 000−5 700 000=276 000(元)

最后，94%的管理层成员满足了可行权条件中的服务期限条件。尽管净利润增长率的非市场条件未得到满足，A公司在3年的年末也均确认了收到管理层提供的服务，并相应确认了费用。

三、条款和条件的修改

通常情况下，股份支付协议生效后，不应对其条款和条件随意修改。但在某些情况下，可能需要修改授予权益工具的股份支付协议中的条款和条件。例如，股票除权、除息或其他原因需要调整行权价格或股票期权数量。此外，为取得更佳的激励效果，有关法规也允许企业依据股份支付协议的规定，调整行权价格和股票期权数量，但应当由董事会做出决议并经股东大会审议批准，或者由股东大会授权董事会决定。《上市公司股权激励管理办法(试行)》对此做出了严格的限定，必须按照批准股份支付计划的原则和方式进行调整。

在会计处理上，无论已授予的权益工具的条款和条件如何变更，甚至取消权益工具的授予或结算该权益工具，企业都应至少确认按照所授予的权益工具在授予日的公允价值来计量获取的相应服务，除非因不能满足权益工具的可行权条件(除市场条件外)而无法行权。

(一) 条款和条件的有利修改

企业确认导致股份支付公允价值总额升高以及其他对职工有利的修改的影响，有以下几种情况。

(1) 如果修改增加了所授予的权益工具的公允价值，企业应当按照权益工具公允价值的增加相应地确认取得服务的增加。权益工具公允价值的增加是指修改前后的权益工具在修改日的公允价值之间的差额。

(2) 如果修改增加了所授予的权益工具的数量，企业应将增加的权益工具的公允价值相应地确认为取得服务的增加。

(3) 如果企业按照有利于职工的方式修改可行权条件，如缩短等待期、变更或取消业绩条件(而非市场条件)，企业在处理可行权条件时，应当考虑修改后的可行权条件。

(二) 条款和条件的不利修改

如果企业以减少股份支付公允价值总额的方式或其他不利于职工的方式修改条款和条件，企业仍应继续对取得的服务进行会计处理，如同该变更从未发生，除非企业取消了部分或全部已授予的权益工具。

(三) 取消或结算

在等待期内如果取消了授予的权益工具，企业应当对取消所授予的权益性工具作为加速行权处理，将剩余等待期内应确认的金额立即计入当期损益，同时确认资本公积。职工或其他方能够选择满足非可行权条件但在等待期内未满足的，企业应当将其作为授予权益工具的取消处理。

四、权益工具公允价值的确定

股份支付中权益工具公允价值的确定，应当以市场价格为基础。一些股权或股票期权如果没有活跃的交易市场，应当考虑估值技术。

五、股份支付的会计处理

(一) 授予日

除了立即可行权的股份支付外，无论是权益结算的股份支付还是现金结算的股份支付，企业在授予日均不做会计处理。

(二) 等待期内每个资产负债表日

企业应当在等待期内的每个资产负债表日，将取得职工或其他方提供的服务计入成本费用，同时按相同金额确认所有者权益或负债。

(三) 可行权日之后

(1) 对于权益结算的股份支付，在可行权日之后不再对已确认的成本费用和所有者权益总额进行调整。

(2) 对于现金结算的股份支付，企业在可行权日之后不再确认成本费用，负债(应付职工薪酬)公允价值的变动应当计入当期损益(公允价值变动损益)。股份支付的相关日期与应付职工薪酬的核算如图9-2所示。

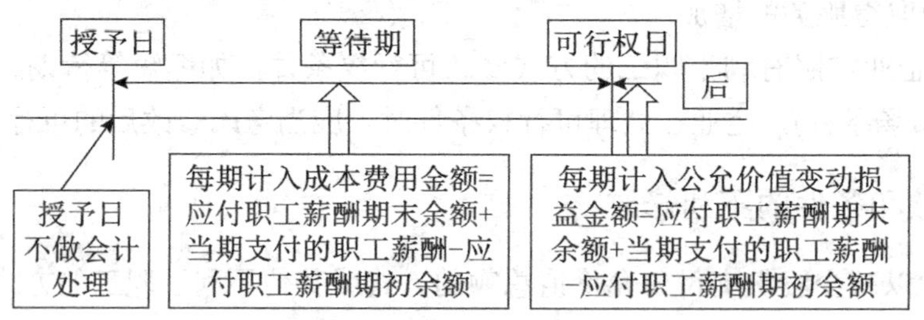

图9-2 股份支付相关日期与应付职工薪酬的核算

(四) 回购股份进行职工期权激励

1. 回购股份

按照回购股份的全部支出，借记“库存股”科目，贷记“银行存款”科目。

2. 确认成本费用

按照准则对职工权益结算股份支付规定，在等待期内每个资产负债表日，每期借方记入成本费用，贷方记入“资本公积——其他资本公积”科目。

3. 职工行权

按照企业收到的股票价款，借记“银行存款”等科目，同时转销等待期内在资本公积中累计确认的金额，借记“资本公积——其他资本公积”科目，按回购的库存股成本，贷记“库存股”科目，按照上述借贷方差额记入“资本公积——股本溢价”科目。

例9-3·多选 关于股份支付的计量，下列说法中正确的有(　　)。

A. 以现金结算的股份支付，应按资产负债表日当日权益工具的公允价值重新计量

B. 以现金结算的股份支付，应按授予日权益工具的公允价值计量，不确认其后续公允价值变动

C. 以权益结算的股份支付，应按授予日权益工具的公允价值计量，不确认其后续公允价值变动

D. 无论是以权益结算的股份支付，还是以现金结算的股份支付，均应按资产负债表日当日权益工具的公允价值重新计量

【解析】以现金结算的股份支付，应按资产负债表日当日权益工具的公允价值重新计量；以权益结算的股份支付，应按授予日权益工具的公允价值计量，不确认其后续公允价值变动，应该选择AC。

例9-4 2016年12月，甲公司披露了股票期权计划如下：

第一、股票期权的条件

股票期权的条件根据公司《股权激励计划》的规定，行权条件为：

1. 2017年年末，公司当年可行权条件为企业净利润增长率达到18%；

2. 2018年年末，公司可行权条件为企业2017—2018年两年净利润平均增长率不低于15%；

3. 2019年年末，公司可行权条件为企业2017—2019年3年净利润平均增长率不低于12%；

4. 激励对象未发生如下任一情形：

(1) 最近3年内被证券交易所公开谴责或宣布为不适当人选的；

(2) 最近3年内因重大违法违规行为被中国证监会予以行政处罚的；

(3) 具有《中华人民共和国公司法》规定的不得担任公司董事、监事、高级管理人员情形的。

公司的股权计划授予的股票期权，激励对象拥有在授权日起5年内的可行权日以行权价格购买公司股票的权利。当年未行权的股票期权可在以后年度行权。

第二、股票期权的授予日、授予对象、授予数量和行权价格

1. 股票期权的授予日：2017年1月1日。

2. 授予对象：董事、总经理、副总经理、技术总监、市场总监、董秘、财务总监以及核心技术及业务人员等20人(名单略)。

3. 行权价格：本次股票期权的行权价格为3元/股。

4. 授予数量：共授予激励对象20万份股票期权，标的股票总数占当时总股本0.5%。

甲公司2017—2019年的相关情况如下：

甲公司股权激励对象均不会出现授予股票期权条件4所述情形。

根据甲公司测算，其股票期权在授权日的公允价值为5.40元/份。

2017年甲公司净利润增长率为16%，有2名激励对象离开，但甲公司预计2018年将保持快速增长，2018年12月31日有望达到可行权条件。另外，企业预计2018年没有激励对象离开企业。

2018年甲公司净利润增长率为12%，有2名激励对象离开，但甲公司预计2019年将保持快速增长，2019年12月31日有望达到可行权条件。另外，企业预计2019年没有激励对象离开企业。

2019年甲公司净利润增长率为10%，有2名激励对象离开。

2020年12月31日，甲公司激励对象全部行权。

要求：辨析甲公司行权条件，并进行相关会计处理。

【答案】1. 按照《企业会计准则第11号——股份支付》，本例中的可行权条件是一项非市场业绩条件。

第1年年末，虽然没能实现净利润增长18%的要求，但公司预计下年将以较快的速度增长。因此有望能够行权。所以公司将其预计等待期调整为2年。由于有2名管理人员离开，公司同时调整了期满(2年)后预计可行权期权的数量(20−2−0)。

第2年年末，虽然两年实现15%增长的目标再次落空，但公司仍然估计能够在第3年取得较理想的业绩，从而实现3年平均增长10%的目标。所以公司将其预计等待期调整为3年。由于第2年有2名管理人员离开，高于预计数字，因此公司相应调整了第3年离开的人数(20−2−2−0)。

第3年年末，目标实现，实际离开人数为2人。公司根据实际情况确定累计费用，并据此确认了第3年费用和调整。

2. 服务费用和资本公积计算过程如表9-1所示。

表9-1 服务费用和资本公积计算

年份	计算	当期费用/元	累计费用/元
2017	(20−2−0)×200 000×5.4×1/2	9 720 000	9 720 000
2018	(20−2−2−0)×200 000×5.4×2/3−9 720 000	1 800 000	11 520 000
2019	(20−2−2−2)×200 000×5.4−11 520 000	3 600 000	15 120 000

甲公司相关的账务处理为：

(1) 2017年1月1日，授予日不做账务处理。

(2) 2017年12月31日，将当期取得的服务计入相关费用和资本公积

借：管理费用　　9 720 000

　贷：资本公积——其他资本公积——股份支付　　9 720 000

(3) 2018年12月31日，将当期取得的服务计入相关费用和资本公积

借：管理费用　　1 800 000

　贷：资本公积——其他资本公积——股份支付　　1 800 000

(4) 2019年12月31日，将当期取得的服务计入相关费用和资本公积

借：管理费用　　3 600 000

　贷：资本公积——其他资本公积——股份支付　　3 600 000

(5) 2020年12月31日，激励对象行权

借：银行存款(14×200 000×3)　　8 400 000

　资本公积——其他资本公积——股份支付　　15 120 000

　贷：股本(14×200 000×1)　　2 800 000

　　资本公积——股本溢价　　20 720 000

例9-5 2016年年末，乙公司股东大会批准一项股票增值权激励计划，具体内容如下：

第一，股票增值权的授予条件

1. 激励对象从2017年1月1日起在该公司连续服务3年。

2. 激励对象未发生如下任一情形：

(1) 最近3年内被证券交易所公开谴责或宣布为不适当人选的；

(2) 最近3年内因重大违法违规行为被中国证监会予以行政处罚的；

(3) 具有《中华人民共和国公司法》规定的不得担任公司董事、监事、高级管理人员情形的。

3. 在授予日后5年内每12个月执行一次增值权收益，符合可行权条件的激励对象可按照当时股价的增长幅度获得现金，该增值权应在2021年12月31日之前行使。

第二，股票期权的授予日、授予对象、授予数量

1. 股票期权的授予日：2017年1月1日。

2. 授予对象：董事、总经理、副总经理、技术总监、市场总监、董秘、财务总监以及核心技术及业务人员等100人(名单略)。

3. 授予数量：共授予激励对象每人100份现金股票增值权。执行日前30个交易日乙公司平均收盘价(执行价)高于激励计划公告前30个交易日平均收盘价(基准价)，每份股票增值权可获得每股价差收益。

乙公司2017—2021年的相关情况如下：

乙公司估计，该增值权在负债结算之前的每一资产负债表日以及结算日的公允价值和可行权后的每份增值权现金支出额如表9-2所示。

表9-2 公允价值和支付现金的实际情况 单位：元

年份	公允价值	支付现金
2017	15	
2018	16	
2019	20	16
2020	25	20
2021		26

乙公司预计所有公司激励对象都将符合授予条件3中的要求。

第1年有20名激励对象离开乙公司，乙公司估计3年中还将有15名激励对象离开；第2年又有10名激励对象离开公司，公司估计还将有10名激励对象离开；第3年又有15名激励对象离开。第3年年末，有30人行使股份增值权取得了现金。第4年年末，有20人行使了股份增值权。第5年年末，剩余5人也行使了股份增值权。

本例为现金结算的股份支付。

要求：对乙公司进行相关会计处理。

【答案】乙公司费用和资本公积计算过程如表9-3所示。

表9-3　费用和资本公积计算过程　　单位：元

年份	负债计算①	支付现金计算②	负债③ ③=①	支付现金④ ④=②	当期费用⑤ ⑤=当期③-前期③+当期④
2017	(100−35)×100×15×1/3		32 500		32 500
2018	(100−40)×100×16×2/3		64 000		31 500
2019	(100−45−30)×100×20	30×100×16	50 000	48 000	34 000
2210	(100−45−30−20)×100×25	20×100×20	12 500	40 000	2 500
2211	0	5×100×26	0	13 000	500
总额				101 000	101 000

乙公司相关的会计处理为：

(1) 2017年12月31日

借：管理费用　　32 500

　　贷：应付职工薪酬——股份支付　　32 500

(2) 2018年12月31日

借：管理费用　　31 500

　　贷：应付职工薪酬——股份支付　　31 500

(3) 2019年12月31日

借：管理费用　　34 000

　　贷：应付职工薪酬——股份支付　　34 000

借：应付职工薪酬——股份支付　　48 000

　　贷：银行存款　　48 000

(4) 2020年12月31日

借：公允价值变动损益——股份支付　　2 500

　　贷：应付职工薪酬——股份支付　　2 500

借：应付职工薪酬——股份支付　　40 000

　　贷：银行存款　　40 000

(5) 2021年12月31日

借：公允价值变动损益——股份支付　　500

　　贷：应付职工薪酬——股份支付　　500

借：应付职工薪酬——股份支付　　13 000

　　贷：银行存款　　13 000

股份支付是“以股份为基础的支付”的简称，是指企业为获取职工和其他方提供服务

而授予权益工具或者承担以权益工具为基础确定的负债的交易。股份支付分为以权益结算的股份支付和以现金结算的股份支付。对于可行权日在首次执行日或之后的股份支付，企业应当根据《企业会计准则第11号——股份支付》的规定，按照权益工具、其他方服务或承担的以权益工具为基础计算确定的负债的公允价值，将应计入首次执行日之前等待期的成本费用金额调整留存收益，相应增加所有者权益或负债。

第十章　负债与借款费用

引导案例

案例1：李小军在光明公司工作了一段时间后，熟悉了公司的很多业务，业务水平突飞猛进，年末时公司将本企业生产的一批饮料发放给职工作为福利。该饮料市场售价为12万元(不含增值税)，实际成本为10万元。假定不考虑其他因素，李小军应确认企业的应付职工薪酬是多少呢？

案例2：光明股份有限公司2018年1月1日经批准，发行面值为5 000万元公司债券，债券期限为5年，票面利率为4%，当时市场利率为5%。债券利息按年计算，每年年底支付，本金到期一次偿还。付给承销商的债券发行佣金和手续费为200万元。此时，李小军能计算出光明股份有限公司发行的该种债券每年的折价及交易费用的摊销金额吗？又该如何进行会计处理呢？

学习目标

通过本章的学习，学生能了解应付职工薪酬的核算内容、各项职工薪酬的主要内容，熟练掌握确认应付职工薪酬的会计处理，熟练掌握长期借款、应付债券和长期应付款的会计处理，掌握借款费用的范围和确认原则、掌握借款费用资本化期间的确定、熟悉借款费用资本化金额的确定。

第一节　应付职工薪酬

一、职工薪酬的概念及分类

(一) 职工薪酬的概念

1. 职工的概念

2014年新修订的《企业会计准则第9号——职工薪酬》第三条规定，所称职工是指与企业订立劳动合同的所有人员，含全职、兼职和临时职工，也包括虽未与企业订立劳动合同但由企业正式任命的人员。未与企业订立劳动合同或未由其正式任命，但向企业所提供服务与职工所提供服务类似的人员，也属于职工的范畴，包括通过企业与劳务中介公司签订用工合同而向企业提供服务的人员。

2. 职工薪酬的概念

《企业会计准则第9号——职工薪酬》第二条规定，职工薪酬是指企业为获得职工提供的服务或解除劳动关系而给予的各种形式的报酬或补偿，包括职工在职期间和离职后提供给职工的全部经济利益，含货币性报酬及非货币性福利。

(二) 职工薪酬的分类

职工薪酬包括短期薪酬、离职后福利、辞退福利和其他长期职工福利。企业提供给职工配偶、子女、受赡养人、已故员工遗属及其他受益人等的福利，也属于职工薪酬。

1. 短期薪酬

短期薪酬是指企业在职工提供相关服务的年度报告期间结束后12个月内需要全部予以支付的职工薪酬，因解除与职工的劳动关系给予的补偿除外。短期薪酬具体包括职工工资、奖金、津贴和补贴，职工福利费，医疗保险费、工伤保险费和生育保险费等社会保险费，住房公积金，工会经费和职工教育经费，短期带薪缺勤，短期利润分享计划，非货币性福利以及其他短期薪酬。

(1) 职工工资、奖金、津贴和补贴，是指按照国家统计局的规定构成工资总额的计时工资、计件工资、支付给职工的超额劳动报酬和增收节支的劳动报酬、为了补偿职工特殊或额外的劳动消耗和因其他特殊原因支付给职工的津贴，以及为了保证职工工资水平不受物价影响支付给职工的物价补贴等。

根据国家法律、法规和政策规定，企业应按规定支付给职工的加班加点工资，在职工因病、工伤、产假、计划生育假、婚丧假、事假、探亲假、定期休假、停工学习、执行国家或社会义务等特殊情况下，按照计时工资或计件工资标准的一定比例支付的工资，也属于职工工资范畴，在职工休假或缺勤时，不应当从工资总额中扣除。

奖金主要是指作为一种工资形式，其作用是对与生产或工作直接相关的超额劳动给予报酬。奖金是对劳动者在创造超过正常劳动定额以外的社会所需要的劳动成果时，所给予的物质补偿。

津贴是指补偿职工在特殊条件下的劳动消耗及生活费额外支出的工资补充形式。常见的包括矿山井下津贴、高温津贴、野外矿工津贴、林区津贴、山区津贴、驻岛津贴、艰苦气象台站津贴、保健津贴、医疗卫生津贴等。

补贴是指为保证职工工资水平不受物价上涨或变动影响而支付的各种补贴，如副食品价格补贴(含肉类等价格补贴)、粮价补贴、煤价补贴、住房补贴、水电补贴以及提高煤炭价格后，部分地区实行的民用燃料和照明电价格补贴等。

(2) 职工福利费是指企业为职工提供的福利，如为补助职工食堂、生活困难职工等从成本费用中提取的金额。

(3) 社会保险费是指企业按照国家规定的基准和比例计算，向社会保险经办机构缴纳的医疗保险金、养老保险金、失业保险金、工伤保险费和生育保险费。养老保险金包括基本养老费、补充养老保险费和商业养老保险费。企业根据国家规定的基准和比例来计算，向社会保险经办机构缴纳的养老保险费为基本养老保险费；根据《企业年金试行办法》《企业年金基金管理试行办法》等相关规定，向有关单位(企业年金基金账户管理人)缴纳的养老保险费为补充养老保险费；以商业保险形式提供给职工的各种保险待遇为商业养老保险费。

(4) 住房公积金是指企业按照国家《住房公积金管理条例》规定的基准和比例计算，向住房公积金管理机构缴存的住房公积金。

(5) 工会经费和职工教育经费。工会经费和职工教育经费，是指企业为了改善职工文化生活、提高职工业务素质用于开展工会活动和职工教育及职业技能培训，根据国家规定的基准和比例，从成本费用中提取的金额。

(6) 利润分享计划是指因职工提供服务而与职工达成的基于利润或其他经营成果提供薪酬的协议。

(7) 非货币性福利是指企业以自产产品或外购商品发放给职工作为福利，将自己拥有的资产无偿提供给职工使用，为职工无偿提供医疗保健服务等。

(8) 其他短期薪酬是指除上述薪酬以外的其他为获得职工提供服务而给予的短期薪酬。

2. 离职后福利

离职后福利是指企业为获得职工提供的服务而在职工退休或与企业解除劳动关系后，提供的各种形式的报酬和福利，短期薪酬和辞退福利除外，如养老保险、失业保险。

离职后福利包括退休福利(如养老金和一次性的退休支付)及其他离职后福利(如离职后人寿保险和离职后医疗保障)。企业向职工提供了离职后福利的，无论是否设立了单独主体接受提存金并支付福利，均应当适用准则的相关要求对离职后福利进行会计处理。

离职后福利计划是指企业与职工就离职后福利达成的协议，或者企业为向职工提供离职后福利制定的规章或办法等。

企业应当将离职后福利计划分为设定提存计划和设定受益计划两种。其中，设定提存计划是指向独立的基金缴存固定费用后，企业不再承担进一步支付义务的离职后福利计划；设定受益计划是指除设定提存计划以外的离职后福利计划。

3. 辞退福利

辞退福利是指企业在职工劳动合同到期之前解除与职工的劳动关系，或者为鼓励职工自愿接受裁减而给予职工的补偿。

4. 其他长期职工福利

其他长期职工福利是指除短期薪酬、离职后福利、辞退福利之外所有的职工薪酬，包括长期带薪缺勤、长期残疾福利、长期利润分享计划等。

二、职工薪酬的会计处理

职工薪酬会计处理所贯彻的基本原则是谁受益、谁承担，这也要求企业依据职工所服务的不同部门以及职工为其服务的会计期间，将职工薪酬所得分别计入相关的资产成本或费用，并将应付的职工薪酬确认为负债。

应由生产产品、提供劳务负担的职工薪酬，计入产品成本或劳务成本。生产产品、提供劳务中的直接生产人员和直接提供劳务人员发生的职工薪酬，根据《企业会计准则第1号——存货》的规定，计入存货成本，但非正常消耗的直接生产人员和直接提供劳务人员的职工薪酬，应当在发生时确认为当期损益。

应由在建工程、无形资产负担的职工薪酬，计入固定资产或无形资产成本。自行建造固定资产和自行研究开发无形资产过程中发生的职工薪酬，能否计入固定资产或无形资产成本，根据《企业会计准则第4号——固定资产》和《企业会计准则第6号——无形资产》确定。比如企业在研究阶段发生的职工薪酬不能计入自行开发无形资产的成本，在开发阶段发生的职工薪酬，符合《企业会计准则第6号——无形资产》资本化条件的，应当计入自行开发无形资产的成本。

销售人员薪酬计入销售费用。除直接生产人员、直接提供劳务人员、建造固定资产人员、开发无形资产人员以外的职工，包括公司总部管理人员、董事会成员、监事会成员等人员相关的职工薪酬，因难以确定直接对应的受益对象，均应当在发生时计入当期损益。

(一) 一般短期薪酬的会计处理

1. 一般短期薪酬的确认及科目设置

新准则规定，企业应当在职工为其提供服务的会计期间，将实际发生的短期薪酬确认为负债，并计入当期损益，其他相关会计准则要求或允许计入资产成本的除外。企业发生的职工福利费应当在实际发生时根据发生额计入当期损益或相关资产成本。职工福利费为非货币性福利的，应当按照公允价值确认非货币资产的处置损益。这里需要注意的是，强调计入负债的应为“实际发生的”薪酬；非货币性福利应当按照公允价值计量，按照实际发生额确认负债，并计入当期损益或相关资产成本。以自己生产的产品作为非货币性福利提供给职工的，按照产品的公允价值和相关税费计量计入成本或费用的职工薪酬金额，并确认为主营业务收入，其销售成本的结转、相关税费的处理，视同正常销售。以外购商品作为非货币性福利提供给职工的，应当按照商品的公允价值确定应付职工薪酬金额，若属于改变用途而导致用于职工薪酬的，应当考虑增值税进项税额转出，同时计入职工薪酬。无偿向职工提供房产使用的，应当根据受益对象，将住房每期应当计提的折旧计入相关资产或成本费用。租赁住房等相关资产提供职工无偿使用的，应当根据受益对象，将每期应付租金计入相关资产或成本费用。提供给职工完整使用的资产应计提的折旧、应付租金，应当根据受益对象分期计入相关资产或成本费用；难以认定受益对象的，直接计入管理费用。

在账务处理上，企业需要设置“应付职工薪酬”统一的一级会计科目，核算企业根据有关规定应付给职工的各种薪酬。各种形式的薪酬均体现为二级会计科目。所有与职工薪酬相关的支出都必须通过“应付职工薪酬”科目核算。对于直接发放货币给职工的，也须先贷记“应付职工薪酬”科目，再以银行存款或现金支付。对于由企业为职工缴纳的医疗保险费、工伤保险费、生育保险费等社会保险费和住房公积金，以及按照规定提取的工会经费和职工教育经费，应当在职工服务期间，借记“生产成本”“制造费用”“管理费用”等科目，贷记“应付职工薪酬”科目。对于公司为员工发放的各类福利支出，均应通过“应付职工薪酬——福利费”科目核算。如此类福利为货币性福利，则在发放福利时直接冲减“应付职工薪酬——福利费”科目余额。如为非货币性福利，应将福利费金额从“应付职工薪酬——福利费”科目转至“应付职工薪酬——非货币性福利”科目，再进行支付或转入其他应付款。如福利费发生后福利费提取的余额不足时，须先提取后再按上述方法处理。对于向外部采购物品发放给员工、目前还未付采购款、实际付款对象并非公司员工的非货币性福利，应在记录非货币性福利后立即将记入“应付职工薪酬——非货币性福利”科目的金额转入“其他应付款”等相应科目。

2. 一般短期薪酬确认会计处理

例10-1 华夏公司2018年1月应付各类职工工资总额500 000元，其中，产品生产工人工资350 000元，在建工程人员工资50 000元，管理人员工资70 000元，产品销售人员工资30 000元。1月31日，华夏公司按照职工工资总额的10%计提医疗保险费和住房公积金。公司分别按照职工工资总额的2%和1.5%计提工会经费和职工教育经费。华夏公司2018年1月确认应付职工薪酬时应如何作会计处理？

【答案】(1) 工资分配进成本、费用时

借：生产成本	350 000	
在建工程	50 000	
管理费用	70 000	
销售费用	30 000	
贷：应付职工薪酬——工资		500 000

(2) 若按工资总额10%计算应缴纳的住房公积金时

借：生产成本	35 000	
在建工程	5 000	
管理费用	7 000	
销售费用	3 000	
贷：应付职工薪酬——住房公积金		50 000

(3) 若按工资总额2%和1.5%分别计提工会经费和职工教育经费时

借：生产成本	12 250	
在建工程	1 750	
管理费用	2 450	
销售费用	1 050	
贷：应付职工薪酬——工会经费		10 000
应付职工薪酬——职工教育经费		7 500

例10-2 华夏公司2019年12月，公司以其生产的成本为100 000元的各类调味品(市场价200 000元)作为福利发放给一线生产工人。该公司适用增值税税率13%。公司决定发放

非货币性福利时，应如何作会计处理？

【答案】借：生产成本　23 200

　　贷：应付职工薪酬——非货币性福利　23 200

借：应付职工薪酬——非货币性福利　22 600

　贷：主营业务收入　20 000

　　应交税费——应交增值税(销项税额)　2 600

借：主营业务成本　10 000

　贷：库存商品　10 000

例10-3　华夏公司2019年12月从市场采购一批产品作为福利发放给公司高管，该批产品不含税进价总额为10 000元，销售方适用的增值税税率13%。公司决定外购非货币性福利时，应如何作会计处理？

【答案】借：管理费用　11 300

　　贷：应付职工薪酬——非货币性福利　11 300

借：应付职工薪酬——非货币性福利　11 300

　贷：银行存款　11 300

例10-4　华夏公司2019年12月将持有的部分权益性证券(划归交易性金融资产)作为福利发放给公司高管，其证券账面价值1 000 000元，当前公允价值1 200 000元。公司决定发放非货币性福利时，应如何作会计处理？

【答案】借：管理费用　1 200 000

　　贷：应付职工薪酬——非货币性福利　1 200 000

发放时，公司作如下账务处理

借：应付职工薪酬——非货币性福利　1 200 000

　贷：交易性金融资产　1 000 000

　　投资收益　200 000

例10-5　华夏公司2019年6月10日，将原先购入准备生产食品的面粉以福利形式发放给管理层，该批面粉的采购成本10万元，当前市场价格11万元。假设不考虑相关税费，2019年6月10日华夏公司应如何作账务处理？

【答案】借：管理费用　1 100 000

　　贷：应付职工薪酬——非货币性福利　1 100 000

同时

借：应付职工薪酬——非货币性福利　1 100 000

　贷：其他业务收入　1 100 000

结转材料成本时

借：其他业务成本　1 000 000

贷：原材料　　1 000 000

例10-6　华夏公司2019年12月31日，将所拥有的几十台笔记本电脑作为福利发放给管理人员。该批笔记本电脑买价共计20万元，预计使用寿命5年，已经使用1年，预计无残值，采用直线法计提折旧。可见，决定发放该非货币性福利时，该批笔记本电脑原值为200 000元，已提折旧40 000元。该批笔记本电脑二手市场的交易价格为130 000元，假设不考虑相关税费。华夏公司应如何作有关账务处理？

【答案】借：管理费用　　130 000

贷：应付职工薪酬——非货币性福利　　130 000

其次，结转固定资产账面价值，应作如下处理

借：固定资产清理　　160 000

累计折旧　　40 000

贷：固定资产　　200 000

同时

借：应付职工薪酬——非货币性福利　　130 000

贷：固定资产清理　　130 000

最后，资产处置损益，应作如下会计处理

借：资产处置损益　　30 000

贷：固定资产清理　　30 000

例10-7　华夏公司决定为企业的部门经理每人租赁住房1套，并提供轿车1辆，免费使用，所有轿车的月折旧总额为1.2万元，外租住房的月租金总额为3万元。华夏公司应如何作有关账务处理？

【答案】计提轿车折旧时

借：管理费用　　12 000

贷：应付职工薪酬——非货币性福利　　12 000

同时

借：应付职工薪酬——非货币性福利　　12 000

贷：累计折旧　　12 000

确认租金费用时

借：管理费用　　30 000

贷：应付职工薪酬——非货币性福利　　30 000

同时

借：应付职工薪酬——非货币性福利　　30 000

贷：银行存款　　30 000

3. 一般短期职工薪酬发放会计处理

(1) 支付职工工资、奖金、津贴和补贴。企业按照有关规定向职工支付工资、奖金、津贴等，借记“应付职工薪酬——工资”科目，贷记“银行存款”“库存现金”等科目；企业从应付职工薪酬中扣还的各种款项(代垫的家属药费、个人所得税等)，借记“应付职工薪酬”科目，贷记“银行存款”“库存现金”“其他应收款”“应交税费——应交个人所得税”等科目。

在实务中，有些企业一般在每月发放工资前，根据“工资结算汇总表”中的“实发金额”栏的合计数向开户银行提取现金，借记“库存现金”科目，贷记“银行存款”科目；然后再向职工发放。

例10-8 光明公司根据“工资结算汇总表”结算本月应付职工工资总额462 000元，代扣职工房租40 000元，企业代垫职工家属医药费2 000元，实发工资420 000元。光明公司的有关会计处理应如何进行？

【答案】 ① 向银行提取现金

借：库存现金　　420 000

　　贷：银行存款　　420 000

② 发放工资，支付现金

借：应付职工薪酬——工资　　420 000

　　贷：库存现金　　420 000

③ 代扣款项

借：应付职工薪酬——工资　　42 000

　　贷：其他应付款——职工房租　　40 000

　　　　——代垫医药费　　2 000

(2) 支付职工福利费。企业向职工食堂、职工医院、生活困难职工等支付职工福利费时，借记“应付职工薪酬——职工福利”科目，贷记“银行存款”“库存现金”等科目。

(3) 支付工会经费、职工教育经费和缴纳社会保险费、住房公积金

企业支付工会经费和职工教育经费用于工会运作和职工培训，或按照国家有关规定缴纳社会保险费或住房公积金时，借记“应付职工薪酬——工会经费(或职工教育经费、社会保险费、住房公积金)”科目，贷记“银行存款”“库存现金”等科目。

例10-9 光明公司以银行存款缴纳参加职工医疗保险的医疗保险费 40 000元，光明公司的有关会计分录应如何进行？

【答案】 借：应付职工薪酬——社会保险费　　40 000

　　贷：银行存款　　40 000

(二) 带薪缺勤的会计处理

带薪缺勤应当根据其性质及其职工享有的权利，分为累积带薪缺勤和非累积带薪缺勤两类。累积带薪缺勤是指带薪权利可以结转下期的带薪缺勤，本期尚未用完的带薪缺勤权利可以在未来期间使用。非累积带薪缺勤是指带薪权利不能结转下期的带薪缺勤，本期尚未用完的带薪缺勤权利将予以取消，并且职工离开企业时也无权获得现金支付。我国企业职工婚假、产假、丧假、探亲假、病假通常属于非累积带薪缺勤。

企业应当在职工提供了服务从而增加了其未来享有的带薪缺勤权利时，确认与累积带薪缺勤相关的职工薪酬，并以累积未行使权利而增加的预期支付金额计量。企业应当在职工实际发生缺勤的会计期间确认与非累积带薪缺勤相关的职工薪酬。

根据我国《劳动法》规定，国家实行带薪年休假制度，劳动者在法定节假日和婚丧假期间以及依法参加社会活动期间，用人单位应当依法支付工资。因此，企业职工休婚假、产假、丧假、探亲假、病假期间(即非累积带薪缺勤期间)，因职工提供服务本身不能增加其能够享受的福利金额，企业应当在职工缺勤时确认负债和相关资产成本或当期损益。实务中，我国企业一般是在缺勤期间计提应付工资时一并处理，即借记“生产成本”等科目，贷记“应付职工薪酬”科目。

1. 非累积带薪缺勤会计处理

由于职工提供服务本身不能增加其能够享受的福利金额，企业在职工未缺勤时不应当计提相关费用和负债。为此，企业会计准则规定，企业应当在职工实际发生缺勤的会计期间确认与非累积带薪缺勤相关的职工薪酬。企业确认职工享有的与非累积带薪缺勤权利相关的薪酬，视同职工出勤确认的当期损益或相关资产成本。通常情况下，与非累积带薪缺勤相关的职工薪酬已经包括在企业每期向职工发放的工资等薪酬中，因此，不必额外作相应的账务处理。

例10-10 华夏公司2018年12月有5名生产工人休婚假、产假、探亲假、病假，每人准假5天。假设平均每名职工每个工作日工资为150元。该公司实行非累积带薪缺勤制度。华夏公司有关账务处理应如何进行?

【答案】借：生产成本(5×5×150)　　3 750

　　贷：应付职工薪酬——工资　　3 750

2.累积带薪缺勤会计处理

如果职工离开企业时，对于未行使的权利无权获得现金支付，按照准则规定，则企业应当根据资产负债表日因累积未使用权利而导致的预期支付的追加金额作为累积带薪缺勤费用，进行会计处理。

例10-11 华夏公司共有1 000名职工，该公司从2017年起实行累积带薪缺勤制度。该制度规定，该公司每名职工每年有权享受12个工作日的带薪休假，休假权利可以向后结转

2个日历年度。在第1年年末，公司将对职工未使用的带薪休假权利支付现金。假定该公司每名员工薪酬平均每月工资4 500元，每名职工每月工作日20个，每个工作日平均工资为225元。以公司1名一线生产工人为例。

(1) 假设2017年1月，该名职工没有休假。请作该名职工的工资会计分录。

(2) 假设2017年2月，该名职工休假1天。请作该名职工的工资会计分录。

(3) 假设第2年年末(2018年12月31日)，该名职工有5个工作日未使用带薪休假，公司以现金支付了未使用的带薪休假。请作该名职工的工资会计分录。

【答案】(1) 该公司应当在职工未其提供服务的当月，累积相当于1个工作日工资的带薪休假义务，并做如下账务处理：

借：生产成本	4 725	
贷：应付职工薪酬——工资		4 500
应付职工薪酬——累积带薪缺勤		225

(2) 该公司应当在职工未其提供服务的当月，累积相当于1个工作日工资的带薪休假义务，并做如下账务处理：

借：生产成本	4 725	
贷：应付职工薪酬——工资		4 500
应付职工薪酬——累积带薪缺勤		225
借：应付职工薪酬——累积带薪缺勤	225	
贷：生产成本		225

(3) 该公司账务处理：

借：应付职工薪酬——累积带薪缺勤	1 125	
贷：库存现金		1 125

例10-12　华夏公司共有1 000名职工，该公司实行累积带薪缺勤制度。该制度规定，该公司每名职工每年有权享受5个工作日的带薪病假，未使用的病假可以向后结转1个日历年度，超过2个日历年度的未使用的权利作废，不能在职工离开企业时支付现金。职工病假时以后进先出为基础，即首先从当年可享受的权利中扣除，再从上年结转的带薪病假余额中扣除；职工离开公司时，公司对职工未使用的累积带薪病假不支付现金。

(1) 2017年12月31日，每个职工当年平均为使用带薪病假为2天。根据过去的经验并预期该经验将继续适用，该公司预计2018年有950名职工将享受不超过5天的带薪病假，剩余50名职工每人将平均享受6天半病假，假定这50名职工全部为总部各部门经理，该公司每名员工薪酬平均每日工资300元。请作与工资相关的会计分录。

(2) 假定2018年12月31日，上述50名部门经理中有40名享受了6天半病假，并随同正常工资以银行存款支付。另有10名只享受了5天病假，由于该公司的带薪缺勤制度规定，未使用的权利只能结转1年，超过1年未使用的权利将作废。请作与工资相关的会计分录。

(3) 假设该公司采用的带薪缺勤制度规定，职工累积未使用的带薪缺勤权利可以无限期的结转，且可以于职工离开企业时以现金支付。该公司1 000名职工中，50名为总部部门经理，100名为部门经理，800名为直接生产工人，50名为正在建造一幢办公楼人员。请作与工资相关的会计分录。

【答案】(1) 该公司在2017年12月31日应当预计由于职工累积未使用的带薪病假权利而导致的预计支付的追加金额，即相当于75天(50×1.5)的病假工资22 500元(75×300)，并作如下会计处理：

借：管理费用　　22 500

　　贷：应付职工薪酬——累积带薪缺勤　　22 500

(2) 2018年年末，该公司应作如下会计处理：

借：应付职工薪酬——累积带薪缺勤　　18 000

　　贷：银行存款 (40×1.5×300)　　18 000

借：应付职工薪酬——累积带薪缺勤　　4 500

　　贷：管理费用 (10×1.5×300)(冲回未使用)　　4 500

(3) 该公司2017年12月31日应当预计由于职工累积未使用的带薪病假权利而导致的全部金额，即相当于2 000天(1000×2)的病假工资60万元(2 000×3 00)并作如下的账务处理：

借：管理费用　　90 000

　　生产成本　　480 000

　　在建工程　　30 000

　　贷：应付职工薪酬——累积带薪缺勤　　600 000

(三) 利润分享计划的会计处理

1. 利润分享计划概述

很多企业为了激励员工发挥其潜能，更好地为企业创造价值，制订利润分享计划和奖金计划。规定当职工在企业工作了特定年限后，能够享有按照企业净利润的一定比例计算的奖金，如果职工在企业工作到特定期末，其提供的服务就会增加企业应付职工薪酬金额，尽管企业没有支付这类奖金的法定义务，但是如果有支付此类奖金的惯例，或者说企业除了支付奖金外没有其他现实的选择，这样的计划就使企业产生了一项推定义务。企业根据其经济效益增长的实际情况提取的奖金，属于利润分享和奖金计划。在这种情况下，报酬的支付是建立在对利润这一组织绩效指标的评价的基础上，利润分享计划是一次性支付的奖励，它不会进入雇员的基本工资中去，因而不会增加组织的固定工资成本。在实际运用中，利润分享计划在成熟型企业中显得更为有效。

2. 利润分享计划的确认条件

利润分享计划同时满足下列条件的，企业应当确认相关的应付职工薪酬。

(1) 企业因过去事项导致现在具有支付职工薪酬的法定义务或推定义务。

(2) 因利润分享计划所产生的应付职工薪酬义务能够可靠估计。

属于下列3种情形之一的，视为义务金额能够可靠估计。

(1) 在财务报告批准报出之前企业已确定应支付的薪酬金额。

(2) 该短期利润分享计划的正式条款中包括确定薪酬金额的方式。

(3) 过去的惯例为企业确定推定义务金额提供了明显证据。

3. 利润分享计划的会计处理

由于利润分享计划是按照企业净利润的一定比例确定享受的奖金，与企业经营业绩挂钩，仍然是由于职工提供服务期间而产生的，不是由企业与其所有者权益之间的交易产生的，因此，企业应当将利润分享计划和奖金计划作为费用处理(根据有关准则，作为资产成本的一部分)，不能作为净利润的分配，即借记相关成本费用，贷记“应付职工薪酬”科目，而非记“利润分配”科目。

职工只有在企业工作一段时间才能分享利润的，企业在计量利润分享计划产生的应付职工薪酬时，应当反映职工因离职而无法享受利润分享计划福利的可能性。如果企业在职工未其提供相关服务的年度报告期间结束后12个月内，不需要全部支付利润分享计划产生的应付职工薪酬，该利润分享计划应当适用本准则其他长期职工福利的有关规定，即考虑折现因素。

例10-13 华夏公司对企业高管实行利润分享计划，2017年拟按照企业当年实现净利润的10%确定利润分享额，2017年的税后利润时7 000万元，则该公司的账务处理应如何进行？

【答案】借：管理费用　　7 000 000

　　贷：应付职工薪酬——利润分享计划　　7 000 000

三、离职后福利的会计处理

企业应当将离职后福利计划分为设定提存计划和设定受益计划两种。

(一) 设定提存计划的确认和计量

设定提存计划的会计处理比较简单，因为企业在每一期间的义务取决于该期间将要提存的金额。因此，在计量义务或费用时不需要精算假设，通常也不存在精算利得或损失。

对于设定提存计划，企业应当根据在资产负债表日为换取职工在会计期间提供的服务而应向单独主体缴存的提存金，确认为职工薪酬负债，并计入当期损益或相关资产成本。

例10-14 华夏公司2017年1月应付各类职工工资总额500 000元，其中产品生产工人工资350 000元，管理人员工资70 000元，产品销售人员工资30 000元。依据工资总额12%计算基本养老保险费，缴存当地社会保险机构。则该公司设定提取计划的会计处理应如何进行？

【答案】借：生产成本　　42 000

　　在建工程　　6 000

　　管理费用　　8 400

销售费用　　3 600

贷：应付职工薪酬——设定提存计划(基本养老保险)　　60 000

(二) 设定受益计划的确认和计量

设定受益计划与设定提存计划的区别在于计划的主要条款和条件所包含的经济实质。设定受益计划的会计处理比较麻烦，因此要做好其会计处理，有必要认清其复杂性和特征，其复杂性和特征主要表现在：①在设定受益计划里，企业需要通过精算假设来计量每期的应计年金负债和年金费用；②设定受益计划经常会产生精算损益；③在设定受益计划中，应计年金负债是一项长期负债，反映企业根据年金计划确定的期末对职工未来应付年金的现值，需要选择一定的折现率进行折现；④企业年金费用的确定比较麻烦，一般与企业当期缴费的金额并不相等。

因此，当企业准备设定提取计划时，需要精算师参与实施。精算师的主要任务是在当期的环境下依据一定的合理假设对每位职工的年金价值进行合理精算，并采用合适的统计或精算方法(包括应计退休金估计法、累计收益法和等额缴费法3种)，确定每期应为职工缴费金额。而科技人员的主要任务则是根据精算师精算结果计算确定企业每期的年金费用水平，并进行相关的确认和列报。

根据新准则，企业对设定受益计划的会计处理通常包括下列4个步骤。

1. 确定设定受益计划义务的现值和当期服务成本

企业应当通过下列两步确定设定受益义务现值和当期服务成本。

(1) 企业应当根据预期累计福利单位法，采用无偏且相互一致的精算假设对有关人口统计变量(职工离职率和死亡率)和财务变量(未来薪金和医疗费用的增加)等做出估计，计量设定受益计划所产生的义务，并确定相关义务的归属期间。

(2) 企业应当根据资产负债表日与设定受益计划义务期限和币种相匹配的国债或活跃市场上的高质量公司债券的市场收益率确定折现率，将设定受益计划所产生的义务予以折现，以确定设定受益计划义务的现值和当期服务成本。

设定受益计划义务的现值，是指企业在不扣除任何计划资产的情况下，为履行获得当期和以前期间职工服务产生的最终义务，所需支付的预期未来金额的现值。

企业应当通过预期累计福利单位法确定其设定受益计划义务的现值、当期服务成本和过去服务成本。根据预期累计福利单位法，职工每提供一个期间的服务，就会增加一个单位的福利权利，企业应当对每一单位的福利权利进行单独计量，并将所有单位的福利权利累计形成最终义务。企业应当将福利归属于提供设定受益计划的义务发生的期间。

企业在确定设定受益计划义务的现值、当期服务成本以及过去服务成本时，应当根据计划的福利公式将设定受益计划产生的福利义务归属于职工提供服务的期间，并计入当期损益或相关资产成本。

当职工后续年度的服务将导致其享有的设定受益计划福利水平显著高于以前年度时，企业应当按照直线法将累计设定受益计划义务分摊确认于职工提供服务而导致企业第一次产生设定受益计划福利义务至职工提供服务不再导致该福利义务显著增加的期间。

精算假设是指企业对影响离职后福利最终义务的各种变量的最佳估计。精算假设应当是客观公正和相互可比的，无偏且相互一致的。精算假设包括人口统计假设和财务假设。人口统计假设包括死亡率、职工的离职率、伤残率、提前退休率等。财务假设包括折现率、福利水平和未来薪酬等。其中，折现率应当根据资产负债表日与设定受益计划义务期限和币种相匹配的国债或活跃市场上的高质量公司债券的市场收益率确定。

2. 确定设定受益计划净负债或净资产

设定受益计划存在资产的，企业应当将设定受益计划义务的现值减去设定受益计划资产公允价值所形成的赤字或盈余确认为一项设定受益计划净负债或净资产。

设定受益计划存在盈余的，企业应当以设定受益计划的盈余和资产上限这两项的孰低者计量设定受益计划净资产。其中，资产上限是指企业可从设定受益计划退款或减少未来对设定受益计划缴存资金而获得的经济利益的现值。

计划资产包括长期职工福利基金持有的资产和符合条件的保险单，不包括企业应付但未付给基金的提存金和由企业发行并由基金持有的任何不可转换的金融工具。

3. 确定应当计入当期损益的金额

财务报告期末，企业应当在损益中确认的设定受益计划产生的职工薪酬成本包括服务成本、设定受益净负债或净资产的利息净额。服务成本包括当期服务成本、过去服务成本和结算利得或损失。

(1) 当期服务成本是指因职工当期服务导致的设定受益义务现值的增加额。

(2) 过去服务成本是指设定受益计划修改所导致的与以前期间职工服务相关的设定受益计划义务现值的增加或减少。

当企业引入或取消一项设定受益计划或是改变现有设定受益计划下的应付福利时，计划就发生了修改。当企业显著减少计划涵盖的职工数量时，计划就发生了缩减。缩减可能源于某单一事件，比如关闭某个厂房、终止一项经营、暂停或终止一项计划。

在修改或缩减与重组费用或者辞退福利无关的情况下，企业应当在修改或缩减发生时确认相关的过去服务成本。

(3) 设定受益计划结算是指企业为了消除设定受益计划所产生的部分或所有未来义务进行的交易，而不是根据计划条款和所包含的精算假设向职工支付福利。企业应当在设定受益计划结算时，确认一项结算利得或损失。设定受益计划结算利得或损失是下列两项的差额：①在结算日确定的设定受益计划义务现值；②结算价格，包括转移的计划资产的公允价值和企业直接发生的与结算相关的支付。

结算是未在计划条款中规定的福利的支付，因该项未纳入精算假设中，因此结算利得或损失应当计入当期损益，而在计划条款中规定的福利的支付(包括可选择福利支付性质的情况)不属于结算，已纳入精算假设中，在支付此类福利时产生利得或损失，则属于精算利得或损失，应作为重新计量的一部分计入其他综合收益。

(4) 设定受益计划净负债或净资产的利息净额，是设定受益净负债或净资产在所处期间由于时间流逝产生的变动，包括计划资产的利息收益、设定受益计划义务的利息费用以及资产上限影响的利息。

设定受益计划净负债或净资产的利息净额通过将设定受益计划净负债或净资产乘以确定的折现率来确定。

设定受益计划净负债或净资产的利息净额的计算应考虑资产上限的影响。计划资产的利息收益是计划资产回报的组成部分之一，通过将计划资产公允价值乘以折现率来确定。

4. 确定应当计入其他综合收益的金额

企业应当将重新计量设定受益计划净负债或净资产所产生的变动计入其他综合收益，并且在后续会计期间不允许转回至损益，但企业可以在权益范围内转移这些在其他综合收益中确认的金额。

重新计量设定受益计划净负债或净资产所产生的变动主要包括精算利得或损失等。精算利得或损失，即由于精算假设和经验调整导致之前所计量的设定受益计划义务现值的增加或减少。企业未能预计的过高或过低的职工离职率、提前退休率、死亡率、过高或过低的薪酬、福利的增长以及折现率变化等，是导致设定受益计划产生精算利得和损失的原因。精算利得或损失不包括因设立、修改或结算设定受益计划所导致的设定受益计划义务现值的变动，或者设定受益计划下应付福利的变动。这些变动产生了过去服务成本或结算利得或损失。

例10-15 华夏公司2017年1月招聘1名财务经理，该员工48岁，当年年薪10万元，以后年均增长5%，假设该公司月养老金=最后年薪×2%，并假设员工福利计算规则是：工资增长从次年开始计算；退休年龄指领取养老金起始年，该年不计入缴费；养老金月缴费和月支付均计算期初值。请计算该财务经理60岁退休时形成的雇主养老金支付金额。

【答案】雇主月养老金支付金额=最后年薪×2%=10 0000×$(1+5\%)^{11}$×2%=100 000×1.71×2%=3 420(元)

例10-16 华夏公司拥有一项设定收益计划，财务报告期末为2017年12月31日，有关该计划的相关资料如见表10-1。假设前期没有任何精算损益，且在2017年并没有向该计划支付任何提存金，也没有支付任何福利费，参与该计划的雇员平均剩余职业寿命为15年。

表10-1　华夏公司设定收益计划的相关资料

项目	2017年1月1日	2017年12月31日
设定受益义务的现值	10 000	15 000
计划资产的公允价值	7 000	8 000
设定受益负债的净额	3 000	7 000
服务成本	3 500	
折现率(高质量公司的收益率)	3%	
计划资产的预期回报率	5%	

要求：请对华夏公司该项设定收益计划进行处理。

【答案】该设定受益计划的综合受益计算过程如表10-2所示。

表10-2　综合受益表

项目	金额
设定受益负债的净额	7 000
服务成本	3 500
净利息	90(3 000×3%)
损益	3 590
其他综合受益	340
综合收益总额	3 930

其中：净利息=期初设定受益负债净额×折现率=3 000×3%=90(万元)

损益=服务成本+净利息=3 500+90=3 590(万元)

设定受益义务产生的精算损失=期末设定受益义务的现值-期初设定受益义务的现值-服务成本-设定受益义务的现值×折现率=15 000-10 000-3 500-10 000×3%=1 200(万元)

计划资产回报净额=期末计划资产的公允价值-期初计划资产的公允价值-期初计划资产的公允价值×计划资产预期回报率+期初计划资产的公允价值×折现率=8 000-7 000-7 000 ×5%+7 000×3% = 860(万元)

其他综合受益=1 200-860=340(万元)

综合收益=损益+其他综合受益=3 500+340 =3 930(万元)

四、辞退福利的会计处理

企业向职工提供辞退福利的，应当在以下两者孰早日确认辞退福利产生的职工薪酬负债，并计入当期损益：①企业不能单方面撤回解除劳动关系计划或裁减建议所提供的辞退福利时；②企业确认涉及支付辞退福利的重组相关的成本或费用时。

同时存在下列情况时，表明企业承担了重组义务：①有详细、正式的重组计划，包括重组涉及的业务、主要地点、需要补偿的员工人数及其岗位性质、预计重组支出、计划实施时间等；②该重组计划已对外公告。

在确认辞退福利时，需要注意以下两个方面。

(1) 对于分期或分阶段实施的解除劳动关系计划或自愿裁减建议，企业应当将整个计划看作由各单项解除劳动关系计划或自愿裁减建议组成，在每期或每阶段计划符合预计负债确认条件时，将该期或该阶段计划中由提供辞退福利产生的预计负债予以确认，计入该部分计划满足预计负债确认条件的当期管理费用，不能等全部计划都符合确认条件时再予以确认。

(2) 对于企业实施的职工内部退休计划，由于这部分职工不再为企业带来经济利益，企业应当比照辞退福利处理。

辞退福利的计量因辞退计划中职工有无选择权而有所不同，主要有以下4种具体情况。

(1) 对于职工没有选择权的辞退计划，企业应当根据计划条款规定拟解除劳动关系的职工数量、每一职位的辞退补偿等计提应付职工薪酬。

(2) 对于自愿接受裁减的建议，因接受裁减的职工数量不确定，企业应当根据《企业会计准则第13号——或有事项》规定，预计将会接受裁减建议的职工数量，根据预计的职工数量和每一职位的辞退补偿等计提应付职工薪酬。

(3) 企业应当按照辞退计划条款的规定，合理预计并确认辞退福利产生的应付职工薪酬。辞退福利预期在其确认的年度报告期间期末后12个月内完全支付的，应当适用短期薪酬的相关规定。

(4) 对于辞退福利预期在年度报告期间期末后12个月内不能完全支付的，应当适用新准则关于其他长期职工福利的有关规定，即实质性辞退工作在一年内实施完毕但补偿款项超过一年支付的辞退计划，企业应当选择恰当的折现率，以折现后的金额计量计入当期损益的辞退福利金额。

由于被辞退的职工不再为企业带来未来经济利益，因此，所有辞退福利均应当于辞退计划满足负债确认条件的当期一次计入费用(12个月内支付)，不计入资产成本。借记“管理费用”科目，贷记“应付职工薪酬”科目。

在辞退福利核算时需要注意以下两个问题。

(1) 分阶段确认问题：对于分期或分阶段实施的解除劳动关系计划或自愿裁减建议，企业应当将整个计划看成由一个单项解除劳动关系计划或自愿裁减建议组成，在每期或每阶段计划符合预计负债确认条件时，将该期或该阶段计划中由提供辞退福利产生的预计负债予以确认计入该部分计划满足预计负债确认条件的当期管理费用，不能等全部计划都符合确认条件时再予以确认。

(2) 超过一年支付问题：实质性辞退工作在一年内完成，但补偿款项超过一年支付的辞退福利计划，企业应当选择恰当的折现率，以折现后的金额计量计入当期管理费用的辞退福利金额，该项金额与实际应支付的辞退福利之间的差额，作为未确认融资费用，在以后各期实际支付辞退福利款项时，计入财务费用。会计分录如下所示。

① 确认因辞退福利产生的预计负债时

借：管理费用[现值]

　　未确认融资费用[差额]

　　贷：应付职工薪酬——辞退福利[实际支付]

② 各期支付辞退福利款项时

借：应付职工薪酬——辞退福利

　　贷：银行存款

同时

借：财务费用

　　贷：未确认融资费用

例10-17　光明公司2017年10月8日，总经理A建议员工B接受公司的自愿裁员计划。光明公司在11月1日公布了辞职员工的福利待遇条款——即一次性给付5万元/人。B员工11月15日接受公司的建议，在12月6日和公司签署了正式的自愿裁员协议。协议中规定B员工工作到2018年1月31日，在办理离开公司手续的时候拿到辞职福利款。光明公司的有关账务处理应如何进行？

【解析】本例中，虽然B员工工作到2018年1月31日才离职并拿走5万元，但是这笔辞职福利在2017年就已经形成了，因此应把该笔支出确认为2017年的负债。

【答案】(1) 2017年12月6日

借：管理费用　　50 000

　　贷：应付职工薪酬——辞退福利　　50 000

(2) 2018年1月31日

借：应付职工薪酬——辞退福利　　50 000

　　贷：银行存款　　50 000

五、其他长期职工福利的会计处理

企业向职工提供的其他长期职工福利，符合设定提存计划条件的，应当按照设定提存计划的有关规定进行会计处理；符合设定受益计划条件的，企业应当按照设定受益计划的有关规定，确认和计量其他长期职工福利净负债或净资产。在财务报告期末，企业应当将其他长期职工福利产生的职工薪酬成本确认为下列组成部分：①服务成本；②其他长期职工福利净负债或净资产的利息净额；③重新计量其他长期职工福利净负债或净资产所产生的变动。

为了简化相关会计处理，上述项目的总净额应计入当期损益或相关资产成本。

例10-18　美美是华夏公司的一名员工，在2017年1月1日内部退休(50岁)，将于2021年12月31日正式退休(55岁)。假设在每年年末应支付美美内退工资和福利5万元，并假设折现率为6%。则华夏公司应如何进行会计处理？

【答案】(1) 2017年1月1日时，由于美美内退，5年内不能为公司创造价值，但公司承诺支付25万元。按照资产负债观，内退日应将未来5年薪酬现值确认为负债。

应付职工薪酬现值=$5\times(1+6\%)+5\times(1+6\%)^2+5\times(1+6\%)^3+5\times(1+6\%)^4+5\times(1+6\%)^5$=4.72+4.45+4.20+3.96+3.74 =21.07(万元)

借：管理费用　　210 700

　　未确认融资费用　　39 300

　　贷：应付职工薪酬—其他长期职工福利　　250 000

2017年1月末资产负债表中，应列示应付职工薪酬21.07万元，因为应付职工薪酬期末摊余成本=应付职工薪酬账面价值余额-未确认融资费用=20-3.93=21.07(万元)

(2) 2017年12月31日

从2017年开始，应确认利息费用，如表10-3所示。

表10-3　各年利息费用计算表　　单位：万元

日期	支付职工薪酬	利息费用(6%)	归还本	应付职工薪酬摊余成本(本金)
2017年1月1日				21.07
2017年12月31日	5(本+息)	1.26	3.74	17.33
2018年12月31日	5(本+息)	1.04	3.96	13.37
2019年12月31日	5(本+息)	0.80	4.20	9.17
2020年12月31日	5(本+息)	0.55	4.45	4.72
2021年12月31日	5(本+息)	0.28	4.72	0

根据上表，2017年12月31日确认利息费用

借：财务费用　　12 600

　贷：未确认融资费用　　12 600

2017年年末支付内退工资和福利

借：应付职工薪酬　　50 000

　贷：银行存款　　50 000

(3) 2018年年末

2018年12月31日确认利息费用

借：财务费用　　10 400

　贷：未确认融资费用　　10 400

2018年年末支付内退工资和福利

借：应付职工薪酬　　50 000

　贷：银行存款　　50 000

(4) 2019年年末

2019年12月31日确认利息费用

借：财务费用　　8 000

　贷：未确认融资费用　　8 000

2019年年末支付内退工资和福利

借：应付职工薪酬　　50 000

　贷：银行存款　　50 000

(5) 2020年年末

2020年12月31日确认利息费用

借：财务费用　　5 500

　贷：未确认融资费用　　5 500

2020年年末支付内退工资和福利

借：应付职工薪酬　　50 000

　贷：银行存款　　50 000

(6) 2021年年末

2021年12月31日确认利息费用

借：财务费用　　2 800

　　贷：未确认融资费用　　2 800

2021年年末支付内退工资和福利

借：应付职工薪酬　　50 000

　　贷：银行存款　　50 000

需要注意的是，职工薪酬所涉及的支付期在一年以上长期薪酬支出，企业都需要依据《企业会计准则第39号——公允价值计量》的法规，并采用实际利率法分摊相关成本费用。短期薪酬则直接按照相关支出金额计入成本费用。

第二节　借款费用

一、借款费用的定义及其确认

(一) 借款费用的定义

借款费用是指企业因借款而发生的利息及其他相关成本。

借款费用包括借款利息、折价或者溢价的摊销、辅助费用以及因外币借款而发生的汇兑差额等。

借款利息包括企业向银行或者其他金融机构等借入资金发生的利息、发行公司债券发生的利息以及为购建或者生产符合资本化条件的资产而发生的带息债务所承担的利息等。

折价或者溢价的摊销主要包括发行公司债券等所发生的折价或者溢价在每期的摊销金额。

辅助费用包括企业在借款过程中发生的诸如手续费、佣金、印刷费等交易费用。

因外币借款而发生的汇兑差额，是指由于汇率变动导致市场汇率与账面汇率出现差异，从而对外币借款本金及其利息的记账本位币金额所产生的影响金额。

需要说明的是，上述借款费用定义中的各个项目都是指在每一会计期间按照权责发生制原则应当予以确认的借款费用。比如，因借款而发生的利息费用是指每期应计的利息费用，不包括在会计期之前和之后发生的利息费用。

例10-19　光明公司于2018年1月1日为建造一幢办公楼专门借入5年期借款1 000万元，年利率为6%，同时开始建造。公司在5年内因该借款将需支付利息费用300万元(1 000×6%×5)。截至当年12月31日为止，发生的建造支出为1 500万元，办公楼尚未建造完毕。公司同期还借入流动资金借款1 000万元，年利率为4%。该公司2018年应当资本化的借款费用是多少？

【答案】该公司在其2018年年度财务报告中，应当资本化的利息费用应为80万元(1 000 ×6%+500×4%)，不应包括以后会计期间将要负担的利息费用。

例10-20 光明公司于2018年1月1日溢价发行债券，债券面值为50 000万元，发行价为60 000万元，期限为5年，票面利率为6%，同期市场利率为4%，则债券溢价金额为10 000万元，如果公司采用实际利率法摊销溢价，试问该公司2018年年度财务报告中应当资本化的借款费用是多少？

【答案】在2018年年度财务报告中，只有当年应计利息3 000万元(50 000×6%)，确认为当年的借款费用2 400元(60 000 × 4%)和当年的摊销溢价600万元［两项相减(折价相加)合计为600万元］，未摊销的溢价则不能作为借款费用，仍应作为应付债券的附加项目进行核算和反映。

科学、合理地定义借款费用这一概念在新准则中起着十分重要的作用，它有利于明确区分借款费用和非借款费用的界限，从而为借款费用的合理确认、计量和报告奠定了基础，便于向会计信息使用者提供可比、有用的会计信息。

(二) 借款费用的确认原则

企业发生的借款费用，可直接归属于符合资本化条件的资产的购建或者生产的，应当予以资本化，计入符合资本化条件的资产成本。其他借款费用，应当在发生时根据其发生额确认为财务费用，计入当期损益。

符合资本化条件的资产，是指需要经过相当长时间的购建或者生产活动才能达到预定可使用或者可销售状态的固定资产、投资性房地产和存货等。

符合借款费用资本化条件的存货，主要包括房地产开发企业开发的用于对外出售的房地产开发产品、企业制造的用于对外出售的大型机器设备等。这类存货通常需要经过相当长时间的购建或者生产过程，才能达到预定可销售状态。其中，“相当长时间”是指为资产的购建或者生产所必需的时间，通常为1年以上(含1年)。企业购入即可使用的资产，或者购入后需要安装但所需安装时间较短的资产，或者需要建造或者生产但所需建造或者生产时间较短的资产，均不属于符合资本化条件的。

例10-21 光明公司于2018年1月1日起，用银行借款开工建设一幢简易厂房，厂房于当年2月15日完工，达到预定可使用状态。请你分析该项相关借款费用是否符合资本化条件？

【答案】在本例中，尽管公司借款用于固定资产的建造，但是由于该固定资产建造时间较短，不属于需要经过相当长时间的购建才能达到预定可使用状态的资产，因此，所发生的相关借款费用不应予以资本化计入在建工程成本，而应当根据发生额计入当期财务费用。

例10-22　光明公司向银行借入资金分别用于生产A产品和B产品，其中，A产品的生产时间较短，为1个月；B产品属于大型发电设备，生产时间较长，为1年零3个月。请问，该项费用能否资本化？

【答案】本例中，由于A产品的生产时间较短，不属于需要经过相当长时间的生产才能达到预定可使用状态的资产，因此，为A产品的生产而借入资金所发生的借款费用不应计入A产品的生产成本，而应当计入当期财务费用。而B产品的生产时间比较长，属于需要经过相当长时间的生产才能达到预定可销售状态的资产，因此，为B产品的生产而借入资金所发生的借款费用符合资本化的条件，应计入B产品的成本中。

(三) 借款费用应予资本化的借款范围

借款费用应予资本化的借款范围既包括专门借款，也可包括一般借款。其中，对于一般借款，只有在购建或者生产符合资本化条件的资产占用了一般借款时，才应将与该部分一般借款相关的借款费用资本化；否则，所发生的借款费用应当计入当期损益。

专门借款是指为购建或者生产符合资本化条件的资产而专门借入的款项。专门借款应当有明确的专门用途，即为购建或者生产某项符合资本化条件的资产而专门借入的款项，通常应当有标明专门用途的借款合同。

一般借款是指除专门借款之外的借款，一般借款在借入时，通常没有特指必须用于符合资本化条件的资产的购建或者生产。

(四) 资本化期间的确定

借款费用资本化期间是指从借款费用开始资本化时点到停止资本化时点的期间，但借款费用暂停资本化的期间不包括在内。只有发生在资本化期间内的借款费用，才允许资本化，它是借款费用确认和计量的重要前提。

借款费用的确认流程如图10-1所示。

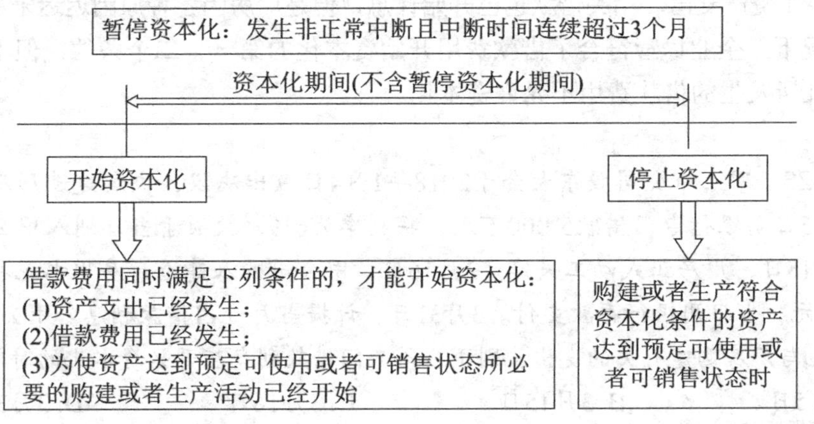

图10-1　借款费用确认的流程

1. 借款费用开始资本化时点的确定

借款费用同时满足下列三个条件的，才能开始资本化。

第一个条件：资产支出已经发生。

资产支出包括为购建或者生产符合资本化条件的资产而以支付现金、转移非现金资产或者承担带息债务形式发生的支出。

支付现金是指用货币资金支付符合资本化条件的资产的购建或者生产。

转移非现金资产是指企业将自己的非现金资产直接用于符合资本化条件的资产的购建或者生产。

承担带息债务是指企业为了购建或者生产符合资本化条件的资产所需用物资等而承担的带息应付款项(如带息应付票据)。

第二个条件：借款费用已经发生。

第三个条件：为使资产达到预定可使用或者可销售状态所必要的购建或者生产活动已经开始。

企业只有在上述三个条件同时满足的情况下，有关借款费用才可开始资本化，只要其中有一个条件没有满足，借款费用就不能开始资本化。

例如，某企业专门借入款项建造某符合资本化条件的固定资产，相关借款费用已经发生，同时固定资产的实体建造工作也已开始，但为固定资产建造所需物资等都是赊购或者客户垫付的(且所形成的负债均为不带息负债)，发生的相关薪酬等费用也尚未形成现金流出。在这种情况下，固定资产建造本身并没有占用借款资金，没有发生资产支出，该事项只满足借款费用开始资本化的第二、三个条件，但是没有满足第一个条件，所以，所发生的借款费用不应予以资本化。

再如，某企业为了建造一项符合资本化条件的固定资产，使用自有资金购置了工程物资，该固定资产也已经开始动工兴建，但专门借款资金尚未到位，也没有占用一般借款资金。在这种情况下，企业尽管满足了借款费用开始资本化的第一、三个条件，但是不符合第二个条件，因此不允许开始借款费用的资本化。

又如，某企业为了建造某一项符合资本化条件的厂房已经使用银行存款购置了水泥、钢材等，发生了资产支出，相关借款也已开始计息，但是厂房因各种原因迟迟未能开工兴建。在这种情况下，企业尽管符合了借款费用开始资本化的第一、二个条件，但不符合第三个条件，因此所发生的借款费用不允许资本化。

例10-23 甲上市公司股东大会于2018年1月4日做出决议，决定建造厂房。为此，甲公司于3月5日向银行专门借款5 000万元，年利率为6%，款项于当日划入甲公司银行存款账户。3月15日，厂房正式动工兴建。3月16日，甲公司购入建造厂房用水泥和钢材一批，价款500万元，当日用银行存款支付。3月31日，计提当月专门借款利息。甲公司在3月份没有发生其他与厂房购建有关的支出，则甲公司专门借款利息应开始资本化的时间为(　　)。

A. 3月5日　　B. 3月15日　　C. 3月16日　　D. 3月31日

【解析】到3月16日，专门借款利息开始资本化的三个条件都已具备，应该选择C。

2. 借款费用暂停资本化时间的确定

符合资本化条件的资产在购建或者生产过程中发生非正常中断且中断时间连续超过3个月的，应当暂停借款费用的资本化。在中断期间所发生的借款费用，应当计入当期损益，直至购建或者生产活动重新开始。但是，如果中断是使所购建或者生产的符合资本化条件的资产达到预定可使用或者可销售状态必要的程序，所发生的借款费用应当继续资本化。

3. 借款费用停止资本化时点的确定

购建或者生产符合资本化条件的资产达到预定可使用或者可销售状态时，借款费用应当停止资本化。在符合资本化条件的资产达到预定可使用或者可销售状态之后所发生的借款费用，应当在发生时根据其发生额确认为费用，计入当期损益。

购建或者生产符合资本化条件的资产达到预定可使用或者可销售状态，可从下列几个方面进行判断：①符合资本化条件的资产的实体建造(包括安装)或者生产工作已经全部完成或者实质上已经完成。②所购建或者生产的符合资本化条件的资产与设计要求、合同规定或者生产要求相符或者基本相符，即使有极个别与设计、合同或者生产要求不相符的地方，也不影响其正常使用或者销售。③继续发生在所购建或生产的符合资本化条件的资产上的支出金额很少或者几乎不再发生。

构建或者生产符合资本化条件的资产需要试生产或者试运行的，在试生产结果表明资产能够正常生产出合格产品，或者试运行结果表明资产能够正常运转或者营业时，应当认为该资产已经达到了预定可使用或者可销售状态。

例10-24　ABC公司借入一笔款项，于2018年2月1日采用出包方式开工兴建一幢厂房。2019年10月10日工程全部完工，达到合同要求。10月30日工程验收合格，11月15日办理工程竣工结算，11月20日完成全部资产移交手续，12月1日厂房正式投入使用。则该公司借款费用停止资本化的时点为(　　)。

【解析】在本例中，企业应当将2019年10月10日确定为工程达到预定可使用状态的时点，作为借款费用停止资本化的时点。后续的工程验收日、竣工结算日、资产移交日和投入使用日均不应作为借款费用停止资本化的时点，否则会导致资产价值和利润的高估。

例10-25　2017年2月1日，甲公司采用自营方式扩建厂房时借入两年期专门借款500万元。2017年11月12日，厂房扩建工程达到预定可使用状态；2017年11月28日，厂房扩建工程验收合格；2017年12月1日，办理工程竣工结算；2017年12月12日，扩建后的厂房投入使用。假定不考虑其他因素，甲公司借入专门借款利息费用停止资本化的时点是(　　)。

A. 2017年11月12日　　B. 2017年11月28日

C. 2017年12月1日　　D. 2017年12月12日

【解析】购建或者生产符合资本化条件的资产达到预定可使用或可销售状态时，借款费用应当停止资本化，应该选择A。

如果所购建或者符合资本化条件的资产的各部分分别完工，且每部分在其他部分继续建造或者生产过程中可供使用或者可对外销售，且为使该部分资产达到预定可使用或可销售状态所必要的购建或者生产活动实质上已经完成的，应当停止与该部分资产相关的借款费用的资本化，因为该部分资产已经达到了预定可使用或者可销售状态。

如果企业购建或者生产的资产的各部分分别完工，但必须等到整体完工后才可使用或者对外销售的，应当在该资产整体完工时停止借款费用的资本化。例如，某企业在建设某一涉及数项工程的钢铁冶炼项目时，每个单项工程都是根据各道冶炼工序设计建造的，因此只有在每项工程都建造完毕后，整个冶炼项目才能正式运转，达到生产和设计要求，所以每一个单项工程完工后不应认为资产已经达到了预定可使用状态，企业只有等到整个冶炼项目全部完工，达到预定可使用状态时，才停止借款费用的资本化。

例10-26·多选 下列关于专门借款费用资本化的暂停或停止的表述中，正确的有(　　)。

A. 购建固定资产过程中发生非正常中断，并且非连续中断时间累计达3个月，应当暂停借款费用资本化

B. 购建固定资产过程中发生正常中断，并且中断时间连续超过3个月，应当停止借款费用资本化

C. 在购建固定资产过程中，某部分固定资产已达到预定可使用状态，且该部分固定资产可供独立使用，则应停止该部分固定资产的借款费用资本化

D. 在购建固定资产过程中，某部分固定资产虽已达到预定可使用状态，但必须待整体完工后方可使用，则需待整体完工后停止借款费用资本化

【解析】符合资本化条件的资产在购建或者生产过程中发生非正常中断，并且中断时间连续超过3 个月的，应当暂停借款费用的资本化，选项A、B不正确；购建或者生产的符合资本化条件的资产的各部分分别完工，且每部分在其他部分继续建造过程中可供使用或者可对外销售，且为使该部分资产达到预定可使用或可销售状态所必要的购建或者生产活动实质上已经完成的，应当停止与该部分资产相关的借款费用的资本化，选项C正确；购建或者生产的资产的各部分分别完工，但必须等到整体完工后才可使用或者可对外销售的，应当在该资产整体完工时停止借款费用的资本化，选项D正确。

例10-27·多选 下列有关借款费用资本化的表述中，正确的有(　　)。

A. 所建造固定资产的支出基本不再发生，应停止借款费用资本化

B. 固定资产建造中发生正常中断且连续超过3个月的，应暂停借款费用资本化

C. 固定资产建造中发生非正常中断且连续超过1个月的，应暂停借款费用资本化

D. 所建造固定资产基本达到设计要求，不影响正常使用，应停止借款费用资本化

【解析】符合资本化条件的资产在购建或者生产过程中发生非正常中断且中断时间连续超过3 个月的，应当暂停借款费用的资本化，应该选择AD。

二、借款费用的计量

(一) 借款利息资本化金额的确定

在借款费用资本化期间内，每一会计期间的利息(包括折价或溢价的摊销)资本化金额，应当按照下列几种情况表确定。

1. 专门借款利息资本化金额的确定

为购建或者生产符合资本化条件的资产而借入专门借款的，企业应当以专门借款当期实际发生的利息费用减去尚未动用的借款资金存入银行取得的利息收入或进行暂时性投资取得的投资收益后的金额确定。专门借款利息资本化金额不与资产支出挂钩，但是需要符合资本化要求的期间。

例10-28 • 判断　在借款费用资本化期间内，建造资产的累计支出金额未超过专门借款金额的，发生的专门借款利息扣除该期间与专门借款相关的收益后的金额，应当计入所建造资产成本。（　）

【解析】对于专门借款而言应是在资本化期间内按照专门借款的利息费用扣除闲置资金进行投资所获得的收益来确认资本化金额，而不和资产支出挂钩。该说法是正确的。

例10-29　A公司为建造厂房于2019年4月1日从银行借入2 000万元专门借款，借款期限为2年，年利率为6%，不考虑借款手续费。该项专门借款在银行的存款年利率为3%，2019年7月1日，A公司采取出包方式委托B公司为其建造该厂房，并预付了1 000万元工程款，厂房实体建造工作于当日开始。该工程因发生施工安全事故于2019年8月1日至11月30日中断施工，12月1日恢复正常施工，至年末工程尚未完工。该项厂房建造工程在2019年度应予资本化的利息金额为(　　)万元。

A. 20　　B. 45　　C. 60　　D.15

【解析】由于工程于2019年8月1日至11月30日发生停工，这样能够资本化的期间为2个月。2019年度应予资本化的利息金额=2 000×6%×2/12−1000×3%×2/12=15(万元)，应该选择D。

例10-30　甲公司2019年1月1日发行面值总额为10 000万元的债券，取得的款项专门用于建造厂房。该债券为分期付息、到期还本债券，期限为4年，票面年利率为10%，每年12月31日支付当年利息。该债券年实际利率为8%。债券发行价格总额为10 662.10万元，款项已存入银行。厂房于2019年1月1日开工建造，2019年度累计发生建造工程支出4 600万元。经批准，当年甲公司将尚未使用的债券资金投资于国债，取得投资收益760万元。2019年12月31日工程尚未完工，该在建工程的账面余额为(　　)万元。

A. 4 692.97　　B. 4 906.21

C. 5 452.97　　D. 5 600

【解析】在资本化期间，专门借款发生的利息，扣除没有动用的专门借款取得的收益应当资本化。该在建工程的账面余额=4 600+(10 662.10×8%−760)=4 692.97(万元)，应该选择A。

2. 一般借款利息资本化金额的确定

为购建或者生产符合资本化条件的资产而占用了一般借款的，企业应当根据累计资产支出超过专门借款部分的资产支出加权平均数乘以所占用一般借款的资本化率，计算确定一般借款应予资本化的利息金额。资本化率应当根据一般借款加权平均利率计算确定。有关计算公式如下

① 一般借款利息费用资本化金额=累计资产支出超过专门借款部分的资产支出加权平均数×所占用一般借款的资本化率

② 所占用一般借款的资本化率=所占用一般借款加权平均利率=所占用一般借款当期实际发生的利息之和÷所占用一般借款本金加权平均数

③ 所占用一般借款本金加权平均数=Σ(所占用每笔一般借款本金×每笔一般借款在当期所占用的天数÷当期天数)

例10-31 2017年1月1日，甲公司取得专门借款2 000万元直接用于当日开工建造的厂房，2017年累计发生建造支出1 800万元。2018年1月1日，该企业又取得一般借款500万元，年利率为6%，当天发生建造支出300万元，以借入款项支付(甲企业无其他一般借款)。不考虑其他因素，甲企业按季计算利息费用资本化金额。2017年第一季度该企业应予资本化的一般借款利息费用为(　　)万元。

A. 1.5　　B. 3

C. 4.5　　D. 7.5

【解析】2018年1月1日发生的资产支出300万元只占用一般借款100万元，2018年第一季度该企业应予资本化的一般借款利息费用=100×6%×3/12=1.5(万元)。

例10-32 某企业于2018年1月1日用专门借款开工建造一项固定资产，2019年12月31日该固定资产全部完工并投入使用，该企业为建造该固定资产于2017年12月1日专门借入一笔款项，本金为1 000万元，年利率为9%，两年期。该企业另借入两笔一般借款：第一笔为2018年1月1日借入的800万元，借款年利率为8%，期限为2年；第二笔为2018年7月1日借入的500万元，借款年利率为6%，期限为3年；该企业2018年为购建固定资产而占用了一般借款所使用的资本化率为(　　)。(计算结果保留小数点后两位小数)

A. 7.00%　　B. 7.52%

C. 6.80%　　D. 6.89%

【解析】资本化率=(800×8%+500×6%×6/12)÷(800×12/12+500×6/12)×100%=7.52%。

3. 借款存在折价或者溢价摊销的利息资本化金额的确定

借款存在折价或者溢价的，企业应当按照实际利率法确定每一会计期间应摊销的折价

或者溢价金额，调整每期利息金额。在资本化期间，每一会计期间的利息资本化金额不应当超过当期相关借款实际发生的利息金额。

例10-33 ABC公司于2018年1月1日正式动工兴建一幢厂房，工期预计为1年零6个月，工程采用出包方式，分别于2018年1月1日、2018年7月1日和2019年1月1日支付工程进度款。

ABC公司为建造厂房于2018年1月1日专门借款30 000 000元，借款期限为3年，年利率为5%。另外在2018年7月1日又专门借款60 000 000元，借款期限为5年，年利率为6%。借款利息按年支付。(如无特别说明，本章例题中名义利率与实际利率相同)

ABC公司将闲置借款资金用于固定收益债券短期投资，该短期投资月收益率为0.5%。

厂房于2019年6月30日完工，达到预定可使用状态。

ABC公司为建造该厂房的支出金额如表10-4所示。

表10-4 ABC公司建造厂房的支出金额表 单位：元

日 期	每期资产支出金额	累计资产支出金额	闲置借款资金用于短期投资金额
2018年1月1日	15 000 000	15 000 000	15 000 000
2018年7月1日	35 000 000	50 000 000	40 000 000
2019年1月1日	35 000 000	85 000 000	5 000 000
总 计	85 000 000	—	60 000 000

要求：确定资本化期间，并对资本化期间发生的利息进行账务处理。

【答案】由于ABC公司使用了专门借款建造厂房，而且厂房建造支出没有超过专门借款金额，因此公司2018年、2019年为建造厂房应予资本化的利息金额计算如下：

(1) 确定借款费用资本化期间为2018年1月1日至2019年6月30日。

(2) ①计算在资本化期间内专门借款实际发生的利息金额

2018年专门借款发生的利息金额=30 000 000×5%+60 000 000×6%×6/12=3 300 000(元)

2018年1月1日—6月30日

专门借款发生的利息金额=30 000 000×5%×6/12+60 000 000×6%×6/12=2 550 000(元)

② 计算在资本化期间内利用闲置的专门借款资金进行短期投资的收益

2018年短期投资收益=15 000 000×0.5%×6+40 000 000×0.5%×6=1 650 000(元)

2019年1月1日—6月30日短期投资收益=5 000 000×0.5%×6=150 000(元)

③ 由于在资本化期间内，专门借款利息费用的资本化金额应当以其实际发生的利息费用减去将闲置的借款资金进行短期投资取得的投资收益后的金额确定，因此

公司2018年的利息资本化金额=3 300 000−1 650 000=1 650 000(元)

公司2019年的利息资本化金额=2 550 000−150 000=2 400 000(元)

④ 有关账务处理如下

2018年12月31日

借：在建工程——××厂房　　1 650 000

　　应收利息(或银行存款)　　1 650 000

贷：应付利息——××银行 3 300 000

2019年6月30日

借：在建工程 ——××厂房 2 400 000

应收利息(或银行存款) 150 000

贷：应付利息——××银行 2 550 000

例10-34 承例10-33，假定ABC公司建造厂房没有专门借款，占用的都是一般借款。

ABC公司为建造厂房占用的一般借款有两笔，具体如下：

(1) 向A银行长期贷款20 000 000元，期限为2017年12月1日至2024年12月1日，年利率为6%，按年支付利息。

(2) 发行公司债券1亿元，于2017年1月1日发行，期限为5年，年利率为8%，按年支付利息。

假定这两笔一般借款除了用于厂房建设外，没有用于其他符合资本化条件的资产的购建或者生产活动。假定全年按360天计算，其他资料沿用例10-33。

要求：计算当期应予资本化的借款利息并进行账务处理。

【解析】鉴于ABC公司建造厂房没有占用专门借款，而占用了一般借款，因此，公司应当首先计算所占用一般借款的加权平均利率作为资本化率，然后计算建造厂房的累计资产支出加权平均数，将其与资本化率相乘，计算求得当期应予资本化的借款利息金额。

【答案】(1) 计算所占用一般借款资本化率

一般借款资本化率(年)=(20 000 000×6%+100 000 000×8%)÷(20 000 000+100 000 000)×100%=7.67%

(2) 计算累计资产支出加权平均数

2018年累计资产支出加权平均数=15 000 000×360÷360+3 5 000 000×180÷360=32 500 000(元)

2019年累计资产支出加权平均数=85 000 000×180÷360=42 500 000(元)

(3) 计算每期利息资本化金额

2018年为建造厂房的利息资本化金额=32 500 000×7.67%=2 492 750(元)

2018年实际发生的一般借款利息费用=20 000 000×6%+100 000 000×8%=9 200 000(元)

2019年为建造厂房的利息资本化金额=42 500 000×7.67%=3 259 750(元)

2019年1月1日—6月30日，实际发生的一般借款利息费用=20 000 000×6%×180÷360+100 000 000×8%×180÷360=4 600 000(元)

(4) 根据上述计算结果，账务处理如下

①2018年12月31日

借：在建工程——厂房 2 492 750

财务费用 6 707 250

贷：应付利息——××银行 9 200 000

②2019年6月30日

借：在建工程——厂房 3 259 750

财务费用　　　　　　　　　　　　　　　　　　　1 340 250

贷：应付利息——××银行　　　　　　　　　　　　　　4 600 000

例10-35 甲公司拟在厂区内建造一幢新厂房，有关资料如下：

(1) 2018年1月1日向银行专门借款60 000 000元，期限为3年，年利率为6%，每年1月1日付息。

(2) 除专门借款外，公司只有一笔其他借款，为公司于2017年12月1日借入的长期借款72 000 000元，期限为5年，年利率为8%，每年12月1日付息，假设甲企业在2018年和2019年底均未支付当年利息。

(3) 由于审批、办手续等原因，厂房于2018年4月1日才开始动工兴建，当日支付工程款24 000 000元。工程建设期间的支出情况如表10-5所示。

表10-5 工程建设期间的支出情况表　　　　单位：元

日期	每期资产支出金额	累计资产支出金额	闲置借款资金用于短期投资金额
2018年4月1日	24 000 000	24 000 000	36 000 000
2018年6月1日	12 000 000	36 000 000	24 000 000
2018年7月1日	36 000 000	72 000 000	占用一般借款
2019年1月1日	12 000 000	84 000 000	
2019年4月1日	6 000 000	90 000 000	
2019年7月1日	6 000 000	96 000 000	
总 计	96 000 000		

工程于2019年9月30日完工，达到预定可使用状态。其中，由于施工质量问题，工程于2018年9月1日至12月31日停工4个月。

(4) 专门借款中未支出部分全部存入银行，假定月利率为0.25%。假定全年按照360天计算，每月按照30天计算。

要求：根据上述资料，有关利息资本化金额的计算和账务处理。

【答案】根据上述资料，有关利息资本化金额的计算和账务处理如下：

(1) 计算2018年、2010年全年发生的专门借款和一般借款利息费用

2018年专门借款发生的利息金额=60 000 000×6%=3 600 000(元)

2018年一般借款发生的利息金额=72 000 000×8%=5 760 000(元)

2019年专门借款发生的利息金额=60 000 000×6%=3 600 000(元)

2019年一般借款发生的利息金额=72 000 000×8%=5 760 000(元)

(2) 在本例中，尽管专门借款于2018年1月1日借入，但是厂房建设于4月1日方才开工。因此，借款利息费用只有在4月1日起才符合开始资本化的条件，计入在建工程成本。同时，由于厂房建设在2018年9月1日至12月31日期间发生非正常中断4个月，该期间发生的利息费用应当暂停资本化，计入当期损益。

(3) 计算2018年借款利息资本化金额和应计入当期损益金额及其账务处理

① 计算2018年专门借款应予资本化的利息金额

2018年1月—3月和9月—12月专门借款发生的利息费用=60 000 000×6%×210÷360=2 100 000(元)

2018年专门借款转存入银行取得的利息收入=60 000 000×0.25%×3+36 000 000×0.25%×2+24 000 000×0.25%×1=690 000(元)

其中，专门借款在资本化期间内取得的利息收入=36 000 000×0.25%×2+24 000 000×0.25%×1=240 000(元)

公司在2018年应予资本化的专门借款利息金额=3 600 000−2 100 000−240 000=1 260 000(元)

公司在2018年应当计入当期损益(财务费用)的专门借款利息金额(减利息收入)=3 600 000−1 260 000−690 000=1 650 000(元)

2018年专门借款利息资本化金额=6 000×6%×5/12−(3 600×0.25%×2+2 400×0.25%×1)=126(万元)

2018年专门借款利息费用化金额=6 000×6%×7/12−6 000×0.25%×3=165(万元)

② 计算2018年一般借款应予资本化的利息金额

公司在2018年占用了一般借款资金的资产支出加权平均数=(24 000 000+12 000 000+36 000 000−60 000 000)×60÷360=2 000 000(元)

公司在2018年一般借款应予资本化的利息金额=2 000 000×8%=160 000(元)

公司在2018年应当计入当期损益的一般借款利息金额=5 760 000−160 000=5 600 000(元)

③ 计算2018年应予资本化和应计入当期损益的利息金额

公司在2018年应予资本化的借款利息金额=1 260 000+160 000=1 420 000(元)

公司在2018年应当计入当期损益的借款利息金额=1 650 000+5 600 000=7 250 000(元)

④ 2018年有关会计分录

借：在建工程——××厂房　　1 420 000
　　财务费用　　7 250 000
　　应收利息或银行存款　　690 000
　　贷：应付利息——××银行　　9 360 000

(4) 计算2019年借款利息资本化金额和应计入当期损益金额及其账务处理

① 计算2019年专门借款应予资本化的利息金额

公司在2019年应予资本化的专门借款利息金额=60 000 000×6%×270÷360=2 700 000(元)

公司在2019年应当计入当期损益的专门借款利息金额=3 600 000−2 700 000=900 000(元)

② 计算2019年一般借款应予资本化的利息金额

公司在2019年占用了一般借款资金的资产支出加权平均数=24 000 000×270÷360+6 000 000×180÷360+6 000 000×90÷360=22 500 000(元)

公司在2019年一般借款应予资本化的利息金额=22 500 000×8%=1 800 000(元)

公司在2019年应当计入当期损益的一般借款利息金额=5 760 000−1 800 000=3 960 000(元)

③ 计算2019年应予资本化和应计入当期损益的利息金额

公司在2019年应予资本化的借款利息金额=2 700 000+1 800 000=4 500 000(元)

公司在2019年应当计入当期损益的借款利息金额=900 000+3 960 000=4 860 000(元)

④ 2019年有关会计分录

借：在建工程——××厂房　　4 500 000

　　财务费用　　4 860 000

　　贷：应付利息——××银行　　9 360 000

例10-36　甲股份有限公司为上市公司(以下简称甲公司)，为了扩大生产规模，经研究决定，采用出包方式建造生产厂房一栋。2018年7月至12月发生的有关借款及工程支出业务资料如下：

(1) 7月1日，为建造生产厂房从银行借入3年期的专门借款3 000万元，年利率为7.2%，于每季度末支付借款利息。当日，该工程已开工。

(2) 7月1日，以银行存款支付工程款1 900万元。暂时闲置的专门借款在银行的存款年利率为1.2%，于每季度末收取存款利息。

(3) 10月1日，借入半年期的一般借款300万元，年利率为4.8%，利息于每季度末支付。

(4) 10月1日，甲公司与施工单位发生纠纷，工程暂时停工。

(5) 11月1日，甲公司与施工单位达成谅解协议，工程恢复施工，以银行存款支付工程款1250万元。

(6) 12月1日，借入1年期的一般借款600万元，年利率为6%，利息于每季度末支付。

(7) 12月1日，以银行存款支付工程款1 100万元。

假定工程支出超过专门借款时占用一般借款；仍不足的，占用自有资金。

要求：(1) 计算甲公司2018年第三季度专门借款利息支出、暂时闲置专门借款的存款利息收入和专门借款利息支出资本化金额。

(2) 计算甲公司2018年第四季度专门借款利息支出、暂时闲置专门借款的存款利息收入和专门借款利息支出资本化金额。

(3) 计算甲公司2018年第四季度一般借款利息支出，占用一般借款工程支出的累计支出加权平均数、一般借款平均资本化率和一般借款利息支出资本化金额。

(一般借款平均资本化率的计算结果在百分号前保留两位小数，答案中的金额单位用万元来表示)

【答案】(1) 专门借款利息支出=3 000×7.2%×3/12=54(万元)

暂时闲置专门借款的存款利息收入=1 100×1.2%×3/12=3.3(万元)

专门借款利息支出资本化金额=54−3.3=50.7(万元)

(2) 专门借款利息支出=3 000×7.2%×3/12=54(万元)

暂时闲置专门借款的存款利息收入=1 100×1.2%×1/12=1.1(万元)

专门借款利息支出资本化金额=54−1.1=52.9(万元)

(3) 第四季度一般借款利息支出=300×4.8%×3/12+600×6%×1/12=6.6(万元)

占用一般借款工程支出的累计支出加权平均数=150×2/3+750×1/3=350(万元)

一般借款平均资本化率=(300×4.8%×3/12+600×6%×1/12)/(300×3/3+600×1/3)=1.32%

一般借款利息支出资本化金额=350×1.32%=4.62(万元)

在实务操作中，需要注意的是，对未使用专项借款利息收入及进行暂时性投资取得的投资收益资金的确认，需要企业对专门借款专户存储，否则无法确认其资金来源和相关利率。

例10-37 光明公司于2018年1月1日动工兴建一座办公楼，工程采用出包方式，每半年支付一次进度款，于2019年6月30日完工达到预定可使用状态，所发生的资产支出具体为：2018年1月1日支出1 500万元，2018年7月1日支出 2 500万元，2019年1月1向支出1 500万元。甲公司为建造此项办公楼于2018年1月1日专门借入款项2 000万元，期限为3年期，年利率为8%，除此外无其他专门借款，另外还占用了两笔一般借款：

(1) 从银行长期贷款2 000万元，期限为2017年12月1日至2020年12月1日，年利率为6%，按年支付利息；

(2) 发行公司债券 1亿元，发行日为2017年1月1日，期限为 5年，年利率为 8%，按年支付利息。

企业将闲置的专门借款资金用于固定收益的短期债券投资，假定短期投资月收益率为0.5%，假定全年按照360天计算。

要求：计算应予以资本化的借款费用金额并做出相关账务处理。

【解析】本题中既涉及专门借款又涉及占用了一般借款，所以应予以资本化的借款费用金额既包括专门借款利息费用应予以资本化的金额，也包括一般借款利息费用应予以资本化的借款费用金额。

【答案】(1) 计算专门借款利息费用资本化金额

2018年度专门借款利息费用应予以资本化的金额=2 000×8%-500×0.5%×6 = 145(万元)，其中500×0.5%×6计算的是2017年度专门借款中闲置资金用于短期投资所取得的投资收益。

2019年度专门借款利息费用应予以资本化的金额=2 000×8%×180/360=80(万元)

(2) 计算所占用的一般借款利息费用资本化金额

一般借款资本化年利率=(2 000×6%+10 000×8%)/(2 000+10 000)×100%=7.67%

2018年年底累计支出为4 000万元，超出专门借款2 000万元，所以，2018年占用了一般借款资金的资产支出加权平均数=2 000×180/360=1 000(万元)

2018年一般借款利息资本化金额=1000×7.67%=76.70(万元)

2019年占用了一般借款资金的资产支出加权平均数=(2 000+1 500)×180/360=1 750(万元)

2019年一般借款利息资本化金额=1 750×7.67%=134.23(万元)

所以，2018年度应予以资本化的利息费用总额=145+76.7=221.70(万元)，2019年度应予以资本化的利息费用总额=80+134.23=214.23(万元)

(3) 相应的账务处理

2018年度

借：在建工程 221.70

　　贷：应付利息 221.70

2019年度

借：在建工程 214.23

贷：应付利息　　214.23

需要注意的是，计算资本化利率时，如果计算的是年利率，那么资本化利率的计算公式为年度利息金额除以年度内各项一般借款本金的加权平均数；如果计算的是季度利率，资本化利率为季度利息金额除以季度内各项一般借款本金的加权平均数；如果计算的是半年利率，那么资本化利率为半年利息金额除以半年内一般借款本金的加权平均数。例如，1月1日占用了一笔一般借款，本金1 000万元，年利率为6%，年度资本化利率=1 000×6%(一年的利息)÷1 000 ×12/12 ×100%=6%；季度资本化利率=1 000×6%×3/12(一季度利息)÷1 000×3/3×100%=1.5%，半年利率=1 000×6%×6/12(半年的利息)÷1 000×6/6×100%=3%。多笔一般借款的计算原理同一笔一般借款的借款利率的计算原理。

一般来说，如果计算的是年度资本化金额，会计期间涵盖的天数为360天，资本化利率为年利率。如果计算的是季度资本化金额，会计期间涵盖的天数为90天，资本化利率为季度利率。季度利率为年利率除以4。

例10-38　光明公司2018年1月1日开始建造一项固定资产，所占用的一般借款有两项(为简化，假定这里的支出均为超过专门借款的支出，不再单独考虑专门借款的情况)：

(1) 2018年1月1日借入的3年期借款200万元，年利率为6%；

(2) 2018年4月1日发行的 3年期债券300万元，票面年利率为 5%，实际利率为 6%，债券发行价格为285万元，折价15万元(不考虑发行债券时发生的辅助费用)。

有关资产支出如下：1月1日支出100万元；2月1日支出50元；3月1日支出50万元；4月1日支出200元；5月1日支出 60万元。

假定资产建造从1月1日开始，工程项目于2018年6月30日达到预定可使用状态。债券溢折价采用实际利率法摊销。

要求：(1) 分别计算2018年第一季度和第二季度适用的资本化率。

(2) 分别计算2018年第一季度和第二季度应予资本化的利息金额并进行相应的账务处理。

【答案】(1) 计算2018年第一季度和第二季度适用的资本化率

由于第一季度只占用了一笔一般借款，资本化率即为该借款的利率，即1.5%。

由于第二季度占用了两笔一般借款，适用的资本化率为两项一般借款的加权平均利率。

加权平均利率：

加权平均利率=(一般借款当期实际发生的利息之和+当期应摊销的折价)÷一般借款本金加权平均数=[200×6%×3/12+300×5%×3/12+(285×6%×3/12−300×5%×3/12)]÷(200×3/3+285×3/3)×100%=1.5%

(2) 计算2018年第一季度和第二季度一般借款应予资本化的利息金额及编制相应会计分录

① 第一季度超过专门借款的一般借款累计支出加权平均数=100×3/3+50×2/3+50×1/3=150(万元)

第一季度应予资本化的利息金额=150×1.5%=2.25(万元)

第一季度一般借款实际发生的利息金额=200 × 6%×3/12=3(万元)

账务处理为：

借：在建工程——借款费用　2.25

财务费用　0.75

贷：应付利息　3

② 第二季度超过专门借款的一般借款的累计支出加权平均数=(100+50+50+200)×3/3+60×2/3=440(万元)，则第二季度应予资本化的利息金额=440×1.5%=6.6(万元)

第二季度一般借款实际发生的利息和折价摊销金额=200×6%×3/12+300 ×5%×3/12+(285 × 6%×3/12−300×5%× 3/12)=7.275(万元)

账务处理为：

借：在建工程——借款费用　6.6

财务费用　0.675

贷：应付利息　3

应付债券——应计利息(300 × 5%×3/12)　3.75

应付债券——利息调整　0.525

(二) 借款辅助费用资本化金额的确定

辅助费用是企业为了安排借款而发生的必要费用，包括借款手续费(如发行债券手续费)、佣金等。

按《企业会计准则第22号——金融工具确认和计量》执行，将辅助费用计入负债的初始确认金额。

例10-39 • 判断　企业购建符合资本化条件的资产而取得专门借款支付的辅助费用，应在支付当期全部予以资本化。（　）

【解析】 专门借款发生的辅助费用，在所购建或者生产的符合资本化条件的资产达到预定可使用或者可销售状态之前发生的，应在发生时根据其发生额予以资本化。所以本题说法是错误的。

(三) 因外币借款而发生的汇兑差额资本化金额的确定

在资本化期间内，外币专门借款本金及利息的汇兑差额，应当予以资本化，计入符合资本化条件的资产成本。

例10-40　甲公司产品已经打入美国市场，为节约生产成本，决定在当地建造生产工厂设立分公司，2018年1月1日，为该工程项目专门向当地银行借入美金10 000 000元，年利率为8%，期限为3年，假定不考虑与借款有关的辅助费用。

合同约定，甲公司于每年1月1日支付借款利息，到期偿还借款本金。

工程于2018年1月1日开始实体建造，2019年6月30日完工，达到预定可使用状态。期间发生的资产支出如下：2018年1月1日，支出2 000 000美元；2018年7月1日，支出5 000 000美元；2019年1月1日，支出3 000 000美元。

公司的记账本位币为人民币，外币业务采用外币业务发生时当日即期汇率即市场汇率折算。相关汇率如下：2018年1月1日，市场汇率为1美元=6.70人民币元；2018年12月31日，市场汇率为1美元=6.75人民币元；2019年1月1日，市场汇率为1美元=6.77人民币元；2019年6月30日，市场汇率为1美元=6.80人民币元。

要求：根据上述资料，作甲公司的相关会计处理。

【答案】本例中，甲公司计算该外币借款汇兑差额资本化金额如下：

(1) 计算2018年汇兑差额资本化金额

① 应付利息=10 000 000×8%×6.75=5 400 000(元)

账务处理为：

借：在建工程——××工程　　5 400 000

　　贷：应付利息——××银行　　5 400 000

② 外币借款本金及利息汇兑差额=10 000 000×(6.75−6.70)+800 000×(6.75−6.75)=500 000(元)

账务处理为：

借：在建工程——××工程　　500 000

　　贷：长期借款——××银行——汇兑差额　　500 000

(2) 2019年1月1日实际支付利息时，应当支付800 000美元，折算成人民币为5 416 000元。该金额与原账面金额之间的差额16 000元应当继续予以资本化，计入在建工程成本，账务处理为：

借：应付利息——××银行　　5 400 000

　　在建工程——××工程　　16 000

　　贷：银行存款　　5 416 000

(3) 计算2019年6月30日时的汇兑差额资本化金额

① 应付利息=10 000 000×8%×1/2×6.80=2 720 000(元)

账务处理为：

借：在建工程——××工程　　2 720 000

　　贷：应付利息——××银行　　2 720 000

② 外币借款本金及利息汇兑差额=10 000 000×(6.80−6.75)+400 000×(6.80−6.80)=500 000(元)

账务处理为：

借：在建工程——××工程　　500 000

　　贷：长期借款——××银行——汇兑差额　　500 000

三、借款费用的披露

会计准则要求企业在财务报告中披露以下借款费用信息。

(1) 当期资本化的借款费用金额。

(2) 当期用于确定借款费用资本化金额的资本化率。

第三节　长期借款

一、长期借款概述

长期借款是指企业向银行或其他金融机构借入的期限在1年以上(不含1年)的各种借款，一般用于固定资产的购建、改扩建工程、大修理工程、对外投资以及为了保持长期经营能力等方面。它是企业长期负债的重要组成部分，必须加强管理与核算。

由于长期借款的使用关系到企业的生产经营规模和效益，企业除了要遵守有关的贷款规定、编制借款计划并要有不同形式的担保外，还应监督借款的使用、按期支付长期借款的利息以及按规定的期限归还借款本金等。因此，长期借款会计处理的基本要求是反映和监督企业长期借款的借入、借款利息的结算和借款本息的归还情况，促使企业遵守信贷纪律、提高信用等级，同时也要确保长期借款发挥效益。

二、长期借款核算

企业应设置“长期借款”科目，核算从金融机构借入的长期借款的本金和利息。该科目可按照贷款单位和贷款种类设置明细账，分别以“本金”“利息调整” 等进行明细核算。该科目的贷方登记长期借款本息的增加额，借方登记本息的减少额，贷方余额表示企业尚未偿还的长期借款。长期借款的主要账务处理有以下3种。

1. 借入长期借款时

企业借入长期借款，应按实际收到的现金净额，借记“银行存款”科目，贷记“长期借款——本金”科目，按其差额，借记“长期借款——利息调整”科目。

2. 资产负债日计提利息时

在资产负债表日，企业应按长期借款的摊余成本和实际利率计算确定的利息费用，借记“在建工程”“财务费用”“制造费用”等科目，按借款本金和合同利率计算确定的应付未付利息，贷记“应付利息”科目，按其差额，贷记“长期借款——利息调整”科目。

长期借款计算确定的利息费用，应当按以下原则计入有关成本、费用：属于筹建期间的，计入管理费用；属于生产经营期间的，计入财务费用；如果长期借款用于购建固定资产的，在固定资产尚未达到预定可使用状态前，所发生的应当资本化的利息支出数，计入在建工程成本；固定资产达到预定可使用状态后发生的利息支出，以及按规定不予资本化的利息支出，计入财务费用。长期借款按合同利率计算确定的应付未付利息，记入“应付利息”科目，借记“在建工程”“制造费用”“财务费用”“研发支出”等科目，贷记“应付利息”科目。

实际利率与合同约定的名义利率差异很小的，也可以采用合同约定的名义利率计算确定利息费用。

3. 归还本金时

归还长期借款本金时，借记“长期借款——本金”科目，贷记“银行存款”科目。同时，按应转销的利息调整、应计利息金额，借记或贷记“在建工程”“制造费用”“财务费用”“研发支出”等科目，贷记或借记“长期借款——利息调整”“长期借款——应计利息”科目。

例10-41　光明公司于2018年11月30日从银行借入资金4 000 000元，借款期限为3年，年利率为8.4%(到期一次还本付息，不计复利)。所借款项已存入银行。光明公司用该借款于当日购买不需安装的设备一台，价款3 900 000元，另支付运杂费及保险等费用100 000元，设备已于当日投入使用。光明公司的有关会计处理应如何进行？

【答案】(1) 取得借款时

借：银行存款　　4 000 000

　　贷：长期借款——本金　　4 000 000

(2) 支付设备款和运杂费、保险费时

借：固定资产　　4 000 000

　　贷：银行存款　　4 000 000

(3) 2012年12月31日计提长期借款利息

借：财务费用　　28 000

　　贷：应付利息　　28 000

4 000 000×8.4%÷12=28 000(元)

2019年1月至2021年10月每月末计提利息分录同上。

(4) 2021年11月30日，光明公司归还本金时

借：财务费用　　28 000

　　长期借款——本金　　4 000 000

　　应付利息　　980 000

　　贷：银行存款　　5 008 000

例10-42　某企业为建造一幢厂房，于2019年1月1日借入期限为2年的长期专门借款1 500 000元，款项已存入银行。借款利率按市场利率确定为9%，每年付息一次，期满后一次还清本金。2019年初，该企业以银行存款支付工程价款共计900 000元，2020年初，又以银行存款支付工程费用600 000元。该厂房于2020年8月31日完工，达到预定可使用状

态。假定不考虑闲置专门借款资金存款的利息收入或者投资收益。该企业的有关会计处理应如何进行？

【答案】该企业有关账务处理如下：

(1) 2019年1月1日，取得借款时

借：银行存款　　1 500 000

　　贷：长期借款——××银行——本金　　1 500 000

(2) 2019年初，支付工程款时

借：在建工程——××厂房　　900 000

　　贷：银行存款　　900 000

(3) 2019年12月31日，计算2019年应计入工程成本的利息费用时

借：在建工程——××厂房　　135 000

　　贷：应付利息——××银行　　135 000

(4)2019年12月31日，支付借款利息时

借：应付利息——××银行　　135 000

　　贷：银行存款　　135 000

(5) 2020年初，支付工程款时

借：在建工程——××厂房　　600 000

　　贷：银行存款　　600 000

(6) 2020年8月31日，工程达到预定可使用状态时

该期应计入工程成本的利息=(1 500 000×9%÷12)×8=90 000(元)

借：在建工程——××厂房　　90 000

　　贷：应付利息——××银行　　90 000

同时：

借：固定资产——××厂房　　1 725 000

　　贷：在建工程——××厂房　　1 725 000

(7) 2020年12月31日，计算2020年9—12月的利息费用时

应计入财务费用的利息=(1 500 000×9%÷12)×4=45 000(元)

借：财务费用——××借款　　45 000

　　贷：应付利息——××银行　　45 000

(8) 2020年12月31日，支付利息时

借：应付利息——××银行　　135 000

　　贷：银行存款　　135 000

(9) 2021年1月1日，到期还本时

借：长期借款——××银行——本金　　1 500 000

　　贷：银行存款　　1 500 000

第四节　长期债券

一、长期债券的分类

长期债券是企业筹集长期使用资金而发行的一种书面凭证。通常该凭证载有债券的面值、利率、期限等。长期债券的偿还期通常在一年或一个营业周期以上。长期债券按照不同的划分标准，可分为以下几类。

1. 有担保债券和无担保债券

有担保债券又称为抵押债券，是指债券发行方以特定的资产作为担保品，以保证其到期偿还债券的本金和利息。一旦债券发行人违约，信托企业即可将担保品变卖，以抵偿所欠债券持有人的款项。无担保债券又称为信用债券，是指没有任何特定的资产作为担保品的债券。这种债券全凭举债人的信用而发行，一旦企业破产清算，债券持有人便成为企业的一般债权人。由于这种债券具有较大的风险，所以，其利率相对也较高。

2. 记名债券和无记名债券

记名债券是指企业在发行债券时，债券票面上记有债券持有人的姓名，并在企业债权人名册中进行登记的一种债券。债券到期时，债券持有人可凭本人身份证明领取本息。无记名债券是指债券票面上不记载持有人的姓名，而通常附有息票，持有人可凭息票按期领取债券利息。

3. 可赎回债券和可转换债券

可赎回债券是指债券发行方有权在债券到期前，按特定的价格提前赎回的债券。可转换债券是指债券发行一定期间后，持有人可按一定价格转换成发行企业的诸如普通股之类的其他证券。

4. 普通债券和收益债券

普通债券是指企业在发行债券时，债券票面上载明一定利率的债券。收益债券的利息取决于企业的收益，企业收益高，利息也高；企业收益低，利息也低。收益债券类似于企业发行的优先股，所不同的是优先股不必偿还本金。

二、长期债券价格的确定与发行

由于长期债券的入账价值应按未来支付债券本息的现值计价，贴现率为市场利率(实际利率)，市场利率通常选择同期限银行存款的利率，所以，债券的发行价格受同期限银行存款利率的影响较大。如果债券的票面利率高于银行存款利率时，按超过票面价值的价格发行，称为溢价发行；溢价是企业以后各期多付利息而事先得到的补偿。如果债券的票面利率低于银行存款利率时，按低于票面价值的价格发行，称为折价发行；折价是企业以后各期少付利息而预先给投资者的补偿。如果债券的票面利率与银行存款利率一致时，按票面价值的价格发行，称为面值发行。然而，债券一经发行，债券信托合同就宣告成立，其后，无论市场利率如何变动，对已发行的债券则不产生影响，也不必调整会计分录。

债券发行价格的计算公式为

债券发行价格=债券面值×1元的现值系数+债券利息×1元的年金现值系数

三、长期债券的会计处理

进行长期债券的会计处理时，企业应设置“应付债券”总账科目，并在该总账科目下设置“面值”“应计利息”和“利息调整”明细科目。无论是按面值发行，还是按溢价或折价发行，均按债券面值记入“应付债券”科目的“面值”明细科目；实际收到的价款与面值的差额，记入“利息调整”明细科目。

债券上的应计利息应按照权责发生制的原则按期预提，一般可按年预提。应付债券上的应计利息以及利息调整的摊销，分别记入财务费用或相关资产成本。发行债券的手续费及印刷费等发行费用，如果大于债券发行期间冻结资金所产生的利息收入，则按发行费用减去发行期间冻结资金所产生的利息收入后的差额，计入当期财务费用；如果发行费用小于发行期间冻结资金所产生的利息收入，则按发行期间冻结资金所产生的利息收入减去发行费用后的差额，视同发行债券的溢价收入，在债券存续期间于计提利息时摊销，分别记入财务费用或相关资产成本。

债券的利息调整应在债券的存续期间内摊销，摊销方法采用实际利率法。实际利率法是指按照应付债券的实际利率计算其摊余成本及各期利息费用的方法；实际利率是指将应付债券在债券存续期间的未来现金流量，折现为该债券当前账面价值所使用的利率。

资产负债表日，对于分期付息、一次还本的债券，企业应按应付债券的摊余成本和实际利率计算确定的债券利息费用，借记“在建工程”“制造费用”“财务费用”等科目，按票面利率计算确定的应付未付利息，贷记“应付利息”科目，按其差额，借记或贷记“应付债券——利息调整”科目。

对于一次还本付息的债券，企业应于资产负债表日按摊余成本和实际利率计算确定的债券利息费用，借记“在建工程”“制造费用”“财务费用”等科目，按票面利率计算确定的应付未付利息，贷记“应付债券——应计利息”科目，按其差额，借记或贷记“应付债券——利息调整”科目。

企业发行的债券通常分为到期一次还本付息或一次还本、分期付息两种。采用一次还本付息方式的，企业应于债券到期支付债券本息时，借记“应付债券——面值、应计利息”科目，贷记“银行存款”科目。采用一次还本、分期付息方式的，在每期支付利息时，借记“应付利息”科目，贷记“银行存款”科目；债券到期偿还本金并支付最后一期利息时，借记“应付债券——面值”“在建工程”“财务费用”“制造费用”等科目，贷记“银行存款”科目，按借贷双方之间的差额，借记或贷记“应付债券——利息调整”科目。

例10-43 光明公司为解决流动资金长期不足问题，于2018年1月1日发行面值为500 000

元、3年期、年利率为10%、每年1月1日付息一次、到期还本的债券。分别按以下情况进行会计处理：

1) 若市场利率为10%，计算该债券的发行价格，并作相关会计分录。

2) 若市场利率为8%，计算债券的发行价格；债券溢价摊销采用实际利率法，并作相关会计分录。

3) 若市场利率为12%，计算该债券的发行价格；债券折价摊销采用实际利率法，并作相关会计分录。

【答案】1) 由于票面利率等于实际利率，所以债券的发行价格就是面值，即500 000元。企业各年应作会计分录如下：

(1) 债券发行时

借：银行存款　　500 000

　　贷：应付债券——面值　　500 000

(2) 每年年末计息时

借：财务费用　　50 000

　　贷：应付利息　　50 000

(3) 每年付息时

借：应付利息　　50 000

　　贷：银行存款　　50 000

(4) 到期还本时

借：应付债券——面值　　500 000

　　贷：银行存款　　500 000

2) 债券发行价格=500 000×0.794+500 000×10%×2.577=525 850(元)

(1) 债券发行时

借：银行存款　　525 850

　　贷：应付债券——面值　　500 000

　　　　　　　　——利息调整　　25 850

(2) 摊销溢价时，根据每年债券溢价摊销情况见表10-6，编制如下会计分录：

表10-6　债券溢价摊销表(实际利率法)　　单位：元

付息日期	支付利息	摊销利息调整	利息费用	账面摊余成本
2018.1.1				525 850
2019.1.1	50 000	7 932	42 068	517 918
2020.1.1	50 000	8 567	41 433	509 351
202.1.1	50 000	9 351	40 649	500 000

注：42 068=525 850×8%，7 932=50 000−42 068，以此类推

① 2018年年末计息时

借：财务费用　　42 068

　　应付债券——利息调整　　7 932

贷：应付利息　　50 000

② 2019年1月1日付息时

借：应付利息　　50 000

贷：银行存款　　50 000

③ 2019年年末计息时：

借：财务费用　　41 433

应付债券——利息调整　　8 567

贷：应付利息　　50 000

④ 2020年1月1日付息时

借：应付利息　　50 000

贷：银行存款　　50 000

⑤ 2020年年末计息时

借：财务费用　　40 649

应付债券——利息调整　　9 351

贷：应付利息　　50 000

⑥ 2021年1月1日付息时

借：应付利息　　50 000

贷：银行存款　　50 000

(3) 债券到期还本时

借：应付债券——面值　　500 000

贷：银行存款　　500 000

3) 债券发行价格=500 000×0.712+500 000×10%×2.402= 476 100(元)

(1) 债券发行时

借：银行存款　　476 100

应付债券——利息调整　　23 900

贷：应付债券——面值　　500 000

(2) 摊销折价时，根据每年债券折价摊销情况(见表10-7)，编制如下会计分录：

表10-7　债券折价摊销表(实际利率法)　　单位：元

付息日期	支付利息	摊销利息调整	利息费用	账面摊余成本
2018.1.1				476 100
2019.1.1	50 000	7 132	57 132	483 232
2020.1.1	50 000	7 988	57 988	491 220
2021.1.1	50 000	8 780	58 780	500 000

注：57 132=476 100×12%，7 132=57 132−50 000，以此类推

① 2018年年末计息时

借：财务费用　　57 132

贷：应付债券——利息调整　　7 132

应付利息 50 000

② 2019年1月1日付息时

借：应付利息 50 000

贷：银行存款 50 000

③ 2019年年末计息时

借：财务费用 57 988

贷：应付债券——利息调整 7 988

应付利息 50 000

④ 2020年1月1日付息时

借：应付利息 50 000

贷：银行存款 50 000

⑤ 2021年年末计息时

借：财务费用 58 780

贷：应付债券——利息调整 8 780

应付利息 50 000

⑥ 2022年1月1日付息时

借：应付利息 50 000

贷：银行存款 50 000

(3) 债券到期还本时

借：应付债券——面值 500 000

贷：银行存款 500 000

如上例中光明公司发行的债券为到期还本付息的债券，则在上述的会计处理中，应把“应付利息”科目替换为“应付债券——应计利息”科目；如光明公司筹集的债券款用于公司基本设施建设，则在上述的会计处理中，应把“财务费用”科目适当的期间应替换为“在建工程”科目。

四、可转换公司债券

可转换公司债券是指发行人依照法定程序发行，在一定期间内依据约定的条件可以转换成股份的公司债券。我国发行可转换公司债券采取记名式无纸化发行方式，债券的最短期限为3年，最长期限为5年。

企业发行的可转换公司债券，应当在初始确认时将其包含的负债成分和权益成分进行分拆，将负债成分公允价值确认为应付债券，将权益成分公允价值确认为其他权益工具——可转换债券。在进行分拆时，企业应当先对负债成分的未来现金流量进行折现确定负债成分的初始确认金额，再按发行价格总额扣除负债成分初始确认金额后的金额确定权益成分的初始确认金额。发行可转换公司债券发生的交易费用，应当在负债成分和权益成分之间按照各自的相对公允价值进行分摊。

例10-44 甲公司2018年1月1日发行3年期可转换公司债券，实际发行价款为100 000万元，其中负债成分的公允价值为90 000万元。假定发行债券时另支付发行费用300万元。甲公司发行债券时应确认的“应付债券”的金额为(　　)万元。

A. 9 970　　　　B. 10 000

C. 89 970　　　　D. 89 730

【解析】发行费用应在负债成分和权益成分之间按公允价值比例分摊；负债成分应承担的发行费用=300×90 000÷100 000=270(万元)，应确认的“应付债券”的金额=90 000−270=89 730(万元)。

企业发行的可转换公司债券，应按实际收到的金额，借记“银行存款”等科目，按该项可转换公司债券包含的负债成分的面值，贷记“应付债券——可转换公司债券(面值)”科目，按权益成分的公允价值，贷记“其他权益工具——可转换债券”科目，按其差额，借记或贷记“应付债券——可转换公司债券(利息调整)”科目。

发行时，会计处理为

借：银行存款

贷：应付债券(面值、利息调整) → 负债成分公允价值

其他权益工具——可转换债券 → 权益成分公允价值

可转换公司债券的负债成分，在转换为股份前，其会计处理与一般公司债券相同，即按照实际利率和摊余成本确认利息费用，按照面值和票面利率确认应付债券(应计利息)或应付利息，差额作为利息调整进行摊销。

可转换公司债券持有人行使转换权利，将其持有的债券转换为股票，按可转换公司债券的余额，借记“应付债券——可转换公司债券(面值、利息调整)”科目，按其权益成分的金额，借记“其他权益工具——可转换债券”科目，按股票面值和转换的股数计算的股票面值总额，贷记“股本”科目，按其差额，贷记“资本公积——股本溢价”科目。如用现金支付不可转换股票的部分，还应贷记“银行存款”“库存现金”等科目。

转股时，会计处理为

借：应付债券(面值、应计利息、利息调整) → 转股日

其他权益工具——可转换债券

贷：股本

资本公积——股本溢价 (差额)

银行存款

例10-45 光明公司经批准于2018年1月1日按面值发行5年期一次还本付息的可转换公司债券200 000 000元，款项已收存银行，债券票面年利率为6%，利息按年支付。债券发行1年后可转换为普通股股票，初始转股价为每股 10元，股票面值为每股1元。

2019年1月1日债券持有人将持有的可转换公司债券全部转换为普通股股票(假定按当日可转换公司债券的账面价值计算转股数)，甲公司发行可转换公司债券时二级市场上与之类似的没有转换权的债券市场利率为9%。

据此，甲公司的账务处理应如何进行？

【答案】(1) 2018年1月1日发行可转换债券时

借：银行存款　　200 000 000
　　应付债券——可转换公司债券(利息调整)　　23 343 600
　　贷：应付债券——可转换公司债券(面值)　　200 000 000
　　　　其他权益工具——可转换债券　　23 343 600

可转换公司债券的公允价值=200 000 000×0.6499+200 000 000×6%×3.8897=176 656 400(元)

可转换公司债券权益成分的公允价值=200 000 000−176 656 400=23 343 600(元)

(2) 2018年12月31日确认利息费用时

借：财务费用等　　15 899 076
　　贷：应付债券——可转换公司债券(应计利息)　　12 000 000
　　　　应付债券——可转换公司债券(利息调整)　　3 899 076

(3) 2019年1月1日债券持有人行使转换权时

转换的股份数=(17 656 400+12 000 000+3 899 076)÷10=19255 547.6(股)

不足一股的部分支付现金0.6元。

借：应付债券——可转换公司债券(面值)　　200 000 000
　　可转换公司债券(应计利息)　　12 000 000
　　其他权益工具——可转换债券　　23 343 600
　　贷：股本　　19 255 547
　　　　应付债券——可转换公司债券(利息调整)　　19 444 524
　　　　资本公积——股本溢价　　196 643 528.4
　　　　库存现金　　0.6

例10-46　甲上市公司经批准于2018年1月1日按每份面值100元发行了1 000 000份5年期分期付息(假定每年1月2日付息)到期还本的可转换公司债券，共计100 000 000元，款项已经收存银行，债券票面年利率为6%。债券发行1年后可转换为甲上市公司普通股股票，转股时每份债券可转10股，股票面值为每股1元。假定2019年1月1日债券持有人将持有的可转换公司债券全部转换为甲上市公司普通股股票。甲上市公司发行可转换公司债券时二级市场上与之类似的没有转换权的债券市场利率为9%。该可转换公司债券发生的利息费用不符合资本化条件。

甲上市公司有关该可转换公司债券的账务处理应如何进行？

【答案】(1) 2018年1月1日，发行可转换公司债券时

确定可转换公司债券负债成分的公允价值=100 000 000×(*P*/*S*，9%，5)+100 000 000×6%×(*P*/*A*，9%，5)=100 000 000×0.6499+ 100 000 000×6%×3.8897=88 328 200(元)

可转换公司债券权益成分的公允价值=100 000 000−88 328 200=11 671 800(元)

借：银行存款　　100 000 000

　应付债券——可转换公司债券(利息调整)　　11 671 800

　贷：应付债券——可转换公司债券(面值)　　100 000 000

　　其他权益工具——可转换债券　　11 671 800

(2) 2018年12月31日，确认利息费用时

应计入财务费用的利息=88 328 200×9%=7 949 538(元)

当期应付未付的利息费用=100 000 000×6%=6 000 000(元)

借：财务费用　　7 949 538

　贷：应付利息　　6 000 000

　　应付债券——可转换公司债券(利息调整)　　1 949 538

(3) 2019年1月1日，债券持有人行使转换权时

转换的股份数=1 000 000×10=10 000 000(股)

借：应付债券——可转换公司债券(面值)　　100 000 000

　应付利息　　6 000 000

　其他权益工具——可转换债券　　11 671 800

　贷：股本　　10 000 000

　　应付债券——可转换公司债券(利息调整)　　9 722 262

　　资本公积——股本溢价　　97 949 538

企业发行附有赎回选择权的可转换公司债券，其在赎回日可能支付的利息补偿金，即债券约定赎回期届满日应当支付的利息减去应付债券票面利息的差额，应当在债券发行日至债券约定赎回届满日期间计提应付利息，计提的应付利息分别计入相关资产成本或财务费用。

例10-47　甲公司2019年1月1日按面值发行3年期可转换公司债券，每年1月1日付息、到期一次还本，面值总额为10 000万元，票面年利率为4%，实际利率为6%。该债券包含的负债成分的公允价值为9 465.40万元，2020年1月1日，某债券持有人将其持有的5 000万元本公司可转换公司债券转换为100万股普通股(每股面值1元)。甲公司按实际利率法确认利息费用。甲公司发行此项债券时应确认的“资本公积——其他资本公积”的金额为(　　)万元。

A. 0　　B. 534.60

C. 267.3　　D. 9 800

【解析】应确认的“资本公积——其他资本公积”的金额=10 000−9 465.40=534.60(万元)。

例10-48　甲股份有限公司(本题下称“甲公司”)为上市公司，其相关交易或事项如下：

(1) 经相关部门批准，甲公司于2018年1月1日按面值发行分期付息、到期一次还本的

可转换公司债券2 000万份，每份面值为100元。可转换公司债券发行价格总额为200 000万元，发行费用为3 200万元，实际募集资金已存入银行专户。

根据可转换公司债券募集说明书的约定，可转换公司债券的期限为3年，自2018年1月1日起至2020年12月31日止；可转换公司债券的票面年利率为：第1年1.5%，第2年2%，第3年2.5%；可转换公司债券的利息自发行之日起每年支付一次，起息日为可转换公司债券发行之日即2018年1月1日，付息日为可转换公司债券发行之日起每满1年的当日，即每年的1月1日；可转换公司债券在发行1年后可转换为甲公司普通股股票，初始转股价格为每股10元，每份债券可转换为10股普通股股票(每股面值1元)；发行可转换公司债券募集的资金专项用于生产用厂房的建设。

(2) 甲公司将募集资金陆续投入生产用厂房的建设，截至2018年12月31日，全部募集资金已使用完毕。生产用厂房于2018年12月31日达到预定可使用状态。

(3) 2019年1月1日，甲公司支付2018年度可转换公司债券利息3 000万元。

(4) 2019年7月1日，由于甲公司股票价格涨幅较大，全体债券持有人将其持有的可转换公司债券全部转换为甲公司普通股股票。

(5) 其他资料如下：

① 甲公司将发行的可转换公司债券的负债成分划分为以摊余成本计量的金融负债。

② 甲公司发行可转换公司债券时无债券发行人赎回和债券持有人回售条款以及变更初始转股价格的条款，发行时二级市场上与之类似的没有附带转换权的债券市场利率为6%。

已知：$(P/F, 6\%, 1)=0.943\ 4$；$(P/F, 6\%, 2)=0.890\ 0$；$(P/F, 6\%, 3)=0.839\ 6$。

③ 在当期付息前转股的，不考虑利息的影响，按债券面值及初始转股价格计算转股数量。

④ 不考虑所得税影响。

⑤ 考虑发行费用后的实际利率为6.59%。

要求：(1) 计算甲公司发行可转换公司债券时负债成分和权益成分的公允价值。

(2) 计算甲公司可转换公司债券负债成分和权益成分应分摊的发行费用。

(3) 编制甲公司发行可转换公司债券时的会计分录。

(4) 计算甲公司可转换公司债券2018年12月31日的摊余成本，并编制甲公司确认及支付2018年度利息费用的会计分录。

(5) 计算甲公司可转换公司债券负债成分2019年6月30日的摊余成本，并编制甲公司确认2019年上半年利息费用的会计分录。

(6) 编制甲公司2019年7月1日可转换公司债券转换为普通股股票时的会计分录。

(答案中的金额单位用万元表示，计算结果精确到小数点后两位)

【答案】(1) 负债成分的公允价值=200 000×1.5%×0.9434+20 0000×2%×0.8900+200 000×(1+2.5%)×0.8396=178 508.2(万元)，权益成分公允价值=200 000−17 8508.2=2 1491.8(万元)

(2) 负债成分应分摊的发行费用=178 508.2÷200 000×3 200=2 856.13(万元)

权益成分应分摊的发行费用=3 200−2 856.13=343.87(万元)

(3) 借：银行存款　　196 800
　　应付债券——可转换公司债券(利息调整)　　24 347.93
　　贷：应付债券——可转换公司债券(面值)　　200 000
　　　　其他权益工具——可转换债券　　21 147.93

(4) 2018年12月31日的摊余成本=(200 000−24 347.93)×(1+6.59%)−200 000×1.5%=184 227.54(万元)

借：在建工程　　11 575.47
　　贷：应付利息　　3 000
　　　　应付债券——可转换公司债券(利息调整)　　8 575.47

2019年1月1日

借：应付利息　　3 000
　　贷：银行存款　　3 000

(5) 2019年6月30日的摊余成本=184 227.54+184 227.54×6.59%÷2−200 000×2%÷2=188 297.84(万元)

借：财务费用　　6 070.30
　　贷：应付利息　　2 000
　　　　应付债券——可转换公司债券(利息调整)　　4 070.30

(6) 借：应付债券——可转换公司债券(面值)　　200 000
　　其他权益工具——可转换债券　　21 147.93
　　应付利息　　2 000
　　贷：应付债券——可转换公司债券(利息调整)　　11 702.16
　　　　股本　　20 000
　　　　资本公积——股本溢价　　191 445.77

第五节　长期应付款

长期应付款是指企业除长期借款和应付债券以外的其他各种长期应付款项，包括应付融资租入固定资产的租赁费、具有融资性质的延期付款购买资产发生的应付款项等。

一、应付融资租入固定资产的租赁费

(一) 融资租赁的确认

承租人和出租人应当在租赁开始日将租赁分为融资租赁和经营租赁。满足下列标准之一的，应当认定为融资租赁：①在租赁期届满时，租赁资产的所有权转移给承租人；②承租人有购买租赁资产的选择权，所订立的购买价款预计将远低于行使选择权时租赁资产的公允价值，因而在租赁开始日就可以合理确定承租人将会行使这种选择权；③租赁期占租赁资产使用寿命的大部分(大于等于75%)；④承租人在租赁开始日的最低租赁付款额现值几乎相当于租赁开始日租赁资产公允价值(大于等于90%)；⑤租赁资产性质特殊，如果不做较大改造，只有承租人才能使用。

企业采用融资租赁方式租入的固定资产，应按最低租赁付款额，确认长期应付款。

(二) 企业(承租人)对融资租赁的会计处理

1. 租赁期开始日的会计处理

在租赁期开始日，承租人通常应当将租赁开始日租赁资产公允价值与最低租赁付款额现值两者中较低者加上初始直接费用作为租入资产的入账价值，将最低租赁付款额作为长期应付款的入账价值，长期应付款与租赁资产公允价值与最低租赁付款额现值两者中较低者的差额作为未确认融资费用。其计算公式为

最低租赁付款额＝各期支付的租金＋承租人担保余值

或：最低租赁付款额＝各期支付的租金＋优惠购买价

承租人在租赁谈判和签订租赁合同过程中发生的，可归属于租赁项目的手续费、律师费、差旅费、印花税等初始直接费用，应当计入租入资产价值。

会计分录为

借：固定资产(或在建工程)(租赁资产公允价值与最低租赁付款额现值两者中的较低者+初始直接费用)

　　未确认融资费用

贷：长期应付款(最低租赁付款额)

　　银行存款(初始直接费用)

承租人在计算最低租赁付款额的现值时，能够取得出租人租赁内含利率的，企业应当采用租赁内含利率作为折现率；否则，企业应当采用租赁合同规定的利率作为折现率。承租人无法取得出租人的租赁内含利率且租赁合同没有规定利率的，企业应当采用同期银行贷款利率作为折现率。

租赁内含利率，是指在租赁开始日，使最低租赁收款额的现值与未担保余值的现值之和等于租赁资产公允价值与出租人的初始直接费用之和的折现率。其计算公式为

最低租赁收款额＝最低租赁付款额＋与出租人和承租人无关的第三方担保余值

例10-49 甲企业以融资租赁方式租入N设备，该设备的公允价值为100万元，最低租赁付款额的现值为93万元，甲企业在租赁谈判和签订租赁合同过程中发生手续费、律师费等合计为2万元。甲企业该项融资租入固定资产的入账价值为(　　)万元。

A. 93　　B. 95　　C. 100　　D. 102

【解析】融资租入固定资产的入账价值=93+2=95(万元)，应该选择B。

2. 未确认融资费用的分摊

未确认融资费用应当在租赁期内各个期间进行分摊。承租人应当采用实际利率法计算确认当期的融资费用。会计分录为

借：财务费用

贷：未确认融资费

每期末确认融资费用的摊销额的计算公式为

每期未确认融资费用摊销额=期初应付本金余额×实际利率=

(期初长期应付款余额－期初未确认融资费用余额)×实际利率

未确认融资费用的分摊率的确定具体分为下列几种情况。

(1) 以出租人的租赁内含利率为折现率将最低租赁付款额折现，且以该现值作为租赁资产入账价值的，企业应当将租赁内含利率作为未确认融资费用的分摊率。

(2) 以合同规定利率为折现率将最低租赁付款额折现，且以该现值作为租赁资产入账价值的，企业应当将合同规定利率作为未确认融资费用的分摊率。

(3) 以银行同期贷款利率为折现率将最低租赁付款额折现，且以该现值作为租赁资产入账价值的，企业应当将银行同期贷款利率作为未确认融资费用的分摊率。

(4) 以租赁资产公允价值为入账价值的，企业应当重新计算分摊率。该分摊率是使最低租赁付款额的现值等于租赁资产公允价值的折现率。

3. 租赁资产折旧的计提

(1) 折旧政策。承租人应当采用与自有固定资产相一致的折旧政策计提租赁资产折旧。如果承租人或与其有关的第三方对租赁资产余值提供了担保，则应计提的折旧总额为融资租入固定资产的入账价值扣除担保余值后的余额；如果承租人或与其有关的第三方未对租赁资产余值提供担保，则应计提的折旧总额为租赁开始日固定资产的入账价值。

需要注意的是，在计提固定资产折旧时应扣除承租人担保余值。

(2) 折旧期间。如果能够合理确定租赁期届满时取得租赁资产所有权的，企业应当在租赁资产使用寿命内计提折旧。无法合理确定租赁期届满时是否能够取得租赁资产所有权的，企业应当在租赁期与租赁资产使用寿命两者中较短的期间内计提折旧。

例10-50 承租人采用融资租赁方式租入一台设备，该设备尚可使用年限为8年，租赁期为6年，承租人租赁期满时以1万元的购价优惠购买该设备，该设备在租赁期满时的公允价值为30万元。则该设备计提折旧的期限为(　　)。

A. 6年　　B. 8年　　C. 2年　　D. 7年

【解析】计提租赁资产折旧时，承租人应当采用与自有应计提折旧资产相一致的折旧政策。能够合理确定租赁期届满时将会取得租赁资产所有权的，企业应当在租赁资产尚可使用年限内计提折旧。由于承租人在租赁期届满时优惠购买，能够合理确定租赁期届满时将会取得租赁资产所有权，因此该设备的折旧年限为8年。

例10-51 某项融资租赁，起租日为2018年12月31日，最低租赁付款额现值为700万元

(与租赁资产公允价值相等)，承租人另发生安装费20万元，设备于2019年6月20日达到预定可使用状态并交付使用，承租人担保余值为60万元，未担保余值为30万元，租赁期为6年，设备尚可使用年限为8年。承租人对租入的设备采用年限平均法计提折旧。该设备在2019年应计提的折旧额为(　　)万元。

A. 60　　B. 44　　C. 65.45　　D.48

【解析】该设备在2019年应计提的折旧额=(700+20−60)÷66×6=60(万元)。

4. 履约成本的会计处理

履约成本在实际发生时，通常计入当期损益。

5. 或有租金的会计处理

或有租金应当在实际发生时计入当期损益(销售费用等)。

6. 租赁期届满时的会计处理

(1) 返还租赁资产，如果存在承租人担保余值，其会计处理为

借：长期应付款(担保余值)

　　累计折旧

　　贷：固定资产

如果不存在承租人担保余值，其会计处理为

借：累计折旧

　　贷：固定资产

(2) 优惠续租租赁资产。如果承租人行使优惠续租选择权，则应视同该项租赁一直存在而做出相应的会计处理，如继续支付租金等。如果租赁期届满时承租人没有续租，承租人向出租人返还租赁资产时，其会计处理同上述返还租赁资产的会计处理。

(3) 留购租赁资产，其会计处理为

借：长期应付款(购买价款)

　　贷：银行存款

借：固定资产——生产用固定资产等

　　贷：固定资产——融资租入固定资产

例10-52　2018年12月28日，A公司与B公司签订了一份租赁合同。合同主要条款如下：

(1) 租赁标的物：数控机床。

(2) 租赁期开始日：租赁物运抵A公司生产车间之日(即2019年1月1日)。

(3) 租赁期：从租赁期开始日算起36个月(即2019年1月1日至2021年12月31日)。

(4) 租金支付方式：自租赁期开始日起每年年末支付租金900 000元。

(5) 该机床在2019年1月1日的公允价值为2 500 000元。

(6) 租赁合同规定的利率为8%(年利率)。

(7) 该机床为全新设备，估计使用年限为5年，不需安装调试。

(8) 2020年和2021年，A公司每年按该机床所生产产品的年销售收入的1%向B公司支

付经营分享收入。

A公司在租赁谈判和签订租赁合同过程中发生可归属于租赁项目的手续费、差旅费9 800元。2020年和2021年，A公司使用该数控机床生产产品的销售收入分别为8 000 000元和10 000 000元。2020年12月31日，A公司以银行存款支付该机床的维护费2 800元。2021年12月31日，A公司将该机床退还B公司。

要求：请作A公司的相关会计处理。

【答案】A公司(承租人)的会计处理如下：

(1) 租赁开始日的会计处理

第一步，判断租赁类型。

本例中，租赁期(3年)占租赁资产尚可使用年限(5年)的60%(小于75%)，没有满足融资租赁的第3条判断标准；最低租赁付款额的现值为2 319 390元(计算过程见下文)，大于租赁资产公允价值的90%，即2 250 000元(2 500 000×90%)，满足融资租赁的第4条判断标准，因此，A公司应当将该项租赁认定为融资租赁。

第二步，计算租赁开始日最低租赁付款额的现值，确定租赁资产的入账价值。

本例中A公司不知道出租人的租赁内含利率，因此应选择租赁合同规定的利率8%作为最低租赁付款额的折现率。

最低租赁付款额=各期租金之和+承租人担保的资产余值=900 000×3+0=2 700 000(元)

最低租赁付款额的现值=900 000×(*P*/*A*，8%，3)=900 000×2.577 1=2 319 390(元)<租赁资产公允价值2 500 000元，根据《企业会计准则第21号——租赁》规定的孰低原则，租赁资产的入账价值应为其折现值2 319 390元加上初始直接费用9 800元，即2 329 190元。

第三步，计算未确认融资费用。

未确认融资费用=最低租赁付款额-最低租赁付款额现值=2 700 000-2 319 390=380 610(元)

第四步，进行具体账务处理。

借：固定资产——融资租入固定资产——数控机床　　2 329 190
　　未确认融资费用　　380 610
　　贷：长期应付款——B公司——应付融资租赁款　　2 700 000
　　　　银行存款　　9 800

(2) 分摊未确认融资费用的会计处理

第一步，确定融资费用分摊率。

由于租赁资产的入账价值为其最低租赁付款额的折现值，因此该折现率就是其融资费用分摊率，即8%。

第二步，在租赁期内采用实际利率法分摊未确认融资费用(见表10-8)。

表10-8　分摊未确认融资费用表　　单位：元

日期	租金(a)	确认的融资费用(b) (b=期初d×8%)	应付本金减少额(c) ($c=a-b$)	应付本金余额(d) (d=期初$d-c$)
(1) 2019年1月1日				2 319 390
(2) 2019年12月31日	900 000	185 551.2	714 448.8	1 604 941.2
(3) 2020年12月31日	900 000	128 395.3	771 604.7	833 336.5
(4) 2021年12月31日	900 000	66 663.5①	833 336.5	0
合 计	2 700 000	380 610	2 319 390	—

注：①尾数调整：900 000−833 336.5=66 663.5(元)

2019年1月1日，应付本金余额 =长期应付款余额−未确认融资费用余额= 2 700 000−380 610=2 319 390(元)

2019年12月31日，应付本金余额=2 319 390 + 185 551.2 − 900 000 = 1 604 941.2(元)

第三步，进行具体账务处理。

2019年12月31日，支付第1期租金时

借：长期应付款——B公司——应付融资租赁款　　900 000

　　贷：银行存款　　900 000

2019年1月至12月，每月分摊未确认融资费用时

每月财务费用=185 551.2 ÷ 12=15 462.6(元)

借：财务费用　　15 462.6

　　贷：未确认融资费用　　15 462.6

2020年12月31日，支付第2期租金时

借：长期应付款——B公司——应付融资租赁款　　900 000

　　贷：银行存款　　900 000

2020年1月至12月，每月分摊未确认融资费用时

每月财务费用=128 395.3 ÷ 12=10 699.61(元)

借：财务费用　　10 699.61

　　贷：未确认融资费用　　10 699.61

2021年12月31日，支付第3期租金时

借：长期应付款——B公司——应付融资租赁款　　900 000

　　贷：银行存款　　900 000

2021年1月至12月，每月分摊未确认融资费用时

每月财务费用=66 663.5 ÷ 12=5 555.29(元)

借：财务费用　　5 555.29

　　贷：未确认融资费用　　5 555.29

(3) 履约成本的会计处理

2020年12月31日，A公司发生该机床的维护费2 800元时

借：管理费用　　2 800

贷：银行存款 2 800

(4) 或有租金的会计处理

2020年12月31日，根据合同规定，A公司应向B公司支付经营分享收入80 000元。

借：销售费用 80 000

贷：其他应付款——B公司 80 000

2021年12月31日，根据合同规定，A公司应向B公司支付经营分享收入100 000元。

借：销售费用 100 000

贷：其他应付款——B公司 100 000

(5) 租赁期届满时的会计处理

2021年12月31日，A公司将该机床退还B公司时

借：累计折旧 2 329 190

贷：固定资产——融资租入固定资产——数控机床 2 329 190

例10-53·多选 下列项目中，可能影响融资租入固定资产入账价值的有( )。

A. 租赁开始日租赁资产公允价值

B. 融资租入固定资产支付的租赁合同印花税

C. 租赁合同规定的利率

D. 融资租入固定资产的预计净残值

【解析】租赁开始日租赁资产公允价值与最低租赁付款额现值两者中较低者作为租入资产的入账价值的基础，选项A正确；初始直接费用应计入融资租入资产的价值，选项B正确；租赁合同规定的利率影响最低租赁付款额现值，选项C正确。

例10-54 A公司于2018年12月10日与B租赁公司签订了一份设备租赁合同。合同主要条款如下：

(1) 租赁标的物：甲生产设备。

(2) 起租日：2018年12月31日。

(3) 租赁期：2018年12月31日至2020年12月31日。

(4) 租金支付方式：2019年和2020年每年年末支付租金1 000万元。

(5) 租赁期满时，甲生产设备的估计余值为100万元，其中A公司担保的余值为100 万元。

(6) 甲生产设备为全新设备，2018年12月31日的公允价值为1 922.40万元，预计使用年限为3年。

(7) 租赁年内含利率为6%。

(8) 2020年12月31日，A公司将甲生产设备归还给B租赁公司。

甲生产设备于2018年12月31日运抵A公司，当日投入使用。其固定资产均采用年限平均法计提折旧，与租赁有关的未确认融资费用均采用实际利率法摊销，并假定未确认融资费用在相关资产的折旧期限内摊销。

要求：(1) 判断该租赁的类型，并说明理由。

(2) 编制A公司在起租日的有关会计分录。

(3) 编制A公司在2019年年末和2020年年末与租金支付以及其他与租赁事项有关的会计分录(假定相关事项均在年末进行账务处理)。

(答案中的金额单位用万元表示，计算结果精确到小数点后两位)

【答案】(1) 本租赁属于融资租赁。

理由：该最低租赁付款额的现值=1 000÷(1+6%)+1 000÷$(1+6\%)^2$+100÷$(1+6\%)^2$=1922.40(万元)，占租赁资产公允价值2 100万元的90%以上，因此符合融资租赁的判断标准，该项租赁应当认定为融资租赁。

(2) 起租日的会计分录：

最低租赁付款额=1 000×2+100=2 100(万元)

租赁资产的入账价值=1 922.40(万元)

未确认融资费用=2 100−1 922.40=177.60(万元)

借：固定资产——融资租入固定资产　　1 922.40

　　未确认融资费用　　177.60

　　贷：长期应付款——应付融资租赁款　　2 100

(3) ① 2019年12月31日

支付租金：

借：长期应付款——应付融资租赁款　　1 000

　　贷：银行存款　　1 000

确认当年应分摊的融资费用：

当年应分摊的融资费用=1 922.40×6%=115.34(万元)

借：财务费用　　115.34

　　贷：未确认融资费用　　115.34

计提折旧：

计提折旧=(1 922.40−100)÷2=911.20(万元)

借：制造费用——折旧费　　911.20

　　贷：累计折旧　　911.20

② 2020年12月31日

支付租金：

借：长期应付款——应付融资租赁款　　1 000

　　贷：银行存款　　1 000

确认当年应分摊的融资费用

当年应分摊的融资费用=177.6−115.34=62.26(万元)

借：财务费用　　62.26

　　贷：未确认融资费用　　62.26

计提折旧：

计提折旧=(1 922.40−100)÷2=911.20(万元)

借：制造费用——折旧费　911.20
　贷：累计折旧　911.20

归还设备：

借：长期应付款——应付融资租赁款　100
　累计折旧　1 822.40
　贷：固定资产——融资租入固定资产　1 922.40

二、具有融资性质的延期付款购买固定资产

企业延期付款购买资产，如果延期支付的购买价款超过正常信用条件，实质上具有融资性质的，所购资产的成本应当以延期支付购买价款的现值为基础确定。实际支付的价款与购买价款的现值之间的差额，应当在信用期间内采用实际利率法进行摊销，计入相关资产成本或当期损益。

具体来说，企业购入资产超过正常信用条件延期付款实质上具有融资性质时，应按购买价款的现值，借记“固定资产”“在建工程”等科目，按应支付的价款总额，贷记“长期应付款”科目，按其差额，借记“未确认融资费用”科目。详见固定资产章节。

本章小结

本章主要介绍了应付职工薪酬、借款费用、长期借款、应付债券及长期应付款的内容。

应付职工薪酬是企业根据有关规定应付给职工的各种薪酬，按照“工资奖金津贴补贴”“职工福利”“社会保险费”“住房公积金”“工会经费”“职工教育经费”“解除职工劳动关系补偿”“非货币性福利”“其他与获得职工提供的服务相关的支出”等应付职工薪酬项目进行明细核算。

借款费用部分主要介绍了借款费用的概念和确认原则、符合资本化条件的资产的界定、借款费用资本化期间的确定、借款费用资本化金额的计算等等内容。

第十一章　收入与政府补助

引导案例

科龙电器(000921)2005年4月9日正式公布了巨亏6 000万元的2004年年报和盈利6 000万元的2005年一季度季报。针对亏损，科龙电器董事长顾雏军2005年4月9日首度开腔回应称："业绩波动对科龙公司良好的发展势头不构成任何实质性的影响。"

科龙在其年报中解释由盈至亏的理由是，2004年家电业上游主要原材料涨价，导致第四季度业绩下滑；联营公司华意压缩持续几年亏损，科龙2004年对尚未摊销完的股权投资差额全额计提了减值准备，影响利润7 100万元；科龙增加了存货跌价准备约4 700万元，以及第四季度计提坏账准备增加约3 000万元。

这样的解释很难让业界接受。根据4月9日年报，2004年科龙电器总营业额超过84.36亿元，较上年增长36.8%。尤其是主营业务冰箱和冷柜收入分别增长8.6%和58.8%，空调收入大幅上升67.9%。科龙2004年外销业务收入更是增长87.5%，占到公司总业务收入的39.6%。

负责科龙年报审计的德勤华永会计师事务所，这次再次给科龙年报出具了保留意见。原因主要有：其一，科龙2004年有两笔发出约5.7亿元的赊销业务销售，可能带来1.23亿元的利润，科龙认为该笔应收账款完全在风险之列，但审计师不能认可；其二，因科龙2004年全年退货达2亿元，审计师要求作大幅计提退货准备，但科龙认为没必要提取退货准备。

很多业界人士认为，科龙"前三季盈利逾2亿元到全年巨亏6 000万元"的离奇财报数据，背后肯定另有玄机。综合这两年科龙市场业绩看，不排除科龙这几年财务报表有被操纵的可能。

本章将重点讨论有关收入和政府补助的相关问题

资料来源：根据科龙电器2004年年报整理而成

学习目标

通过本章学习，学生重点掌握商品销售收入、提供劳务收入、授予客户的奖励积分、让渡资产使用权、建造合同收入及合同预计损失的各种账务处理；掌握政府补助的确认与计量。

第一节　商品销售收入的确认与计量

一、收入的定义和分类

收入是指企业在日常活动中形成的、会导致所有者权益增加的、与所有者投入资本无关的经济利益的总流入。其中，日常活动是指企业为完成其经营目标所从事的经常性活动以及与之相关的其他活动。工业企业制造并销售产品、商品流通企业销售商品、咨询公司提供咨询服务、软件公司为客户开发软件、安装公司提供安装服务、建筑企业提供建造服务等，均属于企业的日常活动。企业按照 2017年发布的《企业会计准则第14号——收入》(以下简称《收入准则》)确认收入的方式应当反映其向客户转让商品(或提供服务)的模式，收入的金额应当反映企业因转让这些商品或劳务而预期有权收取的对价金额。

《收入准则》适用于所有与客户之间的合同，但长期股权投资、合营安排、企业合并、金融工具、租赁、保险等准则规范的除外。企业以存货换取客户的的存货、固定资产、无形资产等，按照《收入准则》进行会计处理；其他非货币性资产交换，按照《企业会计准则第7号——非货币性资产交换》进行会计处理。企业处置固定资产、无形资产等，在确定处置时点以及计量处置损益时，按照本准则的有关规定进行处理。与企业订立合同，共同参与一项活动，共担风险共享收益的一方，不是企业的客户，相关合同不属于《收入准则》规范范围。当合同中仅有部分属于本准则时，应优先按照其他准则对其余部分进行处理。

二、收入的确认和计量

(一) 收入确认的基本原则

企业确认收入的方式应当反映其向客户转让商品或提供服务的模式；收入的金额应当反映企业因转让商品或提供服务而预期有权收取的对价金额；企业应当在客户取得相关商品控制权时确认收入。取得相关商品控制权，是指能够主导该商品的使用并从中获得几乎全部的经济利益。

取得相关商品控制权从以下三个要素判断。

(1) 客户必须拥有现时权利，能够主导该商品的使用并从中获得几乎全部经济利益。如果客户只能在未来的某一期间主导该商品的使用并从中获益，则表明其尚未取得该商品的控制权。

(2) 客户有能力主导该商品的使用。即客户有权使用该商品，或者能够允许或阻止其他方使用该商品。

(3) 客户能够获得几乎全部的经济利益。商品的经济利益是指该商品潜在现金流量，既包括现金流入的增加，也包括现金流出的减少。客户可以通过很多方式直接或者间接地获得商品的经济利益，例如使用、消耗、出售或者持有该商品、使用该商品提升其他资产的价值，以及将该商品用于清偿债务、支付费用或抵押等。

(二) 收入确认和计量步骤

收入确认和计量大致分为五步法：第一步，识别与客户订立的合同；第二步，识别合同中的单项履约义务；第三步，确定交易价格；第四步，将交易价格分摊至各单项履约义务；第五步，履行每一单项履约义务时确认收入。其中，第一步、第二步和第五步主要与收入的确认有关，第三步和第四步主要与收入的计量有关。

1. 识别与客户订立的合同

本节所称合同，是指双方或多方之间订立有法律约束力的权利义务的协议。合同有书面形式、口头形式以及其他形式(如隐含于商业惯例或企业以往的习惯做法中)。

1) 收入确认前提条件

企业与客户之间的合同同时满足下列条件时，企业应当在客户取得相关商品控制权时确认收入：①合同各方已批准该合同并承诺将履行各自义务；②该合同明确了合同各方与所转让商品或提供劳务(以下简称“转让商品”)相关的权利和义务；③该合同有明确的与所转让商品相关的支付条款；④该合同具有商业实质，即履行该合同将改变企业未来现金流量的风险、时间分布或金额；⑤企业因向客户转让商品而有权取得的对价很可能收回。

在进行上述判断时，需要注意以下三点。

第一，合同约定的权利和义务是否具备法律约束力。这需要根据企业所处的法律环境和实务操作进行判断，例如，合同各方均有权单方面终止完全未执行的合同，且无须对合同其他方做出补偿的，在应用新收入准则时，该合同应当被视为不存在。

第二，合同具有商业实质，没有商业实质的非货币性交换，均不应确认收入。从事相同业务经营的企业之间，为了便于向客户或者潜在客户销售而进行的非货币性资产交换，不应确认收入。例如，两家石油公司之间相互交换石油，以便及时满足各自不同地点客户的需求。

第三，企业在评估其因向客户转让商品而有权取得的对价是否很可能收回，仅应考虑客户到期时支付对价能力和意图(即客户的信用风险)。例如，甲公司向乙公司销售商品，合同价格是200万，由于乙公司正在经历严重的经济困难，甲公司预计不能收回全部对价，而仅能收回160万。本例中，根据B公司的综合情况以及甲公司的销售战略，甲公司认为其向乙公司提供的价格折让，甲公司愿意接受乙公司支付低于合同对价的金额，且很可能收回该对价，该公司按照新收入准则的规定确认交易价格时，应考虑乙公司提供的价格折让影响。因此，甲公司确定的交易价格不是合同标价的200万，而是160万。

2) 未满足标准的合同的会计处理

对于不能同时满足收入确认的5个条件的合同，企业只有在不再负有向客户转让商品的剩余义务(例如，合同已完成或取消)，且已向客户收取的对价无须退回时(包括全部或部分对价)，才能将已收取的对价确认为收入；否则，应当将已收取的对价作为负债进行会计处理。

例如，甲房地产开发公司与乙公司签订合同，向其销售一栋建筑物，合同价款为100万元。该建筑物的成本为60万元，乙公司在合同开始日即取得了该建筑物的控制权。根据合同约定，乙公司在合同开始日支付了5%的保证金5万元，并就剩余95%的价款与甲公司签订了不附追索权的长期融资协议，如果乙公司违约，甲公司可重新拥有该建筑物，即使收回的建筑物不能涵盖所欠款项的总额，甲公司也不能向乙公司索取进一步的赔偿。乙公司计划在该建筑物内开设一家餐馆，并计划以该餐馆产生的收益偿还甲公司的欠款，除此之外并无其他的经济来源，乙公司也未对该笔欠款设定任何担保。在该建筑物所在的地区，餐饮行业面临激烈的竞争，且乙公司缺乏餐饮行业的经营经验。

本例中，乙公司计划以该餐馆产生的收益偿还甲公司的欠款，除此之外并无其他的经济来源，乙公司也未对该笔欠款设定任何担保。如果乙公司违约，甲公司虽然可重新拥有该建筑物，但即使收回的建筑物不能涵盖所欠款项的总额，甲公司也不能向乙公司索取进一步的赔偿。因此，甲公司对乙公司还款的能力和意图存在疑虑，认为该合同不满足合同价款很可能收回的条件。甲公司应当将收到的5万元确认为一项负债。

3) 对合同的持续评估

对于在合同开始日即满足收入确认条件的合同，企业在后续期间无须对其进行重新评估，除非有迹象表明相关事实和情况发生重大变化。

如在后续期间，客户的信用风险显著升高，企业需要评估其在未来向客户转让剩余商品而有权取得的对价是否很可能收回。

4) 合同合并

企业与同一客户(或该客户的关联方)同时订立或在相近时间内先后订立的两份或多份合同，在满足下列条件之一时，应当合并为一份合同进行会计处理：①该两份或多份合同基于同一商业目的而订立并构成一揽子交易；②该两份或多份合同中的一份合同的对价金额取决于其他合同的定价或履行情况；③该两份或多份合同中所承诺的商品(或每份合同中所承诺的部分商品)构成《收入准则》规定的单项履约义务。

2. 识别合同中的单项履约义务

合同开始日，企业应当对合同进行评估，识别该合同所包含的各单项履约义务，并确定各单项履约义务是在某一时段内履行还是在某一时点履行。

履约义务，是指合同中企业向客户转让可明确区分商品的承诺。履约义务既包括合同中明确的承诺，也包括由于企业已公开宣布的政策、特定声明或以往的习惯做法等导致合同订立时客户合理预期企业将履行的承诺。企业向客户转让一系列实质相同且转让模式相同的、可明确区分商品的承诺，也应当作为单项履约义务。

1) 履约义务确定方法

满足下列条件之一的，属于在某一时段内履行履约义务；否则，属于在某一时点履行履约义务：①客户在企业履约的同时即取得并消耗企业履约所带来的经济利益。②客户能够控制企业履约过程中在建的商品。③企业履约过程中所产出的商品具有不可替代用途，且该企业在整个合同期间内有权就累计至今已完成的履约部分收取款项。

具有不可替代用途，是指因合同限制或实际可行性限制，企业不能轻易地将商品用于其他用途。有权就累计至今已完成的履约部分收取款项，是指在由于客户或其他方原因终止合同的情况下，企业有权就累计至今已完成的履约部分收取能够补偿其已发生成本和合理利润的款项，并且该权利具有法律约束力。

2) 某一时段内履行的履约义务的收入确认方法

对于在某一时段内履行的履约义务，企业应当在该段时间内按照履约进度确认收入，但是，履约进度不能合理确定的除外。企业应当考虑商品的性质，采用以下方法确定恰当的履约进度：①产出法。产出法是根据已转移给客户的商品对于客户的价值确定履约进度。②投入法。投入法是根据企业为履行履约义务的投入确定履约进度。

根据以上方法还是无法确定履约进度时，企业已经发生的成本预计能够得到补偿的，应当按照已经发生的成本金额确认收入，直到履约进度能够合理确定为止。

例如，2019年3月丙公司承揽一项建筑工程，根据合同的约定总价款1 000万元，但成本如果超过1 000万元，则甲方仅支付成本价。5月30日已发生成本700万元，但由于天气原因，预计将要发生的成本无法合理估计。从以上可以看出无法确定履约进度，但已经发生的成本预计能够得到补偿，丙公司应当按照已经发生的成本金额确认收入。

3) 某一时点内履行的履约义务的收入确认方法

对于在某一时点履行的履约义务，企业应当在客户取得相关商品控制权时点确认收入。在确定商品控制权转移时，企业应当考虑下列迹象：第一，企业就该商品享有现时收款权利，即客户就该商品负有现时付款义务。第二，企业已将该商品的法定所有权转移给客户，即客户已拥有该商品的法定所有权。第三，企业已将该商品实物转移给客户，即客户已实物占有该商品。第四，企业已将该商品所有权上的主要风险和报酬转移给客户，即客户已取得该商品所有权上的主要风险和报酬。第五，客户已接受该商品。第六，其他表明客户已取得商品控制权的迹象。

3. 确定交易价格

企业应当根据合同条款，并结合其以往的习惯做法确定交易价格。交易价格，是指企业因向客户转让商品而预期有权收取的对价金额。企业代第三方收取的款项以及企业预期将退还给客户的款项，应当作为负债进行会计处理，不计入交易价格。

在确定交易价格时，企业应当考虑可变对价、非现金对价、合同中存在的重大融资成分、应付客户对价等因素的影响。

1) 可变对价

企业与客户的合同中约定的对价金额可能会因折扣、退款、返利、积分、价格折让、退货、绩效奖金、罚款、特许权使用费等项目都可能产生可变对价。根据事实与情况的不同，企业以期望值或最可能发生金额来估计可变对价。

但是，企业可能需要对可计入交易价格的可变对价金额加以限制。企业计入交易价格的可变对价金额以后续“极可能”不会发生重大转回(即对已确认的累计收入金额进行重大下调)的金额为限。目前，许多企业的做法是，直到可变对价确定且对价的最终金额已知时，确认收入。在新《收入准则》下，企业可能需要至少就对价的一部分提早确认。

即使是固定价格的合同，如果在履约义务得以满足后，也不确定企业是否将有权获得所有对价，则对收入的限制也适用于此类合同。例如企业与客户签订合同以提供法律服务并收取固定费用，但是只有当法院判决有利于客户时，企业才会取得报酬。尽管法律服务已经提供，但是在法院对案件做出判决之前，企业可能无法确认收入。如果管理层认为该笔收费极可能不会导致累计已确认收入的重大转回，则企业将在法院判决之前确认收入。

新《收入准则》对于授予知识产权许可而产生的基于实际销售或使用情况的特许权使用费，在可变对价的限制上给出了一个豁免，提出了更高的收入确认门槛。特许权使用费直到其金额不再可变(即发生后续销售或使用与相关履约全部或部分履行的较晚时间，即使企业拥有证明客户持续出售或使用情况的以往证据)，才能计入交易价格。这些豁免仅限于基于实际销售或使用情况的特许权使用费，不适用于其他特许权安排。

2) 非现金对价

非现金对价的形式包括材料、设备、人工等，企业应以公允价值计量其在交易中交换的任何非现金对价。如果企业不能合理估计非现金对价的公允价值，其将参照该项安排中所承诺商品或服务的单独售价间接计量该对价。

客户可能投入商品或服务(例如，材料或劳动力)以完成合同的履行。企业应评估其是否取得了该客户所投入商品或服务的控制权，以确定这些商品或服务是否为非现金对价，而构成企业的收入。

3) 合同中存在的重大融资成分

如果合同中存在重大融资成分，则在估计合同的交易价格时，企业需调整承诺的对价金额，以反映货币的时间价值。企业应当按照假定客户在取得商品控制权时即以现金支付的应付金额确定交易价格。该交易价格与合同对价之间的差额，应当在合同期间内采用实际利率法摊销。如果客户在控制权转移前为商品或服务支付预付款，可能导致确认利息费用；而对于延后付款的商品或服务，可能导致确认利息收入。

在评估一份合同是否存在重大融资成分时，企业应考虑的因素包括以下几种：企业预计客户取得商品或服务的控制权与客户支付价款之间时间间隔的长短；如果客户在取得商品或服务控制权时即以现金支付，应付金额是否会有重大不同；合同中的利率与相关市场中的现行利率。

在实务操作中判断是否存在重大融资成分有一种简便方法，即如果企业预计客户取得商品或服务的控制权与客户支付价款间隔不超过一年，则可以不考虑合同中存在的重大融资成分。

当商品或服务的转移时间可由客户自行决定时，预先获得这些商品或服务款项的企业无须反映货币时间价值的影响。例如，客户从电信企业处购买预付费电话卡，并自行决定何时使用预付话费通话，则企业无须考虑货币的时间价值。再如客户可自行决定兑换由企业提供的奖励积分的客户忠诚度计划。对于上述企业而言，尽管支付价款与客户取得商品或服务控制权之间可能存在重大的时间差，但其无须对货币的时间价值进行会计处理。

还有以下另外两种不存在重大融资成分的情形：①所承诺的对价金额的相当一部分是可变的，并且付款金额(或金额及其时间)因不受企业或客户控制的因素(例如，基于销售的特许权使用费)而变动。②合同对价与现金售价之间的差额是因为向企业或客户提供融资之外的其他原因(例如，对不履行义务的保护)而产生的，允许企业在评估是否存在重大融资成分时，考虑合同各方的意图。例如，长期建筑及制造合同中约定有保留款项，即合同价格的一部分要保留到履约义务完成后或者到某一商定时点才支付，设定这样的支付条款可能与融资因素无关。

4) 应付客户对价

应付客户对价包括向客户支付的现金或授予的奖励积分等，如礼品券、折扣券、批量回扣、货架展位付款等。向客户或向客户购买本企业商品的第三方支付(或预计将支付)的对价应冲减交易价格，除非该付款是为了向客户取得其他可明显区分的商品或服务。企业应以下两者按孰晚原则确认收入的减少：企业确认相关收入；企业支付或承诺支付客户对价(即使付款也视未来事项而定)。

应付客户对价是为了向客户取得其他可明显区分的商品或服务的，其会计处理应当与本企业其他采购的会计处理保持一致。如果应付客户对价超过向客户取得可明显区分商品或服务的公允价值的，超过金额冲减交易价格。

4. 将交易价格分摊至各单项履约义务

1) 分摊方法

合同中包含两项或多项履约义务的，企业应当在合同开始日，按照各单项履约义务所承诺商品的单独售价的相对比例，将交易价格分摊至各单项履约义务。企业不得因合同开始日之后单独售价的变动而重新分摊交易价格。

对于合同折扣，企业应当在各单项履约义务之间按比例分摊。合同折扣，是指合同中各单项履约义务所承诺商品的单独售价之和高于合同交易价格的金额。

有确凿证据表明合同折扣仅与合同中一项或多项(而非全部)履约义务相关的，企业应当将该合同折扣分摊至相关一项或多项履约义务。

2) 估计单独售价

单独售价，是指企业向客户单独销售商品的价格。单独售价无法直接观察的，企业应当综合考虑其能够合理取得的全部相关信息，采用市场调整法、成本加成法、余值法等方法合理估计单独售价。市场调整法是指企业根据某商品或者类似商品的市场售价，考虑本企业的成本和毛利率等进行适当调整后，确定其单独售价的方法。成本加成法是指企业根据某商品的预计成本加上其合理毛利后的价格，确定其单独售价的方法。余值法，是指企业根据合同交易价格减去合同中其他商品可观察的单独售价后的余值，确定某商品单独售价的方法。企业应当最大限度地采用可观察的输入值，并对类似的情况采用一致的估计方法。

企业在商品近期售价波动幅度巨大，或者因未定价且未曾单独销售而使售价无法可靠确定时，可采用余值法估计其单独售价。

例11-1 2019年3月1日，甲公司与客户签订合同，向其销售A、B两种商品，A商品的单独售价为6 000元，B商品的单独售价为24 000元，合同价款为25 000元。合同约定，A商品于合同开始日交付，B商品在一个月之后交付，只有当两项商品全部交付之后，甲公司才有权收取25 000元的合同对价。假定A商品和B商品分别构成单项履约义务，其控制权在交付时转移给客户。上述价格均不含增值税，且假设不考虑相关税费影响。

要求：甲公司应如何进行账务处理？

【答案】本例中，分摊至A商品是合同价款为5 000[6 000/(6 000+24 000)×25 000]元，分摊至B商品是合同价款为20 000[24 000/(6 000+24 000)×25 000]元。甲公司的账务处理如下：

交付A商品时

借：合同资产　　5 000

　　贷：主营业务收入　　5 000

交付B商品时

借：应收账款　　25 000

　　贷：合同资产　　5 000

　　　　主营业务收入　　20 000

合同资产，是指企业已向客户转让商品而有权收取对价的权利，且该权利取决于时间流逝之外的其他因素。如企业向客户销售两项可明确区分的商品，企业因已交付其中一项商品而有权收取款项，但收取该款项还取决于企业交付另一项商品的，企业应当将该收款权利作为合同资产。企业拥有的、无条件(即，仅取决于时间流逝)向客户收取对价的权利应当作为应收款项单独列示。即应收账款是企业无条件收取合同对价的权利，该权利应当作为应收账款单独列示。

例如，甲公司和乙公司签订了一项合同，合同中有两项履约义务(转让商品A和转让商品B)，转让商品A的对价为50元，转让商品B的对价为100元。

情况1：合同约定转让商品A时甲公司有权收取转让商品A的对价，转让商品B时有权收取转让商品B的对价，那么转让商品A后，甲公司就有权收取对价50元了，没有其他条件限制，什么时候收到就看乙公司什么时候付，50元应确认为应收账款。

情况2：合同约定转让商品A的对价要等商品B转让了之后才能收到。那么转让商品A时，甲公司因为已经履行了履约义务有收取对价的权利，但这个权利不是无条件的，要等到甲公司转让了B商品后，甲公司才能收到，50元应确认为合同资产。

3) 分摊合同折扣

合同折扣，是指合同中各单项履约义务所承诺商品的单独售价之和高于合同交易价格的金额。对于合同折扣，企业应当在各单项履约义务之间按照比例分摊。有确凿证据表明合同折扣仅与合同中一项或者多项(非全部)履约义务相关的，企业应当将合同折扣分摊至相关一项或多项履约义务。

同时满足下列条件时，企业应当将合同折扣全部分摊至合同中的一项或多项(而非全部)履约义务：①企业经常将该合同中的各项可明确区分的商品单独销售或者以组合的方式单独销售；②企业也经常将其中部分可明确区分的商品以组合的方式按折扣价格单独销售；③上述第②项中的折扣与该合同中的折扣基本相同，且针对每一组合中的商品的分析为将该合同的全部折扣归属于某一项或多项履约义务提供了可观察的证据。

有确凿证据表明合同折扣仅与合同中的一项或多项(而非全部)履约义务相关，且企业采用余值法估计单独售价的，企业应当首先在该一项或多项(而非全部)履约义务之间分摊合同折扣，然后再采用余值法估计单独售价。

例11-2　甲公司与丙户签订合同，向其销售A、B、C三种产品，合同总价款为120万元，这三种产品构成3个单项履约义务。企业经常单独出售A产品，其可直接观察的单独售价为50万元；B产品和C产品的单独售价不可直接观察，企业采用市场调整法估计B产品的单独售价为25万元，采用成本加成法估计C产品的单独售价为75万元。甲公司经常以50万元的价格单独销售A产品，并已经常将B产品和C产品组合在一起以70万元的价格销售。假定上述价格均不包含增值税。

分析：各产品分摊的交易价格分别为多少？

【答案】本例中，这三种产品的单独售价合计为150万元，而该合同的价格为120万元，因此该合同的折扣为30万元。由于甲公司经常将B产品和C产品组合在一起以70万元的价格销售，该价格与其单独售价的差额为30万元，与该合同的折扣一致，而A产品单独销售的价格与其单独售价一致，证明该合同的折扣仅应归属于B产品和C产品。因此，在该合同下，分摊至A产品的交易价格为50万元，分摊至B产品和C产品的交易价格合计为70万元，甲公司应当进一步按照B产品和C产品的单独售价的相对比例将该价格在两者之间进行分摊。因此，A产品分摊的交易价格为50万元，B产品分摊的交易价格为17.5 [(25÷100) ×70]万元，C产品分摊的交易价格为 52.5[(75÷100)×70]万元。

4) 分摊可变对价

合同中包含可变对价的，该可变对价可能与整个合同相关，也可能仅与合同中的某一特定组成部分有关，后者包括两种情形：一是可变对价可能与合同中的一项或多项(而非全部)履约义务有关；二是可变对价可能与企业向客户转让的构成单项履约义务的一系列可明确区分商品中的一项或多项(而非全部)商品有关。

同时满足下列条件的，企业应当将可变对价及可变对价的后续变动额全部分摊至与之相关的某项履约义务，或者构成单项履约义务的一系列可明确区分商品中的某项商品：①可变对价的条款专门针对企业为履行该项履约义务或转让该项可明确区分商品所作的努力(或者是履行该项履约义务或转让该项可明确区分商品所导致的特定结果)；②企业在考虑了合同中的全部履约义务及支付条款后，将合同对价中的可变金额全部分摊至该项履约义务或该项可明确区分商品符合分摊交易价格的目标。

对于不满足上述条件的可变对价及可变对价的后续变动额，以及可变对价及其后续变动额中未满足上述条件的剩余部分，企业应当按照分摊交易价格的一般原则，将其分摊至合同中的各单项履约义务。对于已履行的履约义务，其分摊的可变对价后续变动额应当调整变动当期的收入。

例11-3 甲公司与乙公司签订合同，将其拥有的两项专利技术X和Y授权给乙公司使用。假定两项授权均构成单项履约义务，且都属于在某一时点履行的履约义务。合同约定，授权使用X的价格为80万元，授权使用Y的价格为乙公司使用该专利技术所生产的产品销售额的3%。X和Y的单独售价分别为80万元和100万元。甲公司估计其就授权使用Y而有权收取的特许权使用费为100万元。假定上述价格均不包含增值税。

分析：该合同可变对价该如何处理？

【答案】本例中，该合同中包含固定对价和可变对价，其中，授权使用X的价格为固定对价，且与其单独售价一致，授权使用Y的价格为乙公司使用该专利技术所生产的产品销售额的3%,属于可变对价，该可变对价全部与授权使用Y能够收取的对价有关，且甲公司估计基于实际销售情况收取的特许权使用费的金额接近Y的单独售价。因此，甲公司将可变对价部分的特许权使用费金额全部由Y承担符合交易价格的分摊目标。

5) 交易价格的后续变动

交易价格发生后续变动的，企业应当按照在合同开始日所采用的基础将该后续变动金额分摊至合同中的履约义务。企业不得因合同开始日之后单独售价的变动而重新分摊交易价格。

交易价格的后续变动存在两种情形：①合同开始后，可变对价发生的正常变动；②是合同发生变更后，可变对价的处理。

对于情形①，企业应当按照在合同开始日所采用的基础(即对单独售价的估计)将后续变动分摊至各履约义务。也就是说，合同开始日后，各履约义务的单独售价变动，不影响后续变动价格的分摊。对于情形②，需要结合前述合同变更有关情况处理。

合同变更属于前述合同变更第①规定情形的，即原合同存续的同时成立一个全新的合同的情形，企业应当判断可变对价与哪一项合同有关，并进行分摊。例如，甲在餐馆吃饭，点了一份宫保鸡丁，花费15元，而后觉得没吃饱，又加了一份酸菜鱼，老板告诉甲，酸菜鱼的价格按照鱼的重量计算50元/斤。该例中，属于新增了可单独区分的商品，且增加的对价也反映了新增商品的单独售价，故视为成立了一个新的买卖酸菜鱼的合同。并随之产生了可变对价，可见，该可变对价完全是由酸菜鱼产生的，故应当全部分配至酸菜鱼。

合同变更属于前述合同变更第②规定情形的，即原合同终止，未履行完毕的履约义务与新增的合同内容合并的情形。企业应当首先将该可变对价后续变动额以原合同开始日确定的单独售价为基础进行分摊，然后再将分摊至合同变更日尚未履行履约义务的该可变对价后续变动额以新合同开始日确定的基础进行二次分摊。

对于其他情形，企业直接按照可变对价的分摊原则，将后续变动分摊至未履行的履约义务中去即可。

例11-4 2018年9月1日，甲公司与乙公司签订合同，向其销售A产品和B产品。A产品和B产品均为可明确区分商品，其单独售价相同，且均属于在某一时点履行的履约义务。

合同约定，A产品和B产品分别于2018年11月1日和2019年3月31日交付给乙公司。合同约定的对价包括1 000元的固定对价和估计金额为200元的可变对价。假定甲公司将200元的可变对价计入交易价格，满足有关将可变对价金额计入交易价格的限制条件。因此该合同的交易价格为1 200元。假定上述价格均不包含增值税。

2018年12月1日，双方对合同范围进行了变更，乙公司向甲公司额外采购C产品，合同价格增加300元，C产品与A、B两种产品可明确区分，但该增加的价格不反映C产品的单独售价。C产品的单独售价与A产品和B产品相同。C产品将于20×9年6月30 日交付给乙公司。

2018年12月31日，企业预计有权收取的可变对价的估计金额由200元变更为240元，该金额符合计入交易价格的条件。因此，合同的交易价格增加了40元，且甲公司认为该增加额与合同变更前已承诺的可变对价相关。

假定上述三种产品的控制权均随产品交付而转移给乙公司。

分析：该合同可变对价后续变动该如何处理？

【答案】本例中，在合同开始日，该合同包含两个单项履约义务，甲公司应当将估计的交易价格分摊至这两项履约义务。由于两种产品的单独售价相同，且可变对价不符合分摊至其中一项履约义务的条件，因此，甲公司将交易价格1 200元平均分摊至A产品和B产品，即A产品和B产品各自分摊的交易价格均为600元。

2018年11月1日，当A产品交付给客户时，甲公司相应确认收入600元。

2018年12月1日，双方进行了合同变更。该合同变更属于原合同终止，并将原合同的未履约部分与合同变更部分合并为新合同进行会计处理。在该新合同下，合同的交易价格为900(600+300)元，由于B产品和C产品的单独售价相同，分摊至B产品和C产品的交易价格的金额均为450元。

2018年12月31日，甲公司重新估计可变对价，增加了交易价格40元。由于该增加额与合同变更前已承诺的可变对价相关，因此应首先将该增加额分摊给A产品和B产品，之后再将分摊给B产品的部分在B产品和C产品形成的新合同中进行二次分摊。在本例中，由于A、B和C产品的单独售价相同，在将40元的可变对价后续变动分摊至A产品和B产品时，各自分摊的金额为20元。由于甲公司已经转让了A产品，在交易价格发生变动的当期即应将分摊至A产品的20元确认为收入。之后，甲公司将分摊至B产品的20元平均分摊至B产品和C产品，即各自分摊的金额为10元，经过上述分摊后，B产品和C产品的交易价格金额均为460(450+10)元。因此，甲公司分别在B产品和C产品控制权转移时确认收入460元。

5. 履行每一单项履约义务时确认收入

企业应当在履行了合同中的履约义务，即在客户取得相关商品控制权时确认收入。企业根据实际情况，首先判断履约义务是否满足在某一时段内履行的条件，如不满足，则该履约义务属于在某一时点履行的履约义务。对于在某一时段内履行的履约义务，企业应当选取恰当的方法来确定履约进度；对于在某一时点履行的履约义务，企业应当综合分析控制权转移的迹象，判断其转移时点。

1) 履行每一单项履约义务时确认收入的条件

在某一时段内履行的履约义务的收入确认条件。满足下列条件之一的，属于在某一时段内履行的履约义务，相关收入应当在该履约义务履行的期间内确认。

(1) 客户在企业履约的同时即取得并消耗企业履约所带来的经济利益。企业在履约过程中是持续地向客户转移该服务的控制权的，该履约义务属于在某一时段内履行的履约义务，企业应当在提供该服务的期间内确认收入。企业在进行判断时，可以假定在企业履约的过程中更换为其他企业继续履行剩余履约义务，如果该继续履行合同的企业实质上不需重新执行企业累计至今已经完成的工作，则表明客户在企业履约的同时即取得并消耗了企业履约所带来的经济利益。例如，企业承诺将客户的一批货物从A市运送到B市，假定该批货物在途经C市时，由另外一家运输公司接替企业继续提供该运输服务，由于A市到C市之间的运输服务是不需重新执行的，因此，表明客户在企业履约的同时即取得并消耗了企业履约所带来的经济利益，因此，企业提供的运输服务属于在某一时段内履行的履约义务。企业在判断其他企业实质上是否需要重新执行企业累计至今已经完成的工作时，应当基于以下两个前提：一是不考虑可能会使企业无法将剩余履约义务转移给其他企业的潜在限制，包括合同限制或实际可行性限制；二是假设继续履行剩余履约义务的其他企业将不会享有企业目前已控制的任何资产的利益，也不会享有剩余履约义务转移后企业仍然控制的任何资产的利益。

(2) 客户能够控制企业履约过程中在建的商品(一般是合同特定商品，特供零部件)，企业在履约过程中创建的商品包括在产品、在建工程、尚未完成的研发项目、正在进行的服务等，如果客户在企业创建该商品的过程中就能够控制这些商品，应当认为企业提供该商品的履约义务属于在某一时段内履行的履约义务。

例11-5 企业与客户签订合同，在客户拥有的土地上按照客户的设计要求为其建造厂房。在建造过程中客户有权修改厂房设计，并与企业重新协商设计变更后的合同价款。客户每月末按当月工程进度向企业支付工程款。如果客户终止合同，已完成建造部分的厂房归客户所有。

分析：企业与客户签订的该合同是否可以确认收入？

【答案】本例中，企业为客户建造厂房，该厂房位于客户的土地上，客户终止合同时，已建造的厂房归客户所有。这些均表明客户在该厂房建造的过程中就能够控制该在建的厂房。因此，企此提供的该建造服务属于在某一时段内履行的履约义务，企业应当在提供该服务的期间内确认收入。

(3) 企业履约过程中所产出的商品具有不可替代用途，且该企业在整个合同期间内有权就累计至今已完成的履约部分收取款项。

在判断商品是否具有不可替代用途时，企业既应当考虑合同限制，也应当考虑实际可行性限制，但无须考虑合同被终止的可能性。企业在判断商品是否具有不可替代用途时，需要注意以下4点：①企业应当在合同开始日判断所承诺的商品是否具有不可替代用途。

在此之后，除非发生合同变更，且该变更显著改变了原合同约定的履约义务，否则，企业无须重新进行评估。②合同中是否存在实质性限制条款，导致企业不能将合同约定的商品用于其他用途。保护性条款也不应被视为实质性限制条款。③是否存在实际可行性限制，例如，虽然合同中没有限制，但是企业将合同中约定的商品用作其他用途，将遭受重大的经济损失或发生重大的返工成本。④企业应当根据最终转移给客户的商品的特征判断其是否具有不可替代用途。例如，某商品在生产的前期可以满足多种用途需要的，从某一时点或某一流程开始，才进入定制化阶段，此时，企业应当根据该商品在最终转移给客户时的特征来判断其是否满足"具有不可替代用途"的条件。

有权就累计至今已完成的履约部分收取款项，是指在由于客户或其他方原因终止合同的情况下，企业有权就累计至今已完成的履约部分收取能够补偿其已发生成本和合理利润的款项，并且该权利具有法律约束力。企业在进行判断时，需要注意以下5点：①企业有权就累计至今已完成的履约部分收取的款项应当大致相当于累计至今已经转移给客户的商品的售价，即该金额应当能够补偿企业已经发生的成本和合理利润；②企业有权就累计至今已完成的履约部分收取款项，并不意味着企业拥有随时可行使的无条件收款权；③当客户只有在某些特定时点才能要求终止合同，或者根本无权终止合同时终止了合同(包括客户没有按照合同约定履行其义务)时，如果合同条款或法律法规赋予了企业继续执行合同(即企业继续向客户转移合同中承诺的商品并要求客户支付对价)的权利，则表明企业有权就累计至今已完成的履约部分收取款项；④企业在进行相关判断时，不仅要考虑合同条款的约定，还应当充分考虑所处的法律环境(包括适用的法律法规、以往的司法实践以及类似案例的结果等)是否对合同条款形成了补充，或者会凌驾于合同条款之上；⑤企业和客户在合同中约定的具体付款时间表并不一定意味着，企业有权就累计至今已完成的履约部分收取款项。企业需要进一步评估，合同中约定的付款时间表，是否使企业在整个合同期间内的任一时点，在由于除企业自身未按照合同承诺履约之外的其他原因导致合同终止的情况下，均有权就累计至今已完成的履约部分收取能够补偿其成本和合理利润的款项。

例11-6 甲公司是一家造船企业，与乙公司签订了一份船舶建造合同，按照乙公司的具体要求设计和建造船舶。甲公司在自己的厂区内完成该船舶的建造，乙公司无法控制在建过程中的船舶。甲公司如果想把该船舶出售给其他客户，需要发生重大的改造成本。双方约定，如果乙公司单方面解约，乙公司需向甲公司支付相当于合同总价30%的违约金，且建造中的船舶归甲公司所有。假定该合同仅包含一项履约义务，即设计和建造船舶。

分析：甲公司与乙公司签订的设计和建造船舶合同，是否同属于在某一时段内履行的履约义务?

【答案】本例中，船舶是按照乙公司的具体要求进行设计和建造的，甲公司需要发生重大的改造成本将该船舶改造之后才能将其出售给其他客户，因此，该船舶具有不可替代用途。然而，如果乙公司单方面解约，仅需向甲公司支付相当于合同总价30%的违约金，表明甲公司无法在整个合同期间内都有权就累计至今已完成的履约部分收取能够补偿其已发生成本和合理利润的款项。因此，甲公司为乙公司设计和建造船舶不属于在某一时段内履行的履约义务。

2) 在某一时段内履行的履约义务的收入确认方法

企业应当考虑商品的性质，采用产出法或投入法确定恰当的履约进度，并且在确定履约进度时应当扣除那些控制权尚未转移给客户的商品和服务。

(1) 产出法。产出法主要是根据已转移给客户的商品对于客户的价值确定履约进度，主要包括按照实际测量的完工进度、评估已实现的结果、已达到的里程碑、时间进度、已完工或交付的产品等确定履约进度的方法。

例11-7 甲公司与客户签订合同，为该客户拥有的一条铁路更换100根铁轨，合同价格为10万元(不含税价截至2018年12月31日，甲公司共更换铁轨60根，剩余部分预计在2019年3月31日之前完成。该合同仅包含一项履约义务，且该履约义务满足在某一时段内履行的条件。假定不考虑其他情况。

分析：甲公司与客户签订合同是否可以确认收入?

【答案】本例中，甲公司提供的更换铁轨的服务属于在某一时段内履行的履约义务，甲公司按照已完成的工作量确定履约进度。因此，截至2018年12月31日，该合同的履约进度为60% (60÷100)，甲公司应确认的收入为6万元(10万元×60%)。

产出法是直接计量已完成的产出，一般能够客观地反映履约进度。当产出法所需要的信息可能无法直接通过观察获得，或者为获得这些信息需要花费很高的成本时，可采用投入法。

(2) 投入法。投入法主要是根据企业履行履约义务的投入确定履约进度，主要包括以投入的材料数量、花费的人工工时或机器工时、发生的成本和时间进度等投入指标确定履约进度。

企业在采用投入法时，应当扣除那些虽然已经发生、但是未导致向客户转移商品的投入。企业在采用成本法确定履约进度时，可能需要对已发生的成本进行适当调整的情形有以下两种：①已发生的成本并未反映企业履行其履约义务的进度，如因企业生产效率低下等原因而导致的非正常消耗，包括非正常消耗的直接材料、直接人工及制造费用等，除非企业和客户在订立合同时已经预见会发生这些成本并将其包括在合同价款中；②已发生的成本与企业履行其履约义务的进度不成比例，企业在采用成本法时需要进行适当调整。

例11-8 2018年10月，甲公司与客户签订合同，为客户装修一栋办公楼并安装一部电梯，合同总金额为100万元。甲公司预计的合同总成本为80万元，其中包括电梯的采购成本30万元。

2018年12月，甲公司将电梯运达施工现场并经过客户验收、客户已取得对电梯的控制权，但是根据装修进度，预计到20x9年2月才会安装该电梯。截至2018年12月，甲公司累计发生成本40万元，其中包括支付给电梯供应商的采购成本30万元以及因采购电梯发生的运输和人工等相关成本5万元。

假定该装修服务(包括安装电梯)构成单项履约义务，并属于在某一时段需履行的履约义务，甲公司是主要责任人，但不参与电梯的设计和制造；甲公司采用成本法确定履约进度。上述金额均不含增值税。

分析：甲公司与客户签订合同如何确认收入与成本？

【答案】 本例中，截至2018年12月，甲公司发生成本40万元(包括电梯采购成本30万元以及因采购电梯发生的运输和人工等相关成本5万元)，甲公司认为其已发生的成本和履约进度不成比例，因此需要对履约进度的计算做出调整，将电梯的采购成本排除在已发生成本和预计总成本之外。在该合同中、该电梯不构成单项履约义务，其成本相对于预计总成本而言是重大的，甲公司是主要责任人，但是未参与该电梯的设计和制造，客户先取得了电梯的控制权，随后才接受与之相关的安装服务，因此，甲公司在客户取得该电梯控制权时，按照该电梯采购成本的全额确认转让电梯产生的收入。

2018年12月，该合同的履约进度为20% [(40−30)÷(80−30)]，应确认的收入和成本金额分别为44万元[(100−30)×20%+30]和40万元[(80-30)×20%+30]。

对于每一项履约义务，企业只能采用一种方法来确定其履约进度，并加以一贯运用。对于类似情况下的类似履约义务，企业应当采用相同的方法确定履约进度。

资产负债表日，企业应当在按照合同的交易价格总额乘以履约进度扣除以前会计期间累计已确认的收入后的金额，确认为当期收入。当履约进度不能合理确定时，企业已经发生的成本预计能够得到补偿的，应当按照已经发生的成本金额确认收入，直到履约进度能够合理确定为止。每一资产负债表日，企业应当对履约进度进行重新估计。当客观环境发生变化时，企业也需要重新评估履约进度是否发生变化，以确保履约进度能够反映履约情况的变化，该变化应当作为会计估计变更进行会计处理。

3) 在某一时点履行的履约义务

当一项履约义务不属于在某一时段内履行的履约义务时，应当属于在某一时点履行的履约义务。对于在某一时点履行的履约义务，企业应当在客户取得相关商品控制权时点确认收入。

在判断客户是否已取得商品控制权时，企业应当考虑下列几种迹象。

(1) 企业就该商品享有现时收款权利，即客户就该商品负有现时付款义务。如果企业就该商品享有现时的收款权利，则可能表明客户已经有能力主导该商品的使用并从中获得几乎全部的经济利益。

(2) 企业已将该商品的法定所有权转移给客户，即客户已拥有该商品的法定所有权。客户如果取得了该商品的法定所有权，则可能表明其已经有能力主导该商品的使用，并从中获得几乎全部的经济利益，或者能够阻止其他企业获得这些经济利益。如果企业仅仅是为了到期收回货款而保留商品法定所有权，那么企业所保留的这项权利通常不会对客户取得对该商品的控制权构成障碍。

(3) 企业已将商品实物转移给客户，即客户已占有该商品实物。客户如果已经占有该商品实物，则可能表明其已经有能力主导该商品的使用并从中获得几乎全部的经济利益，或者能够阻止其他企业获得这些经济利益。

需要说明的是，客户占有了某项商品的实物并不意味着其就一定取得了该商品的控制权，反之亦然。例如，采用支付手续费方式的委托代销安排下，虽然企业作为委托方已将商品发送给受托方，但是受托方并未取得该商品的控制权。委托方不应在向受托方发货时确认销售商品的收入，而仍然应当根据控制权是否转移来判断何时确认收入，通常应当在受托方售出商品时确认销售商品收入；受托方应当在商品销售后，按合同或协议约定的方法计算确定的手续费确认收入。

表明一项安排是委托代销安排的迹象包括但不限于以下几种情形：①在特定事件发生之前(例如，向最终客户出售产品或指定期间到期之前)，企业拥有对商品的控制权；②企业能够要求将委托代销的商品退回或者将其销售给其他方(如其他经销商)；③尽管经销商可能被要求向企业支付一定金额的押金，但是其并没有承担对这些商品无条件付款的义务。

在售后代管商品安排下，企业除了考虑客户是否取得商品控制权的迹象之外，还应当同时满足下列条件，才表明客户取得了该商品的控制权：一是该安排必须具有商业实质，例如该安排是应客户的要求而订立的；二是属于客户的商品必须能够单独识别，例如将属于客户的商品单独存放在指定地点；三是该商品可以随时交付给客户；四是企业不能自行使用该商品或将该商品提供给其他客户。

例11-9 2018年1月1日，甲公司与乙公司签订合同，向其销售一台设备和专用零部件。该设备和零部件的制造期为2年。甲公司在完成设备和零部件的生产之后，能够证明其符合合同约定的规格。假定企业向客户转让设备和零部件为两个单项履约义务，且都属于在某一时点履行的履约义务。

2019年12月31日，乙公司支付了该设备和零部件的合同价款，并对其进行了验收。乙公司运走了设备，但是考虑到其自身的仓储能力有限，且其工厂紧邻甲公司的仓库，因此要求将零部件存放于甲公司的仓库中，并且要求甲公司按照其指令随时安排发货。乙公司已拥有零部件的法定所有权，且这些零部件可明确识别为属于乙公司的物品。甲公司在其仓库内的单独区域内存放这些零部件，并且应乙公司的要求可随时发货。甲公司不能使用这些零部件，也不能将其提供给其他客户使用。

分析：甲公司与乙公司签订的合同如何确认收入？

【答案】本例中，2019年12月31日，该设备的控制权移给乙公司；对于零部件而言，甲公司已经收取合同价款，但是应乙公司的要求尚未发货，乙公司已拥有零部件的法定所有权并且对其进行了验收，虽然这些零部件实物尚由甲公司持有，但是其满足在“售后代管商品”的安排下客户取得商品控制权的条件，这些零部件的控制权也已经转移给了乙公司。因此，甲公司应当确认销售设备和零部件的相关收入。

例11-10 A公司生产并销售笔记本电脑。2017年，A公司与零售商B公司签订销售合同，向其销售1万台电脑。由于B公司的仓储能力有限，无法在2017年底之前接收该批电脑，双方约定A公司在2018年按照B公司的指令按时发货，并将电脑运送至B公司指定的地点。2017年12月31日，A公司上述电脑库存1.2万台，其中包括1万台将要销售给B公司的电脑。然而，这1万台电脑和其余2000台电脑一起存放并统一管理，并且彼此之间可以互相替换。

分析：A公司与B公司签订的合同如何确认收入？

【答案】本例中，尽管是由于B公司没有足够的仓储空间才要求A公司暂不发货，并按照其指定的时间发货，但是由于这1万台电脑与A公司的其他产品可以互相替换，且未单独存放保管，A公司在向B公司交付这些电脑之前，能够将其提供给其他客户或者自行使用。因此，这1万台电脑在2017年12月31日不满足“售后代管商品”安排下确认收入的条件。

(4) 企业已将该商品所有权上的主要风险和报酬转移给客户，即客户已取得该商品所有权上的主要风险和报酬。企业在判断时,不应当考虑保留除转让商品之外产生其他履约义务的风险的情形。例如，企业将产品销售给客户，并承诺提供后续维护服务，销售产品和维护服务均构成单项履约义务，企业保留的因维护服务而产生的风险并不影响企业有关主要风险和报酬转移的判断。

(5) 客户已接受该商品。企业在判断是否已经将商品的控制权转移给客户时，应当考虑客户是否已接受该商品，特别是客户的验收是否仅仅是一个形式。如果在取得客户验收之前已经确认了收入，企业应当考虑是否还存在剩余的履约义务，例如设备安装、运输等，并且评估是否应当对其单独进行核算。相反的，如果企业无法客观地确定其向客户转让商品是否符合合同规定的条件，那么在客户验收之前，企业不能认为已经将该商品的控制权转移给了客户。例如，客户主要基于主观判断进行验收时，在验收完成之前，企业无法确定其商品是否能够满足客户的主观标准，因此，企业应当在客户完成验收接受该商品时才能确认收入。实务中，定制化程度越高的商品，可能越难证明客户验收仅仅是一个形式。此外，如果企业将商品发送给客户供其试用或者测评，且客户并未承诺在试用期结束前支付任何对价，则在客户接受该商品或者在试用期结束之前，该商品的控制权并未转移给客户。

(6) 其他表明客户已取得商品控制权的迹象。

需要强调的是，在上述迹象中，并没有哪一个或者哪几个迹象是决定性的，企业应当根据合同条款和交易实质进行分析，综合判断其是否以及何时将商品的控制权转移给客户，从而确定收入确认的时点。此外，企业应当从客户的角度进行评估，而不应当仅考虑企业自身的想法。

三、关于合同成本

(一) 合同履约成本

企业为履行合同可能会发生各种成本，企业在确认收入的同时应当对这些成本进行分析，属于存货、固定资产、无形资产等规范范围的，应当按照相关章节进行会计处理；不属于其他章节规范范围且同时满足下列条件的，应当作为合同履约成本确认为一项资产。

1. 该成本与一份当前或预期取得的合同直接相关

预期取得的合同应当是企业能够明确识别的合同，例如，现有合同续约后的合同、尚未获得批准的特定合同等。与合同直接相关的成本包括直接人工(例如，支付给直接为客户提供所承诺服务的人员的工资、奖金等)、直接材料(例如，为履行合同耗用的原材料、辅助材料、构配件、零件、半成品的成本和周转材料的摊销及租赁费用等)、制造费用(或类似费用，例如，组织和管理相关生产、施工、服务等活动发生的费用，包括管理人员的职工薪酬、劳动保护费、固定资产折旧费及修理费、物料消耗、取暖费、水电费、办公费、差旅费、财产保险费、工程保修费、排污费、临时设施摊销费等)、明确由客户承担的成本以及仅因该合同而发生的其他成本(例如，支付给分包商的成本、机械使用费、设计和技术援助费用、施工现场二次搬运费、生产工具和用具使用费、检验试验费、工程定位复测费、工程点交费用、场地清理费等)。

2. 该成本增加了企业未来用于履行(包括持续履行)履约义务的资源

3. 该成本预期能够收回

企业应当在下列支出发生时，将其计入当期损益：一是管理费用，除非这些费用明确由客户承担。二是非正常消耗的直接材料、直接人工和制造费用(或类似费用)，这些支出为履行合同发生，但未反映在合同价格中。三是与履约义务中已履行(包括已全部履行或部分履行)部分相关的支出，即该支出与企业过去的履约活动相关。四是无法在尚未履行的与已履行(或已部分履行)的履约义务之间区分的相关支出。

例11-11 甲公司与乙公司签订合同，为乙公司信息中心提供管理服务，合同期限为5年。在向乙公司提供服务之前，甲公司设计并搭建了一个信息技术平台供其内部使用，该信息技术平台由相关的硬件和软件组成。甲公司需要提供设计方案，将该信息技术平台与乙公司现有的信息系统对接，并进行相关测试。该平台并不会转让给乙公司，但是，将用于向乙公司提供服务。甲公司为该平台的设计、购买硬件和软件以及信息中心的测试发生了成本。除此之外，甲公司专门指派两名员工，负责向乙公司提供服务。

分析：甲公司与乙公司签订的合同如何确认收入？

【答案】本例中，甲公司为履行合同发生的上述成本中，购买硬件和软件的成本应当分别按照固定资产和无形资产准则进行会计处理；设计服务成本和信息中心的测试成本不属于其他企业会计准则的规范范围，但是这些成本与履行该合同直接相关，并且增加了甲公司未来用于履行履约义务(即提供管理服务)的资源，如果甲公司预期该成本可通过未来提供服务收取的对价收回，则甲公司应当将这些成本确认为一项资产。甲公司向两名负责该项目的员工支付的工资费用，虽然与向乙公司提供服务有关，但是由于其并未增加企业未来用于履行履约义务的资源，因此，应当于发生时计入当期损益。

(二) 合同取得成本

企业为取得合同发生的增量成本预期能够收回的，应当作为合同取得成本确认为一项资产。增量成本，是指企业不取得合同就不会发生的成本，例如销售佣金等。

企业为取得合同发生的、除预期能够收回的增量成本之外的其他支出，应当在发生时计入当期损益，除非这些支出明确由客户承担。

实务中，涉及合同取得成本的安排可能会比较复杂，例如，合同续约或合同变更时需要支付额外的佣金、企业支付的佣金金额取决于客户未来的履约情况或者取决于累计取得的合同数量或金额等，企业需要运用判断，对发生的合同取得成本进行恰当的会计处理。企业因现有合同续约或发生合同变更需要支付额外佣金等，也属于为取得合同发生的增量成本。

(三) 合同履约成本和合同取得成本的摊销和减值

1. 摊销

确认为企业资产的合同履约成本或合同取得成本(以下称与合同成本有关的资产)，应当采用与该资产相关的商品收入确认相同的基础(即在履约义务履行的时点或按照履约义务的履约进度)进行摊销，计入当期损益。

2. 减值

与合同成本有关的资产，其账面价值高于下列第一项减去第二项的差额的，超出部分应当计提减值准备，并确认为资产减值损失：一是企业因转让与该资产相关的商品预期能够取得的剩余对价；二是为转让该相关商品估计将要发生的成本。以前期间减值的因素之后发生变化，使得第一项减去第二项的差额高于该资产账面价值的，应当转回原已计提的资产减值准备，并计入当期损益，但转回后的资产账面价值不应超过假定不计提减值准备情况下该资产在转回日的账面价值。在确定上述资产的减值损失时，企业应当首先对相关的其他资产确定减值损失，然后再按上述要求确定上述资产的减值损失。

企业在测试相关资产组的减值情况时，应当将按照上述要求确定的与合同成本有关的资产减值后的新账面价值计入相关资产组的账面价值。

四、销售商品收入的会计处理

(一) 附有质量保证条款的销售

对于附有质量保证条款的销售，企业应当评估该质量保证是否在向客户保证所销售商品符合既定标准之外提供了一项单独的服务。在评估质量保证是否在向客户保证所销售商品符合既定标准之外提供了一项单独的服务时，企业应当考虑该质量保证是否为法定要求、质量保证期限以及企业承诺履行任务的性质等因素。

(1) 提供额外服务客户能够选择单独购买质量保证的，该质量保证构成单项履约义务。企业提供额外服务的，应当作为单项履约义务，在履行了合同中的履约义务，即在客户取得相关商品控制权时确认收入。

(2) 未提供额外服务企业未提供额外服务的，与质量保证责任相关的义务同时满足下列条件的，应当确认为预计负债：①该义务是企业承担的现时义务；②履行该义务很可能导致经济利益流出企业；③该义务的金额能够可靠地计量。

预计负债应当按照履行相关现时义务所需支出的最佳估计数进行初始计量。所需支出存在一个连续范围，且该范围内各种结果发生的可能性相同的，最佳估计数应当按照该范围内的中间值确定。

企业在确定最佳估计数时，应当综合考虑与或有事项有关的风险、不确定性和货币时间价值等因素。货币时间价值影响重大的，应当通过对相关未来现金流出进行折现后确定最佳估计数。

企业清偿预计负债所需支出全部或部分预期由第三方补偿的，补偿金额只有在基本确定能够收到时才能作为资产单独确认。确认的补偿金额不应当超过预计负债的账面价值。

(二) 向客户收取的不需退回的初始费

企业在合同开始(或接近合同开始)日向客户收取的不需退回的初始费(如俱乐部的入会费等)应当计入交易价格。企业应当评估该初始费是否与向客户转让已承诺的商品相关。

(1) 该初始费与向客户转让已承诺的商品相关，并且该商品构成单项履约义务的，企业应当在转让该商品时，按照分摊至该商品的交易价格确认收入。

(2) 该初始费与向客户转让已承诺的商品相关，但该商品不构成单项履约义务的，企业应当在包含该商品的单项履约义务履行时，按照分摊至该单项履约义务的交易价格确认收入。

(3) 该初始费与向客户转让已承诺的商品不相关的，该初始费应当作为未来将转让商品的预收款，在未来转让该商品时确认为收入。

(三) 附有客户额外购买选择权的销售

对于附有客户额外购买选择权的销售，企业应当评估该选择权是否向客户提供了一项重大权利。

企业提供重大权利的，应当作为单项履约义务，按照准则规定将交易价格分摊至该履约义务，在客户未来行使购买选择权取得相关商品控制权或者该选择权失效时，确认相应的收入。

(1) 合同中包含两项或多项履约义务的，企业应当在合同开始日，按照各单项履约义务所承诺商品的单独售价的相对比例，将交易价格分摊至各单项履约义务。企业不得因合同开始日之后单独售价的变动而重新分摊交易价格。

(2) 企业在类似环境下向类似客户单独销售商品的价格，应作为确定该商品单独售价的最佳证据。单独售价无法直接观察的，企业应当综合考虑其能够合理取得的全部相关信息，采用市场调整法、成本加成法、余值法等方法合理估计单独售价。在估计单独售价时，企业应当采用可观察的输入值，并对类似的情况采用一致的估计方法。

(3) 企业在商品近期售价波动幅度巨大或者因未定价且未曾单独销售而使售价无法可靠确定时，可采用余值法估计其单独售价。

客户额外购买选择权的单独售价无法直接观察的，企业应当综合考虑客户行使和不行使该选择权所能获得的折扣的差异、客户行使该选择权的可能性等全部相关信息后，予以合理估计。

客户虽然有额外购买商品选择权，但客户行使该选择权购买商品时的价格反映了这些商品单独售价的，不应被视为企业向该客户提供了一项重大权利。

(四) 向客户授予知识产权许可

企业向客户授予知识产权许可，构成单项履约义务的，同时满足下列条件时，应当作为在某一时段内履行的履约义务确认相关收入；否则，应当作为在某一时点履行的履约义务确认相关收入：①合同要求或客户能够合理预期企业将从事对该项知识产权有重大影响的活动；②该活动对客户将产生有利或不利影响；③该活动不会导致向客户转让某项商品。

企业向客户授予知识产权许可，并约定按客户实际销售或使用情况收取特许权使用费的，应当在下列两项孰晚的时点确认收入：①客户后续销售或使用行为实际发生；②企业履行相关履约义务。

(五) 转售业务与代理业务

企业应当根据其在向客户转让商品前是否拥有对该商品的控制权，来判断其从事交易时的身份是主要责任人还是代理人。

企业在向客户转让商品前能够控制该商品的，该企业为主要责任人，应当按照已收或应收对价总额确认收入；否则，该企业为代理人，应当按照预期有权收取的佣金或手续费的金额确认收入，该金额应当按照已收或应收对价总额扣除应支付给其他相关方的价款后的净额，或者按照既定的佣金金额或比例等确定。

企业向客户转让商品前能够控制该商品的情形包括以下几种：第一，企业自第三方取得商品或其他资产控制权后，再转让给客户。在具体判断向客户转让商品前是否拥有对该商品的控制权时，企业不应仅局限于合同的法律形式，而应当综合考虑所有相关事实和情况，这些事实和情况包括：①企业承担向客户转让商品的主要责任；②企业在转让商品之前或之后承担了该商品的存货风险；③企业有权自主决定所交易商品的价格；④其他相关事实和情况。第二，企业能够主导第三方代表本企业向客户提供服务。第三，企业自第三方取得商品控制权后，通过提供重大的服务将该商品与其他商品整合成某组合产出转让给客户。

(六) 托收承付方式的销售

托收承付，是指企业根据合同发货后，委托银行向异地付款单位收取款项，由购货方向银行承诺付款的销售方式。在这种销售方式下，企业通常应在发出商品且办妥托收手续时确认收入。如果商品已经发出且办妥托收手续，但由于各种原因与发出商品所有权有关的风险和报酬没有转移的，企业不应确认收入。

例11-12 甲公司在2019年7月12日向乙公司销售一批商品，开出的增值税专用发票上注明的销售价格为200 000元，增值税税额为26 000元，款项尚未收到；该批商品成本为120 000元，甲公司在销售时已知乙公司资金周转发生困难，但为了减少存货积压，同时也为了维持与乙公司长期建立的商业合作关系，甲公司仍将商品发往乙公司且办妥托收手续。假定甲公司发出该批商品时其增值税纳税义务已经发生。2019年10月5日，甲公司得知乙公司经营情况逐渐好转，乙公司承诺近期付款。2019年10月16日，甲公司收到款项。甲公司应如何作账务处理？

【解析】本例中，由于乙公司资金周转存在困难，因而甲公司在货款回收方面存在较大的不确定性，与该批商品所有权有关的风险和报酬没有转移给乙公司。甲公司在发出商品且办妥托收手续时不能确认收入，已经发出的商品成本应通过“发出商品”科目反映。

【答案】甲公司的账务处理如下：

(1) 2019年7月12日

借：发出商品——××商品　　120 000

　贷：库存商品——××商品　　120 000

同时，将增值税专用发票上注明的增值税额转入应收账款

借：应收账款——乙公司　　26 000

　贷：应交税费——应交增值税(销项税额)　　26 000

(注：如果销售该商品的增值税纳税义务尚未发生，则不作这笔分录，待纳税义务发生时再作应交增值税的分录)

(2) 2019年10月5日

借：应收账款——乙公司　　200 000

　贷：主营业务收入——销售××商品　　200 000

借：主营业务成本——销售××商品　　120 000

　贷：发出商品——××商品　　120 000

(3) 2019年10月16日

借：银行存款　　226 000

　贷：应收账款——乙公司　　226 000

(七) 预收款方式的销售

采用预收款方式销售商品的，企业应在发出商品时确认收入，在此之前预收的货款应确认为负债。

例11-13　甲公司与乙公司签订协议，采用分期预收款方式向乙公司销售一批商品。该批商品实际成本为1 400 000元。协议约定，该批商品销售价格为2 000 000元；乙公司应在协议签订时预付60%的货款(按不含增值税销售价格计算)，剩余货款于2个月后支付。假定甲公司在收到剩余货款时，销售该批商品的增值税纳税义务发生，增值税额为260 000元；不考虑其他因素，甲公司的账务处理应如何进行？

【答案】(1) 收到60%的货款

借：银行存款　1 200 000

　　贷：预收账款——乙公司　1 200 000

(2) 收到剩余货款，发生增值税纳税义务

借：预收账款——乙公司　1 200 000

　　银行存款　1 060 000

　　贷：主营业务收入——销售××商品　2 000 000

　　　　应交税费——应交增值税(销项税额)　260 000

借：主营业务成本——销售××商品　1 400 000

　　贷：库存商品——××商品　1 400 000

(八) 委托代销

1. 视同买断方式委托代销商品

视同买断方式委托代销商品，是指委托方和受托方签订合同或协议，委托方按合同或协议收取代销的货款，实际售价由受托方自定，实际售价与合同或协议价之间的差额归受托方所有的销售方式。如果委托方和受托方之间的协议明确标明，受托方在取得代销商品后，无论是否能够卖出、是否获利，均与委托方无关，那么委托方和受托方之间的代销商品交易，与委托方直接销售商品给受托方没有实质区别。在符合销售商品收入确认条件时，委托方应在发出商品时确认收入。但若协议表明，将来受托方没有将商品售出时可以将商品退回给委托方，或受托方因代销商品出现亏损时可以要求委托方补偿，那么委托方在交付商品时不确认收入，委托方应在收到代销清单时确认收入。

例11-14　甲公司委托乙公司销售某批商品200件，协议价为100元/件，该商品成本为60元/件，增值税税率为13%。假定商品已经发出，根据代销协议，乙公司不能将没有代销出去的商品退回甲公司；甲公司将该批商品交付乙公司时发生增值税纳税义务，金额为2 600元。乙公司对外销售该商品的售价为120元/件，并收到款项存入银行。甲、乙公司的账务处理分别应如何进行？

【答案】(1) 根据上述资料，甲公司的账务处理如下：

① 甲公司将该批商品交付乙公司

借：应收账款——乙公司　22 600

　　贷：主营业务收入——销售××商品　20 000

应交税费——应交增值税(销项税额) 2 600

借：主营业务成本——销售××商品 12 000

贷：库存商品——××商品 12 000

② 收到乙公司汇来货款22 600元

借：银行存款 22 600

贷：应收账款——乙公司 22 600

(2) 乙公司的账务处理如下：

① 收到该批商品

借：库存商品——××商品 20 000

应交税费——应交增值税(进项税额) 2 600

贷：应付账款——甲公司 22 600

② 对外销售该批商品

借：银行存款 27 120

贷：主营业务收入——销售××商品 24 000

应交税费——应交增值税(销项税额) 3 120

借：主营业务成本——销售××商品 20 000

贷：库存商品——××商品 20 000

③ 按合同协议价将款项付给甲公司

借：应付账款——甲公司 22 600

贷：银行存款 22 600

2. 支付手续费方式委托代销商品

(1) 委托方于收到代销清单时确认收入，委托方发出商品时通过“发出商品”科目核算。

(2) 受托方收到受托代销的商品，按约定的价格，借记“受托代销商品”科目，贷记“受托代销商品款”科目。

例11-15 甲公司委托丙公司销售商品200件，商品已经发出，每件成本为60元。合同约定丙公司应按每件100元对外销售，甲公司按不含增值税的销售价格的10%向丙公司支付手续费。丙公司对外实际销售100件，开出的增值税专用发票上注明的销售价格为10 000元，增值税额为1 300元，款项已经收到。甲公司收到丙公司开具的代销清单时，向丙公司开具一张相同金额的增值税专用发票。假定甲公司发出商品时纳税义务尚未发生，不考虑其他因素。甲、丙公司的账务处理分别应如何进行？

【答案】(1) 根据上述资料，甲公司的账务处理如下：

① 发出商品

借：发出商品——丙公司 12 000

贷：库存商品——××商品 12 000

② 收到代销清单，同时发生增值税纳税义务

借：应收账款——丙公司　　11 300

　　贷：主营业务收入——销售××商品　　10 000

　　　　应交税费——应交增值税(销项税额)　　1 300

借：主营业务成本——销售××商品　　6 000

　　贷：发出商品——丙公司　　6 000

借：销售费用——代销手续费　　1 000

　　贷：应收账款——丙公司　　1 000

③ 收到丙公司支付的货款

借：银行存款　　10 300

　　贷：应收账款——丙公司　　10 300

(2) 丙公司的账务处理如下：

① 收到商品

借：代理业务资产(或受托代销商品)——甲公司　　20 000

　　贷：代理业务负债(或受托代销商品款)——甲公司　　20 000

② 对外销售

借：银行存款　　11 300

　　贷：应付账款——甲公司　　10 000

　　　　应交税费——应交增值税(销项税额)　　1 300

③ 收到增值税专用发票

借：应交税费——应交增值税(进项税额)　　1 300

　　贷：应付账款——甲公司　　1 300

借：代理业务负债——甲公司　　10 000

　　贷：代理业务资产——甲公司　　10 000

④ 支付货款并计算代销手续费

借：应付账款——甲公司　　11 300

　　贷：银行存款　　10 300

　　　　其他业务收入——代销手续费　　1 000

(九) 商品需要安装和检验的销售

售出商品需要安装和检验的，在购买方接受交货以及安装和检验完毕前，企业不应确认收入。如果安装程序比较简单或检验是为了最终确定合同或协议价格而必须进行的程序，企业可以在发出商品时确认收入。

(十) 订货销售

对于订货销售的，企业应在发出商品时确认收入，在此之前预收的货款应确认为负债。

(十一) 以旧换新销售

采用以旧换新方式销售商品的，企业应当按照销售商品收入确认条件确认收入，回收的商品作为购进商品处理。

例11-16 甲公司响应我国政府有关部门倡导的家电以旧换新、搞活流通扩大消费、促进再生资源回收利用的相关政策，积极开展家电以旧换新业务。2019年3月份，甲公司共销售MN型号彩色电视机100台，每台不含增值税销售价格2000元，每台销售成本为900元；同时回收100台MN型号旧彩色电视机，每台回收价格为226元；款项均已收付。根据上述资料，甲公司的账务处理应如何进行？

【答案】(1) 2019年3月份，甲公司销售100台MN型号彩色电视机

借：库存现金　226 000

　　贷：主营业务收入——销售MN型号彩色电视机　200 000

　　　　应交税费——应交增值税(销项税额)　26 000

借：主营业务成本——销售MN型号彩色电视机　90 000

　　贷：库存商品——MN型号彩色电视机　90 000

(2) 2019年3月份，甲公司回收100台MN型号彩色电视机

借：原材料　20 000

　　应交税费——应交增值税(进项税额)　2 600

　　贷：库存现金　22 600

(十二) 销售商品涉及商业折扣、现金折扣、销售折让

1. 现金折扣

现金折扣是指债权人为鼓励债务人在规定的期限内付款而向债务人提供的债务扣除。企业销售商品涉及现金折扣的，应当按照扣除现金折扣前的金额确定销售商品收入金额。现金折扣在实际发生时计入当期损益。

2. 商业折扣

商业折扣是指企业为促进商品销售而在商品标价上给予的价格扣除。企业销售商品涉及商业折扣的，应当按照扣除商业折扣后的金额确定销售商品收入金额。

3. 销售折让

销售折让是指企业因售出商品的质量不合格等原因而在售价上给予的减让。对于销售折让，企业应分别不同情况进行处理：①已确认收入的售出商品发生销售折让的，企业通常应当在发生时冲减当期销售商品收入；②已确认收入的销售折让属于资产负债表日后事项的，企业应当按照《企业会计准则第29号——资产负债表日后事项》的相关规定进行处理。

例11-17 甲公司在2019年4月1日向乙公司销售一批商品，开出的增值税专用发票上

注明的销售价格为10 000元，增值税额为1 300元。为及早收回货款，甲公司和乙公司约定的现金折扣条件为：2/10，1/20，*n*/30。假定计算现金折扣时不考虑增值税额。

要求：根据上面的资料，甲公司根据以下时点编制账务处理。

(1) 销售实现时的账务处理。

(2) 如果乙公司在2019年4月9日付清货款，甲公司的账务处理。

(3) 如果乙公司在2019年4月18日付清货款，甲公司的账务处理。

(4) 如果乙公司在2019年4月底才付清货款，甲公司的账务处理。

【答案】(1) 2019年4月1日销售实现时，按销售总价确认收入

借：应收账款——乙公司 11 300
　贷：主营业务收入——销售××商品 10 000
　　应交税费——应交增值税(销项税额) 1 300

(2) 如果乙公司在2019年4月9日付清货款，则按销售总价10 000元的2%享受现金折扣200元(10 000×2%)，实际付款11 100元(11 300−200)

借：银行存款 11 100
　财务费用——现金折扣 200
　贷：应收账款——乙公司 11 300

(3) 如果乙公司在2019年4月18日付清货款，则按销售总价10 000元的1%享受现金折扣100元(10 000×1%)，实际付款11 200元(11 300−100)

借：银行存款 11 200
　财务费用——现金折扣 100
　贷：应收账款——乙公司 11 300

(4) 如果乙公司在2019年4月底才付清货款，则按全额付款

借：银行存款 11 300
贷：应收账款——乙公司 11 300

例11-18　甲公司在2019年6月1日向乙公司销售一批商品，开出的增值税专用发票上注明的销售价格为800 000元，增值税额为104 000元，款项尚未收到：该批商品成本为640 000元。6月30日，乙公司在验收过程中发现商品外观上存在瑕疵，但基本上不影响使用，要求甲公司在价格上(不含增值税额)给予5%的减让。假定甲公司已确认收入；已取得税务机关开具的红字增值税专用发票。

要求：根据上面的资料，编制甲公司相关的账务处理。

【答案】甲公司的账务处理如下：

(1) 2019年6月1日销售实现

借：应收账款——乙公司 904 000
　贷：主营业务收入——销售××商品 800 000
　　应交税费——应交增值税(销项税额) 104 000

借：主营业务成本——销售××商品 640 000

贷：库存商品——××商品　640 000

(2) 2019年6月30日发生销售折让，取得红字增值税专用发票

借：主营业务收入——销售××商品　40 000

应交税费——应交增值税(销项税额)　5 200

贷：应收账款——乙公司　45 200

(3) 2019年收到款项

借：银行存款　858 800

贷：应收账款——乙公司　858 800

(十三) 销售退回及附有销售退回条件的销售

1. 销售退回

销售退回是指企业售出的商品由于质量、品种不符合要求等原因而发生的退货。对于销售退回，企业应分别按下面两种不同情况进行会计处理。

(1) 对于未确认收入的售出商品发生的销售退回。企业应按已计入“发出商品”科目的商品成本的金额，借记“库存商品”科目，贷记“发出商品”科目。编制会计分录为

借：库存商品

贷：发出商品

若原发出商品时增值税纳税义务已发生

借：应交税费——应交增值税(销项税额)

贷：应收账款

(2) 对于已确认收入的售出商品发生的销售退回。企业已经确认销售商品收入的售出商品发生销售退回的，应当在发生时冲减当期销售商品收入、销售成本等。销售退回属于资产负债表日后事项的，适用《企业会计准则第29号——资产负债表日后事项》的相关规定。

例11-19　甲公司在2019年10月18日向乙公司销售一批商品，开出的增值税专用发票上注明的销售价格为1 000 000元。增值税税额为130 000元，该批商品成本为520 000元。乙公司在2019年10月27日支付货款，2019年12月5日，该批商品因质量问题被乙公司退回，甲公司当日支付有关款项。假定甲公司已取得税务机关开具的红字增值税专用发票。

要求：甲公司的账务处理应如何进行?

【答案】(1) 2019年10月18日销售实现时，按销售总价确认收入

借：应收账款——乙公司　1 130 000

贷：主营业务收入——销售××商品　1 000 000

应交税费——应交增值税(销项税额)　130 000

借：主营业务成本——销售××商品　520 000

贷：库存商品——××商品　520 000

(2) 在2019年10月27日收到货款

借：银行存款　　1 130 000

　　贷：应收账款——乙公司　　1 130 000

(3) 2019年12月5日发生销售退回，取得红字增值税专用发票

借：主营业务收入——销售××商品　　1 000 000

　　应交税费——应交增值税(销项税额)　　130 000

　　贷：银行存款　　1 130 000

借：库存商品——××商品　　520 000

　　贷：主营业务成本——销售××商品　　520 000

2. 附有销售退回条件的商品销售

附有销售退回条件的商品销售会计处理如图11-1所示。

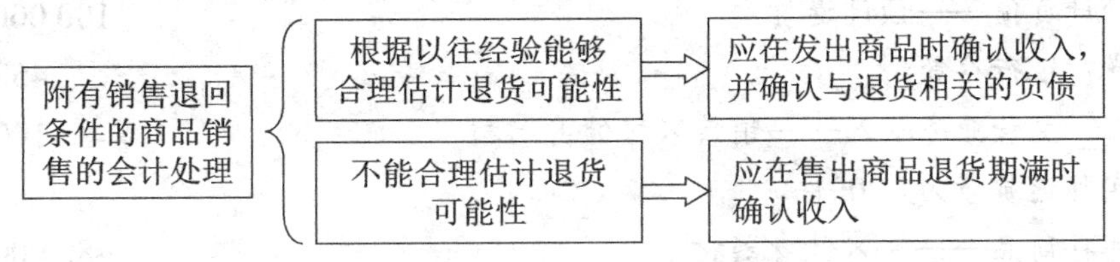

图11-1　附有销售退回条件的商品销售会计处理

例11-20　甲公司是一家健身器材销售公司，2020年1月1日，甲公司向乙公司销售5 000件健身器材，单位销售价格为500元，单位成本为400元，开出的增值税专用发票上注明的销售价格为2 500 000元，增值税税额为325 000元。协议约定，乙公司应于2月1日之前支付货款，在6月30日之前有权退还健身器材。健身器材已经发出，款项尚未收到。假定甲公司根据过去的经验，估计该批健身器材退货率约为20%；健身器材发出时纳税义务已经发生；实际发生销售退回时取得税务机关开具的红字增值税专用发票。

要求：甲公司的账务处理应如何进行?

【答案】(1) 2020年1月1日发出健身器材

借：应收账款——乙公司　　2 825 000

　　贷：主营业务收入——销售××健身器材　　2 500 000

　　　　应交税费——应交增值税(销项税额)　　325 000

借：主营业务成本——销售××健身器材　　2 000 000

　　贷：库存商品——××健身器材　　2 000 000

(2) 2020年1月31日确认估计的销售退回

借：主营业务收入——销售××健身器材　　500 000

　　贷：主营业务成本——销售××健身器材　　400 000

　　　　预计负债——预计退货　　100 000

(3) 2020年2月1日前收到货款

借：银行存款　　2 825 000

贷：应收账款——乙公司　　2 825 000

(4) 2020年6月30日发生销售退回，取得红字增值税专用发票，实际退货量为1 000件，款项已经支付

借：库存商品——××健身器材　　400 000
　应交税费——应交增值税(销项税额)　　65 000
　预计负债——预计退货　　100 000
　贷：银行存款　　565 000

如果实际退货量为800件

借：库存商品——××健身器材　　320 000
　应交税费——应交增值税(销项税额)　　52 000
　主营业务成本——销售××健身器材　　80 000
　预计负债——预计退货　　100 000
　贷：银行存款　　452 000
　　主营业务收入——销售××健身器材　　100 000

如果实际退货量为1 200件

借：库存商品——××健身器材　　480 000
　应交税费——应交增值税(销项税额)　　78 000
　主营业务收入——销售××健身器材　　100 000
　预计负债——预计退货　　100 000
　贷：主营业务成本——销售××健身器材　　80 000
　　银行存款　　678 000

例11-21　沿用例11-9，假定甲公司无法根据过去的经验估计该批健身器材的退货率；健身器材发出时纳税义务已经发生；发生销售退回时取得税务机关开具的红字增值税专用发票。

要求：甲公司的账务处理应如何进行？

【答案】(1) 2020年1月1日发出健身器材

借：应收账款——乙公司　　325 000
　贷：应交税费——应交增值税(销项税额)　　325 000

借：发出商品——××健身器材　　2 000 000
　贷：库存商品——××健身器材　　2 000 000

(2) 2020年2月1日前收到货款

借：银行存款　　2 900 000
　贷：预收账款——乙公司　　2 500 000
　　应收账款——乙公司　　400 000

(3) 2020年6月30日退货期满，如没有发生退货

借：预收账款——乙公司　　2 500 000

贷：主营业务收入——销售××健身器材 2 500 000

借：主营业务成本——销售××健身器材 2 000 000

贷：发出商品——乙公司 2 000 000

6月30日退货期满，如发生2 000件退货，取得红字增值税专用发票

借：预收账款——乙公司 2 500 000

应交税费——应交增值税(销项税额) 130 000

贷：主营业务收入——销售××健身器材 1 500 000

银行存款 1 130 000

借：主营业务成本——销售××健身器材 1 200 000

库存商品——××健身器材 800 000

贷：发出商品——乙公司 2 000 000

(十四) 具有融资性质的分期收款的销售

企业销售商品有时会采取分期收款的方式，如分期收款发出商品，即商品已经交付，货款分期收回。如果延期收取的货款具有融资性质，其实质是企业向购货方提供信贷，在符合收入确认条件时，企业应当按照应收的合同或协议价款的公允价值确定收入金额。应收的合同或协议价款的公允价值，通常应当按照其未来现金流量现值或商品现销价格计算确定。

应收的合同或协议价款与其公允价值之间的差额，应当在合同或协议期间内，按照应收款项的摊余成本和实际利率计算确定的金额进行摊销，作为财务费用的抵减处理。

例11-22 2019年1月1日，甲公司采用分期收款方式向乙公司销售一套大型设备，合同约定的销售价格为20 000 000元，分5次于每年12月31日等额收取。该大型设备成本为15 600 000元。在现销方式下，该大型设备的销售价格为16 000 000元。假定甲公司发出商品时，其有关的增值税纳税义务尚未发生；在合同约定的收款日期，发生有关的增值税纳税义务。根据以上资料，作甲公司的相关会计处理。

【答案】根据本例的资料，甲公司应当确认的销售商品收入金额为1 600万元。

根据下列公式：

未来5年收款额的现值=现销方式下应收款项金额，可以得出：4 000 000×(P/A，r，5)=16 000 000(元)，可在多次测试的基础上，用插值法计算折现率。

当r=7%时，4 000 000×4.100 2=16 400 800>16 000 000

当r=8%时，4 000 000×3.992 7=15 970 800<16 000 000

因此，7%<r<8%。用插值法计算如下：

现值	利率
16 400 800	7%
16 000 000	r

15 970 800　　　　8%

(16 400 800−16 000 000) ÷ (16 400 800−15 970 800)=(7%−r) ÷ (7%−8%)

r=7.93%

每期计入财务费用的金额如表11-1所示。

表11-1　每期计入财务费用的金额　　单位：元

日期	收现总额 (a)	财务费用(b) (b=期初d×7.93%)	已收本金(c) (c=a−b)	未收本金(d) (d=期初d−c)
2019年1月1日				16 000 000
2019年1月31日	4 000 000	1 268 800	2 731 200	13 268 800
2020年1月31日	4 000 000	1 052 215.84	2 947 784.16	10 321 015.84
2021年1月31日	4 000 000	818 456.56	3 181 543.44	7 139 472.40
2022年1月31日	4 000 000	566 160.16	3 433 839.84	3 705 632.56
2023年1月31日	4 000 000	294 367.44①	3 705 632.56	0
合计	20 000 000	4 000 000	16 000 000	—

注：①尾数调整：4 000 000−3 705 632.56=294 367.44

根据表11-1的计算结果，甲公司各期的账务处理如下：

(1) 2019年1月1日销售实现

借：长期应收款——乙公司　　20 000 000

　　贷：主营业务收入——销售××设备　　16 000 000

　　　　未实现融资收益——销售××设备　　4 000 000

借：主营业务成本——××设备　　15 600 000

　　贷：库存商品——××设备　　15 600 000

(2) 2019年12月31日收取货款和增值税额

借：银行存款　　4 520 000

　　贷：长期应收款——乙公司　　4 000 000

　　　　应交税费——应交增值税(销项税额)　　520 000

借：未实现融资收益——销售××设备　　1 268 800

　　贷：财务费用——分期收款销售商品　　1 268 800

(3) 2020年12月31日收取货款和增值税额

借：银行存款　　4 640 000

　　贷：长期应收款——乙公司　　4 000 000

　　　　应交税费——应交增值税(销项税额)　　640 000

借：未实现融资收益——销售××设备　　1 052 200

　　贷：财务费用——分期收款销售商品　　1 052 200

(4) 2021年12月31日收取货款和增值税额

借：银行存款　　4 520 000

贷：长期应收款——乙公司 4 000 000

应交税费——应交增值税(销项税额) 520 000

借：未实现融资收益——销售××设备 818 500

贷：财务费用——分期收款销售商品 818 500

(5) 2022年12月31日收取货款和增值税税额

借：银行存款 4 520 000

贷：长期应收款——乙公司 4 000 000

应交税费——应交增值税(销项税额) 520 000

借：未实现融资收益——销售××设备 566 200

贷：财务费用——分期收款销售商品 566 200

(6) 2023年12月31日收取货款和增值税额

借：银行存款 4 520 000

贷：长期应收款——乙公司 4 000 000

应交税费——应交增值税(销项税额) 520 000

借：未实现融资收益——销售××设备 294 300

贷：财务费用——分期收款销售商品 294 300

(十五) 售后回购

采用售后回购方式销售商品的，收到的款项应确认为负债；回购价格大于原售价的，差额应在回购期间按期计提利息，计入财务费用。有确凿证据表明售后回购交易满足销售商品收入确认条件的，销售的商品按售价确认收入，回购的商品作为购进商品处理。

企业采用售后回购方式融入资金的，应按实际收到的金额，借记“银行存款”科目，贷记“其他应付款”科目。回购价格与原销售价格之间的差额，应在售后回购期间内按期计提利息费用，借记“财务费用”科目，贷记“其他应付款”科目。按照合同约定购回该项商品时，应按实际支付的金额，借记“其他应付款”科目，贷记“银行存款”科目。

例11-23 甲公司在2019年6月1日与乙公司签订一项销售合同，根据合同向乙公司销售一批商品，开出的增值税专用发票上注明的销售价格为1 000 000元，增值税税额为160 000元，商品并未发出，款项已经收到。该批商品成本为800 000元。6月1日，签订的补充合同约定，甲公司应于10月31日将所售商品回购，回购价为1 100 000元(不含增值税税额)。

要求：甲公司的账务处理应如何进行?

【答案】(1) 2019年6月1日，签订销售合同，发生增值税纳税义务

借：银行存款 1 130 000

贷：应交税费——应交增值税(销项税额) 130 000

其他应付款——乙公司 1 000 000

(2) 回购价大于原售价的差额，应在回购期间按期计提利息费用，计入当期财务费用。由于回购期间为5个月，货币时间价值影响不大，因此，采用直线法计提利息费用。每月计提利息费用为20 000元(100 000 ÷ 5)

借：财务费用　　20 000

　　贷：其他应付款——乙公司　　20 000

(3) 2019年10月31日回购商品时，收到的增值税专用发票上注明的商品价款为1 100 000元，增值税税额为143 000元，款项已经支付

借：应交税费——应交增值税(进项税额)　　143 000

　　财务费用——售后回购　　20 000

　　其他应付款——乙公司　　1 080 000

　　贷：银行存款　　1 243 000

(十六) 售后租回

在大多数情况下，售后租回属于融资交易，企业不应确认销售商品收入，收到的款项应确认为负债，售价与资产账面价值之间的差额应当分别按照下面两种不同情况进行会计处理。

1. 售后租回交易认定为融资租赁的

如果售后租回交易认定为融资租赁，售价与资产账面价值之间的差额应当予以递延，并按照该项租赁资产的折旧进度进行分摊，作为折旧费用的调整。

例11-24　2019年12月31日，甲公司将其作为固定资产核算的一台塑钢机按70万元的价格销售给乙公司。该机器的公允价值为70万元，账面原价为100万元，已提折旧40万元。同时又签订了一份融资租赁协议将机器租回，租赁期为5年，该固定资产折旧方法为年限平均法。2020年12月31日，甲公司应确认的递延收益的余额为(　　)万元。

A. 8　　B. 10　　C. 2　　D. 60

【解析】出租时确认的递延收益=70−(100−40)=10(万元)，2012年12月31日，甲公司应确认的递延收益的余额=10−10 ÷ 5=8(万元)。

2. 售后租回交易认定为经营租赁的

企业的售后租回交易认定为经营租赁的，应当分别按以下情况处理。

(1) 有确凿证据表明售后租回交易是按照公允价值达成的，售价与资产账面价值的差额应当计入当期损益。

(2) 售后租回交易如果不是按照公允价值达成的，售价低于公允价值的差额，应计入当期损益；但若该损失将由低于市价的未来租赁付款额补偿时，有关损失应予以递延(递延收益)，并按与确认租金费用相一致的方法在租赁期内进行分摊；如果售价大于公允价值，其大于公允价值的部分应计入递延收益，并在租赁期内分摊。

例11-25　2018年12月31日，甲公司将一栋管理用办公楼以352万元的价格出售给乙公司，款项已收存银行。该办公楼账面原价为600万元，已计提折旧320万元，未计提减值准备，公允价值为280万元；预计尚可使用寿命为5年，预计净残值为零。2019年1月1日，甲公司与乙公司签订了一份经营租赁合同，将该办公楼租回；租赁开始日为2019年1月1日，租期为3年；租金总额为96万元，每年年末支付。假定不考虑税费及其他相关因素，上述业务对甲公司2011年度利润总额的影响为(　　)万元。

A. −88　　B. −32　　C. −8　　D. 40

【解析】此项交易属于售后租回交易形成的经营租赁，其售价大于公允价值，每年的租金费用相同，所以上述业务使甲公司2011年度利润总额减少=96÷3−(352−280)÷3=8(万元)。

第二节　提供劳务收入的确认和计量

一、提供劳务交易结果能够可靠估计的会计处理

企业在资产负债表日提供劳务交易的结果能够可靠估计的，应当采用完工百分比法确认提供劳务收入。

(一) 提供劳务交易的结果能够可靠估计的条件

提供劳务的交易结果能否可靠估计，依据以下条件进行判断，如同时满足下列条件，则表明提供劳务交易的结果能够可靠地估计：①收入的金额能够可靠地计量；②相关的经济利益很可能流入企业；③交易的完工进度能够可靠地确定。企业确定提供劳务交易的完成进度，通常可以选用下列方法：已完工作的测量、已经提供的劳务量占应提供劳务总量的比例以及已经发生的成本占估计总成本的比例；④交易中已发生和将要发生的成本能够可靠地计量。

(二) 完工百分比法的具体应用

企业应当按照从接受劳务方已收或应收的合同或协议价款确定提供劳务收入总额，但已收或应收的合同或协议价款不公允的除外。

在采用完工百分比法确认收入时，收入和相关成本的计算公式为

① 本期确认的收入=提供劳务收入总额×完工进度−以前会计期间累计已确认的提供劳务收入

② 本期确认的成本=提供劳务预计成本总额×完工进度−以前会计期间累计已确认提供劳务成本

例11-26 甲公司于2019年12月1日接受一项设备安装任务，安装期为3个月，合同总收入600 000元，至年底已预收安装费440 000元，实际发生安装费用为280 000元(假定均为安装人员薪酬)，估计还会发生安装费用120 000元。假定甲公司按实际发生的成本占估计总成本的比例确定劳务的完工进度。甲公司的账务处理应如何进行？

【答案】实际发生的成本占估计总成本的比例=280 000÷(280 000+120 000)×100%=70%

2019年12月31日确认的劳务收入=600 000×70%-0=420 000(元)

2019年12月31日结转的劳务成本=(280 000+120 000)×70%-0=280 000(元)

(1) 实际发生劳务成本

借：劳务成本——设备安装　　280 000

　贷：应付职工薪酬　　280 000

(2) 预收劳务款

借：银行存款　　440 000

　贷：预收账款——××公司　　440 000

(3) 20×9年12月31日确认劳务收入并结转劳务成本

借：预收账款——××公司　　420 000

　贷：主营业务收入——设备安装　　420 000

借：主营业务成本——设备安装　　280 000

　贷：劳务成本——设备安装　　280 000

例11-27 甲公司于2019年4月1日与乙公司签订一项咨询合同，并于当日生效。合同约定，咨询期为2年，咨询费为300 000元；乙公司分3次等额支付咨询费，第1次在项目开始时支付，第2次在项目中期支付，第3次在项目结束时支付。甲公司估计咨询劳务总成本为180 000元(均为咨询人员薪酬)。假定甲公司每月提供的劳务量均相同，可以按时间比例确定完工进度，按年度编制财务报表，不考虑其他因素。甲公司各年度发生的劳务成本资料如表11-2所示。

表11-2 甲公司各年度发生的劳务成本

年份	2019	2020	2021	合计
发生的成本/元	70 000	90 000	20 000	1 80 000

要求：甲公司的账务处理应如何进行？

(1) 2019年

① 实际发生劳务成本

借：劳务成本——咨询成本　　70 000

　贷：应付职工薪酬　　70 000

② 预收劳务款项

借：银行存款　　100 000

　贷：预收账款——乙公司　　100 000

③ 确认提供劳务收入并结转劳务成本

提供劳务的完工进度=9个月÷24个月×100%=37.5%

确认提供劳务收入=300 000×37.5%-0=112 500(元)

结转提供劳务成本=180 000×37.5%-0=67 500(元)

借：预收账款——乙公司　　112 500

　　贷：主营业务收入——咨询收入　　112 500

借：主营业务成本——咨询成本　　67 500

　　贷：劳务成本——咨询成本　　67 500

(2) 2020年

① 实际发生劳务成本

借：劳务成本——咨询成本　　90 000

　　贷：应付职工薪酬　　90 000

② 预收劳务款项

借：银行存款　　100 000

　　贷：预收账款——乙公司　　100 000

③ 确认提供劳务收入并结转劳务成本

提供劳务的完工进度=21个月÷24个月×100%=87.5%

确认提供劳务收入=300 000×87.5%-112 500=150 000(元)

结转提供劳务成本=180 000×87.5%-67 500=90 000(元)

借：预收账款——乙公司　　150 000

　　贷：主营业务收入——咨询收入　　150 000

借：主营业务成本——咨询成本　　90 000

　　贷：劳务成本——咨询成本　　90 000

(3) 2021年

① 实际发生劳务成本

借：劳务成本——咨询成本　　20 000

　　贷：应付职工薪酬　　20 000

② 预收劳务款项

借：银行存款　　100 000

　　贷：预收账款——乙公司　　100 000

③ 确认提供劳务收入并结转劳务成本

确认提供劳务收入=300 000-112 500-150 000=37 500(元)

结转提供劳务成本=180 000-67 500-90 000=22 500(元)

借：预收账款——乙公司　　37 500

　　贷：主营业务收入——咨询收入　　37 500

借：主营业务成本——咨询成本　　22 500

　　贷：劳务成本——咨询成本　　22 500

二、提供劳务交易结果不能可靠估计的会计处理

企业在资产负债表日提供劳务交易结果不能够可靠估计的，应当分别按下列几种情况处理。

(1) 已经发生的劳务成本预计能够得到补偿的，企业应当按照已经发生的劳务成本金额确认提供劳务收入，并按相同金额结转劳务成本。

(2) 已经发生的劳务成本预计只能部分得到补偿的，企业应当按照能够得到补偿的劳务成本金额确认收入，并按已经发生的劳务成本结转劳务成本。

(3) 已经发生的劳务成本预计全部不能得到补偿的，企业应当将已经发生的劳务成本计入当期损益，不确认提供劳务收入。

例11-28 甲公司于2019年12月25日接受乙公司委托，为其培训一批学员，培训期为6个月，2020年1月1日开学。协议约定，乙公司应向甲公司支付的培训费总额为120 000元，分3次等额支付，第1次在开学时预付，第2次在2020年3月1日支付，第3次在培训结束时支付。

2020年1月1日，乙公司预付第1次培训费。至2020年2月28日，甲公司发生培训成本30 000元(假定均为培训人员薪酬)。2020年3月1日，甲公司得知乙公司经营发生困难，后两次培训费能否收回难以确定。甲公司的账务处理应如何进行？

【答案】(1) 2020年1月1日收到乙公司预付的培训费

借：银行存款　　40 000

　　贷：预收账款——乙公司　　40 000

(2) 实际发生培训支出

借：劳务成本——培训成本　　30 000

　　贷：应付职工薪酬　　30 000

(3) 2020年2月28日确认劳务收入并结转劳务成本

借：预收账款——乙公司　　30 000

　　贷：主营业务收入——培训收入　　30 000

借：主营业务成本——培训成本　　30 000

　　贷：劳务成本——培训成本　　30 000

三、同时销售商品和提供劳务的会计处理

企业与其他企业签订的合同或协议包括销售商品和提供劳务时，销售商品部分和提供劳务部分能够区分且能够单独计量的，企业应当将销售商品的部分作为销售商品处理，将提供劳务的部分作为提供劳务处理。销售商品部分和提供劳务部分不能够区分或虽能区分但不能够单独计量的，企业应当将销售商品部分和提供劳务部分全部作为销售商品处理。

例11-29　甲公司与乙公司签订合同，向乙公司销售一部电梯并负责安装。甲公司开出的增值税专用发票上注明的价款合计为2 000 000元，其中电梯销售价格为1 960 000元，安装费为40 000元，增值税税额为260 000元。电梯的成本为1 120 000元；电梯安装过程中发生安装费24 000元，均为安装人员薪酬。假定电梯已经安装完成并经验收合格，款项尚未收到；安装工作是销售合同的重要组成部分。甲公司的账务处理应如何进行？

【答案】(1) 电梯发出结转成本1 120 000元

借：发出商品——××电梯　1 120 000

　　贷：库存商品——××电梯　1 120 000

(2) 实际发生安装费用24 000元

借：劳务成本——电梯安装　24 000

　　贷：应付职工薪酬　24 000

(3) 确认销售电梯收入和提供劳务收入合计2 000 000元

借：应收账款——乙公司　2 260 000

　　贷：主营业务收入——销售××电梯　1 960 000

　　　　　　　　　——电梯安装劳务　40 000

　　　　应交税费——应交增值税(销项税额)　260 000

(4) 结转销售商品成本1 120 000元和安装成本24 000元

借：主营业务成本——销售××电梯　1 120 000

　　贷：发出商品——××电梯　1 120 000

借：主营业务成本——电梯安装劳务　24 000

　　贷：劳务成本——电梯安装劳务　24 000

例11-30　甲公司在2019年12月8日向乙商场销售一批彩色电视机，为保证及时供货，双方约定由甲公司动用自己的汽车进行运输，甲公司除收取彩色电视机货款外还向乙商场收取运输费。甲公司开出的增值税专用发票上注明的价款合计为2 000 000元，增值税额为260 000元，款项于当天收到，该批商品成本为72 000元。假定甲公司为运输该批彩色电视机发生的运输成本为340元，其中汽车折旧120元，运输工人薪酬为220元。甲公司的账务处理应如何进行？

【答案】(1) 销售彩色电视机确认销售收入

借：银行存款　2 260 000

　　贷：主营业务收入——销售××彩色电视机　2 000 000

　　　　应交税费——应交增值税(销项税额)　260 000

(2) 发生运输劳务成本

借：劳务成本——商品运输　340

　　贷：应付职工薪酬　220

　　　　累计折旧——××汽车　120

(3) 结转彩色电视机成本和运输成本

借：主营业务成本——销售××彩色电视机　　72 340

　　贷：库存商品——××彩色电视机　　72 000

　　　　劳务成本——商品运输　　340

四、特殊劳务交易的会计处理

下列提供劳务满足收入确认条件的，应按下列规定确认收入。

(1) 安装费应在资产负债表日根据安装的完工进度确认收入。安装工作是商品销售附带条件的，安装费在确认商品销售实现时确认收入。

(2) 宣传媒介的收费应在相关的广告或商业行为开始出现于公众面前时确认收入。广告的制作费应在资产负债表日根据制作广告的完工进度确认收入。

(3) 为特定客户开发软件的收费，应在资产负债表日根据开发的完工进度确认收入。

(4) 包括在商品售价内可区分的服务费，应在提供服务的期间内分期确认收入。

(5) 艺术表演、招待宴会和其他特殊活动的收费，应在相关活动发生时确认收入。收费涉及几项活动的，预收的款项应合理分配给每项活动，分别确认收入。

(6) 申请入会费和会员费只允许取得会籍，所有其他服务或商品都要另行收费的，在款项收回不存在重大不确定性时确认收入。申请入会费和会员费能使会员在会员期内得到各种服务或商品，或者以低于非会员的价格销售商品或提供服务的，在整个受益期内分期确认收入。

(7) 属于提供设备和其他有形资产的特许权费，应在交付资产或转移资产所有权时确认收入；属于提供初始及后续服务的特许权费，应在提供服务时确认收入。

例11-31　甲公司与乙公司签订协议，甲公司允许乙公司经营其连锁店。协议约定，甲公司共向乙公司收取特许权费600 000元，其中：提供的家具、柜台等收费200 000元，这些家具、柜台成本为180 000元；提供初始服务，如帮助选址、培训人员、融资、广告等收费300 000元，共发生成本200 000元(其中，140 000元为人员薪酬，60 000元为以银行存款支付的广告费用)；提供的后续服务收费100 000元，发生成本50 000元(均为人员薪酬)。协议签订当日，乙公司一次性付清所有款项。假定不考虑其他因素，甲公司的账务处理应如何进行?

【答案】(1) 收到款项

借：银行存款　　600 000

　　贷：预收账款——乙公司　　600 000

(2) 确认家具、柜台的特许权费收入并结转成本

借：预收账款——乙公司　　200 000

　　贷：主营业务收入——提供家具、柜台　　200 000

借：主营业务成本——提供家具、柜台　　180 000

贷：库存商品——家具、柜台 180 000

(3) 提供初始服务

借：劳务成本——提供初始服务 200 000

贷：应付职工薪酬 140 000

银行存款 60 000

借：预收账款——乙公司 300 000

贷：主营业务收入——提供初始服务 300 000

借：主营业务成本——提供初始服务 200 000

贷：劳务成本——提供初始服务 200 000

(4) 提供后续服务

借：劳务成本——提供后续服务 50 000

贷：应付职工薪酬 50 000

借：预收账款——乙公司 100 000

贷：主营业务收入——提供后续服务 100 000

借：主营业务成本——提供后续服务 50 000

贷：劳务成本——提供后续服务 50 000

(8) 长期为客户提供重复的劳务收取的劳务费，应在相关劳务活动发生时确认收入。

例11-32 甲公司与某住宅小区物业业主签订合同，为该住宅小区所有住户提供维修、清洁、绿化、保安及代收水电费等劳务，每月月末收取劳务费50 000元。假定月末款项均已收到，不考虑其他因素。甲公司的账务处理应如何进行？

【答案】借：银行存款 50 000

贷：主营业务收入——提供劳务 50 000

五、授予客户奖励积分的会计处理

企业在销售产品或提供劳务的同时授予客户奖励积分的，应当将销售取得的货款或应收货款在商品销售或劳务提供产生的收入与奖励积分之间进行分配，与奖励积分相关的部分应首先作为递延收益，待客户兑换奖励积分或失效时，结转计入当期损益。

例11-33 在某购物中心购物消费的顾客可在该购物中心的服务部办理会员卡(顾客忠诚卡)。持有会员卡的顾客在购物交款时只要出示会员卡，就可以参与商场的积分活动。顾客每购买100元的商品可以获得100个积分点，这些积分可以累积并用来换购商场提供的商品。积分的使用期限为获得积分开始的3年内。顾客每获得1 000个积分，可用来兑换零售价为60元的商品，商品的成本为20元。假设该购物中心销售了150元的商品，同时顾客在商场共累积了150个积分点，其中购物中心经理估计有100个积分点会被用于换购商品。第1年年末，顾客换购了50个积分；第2年，有10个积分点换购了商品，与第1年换购的积分共计60个积分点。该购物中心经理重新估计了积分换购率，预计积分换购总数应该为90个积分点；第3年年末，30个积分被换购或者到期未使用。

要求：(1) 计算150个积分点单独的公允价值。

(2) 计算顾客可能用来换购商品的100个积分点的公允价值。

(3) 编制该购物中心销售商品的会计分录(假设不考虑增值税因素)。

(4) 编制第1年年末客户换购积分的会计分录。

(5) 编制第2年年末客户换购积分的会计分录。

(6) 编制第3年年末客户换购积分或者到期未使用积分的会计分录。

【答案】(1) 150个积分点单独的公允价值=60÷1 000×150=9(元)

(2) 顾客可能用来换购商品的100个积分点的公允价值=9÷150×100=6(元)

(3) 借：库存现金(或银行存款)　　150

　　贷：递延收益　　6

　　　　主营业务收入　　144

(4) 第1年，该购物中心将确认的收入=(50÷100)×6=3(元)

借：递延收益　　3

　贷：主营业务收入　　3

(5) 第2年，有10个积分点换购了商品，与第1年换购的积分共计60个积分点。该购物中心经理重新估计了积分换购率。预计积分换购总数应该为90个积分点。因此，该购物中心确认收入4元(6÷90×60)。由于第1年年末已经确认收入3元，因此当期只需要追加确认收入1元。有关会计分录为：

借：递延收益　　1

　贷：主营业务收入　　1

(6) 第3年年末，30个积分被换购或者到期未使用，该购物中心此时应将余下的2元确认为收入。其有关会计分录为：

借：递延收益　　2

　贷：主营业务收入　　2

第三节　让渡资产使用权收入的确认和计量

一、利息收入的会计处理

企业应在资产负债表日，按照他人使用本企业货币资金的时间和实际利率计算确定利息收入金额。按计算确定的利息收入金额，借记“应收利息”“银行存款”等科目，贷记“利息收入”“其他业务收入”等科目。

例11-34　甲商业银行于2019年10月1日向乙公司发放一笔贷款1 000 000元，期限为1年，年利率为5%。甲商业银行发放该贷款时没有发生交易费用，该贷款的合同利率与其实际利率相同。假定不考虑其他因素。甲商业银行的账务处理应如何进行？

【答案】(1) 2019年10月1日对外贷款

借：贷款——乙公司——本金　　1 000 000

　贷：吸收存款——甲商业银行——本金　　1 000 000

(2) 2019年12月31日确认利息收入

借：应收利息——乙公司　　12 500

　贷：利息收入(1 000 000 × 5% ÷ 4)　　12 500

二、使用费收入的会计处理

如果合同或协议规定一次性收取使用费，且不提供后续服务的，企业应当视同销售该项资产一次性确认收入；提供后续服务的，企业应在合同或协议规定的有效期内分期确认收入。如果合同或协议规定分期收取使用费的，企业通常应按合同或协议规定的收款时间和金额或规定的收费方法计算确定的金额分期确认收入。

例11-35　甲公司向乙公司转让某软件的使用权，一次性收费40 000元，不提供后续服务，款项已经收回。假定不考虑其他因素。甲公司的账务处理应如何进行？

【答案】借：银行存款　　40 000

　贷：其他业务收入——转让使用权收入　　40 000

第四节　建造合同收入的确认和计量

一、建造合同的类型

建造合同是指为建造一项或数项在设计、技术、功能、最终用途等方面密切相关的资产而订立的合同。其中，所建造的资产主要包括房屋、道路、桥梁、水坝等建筑物，以及船舶、飞机、大型机械设备等。

建造合同分为固定造价合同和成本加成合同。

固定造价合同是指按照固定的合同价或固定单价确定工程价款的建造合同。

成本加成合同是指以合同允许或其他方式议定的成本为基础，加上该成本的一定比例或定额费用确定工程价款的建造合同。

固定造价合同与成本加成合同的主要区别在于风险的承担者不同。前者的风险主要由建造承包方承担，后者主要由发包方承担。

二、合同的分立与合并

(一) 合同分立

一项包括建造数项资产的建造合同，同时满足下列3项条件的，每项资产应当分立为单项合同：①每项资产均有独立的建造计划；②与客户就每项资产单独进行谈判，双方能够接受或拒绝与每项资产有关的合同条款；③每项资产的收入和成本可以单独辨认。

(二) 合同合并

一组合同无论是对应单个客户还是多个客户，同时满足下列3项条件的，应当合并为单项合同：①该组合同按一揽子交易签订；②该组合同密切相关，每项合同实际上已构成一项综合利润率工程的组成部分；③该组合同同时或依次履行。

(三) 追加资产的建造

追加资产的建造，满足下列条件之一的，应当作为单项合同：①该追加资产在设计、技术或功能上与原合同包括的一项或数项资产存在重大差异；②议定该追加资产的造价时，不需要考虑原合同价款。

三、建造合同收入和成本的内容

(一) 建造合同收入

建造合同收入包括合同规定的初始收入和因合同变更、索赔、奖励等形成的收入。

1. 合同规定的初始收入

合同规定的初始收入，即建造承包商与客户在双方签订的合同中最初商定的合同总金额，它构成合同收入的基本内容。

2. 因合同变更、索赔、奖励等形成的收入

因合同变更、索赔、奖励等形成的收入并不构成合同双方在签订合同时已在合同中商定的合同总金额，而是在执行合同过程中由于合同变更、索赔、奖励等原因而形成的收入。建造承包商不能随意确认这些收入，只有在符合规定条件时才能构成合同总收入。

(二) 建造合同成本

建造合同成本包括从合同签订开始至合同完成止所发生的、与执行合同有关的直接费用和间接费用。

直接费用在发生时直接计入合同成本；间接费用应在期末按系统、合理的方法分摊计入合同成本。常见的用于间接费用分摊的方法有人工费用比例法和直接费用比例法。

合同完成后处置残余物资取得的收益等与合同有关的零星收益，应当冲减合同成本。

合同成本不包括应当计入当期损益的管理费用、销售费用和财务费用。因订立合同而发生的有关费用，未满足有关条件的，应当直接计入当期损益。

四、合同结果能够可靠估计时的会计处理

企业在确认和计量建造合同的收入和费用时，首先应当判断建造合同的结果能否可靠地估计。在资产负债表日，建造合同的结果能够可靠估计的，应当根据完工百分比法确认合同收入和合同费用。在判断建造合同结果是否能够可靠地估计时，应注意区分固定造价合同和成本加成合同。

(一) 固定造价合同的结果能够可靠估计的条件

固定造价合同的结果能够可靠估计，要同时满足下列条件：①合同总收入能够可靠地计量；②与合同相关的经济利益很可能流入企业；③实际发生的合同成本能够清楚地区分和可靠地计量；④合同完工进度和为完成合同尚需发生的成本能够可靠地确定。

(二) 成本加成合同的结果能够可靠估计的条件

成本加成合同的结果能够可靠估计，要同时满足下列条件：①与合同相关的经济利益很可能流入企业；②实际发生的合同成本能够清楚地区分和可靠地计量。

(三) 完工进度的确定

完工进度是指累计完工进度。企业确定合同完工进度可以选用下列3种方法。

1. 累计实际发生的合同成本占合同预计总成本的比例

累计实际发生的合同成本不包括与合同未来活动相关的合同成本(如施工中尚未安装或使用的材料成本等)和在分包工程的工作量完成之前预付给分包单位的款项。

例如，甲建筑公司承建A工程，工期2年，A工程的预计总成本为10 000 000元。第1年，甲建筑公司的“工程施工——A工程”账户的实际发生额为6 800 000元。其中，人工费1 500 000元，材料费3 800 000元，机械作业费1 000 000元，其他直接费和工程间接费500 000元。经查明，A工程领用的材料中有一批虽已运到施工现场但尚未使用，尚未使用的材料成本为800 000元。根据上述资料，甲建筑公司计算第1年的完工进度如下

合同完工进度=(6 800 000−800 000) ÷ 10 000 000 × 100%=60%

又如，甲建筑公司与客户一揽子签订了一项建造合同，承建A、B两项工程。该项合同的A、B两项工程密切相关，客户要求同时施工，一起交付，工期为2年。合同规定的总金额为11 000 000元。甲建筑公司决定A工程由自己施工，B工程以4 000 000元的合同金额分包给乙建筑公司承建，甲建筑公司已与乙建筑公司签订了分包合同。第1年，甲建筑公司自行施工的A工程实际发生工程成本4 500 000元，预计为完成A工程尚需发生工程成本1 500 000元；甲建筑公司根据乙建筑公司分包的B工程的完工进度，向乙建筑公司支付了B工程的进度款2 500 000元，并向乙建筑公司预付了下年度备料款500 000元。根据上述资料，甲建筑公司计算确定该项建造合同第1年的完工进度如下

合同完工进度=(4 500 000+2 500 000)÷(4 500 000+1 500 000+4 000 000)×100%=70%

2. 已经完成的合同工作量占合同预计总工作量的比例

3. 实际测定的完工进度

(四) 完工百分比法的运用

根据完工百分比法确认建造合同收入和费用的计算公式如下

当期确认合同收入=合同总收入×完工进度-以前会计期间累计已确认收入

当期合同费用=合同预计总成本×完工进度-以前会计期间累计已确认费用

当期确认的合同毛利=当期确认合同收入-当期确认合同费用

=(合同总收入-合同预计总成本)×完工进度-以前期间累计已确认毛利

建造合同核算的项目：①登记发生的合同成本；②登记已结算的合同价款；③登记实际收到的合同价款；④确认收入和费用；⑤确认合同预计损失；⑥工程完工。具体的建造合同核算流程如图11-2所示。

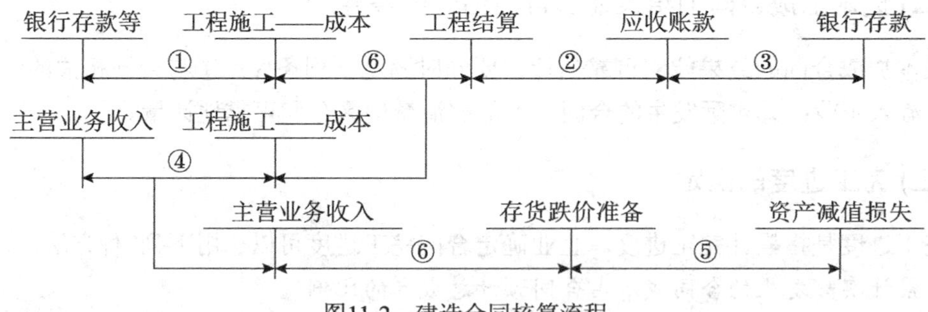

图11-2 建造合同核算流程

例11-36 丙建筑公司签订了一项合同总金额为10 000 000元的固定造价合同，合同规定的工期为3年。假定经计算，第1年完工进度为30%，第2年完工进度已达80%，经测定，前两年的合同预计总成本均为8 000 000元。第3年工程全部完成，累计实际发生合同成本7 500 000元。丙建筑公司的账务处理应如何进行？

【答案】(1) 第1年的账务处理

第1年确认的合同收入=10 000 000×30%=3 000 000(元)

第1年确认的合同毛利=(10 000 000-8 000 000)×30%=600 000(元)

第1年确认的合同费用=3 000 000−600 000=2 400 000(元)

借：主营业务成本——××合同　　2 400 000

　　工程施工——××合同——合同毛利　　600 000

　　贷：主营业务收入——××合同　　3 000 000

(2) 第2年的账务处理

第2年确认的合同收入=(10 000 000×80%)−3 000 000=5 000 000(元)

第2年确认的合同毛利=(10 000 000−8 000 000)×80%−600 000 =1 000 000(元)

第2年确认的合同费用=5 000 000−1 000 000=4 000 000(元)

借：主营业务成本——××合同　　4 000 000

　　工程施工——××合同——合同毛利　　1 000 000

　　贷：主营业务收入——××合同　　5 000 000

(3) 第3年的账务处理

第3年确认的合同收入=10 000 000−(3 000 000+5 000 000)=2 000 000(元)

第3年确认的合同毛利=(10 000 000−7 500 000)−(600 000+1 000 000) =900 000(元)

第3年确认的合同费用=2 000 000−900 000=1 100 000(元)

借：主营业务成本——××合同　　1 100 000

　　工程施工——××合同——合同毛利　　900 000

　　贷：主营业务收入——××合同　　2 000 000

五、合同结果不能可靠估计时的会计处理

在资产负债表日，建造合同的结果不能可靠估计的，应当分别按下列两种情况处理。

(1)合同成本能够收回的，合同收入根据能够收回的实际合同成本予以确认，合同成本在其发生的当期确认为合同费用。

(2) 合同成本不可能收回的，在发生时立即确认为合同费用，不确认合同收入。

需要指出的是，使建造合同的结果不能可靠估计的不确定因素不复存在的，应当改按完工百分比法确认合同收入和合同费用。

例11-37　丁建筑公司与客户签订了一项总金额为1 000 000元的建造合同。第1年实际发生工程成本400 000元，双方均能履行合同规定的义务，但建筑公司在年末时对该项工程的完工进度无法可靠确定。丁建筑公司的账务处理应如何进行？

【解析】本例中，丁建筑公司不能采用完工百分比法确认收入。由于客户能够履行合同，当年发生的成本均能收回，所以丁建筑公司可将当年发生的成本金额同时确认为当年的收入和费用，当年不确认利润。

【答案】借：主营业务成本——××合同　　400 000

　　贷：主营业务收入——××合同　　400 000

例11-38 沿用例11-26，如果到第2年，完工进度无法可靠确定的因素消除。第2年实际发生成本为300 000元，预计为完成合同尚需发生的成本为200 000元，丁建筑公司的账务处理应如何进行？

【答案】第2年合同完工进度=(400 000+300 000)÷(400 000+300 000+200 000)×100%=77.78%

第2年确认的合同收入=1 000 000×77.78%=777 800(元)

第2年确认的合同成本=(400 000+300 000+200 000)×77.78%-400 000 =300 000(元)

第2年确认的合同毛利=777 800-300 000=477 800(元)

借：主营业务成本——××合同　　300 000

　　工程施工——××合同——合同毛利　　477 800

　　贷：主营业务收入——××合同　　777 800

六、合同预计损失的会计处理

如果合同预计总成本超过合同预计总收入，提取损失准备并计入当期损益，合同完工时，将已提取的损失准备冲减合同费用。

例11-39 2018年4月1日，甲公司签订一项承担某工程建造任务的合同，该合同为固定造价合同，合同金额为800万元。工程自2018年5月开工，预计2020年3月完工。甲公司2018年实际发生成本216万元，结算合同价款180万元；至2019年12月31日累计实际发生成本680万元，结算合同价款300万元。甲公司签订合同时预计合同总成本为720万元，因工人工资调整及材料价格上涨等原因，2019年年末预计合同总成本为850万元。2019年12月31日甲公司对该合同应确认的预计损失为(　　)万元。

A. 0　　B. 10　　C. 40　　D. 50

【解析】2019年12月31日的完工进度=680÷850×100%=80%

至2019年12月31日累计确认的收入=800×80%=640(万元)

至2019年12月31日累计确认的费用=850×80%=680(万元)

至2019年12月31日累计确认的损失=680-640=40(万元)

合同总损失=850-800=50(万元)

合同预计损失=50-40=10(万元)

例11-40 甲造船企业签订了一项总金额为5 800 000元的固定造价合同，为乙客户承建一艘船舶，合同完工进度按照累计实际发生的合同成本占合同预计总成本的比例确定。工程已于2019年2月开工，预计2021年8月完工。最初预计的工程成本为5 500 000元，到2020年年底，由于材料价格上涨等因素调整了预计总成本，预计工程总成本已为6 000 000元。该造船企业于2021年6月提前两个月完成了造船合同，工程质量优良，乙客户同意支付奖励款200 000元。建造该艘船舶的其他有关资料如表11-3所示。

表11-3　建造该艘船舶的其他有关资料

年份	2019	2020	2021
累计实际发生的成本/元	1 540 000	4 800 000	5 950 000
预计完成合同尚需发生的成本/元	3 960 000	1 200 000	—
应结算合同价款/元	1 740 000	2 960 000	1 300 000
实际收到价款/元	1 700 000	2 900 000	1 400 000

甲造船企业对本项建造合同的有关账务处理应如何处理？(为简化起见，会计分录以汇总数反映，有关纳税业务的会计分录略)

【答案】1. 2019年

(1) 实际发生合同成本

借：工程施工——××船舶——合同成本　　1 540 000

　贷：原材料、应付职工薪酬、机械作业等　　1 540 000

(2) 应结算的合同价款

借：应收账款——乙客户　　1 740 000

　贷：工程结算——××船舶　　1 740 000

(3) 实际收到合同价款

借：银行存款　　1 700 000

　贷：应收账款——乙客户　　1 700 000

(4) 确认计量当年的收入和费用

2019年的完工进度=1 540 000÷(1 540 000+3 960 000)×100%=28%

2019年确认的合同收入=5 800 000×28%=1 624 000(元)

2019年确认的合同费用=(1 540 000+3 960 000)×28%=1 540 000(元)

2019年确认的毛利=1 624 000−1 540 000=84 000(元)

借：工程施工——××船舶——合同毛利　　84 000

　主营业务成本——××船舶　　1 540 000

　贷：主营业务收入——××船舶　　1 624 000

2. 2020年

(1) 实际发生合同成本

借：工程施工——××船舶——合同成本　　3 260 000

　贷：原材料、应付职工薪酬、机械作业等　　3 260 000

(2) 应结算的合同价款

借：应收账款——乙客户　　2 960 000

　贷：工程结算——××船舶　　2 960 000

(3) 实际收到合同价款

借：银行存款　　2 900 000

贷：应收账款——乙客户 2 900 000

(4) 确认计量当年的合同收入和费用

2020年的完工进度=4 800 000÷(4 800 000+1 200 000) ×100%=80%

2020年确认的合同收入=5 800 000 ×80%-1 624 000=3 016 000(元)

2020年确认的合同费用=(4 800 000+1 200 000)×80%-1 540 000=3 260 000(元)

2020年确认的毛利=3 016 000-3 260 000=-244 000(元)

2020年确认的合同预计损失=(4 800 000+1 200 000-5 800 000)×(1-80%)=40 000(元)

注：在2020年底，由于该合同预计总成本(6 000 000元)大于合同总收入(5 800 000元)，预计发生损失总额为200 000元，由于已在“工程施工——合同毛利”中反映了160 000元(84 000-244 000)的亏损，因此应将剩余的为完成工程将发生的预计损失40 000元确认为当期费用。

借：主营业务成本——××船舶 3 260 000

贷：主营业务收入——××船舶 3 016 000

工程施工——××船舶——合同毛利 244 000

借：资产减值损失——××船舶 40 000

贷：存货跌价准备——××船舶 40 000

3. 2021年

(1) 实际发生合同成本

借：工程施工——××船舶——合同成本 1 150 000

贷：原材料、应付职工薪酬、机械作业等 1 150 000

(2) 应结算的合同价款

借：应收账款——乙客户 1 300 000

贷：工程结算——××船舶 1 300 000

(3) 实际收到合同价款

借：银行存款 1 400 000

贷：应收账款——乙客户 1 400 000

(4) 确认计量当年的合同收入和费用

2021年确认的合同收入=合同总金额-至目前止累计已确认的收入=(5 800 000+200 000)-(1 624 000+3 016 000)=1 360 000(元)

2021年确认的合同费用=5 950 000-1 540 000-3 260 000=1 150 000(元)

2021年确认的毛利=1 360 000-1 150 000=210 000(元)

借：主营业务成本——××船舶 1 150 000

工程施工——××船舶——合同毛利 210 000

贷：主营业务收入——××船舶 1 360 000

(5) 2021年工程全部完工，应将“存货跌价准备”相关余额冲减“主营业务成本”，同时，将“工程施工”科目的余额与“工程结算”科目的余额相对冲

借：存货跌价准备——××船舶 40 000

贷：主营业务成本——××船舶 40 000

借：工程结算——××船舶 6 000 000

贷：工程施工——××船舶——合同成本 5 950 000

——合同毛利 50 000

第五节 政府补助的确认和计量

一、政府补助的定义与分类

(一) 政府补助的定义

一个国家的政府向企业提供经济支持，以鼓励或扶持特定行业、地区或领域的发展，是政府进行宏观调控的重要手段，也是国际上通行的做法。政府与企业之间的交易或者事项有着多种形式，如政府向企业无偿拨款、提供担保、注入资本、购买货物或者服务、税收减免等。对于企业而言，并不是所有来源于政府的经济资源都属于《企业会计准则第16号——政府补助》(以下简称 《政府补助准则》)规范的政府补助。所以，企业在对来源于政府的经济资源进行会计处理之前，首先需要根据政府补助准则关于政府补助的定义和特征做出判断。

根据政府补助准则的规定，政府补助是指企业从政府无偿取得货币性资产或非货币性资产，但不包括政府作为企业所有者投入的资本。

(二) 政府补助的分类

确定了来源于政府的经济利益属于政府补助后，还应当对其进行恰当的分类。根据《政府补助准则》规定，政府补助应当划分为与资产相关的政府补助和与收益相关的政府补助。这是因为两类政府补助给企业带来经济利益或者弥补相关成本或费用的形式不同，从而在具体账务处理上存在差别。

1. 与资产相关的政府补助

与资产相关的政府补助是指企业取得的、用于购建或以其他方式形成长期资产的政府补助。通常情况下，相关补助文件会要求企业将补助资金用于取得长期资产。

2. 与收益相关的政府补助

与收益相关的政府补助是指除与资产相关的政府补助之外的政府补助。此类补助主要是用于补偿企业已发生或即将发生的费用或损失。此类补助主要是对期间费用或生产成本的补偿，受益期相对较短，所以通常在满足补助所附条件时计入当期损益或冲减相关资产的账面价值。

二、政府补助的特征

政府补助具有以下两个特征。

1. 来源于政府的经济资源

对于企业收到的来源于其他方的补助，有确凿证据表明政府是补助的实际拨付者，其他方只起到代收代付作用的，该项补助也属于来源于政府的经济资源。

2. 无偿性

政府补助的无偿表现在企业取得来源于政府的经济资源，不需要向政府交付商品或服务等对价。

《政府补助准则》第五条规定，下列各项适用其他相关会计准则。①企业从政府取得的经济资源，如果与企业销售商品或提供服务等活动密切相关，且是企业商品或服务的对价或者是对价的组成部分，适用《企业会计准则第14号——收入》等相关会计准则。②所得税减免，适用《企业会计准则第18号——所得税》。政府以投资者身份向企业投入资本，享有相应的所有者权益，不适用本准则。

例如，甲企业是一家生产和销售高效照明产品的企业。国家为了支持高效照明产品的推广使用，通过统一招标的形式确定中标企业、高效照明产品及其中标协议供货价格。甲企业作为中标企业，需以中标协议供货价格减去财政补贴资金后的价格将高效照明产品销售给终端用户，并按照高效照明产品实际安装数量、中标供货协议价格、补贴标准，申请财政补贴资金。2018年度，甲企业因销售高效照明产品获得财政资金5 000万元。

此例中，甲企业虽然取得财政补贴资金，但最终受益不是从甲企业购买高效照明产品的大宗用户和城乡居民，相当于政府以中标协议供货价格从甲企业购买了高效照明产品，再以中标协议供货价格减去财政补贴资金后的价格将产品销售给终端用户。实际操作时，政府并没有直接从事高效照明产品的购销，但以补贴资金的形式通过甲企业的销售行为实现了政府推广使用高效照明产品的目标。对甲企业而言，销售高效照明产品是其日常经营活动，甲企业仍按照中标协议供货价格销售了产品，其销售收入由两部分构成：一是终端用户支付的购买价款，二是财政补贴资金，财政补贴资金是甲企业产品对价的组成部分。可见，甲企业收到的补贴资金5 000万元应当按照《收入准则》的规定进行会计处理。

例11-41 2018年2月，乙企业与所在城市的开发区人民政府签订了项目合作投资协议，实施“退城进园”技改搬迁。根据协议，乙企业在开发区内投资约10亿元建设电子信息设备生产基地。生产基地占地面积1000亩，该宗项目用地按开发区工业用地基准地价挂牌出让，乙企业摘牌并按挂牌出让价格缴纳土地款及相关税费1.2亿元。

乙企业自开工之日起须在18个月内完成搬迁工作，从原址搬迁至开发区，同时将乙企业位于城区繁华地段的原址用地(500亩，按照所在地段工业用地基准地价评估为2.5亿元)移交给开发区政府收储，开发区政府将向乙企业支付补偿资金2.5亿元。乙企业收到的2.5亿元搬迁补偿资金是否作为政府补助处理？

【解析】本例中，为实施“退城进园”技改搬迁，乙企业将其位于城区繁华地段的原址用地交给开发区政府收储，开发区政府为此向乙企业支付补偿资金2.5亿元。由于开发区政府对乙企业的搬迁补偿是基于乙企业原址用地的公允价值确定的，实质是政府按照相应资产市场价格向企业购买资产。

【答案】企业从政府取得的经济资源是企业让渡其资产的对价，双方交易是互惠性交易，不符合政府补助无偿性的特点，所以乙企业收到的2.5亿元搬迁补偿资金不作为政府补助处理，而应作为处置非流动资产的收入。

另外，我国一些新能源企业的风力发电、垃圾处理等，与此类似的处置废弃电子产品补贴，都不属于政府补助，应按照《收入准则》的规定进行处理。

三、政府补助的确认

《政府补助准则》第六条规定，政府补助同时满足下列条件的，才能予以确认：①企业能够满足政府补助所附条件；②企业能够收到政府补助。

《政府补助准则》第七条规定，政府补助为货币性资产的，应当按照收到或应收的金额计量。政府补助为非货币性资产的，应当按照公允价值计量；公允价值不能可靠取得的，按照名义金额计量。

《政府补助准则》第十五条规定，已确认的政府补助需要退回的，企业应当在需要退回的当期分情况按照以下规定进行会计处理：①初始确认时冲减相关资产账面价值的，调整资产账面价值；②存在相关递延收益的，冲减相关递延收益账面余额，超出部分计入当期损益；③属于其他情况的，直接计入当期损益。

四、政府补助的会计处理

1. 与资产相关的政府补助

与资产相关的政府补助，应当冲减相关资产的账面价值或确认为递延收益。与资产相关的政府补助确认为递延收益的，应当在相关资产使用寿命内按照合理、系统的方法分期计入损益。

需要注意的是，自长期资产可供使用时起，企业应当按照长期资产的预计使用期限，将递延收益分摊转入当期损益。递延收益分配的起点是“相关资产可供使用时”，对于应计提折旧或摊销的长期资产，递延收益分配的起点即为资产开始折旧或摊销的时点。递延收益分配的终点是“资产使用寿命结束或资产被处置时(孰早)”。

相关资产在使用寿命结束前被出售、转让、报废或发生毁损的，企业应当将尚未分配的递延收益余额一次性转入资产处置当期的损益。

例11-42 按照国家有关政策，企业购置环保设备可以申请补贴以补偿其环保支出。丁企业于2018年1月向政府有关部门提交了420万元的补助申请，作为对其购置环保设备的补贴。2018年3月15日，丁企业收到政府补助420万元，与日常活动相关。2018年4月20日丁企业购入不需要安装环保设备，实际成本为960万元，使用寿命10年，采用直线法计提折旧，不考虑净残值。2026年4月丁企业出售了这台设备，取得价款240万元。不考虑增值税。丁企业分别按照总额法和净额法进行会计处理(分录中的金额以万元为单位)，请编制会计分录。

【答案】(1) 2018年3月15日，实际收到财政拨款确认递延收益

总额法

借：银行存款　　420

　　贷：递延收益　　420

净额法

借：银行存款　　420

　　贷：递延收益　　420

(2) 2018年4月20日购入设备

总额法

借：固定资产　　960

　　贷：银行存款　　960

净额法

借：固定资产　　960

　　贷：银行存款　　960

同时：

借：递延收益　　420

　　贷：固定资产　　420

(3) 自2018年5月起，每个资产负债表日(月末)计提折旧，同时分摊的递延收益

总额法

① 计提折旧(假设该设备用于污染物排放测试，折旧费用计入制造费用)

借：制造费用　　8

　　贷：累计折旧 (960÷10÷12)　　8

② 月末分摊递延收益

借：递延收益 (420÷10÷12)　　3.5

　　贷：其他收益　　3.5

净额法

① 计提折旧(假设该设备用于污染物排放测试，折旧费用计入制造费用)

借：制造费用　　4.5

　　贷：累计折旧[(960−420)÷10÷12]　　4.5

(4) 2026年4月出售设备同时转销递延收益余额

总额法

① 出售设备

借：固定资产清理　192
　累计折旧[960÷10×(8+7×12+4)÷12]　768
　　贷：固定资产　960
借：银行存款　240
　　贷：固定资产清理　192
　　　营业外收入　48
② 转销的递延收益余额
借：递延收益(420−420÷10×(8+7×12+4)÷12)　84
　　贷：营业外收入　84
净额法
借：固定资产清理　108
　累计折旧(540÷10×(8+7×12+4)÷12)　432
　　贷：固定资产 (960−420)　540
借：银行存款　240
　　贷：固定资产清理　108
　　　营业外收入　132

2. 与收益相关的政府补助

《政府补贴准则》第九条规定，与收益相关的政府补助，应当分情况按照以下规定进行会计处理：①用于补偿企业以后期间的相关成本费用或损失的，确认为递延收益，并在确认相关成本费用或损失的期间，计入当期损益或冲减相关成本；②用于补偿企业已发生的相关成本费用或损失的，直接计入当期损益或冲减相关成本。

例11-43　甲企业于2018年3月15日与企业所在地地方政府签订合作协议，根据协议约定当地政府向甲企业提供500万元奖励基金，用于企业的人才激励和人才引进奖励。甲企业必须按年向当地政府报送详细的资金使用计划，并按规定用途使用资金。

甲企业于2018年4月10日收到500万元补助资金。分别在2018年12月、2019年12月、2020年12月使用了200万元、150万元、150万元于发放给总裁级别高管年度奖金。甲企业选择将该政府补助冲减管理费用。

要求：编制甲企业会计分录。

【解析】本例中，甲企业在实际收到补助资金时，应先记入“递延收益”科目，实际按规定用途使用资金时再结转计入当期损益。

【答案】甲企业会计处理如下(分录中的金额以万元为单位)：

(1) 2018年4月10日甲企业实际收到补助资金
借：银行存款　500
　　贷：递延收益　500
(2) 2018年12月、2019年12月、2020年12月甲企业将补贴资金发放高管奖金时

借：递延收益　　200
　贷：管理费用　　200
借：递延收益　　150
　贷：管理费用　　150
借：递延收益　　150
　贷：管理费用　　150

例11-44　丙企业生产一种先进的模具产品，按照国家相关规定，该企业的这种产品适用增值税先征后返政策，即先按规定征收增值税，然后按实际缴纳增值税额返还70%。2018年1月，该企业实际缴纳增值税额120万元。2018年2月，该企业实际收到返还的增值税额84万元。丙企业的账务处理应如何进行？

【解析】在本例中，丙企业收到返还的增值税税额属于以收益相关的政府补助，且用于补偿企业已发生的相关费用，且增值税先征后返属于与企业的日常活动密切相关的补助，应在实际收到时直接计入当期损益(其他收益)。

【答案】2018年2月，丙企业实际收到返还的增值税额时，会计分录为：

借：银行存款　　840 000
　贷：其他收益　　840 000

3. 综合性项目的政府补助

对于同时包含与资产相关部分和与收益相关部分的政府补助，企业应当区分不同部分分别进行会计处理；难以区分的，企业应当整体归类为与收益相关的政府补助。

例11-45　甲公司2017年12月申请某国家级研发补贴。申报书中的有关内容如下：本公司于2017年1月启动数字印刷技术开发项目，预计总投资3 600万元、为期3年，已投入资金1 200万元。项目还需新增投资2 400万元(其中，购置固定资产1 200万元、场地租赁费600万元、人员费300万元、市场营销300万元)，计划自筹资金1 200万元、申请财政拨款1 200万元。

2018年1月1日，主管部门批准了甲公司的申报，签订的补贴协议规定：批准甲公司补贴申请，共补贴款项1 200万元，分两次拨付。申请批准日拨付600万元，结项验收时支付600万元。该开发项目假定于2019年年末完工，2020年3月1日通过验收并收到第2笔补贴款。假设按年分配递延收益。甲公司对政府补助采用总额法处理。甲公司应如何进行账务处理？

【解析】本例属于针对综合性项目的政府补助，因为该项目包括场地租赁费、人员费等费用和购置固定资产，且不能区分哪部分政府补助属于与资产相关的政府补助，哪部分政府补助属于与收益相关的政府补助，因此应按照与收益相关的政府补助原则进行会计处理。

【答案】甲公司的账务处理如下(分录中的金额以万元为单位)：

(1) 2018年1月1日，实际收到拨款600万元

借：银行存款　　600

　　贷：递延收益　　600

(2) 自2018年1月1日至2019年12月31日，每个资产负债表日，分配递延收益

借：递延收益　　300

　　贷：营业外收入　　300

(3) 2020年项目通过验收，于3月1日实际收到拨付600万元

借：银行存款　　600

　　贷：营业外收入　　600

4. 需要返还的政府补助

《政府补贴准则》第十五条规定，已确认的政府补助需要退回的，应当分别按照下列情况进行处理：①初始确认时冲减相关资产账面价值的，调整资产账面价值；②存在相关递延收益的，冲减相关递延收益账面余额，超出部分计入当期损益；③属于其他情况的，直接计入当期损益。

5. 财政贴息的政府补助

企业取得财政贴息的，应当区分财政将贴息资金拨付给贷款银行和财政将贴息资金直接拨付给受益企业两种情况，分别进行会计处理。

(1) 财政将贴息资金拨付给贷款银行时，由贷款银行以政策性优惠利率向受益企业提供贷款，企业可以选择下列方法之一进行会计处理。

第一种方法：以实际收到的借款金额作为借款的入账价值，按照借款本金和该政策性优惠利率计算借款费用。

第二种方法：以借款的公允价值作为借款的入账价值并按照实际利率法计算借款费用，实际收到的金额与借款入账价值之间的差额确认为递延收益。递延收益在借款存续期内采用实际利率法摊销，冲减相关借款费用。

企业选择了上述两种方法之一作为会计政策后，应当一致地运用，不得随意变更。

例11-46　2018年1月1日，丙企业向银行贷款100万元，期限2年，按月计息，按季度付息，到期一次还本。由于这笔贷款资金将被用于国家扶持产业，符合财政贴息的条件，所以贷款利率显著低于丙企业取得同类贷款的市场利率。假设丙企业取得同类贷款的年市场利率为12%，丙企业与银行签订的贷款合同约定的年利率为6%，丙企业按年向银行支付贷款利息，财政按年向银行拨付贴息资金。贴息后实际支付的年利息率为6%，贷款期间的利息费用满足资本化条件，计入相关在建工程的成本。相关借款费用的测算和递延收益的摊销如表11-4所示。丙企业分别用两种方法编制会计分录。

表11-4 相关借款费用的测算和递延收益的摊销

月度	实际支付银行的利息① 1 000 000×12%÷12	财政贴息② 1 000 000×6%÷12	实际现金流③	实际现金流折现④	长期借款各期实际利息⑤	摊销金额⑥	长期借款的期末账面价值⑦
0							893 817
1	10 000	5 000	5 000	4 951	8 938	3 938	897 755
2	10 000	5 000	5 000	4 902	8 978	3 978	901 733
3	10 000	5 000	5 000	4 853	9 017	4 017	905 750
4	10 000	5 000	5 000	4 805	9 058	4 058	909 808
5	10 000	5 000	5 000	4 758	9 098	4 098	913 906
6	10 000	5 000	5 000	4 710	9 139	4 139	918 045
7	10 000	5000	5 000	4 664	9 180	4 180	922 225
8	10 000	5 000	5 000	4 618	9 222	4 222	926 447
9	10 000	5 000	5 000	4 572	9 264	4 264	930 711
10	10 000	5 000	5 000	4 527	9 307	4 307	935 018
11	10 000	5 000	5 000	4 482	9 350	4 350	939 368
12	10 000	5 000	5 000	4 437	9 394	4 394	943 762
13	10 000	5 000	5 000	4 394	9 438	4 438	948 200
14	10 000	5 000	5 000	4 350	9 482	4 482	952 682
15	10 000	5 000	5 000	4 307	9 527	4 527	957 209
16	10 000	5 000	5 000	4 264	9 572	4 572	961 781
17	10 000	5 000	5 000	4 222	9 618	4 618	966 399
18	10 000	5 000	5 000	4 180	9 664	4 664	971 063
19	10 000	5 000	5 000	4 139	9 711	4 711	975 774
20	10 000	5 000	5 000	4 098	9 758	4 758	980 532
21	10 000	5 000	5 000	4 057	9 805	4 805	985 337
22	10 000	5 000	5 000	4 017	9 853	4 853	990 190
23	10 000	5 000	5 000	3 977	9 902	4 902	995 092
24	10 000	5 000	1 005 000	791 538	9 951	4 951	≈1 000 000
合计				893 822		106 183	

注：(1) 893 817=5 000×(*P*/*A*，1%，24)+1 000 000×(*P*/*F*，1%，24)。为计算简便，表格中的数据均四舍五入取整数，会有尾差。

(2) 实际现金流折现④等于各月实际现金流③5 000元按照月市场利率1%(12%÷12)折现的金额。

(3) 长期借款各期实际利息⑤等于上月长期借款账面价值⑦与月市场利率1%的乘积。

(4) 摊销金额⑥等于长期借款各期实际利息⑤扣减每月实际利息支出③5 000元后的金额

【答案】丙企业账务处理如下：

方法一：

(1) 2018年1月1日，丙企业取得银行贷款100万元

借：银行存款　　　　1 000 000

　　贷：长期借款——本金　　　　1 000 000

(2) 2018年1月31日起每月月末，丙企业按月计提利息，企业实际承担的利息支出为1 000 000×6%÷12=5 000(元)

借：在建工程　　5 000

　　贷：应付利息　　5 000

方法二：

(1) 2018年1月1日，丙企业取得银行贷款100万元

借：银行存款　　1 000 000

　　长期借款——利息调整　　106 183

　　贷：长期借款——本金　　1 000 000

　　　　递延收益　　106 183

(2) 2018年1月31日，丙企业按月计提利息

借：在建工程　　8 938

　　贷：应付利息　　5 000

　　　　长期借款——利息调整　　3 938

同时，摊销递延收益

借：递延收益　　3 938

　　贷：在建工程　　3 938

【解析】在这两种方法下，计入在建工程的利息支出是一致的，均为5 000元。所不同的是，用第一种方法核算时，银行贷款在资产负债表中反映账面价值为1 000 000元；用第二种方法核算时，银行贷款的入账价值为893 817元，递延收益为106 183元，各月需要按照实际利率法进行摊销。

(2) 财政将贴息资金直接拨付给受益企业时，由于企业先按照同类贷款市场利率向银行支付利息，所以实际收到的借款金额通常就是借款的公允价值，企业应将对应的贴息冲减相关借款费用。

例11-47　承例11-34，丙企业与银行签订的贷款合同约定的年利率为12%，丙企业按月计提利息，按季度向银行支付贷款利息，以付息凭证向财政申请贴息资金。财政按年与丙企业结算贴息资金。甲企业应如何进行账务处理？

【答案】(1) 2018年1月1日，丙企业取得银行贷款100万元

借：银行存款　　1 000 000

　　贷：长期借款——本金　　1 000 000

(2) 2018年1月31日起每月月末，丙企业按月计提利息，应向银行支付的利息金额为1 000 000×12%÷12=10 000(元)，企业实际承担的利息支出为1 000 000×6%÷12=5 000(元)，应收政府贴息为5 000元

借：在建工程　　10 000

　　贷：应付利息　　10 000

借：其他应收款　　　　5 000

　　贷：在建工程　　　　5 000

五、政府补助列报

依据《企业会计准则第16号——政府补助》第十六条，企业应当在利润表中的“营业利润”项目之上单独列报“其他收益”项目，计入其他收益的政府补助在该项目中反映。

《企业会计准则第16 号——政府补助》第十七条规定，企业应当在附注中单独披露与政府补助有关的下列信息：①政府补助的种类、金额和列报项目；②计入当期损益的政府补助金额；③本期退回的政府补助金额及原因。

本章小结

本章着重讲述了销售收入的确认条件、收入计量(分期收款)、收入确认时间；提供劳务收入的确认与计量(完工百分比的确认)；授予客户的奖励积分的规定；让渡资产使用权账务处理；建造合同收入的内容、完工百分比法的运用、合同预计损失的处理、建造合同账务处理；政府补助核算的内容。

第十二章　所得税会计

引导案例

东岳公司建于2006年7月，主要生产浓缩果汁。2007年度公司的会计报表显示，该公司当年利润总额为-900万元(即亏损)。2008年3月，东岳公司所在地的地方税务稽查分局对该公司进行了专家稽查。当年4月上旬，东岳公司收到地方税务稽查分局的“税务检查处理决定书”。该决定书上列明东岳公司当年业务招待费超支222 928元，工资及福利费超支130 258元，错误地将购入的价值5 128元的排污泵全部列入管理费用等问题。经过上述项目调整后，东岳公司应纳税所得额为563.6万元，并以此乘以公司适用的税率33%，计算出应支付的所得税为186万元。

为什么东岳公司的会计人员计算出的税前利润总额会与税务人员调整出的应税利润存在如此大的差异？这些差异的主要类型和具体表现是什么？如何进行相应的会计处理？

学习目标

通过本章学习，学生要掌握所得税、税前会计利润、应纳税所得额、暂时性差异、计税基础的概念；明确资产负债表债务法和所得税费用的核算内容，了解应纳税所得额的内容；掌握企业相关所得税费用等的基本账务处理。

第一节　所得税会计概述

企业的会计核算和税务处理分别遵循不同的原则，服务于不同的目的。在我国，会计的确认、计量、报告应当遵从新会计准则的规定，目的在于真实、完整地反映企业的财务状况、经营成果和现金流量等，为投资者、债权人以及其他会计信息使用者提供对其决策有用的信息。税法则是以课税为目的，根据国家有关税收法律、法规的规定，确定一定时期内纳税人应交纳的税额，从所得税的角度，主要是确定企业的应纳税所得额，以对企业的经营所得征税。

所得税会计的形成和发展是所得税法规和新会计准则规定相互分离的必然结果，两者分离的程度和差异的种类、数量直接影响和决定了所得税会计处理方法的改进。《企业会计准则第18号——所得税》(以下简称《所得税准则》)是从资产负债表出发，通过比较资产负债表上列示的资产、负债，按照新会计准则规定确定的账面价值与按照税法规定确定的计税基础，对于两者之间的差异分别区分为应纳税暂时性差异与可抵扣暂时性差异，由此分别确认相关的递延所得税负债与递延所得税资产，并在此基础上确定每一会计期间利润表中的所得税费用。

对暂时性差异统一采用资产负债表债务法进行会计核算，对应纳税暂时性差异和可抵扣暂时性差异分别确认递延所得税负债和递延所得税资产，以后年度申报所得税时可直接依据账面应转回的金额填制企业所得税纳税申报表。

运用资产负债表债务法明细核算每一项暂时性差异，可以彻底取代纳税调整台账(或备查账)，以此解决会计与所得税法的差异问题。

一、资产负债表债务法

所得税会计是会计与税收规定之间的差异在所得税会计核算中的具体体现。《所得税准则》采用资产负债表债务法核算所得税。

资产负债表债务法较为完全地体现了资产负债观，在所得税的会计核算方面贯彻了资产、负债的界定。从资产负债表角度考虑，资产的账面价值代表的是企业在持续持有及最终处置某项资产的一定期间内，该项资产为企业带来的未来经济利益，而其计税基础代表的是在这一期间内，就该项资产按照税法规定可以税前扣除的金额。一项资产的账面价值小于其计税基础的，表明该项资产于未来期间产生的经济利益流入低于按照税法规定允许税前扣除的金额，产生可抵减未来期间应纳税所得额的因素，减少未来期间以应交所得税的方式流出企业的经济利益，从其产生时点来看，应确认为资产。反之，一项资产的账面价值大于其计税基础的，两者之间的差额将会于未来期间产生应税金额，增加未来期间的应纳税所得额及应交所得税，对企业形成经济利益流出的义务，应确认为负债。

二、所得税会计核算的一般程序

采用资产负债表债务法核算所得税的情况下，企业一般应于每一资产负债表日进行所得税的核算。发生特殊交易或事项时，如企业合并，在确认因交易或事项取得的资产、负债时即应确认相关的所得税影响。企业进行所得税核算一般应遵循以下几个程序。

(1) 按照相关新会计准则规定确定资产负债表中除递延所得税资产和递延所得税负债以外的其他资产和负债项目的账面价值。其中，资产、负债的账面价值，是指企业按照相关新会计准则的规定进行核算后在资产负债表中列示的金额。例如，企业持有的应收账款账面余额为2 000万元，企业对该应收账款计提了100万元的坏账准备，其账面价值为1 900万元，为该应收账款在资产负债表中的列示金额。

(2) 按照新会计准则中对于资产和负债计税基础的确定方法，以适用的税收法规为基础，确定资产负债表中有关资产、负债项目的计税基础。

(3) 比较资产、负债的账面价值与其计税基础，对于两者之间存在差异的，分析其性质，除新会计准则中规定的特殊情况外，分别以应纳税暂时性差异与可抵扣暂时性差异并乘以所得税税率，确定资产负债表日递延所得税负债和递延所得税资产的应有金额，并与期初递延所得税负债和递延所得税资产的余额相比，确定当期应予进一步确认的递延所得税资产和递延所得税负债金额或应予转销的金额，作为构成利润表中所得税费用的其中一个组成部分——递延所得税。

(4) 按照适用的税法规定计算确定当期应纳税所得额，将应纳税所得额与适用的所得税税率计算的结果确认为当期应交所得税，作为利润表中应予确认的所得税费用的另外一个组成部分——当期所得税。

(5) 确定利润表中的所得税费用。利润表中的所得税费用包括当期所得税和递延所得税两个组成部分，企业在计算确定了当期所得税和递延所得税后，两者之和(或之差)是利润表中的所得税费用。

所得税会计的关键在于确定资产、负债的计税基础。在确定资产、负债的计税基础时，应严格遵循税收法规中对于资产的税务处理以及可税前扣除的费用等的规定进行。

三、资产、负债的确认

(一) 资产的确认

资产在初始确认时，其计税基础一般为取得成本，即企业为取得某项资产支付的成本在未来期间准予税前扣除。在资产持续持有的过程中，其计税基础是指资产的取得成本减去以前期间按照税法规定已经税前扣除的金额后的余额，该余额表示税法规定所涉及的资产在未来期间计税时仍然可以税前扣除的金额。如固定资产、无形资产等长期资产在某一资产负债表日的计税基础是指其成本扣除按照税法规定已在以前期间税前扣除的累计折旧额或累计摊销额后的金额。

(二) 负债的确认

负债的确认与偿还一般不会影响企业的损益，也不会影响其应纳税所得额，未来期间计算应纳税所得额时按照税法规定可予抵扣的金额为零，计税基础即为账面价值。例如企业的短期借款、应付账款等。但是，某些情况下，负债的确认可能会影响企业的损益，进而影响不同期间的应纳税所得额，使得其计税基础与账面价值之间产生差额，如按照会计规定确认的某些预计负债。

四、暂时性差异

暂时性差异是指资产、负债的账面价值与其计税基础不同产生的差额。由于资产、负债的账面价值与其计税基础不同，产生了在未来收回资产或清偿负债的期间内，应纳税所得额增加或减少并导致未来期间应交所得税增加或减少的情况，形成企业的递延所得税资产和递延所得税负债。

应予以说明的是，资产负债表债务法下，仅确认暂时性差异的所得税影响，原按照利润表下纳税影响会计法核算的永久性差异，因从资产负债表角度考虑，不会产生资产、负债的账面价值与其计税基础的差异，即不形成暂时性差异，对企业在未来期间计税没有影响，不产生递延所得税。

根据暂时性差异对未来期间应纳税所得额的影响，分为应纳税暂时性差异和可抵扣暂时性差异。除因资产、负债的账面价值与其计税基础不同产生的暂时性差异以外，按照税法规定可以结转以后年度的未弥补亏损和税款抵减，也视同可抵扣暂时性差异处理。

1. 应纳税暂时性差异

应纳税暂时性差异是指在确定未来收回资产或清偿负债期间的应纳税所得额时，将导致产生应税金额的暂时性差异，该差异在未来期间转回时，会增加转回期间的应纳税所得额，即在未来期间不考虑该事项影响的应纳税所得额的基础上，由于该暂时性差异的转回，会进一步增加转回期间的应纳税所得额和应交所得税金额。在应纳税暂时性差异产生当期，应当确认相关的递延所得税负债。

应纳税暂时性差异通常产生于以下两种情况。

(1) 资产的账面价值大于其计税基础。一项资产的账面价值代表的是企业在持续使用或最终出售该项资产时将取得的经济利益的总额，而计税基础代表的是一项资产在未来期间可予税前扣除的金额。资产的账面价值大于其计税基础，该项资产未来期间产生的经济利益不能全部税前抵扣，两者之间的差额需要交税，产生应纳税暂时性差异。例如，一项无形资产账面价值为200万元，计税基础如果为150万元，两者之间的差额会造成未来期间应纳税所得额和应交所得税的增加。在其产生当期，符合确认条件的情况下，应确认相关的递延所得税负债。

(2) 负债的账面价值小于其计税基础。一项负债的账面价值为企业预计在未来期间清偿该项负债时的经济利益流出，而其计税基础代表的是账面价值在扣除税法规定未来期间允许税前扣除的金额之后的差额。因负债的账面价值与其计税基础不同产生的暂时性差异，本质上是税法规定就该项负债在未来期间可以税前扣除的金额(即与该项负债相关的费用支出在未来期间可予税前扣除的金额)。负债的账面价值小于其计税基础，则意味着该项负债在未来期间可以税前抵扣的金额为负数，即应在未来期间应纳税所得额的基础上调增，增加应纳税所得额和应交所得税金额，产生应纳税暂时性差异，应确认相关的递延所得税负债。

2. 可抵扣暂时性差异

可抵扣暂时性差异是指在确定未来收回资产或清偿负债期间的应纳税所得额时，将导致产生可抵扣金额的暂时性差异。该差异在未来期间转回时会减少转回期间的应交所得税。在可抵扣暂时性差异产生当期，应当确认相关的递延所得税资产。

可抵扣暂时性差异一般产生于以下两种情况。

(1) 资产的账面价值小于其计税基础。从经济含义来看，资产在未来期间产生的经济利益少，按照税法规定允许税前扣除的金额多，则就账面价值与计税基础之间的差额，企业在未来期间可以减少应纳税所得额并减少应交所得税，符合有关条件时，应当确认相关的递延所得税资产。例如，一项资产的账面价值为200万元，计税基础为260万元，则企业在未来期间就该项资产可以在其自身取得经济利益的基础上多扣除60万元。从整体上来看，未来期间应纳税所得额会减少，应交所得税也会减少，形成可抵扣暂时性差异，符合确认条件时，应确认相关的递延所得税资产。

(2)负债的账面价值大于其计税基础。负债产生的暂时性差异实质上是税法规定就该项负债可以在未来期间税前扣除的金额。可以概括为

负债产生的暂时性差异=账面价值-计税基础=账面价值-(账面价值-未来期间计税时按照税法规定可予以税前扣除的金额)=未来期间计税时按照税法规定可予以税前扣除的金额

一项负债的账面价值大于其计税基础，意味着未来期间按照税法规定与该项负债相关的全部或部分支出可以自未来应税经济利益中扣除，减少未来期间的应纳税所得额和应交所得税。例如，企业对将发生的产品保修费用在销售当期确认预计负债200万元，但税法规定有关费用支出只有在实际发生时才能够税前扣除，其计税基础为零；企业确认预计负债的当期相关费用不允许税前扣除，但在以后期间有关费用实际发生时允许税前扣除，使得未来期间的应纳税所得额和应交所得税减少，产生可抵扣暂时性差异，符合有关确认条件时，应确认相关的递延所得税资产。

3. 特殊项目产生的暂时性差异

(1) 未作为资产、负债确认的项目产生的暂时性差异。某些交易或事项发生以后，因为不符合资产、负债的确认条件而未体现为资产负债表中的资产或负债，但按照税法规定能够确定其计税基础的，其账面价值与计税基础之间的差异也构成暂时性差异。

例如，企业为扩大其产品或劳务的影响而在各种媒体上做广告宣传所发生用，不得预提和待摊。如果有确凿证据表明(按照合同或协议约定等)企业实际支付的广告费，其相对应的有关广告服务将在未来几个会计年度内获得，则本期实际支付的广告费应作为预付账款，在接受广告服务的各会计年度内，按照双方合同或协议约定的各期接受广告服务的比例分期计入损益。如果没有确凿的证据表明当期发生的广告费是为了在以后会计年度取得有关广告服务，则应将广告费于相关广告见于媒体时计入当期损益。《企业所得税法实施条例》第四十四条规定："企业发生的符合条件的广告费和业务宣传费支出，除国务院财政、税务主管部门另有规定外，不超过当年销售(营业)收入15%的部分，准予扣除；超过部分，准予在以后纳税年度结转扣除。"由此可见，广告宣传费在媒体发布时或媒体发布的期间据实列支，而税法将其作为一项资产处理。

(2) 可抵扣亏损及税款抵减产生的暂时性差异。按照税法规定可以结转以后年度的未弥补亏损及税款抵减，虽不是因资产、负债的账面价值与计税基础不同产生的，但本质上可抵扣亏损和税款抵减与可抵扣暂时性差异具有同样的作用，均能够减少未来期间的应纳税所得额和应交所得税，视同可抵扣暂时性差异，在符合确认条件的情况下，应确认与其相关的递延所得税资产。

例如，甲公司2011年因政策性原因发生经营亏损4 000万元，按照《企业所得税法》第十八条规定，该亏损可用于抵减以后5个年度的应纳税所得额。该公司预计其于未来5年

期间能够产生足够的应纳税所得额利用该经营亏损。该经营亏损虽不是平比较资产、负债的账面价值与其计税基础产生的，但从其性质上来看可以减少未来期间的应纳税所得额和应交所得税，视同可抵扣暂时性差异。在企业预计未来期间能够产生足够的应纳税所得额利用该可抵扣亏损时，应确认相关的递延所得税资产。

五、递延所得税负债和递延所得税资产

企业在计算确定了应纳税暂时性差异与可抵扣暂时性差异后，应当按照《所得税准则》中的规定来确认与应纳税暂时性差异相关的递延所得税负债以及与可抵扣暂时性差异相关的递延所得税资产。

(一) 递延所得税负债的确认和计量

1. 递延所得税负债的确认

递延所得税负债产生于应纳税暂时性差异。因应纳税暂时性差异在转回期间将增加企业的应纳税所得额和应交所得税，导致企业经济利益的流出，在其发生当期，构成企业应支付税金的义务，应作为负债确认。

确认应纳税暂时性差异产生的递延所得税负债时，交易或事项发生时影响到会计利润或应纳税所得额的，相关的所得税影响应作为利润表中所得税费用的组成部分；与直接计入所有者权益的交易或事项相关的，其所得税影响应减少所有者权益(如交易性金融资产公允价值变动、作为存货或固定资产的房地产转换为按公允价值计量的投资性房地产、权益结算的股份支付等)；企业合并中取得的有关资产、负债产生的应纳税暂时性差异，因其所得税影响而相应调整购买日应确认的商誉或是计入合并当期损益(营业外收入)的金额。

企业在确认因应纳税暂时性差异产生的递延所得税负债时，应遵循以下原则。

(1) 确认的一般原则。除《所得税准则》中明确规定可不确认递延所得税负债的情况以外，企业对于所有的应纳税暂时性差异均应确认相关的递延所得税负债。

基于谨慎性原则，为了充分反映交易或事项发生后，对未来期间的计税影响，除特殊情况可不确认相关的递延所得税负债外，企业应尽可能地确认与应纳税暂时性差异相关的递延所得税负债。

(2) 不确认递延所得税负债的特殊情况。有些情况下，虽然资产、负债的账面价值与其计税基础不同，产生了应纳税暂时性差异，但出于各方面考虑，《所得税准则》中规定不确认相应的递延所得税负债，主要包括以下几点。

第一，商誉的初始确认。非同一控制下的企业合并中，企业合并成本大于合并中取得的被购买方可辨认净资产公允价值份额的差额，按照新会计准则规定应确认为商誉。因会计与税收的划分标准不同，按照税收法规规定作为免税合并的情况下，计税时不认可商誉的价值，即从税法角度，商誉的计税基础为零，两者之间的差额形成应纳税暂时性差异。对于商誉的账面价值与其计税基础不同产生的该应纳税暂时性差异，新会计准则中规定不确认与其相关的递延所得税负债，原因在于：一是确认该部分暂时性差异产生的递延所得

税负债，则意味着购买方在企业合并中获得的可辨认净资产的价值量下降，企业应增加商誉的价值，商誉的账面价值增加以后，可能很快就要计提减值准备，同时其账面价值的增加还会进一步产生应纳税暂时性差异，使得递延所得税负债和商誉价值量的变化不断循环。二是商誉本身即是企业合并成本在取得的被购买方可辨认资产、负债之间进行分配后的剩余价值，确认递延所得税负债进一步增加其账面价值会影响到会计信息的可靠性。

第二，除企业合并以外的其他交易或事项中，如果该项交易或事项发生时既不影响会计利润，也不影响应纳税所得额，则所产生的资产、负债的初始确认金额与其计税基础不同，形成应纳税暂时性差异的，交易或事项发生时不确认相应的递延所得税负债。该规定主要是考虑到由于交易发生时既不影响会计利润，也不影响应纳税所得额，确认递延所得税负债的直接结果是增加有关资产的账面价值或是降低所确认负债的账面价值，使得资产、负债在初始确认时，违背历史成本原则，影响会计信息的可靠性。例如，固定资产应当资本化的借款费用，如果是向非金融部门取得，并且利率超过了同期同类银行贷款利率，会导致固定资产的会计成本大于计税基础，由于该项暂时性差异的确认会导致固定资产初始计量违背历史成本原则，故实务中不确认递延所得税负债。

第三，与子公司、联营企业、合营企业投资等相关的应纳税暂时性差异，企业一般应确认相关的递延所得税负债，但同时满足以下两个条件的除外：一是投资企业能够控制暂时性差异转回的时间；二是该暂时性差异在可预见的未来很可能不会转回。满足上述两个条件时，投资企业可以运用自身的影响力决定暂时性差异的转回，如果不希望其转回，则在可预见的未来该项暂时性差异即不会转回，从而对未来期间不会产生所得税影响，无须确认相应的递延所得税负债。企业在运用上述条件不确认与联营企业、合营企业等投资相关的递延所得税负债时，应有明确的证据表明其能够控制有关暂时性差异转回的时间。一般情况下，企业对联营企业的生产经营决策仅能够实施重大影响，并不能够主导被投资单位包括利润分配政策在内的主要生产经营决策的制定，满足《所得税准则》规定的能够控制暂时性差异转回时间的条件一般是通过与其他投资者签订协议等，达到能够控制被投资单位利润分配政策等情况。

2. 递延所得税负债的计量

(1) 确认的一般原则。《所得税准则》规定，对于递延所得税负债，在资产负债表日应当根据适用税法规定，按照预期清偿该负债期间的适用税率计量。即递延所得税负债应以相关应纳税暂时性差异转回期间按照税法规定适用的所得税税率计量。

在我国，除享受优惠政策的情况以外，企业适用的所得税税率在不同年度之间一般不会发生变化，企业在确认递延所得税负债时，可以现行适用税率为基础计算确定。享受优惠政策的企业，如正在审批的符合国家重点支持的高新技术企业认定管理办法的企业，享受15%的优惠税率，则所产生的暂时性差异应以预计其转回期间的适用所得税税率15%为基础计量。

(2) 不确认递延所得税资产的特殊情况。无论应纳税暂时性差异的转回期间如何，《所得税准则》中规定递延所得税负债不要求折现。对递延所得税负债进行折现，企业需要对相关的应纳税暂时性差异进行详细的分析，确定其具体的转回时间表，并在此基础上，按照一定的利率折现后确定递延所得税负债的金额。实务中，企业进行类似的分析工作量较大、包含的主观判断因素较多，且很多情况下无法合理确定暂时性差异的具体转回时间，《所得税准则》中规定递延所得税负债不予折现。

(二) 递延所得税资产的确认和计量

1. 递延所得税资产的确认

(1) 确认的一般原则。递延所得税资产产生于可抵扣暂时性差异。资产、负债的账面价值与其计税基础不同产生可抵扣暂时性差异的，在估计未来期间能够取得足够的应纳税所得额用以利用该可抵扣暂时性差异时，企业应当以很可能取得用来抵扣可抵扣暂时性差异的应纳税所得额为限，确认相关的递延所得税资产。

同递延所得税负债的确认相同，有关交易或事项发生时，对税前会计利润或是应纳税所得额产生影响的，所确认的递延所得税资产应作为利润表中所得税费用的调整；有关的可抵扣暂时性差异产生于直接计入所有者权益的交易或事项的，确认的递延所得税资产也应计入所有者权益(如交易性金融资产公允价值变动、作为存货或固定资产的房地产转换为按公允价值计量的投资性房地产、权益结算的股份支付等)；企业合并中取得的有关资产、负债产生的可抵扣暂时性差异(递延所得税资产)，因其所得税影响而相应调整合并中确认的商誉或是应计入合并当期损益(营业外收入)的金额。

确认递延所得税资产时，应关注以下几个问题。

第一，递延所得税资产的确认应以未来期间很可能取得的用来抵扣可抵扣暂时性差异的应纳税所得额为限。在可抵扣暂时性差异转回的未来期间内，企业无法产生足够的应纳税所得额，用来抵扣可抵扣暂时性差异，使得与可抵扣暂时性差异相关的经济利益无法实现的，则不应确认递延所得税资产；企业有明确的证据表明其于可抵扣暂时性差异转回的未来期间能够产生足够的应纳税所得额，进而抵扣可抵扣暂时性差异的，则应以很可能取得的应纳税所得额为限，确认相关的递延所得税资产。

在判断企业于可抵扣暂时性差异转回的未来期间是否能够产生足够的应纳税所得额时，应考虑以下两个方面的影响：一是通过正常的生产经营活动能够实现的应纳税所得额，如企业通过销售商品、提供劳务等所实现的收入，扣除有关的成本费用等支出后的金额。该部分情况的预测应当以经企业管理层批准的最近财务预算或预测数据以及该预算或者预测期之后年份稳定的或者递减的增长率为基础。二是以前期间产生的应纳税暂时性差异在未来期间转回时将增加的应纳税所得额。

考虑到可抵扣暂时性差异转回的期间内可能取得应纳税所得额的限制，因无法取得足够的应纳税所得额而未确认相关的递延所得税资产的，应在会计报表附注中进行披露。

第二，与子公司、联营企业、合营企业的投资相关的可抵扣暂时性差异，同时满足下列条件的，企业应当确认相关的递延所得税资产：一是暂时性差异在可预见的未来很可能转回；二是未来很可能获得用来抵扣可抵扣暂时性差异的应纳税所得额。

联营企业和合营企业等的投资产生的可抵扣暂时性差异，主要产生于权益法下被投资单位发生亏损时，投资企业按照持股比例确认应予承担的部分相应减少长期股权投资的账面价值，但税法规定长期股权投资的成本在持有期间不发生变化，造成长期股权投资的账面价值小于其计税基础，产生可抵扣暂时性差异。可抵扣暂时性差异还产生于对长期股权投资计提减值准备的情况下。

第三，对于按照税法规定可以结转以后年度的未弥补亏损(可抵扣亏损)和税款抵减，企业应视同可抵扣暂时性差异处理。在预计可利用可弥补亏损或税款抵减的未来期间内很可能取得足够的应纳税所得额时，企业应当以很可能取得的应纳税所得额为限，确认相应的递延所得税资产，同时减少确认当期的所得税费用。

应予以说明的是，可抵扣亏损是指企业按照税法规定计算确定准予用以后年度的应纳税所得弥补的亏损。在确定可抵扣亏损时，一般应以适当方式与税务部门沟通，取得税务部门的认可。与可抵扣亏损和税款抵减相关的递延所得税资产，其确认条件与其他可抵扣暂时性差异产生的递延所得税资产相同，在估计未来期间是否能够产生足够的应纳税所得额用以利用该部分可抵扣亏损或税款抵减时，应考虑以下相关因素的影响：①在可抵扣亏损到期前，企业是否会因以前期间产生的应纳税暂时性差异转回而产生足够的应纳税所得额；②在可抵扣亏损到期前，企业是否可能通过正常的生产经营活动产生足够的应纳税所得额；③可抵扣亏损是否产生于一些在未来期间不可能重复发生的特殊原因；④是否存在其他的证据表明在可抵扣亏损到期前能够取得足够的应纳税所得额。

企业在确认与可抵扣亏损和税款抵减相关的递延所得税资产时，应当在会计报表附注中说明在可抵扣亏损和税款抵减到期前，企业能够产生足够的应纳税所得额的估计基础。

(2) 不确认递延所得税资产的特殊情况。某些情况下，如果企业发生的某项交易或事项不属于企业合并，并且交易发生时既不影响会计利润也不影响应纳税所得额，且该项交易中产生的资产、负债的初始确认金额与其计税基础不同，产生可抵扣暂时性差异的，《所得税准则》中规定在交易或事项发生时不确认相关的递延所得税资产。其原因同该种情况下不确认递延所得税负债相同，如果确认递延所得税资产，则需调整资产、负债的入账价值，对实际成本进行调整将违反会计核算中的历史成本原则，影响会计信息的可靠性。

2. 递延所得税资产的计量

(1) 适用税率的确定。同递延所得税负债的计量原则相一致，确认递延所得税资产时，应当以预期收回该资产期间的适用所得税税率为基础计算确定。另外，无论相关的可抵扣暂时性差异转回期间如何，递延所得税资产均不要求折现。

(2) 递延所得税资产的减值。所得税准则规定，资产负债表日，企业应当对递延所得税资产的账面价值进行复核。如果未来期间很可能无法取得足够的应纳税所得额用以利用可抵扣暂时性差异带来的经济利益，应当减记递延所得税资产的账面价值。

同其他资产的确认和计量原则相一致，递延所得税资产的账面价值应当代表其为企业带来未来经济利益的能力。企业在确认了递延所得税资产以后，因各方面情况变化，导致按照新的情况估计，在有关可抵扣暂时性差异转回的期间内，无法产生足够的应纳税所得额用来抵扣可抵扣暂时性差异，使得与递延所得税资产相关的经济利益无法全部实现的，对于预期无法实现的部分，应当减记递延所得税资产的账面价值。除原确认时记入所有者权益的递延所得税资产，其减记金额亦应记入所有者权益外，其他的情况应增加当期的所得税费用。

因无法取得足够的应纳税所得额用以利用可抵扣暂时性差异而减记递延所得税资产账面价值的，以后期间根据新的环境和情况判断能够产生足够的应纳税所得额用以利用可抵扣暂时性差异使得递延所得税资产包含的经济利益能够实现的，应相应恢复递延所得税资产的账面价值。

另外，应当说明的是，无论是递延所得税资产还是递延所得税负债的计量，均应考虑资产负债表日企业预期收回资产或清偿负债方式的所得税影响，在计量递延所得税资产和递延所得税负债时，应当采用与收回资产或清偿债务的预期方式相一致的税率和计税基础。

(三) 适用税率变化对已确认递延所得税资产和递延所得税负债的影响

因适用税收法规的变化，导致企业在某一会计期间适用的所得税税率发生变化的，企业应对已确认的递延所得税资产和递延所得税负债按照新的税率进行重新计量。递延所得税资产和递延所得税负债的金额代表的是有关可抵扣暂时性差异或应纳税暂时性差异于未来期间转回时，导致应交所得税金额的减少或增加的情况。因国家税收法律法规等的变化导致适用税率变化的，必然导致应纳税暂时性差异或可抵扣暂时性差异在未来期间转回时产生应交所得税金额的变化，在适用税率变动的情况下，应对原已确认的递延所得税资产及递延所得税负债的金额进行调整，反映税率变化带来的影响。

第二节　所得税会计的核算

一、资产、负债的计税基础

(一) 资产的计税基础

资产的计税基础是指企业收回资产账面价值的过程中，计算应纳税所得额时按照税法可以自应税经济利益中抵扣的金额，即该项资产在未来使用或最终处置时，允许作为成本或费用于税前列支的金额，其公式为

资产的计税基础＝未来可税前列支的金额

某一资产负债表日的计税基础＝成本－以前期间已税前列支的金额

1. 固定资产

会计核算的账面价值＝实际成本－累计折旧－减值准备

税收上的计税基础＝实际成本－累计折旧

例12-1　某项机器设备原价为1 000万元，预计使用年限为10年，会计处理时按照直线法计提折旧，税收处理允许加速折旧，企业在计税时对该项资产按双倍余额递减法计列

折旧，预计净残值为零。计提了2年的折旧后，会计期末，企业对该项固定资产计提了80万元的固定资产减值准备。试分析该设备的账面价值及其计税基础。

【答案】账面价值=1 000-100-100-80=720(万元)

计税基础=1 000-200-160=640(万元)

2. 无形资产

会计核算的账面价值=实际成本-累计摊销-减值准备

但对于使用寿命不确定的无形资产，账面价值=实际成本-减值准备

税收上的计税基础=实际成本-累计摊销

例12-2　某项无形资产取得成本为100万元，因其使用寿命无法合理估计，会计上视为使用寿命不确定的无形资产，不予摊销，但税法规定按不短于10年的期限摊销。试分析取得该项无形资产1年后的会计账面价值及其计税基础。

【答案】会计：账面价值=100(万元)

税收：计税基础=100-100÷10=90(万元)

3. 交易性金融资产

期末会计核算时，交易性金融资产按公允价值计量，公允价值变动计入损益。

税收上的计税基础为其成本。

例12-3　光明公司支付400万元取得一项交易性金融资产，当期期末市价为 420万元。试分析交易性金融资产的会计账面价值及其计税基础。

【答案】会计：账面价值=420万元

税收：计税基础=400万元

(二) 负债的计税基础

负债的计税基础是指负债的账面价值减去该负债在未来期间可予税前列支的金额，其公式为

负债的计税基础=账面价值-未来可税前列支的金额

一般负债的确认和清偿不影响所得税的计算，差异主要是自费用中提取的负债。

1. 预计负债

例12-4　企业因销售商品提供售后服务等原因于当期确认了200万元的预计负债。税法规定，有关产品售后服务等与取得经营收入直接相关的费用于实际发生时允许税前列支。假定企业在确认预计负债的当期未发生售后服务费用。试分析该预计负债的会计账面价值及其计税基础。

【答案】预计负债账面价值=200(万元)

预计负债计税基础=账面价值-可从未来经济利益中扣除的金额=200-200=0

例12-5 假如企业因债务担保确认了预计负债500万元，但担保发生在关联方之间，担保方并未就该项担保收取与相应责任相关的费用。试分析该预计负债的会计账面价值及其计税基础。

【答案】会计核算时，按照或有事项准则规定，确认预计负债，其账面价值=500(万元)。

税收上的与该预计负债相关的费用不允许税前扣除。计税基础=账面价值-可从未来经济利益中扣除的金额=500-0=500(万元)

2. 应付职工薪酬

会计核算时，所有与取得职工服务相关的支出均计入成本费用，同时确认负债。

税收上的现行内资企业所得税法仍规定可以税前扣除的计税工资标准、福利费标准等。

例12-6 某企业当期确认应支付的职工工资及其他薪金性质支出合计3 000万元，尚未支付。按照税法规定的计税工资标准可以于当期扣除的部分为2 200万元。试分析该项负债的会计账面价值及其计税基础。

【答案】应付职工薪酬账面价值=3 000(万元)

计税基础=账面价值-可从未来应税利益经济利益中扣除的金额3 000-0=3 000(万元)

二、递延所得税资产和递延所得税负债的确认

(一) 应纳税暂时性差异及递延所得税负债的确认

1. 产生应纳税暂时性差异的情况

(1) 影响利润表的交易事项。

例12-7 光明公司某项利息收入，预计每年100万元，5年后收到。在计算会计利润时包含了100万元，但税法上要求按收付实现制确认应税利润。那么此项利息收入产生一项应纳税暂时性差异为(　　)万元。

A.100　　B.20　　C.200　　D.10

【答案】A

(2) 影响资产负债表的交易事项。

例12-8 光明公司某一固定资产原值为5 000万元，账面金额3 000万元，计税折旧为3 000万元，税率为25%。试分析该固定资产的会计账面价值及其计税基础。

【答案】该资产的计税基础=2 000(万元)

该资产的应纳税暂时性差异=账面金额-计税基础=3 000-2 000=1 000(万元)

应确认的递延所得税负债 = 1 000 × 25% = 250(万元)

(3) 公允价值调整和重估价。

例12-9 光明公司某项资产的成本为100万元，账面金额由80万元重估为150万元。计税时没有作相应的调整。税法计税折旧为30万元，税率为25%，假设企业预期通过使用该资产收回其账面金额。试分析该项资产的会计账面价值及其计税基础。

【答案】该资产的计税基础=100-30=70(万元)

应纳税暂时性差异=150-70=80(万元)

应确认的递延所得税负债=80 ×25%=20(万元)

(4) 企业合并。暂时性差异可能产生于购买式企业合并，在购买日，企业应将递延所得税资产或递延所得税负债确认为可辨认资产和负债，从而这些递延所得税资产和负债会影响商誉。但企业不应确认商誉本身形成的递延所得税负债和递延所得税资产。

例12-10 光明公司购买一个拥有可抵扣暂时性差异100万元的子公司，购买时的税率是25%。在确定此项购买形成商誉500万元时，没有确认为一项可辨认资产。商誉在20年内摊销。购买后两年，企业估计未来应税利润很可能足以抵扣各种可抵扣暂时性差异。试分析该资产形成的递延所得税负债或递延所得税资产。

【答案】企业应确认一项递延所得税资产=100 × 25%= 25万元，同时在利润表内确认递延所得税收益25万元。同时企业也应减少商誉成本25万元和累计摊销额2.5万元(两年摊销额)，余额22.5万元在利润表内确认为一项费用。结果，商誉的成本和相关的累计摊销额分别减至为500-25=475万元和50-2.5=47.5万元，它们同在企业合并日已将递延所得税资产25万元确认为可辨认资产。

2. 不确认递延所得税负债的特殊情况

(1) 准则要求不确认商誉所产生的递延所得税负债。

例12-11 假如光明公司以450万元购入新华公司，购买日各项资产、负债的公允价值及计税基础如表12-1所示。

表12-1 购买日各项资产、负债的公允价值及计税基础　　单位：万元

项目	公允价值	计税基础	暂时性差异
固定资产	200	150	50
应收账款	150	150	0
存货	120	100	20
其他应付款	(20)	0	(20)
合计	450	400	50

假定新华公司业适用的所得税税率为25%，则该合并中应确认递延所得税负债及商誉分别为多少？

【解析】税法规定商誉的成本通常是不可抵扣的，那么商誉的计税基础为零，商誉的账面价值与其零计税基础之间的差额是一项应纳税暂时性差异，但是准则规定不确认商誉所产生的递延所得税负债，原因在于商誉是一项剩余值，如果确认由商誉产生的递延所得税负债12.5×25%=3.125万元，则会进一步增加商誉的价值。

【答案】递延所得税负债= 50 × 25%= 12.5(万元)

净资产的公允价值=450−12.5=437.5(万元)

商誉=450−437.5=12.5(万元)

(2) 准则要求除企业合并以外的其他交易中，如果交易发生时既不影响会计利润，也不影响应纳税所得额，则由资产、负债的初始确认及后续确认所产生的递延所得税负债不予确认，以免使财务报表表达不清楚。

例12-12　企业打算使用一项账面价值为100万元的固定资产，使用年限为5年，然后再处置，残值为0。税率为25%。分析处置该固定资产时是否形成递延所得税资产或递延所得税负债。该资产的折旧在计税时不能抵扣。一旦处置，任何资本利得不纳税，任何资本损失不可抵扣。

【答案】企业不确认由此产生的递延所得税负债25万元，原因在于此次交易既不影响会计利润，也不影响应纳税所得额，它是由该资产的初始确认所产生的。第2年，该资产的账面金额为80万元，企业不确认递延所得税负债20万元，原因在于它是由该资产的初始确认所产生的后续确认。

(3) 准则要求对与子公司、联营企业及合营企业投资相关的应纳税暂时性差异，应当确认相应的递延所得税负债。但是，同时满足下列条件的除外：①投资企业能够控制暂时性差异转回的时间；②该暂时性差异在可预见的未来很可能不会转回。

例12-13　假如光明公司投资新华公司1 000万元，占40%的股权，对该公司拥有控制权，当年投资发生后，乙公司实现净利100万元。光明公司适用的所得税税率为25%，新华公司适用的税率为20%。试分析该业务中应确认递延所得税资产或递延所得税负债是多少？

【答案】按照权益法核算，光明公司长期股权投资账面价值增加100× 40%= 40万元，同时确认投资收益40万元。但税法按照收付实现制确认投资收益，从而产生了应纳税暂时性差异，则光明公司应确认的递延所得税负债=100÷20%×(25%-20%)×40%=10(万元)。

(二) 可抵扣暂时性差异及递延所得税资产的确认

1. 产生可抵扣暂时性差异的情况

(1) 影响利润表的交易事项。

例12-14　光明公司将应计产品包修成本1 000万元确认为一项负债。该产品包修成本于该企业支付索赔时才能抵扣税款，税率为25%。试分析该业务中应确认递延所得税资产或递延所得税负债是多少？

【答案】该负债的计税基础=0

可抵扣的暂时性差异=账面金额-计税基础=1 000-0=1 000(万元)

应确认的递延所得税资产= 1 000 × 25 %= 250(万元)

(2) 公允价值调整和重估。

例12-15　光明公司某项固定资产的成本为1 000万元，账面金额由 800万元重估为600万元。计税时没有作相应的调整。累计计税折旧为300万元；税率为25%。试分析该业务中应确认递延所得税资产或递延所得税负债是多少？

【答案】该资产的计税基础=1 000-300=700(万元)

产生的可抵扣暂时性差异=700-600=100(万元)

应确认的递延所得税资产=100 × 25%=25(万元)

(3) 企业合并。

例12-16　假如光明公司以450万元购入新华公司，购买日各项资产、负债的公允价值及计税基础如表12-2所示。

表12-2　购买日各项资产、负债的公允价值及计税基础　　单位：万元

项目	公允价值	计税基础	暂时性差异
固定资产	200	250	(50)
应收账款	150	150	0
存货	120	100	20
其他应付款	(20)	0	(20)
合计	450	500	(50)

假定新华公司适用的所得税税率为25%，则该合并中应确认递延所得税资产及商誉是多少？

【解析】 准则规定不确认负商誉所产生的递延所得税资产。

【答案】 递延所得税资产=50 × 25%=12.5(万元)

净资产的公允价值=450+12.5=462.5(万元)

商誉=450−462.5=12.5(万元)

(4) 按照税法规定允许抵减以后年度利润的可抵扣亏损，也视同可抵扣暂时性差异。

另外，可抵扣的亏损视同可抵扣暂时性差异，以未来期间可取得的应纳税所得额为限，来确认相关的递延所得税资产。如果亏损较大，且缺乏证据表明企业未来期间将会有足够的应纳税所得额时，不应确认递延所得税资产。

例12-17 假设光明公司亏损1 000万元，按照税法规定可向后递延弥补亏损 5年，假设有证据表明企业未来将会有足够的应纳税所得额，适用的税率为26%。那么确认递延所得税资产是多少？

【答案】 可抵扣暂时性差异=1 000(万元)

递延所得税资产=1 000 × 25%= 250(万元)

2. 不确认递延所得税资产的特殊情况

同时具有以下特征的交易中因资产或负债的初始确认所产生的递延所得税资产不予确认：①该项交易不是企业合并；②交易发生时既不影响会计利润，也不影响应纳税所得额(或可抵扣亏损)。

例12-18 光明公司融资租入一项固定资产，会计上入账价值按照公允价值与最低租赁付款额现值中较低者确认为90万元，而税法上是按照租赁合同或协议中约定的租赁款确认为100万元。判断该交易事项是否应确认递延所得税资产或递延所得税负债？

【答案】 该交易事项初始确认金额与计税基础之间存在的可抵扣暂时性差异10万元，但该交易不属于企业合并形成的资产，交易发生也既不影响会计利润，也不影响应纳税所得额，所以就不能确认相关的递延所得税资产。

三、递延所得税的特殊处理

(一) 直接计入所有者权益的交易或事项产生的递延所得税

新会计准则第二十二条规定，直接计入所有者权益的交易或事项，如可供出售金融资产公允价值的变动，相关资产、负债的账面价值与计税基础之间形成暂时性差异的，应当按照准则规定确认递延所得税资产或递延所得税负债，计入资本公积(其他资本公积)。

(二) 企业合并中产生的递延所得税

由于企业会计准则规定与税法规定对企业合并的处理不同，可能会造成企业合并中取得资产、负债的入账价值与其计税基础的差异。

比如，非同一控制下企业合并产生的应纳税暂时性差异或可抵扣暂时性差异，在确认递延所得税负债或递延所得税资产的同时，相关的递延所得税费用(或收益)，通常应调整企业合并中所确认的商誉。

(三) 可抵扣亏损以及可结转以后年度的税款扣减

按照税法规定允许用以后年度所得弥补的可抵扣亏损以及可结转以后年度的税款抵减，比照可抵扣暂时性差异的原则处理。

四、所得税费用的确认和计量

企业在计算确定当期所得税(即当期应交所得税)以及递延所得税费用(或收益)的基础上，应将两者之和确认为利润表中的所得税费用(或收益)，但不包括直接计入所有者权益的交易或事项的所得税影响。即，所得税包括当期所得税和递延所得税两个部分，其中，当期所得税的计算公式为

当期所得税=应纳税所得额×当期适用税率

递延所得税=当期递延所得税负债的增加(−减少)−当期递延所得税资产的增加(+减少)

递延所得税的确认：①一般情况下计入利润表；②企业合并产生的递延所得税调整商誉；③确认时计入权益的交易产生的递延所得税计入权益。所得税费用的计算公式为

所得税费用(或收益)= 当期所得税+递延所得税费用(−递延所得税收益)

例12-19　光明公司2018年度利润表中利润总额为1 200万元，该公司适用的所得税税率为25%。递延所得税资产及递延所得税负债不存在期初余额，相关资产、负债的账面价值与其计税基础见表12-3。

表12-3　资产负债表相关项目金额及计税基础　　单位：元

序号	项目		账面价值	计税基础	暂时性差异	
					应纳税暂时性差异	可抵扣暂时性差异
1	存货		8 000 000	8 300 000		300 000
2	固定资产	原价	6 000 000	6 000 000		
		累计折旧	1 200 000	600 000		
		减值准备	0	0		
		账面价值	4 800 000	5 400 000		600 000
3	无形资产		3 000 000	0	3 000 000	
4	其他应付款		1 000 000	1 000 000		
5	总 计				3 000 000	900 000

2018年发生的有关交易和事项中，会计与税收之间存在的差别有：2018年1月开始计提折旧的一项固定资产，成本为600万元，使用年限为10年，净残值为零，会计处理按双倍余额递减法计提折旧，税法规定按直线法计提折旧(假定税法规定的使用年限及净残值与会计规定相同)；向关联企业捐赠现金200万元(假定按照税法规定，企业向关联方的捐赠不允许在税前扣除)。当年度发生研究开发支出500万元，其中300万元资本化计入无形资产成本，按规定可按实际发生额的110%加计扣除(假定所开发无形资产于期末达到预定使用状态)；违反环保规定应支付罚款100万元；期末对持有的存货计提了30万元的存货跌价准备。

要求：根据以上资料，该企业如何作会计处理？

【答案】根据以上资料，该企业会计处理如下：

(1) 2018年度应交所得税

应纳税所得额=12 000 000 +600 000 +2 000 000−3 500 000+1 000 000+300 000=12 400 000(元)

当期所得税=当期应交所得税=12 400 000 ×25%=3 100 000(元)

(2) 2018年度递延所得税

递延所得税资产=900 000 × 25%=225 000(元)

递延所得税负债=3 000 000 × 25%=750 000(元)

递延所得税=750 000−225 000=525 000(元)

(3) 利润表中应确认的所得税费用

所得税费用=3 100 000+525 000=3 625 000(元)

编制会计分录如下：

借：所得税费用　　3 625 000

　　递延所得税资产　　225 000

　　贷：应交税费——应交所得税　　3 100 000

　　　　递延所得税负债　　750 000

例12-20　光明公司2018年12月31日资产负债表中有关项目账面价值及其计税基础如表12-4所示。

表12-4　资产负债表中有关项目金额及计税基础　　单位：万元

序号	项目	账面价值	计税基础	暂时性差异	
				应纳税暂时性差异	可抵扣暂时性差异
1	交易性金融资产	1 500	1 000	500	——
2	或有负债	100	0	——	100
3	合计	——	——	500	100

假定除上述项目外，该企业其他资产、负债的账面价值与其计税基础不存在差异，也不存在可抵扣亏损和税款抵减；该企业当期按照税法规定计算确定的应交所得税为600万元；该企业预计在未来期间能够产生足够的应纳税所得额用以抵扣可抵扣暂时性差异。则该企业计算确认的递延所得税负债、递延所得税资产、递延所得税费用以及所得税费用各

为多少?

【答案】递延所得税负债=500×25%=125(万元)

递延所得税资产=100×25%=25(万元)

递延所得税费用=125−25=100(万元)

当期所得税费用=600(万元)

所得税费用=600+100=700(万元)

例12-21　光明公司2018年12月31日资产负债表中有关项目金额及计税基础如表12-5所示。

表12-5　资产负债表中有关项目金额及计税基础　　单位：万元

序号	项目	账面价值	计税基础	本期应纳税暂时性差异	本期可抵扣暂时性差异
1	固定资产	150	120	30	——
2	无形资产	20	0	20	——
3	预计负债	10	0	——	10
4	合计	——	——	50	10

该企业2018年期初递延所得税资产为1万元，期初递延所得税负债为10万元，适用的所得税税率为25%，2018年该企业应交所得税为5.28万元。

要求：计算该企业2018年所得税费用。

【答案】所得税费用=本期应交所得税+(期末递延所得税负债−期初递延所得税负债)−(期末递延所得税资产−期初递延所得税资产)

确认的期末递延所得税负债=50×25%=12.5(万元)

确认的期末递延所得税资产=10×25%=2.5(万元)

递延所得税费用=(期末递延所得税负债−期初递延所得税负债)−(期末递延所得税资产−期初递延所得税资产)=(12.5−10)−(2.5−1)=1(万元)

所得税费用=本期应交所得税+递延所得税费用=5.28+1=6.28(万元)

例12-22　假设光明公司2017年、2018年和 2019年每年应交所得税均为 3万元，适用的所得税税率为25%，2017年计提资产减值准备5万元，2018年资产减值准备转回3万元，2019年资产减值准备转回2万元，无其他会计与税法差异，假设2017年初递延所得税资产为0，所得税税率保持不变。要求：计算各年的所得税费用。

【答案】计算如表12-6所示。

表12-6　各年所得税费用的计算　　单位：万元

项目	2017年所得税费用	2018年所得税费用	2019年所得税费用
可抵扣暂时性差异①	5	2	0
税率②	25%	25%	25%
期末递延所得税资产 ③=①×②	1.25	0.5	0

(续表)

项目	2017年所得税费用	2018年所得税费用	2019年所得税费用
期初递延所得税资产 ④=上一年的③	0	1.25	0.5
递延所得税费用(收益)⑤=③-④	(1.25)	0.75	0.5
应交所得税⑥	3	3	3
所得税费用⑦=⑤+⑥	1.75	3.75	3.5

五、所得税会计处理

(一) 一般所得税的会计处理

一般所得税会计处理有以下几个步骤。

步骤一，根据税法规定以税前会计利润为基础来确定应纳税所得额，计入“应交税费——应交所得税”。其计算公式为：应纳税所得额=税前会计利润+纳税调整增加额-纳税调整减少额。纳税调整增加额和纳税调整减少额都是由于会计和税法在计算收益、费用或损失时的口径不同而产生的。例如，按会计制度规定核算时不作为收益计入会计报表，但在计算应纳税所得额时作为收益需要交纳所得税。

步骤二，根据资产和负债计税基数与账面价值的不同，来确定应纳税暂时性差异或可抵扣暂时性差异。

步骤三，根据应纳税暂时性差异或可抵扣暂时性差异来计算确定并计入“递延所得税负债”或“递延所得税资产”。

步骤四，根据“递延所得税负债”或“递延所得税资产”来调整“所得税费用”。其计算公式为：所得税费用=本期应交所得税+(期末递延所得税负债-期初递延所得税负债)-(期末递延所得税资产-期初递延所得税资产)。

在采用资产负债表核算递延所得税时，如果预计转回期的税率能够合理确定，发生时按预计转回期的税率核算。另外，不论发生或是转销期间，如果税率变动，均应按变化后的税率进行调整。

例12-23 光明公司从2017年12月31日购入价值15 000万元的设备，预计使用期限5年，无残值。会计采用直线法计提折旧，税法采用年数总和法计提折旧。2018年和2019年的所得税税率为40%，从2020年起适用的所得税税率改为30%。假定各年税前会计利润均为5 000万元，无其他纳税调整事项。要求：计算各年所得税费用。

【答案】 步骤一，确定各年应交所得税，如表12-7所示。

表12-7 各年应交所得税的计算

年份	税前会计利润/万元 ①	纳税调整数/万元 ②	应纳税所得额/万元 ③=①+②	税率/% ④	本期应交所得税/万元 ⑤=③×④
2018	5 000	(2 000)	3 000	40	1 200

(续表)

年份	税前会计利润/万元 ①	纳税调整数/万元 ②	应纳税所得额/万元 ③=①+②	税率/% ④	本期应交所得税/万元 ⑤=③×④
2019	5 000	(1 000)	4 000	40	1 600
2020	5 000	0	5 000	30	1 500
2021	5 000	1 000	6 000	30	1 800
2022	5 000	2 000	7 000	30	2 100

注：其中②是由于会计和税法折旧方法的不同而产生的纳税调整数。

步骤二、步骤三，确定应纳税暂时性差异，并确定递延所得税负债本期发生额，如表12-8所示。

表12-8 各年递延所得税负债发生额的计算 单位：万元

年份	账面价值⑥	计税基础⑦	应纳税暂时性差异期末余额⑧=⑥-⑦	税率⑨	递延所得税负债期末余额⑩=⑧×⑨	递延所得税负债期初余额⑪=⑩上年期末余额	递延所得税负债本期发生额⑫=⑩-⑪
2018	12 000	10 000	2 000	40%	800	0	800
2019	9 000	6 000	3 000	40%	1 200	800	400
2020	6 000	3 000	3 000	30%	900	1 200	(300)
2021	3 000	1 000	2 000	30%	600	900	(300)
2022	0	0	0	30%	0	600	(600)

步骤四，确定本期所得税费用，如表12-9所示。

表12-9 各年所得税费用的计算 单位：万元

年份	本期应交所得税⑤	递延所得税负债本期发生额⑫	本期所得税费用⑬=⑫+⑤
2018	1 200	800	2 000
2018	1 600	400	2 000
2020	1 500	(300)	1 200
2021	1 800	(300)	1 500
2022	2 100	(600)	1 500

最后，各年份的会计分录如下所示(单位：万元)。

2018年：

借：所得税费用 2 000

  贷：递延所得税负债 800

    应交税费——应交所得税 1 200

2019年：

借：所得税费用 2 000

  贷：递延所得税负债 400

应交税费——应交所得税 1 600

2020年：

借：所得税费用 1 200

递延所得税负债 300

贷：应交税费——应交所得税 1 500

2021年：

借：所得税费用 1 500

递延所得税负债 300

贷：应交税费——应交所得税 1 800

2022年：

借：所得税费用 1 500

递延所得税负债 600

贷：应交税费——应交所得税 2 100

(二) 暂时性差异计入权益的交易和事项的会计处理

例12-24 假设光明公司持有的可供出售金融资产成本为100万元，2018年年末，按照公允价值120万元计量，产生20万元应纳税暂时性差异，适用的所得税税率为25%。2019年年末如果该资产的公允价值为110万元，则可抵扣暂时性差异的部分转回应计入权益。光明公司应如何作账务处理？

【答案】2018年年末：

借：可供出售金融资产 20

贷：其他综合收益 20

同时根据应纳税暂时性差异确认递延所得税负债=20×25%=5(万元)

借：其他综合收益 5

贷：递延所得税负债 5

2019年年末，由于公允价值变动而转回：

借：其他综合收益 10

贷：可供出售金融资产 10

转回部分可抵扣暂时性差异

借：递延所得税负债 2.5

贷：其他综合收益 2.5

(三) 亏损弥补的所得税会计处理

我国现行税法允许企业亏损向后递延弥补5年，新准则要求企业对能够结转后期的尚可抵扣的亏损，应当以可能获得用于抵扣尚可抵扣的亏损的未来应税利润为限，确认递延所得税资产。

需要注意的是，企业应当对5年内可抵扣暂时性差异是否能在以后经营期内的应税利润充分转回做出判断，如果不能，企业不应确认。

例12-25 甲企业在2019—2022年间每年应税收益分别为：-1000、400、200、500，适用税率始终为20%，假设无其他暂时性差异。甲企业应如何作账务处理？

【答案】(1) 2019年：

借：递延所得税资产 200

　　贷：所得税费用——补亏减税 200

(2) 2020年：

借：所得税费用 80

　　贷：递延所得税资产 80

(3) 2021年：

借：所得税费用 40

　　贷：递延所得税资产 40

(4) 2022年：

借：所得税费用 100

　　贷：递延所得税资产 80

　　　　应交税费——应交所得税 20

(四) 期末处理

对于所确认的递延所得税资产，要求在每一个资产负债表日，企业应当对递延所得税资产的账面价值进行复核。如果企业未来期间不可能获得足够的应纳税所得额可供抵扣，应当减记递延所得税资产的账面价值。

例12-26 假设光明公司递延所得税资产为200万元，期末对递延所得税资产进行复核，企业未来期间有100万元的应纳税所得额不可抵扣，该企业适用的所得税税率为25%，那么会计处理应如何进行？

【答案】借：资产减值损失——递延所得税资产减值 25

　　贷：递延所得税资产 25

以后如果获得足够的应纳税所得额，那么可冲回原分录，恢复递延所得税资产的价值。

借：递延所得税资产 25

　　贷：资产减值损失——递延所得税资产减值 25

本章小结

本章着重讲述了所得税的会计处理，所得税的会计处理先要理解资产(负债)的账面价值和资产(负债)的计税基础，前者指按会计准则规定计算确认的金额；后者指按税法规定计算确认的金额。资产(负债)账面价值与资产(负债)计税基础之间的差异被称之为暂时性差异。暂时性差异按其性质可以分为应纳税暂时性差异和可抵减暂时性差异两类，应纳税暂时性差异对计税的影响计入递延所得税负债，可抵减暂时性差异对计税的影响计入递延所得税资产。企业当期的所得税费用受当期应交所得税与当期确认或转销的递延所得税负债(递延所得税资产)的影响。

第十三章　外币交易

引导案例

大华股份有限公司外币交易采用交易发生时的市场汇率折算。本期将50 000美元到银行兑换为人民币，银行当日的美元买入价为1美元=8.25人民币，当日市场汇率为1美元=8.35元人民币。

如果你是大华公司的会计，企业应当在银行存款美元账户记录美元的减少金额是多少？将售出的美元折算为多少人民币？在银行存款美元账户记录人民币账户记录美元的减少的金额和对银行存款人民币账户记录人民币的增加的金额是多少，两者之间的差额又该如何处理？ 你对以上的情况该如何处理？

学习目标

通过本章学习，学生应掌握外币交易的会计处理及期末汇兑损益的计算；外币报表的折算方法。

第一节　外币交易的会计处理

外币交易是指以外币计价或者结算的交易，包括买入或者卖出以外币计价的商品或者劳务、借入或者借出外币资金和其他以外币计价或者结算的交易。

外币是企业记账本位币以外的货币。

一、记账本位币的确定

(一) 记账本位币的定义

记账本位币是指企业经营所处的主要经济环境中的货币。

(二) 企业记账本位币的确定

《中华人民共和国会计法》规定，业务收支以人民币以外的货币为主的单位，可以选定其中一种货币作为记账本位币，但是编报的财务报表应当折算为人民币。企业选定记账本位币，应当考虑下列因素：①该货币主要影响商品和劳务销售价格，通常以该货币进行商品和劳务销售价格的计价和结算；②该货币主要影响商品和劳务所需人工、材料和其他费用，通常以该货币进行上述费用的计价和结算；③融资活动获得的货币以及保存从经营活动中收取款项时所使用的货币。

(三)企业境外经营记账本位币的确定

境外经营有两个方面的含义：①指企业在境外的子公司、合营企业、联营企业、分支机构；②当企业在境内的子公司、联营企业、合营企业或者分支机构，选定的记账本位币与企业的记账本位币不同的，也应当视同境外经营。

确定境外经营，不是以位置是否在境外为判定标准，而是要看其选定的记账本位币是否与企业的记账本位币相同。

企业选定境外经营的记账本位币，除考虑前面所讲的因素外，还应考虑下列因素：①境外经营对其所从事的活动是否拥有很强的自主性；②境外经营活动中与企业的交易是否在境外经营活动中占有较大比重；③境外经营活动产生的现金流量是否直接影响企业的现金流量、是否可以随时汇回；④境外经营活动产生的现金流量是否足以偿还其现有债务和可预期的债务。

例13-1 我国某企业记账本位币为美元，下列说法中错误的是(　　)。

A. 该企业以人民币计价和结算的交易属于外币交易

B. 该企业以美元计价和结算的交易不属于外币交易

C. 该企业的编报货币为美元

D. 该企业的编报货币为人民币

【解析】外币是企业记账本位币以外的货币，企业编报的财务报表应当折算为人民币，应该选择C。

例13-2·多选 企业选定记账本位币，应当考虑的因素有(　　)。

A. 该货币主要影响商品和劳务的销售价格，通常以该货币进行商品和劳务的计价和结算

B. 该货币主要影响商品和劳务所需人工、材料和其他费用，通常以该货币进行上述费用的计价和结算

C. 融资活动获得的货币以及保存从经营活动中收取款项所使用的货币

D. 影响当期汇兑差额数额的大小

【解析】企业选定记账本位币，应当考虑下列因素：①该货币主要影响商品和劳务的销售价格，通常以该货币进行商品和劳务的计价和结算；②该货币主要影响商品和劳务所需人工、材料和其他费用，通常以该货币进行上述费用的计价和结算；③融资活动获得的货币以及保存从经营活动中收取款项所使用的货币。应该选择ABC。

(四) 记账本位币的变更

企业选择的记账本位币一经确定，不得随意变更。

企业因经营所处的主要经济环境发生重大变化，确需变更记账本位币的，应当采用变更当日的即期汇率将所有项目折算为变更后的记账本位币，折算后的金额作为以新的记账本位币计量的历史成本。由于采用同一即期汇率进行折算，不会产生汇兑差额。

二、外币交易的会计处理

(一) 外币交易发生日的初始确认

外币交易应当在初始确认时，采用交易发生日的即期汇率将外币金额折算为记账本位币金额；也可以采用按照系统合理的方法确定的、与交易发生日即期汇率近似的汇率折算。

即期汇率，通常是指中国人民银行公布的当日人民币外汇牌价的中间价。企业发生的外币兑换业务或涉及外币兑换的交易事项，应当按照交易实际采用的汇率(即银行买入价或卖出价)折算。

即期汇率的近似汇率，是指按照系统合理的方法确定的、与交易发生日即期汇率近似的汇率，通常采用当期平均汇率或加权平均汇率等。

企业通常应当采用即期汇率进行折算。汇率变动不大的，也可以采用即期汇率的近似汇率进行折算。

企业收到投资者以外币投入的资本，应当采用交易发生日即期汇率折算，不得采用合同约定汇率或即期汇率的近似汇率折算，外币投入资本与相应的货币性项目的记账本位币金额之间不产生外币资本折算差额。

例13-3　甲公司属于增值税一般纳税人，记账本位币为人民币，其外币交易采用交易日即期汇率折算。2019年4月2日，甲公司从国外乙公司购入某原材料，货款300 000美元，当日的即期汇率为1美元=6.83人民币元，按照规定应缴纳的进口关税为204 900人民币元，支付进口增值税为266 370人民币元，货款尚未支付，进口关税及增值税已由银行存款支付。甲公司应如何进行账务处理？

【答案】甲公司账务处理为：

借：原材料——××材料(300 000×6.83+204 900)　　2 253 900
　　应交税费——应交增值税(进项税额)　　266 370
　　贷：应付账款——乙公司(美元)(300 000×6.83)　　2 049 000
　　　　银行存款(204 900+266 370)　　471 270

例13-4　甲公司记账本位币为人民币，外币交易采用交易日即期汇率折算。2019年4

月10日，甲公司向国外丙公司出口销售商品一批，根据销售合同，货款共计800 000欧元，当日的即期汇率为1欧元=8.87人民币元。假定不考虑增值税等相关税费，货款尚未收到。甲公司的账务处理应如何进行？

【答案】甲公司账务处理为：

借：应收账款——丙公司(欧元)(800 000×8.87)　　7 096 000

　贷：主营业务收入——出口××商品　　7 096 000

例13-5　甲公司的记账本位币为人民币，其外币交易采用交易日即期汇率折算。2019年2月4日，从银行借入200 000英镑，期限为6个月，年利率为5%(等于实际利率)，借入的英镑暂存银行。借入当日的即期汇率为1英镑=9.83人民币元。甲公司应如何进行账务处理？

【答案】甲公司账务处理为：

借：银行存款——××银行(英镑)(200 000×9.83)　　1 966 000

　贷：短期借款——××银行(英镑)(200 000×9.83)　　1 966 000

例13-6　甲公司的记账本位币为人民币，其外币交易采用交易日即期汇率折算。2019年7月28日，将货款1 000 000欧元到银行兑换成人民币，银行当日的欧元买入价为1欧元=9.51人民币元，中间价为1欧元=9.72人民币元。甲公司当日的账务处理应如何进行？

【答案】本例中，企业与银行发生货币兑换，兑换所用汇率为银行的买入价，而通常记账所用的即期汇率为中间价，由此产生的汇兑差额计入当期财务费用。甲公司当日的账务处理为：

借：银行存款——××银行(人民币)(1 000 000×9.51)　　9 510 000

　财务费用——汇兑差额　　210 000

　贷：银行存款——××银行(欧元)(1 000 000×9.72)　　9 720 000

例13-7　甲公司的记账本位币为人民币，其外币交易采用交易日即期汇率折算。2019年2月25日，甲公司为增资扩股与某外商签订投资合同，当日收到外商投入资本2 000 000美元，当日的即期汇率为1美元=6.82人民币元，其中，13 000 000人民币元作为注册资本的组成部分。假定投资合同约定的汇率为1美元=6.85人民币元。甲公司当日的账务处理应如何进行？

【答案】甲公司账务处理为：

借：银行存款——××银行(美元)(2 000 000×6.82)　　13 640 000

　贷：实收资本　　13 640 000

例13-8　企业发生的下列外币业务中，即使汇率变动不大，也不得使用即期汇率的近似汇率进行折算的是(　　)。

A. 取得的外币借款　　B. 投资者以外币投入的资本

C. 以外币购入的固定资产　　　　D. 销售商品取得的外币营业收入

【解析】企业收到投资者以外币投入的资本，无论是否有合同约定汇率，均不得采用合同约定汇率和即期汇率的近似汇率折算，而是采用交易日的即期汇率折算。应该选择B。

例13-9　某中外合资经营企业注册资本为400万美元，合同约定分两次投入，约定折算汇率为1：8.0。中、外投资者分别于2018年1月1日和3月1日投入300万美元和100万美元。2018年1月1日、3月1日、3月31日和12月31日美元对人民币的汇率分别为1：7.20、1：7.25、1：7.24和1：7.30。假定该企业采用人民币作为记账本位币，外币业务采用业务发生日的汇率折算。该企业2018年年末资产负债表中“实收资本”项目的金额为人民币(　　)万元。

A. 3 200　　　　B. 2 885

C. 3 285　　　　D. 2 880

【解析】该企业2018年年末资产负债表中“实收资本”项目的金额=300×7.2+100×7.25=2 885(万元)。应该选择B。

(二) 资产负债表日及结算日的会计处理

1. 外币货币性项目

货币性项目是指企业持有的货币资金和将以固定或可确定的金额收取的资产或者偿付的负债。例如，现金、银行存款、应收账款、其他应收款、长期应收款、短期借款、应付账款、其他应付款、长期借款、应付债券和长期应付款等。

外币货币性项目采用资产负债表日即期汇率折算。因资产负债表日即期汇率与初始确认时或者前一资产负债表日即期汇率不同而产生的汇兑差额，计入当期损益等。

另外，结算外币货币性项目时，因汇率波动而形成的汇兑差额也应当计入当期损益。

例13-10　沿用例13-3，2019年3月31日，甲公司尚未向乙公司支付所欠货款，当日即期汇率为1美元=6.8人民币元。则对该笔交易产生的外币货币性项目“应付账款”采用期末即期汇率进行折算，折算为记账本位币2 040 000人民币元(300 000×6.8)，与其原记账本位币之差额9 000人民币元计入当期损益。甲公司的账务处理应如何进行?

【答案】甲公司账务处理为：

借：应付账款——乙公司(美元)[300 000×(6.8−6.83)]　　　　9 000

　贷：财务费用——汇兑差额　　　　9 000

例13-11　沿用例13-4，2019年4月30日，甲公司仍未收到丙公司购货款，当日的即期汇率为1欧元=9.08人民币元。则对该笔交易产生的外币货币性项目“应收账款”采用期末即期汇率进行折算，折算为记账本位币7 264 000人民币元(800 000×9.08)，与其原记账本位币之差额168 000人民币元计入当期损益。甲公司的账务处理应如何进行?

【答案】甲公司账务处理为：

借：应收账款——丙公司(欧元)[800 000×(9.08−8.87)]　　168 000

　贷：财务费用——汇兑差额　　168 000

例13-12　沿用例13-4，假定2019年5月20日收到上述货款，兑换成人民币直接存入银行，当日银行的欧元买入价为1欧元=9.28人民币元。甲公司账务处理应如何进行？

【答案】借：银行存款——××银行(人民币)(800 000×9.28)　　7 424 000

　贷：应收账款——丙公司(欧元)　　7 264 000

　　财务费用——汇兑差额　　160 000

例13-13　沿用例13-5，假定2019年2月28日即期汇率为1英镑=9.75人民币元，则对该笔交易产生的外币货币性项目“短期借款——××银行(英镑)”采用期末即期汇率进行折算，折算为记账本位币1 950 000人民币元(200 000×9.75)，与其原记账本位币之差额16 000人民币元计入当期损益。甲公司的账务处理应如何进行？

【答案】甲公司账务处理为：

借：短期借款——××银行(英镑)　　16 000

　贷：财务费用——汇兑差额　　16 000

例13-14　沿用例13-5，2019年8月4日，丙公司以人民币归还所借英镑，当日银行的英镑卖出价为1英镑=11.27人民币元，假定借款利息在到期归还本金时一并支付，则当日应归还银行借款利息5 000英镑(200 000×5%÷12×6)，按当日英镑卖出价折算为人民币为56 350元(5 000×11.27)。假定2019年7月31日的即期汇率为1英镑=9.75人民币元。甲公司账务处理应如何进行？

【答案】借：短期借款——××银行(英镑)　　1 950 000

　财务费用——汇兑差额　　304 000

　贷：银行存款——××银行(人民币)(200 000×11.27)　　2 254 000

借：财务费用——利息费用(5 000 ×11.27)　　56 350

　贷：银行存款——××银行(人民币)　　56 350

例13-15　甲公司外币业务采用业务发生时的即期汇率进行折算，按月计算汇兑损益。5月20日对外销售产品发生应收账款500万欧元，当日的市场汇率为1欧元=10.30人民币元。5月31日的市场汇率为1欧元=10.28人民币元；6月1日的市场汇率为1欧元=10.32人民币元；6月30日的市场汇率为1欧元=10.35人民币元。7月10日收到该应收账款，当日市场汇率为1欧元=10.34人民币元。该应收账款6月份应当确认的汇兑收益为(　　)万元。

A. −10　　B. 15　　C. 25　　D. 35

【解析】该应收账款6月份应当确认的汇兑收益=500×(10.35−10.28)=35(万元)。应该选择D。

2. 外币非货币性项目

非货币性项目是指货币性项目以外的项目。例如，存货、长期股权投资、固定资产和无形资产等。

(1) 以历史成本计量的外币非货币性项目，仍采用交易发生日的即期汇率折算，不改变其记账本位币金额，不产生汇兑差额。

(2) 以成本与可变现净值孰低计量的存货，如果其可变现净值以外币确定，则在确定存货的期末价值时，应先将可变现净值折算为记账本位币，再与以记账本位币反映的存货成本进行比较，从而确定该存货的期末价值。

例13-16　甲公司为医疗设备经销商，其记账本位币为人民币，外币交易采用交易日即期汇率折算。2019年10月8日，以1 000欧元/台的价格从国外购入某新型医疗设备200台(该设备在国内市场尚无供应)，当日即期汇率为1欧元=9.28人民币元。2019年12月31日，尚有120台设备未销售出去，国内市场仍无该设备供应，其在国际市场的价格已降至920欧元/台。2019年12月31日的即期汇率是1欧元=9.66人民币元。假定不考虑增值税等相关税费。甲公司应如何作账务处理?

【解析】本例中，由于存货在资产负债表日采用成本与可变现净值孰低计量，因此，在以外币购入存货并且该存货在资产负债表日获得的可变现净值以外币反映时，确定该项存货的期末价值时应当考虑汇率变动的影响。

【答案】12月31日甲公司对该项设备应计提的存货跌价准备=1 000×120×9.28−920×120×9.66=47 136(人民币元)

借：资产减值损失——存货——××医疗设备　　　47 136

　贷：存货跌价准备——××医疗设备　　　47 136

例13-17　甲公司以人民币为记账本位币。2019年11月20日以每台2 000美元的价格从美国某供货商手中购入国际最新型号H商品10台，并于当日支付了相应货款(假定甲公司有美元存款)。2019年12月31日，已售出H商品2台，国内市场仍无H商品供应，但H商品在国际市场价格已降至每台1 950美元。11月20日的即期汇率是1美元=7.8人民币元，12月31日的汇率是1美元=7.9人民币元。假定不考虑增值税等相关税费，甲公司2019年12月31日应计提的存货跌价准备为(　　)人民币元。

A. 3 120　　B. 1 560　　C. 0　　D. 3 160

【解析】甲公司2019年12月31日应计提的存货跌价准备=2 000×8×7.8−1 950×8×7.9=1 560(人民币元)，应该选择B。

(3) 以公允价值计量的外币非货币性项目，期末公允价值以外币反映的，采用公允价值确定日的即期汇率折算，折算后的记账本位币金额与原记账本位币金额的差额，作为公允价值变动损益(含汇率变动)处理，计入当期损益；属于可供出售金融资产的，差额应计入其他综合收益。

例13-18 甲公司的记账本位币为人民币，其外币交易采用交易日即期汇率折算。2019年6月8日，以每股4美元的价格购入乙公司B股20 000股，划分为交易性金融资产核算，当日汇率为1美元=6.82人民币元，款项已支付。2019年6月30日，乙公司B股市价变为每股3.5美元，当日汇率为1美元=6.83人民币元。2019年7月24日，甲公司将所购乙公司B股股票按当日市价每股4.2美元全部售出，所得价款为84 000美元，按当日汇率1美元=6.84人民币元折算为574 560人民币元(4.2×20 000×6.84)，与其原账面价值478 100人民币元的差额为96 460人民币元。对于汇率的变动和股价的变动不进行区分，均作为投资收益进行处理。假定不考虑相关税费的影响。甲公司的账务处理应如何进行?

【解析】根据《企业会计准则第22号——金融工具确认和计量》的相关规定，交易性金融资产以公允价值计量。由于该项交易性金融资产以外币计价，在资产负债表日，不仅应考虑B股股票市价的波动，还应一并考虑美元与人民币之间汇率变动的影响。上述交易性金融资产在资产负债表日应按478 100人民币元(3.5×20 000×6.83)入账，与原账面价值545 600人民币元的差额为67 500人民币元应直接计入公允价值变动损益。这67 500人民币元的差额实际上既包含了甲公司所购乙公司B股股票公允价值(股价)变动的影响，又包含了人民币与美元之间汇率变动的影响。

【答案】(1) 2019年6月8日，甲公司购入股票

借：交易性金融资产——乙公司B股——成本(4×20 000×6.82)　　545 600

　　贷：银行存款——××银行(美元)　　545 600

(2) 2019年6月30日

借：公允价值变动损益——乙公司B股　　67 500

　　贷：交易性金融资产——乙公司B股——公允价值变动　　67 500

(3) 2019年7月24日，售出乙公司B股当日

借：银行存款——××银行(美元)　　574 560

　　交易性金融资产——乙公司B股——公允价值变动　　67 500

　　贷：交易性金融资产——乙公司B股——成本　　545 600

　　　　投资收益——出售乙公司B股　　96 460

借：投资收益——出售乙公司B股　　67 500

　　贷：公允价值变动损益——乙公司B股　　67 500

例13-19 国内甲公司的记账本位币为人民币。2019年12月5日以每股7港元的价格购入乙公司的H股10 000股作为交易性金融资产，当日汇率为1港元=1人民币元，款项已支付。2019年12月31日，当月购入的乙公司H股的市价变为每股8港元，当日汇率为1港元=0.9人民币元。假定不考虑相关税费的影响。甲公司2019年12月31日应确认的公允价值变动损益为(　　)人民币元。

A. 2 000　　B. 0　　C. −1 000　　D. 1 000

【解析】应确认的公允价值变动损益=10 000×8×0.9−10 000×7×1=2 000(人民币元)。应

该选择A。

例13-20 甲公司以人民币作为记账本位币，其外币交易采用交易日即期汇率折算，按月计算汇兑损益。甲公司在银行开设有欧元账户。甲公司有关外币账户2019年5月31日的余额如表13-1所示。

表13-1 2019年5月31日甲公司有关外币账户的余额情况

项目	外币账户余额/欧元	汇率/%	人民币账户余额/人民币元
银行存款	800 000	9.55	7 640 000
应收账款	400 000	9.55	3 820 000
应付账款	200 000	9.55	1 910 000

(1) 甲公司2019年6月份发生的有关外币交易或事项如下：

① 6月5日，以人民币向银行买入200 000欧元。当日即期汇率为1欧元=9.69人民币元，当日银行卖出价为1欧元=9.75人民币元。

② 6月12日，从国外购入一批原材料，总价款为400 000欧元。该原材料已验收入库，货款尚未支付。当日即期汇率为1欧元=9.64人民币元。另外，以银行存款支付该原材料的进口关税644 000人民币元，增值税765 000人民币元。

③ 6月16日，出口销售一批商品，销售价款为600 000欧元，货款尚未收到。当日即期汇率为1欧元=9.41人民币元。假设不考虑相关税费。

④ 6月25日，收到应收账款300 000欧元，款项已存入银行。当日即期汇率为1欧元=9.54人民币元。该应收账款为2月份出口销售发生的。

⑤ 6月30日，即期汇率为1欧元=9.64人民币元。

要求：甲公司相关的账务处理应如何进行？

【解析】外币核算的基本程序有以下几个步骤。

(1) 将外币金额采用交易发生日的即期汇率或与即期汇率近似的汇率折算为记账本位币金额。

(2) 期末，将所有外币货币性项目的外币余额，按照期末即期汇率折算为记账本位币金额，并与原记账本位币金额相比较，其差额即为汇兑差额。

(3) 结算外币货币性项目时，将其外币结算金额按照当日即期汇率折算为记账本位币金额，并与原记账本位币金额相比较，其差额记入“财务费用——汇兑差额”科目。

【答案】甲公司相关账务处理为：

(1) ① 借：银行存款——××银行(欧元)(200 000×9.69)　　1 938 000
　　财务费用——汇兑差额　　12 000
　　贷：银行存款——××银行(人民币)(200 000×9.75)　　1 950 000

② 借：原材料——××材料(400 000×9.64+644 000)　　4 500 000
　　应交税费——应交增值税(进项税额)　　585 000
　　贷：应付账款——××单位(欧元)(400 000×9.64)　　3 856 000

银行存款——××银行(人民币)　　1 229 000

③ 借：应收账款——××单位(欧元)(600 000×9.41)　　5 646 000

贷：主营业务收入——出口××商品　　5 646 000

④ 借：银行存款——××银行(欧元)(300 000×9.54)　　2 862 000

财务费用——汇兑差额　　3 000

贷：应收账款——××单位(欧元)(300000×9.55)　　2 865 000

(2) 2019年6月30日，计算期末产生的汇兑差额：

① 银行存款欧元户余额=800 000+200 000+300 000=1 300 000(欧元)

按当日即期汇率折算为人民币金额=1 300 000×9.64=12 532 000(人民币元)

汇兑差额=12 532 000−(7 640 000+1 938 000+2 862 000)=92 000(人民币元)(汇兑收益)

② 应收账款欧元户余额=400 000+600 000−300 000=700 000(欧元)

按当日即期汇率折算为人民币金额=700 000×9.64=6 748 000(人民币元)

汇兑差额=6 748 000−(3 820 000+5 646 000−2 865 000)=147000(人民币元)(汇兑收益)

③ 应付账款欧元户余额=200 000+400 000=600 000(欧元)

按当日即期汇率折算为人民币金额=600 000×9.64=5 784 000(人民币元)

汇兑差额=5 784 000−(1 910 000+3 856 000)=18 000(人民币元)(汇兑损失)

④ 应计入当期损益的汇兑差额=−92 000−147 000+18 000=−221 000(人民币元)(汇兑损失)

借：银行存款——××银行(欧元)　　92 000

应收账款——××单位(欧元)　　147 000

贷：应付账款——××单位(欧元)　　18 000

财务费用——汇兑差额　　221 000

第二节　外币交易财务报表的折算

一、外币财务报表折算的一般原则

(一) 境外经营财务报表的折算

企业对境外经营的财务报表进行折算时，应当遵循下列规定：①资产负债表中的资产和负债项目，采用资产负债表日的即期汇率折算，所有者权益项目除“未分配利润”项目外，其他项目采用发生时的即期汇率折算。②利润表中的收入和费用项目，采用交易发生日的即期汇率折算；也可以采用按照系统合理的方法确定的、与交易发生日即期汇率近似的汇率折算。③按照上述规定折算产生的外币财务报表折算差额，在资产负债表中所有者权益项目下单独列示。

(二) 包含境外经营的合并财务报表编制的特别处理

企业编制合并财务报表涉及境外经营的，如有实质上构成对境外经营净投资的外币货币性项目，因汇率变动而产生的汇兑差额，也应列人所有者权益“外币报表折算差额”项目；处置境外经营时，计入处置当期损益。比较财务报表的折算比照上述规定处理。

企业选定的记账本位币不是人民币的，应当按照境外经营财务报表折算原则将其财务报表折算为人民币财务报表。

二、境外经营的处置

企业在处置境外经营时，应当将资产负债表中所有者权益项目下列示的、与该境外经营相关的外币财务报表折算差额，自所有者权益项目转人处置当期损益；部分处置境外经营的，应当按处置的比例计算处置部分的外币财务报表折算差额，转人处置当期损益。

例13-21・多选　下列各项中，在资产负债表日应按该日即期汇率折算的有(　　)。

A. 以外币购入的存货　　B. 外币债权债务

C. 以外币购入的固定资产　　D. 以外币标价的交易性金融资产

【解析】资产负债表日，以历史成本计量的外币非货币性项目，仍采用交易发生日的即期汇率折算，不改变其记账本位币的金额。所以选项A和C不正确。另外，选项A未涉及存货减值问题，所以不需要考虑发生减值情况下存货期末账面价值的确定问题。应该选择BD。

例13-22・判断　企业对境外子公司的外币利润表进行折算时，可以采用交易发生日即期汇率，也可以采用按照系统合理的方法确定的、与交易日即期汇率近似的汇率。　(　　)

【解析】利润表中的收入和费用项目，采用交易发生日的即期汇率折算；也可以采用按照系统合理的方法确定的、与交易日即期汇率近似的汇率折算。该说法正确。

例13-23　企业对境外经营的子公司外币资产负债表折算时，在不考虑其他因素的情况下，下列各项中，应采用交易发生时即期汇率折算的是(　　)。

A. 存货　　B. 固定资产　　C. 实收资本　　D. 未分配利润

【解析】对于资产负债表中的资产和负债项目，采用资产负债表日的即期汇率折算，所有者权益项目中除“未分配利润”项目外，其他项目采用发生时的即期汇率折算，应该选择C。

例13-24　甲公司的记账本位币为人民币，该公司在英国有一子公司乙公司，乙公司确定的记账本位币为英镑。甲公司拥有乙公司70%的股权，并能够对乙公司的财务和经营政策实施控制。甲公司采用当期平均汇率折算乙公司利润表项目。

乙公司有关资料如下：2018年12月31日汇率为1英镑=9.88人民币元，2018年的平均汇率为1英镑=12.87人民币元，实收资本、资本公积发生日的即期汇率为1英镑=14.27人民币元。2017年12月31日股本为6 000 000英镑，折算为人民币85 620 000元；盈余公积为600 000英镑，折算为人民币9 000 000元；未分配利润为1 400 000英镑，折算为人民币21 000 000元，甲、乙两公司均在年末提取盈余公积，乙公司2018年提取的盈余公积为700 000英镑。

要求：编制甲公司在英国一子公司乙公司的外币报表。

【答案】乙公司2018年利润表如表13-2所示，2018年所有者权益变动表如表13-3所示。

表13-2　利润表(简表)

编制单位：乙公司　　　　2018年度　　　　单位：万元

项目	本年金额(英镑)	折算汇率	折算为人民币金额
一、营业收入	2 400	12.87	30 888
减：营业成本	1 800	12.87	23 166
税金及附加	50	12.87	643.5
管理费用	120	12.87	1 544.4
财务费用	10	12.87	128.7
加：投资收益	30	12.87	386.1
二、营业利润	450	—	5 791.5
加：营业外收入	50	12.87	643.5
减：营业外支出	20	12.87	257.4
三、利润总额	480	—	6 177.6
减：所得税费用	130	12.87	1 673.1
四、净利润	350	—	4 504.5
五、每股收益		—	

注：在本章，为便于排版，在报表中统一以“万元”为单位。在实务中，财务报表应当以“元”为单位列报

表13-3　所有者权益变动表(简表)

编制单位：乙公司　　　　2018年度　　　　单位：万元

项目	实收资本			盈余公积			未分配利润		外币报表折算差额	所有者权益合计
	英镑	折算汇率	人民币	英镑	折算汇率	人民币	英镑	人民币		人民币
一、本年年初余额	600	14.27	8 562	60		900	140	2 100		11 562
二、本年增减变动金额										
(一)净利润							350	4 504.5		4 504.5
(二)直接计入所有者权益的利得 和损失										−4 704.5
其中：外币报表折算差额									−4 704.5	−4 704.5

(续表)

项目	实收资本			盈余公积			未分配利润		外币报表折算差额	所有者权益合计
(三)利润分配										
提取盈余公积				70	12.87	900.9	−70	−900.9		0
三、本年年末余额	600	14.27	8 562	130		1 800.9	420	5 703.6	−4 704.5	11 362

当期计提的盈余公积采用当期平均汇率折算，期初盈余公积为以前年度计提的盈余公积按相应年度平均汇率折算后金额的累计，期初未分配利润记账本位币金额为以前年度未分配利润记账本位币金额的累计。

乙公司的资产负债表如表13-4所示。

表13-4　资产负债表(简表)

2018年12月31日　　单位：万元

资产	期末数(英镑)	折算汇率	折算为人民币金额	负债和所有者权益	期末数(英镑)	折算汇率	折算为人民币金额
流动资产：				流动负债：			
货币资金	230	9.88	2 272.4	短期借款	50	9.88	494
应收账款	230	9.88	2 272.4	应付账款	340	9.88	3 359.2
存货	280	9.88	2 766.4	其他流动负债	130	9.88	1 284.4
其他流动资产	240	9.88	2 371.2	流动负债合计	520	—	5 137.6
流动资产合计	980	—	9 682.4	非流动负债：			
非流动资产：				长期借款	170	9.88	1 679.6
长期应收款	140	9.88	1 383.2	应付债券	100	9.88	988
固定资产	660	9.88	6 520.8	其他非流动负债	90	9.88	889.2
在建工程	90	9.88	889.2	非流动资产合计	360	—	3 556.8
无形资产	120	9.88	1 185.6	负债合计	880		8 694.4
其他非流动资产	40	9.88	395.2	所有者权益：			
非流动资产合计	1 050	—	10 374	实收资本	600	14.27	8 562
				盈余公积	130		1 800.9
				未分配利润	420		5 703.6
				外币报表折算差额			−4 704.5
				所有者权益合计	1 150		11 362
资产合计	2 030		20 056.4	负债和所有者权益合计	2 030		20 056.4

外币报表折算差额为以记账本位币反映的净资产减去以记账本位币反映的实收资本、资本公积、盈余公积及未分配利润后的余额。

外币业务包括外币交易和外币报表折算。外币交易指企业以非记账本位币进行的收付、结算等业务。外币报表折算为满足特定的目的，将一种货币单位表述的会计报表换算成所要求的另一种货币单位所表述的会计报表。

第十四章　非货币性资产交换

引导案例

2019年8月，新华公司以生产经营过程中使用的一台设备交换光明公司生产的一批办公家具，换入的办公家具作为固定资产管理。设备的账面原价为100 000元，在交换日的累计折旧为35 000元，公允价值为75 000元。办公家具的账面价值为 80 000元，在交换日的公允价值为75 000元，计税价格等于公允价值。光明公司换入新华公司的设备是生产家具过程中需要使用的设备。

假设新华公司此前没有为该项设备计提资产减值准备，整个交易过程中，除支付运杂费1 500元外，没有发生其他相关税费。假设光明公司此前也没有为库存商品计提存货跌价准备，销售办公家具的增值税税率为13%，其在整个交易过程中没有发生除增值税以外的其他税费。

请思考，如果你是新华公司的会计，你对以上的情况该如何处理？

学习目标

通过本章学习，学生应掌握非货币性资产交换的特征和认定、非货币性政策交换具有商业实质的条件、换入资产或换出资产公允价值能够可靠计量的条件，明确不涉及补价情况下和涉及补价情况下的非货币性资产交换的内容，了解涉及多项资产的非货币资产的交换。

第一节　非货币性资产交换概述

一、与非货币性资产交换有关的概念

(一) 货币性资产

货币性资产是指企业持有的货币资产及将以固定或可确定金额的货币收取的资产，包括现金、银行存款、应收账款和应收票据以及准备持有至到期的债券投资等。

现金是企业所持有的货币，其金额是固定的，符合货币性资产的定义，属于货币性资产。

应收账款作为企业的债权，有相应的发货票等原始凭证作为收款的依据，虽然在收回货款过程中有可能发生坏账损失，但企业可以根据以往与购货方交往的经验，估计出发生坏账的可能性以及坏账金额，所以应收账款在将来为企业带来的经济利益，即货币金额，是固定的或可确定的，符合货币性资产的定义。因此，应收账款属于货币性资产。

应收票据是企业收到的商业汇票，是企业在将来收款的依据，分带息和不带息两种。不带息应收票据，企业在将来可根据其面值收到款项；带息的应收票据，企业可根据面值、持有期间和票面利率计算出在将来收到款项，所以应收票据在将来为企业带来的经济利益，即货币金额，是固定的或可确定的，符合货币性资产的定义。因此，应收票据属于货币性资产。

准备持有至到期的债券投资，因为企业准备持有至到期，所以在将来为企业带来的经济利益，即货币金额，是固定的或可确定的，符合货币性资产的定义。因此，准备持有至到期的债券投资属于货币性资产。

一般来说，资产负债表所列示的项目中属于货币性资产的有以下几项：货币资金、准备持有至到期的债券投资、应收票据、应收账款、应收股利、应收利息、应收补贴款、其他应收款等。

(二) 非货币性资产

非货币性资产是指货币性资产以外的资产，包括存货、固定资产、无形资产、股权投资以及不准备持有至到期的债券投资等。非货币性资产有别于货币性资产的最基本特征是：其在将来为企业带来的经济利益，即货币金额，是不固定的或不确定的。

例如，企业持有存货的主要目的，或者是在正常的生产经营过程中通过直接销售获利；或者作为劳动对象，在正常的生产经营过程中通过对其进行加工形成商品，然后通过销售获利；或者作为辅助手段，在正常的生产经营过程中有助于销售过程或有助于加工过程。在这一过程中，存货在将来为企业带来的经济利益，即货币金额，可能受到内部、外部主客观因素的影响，是不固定的或不可确定的，不符合货币性资产的定义。因此，存货属于非货币性资产。

企业持有固定资产的主要目的是作为劳动手段，在正常的生产经营过程中通过作用于劳动对象，或服务于生产经营过程，同时以折旧的方式将其磨损价值转移到产品成本中，最后通过销售获利。在这一过程中，固定资产在将来为企业带来的经济利益，即货币金额，是不固定的或不可确定的，不符合货币性资产的定义。因此，固定资产属于非货币性资产。

企业的无形资产能够提供的未来经济利益的大小具有很大程度上的不确定性，其原因主要有两点：第一，无形资产的经济价值在很大程度上受外部经济因素的影响，预期的获利能力不能准确地加以确定；第二，无形资产一般需要借助于有形资产才能发挥作用。正因为如此，无形资产在将来为企业带来的经济利益，即货币金额，是不固定的或不可确定的，不符合货币性资产的定义。因此，无形资产属于非货币性资产。

股权投资取得的经济利益，是通过其他单位使用投资者投入的资产创造效益后分配而取得，或是通过投资改善贸易关系等获取经济利益。在这一过程中，股权投资在将来为企业带来的经济利益，即货币金额，是不固定的或不可确定的，不符合货币性资产的定义。因此，股权投资属于非货币性资产。

不准备持有至到期的债券投资，因为企业不准备持有至到期，企业随时可能处置该债券投资；同时，债券投资的市场价格受多种因素的影响，所以，不准备持有至到期的债券投资在将来为企业带来的经济利益，即货币金额，是不固定的或不可确定的，不符合货币性资产的定义。因此，不准备持有至到期的债券投资属于非货币性资产。

一般来说，资产负债表所列示的项目中属于非货币性资产的有以下几项：股权投资、预付账款、存货、不准备持有至到期的债券投资、固定资产、工程物资、在建工程、无形资产等。

(三) 非货币性资产交换

非货币性资产交换指交易双方以非货币性资产进行的交换，这种交换不涉及或只涉及少量的货币性资产(即补价)。从会计准则对非货币性资产交换的定义可以看出，非货币性资产交换具有如下特点。

第一，非货币性资产交换的对象主要是非货币性资产。通常情况下，企业进行商品交易都是用货币性资产(如现金)来交换非货币性资产(如存货、固定资产、无形资产等)。但是，有些商品交易可能不涉及货币性资产，或只涉及少量的货币性资产。严格地讲，非货币性资产交换的交易对象还包括非货币性负债。由于目前我国非货币性资产交换中涉及非货币性负债的情况比较少，其会计核算问题并不突出，会计准则暂时不将非货币性负债包括在非货币性资产交换当中，而是集中阐述非货币性资产交换的会计处理。对于涉及非货币性负债的会计处理，待将来条件成熟时再作规定。

第二，非货币性资产交换是以非货币性资产进行交换的行为。企业在生产经营过程中所进行的各类交易，按照交易行为的性质，可分为互惠转让和非互惠转让。互惠转让是指一个企业和另一个企业之间的交换，其结果是企业以换出资产为代价换入资产。这里所讲的交易仅指非货币性资产的交换，也就是互惠转让。非互惠转让是指资产的单方向转让，由一个企业转让给其所有者或其他企业，或是由所有者或其他企业转让给该企业。非互惠转让通常包括企业与所有者的非互惠转让和企业与所有者以外的其他单位或个人的非互惠转让。在企业清算过程中，把非货币性资产转让给企业的所有者，属于企业与所有者的非互惠转让。企业将非货币性资产捐赠给慈善组织，属于企业与所有者以外的其他单位或个入的非互惠转让。

第三，非货币性资产交换有时也可能涉及少量的货币性资产。非货币性资产交换并不意味着不涉及任何货币性资产。如果只涉及少量的货币性资产，则仍属于非货币性资产相交换。为便于判断，会计准则提出了25%的参考比例。如果支付的货币性资产占换入资产公允价值的比例(或占换出资产公允价值与支付的货币性资产之和的比例)低于25%(含25%)，则视为非货币性资产交换，应根据会计准则的有关规定进行会计处理；如果这一比例高于25%(不含25%)，则视为货币性交易，应根据货币性交易的核算原则进行会计处理。

另外，非货币性资产非自愿地转换为货币性资产的情形需要特别注意。这里所说的非货币性资产非自愿地转换为货币性资产，是指非货币性资产全部或部分地遭受到破坏、盗窃、没收或征用等而收到货币补偿，然后企业用收到的货币性资产重新购建非货币性资产。这些交易仍是货币性资产交换，不属于会计准则所定义的非货币性资产交换。

(四) 公允价值

公允价值是指市场参与者在计量日发生的有序交易中，出售一项资产所能收到或者转移一项负债所需支付的价格，即脱手价格。非货币性资产公允价值的确定原则是：如果该资产存在活跃市场，则该资产的市价即为其公允价值；如果该资产不存在活跃市场，但与该资产类似的资产存在活跃市场，则该资产的公允价值应比照相关类似资产的市价确定；如果该资产和与该资产类似的资产均不存在活跃市场，则该资产的公允价值可按其所能产生的未来现金流量以适当的折现率贴现计算的现值评估确定。

二、非货币性资产交换的认定

认定涉及少量货币性资产的交换为非货币性资产交换，通常以补价占整个资产交换金额的比例低于25%作为参考。支付的货币性资产占换入资产公允价值(或占换出资产公允价值与支付的货币性资产之和)的比例低于25%(不含25%)的，视为非货币性资产交换；高于25%(含25%)的，则视为用货币性资产取得非货币性资产。也就是说，认定涉及少量货币性资产的交换为非货币性资产交换，通常以补价占整个资产交换金额的比例低于25%作为参考。若补价除以整个资产交换金额小于25%，则属于非货币性资产交换；若补价除以整个资产交换金额大于等于25%的，视为以货币性资产取得非货币性资产，适用其他相关准则。

需要注意的是，整个资产交换金额即为在整个非货币性资产交换中最大的公允价值。

例14-1·多选 下列项目中，属于非货币性资产交换的有(　　)。

A. 以公允价值100万元的原材料换取一项设备

B. 以公允价值500万元的长期股权投资换取专利权

C. 以公允价值100万元的A车床换取B车床，同时收到20万元的补价

D. 以公允价值70万元的电子设备换取一辆小汽车，同时支付30万元的补价

【解析】选项D中，补价占整个资产交换金额的比例=30÷(70+30)=30%＞25%，选项D不属于非货币性资产交换，其余的ABC都属于非货币性资产交换。

第二节　非货币性资产交换的核算

非货币性资产交换区别于一般经济业务的特点，决定了非货币性资产交换会计核算和

相关信息披露的特殊性。对于所发生的非货币性资产交换，企业应严格按照准则所确立的原则进行会计核算和相关信息的披露；对于所发生的非货币性资产交换以外的其他交易，企业应严格按照相关会计准则或制度所确立的原则进行会计核算和相关信息的披露。

一、非货币性资产交换的计量模式

按照《企业会计准则第7号——非货币性资产交换》规定，企业发生的非货币性资产交换有两种计量模式：一是公允价值计量模式，即非货币性资产交换在符合一定条件的情况下，可以采用公允价值进行计量；一是账面价值计量模式，如果不符合这些条件则采用账面价值计量。不同的计量模式下非货币性资产交换的会计处理也不同。

(一) 公允价值计量模式

非货币性资产交换采用公允价值计量必须同时符合两个条件：①该项交换具有商业实质；②换入资产或换出资产的公允价值能够可靠地计量。

1. 该项交换具有商业实质

满足下列两个条件之一的非货币性资产交换具有商业实质。

(1) 换入资产的未来现金流量在风险、时间和金额方面与换出资产显著不同。

这种情形主要包括以下几种情况：①未来现金流量的风险、金额相同，时间不同；②未来现金流量的时间、金额相同，风险不同；③未来现金流量的风险、时间相同，金额不同；④未来现金流量的风险、时间、金额不同；

例如，某企业以一批存货换入一项设备，因存货为出售而持有，流动性强，能够在较短的时间内产生现金流量；设备作为固定资产，为自用而持有，要在较长的时间内为企业带来现金流量，假定两者产生的未来现金流量风险和金额均相同，但由于两者产生现金流量的时间差异较大，可以判断两项资产的交换具有商业实质。

又如，A企业以其用于经营出租的一幢公寓楼，与B企业同样用于经营出租的一幢公寓楼进行交换，两幢公寓楼的租期、每期租金总额均相同，但是A企业是租给一家财务及信用状况良好的企业，该企业将公寓用于本企业单身职工居住，B企业则租给单个租户，相比较而言，A企业取得租金的风险较小，B企业租金的取得则依赖于各单个租户的财务和信用状况，因此，两者未来现金流量的风险存在明显差异，可以判断两项资产的交换具有商业实质。

再如，某企业以一项商标权换入另一企业的一项专利技术，预计两项无形资产的使用寿命相同，在使用寿命内预计为企业带来的现金流量的风险也相同，但是未来现金流量金额在各期的分布不同，也就是在使用寿命内的各个期间的现金流量金额不同，换入的专利技术是新开发的，预计开始阶段产生的现金流量明显多余后期，而该企业原来拥有的商标每年产生的现金流量比较均衡，则两者各年产生的现金流量金额差异明显，可以判断两项资产的交换具有商业实质。

(2) 换入资产与换出资产的预计未来现金流量现值不同，且其差额与换入资产和换出资产的公允价值相比是重大的。

在确定非货币性资产交换是否具有商业实质时，企业应当关注交易各方之间是否存在关联方关系。关联方关系的存在可能导致发生的非货币性资产交换不具有商业实质。

例如，某企业以一项专利换入另一企业拥有的长期股权投资，假定从市场参与者角度看，该项专利权与该项长期股权投资的公允价值相同，同时假定两项资产未来现金流量的风险、时间和金额亦相同，但是对换入企业来讲，换入该项长期股权投资使该企业与被投资方的投资关系由重大影响变为控制，另一企业换入的专利权能够解决生产中的技术难题，两企业换入资产的预计未来现金流量现值与换出资产相比均有明显差异，可以判断两项资产的交换具有商业实质。

2. 换入资产或换出资产的公允价值能够可靠地计量

非货币性资产交换本身若具有商业实质，就应该以公允价值来计量换入资产的入账价值，但是如果换入资产和换出资产均没有公允价值，那么就不能采用公允价值计量，而只能采用账面价值计量。

符合下列情形之一的，表明换入资产或换出资产的公允价值能够可靠计量。

(1) 换入资产或换出资产存在活跃市场。对于存在活跃市场的存货、长期股权投资、固定资产、无形资产等非货币性资产，应当以该资产的市场价格为基础确定其公允价值。

(2) 换入资产或换出资产不存在活跃市场，但其同类或类似资产存在活跃市场。

对于其同类或类似资产存在活跃市场的存货、长期股权投资、固定资产、无形资产等非货币性资产，应当以其同类或类似资产市场价格为基础确定其公允价值。

(3) 换入资产或换出资产不存在同类或类似资产的可比市场交易，应当采用估值技术确定其公允价值。该公允价值估计数的变动区间很小，或者在公允价值估计数变动区间内，各种用于确定公允价值估计数的概率能够合理确定的，视为公允价值能够可靠计量。

(二) 账面价值计量模式

不具有商业实质或交换涉及资产的公允价值均不可能可靠计量的非货币性资产交换，应当按照换出资产的账面价值和应支付的相关税费作为换入资产的成本，无论是否支付补价，均不确认损益；收到或支付的补价作为确认换入资产成本的调整因素，其中，收到补价应当以换出资产的账面价值减去补价作为换入资产的成本；支付补价方应当以换出资产的账面价值加上补价作为换入资产的成本。

二、公允价值计量模式下非货币性资产交换的会计处理

非货币性资产交换准则规定，非货币性资产交换具有商业实质且公允价值能够可靠计量的，应当以换出资产的公允价值和应支付的相关税费作为换入资产的成本，除非有确凿证据表明换入资产的公允价值比换出资产公允价值更加可靠。

在以公允价值计量的情况下，不论是否涉及补价，只要换出资产的公允价值与其账面

价值不相同，就一定会涉及损益的确认，因为非货币性资产交换损益通常是换出资产公允价值与换出资产账面价值的差额，通过非货币性资产交换予以实现。

(一) 公允价值计量模式的会计处理原则

非货币性资产交换的会计处理，因换出资产的类别不同而有所区别。

1. 换出资产的处理原则

(1) 换出资产为存货的，应当视同销售处理，根据《企业会计准则第14号——收入》按照公允价值确认销售收入，同时结转销售成本，相当于按照公允价值确认的收入和按账面价值结转的成本之间的差额，即换出资产公允价值和换出资产账面价值的差额，在利润表中作为营业利润的构成部分予以列示。

(2) 换出资产为固定资产、无形资产的，换出资产公允价值和换出资产账面价值的差额计入资产处置损益。

(3) 换出资产为长期股权投资、可供出售金融资产的，换出资产公允价值和换出资产账面价值的差额计入投资收益。

2. 换入资产的处理原则

公允价值计量模式的一般换入资产的会计处理可归纳为

换入资产的入账成本=换出资产公允价值+换出存货或换出特定固定资产匹配的销项税

+支付的补价(或-收到的补价)-换入存货或特定固定资产对应的进项税

交易损益=换出资产的公允价值-换出资产的账面价值-相关税费(价内税，如消费税)

3. 涉及补价的资产处理原则

发生补价的，支付补价方和收到补价方应当分别按下列情况处理。

(1) 支付补价方应当以换出资产的公允价值加上支付的补价(即换入资产的公允价值)和应支付的相关税费作为换入资产的成本；换入资产成本与换出资产账面价值加上支付的补价、应支付的相关税费之和的差额应当计入当期损益。

(2) 收到补价方应当以换入资产的公允价值(或换出资产的公允价值减去补价)和应支付的相关税费作为换入资产的成本；换入资产成本加上收到的补价之和与换出资产账面价值加上应支付的相关税费之和的差额应当计入当期损益。

在涉及补价的情况下，对于支付补价方而言，作为补价的货币性资产构成换入资产所放弃对价的一部分；对于收到补价方而言，作为补价的货币性资产构成换入资产的一部分。

4. 涉及多项非货币性资产的交换处理

涉及多项非货币性资产交换的情况包括企业以一项非货币性资产同时换入另一企业的多项非货币性资产，或同时以多项非货币性资产换入另一企业的一项非货币性资产，或以多项非货币性资产同时换入另一企业的多项非货币性资产，也可能涉及补价。在涉及多项非货币性资产的交换中，企业无法将换出的某一资产与换入的某一特定资产相对应。与单项非货币性资产之间的交换一样，涉及多项非货币性资产交换的计量，企业也应当首先判断是否符合非货币性资产交换准则以公允价值计量的两个条件，再分别情况确定各项换入资产的成本。

涉及多项非货币性资产的交换一般可以分为以下几种情况。

(1) 资产交换具有商业实质且各项换出资产和各项换入资产的公允价值均能够可靠计量。在这种情况下，换入资产的总成本应当按照换出资产的公允价值总额为基础确定，除非有确凿证据证明换入资产的公允价值总额更可靠。对于各项换入资产的成本，企业应当按照各项换入资产的公允价值占换入资产公允价值总额的比例，对换入资产总成本进行分配，确定各项换入资产的成本。

(2) 资产交换具有商业实质且已换入资产的公允价值能够可靠计量、换出资产的公允价值不能可靠计量。在这种情况下，换入资产的总成本应当按照换入资产的公允价值总额为基础确定。对于各项换入资产的成本，企业应当按照各项换入资产的公允价值占换入资产公允价值总额的比例，对换入资产总成本进行分配，确定各项换入资产的成本。

(3) 资产交换具有商业实质、换出资产的公允价值能够可靠计量、但换入资产的公允价值不能可靠计量。在这种情况下，换入资产的总成本应当按照换出资产的公允价值总额为基础确定。对于各项换入资产的成本，企业应当按照各项换入资产的原账面价值占换入资产原账面价值总额的比例，对按照换出资产公允价值总额确定的换入资产总成本进行分配，确定各项换入资产的成本。

(4) 资产交换不具有商业实质或换入资产和换出资产的公允价值均不能可靠计量。在这种情况下，换入资产的总成本应当按照换出资产原账面价值总额为基础确定。对于各项换入资产的成本，企业应当按照各项换入资产的原账面价值占换入资产原账面价值总额的比例，对按照换出资产账面价值总额为基础确定的换入资产总成本进行分配，确定各项换入资产的成本。

实际上，上述前3种情况，换入资产总成本都是按照公允价值计量，但各单项换入资产成本的确定，视各单项换入资产的公允价值能否可靠计量而分别情况处理；第4种情况属于不符合公允价值计量的条件，换入资产总成本按照换出资产账面价值总额确定，各单项换入资产成本的确定，按照各单项换入资产的原账面价值占换入资产原账面价值总额的比例确定。

(二) 公允价值计量模式下核算举例

1. 不涉及补价的情况

例14-2 2019年8月，新华公司以生产经营过程中使用的一台设备交换光明公司生产的一批办公家具，换入的办公家具作为固定资产管理。设备的账面原价为100 000元，在交换日的累计折旧为35 000元，公允价值为75 000元。办公家具的账面价值为80 000元，在交换日的公允价值为75 000元，计税价格等于公允价值。光明公司换入新华公司的设备是生产家具过程中需要使用的设备。

假设新华公司此前没有为该项设备计提资产减值准备，整个交易过程中，除支付运杂费1 500元外没有发生其他相关税费。假设光明公司此前也没有为库存商品计提存货跌价准备，销售办公家具的增值税税率为13%，其在整个交易过程中没有发生除增值税以外的其他税费。新华公司、光明公司应如何分别进行会计处理？

【答案】(1) 新华公司的会计分录如下(单位：元)：

借：固定资产清理　　65 000
　　累计折旧　　35 000
　　贷：固定资产——设备　　100 000
借：固定资产清理　　1 500
　　贷：银行存款　　1 500
借：固定资产——办公家具　　75 000
　　应交税费——应交增值税(进项税额)　　9 750
　　贷：固定资产清理　　66 500
　　　　资产处置损益　　8 500
　　　　应交税费——应交增值税(销项税额)　　9 750

(2) 光明公司的会计分录如下(单位：元)：

根据增值税的有关规定，企业以库存商品换入其他资产，视同销售行为发生，应计算增值税销项税额，缴纳增值税。

换出办公家具的增值税销项税额为75 000×13%=9 750(元)

借：固定资产——设备　　75 000
　　应交税费-应交增值税(进项税额)　　9 750
　　贷：主营业务收入　　75 000
　　　　应交税费——应交增值税(销项税额)　　9 750
借：主营业务成本　　80 000
　　贷：库存商品——办公家具　　80 000

例14-3　2019年6月，为了提高产品质量，新华冰箱制造公司以其持有的对东方公司的长期股权投资交换光明冰箱制造公司拥有的一项冰箱无霜专利技术。在交换日，新华公司持有的长期股权投资账面余额为670万元，已计提长期股权投资减值准备余额为 40万元，在交换日的公允价值为650万元；光明公司专利技术的账面原价为800万元，累计已摊销金额为120万元，在交换日的公允价值为650万元，光明公司没有为该项专利技术计提减值准备。新华公司原已持有对东方公司的长期股权投资，光明公司从新华公司换入对东方公司的长期股权投资后，使东方公司成为光明公司的联营企业。假设整个交易过程中没有发生其他相关税费。新华公司、光明公司应如何分别进行账务处理？

【解析】该项资产交换没有涉及收付货币性资产，因此属于非货币性资产交换。本例属于以长期股权投资换入无形资产。对新华公司来讲，换入无霜专利技术能够大幅度改善产品质量，相对于对东方公司的长期股权投资来讲，预计未来现金流量的时间、金额和风险均不相同；对光明公司来讲，换入对东方公司的长期股权投资，使其对公司的关系由不具有控制、共同控制或重大影响，改变为具有重大影响，因而可通过参与东方公司的财务和经营政策等方式，对其施加重大影响，增加了从东方公司活动中获取经济利益的权力，与专利技术预计产生的未来现金流量在时间、风险和金额方面都有所不同。因此，该两项资产的交换具有商业实质；同时，两项资产的公允价值都能够可靠地计量，符合非货币性资产交换准则规定以公允价值计量的条件。新华公司和光明公司均应当以公允价值为基础确定换入资产的成本，并确认产生的损益。

(1) 新华公司的会计分录如下(单位：元)：

借：无形资产——专利权	6 500 000	
长期股权投资减值准备	400 000	
贷：长期股权投资		6 700 000
投资收益		200 000

(2) 光明公司的会计分录如下(单位：元)：

借：长期股权投资	6 500 000	
累计摊销	1 200 000	
资产处置损益	300 000	
贷：无形资产——专利权		8 000 000

例14-4 2019年5月1日，甲公司以2017年购入的生产经营用设备交换乙公司生产的一批钢材，甲公司换入的钢材作为原材料用于生产，乙公司换入的设备继续用于生产钢材，甲公司设备的账面原价为1 500 000元，在交换日的累计折旧为525 000元，公允价值为1 404 000元，甲公司此前没有为该设备计提资产减值准备。此外，甲公司以银行存款支付清理费1 500元。乙公司钢材的账面价值为1 200 000元，在交换日的市场价格为1 404 000元，计税价格等于市场价格，乙公司此前也没有为该批钢材计提存货跌价准备。

甲公司、乙公司均为增值税一般纳税人，适用的增值税税率为13%。假设甲公司和乙公司在整个交易过程中没有发生除增值税以外的其他税费，甲公司和乙公司均开具了增值税专用发票。

要求：分别进行甲、乙公司的账务处理。

【解析】本例中，整个资产交换过程没有涉及收付货币性资产，因此，该项交换属于非货币性资产交换。甲公司以固定资产换入存货，换入的钢材是生产过程中的原材料，乙公司换入的设备是生产用设备，两项资产交换后对换入企业的特定价值显著不同，两项资产的交换具有商业实质；同时，两项资产的公允价值都能够可靠地计量，符合公允价值计量的两个条件。因此，甲公司和乙公司均应当以换出资产的公允价值为基础确定换入资产的成本，并确认产生的相关损益。

【答案】(1) 甲公司的账务处理如下：

换出设备的增值税销项税额=1 404 000×13%=182 520(元)

借：固定资产清理	975 000	
累计折旧	525 000	
贷：固定资产——××设备		1 500 000
借：固定资产清理	1 500	

贷：银行存款　　1 500

借：原材料——钢材　　1 404 000

应交税费——应交增值税(进项税额)　　182 520

贷：固定资产清理　　976 500

资产处置损益　　427 500

应交税费——应交增值税(销项税额)　　182 520

其中，资产处置损益的金额为换出设备的公允价值1 404 000元与其账面价值975 000元(1 500 000元-525 000元)并扣除清理费用1 500元后的余额，即427 500元。

(2) 乙公司的账务处理如下：

① 企业以库存商品换入其他资产，应计算增值税销项税额，缴纳增值税。

换出钢材的增值税销项税额=1 404 000×13%=182 520(元)

② 换入设备的增值税进项税额=1 404 000×13%=182 520(元)

③ 乙公司的会计分录

借：固定资产——××设备　　1 404 000

应交税费——应交增值税(进项税额)　　182 520

贷：主营业务收入——钢材　　1 404 000

应交税费——应交增值税(销项税额)　　182 520

借：主营业务成本——钢材　　1 200 000

贷：库存商品——钢材　　1 200 000

2. 涉及补价的情况

例14-5　新华公司与光明公司经协商，新华公司以其拥有的全部用于经营出租目的的一幢公寓楼与光明公司持有的交易目的的股票投资交换。新华公司的公寓楼符合投资性房地产定义，公司未采用公允价值模式计量。在交换日，该幢公寓楼的账面原价为400万元，已提折旧80万元，未计提减值准备，在交换日的公允价值和计税价格均为450万元；光明公司持有的交易目的的股票投资账面价值为300万元，光明公司对该股票投资采用公允价值模式计量，在交换日的公允价值为400万元，由于新华公司急于处理该幢公寓楼，光明公司仅支付了30万元给新华公司。光明公司换入公寓楼后仍然继续用于经营出租目的，并拟采用公允价值计量模式，新华公司换入股票投资后仍然用于交易目的。假定该项交易过程中不考虑相关税费。

要求：分别进行新华公司、光明公司的账务处理。

【解析】该项资产交换涉及收付货币性资产，即补价30万元。

对新华公司而言，收到的补价30万元÷换入资产的公允价值430万元(换入股票投资公允价值400万元+收到的补价30万元)=7%＜25%，属于非货币性资产交换。

对光明公司而言，支付的补价30万元÷换入资产的公允价值450万元=6.7%＜25%，属于非货币性资产交换。

本例属于以投资性房地产换入、以公允价值计量且其变动计入当期损益的金融资产。对新华公司而言，换入交易目的的股票投资使得企业可以在希望变现的时候取得现金流量，但风险程度要比租金稍大，用于经营出租目的的公寓楼，可以获得稳定均衡的租金流，但是不能满足企业急需大量现金的需要，因此，交易性股票投资带来的未来现金流量在时间、风险方面与用于出租的公寓楼带来的租金流有显著区别，因而可判断两项资产的交换具有商业实质。同时，股票投资和公寓楼的公允价值均能够可靠地计量，因此，新华、光明公司均应当以公允价值为基础确定换入资产的成本，并确认产生的损益。

【答案】(1) 新华公司的会计分录如下(单位：元)：

借：其他业务成本　3 200 000
　　投资性房地产累计折旧　800 000
　贷：投资性房地产　4 000 000

借：交易性金融资产　4 000 000
　　银行存款　300 000
　贷：其他业务成本　3 200 000
　　　其他业务收入　1 100 000

(2) 光明公司的会计分录如下(单位：元)：

借：投资性房地产　4 500 000
　贷：交易性金融资产　3 000 000
　　　银行存款　300 000
　　　投资收益　1 200 000

例14-6　甲公司以一批库存商品交换乙公司的房产，库存商品的成本为70万元，已提减值准备8万元，公允价值为100万元，增值税率为13%，消费税率为10%。房产的原价为200万元，已提折旧100万元，已提减值准备20万元，公允价值为110万元。因甲公司急需此房产，经双方协议，由甲公司支付补价2万元。双方均保持资产的原始使用状态。

要求：分别进行甲、乙公司的账务处理。

【答案】(1) 甲公司的会计处理：

① 首先界定补价是否超标：

支付的补价占整个交易额的比重=2÷(100+2)×100%≈1.96%<25%，所以该交易应界定为非货币性资产交换。

② 换入设备的入账成本=100+100×13%+2=115(万元)

③ 账务处理如下：

借：固定资产　115
　贷：主营业务收入　100
　　　应交税费——应交增值税(销项税额)　13
　　　银行存款　2

借：主营业务成本　62

存货跌价准备　　8

贷：库存商品　　70

借：税金及附加　　10

贷：应交税费——应交消费税　　10

(2) 乙公司的会计处理：

① 首先界定补价是否超标：

收到的补价占整个交易额的比重=2÷110×100%=1.82%<25%，所以该交易应界定为非货币性资产交换。

② 换入库存商品的入账成本=110-100×13%-2=95(万元)

③ 会计分录如下：

借：固定资产清理　　80

固定资产减值准备　　20

累计折旧　　100

贷：固定资产　　200

借：库存商品　　95

应交税费——应交增值税(进项税额)　　13

银行存款　　2

贷：固定资产清理　　110

借：固定资产清理　　30

贷：资产处置损益　　30

3. 多项非货币性资产交换的会计处理

在此类会计处理上，企业只需将上述单项非货币性资产的交换分录合并即可。

例14-7　2019年6月30日，为适应业务发展的需要，经与乙公司协商，甲公司决定以生产经营过程中使用的生产线、机器设备和库存商品换入乙公司生产经营过程中使用的10辆货运车、5辆轿车和15辆客运汽车。

甲公司生产线的账面原价为2 250 000元，在交换日的累计折旧为450 000元，公允价值为1 600 000元；机器设备由甲公司于2016年购入，账面原价为1 800 000元，在交换日的累计折旧为900 000元，公允价值为1 200 000元；库存商品账面余额为4 500 000元，市场价格为5 250 000元。

乙公司的货运车、轿车和客运汽车均系2017年初购入，货运车的账面原价为2 250 000元，在交换日的累计折旧为750 000元，公允价值为2 250 000元；轿车的账面原价为3 000 000元，在交换日累计折旧为1 350 000元，公允价值为2 500 000元；客运汽车的账面原价为4 500 000元，在交换日的累计折旧为1 200 000元，公允价值为3 600 000元。

乙公司另外收取甲公司以银行存款支付的339 000元，其中包括由于换出和换入资产公允价值不同而支付的补价300 000元，以及换出资产销项税额与换入资产进项税额的差额39 000元。

假定甲公司和乙公司都没有为换出资产计提减值准备；甲公司换入乙公司的货运车、轿车、客运汽车均作为固定资产使用和管理；乙公司换入甲公司的生产线、机器设备作为固定资产使用和管理，换入的库存商品作为原材料使用和管理。甲公司和乙公司均为增值税一般纳税人，适用的增值税税率均为13%。甲公司、乙公司均开具了增值税专用发票。

要求：分别进行甲、乙公司的账务处理。

【解析】本例中，交换涉及收付货币性资产，应当计算甲公司支付的货币性资产占甲公司换出资产公允价值与支付的货币性资产之和的比例，即339 000÷(1 600 000+1 200 000+5 250 000)×(1+13%)+339 000]=3.59＜25%。可以认定这一涉及多项资产的交换行为属于非货币性资产交换。对于甲公司而言。为了拓展运输业务，需要客运汽车、轿车、货运汽车等，乙公司为了满足生产，需要办公楼、机器设备、原材料等，换入资产对换入企业均能发挥更大的作用，因此，该项涉及多项资产的非货币性资产交换具有商业实质；同时，各单项换入资产和换出资产的公允价值均能可靠计量，因此，甲、乙公司均应当以公允价值为基础确定换入资产的总成本，确认产生的相关损益，同时，按照各单项换入资产的公允价值占换入资产公允价值总额的比例，确定各单项换入资产的成本。

【答案】(1) 甲公司的账务处理如下：

① 换出生产线、设备的增值税销项税额=2 800 000×13%=364 000(元)

换出库存商品的增值税销项税额=5 250 000×13%=682 500(元)

换入货运车、轿车和客运汽车的增值税进项税额=(2 250 000+2 500 000+3 600 000)×13%=1 085 500(元)

② 计算换入资产、换出资产公允价值总额

换出资产公允价值总额=1 600 000+1 200 000+5 250 000=8 050 000(元)

换入资产公允价值总额=1 600 000+1 200 000+5 250 000+300 000=8 350 000(元)

③ 计算换入资产总成本

换入资产总成本=换出资产公允价值+支付的补价+应付的相关税费=8 050 000+300 000+0=8 350 000(元)

④ 计算确定换入各项资产的成本

货运车的成本=8 350 000×(2 250 000÷8 350 000×100%)=2 250 000(元)

轿车的成本=8 350 000×(2 500 000÷8 350 000×100%)=2 500 000(元)

客运汽车的成本=8 350 000×(3 600 000÷8 350 000×100%)=3 600 000(元)

⑤ 会计分录

借：固定资产清理　　2 700 000
　　累计折旧　　1 350 000
　　贷：固定资产——生产线　　2 250 000
　　　　　　　　——机器设备　　1 800 000

借：固定资产——货运车　　2 250 000
　　　　　　——轿车　　2 500 000

——客运汽车　　3 600 000

应交税费——应交增值税(进项税额)　　1 085 500

贷：固定资产清理　　2 700 000

主营业务收入　　5 250 000

应交税费——应交增值税(销项税额)　　1 046 500

银行存款　　339 000

资产处置损益　　100 000

借：主营业务成本　　4 500 000

贷：库存商品　　4 500 000

其中，资产处置损益的金额等于甲公司换出生产线和设备的公允价值2 800 000(1 600 000+1 200 000)元超过其账面价值2 700 000[(2 250 000−450 000)+(1 800 000−900 000)]元的金额，即1 000 000元。

(2) 乙公司的账务处理如下：

① 换入设备的增值税进项税额=1 200 000×13%=156 000(元)

换入生产线的增值进项税额=1 600 000 −13%=208 000(元)

换入原材料的增值税进项税额=5 250 000×16%=682 500(元)

② 计算换入资产、换出资产公允价值总额

换出资产公允价值总额=2 250 000+2 500 000+3 600 000=8 350 000(元)

换入资产公允价值总额=1 600 000+1 200 000+5 250 000=8 050 000(元)

③ 确定换入资产总成本

换入资产总成本=换出资产公允价值-收取的补价+应支付的相关税费=8 350 000−300 000+0=8 050 000(元)

④ 计算确定换入各项资产的成本

办公楼的成本=8 050 000×(1 600 000 ÷ 8 050 000×100%)=1 600 000(元)

机器设备的成本=8 050 000×(1 200 000 ÷ 8 050 000×100%)=1 200 000(元)

原材料的成本=8 050 000×(5 250 000 ÷ 8 050 000×100%)=5 250 000(元)

⑤ 会计分录

借：固定资产清理　　6 450 000

累计折旧　　3 300 000

贷：固定资产——货运车　　2 250 000

——轿车　　3 000 000

——客运汽车　　4 500 000

借：固定资产——生产线　　1 600 000

——机器设备　　1 200 000

原材料　　5 250 000

应交税费——应交增值税(进项税额)　　1 046 500

银行存款　　339 000

贷：固定资产清理　　8 350 000

　　应交税费——应交增值税(销项税额)　　1 085 500

借：固定资产清理　　1 900 000

　　贷：资产处置损益　　1 900 000

其中，资产处置损益的金额为换出货运车、轿车和客运汽车的公允价值8 350 000(2 250 000+2 500 000+3 600 000)元与账面价值6 450 000[(2 250 000-750 000)+(3 000 000-1 350 000)+(4 500 000-1 200 000)]元的差额，即1 900 000元。

三、账面价值计量模式下非货币性资产交换的会计处理

未同时满足公允价值计量模式的两个必备条件时，应当采用账面价值计量模式。

(一) 账面价值计量模式的会计处理原则

账面价值计量模式的会计处理可归纳为以下几点：①换入资产的入账成本=换出资产账面价值+相关税费(包括价内税和价外税)+支付的补价(或-收到的补价)-换入存货或特定固定资产对应的进项税；②不确认交易损益；③如果是多项资产的非货币性交易，则据上述原理推算出换入资产总的待分配价值后，按各项资产的账面价值占全部换入资产账面价值的比例来分配其入账成本。

(二) 账面价值计量模式下的核算举例

例14-8　甲公司以一批库存商品交换乙公司的设备，库存商品的成本为70万元，已提减值准备8万元，计税价值为100万元，增值税率为13%，消费税率为10%。房产的原价为200万元，已提折旧100万元，已提减值准备20万元，公允价值为110万元，增值税率为13%。经双方协议，由甲公司支付补价2万元。双方均保持资产的原始使用状态。假定双方均无法获取公允价值口径。

要求：分别进行甲、乙公司的账务处理。

【答案】(1) 甲公司的账务处理：

① 换入设备的入账成本=70-8+100×13%+100×10%+2-110×13%=72.7(万元)

② 账务处理如下：

借：固定资产　　72.7

　　应交税费——应交增值税(进项税额)　　14.3

　　存货跌价准备　　8

　　贷：库存商品　　70

　　　　银行存款　　2

　　　　应交税费——应交增值税(销项税额)　　13

——应交消费税　10

(2) 乙公司的账务处理：

① 换入库存商品的入账成本=(200−100−20)+110×13%−100×13%−2=79.3(万元)

② 会计分录如下：

借：固定资产清理　80
　　累计折旧　100
　　固定资产减值准备　20
　　贷：固定资产　200

借：库存商品　79.3
　　应交税费——应交增值税(进项税额)　13
　　银行存款　2
　　贷：固定资产清理　80
　　　　应交税费——应交增值税(销项税额)　14.3

例14-9　甲公司以其持有的对丙公司的长期股权投资交换乙公司拥有的商标权。在交换日，甲公司持有的长期股权投资账面余额为5 000 000元，已计提长期股权投资减值准备金额为1 400 000元，该长期股权投资在市场上没有公开报价，公允价值也不能可靠计量；乙公司商标权的账面原价为4 200 000元，累计已摊销金额为600 000元，其公允价值也不能可靠计量，乙公司没有为该项商标权计提减值准备。乙公司将换入的对丙公司的投资仍作为长期股权投资，并采用成本法核算。整个交易过程中不考虑发生的相关税费。

要求：分别进行甲、乙公司的账务处理。

【解析】本例中，该项资产交换没有涉及收付货币性资产，因此属于非货币性资产交换。本例属于以长期股权投资交换无形资产。由于换出资产和换入资产的公允价值都无法可靠计量，因此，甲、乙公司换入资产的成本均应当按照换出资产的账面价值确定，不确认损益。

【答案】(1) 甲公司的账务处理如下：

借：无形资产——商标权　3 600 000
　　长期股权投资减值准备——丙公司股权投资　1 400 000
　　贷：长期股权投资——丙公司　5 000 000

(2) 乙公司的账务处理如下：

借：长期股权投资——丙公司　3 600 000
　　累计摊销　600 000
　　贷：无形资产——专利权　4 200 000

例14-10　甲公司拥有一个离生产基地较远的仓库，该仓库账面原价3 500 000元，已计提折旧2 350 000元；乙公司拥有一项长期股权投资，账面价值1 050 000元，两项资产均未计提减值准备。由于仓库离市区较远，公允价值不能可靠计量；乙公司拥有的长期股权投资在活跃市场中没有报价，其公允价值也不能可靠计量。双方商定，乙公司以两项资产账面价值的差额为基础，支付甲公司100 000元补价，以换取甲公司拥有的仓库。假定交易中没有涉及其他相关税费。

要求：分别进行甲、乙公司的账务处理。

【解析】本例中，该项资产交换涉及收付货币性资产，即补价100 000元。对甲公司而言，收到的补价100 000元÷换出资产账面价值1 150 000元=8.7%＜25%。因此，该项交换属于非货币性资产交换，乙公司的情况也类似。由于两项资产的公允价值不能可靠计量，因此，甲、乙公司换入资产的成本均应当以换出资产的账面价值为基础确定，不确认损益。

【答案】(1) 甲公司的账务处理如下：

借：固定资产清理　　1 150 000
　　累计折旧　　2 350 000
　　贷：固定资产——仓库　　3 500 000

借：长期股权投资——××公司　　1 050 000
　　银行存款　　100 000
　　贷：固定资产清理　　1 150 000

(2) 乙公司的账务处理如下：

借：固定资产——仓库　　1 150 000
　　贷：长期股权投资——××公司　　1 050 000
　　　　银行存款　　100 000

例14-11　甲公司以一批库存商品交换乙公司一幢生产线，该商品的成本为1 000万元，已经跌价准备200万元，增值税率为13%，消费税率为5%，该商品的计税价格为1 500万元；乙公司生产线原价为1 600万元，累计折旧600万元，已提减值准备30万元，计税价格为2 000万元，经双方协议，甲公司向乙公司支付补价30万元，交易双方均维持换入资产的原使用状态。完成该项非货币性资产交换后，双方未来现金流量的现值与交易前明显不同，但是由于没有同类资产活跃交易市场且无法正确判断交易资产公允价值，则甲公司、乙公司换入资产的入账成本分别是(　　)万元。

A. 1 160，785　　B. 840，1 005　　C. 1 500，890　　D. 1 800，675

【解析】①甲公司换入房产的入账成本=1 000−200−2 000×13%+1 500×13%+30+1500×5%=840(万元)

②乙公司换入库存商品的入账成本=1 600−600−30−30+2 000×13%−1 500×13%=1 005(万元)

账面计量模式下多项非货币性资产交换的会计处理时，只需将单项非货币性资产的交换分录合并即可。

例14-12　甲公司因经营战略发生较大转变，产品结构发生较大调整，原生产厂房、专利技术等已不符合生产新产品的需要，经与乙公司协商，2018年1月1日，甲公司将其生产厂房连同专利技术与乙公司正在建造过程中的一幢建筑物、乙公司对丙公司的长期股权投资(采用成本法核算)进行交换。

甲公司换出生产厂房的账面原价为2 000 000元，已提折旧1 250 000元；专利技术账面原价为750 000元，已摊销金额为375 000元。

乙公司在建工程截止到交换日的成本为875 000元，对丙公司的长期股权投资成本为250 000元。

甲公司的厂房公允价值难以取得，专利技术市场上并不多见，公允价值也不能可靠计量。乙公司的在建工程因完工程度难以合理确定，其公允价值不能可靠计量，由于丙公司不是上市公司，乙公司对丙公司长期股权投资的公允价值也不能可靠计量。假定甲、乙公司均未对上述资产计提减值准备。假设交易过程中不考虑相关税费。

要求：分别进行甲、乙公司的账务处理。

【解析】本例中，交换不涉及收付货币性资产，属于非货币性资产交换。由于换入资产、换出资产的公允价值均不能可靠计量，甲、乙公司均应当以换出资产账面价值总额作为换入资产的总成本，各项换入资产的成本应当按各项换入资产的账面价值占换入资产账面价值总额的比例分配来确定。

【答案】(1) 甲公司的账务处理如下：

① 计算换入资产、换出资产账面价值总额

换入资产账面价值总额=875 000+250 000=1 125 000(元)

换出资产账面价值总额=(2 000 000−1 250 000)+(750 000−375 000)=1 125 000(元)

② 确定换入资产总成本

换入资产总成本=换出资产账面价值=1 125 000(元)

③ 确定各项换入资产成本

在建工程成本=1 125 000×(875 000 ÷ 1 125 000×100%)=875 000(元)

长期股权投资成本=1 125 000×(250 000 ÷ 1 125 000×100%)=250 000(元)

④ 会计分录：

借：固定资产清理	750 000	
累计折旧	1 250 000	
贷：固定资产——厂房		2 000 000
借：在建工程——××工程	875 000	
长期股权投资	250 000	
累计摊销	375 000	
贷：固定资产清理		750 000
无形资产——专利技术		750 000

(2) 乙公司的账务处理如下：

① 计算换入资产、换出资产账面价值总额

换入资产账面价值总额=(2 000 000−1 250 000)+(750 000−375 000)=1 125 000(元)

换出资产账面价值总额=875 000+250 000=1 125 000(元)

② 确定换入资产总成本

换入资产总成本=换出资产账面价值=1 125 000(元)

③ 确定各项换入资产成本

厂房成本=1 125 000×(750 000 ÷ 1 125 000×100%)=875 000(元)

专利技术成本=1 125 000×(375 000 ÷ 1 125 000×100%)=250 000(元)

④ 会计分录

借：固定资产清理	875 000	
贷：在建工程——××工程		875 000
借：固定资产——厂房	750 000	
无形资产——专利技术	375 000	
贷：固定资产清理		875 000
长期股权投资		250 000

第三节　非货币性资产交换的披露

一、非货币住资产交换披露的意义

非货币性资产交换与常见的货币性资产交换有很大区别，披露非货币性资产交换相关信息对于会计信息使用者全面了解企业财务状况、经营成果和现金流量的影响因素，把握和预测企业的发展趋势都有着重要的意义。

二、非货币性资产交换披露的内容

《企业会计准则第7号——非货币性资产交换》要求企业在财务报告中披露以下非货币性资产交换信息。

1. 换入、换出资产类别

换入、换出资产类别，是指企业在非货币性资产交换中，以什么资产与什么资产相交换。例如，甲公司以一批库存商品与乙公司的一台设备进行交换；长江股份有限公司以一批原材料与黄河公司的一台设备进行交换等。

2. 换入资产成本的确定方式

换入资产成本的确定方式，是指企业在非货币性资产交换中，是以公允价值还是以账面价值作为确定换入资产成本的基础。

3. 换入资产、换出资产的公允价值以及换出资产的账面价值

4. 非货币性资产交换中换入、换出资产的金额

非货币性资产交换中换入、换出资产的金额，是指非货币性资产交换中换入、换出资

产的公允价值、补价、应确认的收益以及换出资产的账面价值。

本章小结

非货币性资产交换，是指交易双方主要以存货、固定资产、无形资产等非货币性资产进行的交换，这种交换不涉及或只涉及少量的货币性资产(即补价)。非货币性资产交换按账面价值进行计量的会计处理，分为涉及补价和不涉及补价两种情况；非货币性资产交换按公允价值进行计量的会计处理，也分为涉及补价和不涉及补价两种情况。披露非货币性资产交换相关信息对于会计信息使用者全面了解企业财务状况、经营成果和现金流量的影响因素有着重要的意义。

第十五章　债务重组

引导案例

在2017年8月1日，李小军所任职的光明公司从东方公司购买了一批商品，收到的增值税专用发票上注明的商品价款和增值税进项税额合计为4 450 000元，12月20公司由于资金周转暂时困难，无法偿还债务。经与东方公司协商，东方公司同意公司以其普通股股票400 000股抵偿债务，每股面值1元，每股市价10元。经理询问李小军，如果该债务重组成功，对公司的所得税缴纳额是否存在影响？公司到底可以节省多少流动资金？ 李小军并没有立即回答，因为他知道现在会计核算采用的是新会计准则，债务重组准则到底改变了哪些呢？他心里还不太确定，通过本章的学习，你能帮他给出答案吗？

学习目标

通过学习，学生应掌握确定债务重组日；熟悉债务重组的界定，掌握以低于债务额的现金抵债的会计处理、以非现金资产抵债的会计处理、以债转股抵债的会计处理、以修改偿债条件方式抵债的会计处理以及混合重组方式抵债的会计处理。

第一节　债务重组概述

一、债务重组的概念

(一) 债务重组的概念

债务重组是指在债务人发生财务困难的情况下，债权人按照其与债务人达成的协议或者法院的裁定做出让步的事项。

(二) 债务重组的界定

《企业会计准则第12号——债务重组》强调必须是债权人做出让步才可定性为债务重组。这里的“让步”主要包括以下几点：债权人减免债务人债务本金或者利息、降低债务人应付债务的利率等。如，甲公司欠乙公司100万元货款，现因财务困难与乙公司协商，乙公司同意甲公司以95万元现金了结债务。此时，乙公司就对甲公司做出了“让步”。如果债权人没有做出让步，就不是企业会计准则所指的债务重组。

广义上讲，所有涉及修改债务条件的事项(包括修改债务的时间和金额)都应视作债务重组，包括债务人处在持续经营条件下的债务重组，也包括债务人处在清算或改组等非持续经营条件下的债务重组。但我国企业会计准则所规范的债务重组，仅指持续经营条件下的债务重组。

在具体运用时，下列情况不能按债务重组进行会计处理。

(1) 正常交易中，企业以非现金资产抵偿债务，不属于债务重组。例如，A公司欠B公司货款50万元，B公司由于需要A公司生产的商品而同意A公司以其生产的商品抵偿该货款。

(2) 如果债务人转让非现金资产给债权人以清偿债务，但同时又与债务人签订了资产回购协议的，不属于债务重组。

(3) 债务人发行的可转换债券按正常条件转换为股权，属于正常条件下的可转换债券的转换，不属于债务重组。

(4) 企业破产清算时发生的债务重组属于非持续经营条件下的债务重组，不属于债务重组。

(5) 债务人改组，债权人将债权转为对债务人的股权投资，不属于债务重组。

(6) 债务人以借新债偿旧债，也不属于债务重组。

(7) 企业重组，不属于债务重组。

二、债务重组的意义

企业经营的好坏，一方面受市场等外在因素的影响，另一方面受自身经营管理方式的影响。市场经济的发展，一方面为企业的生存和发展提供了更为广阔的空间，另一方面使企业之间的竞争更加激烈。在市场经济的激烈竞争下，一些企业可能由于经营管理不善或受外部各种因素的影响等，使财务状况发生困难导致盈利能力下降或出现亏损，资金周转不灵，出现暂时性的资金紧缺，难以偿还债务。在这种情况下，债权人可以通过法律程序，要求债务人破产，以清偿债务；但是，有时债权人为了缓解债务人暂时的财务困难，最大限度地收回债权，避免由于采取立即求偿的措施所导致债权的更大损失，往往会自愿和债务人达成协议，做出某些让步，使债务人减轻负担，渡过难关。而债务重组就是解决债权人和债务人之间现有债务如何清偿所发生的经济事项。

三、债务重组的方式

(一) 以资产清偿债务的方式

以资产清偿债务，是指债务人转让其资产给债权人以清偿债务的债务重组方式，包括债务人以现金资产清偿债务和以债券投资、存货、固定资产、无形资产等非现金资产清偿债务两种方式。以现金资产清偿债务，是指以低于债务账面价值的现金清偿债务。若以等量的现金偿还所欠债务，则不属于本章所指的债务重组。

(二) 债务转为资本的方式

债务转为资本，是指债务人将债务转为资本，同时债权人将债权转为股权的债务重组方式。将债务转化为资本用于清偿债务，对于股份制企业而言，在法律上有一定限制。例如，按照我国《中华人民共和国公司法》(简称《公司法》)规定，公司发行新股必须具备一定的条件，只有在满足《公司法》规定的条件后才能发行新股。因此，公司只有在满足国家规定条件的情况下，才能采用将债务转为资本的方式进行债务重组。

(三) 修改其他债务条件的方式

修改其他债务条件，是指修改不包括上述两种方式在内的债务条件进行债务重组的方式，如减少债务本金、减少债务利息、降低利率、延长偿还期限等。

(四) 混合债务重组的方式

以上三种方式的组合，简称“混合债务重组”。例如，以转让资产清偿某项债务的一部分，另一部分债务通过将债务转化为资本进行债务重组；以转让资产、债务转为资本清偿债务的一部分，另一部分通过修改其他债务条件进行债务重组。

四、债务重组日

(一) 债务重组日的概念

债务重组可能发生在债务到期前、到期日或到期后。债务重组日，即为债务重组完成日，是指债务人履行协议或法院裁定，将相关资产转让给债权人、将债务转为资本或修改后的偿债条件开始执行的日期。

(二) 债务重组日的判定原则

债务重组日是债务重组会计处理时应考虑的一个重要因素。债务重组的确认时点即为债务重组日。一般以依据以下原则来判定债务重组日。

(1) 如果是银行存款方式抵债的，以款项到账日为债务重组日。

(2) 如果是存货方式抵债的，以存货的最终运抵日为债务重组日。

(3) 如果是以房产抵债的，通常以房产过户手续办妥日为债务重组日。

(4) 如果是以无形资产抵债的，通常以法律交接手续办妥日为债务重组日。

(5) 如果以债转股方式抵债的，则以增资手续办妥日为债务重组日。

(6) 如果以修改债务条件方式抵债的，则以新的偿债条件正式执行日为债务重组日。

(7) 如果是混合清偿方式抵债的，以最终解除债务手续日为债务重组日。

例如，A公司欠B公司500万元货款，到期日为2018年3月1日。A公司发生财务困难，经协商，B公司同意A公司以其价值300万元的库存商品抵偿债务。A公司于3月25日将商品运抵B公司并办理有关债务解除手续。在这项债务重组交易中，2018年3月25日即为债务重组日。又如，如果上述A公司是分批将商品运抵B公司，最后一批的运抵日期为2018年3月30日，且在这一天办理有关债务解除手续，则2018年3月30日即为债务重组日。再如，上述B公司同意A公司将所欠债务转为资本，A公司于2018年6月1日办妥增资批准手续并向B公司出具出资证明，则2018年6月1日为债务重组日。

第二节 债务重组的核算

一、以现金资产清偿债务的重组方式

(一) 以现金资产清偿债务的会计处理原则

1. 债务人的会计处理原则

以现金清偿债务的，债务人应当将重组债务的账面价值与实际支付现金之间的差额，计入当期损益，即“营业外收入”。

2. 债权人的会计处理原则

以现金清偿债务的，债权人应当将重组债权的账面余额与收到的现金之间的差额，计入当期损益(营业外支出)；债权人已对债权计提减值准备的，应当先将该差额冲减减值准备，减值准备不足以冲减的部分，计入“营业外支出”；坏账准备的多提额抵减当期资产减值损失。

(二) 以现金资产清偿债务的会计核算举例

例15-1 乙公司于2018年2月15日销售一批材料给甲公司，开具的增值税专用发票上的价款为300 000元，增值税税额为40 000元。按合同规定，甲公司应于2018年5月15日前偿付价款。由于甲公司发生财务困难，无法按合同规定的期限偿还债务，经双方协商于2019年7月1日进行债务重组。债务重组协议规定，乙公司同意减免甲公司50 000元债务，余额用现金立即清偿。乙公司于2019年7月8日收到甲公司通过银行转账偿还的剩余款项。乙公司已为该项应收账款计提了30 000元坏账准备。

要求：分别编制甲、乙公司会计分录。

【答案】(1) 甲公司的会计分录为：

借：应付账款——乙公司　　348 000

　　贷：银行存款　　298 000

　　　　营业外收入——债务重组利得　　50 000

(2) 乙公司的会计分录为：

借：银行存款 298 000
坏账准备 30 000
营业外支出——债务重组损失 20 000
贷：应收账款——甲公司 3 480 000

二、以非现金资产清偿债务的重组方式

(一) 以非现金资产清偿债务的会计处理原则

1. 债务人的会计处理原则

以非现金资产清偿债务的，债务人应当将重组债务的账面价值与转让的非现金资产公允价值之间的差额，计入当期损益(营业外收入)。转让的非现金资产公允价值与其账面价值之间的差额，计入当期损益。

抵债资产公允价值与账面价值的差额，应当分别按照以下情况处理。

(1)抵债资产为存货的，应当视同销售处理，按存货的公允价值确认商品销售收入，同时结转商品的销售成本，认定相关的税费。

(2) 抵债资产为固定资产、无形资产的，其公允价值和账面价值的差额，计入营业外收入或营业外支出。

(3) 抵债资产为长期股权投资的，其公允价值和账面价值的差额，计入投资收益。

2. 债权人的会计处理原则

以非现金资产清偿债务的，债权人应当对受让的非现金资产按其公允价值入账，重组债权的账面余额与受让的非现金资产的公允价值之间的差额，在符合金融资产终止确认条件时，计入当期损益(营业外支出)；债权人已对债权计提减值准备的，应当先将该差额冲减减值准备，减值准备不足以冲减的部分，计入“营业外支出”；坏账准备的多提额抵减当期资产减值损失。

(二) 以非现金资产清偿债务的会计核算举例

例15-2 甲、乙企业为一般纳税企业，增值税率为13%、消费税率为10%。2019年4月6日，甲企业因购买商品而欠乙企业购货款及税款合计226万元。由于甲企业财务发生困难，不能按照合同规定支付货款。于2020年4月5日，双方经协商，甲企业以其生产的产品偿还债务，该产品的销售价格220万元，实际成本196.60万元，已计提存货跌价准备1万元，甲公司收到补价33.40万元。乙企业接受甲企业以产品偿还债务时，将该产品作为库存商品入库；乙企业对该项应收账款计提了4万元的坏账准备。

要求：甲、乙公司的账务处理应如何进行?

【答案】(1) 甲企业的账务处理如下：

① 借：应付账款 226
银行存款 33.4
贷：主营业务收入 220
应交税费——应交增值税(销项税额) 28.6
营业外收入——债务重组收益(226+33.4−220−28.6) 10.8

② 借：主营业务成本 195.6
存货跌价准备 1
贷：库存商品 196.6

③ 借：税金及附加 2
贷：应交税费——应交消费税 22

(2) 乙企业的账务处理如下：

借：库存商品 220
应交税费——应交增值税(进项税额) 28.6
坏账准备 4
营业外支出——债务重组损失 6.8
贷：应收账款——甲企业 226
银行存款 33.40

例15-3 2018年2月1日，乙公司销售一批商品给甲公司，形成应收款248.04万元。由于甲公司发生财务困难，不能按合同规定支付货款，于2018年8月1日，经与乙公司协商，乙公司同意甲公司以一座厂房偿还债务。该厂房的账面原价为280万元，已提折旧10万元，计提的减值准备为40万元，支付清理费用1万元。该厂房公允价值为240.04万元，甲公司支付补价3.6万元给乙公司。乙公司对该项债权未计提坏账准备。假定不考虑其他相关税费。甲、乙公司应如何进行账务处理？

【答案】(1) 甲公司的账务处理如下：

借：固定资产清理 230
累计折旧 10
固定资产减值准备 40
贷：固定资产 280

借：固定资产清理 1
贷：银行存款 1

借：应付账款——乙公司 248.04
贷：固定资产清理 240.04
银行存款 3.6
营业外收入——债务重组收益 4.4

借：固定资产清理(240.04−230−1) 9.04
贷：资产处置损益 9.04

(2) 乙公司的账务处理如下：

借：固定资产 240.04

银行存款 3.6

营业外支出——债务重组损失 4.4

贷：应收账款——甲公司 248.04

例15-4 乙公司于2018年7月1日销售给甲公司一批产品，价款500 000元，按购销合同约定，甲公司应于2018年10月1日前支付价款。至2018年10月20日，甲公司尚未支付。由于甲公司发生财务困难，短期内无法偿还债务。经过协商，乙公司同意甲公司以其所持有作为可供出售金融资产核算的某公司股票抵偿债务。该股票账面价值440 000元，公允价值变动记入资本公积的金额为0，债务重组日的公允价值为450 000元。乙公司为该项应收账款提取了坏账准备25 000元。用于抵债的股票已于2018年10月25日办理了相关转让手续；乙公司将取得的股票作为可供出售金融资产核算。假定不考虑相关税费和其他因素。甲、乙公司应如何进行账务处理？

(1) 甲公司的账务处理如下：

债务重组利得=500 000−450 000=50 000(元)

转让股票收益=450 000−440 000=10 000(元)

借：应付账款——乙公司 500 000

贷：可供出售金融资产——成本 440 000

营业外收入——债务重组利得 50 000

投资收益 10 000

(2) 乙公司的账务处理如下：

债务重组损失=500 000−450 000−25 000=25 000(元)

借：可供出售金融资产 450 000

坏账准备 25 000

营业外支出——债务重组损失 25 000

贷：应收账款——甲公司 500 000

三、债转股的重组方式

(一) 债转股的会计处理原则

1. 债务人的会计处理原则

将债务转为资本的，债务人应当将债权人放弃债权而享有股份的面值总额确认为股本(或者实收资本)，股份的公允价值总额与股本(或者实收资本)之间的差额确认为资本公积。重组债务的账面价值与股份的公允价值总额之间的差额，计入当期损益(营业外收入)。

2. 债权人的会计处理原则

将债务转为资本的，债权人应当将享有股份的公允价值确认为对债务人的投资，重组债权的账面余额与股份的公允价值之间的差额，比照以非现金资产清偿债务的债务重组会计处理规定进行处理。债权人已对债权计提减值准备的，应当先将该差额冲减减值准备，减值准备不足以冲减的部分，计入“营业外支出”；坏账准备的多提额抵减当期资产减值损失。

(二) 债转股方式的会计核算举例

例15-5　2018年4月3日，甲股份有限公司因购买材料而欠乙企业购货款及税款合计为500万元，由于甲公司无法偿付应付账款，2018年7月2日，经双方协商同意，甲公司以普通股偿还债务，假设普通股每股面值为1元，股票市价为每股2.5元，甲公司以120万股偿还该项债务，假定无相关税费。2018年12月31日，办理完毕增资手续，乙企业对应收账款提取坏账准备10万元。假定乙企业将债权转为股权后，长期股权投资按照成本法核算。甲公司和乙企业应如何进行账务处理?

【答案】(1) 甲公司2018年12月31日账务处理如下：

借：应付账款——乙企业	500
贷：股本	120
资本公积——股本溢价(120×2.5-120)	180
营业外收入——债务重组收益	200

(2) 乙企业的账务处理

借：长期股权投资	300
坏账准备	10
营业外支出——债务重组损失	190
贷：应收账款——甲公司	500

例15-6　2019年2月10日，乙公司销售一批材料给甲公司，价款200 000元(包括应收取的增值税税额)，合同约定6个月后结清款项。6个月后，由于甲公司发生财务困难，无法支付该价款，与乙公司协商进行债务重组。经双方协议，乙公司同意甲公司将该债务转为甲公司的股份。乙公司对该项应收账款计提了坏账准备10 000元，转股后甲公司注册资本为5 000 000元，抵债股权占甲公司注册资本的2%。债务重组日，抵债股权的公允价值为152 000元。2019年11月10日，相关手续办理完毕。假定不考虑其他相关税费。甲、乙两公司如何进行账务处理?

【答案】(1) 甲公司的账务处理如下：

应计入资本公积的金额=152 000-5 000 000×2%=52 000(元)

债务重组利得=200 000-152 000=48 000(元)

借：应付账款——乙公司	200 000

贷：实收资本——乙公司 100 000
资本公积——资本溢价 52 000
营业外收入——债务重组利得 48 000

(2) 乙公司的账务处理如下：

债务重组损失=200 000−152 000−10 000=38 000(元)

借：长期股权投资——甲公司 152 000
坏账准备 10 000
营业外支出——债务重组损失 38 000
贷：应收账款——甲公司 200 000

四、修改其他债务条件的重组方式

(一) 修改其他债务条件的会计处理原则

修改其他债务条件的，债务人应当将修改其他债务条件后债务的公允价值作为重组后债务的入账价值。重组债务的账面价值与重组后债务的入账价值之间的差额，计入当期损益(营业外收入)。

修改后的债务条款如涉及或有应付金额，且该或有应付金额符合《企业会计准则第13号——或有事项》中有关预计负债确认条件的，债务人应当将该或有应付金额确认为预计负债。重组债务的账面价值，与重组后债务的入账价值和预计负债金额之和的差额，计入当期损益(营业外收入)。

或有应付金额，是指需要根据未来某种事项出现而发生的应付金额，而且该未来事项的出现具有不确定性。

(二) 修改其他债务条件时会计核算

1. 不存在或有条件情况下的会计核算

(1) 债务人的会计核算。

① 重组当时：

借：应付账款(旧的)
贷：应付账款(新的=将来要偿还的本金)
营业外收入——债务重组收益

② 以后按正常的抵债处理即可。

a. 每期支付利息时：

借：财务费用
贷：银行存款

b. 偿还本金时：

借：应付账款

　　贷：银行存款

(2) 债权人的会计核算。

① 重组当时：

借：应收账款(新的=将来要收回的本金)

　　营业外支出——债务重组损失(当重组损失额大于已提减值准备时)

　　坏账准备

　　贷：应收账款(旧的)

　　　　资产减值损失(当重组损失额小于已提减值准备时)

② 将来按正常债权的收回处理即可。

a. 每期收到利息时：

借：银行存款

　　贷：财务费用

b. 收回本金时：

借：银行存款

　　贷：应收账款

2. 存在或有条件情况下的会计核算

(1) 债务人的会计核算。

① 重组当时：

借：应付账款(旧的)

　　贷：应付账款(新的本金)

　　　　预计负债(或有支出)

　　　　营业外收入——债务重组收益

② 当预计负债实现时：

借：预计负债

　　贷：应付账款

借：应付账款

　　贷：银行存款

③ 当预计负债未实现时：

借：预计负债

　　贷：营业外收入——债务重组收益

(2) 债权人的会计核算。

① 重组当时：

借：应收账款(新的本金)

　　营业外支出——债务重组损失(当重组损失额大于已提减值准备时)

　　坏账准备

　　贷：应收账款(旧的)

资产减值损失(当重组损失额小于已提减值准备时)

② 当或有收入实现时：

借：应收账款

贷：营业外支出——债务重组损失

借：银行存款

贷：应收账款

③ 当或有收入未实现时：

无相关账务处理。

例15-7 乙银行2016年12月31日应收甲公司贷款的账面余额为10 700 000元，其中，700 000元为累计应收的利息，贷款年利率7%。由于甲公司连年亏损，资金周转困难，不能偿付应于2016年12月31日到期的贷款，经双方协商，于2018年1月1日进行债务重组。乙银行同意将贷款本金减至8 000 000元，免去债务人所欠的全部利息；将利率从7%降低到5%(等于实际利率)，并将债务到期日延长至2019年12月31日，利息按年支付。该项债务重组协议从协议签订日起开始实施。乙银行为该项贷款计提了500 000元贷款减值准备。甲、乙公司的账务处理应如何进行?

【答案】(1) 甲公司账务处理如下：

① 2018年1月1日计算债务重组利得=10 700 000−8 000 000=2 700 000(元)

借：长期借款——乙银行	10 700 000	
贷：长期借款——债务重组——乙银行		8 000 000
营业外收入——债务重组利得		2 700 000

② 2018年12月31日，计提和支付利息

借：财务费用	400 000	
贷：应付利息——乙银行		400 000
借：应付利息——乙银行	400 000	
贷：银行存款		400 000

③ 2019年12月31日，偿还本金及最后一年利息

借：财务费用	400 000	
贷：应付利息——乙银行		400 000
借：长期借款——债务重组——乙银行	8 000 000	
应付利息——乙银行	400 000	
贷：银行存款		8 400 000

(2) 乙银行的账务处理如下：

① 2018年1月1日计算债务重组损失=10 700 000−8 000 000−500 000=2 200 000(元)

借：长期贷款——债务重组——甲公司——本金	8 000 000	
贷款减值准备	500 000	
营业外支出——债务重组损失	2 200 000	

贷：长期贷款——甲公司——本金、利息调整、应付利息　　10 700 000

② 2018年12月31日，收到利息

借：吸收存款——甲公司　　400 000

　贷：利息收入　　400 000

③ 2019年12月31日，收到本金及最后一年利息

借：吸收存款——甲公司　　8 400 000

　贷：吸收存款——债务重组——甲公司——本金　　8 000 000

　　利息收入　　400 000

五、混合债务重组的重组方式

(一) 混合债务重组的会计处理原则

1. 债务人的会计处理原则

债务重组以现金清偿债务、非现金资产清偿债务、债务转为资本、修改其他债务条件等方式的组合进行的，债务人应当依次以支付的现金、转让的非现金资产公允价值、债权人享有股份的公允价值冲减重组债务的账面价值，再按照修改其他债务条件的债务重组会计处理规定进行处理。

2. 债权人的会计处理原则

债务重组采用以现金清偿债务、非现金资产清偿债务、债务转为资本、修改其他债务条件等方式的组合进行的，债权人应当依次以收到的现金、接受的非现金资产公允价值、债权人享有股份的公允价值冲减重组债权的账面余额，再按照修改其他债务条件的债务重组会计处理规定进行处理。

(二) 混合债务重组的会计核算举例

例15-8　2018年3月8日，A公司持有B公司带息的应收票据面值145.63万元，票面年利率6%，6个月到期。由于B公司资金周转发生困难，于本年9月8日，经与双方协商进行债务重组，协议如下：

(1) B公司以一台设备以及将部分债务转为5%的股权合计清偿债务137.8万元。该设备原价75万元，已计提折旧30万元，公允价值为40万元，适用的增值税率为13%；B公司用以抵债的股权公允价值为81万元，形成实收资本65万元。

(2) 将剩余债务的偿债时间延长至2018年12月31日，不考虑利息。

假定不考虑其他税费。A、B公司应如何进行账务处理？

【答案】(1) A公司的账务处理如下：

① 债权的账面价值=145.63×(1+6%÷2)≈150(万元)

② 将来应收金额=150−137.8=12.2(万元)

③ 固定资产入账价值金额为其公允价值40万元

④ 长期股权投资入账价值金额为其公允价值81万元

2018年9月8日

借：固定资产　40

　　应交税费——应交增值税(进项税额)　5.2

　　长期股权投资　81

　　应收账款——债务重组　12.2

　　营业外支出——债务重组损失(150-40-5.2-81-12.2)　11.6

　　贷：应收票据　150

2018年12月31日

借：银行存款　12.2

　　贷：应收账款　12.2

(2) B公司的账务处理如下：

借：固定资产清理　45

　　累计折旧　30

　　贷：固定资产　75

借：应付票据　150

　　贷：固定资产清理　40

　　　　应交税费——应交增值税(销项税额)　5.2

　　　　实收资本　65

　　　　资本公积——资本溢价　16

　　　　应付账款——债务重组　12.2

　　　　营业外收入——债务重组收益　11.6

借：资产处置损益　5

　　贷：固定资产清理　5

例15-9　2019年1月10日，乙公司销售一批产品给甲公司，价款1 300 000元(包括应收取的增值税税额)。至2019年12月31日，乙公司对该应收账款计提的坏账准备为18 000元。由于甲公司发生财务困难，无法偿还债务，与乙公司协商进行债务重组。2020年1月1日，甲公司与乙公司达成债务重组协议如下：

(1) 甲公司以一批材料偿还部分债务。该批材料的账面价值为280 000元(未提取跌价准备)，公允价值为300 000元，适用增值税率为13%。假定材料同日送抵乙公司，甲公司开出增值税专用发票，乙公司将该批材料作为原材料验收入库。

(2) 将250 000元的债务转为甲公司的股份，其中50 000元为股份面值。假定股份转让手续同日办理完毕，乙公司将其作为长期股权投资核算。

(3) 乙公司同意减免甲公司所负全部债务扣除实物抵债和股权抵债后剩余债务的40%，其余债务的偿还期延长至2020年6月30日。

甲、乙公司应如何进行账务处理?

【答案】(1)甲公司财务处理如下:

债务重组后债务的公允价值=[1 300 000-300 000×(1+13%)-50 000×5]×(1-40%)=426 600(元)

债务重组利得=1 300 000-339 000-250 000-426 600=284 400(元)

	借方	贷方
借:应付账款——乙公司	1 300 000	
贷:其他业务收入——销售××材料		300 000
应交税费——应交增值税(销项税额)		39 000
股本		50 000
资本公积——股本溢价		200 000
应付账款——债务重组——乙公司		426 600
营业外收入——债务重组利得		284 400
同时,借:其他业务成本——销售××材料	280 000	
贷:原材料——××材料		280 000

(2) 乙公司的财务处理如下:

债务重组损失=1 300 000-339 000-250 000-426 600-18 000=266 400(元)

	借方	贷方
借:原材料——××材料	300 000	
应交税费——应交增值税(进项税额)	39 000	
长期股权投资——甲公司	250 000	
应收账款——债务重组——甲公司	426 600	
坏账准备	18 000	
营业外支出——债务重组损失	266 400	
贷:应收账款——甲公司		1 300 000

第三节 债务重组的披露

一、债务人应披露的有关信息

债务人应披露的信息有以下几种。

(1) 债务重组方式。债务重组方式包括以资产清偿债务、债务转为资本、修改其他债务条件以及混合债务重组。债务人需要披露债务重组是以哪一种方式进行的。

(2) 确认的债务重组利得总额。债务人可能发生多项债务重组,并多次确认债务重组利得。我国企业会计准则仅要求披露确认的债务重组利得总额,不要求分别披露每项确认的债务重组利得金额。

(3) 因债务转为资本所导致的股本(或者实收资本)增加额。对此，股份有限公司披露债务转为资本所导致的股本增加额；其他企业披露债务转为资本所导致的实收资本增加额。债务人可能有多项债务重组涉及债务转为资本，我国企业会计准则仅要求披露债务转为资本所导致的股本(实收资本)总增加额，不要求分别披露每项债务重组所导致的股本(实收资本)增加额。

(4) 或有应付金额。我国企业会计准则要求汇总各项债务重组中涉及的或有应付总金额，不要求分别披露每项或有应付金额。

(5) 债务重组中转让的非现金资产的公允价值、由债务转为股份的公允价值和修改其他债务条件后债务的公允价值的确定方法及依据。

二、债权人应披露的有关信息

债权人应披露的信息有以下几种。

(1) 债务重组方式。

(2) 债务重组损失总额。债权人可能发生多项债务重组，并产生多项债务重组损失，我国企业会计准则仅要求披露产生的债务重组损失总额，不要求分别披露每项债务重组的损失金额。

(3) 债权转为股权所导致的投资增加额及该投资占债务人股份总额的比例。在债权转为股权方式下，我国企业会计准则要求披露因此而导致的投资增加额及投资总额占债务人股权的比例。

(4) 或有应收金额。我国企业会计准则要求汇总披露各项债务重组中涉及的或有应收金额，不要求分别披露每项或有应收金额。

(5) 债务重组中受让的非现金资产的公允价值、由债权转为股份的公允价值和修改其他债务条件后债权的公允价值的确定方法及依据。

本章小结

债务重组是指在债务人发生财务困难的情况下，债权人按照其与债务人达成的协议或者法院的裁定做出让步的事项。债务重组的方式包括以资产清偿债务、债务转为资本、修改其他债务条件以及混合债务重组。债务人和债权人应于债务重组日进行相应的账务处理。

第十六章　或有事项

引导案例

光明公司在年末发放了工资和奖金后请员工出去吃饭，在吃饭的时候经理说起了公司目前涉及的一件诉讼案子，即公司因合同违约而被告上法庭，到了今年年底公司尚未接到法院的判决，因该起诉讼承担的赔偿金额无法确定。不过，目前已经支付诉讼费20 000元，赔偿金额不定。看着经理烦恼的样子，作为员工，李小军心想，打官司的事情我是帮不上忙了，但财务上不能让经理分心做好公司的账务处理。那么，请你思考，对于这桩诉讼案件的赔偿金额，光明公司该不该进行账务处理呢？公司财务该怎么做才对呢？

学习目标

通过学习，学生能掌握或有事项的概念和特点、或有事项的确认条件、或有事项的计量原则，明确或有事项的核算内容，了解或有事项的披露要求。

第一节　或有事项概述

一、或有事项概念和特征

(一) 或有事项的概念

或有事项，是指过去的交易或事项形成的，其结果须通过未来不确定事项的发生或不发生予以证实。常见的或有事项主要包括商业票据背书转让或贴现、未决诉讼、未决仲裁、产品质量保证(含产品安全保证)等。

需要注意的是，会计中所说的“或有事项”与人们对或有事项的直观理解是有区别的。人们一般将或有事项直观地理解为结果不确定的事项。但在会计中，并不是把所有结果不确定的事项称为“或有事项”。结果不确定的事项必须具备一定的条件才是会计中所说的“或有事项”。

另外，企业职工薪酬、建造合同、所得税、企业合并、租赁、原保险合同和再保险合同等形成的或有事项，不为本章所规范的或有事项。

(二) 或有事项的特征

(1) 或有事项是过去的交易或事项形成的一种状况。或有事项作为一种状况，是因为过去的交易或事项而引起的。例如，2018年12月20日，新华公司状告光明公司侵犯其商标权。至2018年12月31日，法院还未对该诉讼案进行审理，光明公司是否败诉尚难判断。对于光明公司而言，一项由于过去事项(光明公司“可能侵犯” 新华公司的商标权并受到起诉)而产生的或有负债已经形成；对于新华公司而言，一项由于过去事项(光明公司“可能侵犯”新华公司的商标权并受到起诉)而产生的或有资产也已经形成。该未决诉讼虽是正在进行当中的诉讼，但它是企业因过去的经济行为起诉其他企业或被其他企业起诉引起的，是现存的一种状况，不是将要存在的某种状况。或有事项是现存的状况，说明或有事项是资产负债表日的一种客观存在，其结果是对企业产生有利影响或不利影响，或虽知是有利影响或不利影响，但影响有多大，只能由未来发生的交易或事项来确定，现在尚不能完全肯定。正是由于或有事项的这一特征，因此，未来计划可能购入的原材料、未来可能发生的自然灾害、未来可能发生的经营亏损等事项就不属于或有事项。

(2) 或有事项具有不确定性。或有事项的不确定性，指的是或有事项结果的不确定性。首先，或有事项的结果是否发生具有不确定性。例如，A公司为B公司提供债务担保，如果B公司到期无力还款，A公司将负连带责任。对于A公司而言，担保所引起的可能发生的连带责任构成或有事项。但是，A公司是否需要履行连带责任，在担保协议达成时是不能确定的。其次，或有事项的结果即使预料会发生，但具体发生的时间或发生的金额具有不确定性。例如，甲公司因对周围环境造成污染而被起诉，如无特殊情况，甲公司很可能会败诉。但是，在诉讼成立时，甲公司因败诉将要支出多少金额或者何时支出，是难以确定的。或有事项的这种不确定性，正是其区别于其他不确定性事项的特征。

或有事项所具有的不确定性与其他具有不确定性的事件并不完全相同。例如，固定资产折旧的提取虽然涉及对固定资产残值和使用年限的估计，带有一定的不确定性，但固定资产原值本身是确定的，其价值最终要转移到产品成本或期间费用中去也是确定的，所以，固定资产折旧不是或有事项。同样的，计提坏账准备、存货跌价准备、长期股权投资减值准备等，也不属于或有事项。

(3) 或有事项的结果只能由未来发生的事项证实。在或有事项发生时，我们难以证实或有事项的结果，或有事项的结果需要由未来不确定事项的发生或不发生来证实。例如，未决诉讼，其最终结果只能随案情的发展，由法院的判决结果来证实。也就是说，或有事项具有时效性，随着影响或有事项结果的因素发生变化，或有事项最终会转化为确定事项。

(4) 影响或有事项结果的不确定因素不能由企业控制。

二、或有事项的分类

或有事项的发生，可能使企业承担某种义务。从时间上来讲，这种义务可能是潜在义务，也可能是现时义务。现时义务包括法定义务和推定义务，它们使得企业除了履行该义务外别无选择。

所谓法定义务是指因合同(通过其明确的或隐含的条款)、法规规定和法律的实施而产生的义务。所谓推定义务是指因企业的行为而产生的某种义务，其中包括由于以往实务中成型的做法、公开的政策或相当明确的当前声明，企业已向其他方面表明它将承担特定的责任，使得其他方面建立了企业将解除那些责任的有效预期。

(一) 预计负债

预计负债是指因或有事项产生的符合负债确认条件的时间或金额不确定的现时义务。预计负债与诸如应付账款和应计项目等其他负债是有区别的，因为预计负债结算所要求的未来支出的时间或金额是不确定的；而应付账款指为已收或已提供的、并已开出发票或已与供应商达成正式协议的货物或劳务进行支付的负债；应计项目指为已收或已提供的、但还未支付，或未开出发票或未与供应商达成正式协议的货物或劳务进行支付的负债，包括应付给雇员的金额(如与应计的假期支付有关的金额)。虽然有时需要对应计项目的金额或时间进行估计，但其不确定性要比对准备估计时面临的不确定性小得多。在资产负债表中，应计项目经常作为应付账款和其他应付款的组成部分进行报告，而预计负债则应单独地进行报告。

(二) 或有负债

或有事项的发生，可能使企业承担某种潜在的义务，也可能使企业承担某种现时义务。或有负债是指过去的交易或事项形成的潜在义务，其存在通过未来不确定事项的发生或不发生予以证实；或过去的交易或事项形成的现时义务，履行该义务不是很可能导致经济利益流出企业或该义务的金额不能可靠地计量。

从或有负债的定义中可以看出，或有负债包括两种情况，即因或有事项而产生的潜在义务和因或有事项而产生的不符合负债的确认条件的现时义务。

虽然预计负债与或有负债都与或有事项有关，但是两者存在重大区别。预计负债是时间和金额不确定的负债。预计负债是因或有事项而产生的符合负债确认条件的现时义务，在资产负债表中应加以确认。或有负债不确认为负债，因为它是潜在义务，企业是否存在一个会导致含经济利益的资源流出的现时义务还未得到证实，或是不满足新会计准则确认条件的现时义务(因为结算该义务使含经济利益的资源流出的可能性不确定，或者对该义务的金额不能可靠估计)。

或有负债的主要特征有两点：①或有负债是过去的交易或事项形成的；②或有负债的结果具有不确定性。

(三) 或有资产

或有事项的发生，可能使企业承担义务，也可能给企业带来经济利益，形成或有资产。或有资产是指过去的交易或事项形成的潜在资产，其存在须通过未来不确定事项的发生或不发生予以证实。或有资产因不符合资产的定义，为了贯彻谨慎性原则，企业不应确认或有资产，只需对符合规定条件的或有资产在会计报表的附注中披露。

或有资产的主要特征有两点：①或有资产由过去的交易或事项产生；②或有资产的结果具有不确定性。

第二节 或有事项的核算

一、预计负债的确认

《企业会计准则第13号——或有事项》规定，如果与或有事项相关的义务同时符合以下条件，企业应将其确认为负债：①该义务是企业承担的现时义务；②该义务的履行很可能导致经济利益流出企业；③该义务的金额能够可靠地计量。

从以上三个条件可以看出，要将与或有事项有关的义务确认为负债，必须符合负债的确认条件。首先，该义务是企业承担的现时义务而不是潜在义务。所谓现时义务是指因过去事项而产生的现时的法定义务或推定义务，企业除了履行该义务以外别无选择。在一般情况下，过去事项是否已导致了一项现时义务是明确的，但在极少的情况下，例如在法律诉讼中，特定事项是否已发生或这些事项是否已产生了一项现时义务，可能存在争议。在这样的情况下，企业应通过考虑所有可获得的证据，包括专家的意见等，来确定资产负债表日是否存在现时义务。其次，要将或有事项产生的义务确认为负债，不仅必须存在现时义务，而且履行该义务很可能导致企业经济利益的流出。这里的“很可能”是指该事项发生的可能性比其不发生的可能性大。最后，该义务的金额能够可靠地计量。如果该义务的金额无法可靠地计量，那么即使该义务符合前面两个条件，也不能将其确认为负债，而只能作为或有负债披露。

在或有事项准则中，“可能性”这一概念关系到或有事项的确认与披露，所以必须正确理解“可能性”这一概念。各种可能性分类及其对应的概率如下表16-1所示。

表16-1 或有事项准则中“可能性”的分类

结果的可能性	对应的概率区间
基本确定	大于95%，但小于100%
很可能	大于50%，但小于或等于95%
可能	大于5%，但小于或等于50%
极小可能	大于0，但小于或等于5%

例16-1 2018年12月12日，新华公司董事会决定关闭一个分部，直到当年12月31日，该项决议还没有与受影响的各方进行沟通，也没有采取其他行动。此时，公司是否应当确认与该或有事项有关的预计负债？

【答案】本例中，关闭一个分部仅仅是董事会的一项决策，还没有通过股东会议的批准，按照预计负债的确认条件，对受影响的各方而言没有形成一个合理的预期。在这种情况下，新华公司在12月31日尚没有发生义务事项，从而不需要确认一项预计负债。

例16-2 2018年12月10日，光明公司董事会决定关闭制造某个产品的一个分部。当年12月20日，相关详细方案获得股东大会的批准，并且传达到该分部所有员工；同时，光明公司还致函相关客户说明情况。在资产负债表日，该企业是否应当确认与该或有事项有关的预计负债？

【答案】由于关闭分部的决定已经得到股东会议的批准，企业已将该事项进行了内外沟通，受影响的各方已经对该分部即将关闭形成了有效的预期，按照预计负债的确认条件，光明公司在资产负债表日已经发生义务事项，从而需要确认与或有事项有关的预计负债。

二、预计负债的计量

预计负债存在大量的不确定性，这使得预计负债的计量变得比较复杂。预计负债的计量包括初始计量和后续计量。初始计量涉及或有事项的入账问题；后续计量包括负债清偿或者说义务解除时的计量和在资产负债表日对存在的预计负债的重新评估。

(一) 初始计量

预计负债按履行相关现时义务所需要支出的最佳估计数进行初始计量，主要涉及最佳估计数的确定和预期可获得的补偿的处理两个问题。

1. 最佳估计数的确定

在确定最佳估计数时，企业要综合考虑与或有事项有关的风险、不确定因素、货币时间价值等。如果货币时间价值的影响重大，预计负债的金额应是结算义务预期所要求支出的现值。

最佳估计数的确定应分别按照所需支出存在一个金额范围和所需支出不存在一个金额范围两种情况考虑。如果所需支出存在一个金额范围，则最佳估计数应按该范围的上、下限金额的平均数确定。如果所需支出不存在一个金额范围，当或有事项涉及单个项目时，最佳估计数按最可能发生金额确定。当或有事项涉及多个项目时，最佳估计数按各种可能发生额及其发生概率计算确定。“涉及单个项目”，指或有事项涉及的项目只有一个，比如一项未决诉讼、一项未决仲裁或一项债务担保等。“涉及多个项目”，指或有事项涉及的项目不止一个，比如产品质量保证。在产品质量保证中，提出产品保修要求的可能有许多客户；相应地，企业对这些客户负有保修义务。

例16-3 2018年12月1日，甲公司因合同违约而被乙公司起诉。2018年12月31日，甲公司尚未接到人民法院的判决。甲公司预计最终的法律判决很可能对公司不利。假定预计将要支付的赔偿金额为1 000 000元至1 600 000元之间的某一金额，而且这个区间内每个金额的可能性都大致相同。分析上述业务是否应确认预计负债，并作相关的会计处理。

【答案】在这种情况下，甲公司应在2018年12月31日的资产负债表中确认一项预计负债，金额=(1 000 000+1 600 000)÷2=1 300 000(元)

有关账务处理：

借：营业外支出——赔偿支出——乙公司　　1 300 000

　贷：预计负债——未决诉讼——乙公司　　1 300 000

例16-4　2018年10月2日，乙公司涉及一起诉讼案。2018年12月31日，乙公司尚未接到人民法院的判决。在咨询了公司的法律顾问后，乙公司认为，胜诉的可能性为40%，败诉的可能性为60%；如果败诉，需要赔偿1 000 000元。分析上述业务是否应确认预计负债，并作相关的会计处理。

【答案】在这种情况下，乙公司在2018年12月31日资产负债表中应确认的预计负债金额应为最可能发生的金额，即1 000 000元。

有关账务处理：

借：营业外支出——赔偿支出　　1 000 000

　贷：预计负债——未决诉讼　　1 000 000

例16-5　丙公司是生产并销售A产品的企业，2018年度第一季度共销售A产品30 000件，销售收入为180 000 000元。根据公司的产品质量保证条款，该产品售出后1年内，如发生正常质量问题，公司将负责免费维修。根据以前年度的维修记录，如果发生较小的质量问题，发生的维修费用为销售收入的1%；如果发生较大的质量问题，发生的维修费用为销售收入的2%。根据公司质量部门的预测，本季度销售的产品，80%不会发生质量问题；15%可能发生较小质量问题；5%可能发生较大质量问题。分析上述业务是否应确认预计负债，并作相关的会计处理。

【答案】根据上述资料，2018年第一季度末丙公司应确认的预计负债金额=180 000 000×(0×80%+1%×15%+2%×5%)=450 000(元)

有关账务处理：

借：销售费用——产品质量保证——A产品　　450 000

　贷：预计负债——产品质量保证——A产品　　450 000

例16-6　A公司为机床生产和销售企业。2019年第一季度、第二季度、第三季度、第四季度分别销售机床200台、300台、400台和350台，每台售价为5万元。对购买其产品的消费者，A公司做出如下承诺：机床售出后，3年内如出现非意外事件造成的机床故障和质量问题，A公司免费保修(含零部件更换)。根据以往的经验，发生的保修费一般为销售额的1%至1.5%之间。假定A公司2018年4个季度实际发生的维修费分别为2万元、20万元、18万元和 35万元；同时，假定2018年“预计负债——产品质量保证”科目年末余额为12万元。

要求：进行A公司有关业务的账务处理。

【答案】A公司因销售机床而承担了现时义务，该义务的履行很可能导致经济利益流出A公司，且该义务的金额能够可靠地计量。A公司根据本准则的规定在每季度末确认一项负债。

(1) 第一季度，发生产品质量保证费用(维修费)

借：预计负债——产品质量保证　　20 000

　贷：银行存款或原材料等　　20 000

第一季度末应确认的产品质量保证负债金额=200×50 000 ×(0.01+0.015) ÷ 2=125 000(元)

借：销售费用——产品质量保证　　125 000

　贷：预计负债——产品质量保证　　125 000

第一季度末，“预计负债——产品质量保证”科目余额=120 000+125 000−20 000=225 000元

(2)第二季度，发生产品质量保证费用(维修费)

借：预计负债——产品质量保证　　200 000

　贷：银行存款或原材料等　　200 000

第二季度末应确认的产品质量保证负债金额=300×50 000×(0.01+0.015) ÷ 2=187 500(元)

借：销售费用——产的质量保证　　187 500

　贷：预计负债——产品质量保证　　187 500

第二季度末，“预计负债——产品质量保证”科目余额为 212 500元。

(3) 第三季度，发生产品质量保证费用(维修费)

借：预计负债——产品质量保证　　180 000

　贷：银行存款或原材料等　　180 000

第三季度末应确认的产品质量保证负债金额= 400 × 50 000 ×(0.01+0.015) ÷ 2=250 000(元)

借：销售费用——产品质量保证　　250 000

　贷：预计负债——产品质量保证　　250 000

第三季度末，“预计负债——产品质量保证”科目余额为282 500元。

(4) 第四季度，发生产品质量保证费用(维修费)

借：预计负债——产品质量保证　　350 000

　贷：银行存款或原材料等　　350 000

第四季度末应确认的产品质量保证负债金额= 350×50 000(0.01+0.015) ÷ 2=218 750(元)

借：销售费用——产品质量保证　　218 750

　贷：预计负债——产品质量保证　　218 750

第四季度末，“预计负债——产品质量保证”科目余额为151 250元。

2. 预期可获得的补偿

企业有时会出现因或有事项而确认的负债所需支出全部或部分预期由第三方或其他方补偿的情况，如发生交通事故等情况时，企业通常可以从保险公司获得合理的赔偿；在某

些索赔诉讼中，企业可以通过反诉的方式对索赔人或第三方另行提出赔偿要求；在债务担保业务中，企业在履行担保义务的同时，通常可以向被担保企业提出额外追偿要求等。

或有事项准则规定，如果清偿因或有事项而确认的负债所需支出全部或部分预期由第三方或其他方补偿，则补偿金额只能在基本确定能收到时，作为资产单独确认，且确认的补偿金额不应超过所确认负债的账面价值。

此处的重点是三个：只有在基本确定能收到的负债时，才能作资产认定；该资产的金额不能超过其所匹配的负债的账面价值；资产的入账要单独设账反映即计入“其他应收款”，而不能与“预计负债”对冲。

例16-7 2018年12月31日，甲公司存在一项未决诉讼，根据类似案例的经验判断，该项诉讼败诉的可能性为90%。如果败诉，甲公司将须赔偿对方100万元并承担诉讼费用5万元，但很可能从第三方收到补偿款10万元。2018年12月31日，甲公司应就此项未决诉讼确认的预计负债金额为(　　)万元。

A. 90　　B. 95　　C. 100　　D.105

【解析】此题中企业预计需要承担的损失为105万元，企业从第三方很可能收到的补偿金额不影响企业确认的预计负债。此题选D。

例16-8 2018年12月31日，乙公司因或有事项而确认了一笔金额为500 000元的预计负债；同时，乙公司因该或有事项基本确定可从甲保险公司获得200 000元的赔偿。乙公司应如何进行财务处理？

【解析】本例中，乙公司应分别确认一项金额为500 000元的预计负债和一项金额为200 000元的资产，而不能只确认一项金额为300 000元(500 000−200 000)的预计负债。同时，乙公司所确认的补偿金额200 000元不能超过所确认的负债的账面价值500 000元。

【答案】乙公司年末的账务处理如下：

借：营业外支出	500 000	
贷：预计负债		500 000
借：其他应收款	200 000	
贷：营业外支出		200 000

例16-9·多选 下列关于或有事项的表述中，正确的有(　　)。

A. 或有资产由过去的交易或事项形成

B. 或有负债应在资产负债表内予以确认

C. 或有资产不应在资产负债表内予以确认

D. 因或有事项所确认负债的偿债时间或金额不确定

【解析】或有负债尚未满足确认负债的条件，不需要在资产负债表中体现，此题远ACD。

(二) 后续计量

负债解除时的后续计量相对简单一些，资产负债表日的后续计量比较复杂。在资产负债表日，要对预计负债的账面价值进行检查，如果有客观证据表明账面价值不能真实地反映当前的最佳估计数，应该做相应的调整。值得强调的是，对最佳估计数进行调整时，必须有客观的证据进行支持(律师和财务顾问的意见等)。

例16-10　A公司2018年度发生的有关交易或事项如下：

(1) 2018年10月1日有一笔已到期的银行贷款本金10 000 000元，利息1 500 000元，A公司具有还款能力，但因与B银行存在其他经济纠纷，而未按时归还B银行的贷款，2018年12月1日，B银行向人民法院提起诉讼，截至2018年12月31日人民法院尚未对案件进行审理。A公司法律顾问认为败诉的可能性为60%，预计将要支付的罚息、诉讼费用在1 000 000～1 200 000元之间，其中诉讼费50 000元。

(2) 2016年10月6日，A公司委托银行向K公司贷款60 000 000元，由于经营困难，2018年10月6日贷款到期时K公司无力偿还贷款，A公司依法起诉K公司，2018年12月6日，人民法院一审判决A公司胜诉，责成K公司向A公司偿付贷款本息70 000 000元，并支付罚息及其他费用6 000 000元，两项合计76 000 000元，但由于种种原因，K公司未履行判决，直到2018年12月31日，A公司尚未采取进一步的行动。

要求：A公司应如何进行会计处理？

【答案】A公司的会计处理如下：

A公司败诉的可能性为60%，即很可能败诉，则A公司应在2018年12月31日确认一项预计负债：(1 000 000+1 200 00)÷2=1 100 000(元)。虽然一审判决A公司胜诉，将很可能从K公司收回委托贷款本金、利息及罚息，但是由于K公司本身经营困难，该款项是否能全额收回存在较大的不确定性，因此A公司2018年12月31日不应确认资产，但应考虑该项委托贷款的减值问题。

有关账务处理：

借：管理费用——诉讼费	50 000	
营业外支出——罚息支出(1 100 000−50 000)	1 050 000	
贷：预计负债——未决诉讼——B银行		1 100 00

另外，或有事项的核算还包括亏损合同、重组业务的核算，这里不再赘述。

第三节　或有事项的披露

一、对预计负债的披露

或有事项准则规定，因或有事项确认的负债应在资产负债表中单列项目反映，并在会计报表附注中做相应披露；而与所确认负债有关的费用或支出应在扣除确认的补偿金额后，在利润表中反映。需要说明的是，如果企业因多项或有事项确认了预计负债，在资产负债表上一般只需通过“预计负债”项目进行总括反映。

在对或有事项确认负债的同时，应确认一项支出或费用。这项支出或费用在利润表中不应单列项目反映，而应与其他费用或支出项目(如销售费用、管理费用、营业外支出等)合并反映。比如，企业因产品质量保证确认负债时所确认的费用，在利润表中，应作为“销售费用”的组成部分予以反映；又比如，企业因对其他单位提供担保确认负债时所确认的费用，应作为“营业外支出”的组成部分予以反映。

值得注意的是，如果企业基本确定能获得补偿，那么企业在利润表中反映因或有事项确认的费用或支出时，应将这些补偿预先抵减。比如，甲企业因提供债务担保而确认了金额为30 000元的一项负债和一项支出，同时基本确定可以从第三方获得金额为23 000元的补偿。在这种情况下，甲企业应在利润表中反映损失7 000元。该项损失应在利润表中并入“营业外支出”项目。

二、或有负债的披露

1. 应披露的或有负债

或有负债无论是潜在义务，还是现时义务，均不符合负债的确认条件，因而不予确认。但是，如果或有负债符合某些条件，则应予以披露。

或有负债披露的基本原则是，极小可能导致经济利益流出企业的或有负债一般不予披露。但是，对某些经常发生或对企业的财务状况和经营成果有较大影响的或有负债，即使其导致经济利益流出企业的可能性极小，也应予以披露，以确保会计信息使用者获得足够充分和详细的信息。这些或有负债包括以下几项：已贴现商业承兑汇票形成的或有负债；未决诉讼、仲裁形成的或有负债；为其他单位提供担保形成的或有负债；其他或有负债(不包括极小可能导致经济利益流出企业的或有负债)。

2. 或有负债应披露的内容

关于或有负债应披露的内容，或有事项准则规定：①或有负债形成的原因；②或有负债预计产生的财务影响(如无法预计，应说明理由)；③获得补偿的可能性。

3. 例外情况

有时，充分披露未决诉讼、仲裁形成的或有负债信息可能会对企业的生产经营造成重大不利影响。为此，新会计准则第12条规定，在涉及未决诉讼、仲裁的情况下，如果按准则的要求披露全部或部分信息预期会对企业造成重大不利影响，则企业无须披露这些信息，但应披露未决诉讼、仲裁的形成原因。

三、或有资产的披露

或有资产作为一种潜在资产，不符合资产确认的条件，因而不予确认。企业通常不披露或有资产，但是或有资产很可能给企业带来经济利益时，应披露或有资产的形成原因、预期对企业产生的财务影响等。企业应特别谨慎，不能让会计信息使用者误以为所披露的或有资产肯定会实现。

在涉及未决诉讼、未决仲裁的情况下，依据准则规定披露全部或部分信息预期给企业造成重大不利影响的，企业无须披露这些信息，只需披露该未决诉讼、未决仲裁的性质，以及未披露这些信息的事实和原因。

例16-11　A公司欠B公司货款100万元。按合同规定，A公司应于2018年10月10日前付清货款，但A公司未按期付款。为此，B公司向法院提起诉讼。2018年12月10日，一审判决A公司应向B公司全额支付货款，并按每日万分之五的利率支付货款延付期间的利息3万元；此外，还应承担诉讼费1万元，三项合计104万元。A公司不服，认为B公司所提供的货物不符合双方原来约定条款的要求，并因此向B公司提出索赔要求，金额为20万元。截至2018年12月31日，该诉讼尚在审理当中。

要求：进行A、B两公司相关业务的核算及披露。

【答案】(1)本题中，虽然一审已经判决，但A公司不服，因此不能认为诉讼事件已结束。一审判决结果表明，A公司因诉讼承担了一项现时义务，该现时义务的履行很可能导致经济利益流出企业，并且该义务的金额能够可靠地计量。为此，A公司应在一审判决日确认一项负债。2018年12月10日，A公司应作如下分录：

借：管理费用——诉讼费　　　　10 000
　　营业外支出——罚息支出　　　　30 000
　　贷：预计负债——未决诉讼　　　　40 000

A公司反诉B公司能否胜诉，只有等判决后才能确定。

① 如果根据以往的经验和当时的情况A公司有充分的理由说明很可能胜诉，那么，根据会计准则的规定，A公司应在2018年12月31日的资产负债表附注中作如下披露。

预计负债和或有资产：本公司欠B公司贷款100万元，因本公司认为B公司所提供的货物不符合双方原来约定条款的要求，故到期未付。为此B公司向×××法院起诉本公司。2018年12月10日，×××法院一审判决本公司应向B公司全额支付所欠货款，按每日万分之五的利率支付货款延付期间的利息3万元，以及诉讼费1万元，三项合计104万元。本公司不服，反诉B公司，要求B公司赔偿损失20万元。目前，案件正在审理当中。

② 如果A公司缺乏充分的理由说明其很可能胜诉，则不应该对相关的或有资产做出披露。

(2) B公司：一审判决A公司败诉，为此B公司获得了收取罚息和诉讼费的权利。从谨慎性原则出发，除非A公司服从判决结果，不再提起诉讼或反诉，否则B公司不应确认一项资产，只能作相关披露。而事实正是A公司不服判决结果并提起反诉，因此，对胜诉可能获得的资产4万元，B公司只能在2018年12月31日的资产负债表附注中做出披露。对于A公司提起反诉是否导致B公司承担现时义务B公司应作仔细判断。如果认为A公司很可能胜诉，由此造成B公司发生的损失也能够可靠地计量时，则B公司应确认一项相关负债。否则，只需做出相关披露即可。假定B公司判断A公司可能胜诉，则应作如下披露。

或有资产和或有负债：A公司欠本公司贷款100万元，因认为本公司所提供的货物不符合双方原来约定条款的要求，故到期未还。为此，本公司向 ×××法院起诉A公司。2018年12月10日，×××法院一审判决本公司胜诉，要求A公司全额偿还本公司贷款100万元，同时按每日万分之五的利率支付贷款延付期间的利息3万元，以及诉讼费1万元。A公司不服，反诉本公司，要求本公司赔偿损失20万元。目前，案件正在审理当中。

例16-12 承例16-10，A公司应在财务报表附注中作如何披露?

【答案】 1. 本公司欠B银行贷款于2018年10月1日到期，到期本金和利息合计11 500 000元，由于与B银行存在其他经济纠纷，故本公司尚未偿还上述借款本金和利息，为此，B银行起诉本公司，除要求本公司偿还本金和利息外，还要求支付罚息等费用。由于以上情况，本公司在2018年12月31日确认了一项预计负债1 100 000元。目前，此案正在审理中。

2. 本公司2016年10月6日委托银行向K公司贷款60 000 000元，K公司逾期未还，为此本公司依法向人民法院起诉K公司。2018年12月6日，一审判决本公司胜诉，并可从K公司索偿款项76 000 000元，其中贷款本金60 000 000元，利息10 000 000元以及罚息等其他费用6 000 000元。截至2018年12月31日，K公司未履行判决，本公司也未采取进一步的措施。

例16-13 2018年10月，B公司从银行贷款人民币20 000 000元，期限2年，由A公司全额担保；2019年4月，C公司从银行贷款美元1 000 000元，期限1年的银行存款，由A公司的担保50%。

截至2019年12月31日，各贷款单位的情况如下：B公司贷款逾期未还，银行已起诉B公司和A公司，A公司因连带责任需赔偿多少金额尚无法确定；C公司由于受政策影响和内部管理不善等原因，经营效益不如以往，可能不能偿还到期美元债务。

要求：试判断该业务是否确认预计负债，在年末财务报告中是否披露。

【答案】 本例中，对B公司而言，A公司很可能履行连带责任，但目前损失金额还难以预计；就C公司而言，A公司很可能履行连带责任。这两项债务担保形成A公司的或有负债，但不符合预计负债的确认条件，A公司应在2019年12月31日的财务报表附注中披露相关债务担保的被担保单位、担保金额以及财务影响等。

本章小结

或有事项，是指过去的交易或事项形成的一种状况，其结果须由某些未来事项的发生或不发生才能决定的不确定事项。我国企业会计准则规定，如果与或有事项相关的义务同时符合：①该项义务为企业承担的现时义务；②该义务的履行很可能导致经济利益流出企业；③该业务的金额能够可靠地计量。那么，企业应将其确认为一项负债，按有关规定进行或有事项的会计处理。企业应当在报表附注中披露与或有事项有关的信息。

第十七章　会计政策、会计估计变更和前期差错更正

引导案例

北大科技(600878)发布风险预警公告称，天职孜信会计师事务所年报审计的初步结果显示，2002年公司出现重大亏损，而2001年会计报表由于出现重大会计差错，尚需追溯调整，预计调整结果也为亏损。根据有关规定，公司股票交易可能要被特别处理。

从公司的公告中可以看出，公司的财务情况依然存在重大的悬念。公告称，因会计差错而进行的追溯调整对1999年、2000年财务状况的影响，天职孜信会计师事务所无法进行判断。由此可以看出，1999年、2000年北大科技的财务状况极有可能也存在财务差错，只是由于会计师事务所拿不到有关的财务资料才无法判别。

市场人士都清楚，北大科技资产状况落到此地步，掏空公司的最大嫌疑人首推万时红集团。北大科技1999年和2000年的财务真实情况不容乐观，能否出现连续3年甚至4年亏损的局面也未可知。按照《上海证券交易所股票上市规则》，如果连续3年亏损，公司股票将面临暂停交易的风险。

从中我们看出，企业因会计政策、会计估计变更、会计差错的调整，会影响企业的财务状况和盈亏结果。那么，不同情况的会计调整应各自采用什么方法？会计调整会对企业的财务状况和经营成果带来怎样的影响？如何判断会计调整的适当性？本章将对相关问题进行重点介绍。

资料来源：柴海. 溯调整可能连续亏损 北大科技“去留”成悬念. [DB/OL]. [2003-03-27]. http://news.esnai.com/33/2003/0327/7260.shtml.

学习目标

通过本章学习，学生能了解会计政策变更、会计估计变更的基本含义；掌握会计政策变更的原因及会计处理方法；掌握会计估计变更的原因及会计处理方法；掌握会计差错调整的原因及会计处理方法。

第一节　会计政策及其变更

一、会计政策概述

(一) 会计政策的概念

会计政策是指企业在会计确认、计量和报告中所采用的原则、基础和会计处理方法。企业采用的会计计量基础(也称会计计量属性)也属于会计政策。

(二) 企业会计政策的选择和运用的特点

1. 会计政策具有选择性

会计政策是在允许的会计原则、计量基础和会计处理方法中做出指定或具体选择。由于企业经济业务的复杂性和多样化，某些经济业务在符合会计原则和计量基础的要求下，可以有多种会计处理方法，即存在不止一种可供选择的会计政策。例如，企业确定发出存货的实际成本时可以在先进先出法、加权平均法或者个别计价法中进行选择。

2. 会计政策具有强制性

会计政策应当在会计准则规定的范围内选择。在我国，会计准则和会计制度属于行政法规，会计政策所包括的具体会计原则、计量基础和具体会计处理方法由会计准则和会计制度规定，具有一定的强制性。企业必须在法规所允许的范围内选择适合本企业实际情况的会计政策，即企业在发生某项经济业务时，必须从允许的会计原则、计量基础和会计处理方法中选择出适合本企业特点的会计政策。

3. 会计政策具有层次性

会计政策包括会计原则、计量基础和会计处理方法三个层次。例如，《企业会计准则第13号——或有事项》以“该义务是企业承担的现时义务、履行该义务很可能导致经济利益流出企业、该义务的金额能够可靠地计量”作为预计负债的确认条件，这就是确认预计负债要遵循的会计原则；会计基础是将会计原则体现在会计核算中而采用的计量基础，例如，《企业会计准则第8号——资产减值》中涉及的公允价值就是计量基础；《企业会计准则第15号——建造合同》规定的完工百分比法就是会计处理方法。会计原则、计量基础和会计处理方法三者是一个具有逻辑性的、密不可分的整体。

(三) 企业应当披露的会计政策

企业应当披露重要的会计政策，不具有重要性的会计政策可以不予披露。判断会计政策是否重要，应当考虑与会计政策相关项目性质和金额。企业应当披露的重要会计政策主要包括以下内容。

1. 发出存货成本的计量

发出存货成本的计量是指企业确定发出存货成本所采用的会计处理。例如，企业发出存货成本的计量是采用先进先出法还是采用其他计量方法。

2. 长期股权投资的后续计量

长期股权投资的后续计量是指企业取得长期股权投资后的会计处理。例如，企业对被投资单位的长期股权投资是采用成本法还是采用权益法核算。

3. 投资性房地产的后续计量

投资性房地产的后续计量是指企业在资产负债表日对投资性房地产进行后续计量所采用的计量方法。例如，企业对投资性房地产的后续计量是采用成本模式还是采用公允价值模式。

4. 固定资产的初始计量

固定资产的初始计量是指对取得的固定资产初始成本的计量。例如，企业取得的固定资产初始成本是以购买价款为基础进行计量还是以购买价款的现值为基础进行计量。

5. 生物资产的初始计量

生物资产的初始计量是指对取得的生物资产初始成本的计量。例如，企业为取得生物资产而产生的借款费用是予以资本化还是计入当期损益。

6. 无形资产的确认

无形资产的确认是指对无形项目的支出是否确认为无形资产。例如，企业内部研究开发项目开发阶段的支出是确认为无形资产还是在发生时计入当期损益。

7. 非货币性资产交换的计量

非货币性资产交换的体量是指非货币性资产交换事项中对换入资产成本的计量。例如，非货币性资产交换是以换出资产的公允价值作为确定换入资产成本的基础还是以换出资产的账面价值作为确定换入资产成本的基础。

8. 收入的确认

收入的确认是指收入确认所采用的会计原则。例如，企业确认收入时要同时满足已将商品所有权上的主要风险和报酬转移给购货方、收入的金额能够可靠地计量、相关经济利益很可能流入企业等条件。

9. 合同收入与费用的确认

合同收入与费用的确认是指确认建造合同的收入和费用所采用的会计处理方法。例如，企业确认建造合同的合同收入和合同费用采用完工百分比法。

10. 借款费用的处理

借款费用的处理是指借款费用的会计处理方法，即借款费用应当资本化还是费用化。

11. 合并政策

合并政策是指编制合并财务报表所采用的原则。例如，母公司与子公司的会计年度不一致的处理原则；合并范围的确定原则等。

二、会计政策变更概述

(一) 会计政策变更的概念

会计政策变更，是指企业对相同的交易或者事项由原来采用的会计政策改用另一会计政策的行为。为保证会计信息的可比性，使财务报告使用者在比较企业一个以上期间的财务报表时，能够正确判断企业的财务状况、经营成果和现金流量的趋势，一般情况下，企业在不同的会计期间应采用相同的会计政策，不应也不能随意变更会计政策；否则，势必削弱会计信息的可比性，使财务报告使用者在比较企业的财务状况、经营成果和现金流量时发生困难。

(二) 会计政策变更的条件

会计政策变更，并不意味着以前期间的会计政策是错误的，只是由于情况发生了变化，或者掌握了新的信息、积累了更多的经验，使得变更会计政策能够更好地反映企业的财务状况、经营成果和现金流量。如果以前期间会计政策的选择和运用是错误的，则属于前期差错，应按前期差错更正的会计处理方法进行处理。

企业不能随意变更会计政策并不意味着企业的会计政策在任何情况下均不能变更。符合下列条件之一，企业可以变更会计政策。

1. 法律、行政法规或国家统一的会计制度等要求变更

按照法律、行政法规以及国家统一的会计制度的规定，要求企业采用新的会计政策，则企业应按规定改变原会计政策，采用新的会计政策。例如，《企业会计准则第16号——政府补助》发布实施以后，对政府补助的确认、计量和相关信息的披露应采用新的会计政策；再如，《企业会计准则第8号——资产减值》发布实施以后，企业对固定资产、无形资产等计提的资产减值准备不得转回。

2. 会计政策的变更能够提供更可靠、更相关的会计信息

由于经济环境、客观情况的改变，企业原来采用的会计政策所提供的会计信息已不能恰当地反映企业的财务、经营成果和现金流量等情况，则企业应改变原有会计政策，按新的会计政策进行核算，以对外提供更可靠、更相关的会计信息。

需要注意的是，除法律、行政法规或者国家统一的会计制度等要求变更会计政策应当按照规定执行和披露外，企业在执行这个条件变更会计政策时，必须有充分、合理的证据表明其变更的合理性，并说明变更会计政策后，能够提供关于企业财务状况、经营成果和现金流量等更可靠、更相关会计信息的理由。对会计政策的变更，应经股东大会或董事会等类似机构批准。如无充分、合理的证据表明会计政策变更的合理性或者未经股东大会等类似机构批准擅自变更会计政策的，或者连续、反复地自行变更会计政策的，视为滥用会计政策，按照前期差错更正的方法进行处理。

对会计政策变更的认定，直接影响到会计处理方法的选择。实务中，企业应当分清哪些属于会计政策变更，哪些不属于会计政策变更。下列两种情况不属于会计政策变更。

第一，本期发生的交易或者事项与以前相比具有本质差别而采用新的会计政策。例如，某企业以往租入的设备均为临时需要而租入的，企业按经营租赁会计处理方法核算，但自本年度起租入的设备均采用融资租赁方式，该企业自本年度起对新租赁的设备采用融资租赁会计处理方法核算。由于该企业原租入的设备均为经营性租赁，本年度起租赁的设备均改为融资租赁，由于经营租赁和融资租赁有着本质差别，因而改变会计政策不属于会计政策变更。

第二，对初次发生的或不重要的交易或者事项采用新的会计政策。例如，某企业第一次签订一项建造合同，为另一企业建造三栋厂房，该企业对该项建造合同采用完工百分比法确认收入。由于该企业初次发生该项交易，采用完工百分比法确认该项交易的收入，不属于会计政策变更。又如，某企业原在生产经营过程中使用少量的低值易耗品，并且价值较低，故企业于领用低值易耗品时一次计入费用；但该企业于近期转产，生产新的产品，所需低值易耗品比较多，且价值较大，企业对领用的低值易耗品的处理方法改为分期摊销的方法计入费用。该企业改变低值易耗品处理方法后，对损益的影响并不大，并且低值易耗品通常在企业生产经营中所占的比例不大，属于不重要的事项，因而改变会计政策不属于会计政策变更。

三、会计政策变更的会计处理

(一) 按照国家相关规定

企业依据法律、行政法规或者国家统一的会计制度等要求变更会计政策的，应当按照国家相关规定执行。例如，财政部发布并于2007年1月1日执行的《企业会计准则第38号——首次执行企业会计准则》对首次执行企业会计准则涉及长期股权投资的会计调整作了如下规定：①根据《企业会计准则第20号——企业合并》属于同一控制下企业合并产生的长期股权投资，尚未摊销完毕的股权投资差额应全额冲销，并调整留存收益，以冲销股权投资差额后的长期股权投资账面余额作为首次执行日的认定成本。②除上述以外的其他采用权益法核算的长期股权投资，存在股权投资贷方差额的，应冲销贷方差额，调整留存收益，并以冲销贷方差额后的长期股权投资账面余额作为首次执行日的认定成本；存在股权投资借方差额的，应当将长期股权投资的账面余额作为首次执行日的认定成本。

(二) 追溯调整法

会计政策变更能够提供更可靠、更相关的会计信息的，企业应当采用追溯调整法处理，将会计政策变更累积影响数、列报前期最早期初留存收益、其他相关项目的期初余额和列报前期披露的其他比较数据作一并调整，但确定该项会计政策变更累积影响数确实可行的除外。

追溯调整法，是指对某项交易或事项变更会计政策、视同该项交易或事项初次发生时即采用变更后的会计政策，并以此对财务报表相关项目进行调整的方法。

追溯调整法的运用通常由以下几个步骤构成。

1. 计算会计政策变更的累积影响数

会计政策变更累积影响数，是指按照变更后的会计政策对以前各期追溯计算的列报前期最早期初留存收益应有金额与现有金额之间的差额。会计政策变更的累积影响数，是假设与会计政策变更相关的交易或事项在初次发生时即采用新的会计政策，而得出的列报前期最早期初留存收益应有的金额与现有的金额之间的差额。这里的留存收益，包括当年和以前年度的未分配利润和按照相关法律规定提取并累积的盈余公积。会计政策变更的累积影响数，是变更会计政策所导致的对净损益的累积影响，以及由此导致的对利润分配及未分配利润的累积影响金额，不包括分配的利润或股利。例如，由于会计政策变化，增加了以前期间可供分配的利润，该企业通常按净利润的20%分派现金股利。但在计算调整会计政策变更当期期初的留存收益时，不应当考虑由于以前期间净利润的变化而需要分派的现金股利。

上述变更会计政策当期期初现有的留存收益金额，即上期资产负债表所反映的留存收益期末数，可以从上期资产负债表项目中获得。追溯调整后的留存收益金额，指扣除所得税后的净额，即按新的会计政策计算确定留存收益时，应当考虑由于损益变化所导致的补征所得税或减征所得税的情况。

会计政策变更的累积影响数，通常可以通过以下各步计算获得：第一步，根据新的会计政策重新计算受影响的前期交易或事项；第二步，计算两种会计政策下的差异；第三步，计算差异的所得税影响金额；第四步，确定前期中每一期的税后差异；第五步，计算会计政策变更的累积影响数。

2. 相关的账务处理

3. 调整报表相关项目

4. 报表附注说明

采用追溯调整法时，会计政策变更的累积影响数应包括在变更当期期初留存收益中。如果提供可比财务报表，对于比较财务报表期间的会计政策变更，企业应调整各该期间净损益各项目和财务报表其他相关项目，视同该政策在比较财务报表期间一直采用。对于比较财务报表可比期间以前的会计政策变更的累积影响数，应调整比较财务报表最早期间的期初留存收益，财务报表其他相关项目的数字也应一并调整。

例17-1　光明股份有限公司从2005年、2006年分别以4500 000元和1100 000元的价格从股票市场购入A、B两支以交易为目的的股票(假设不考虑购入股票发生的交易费用)，股票市价一直高于成本，公司对股票采用成本与市价孰低法进行计量。公司从2007年起改为公允价值计量，该公司保存的会计资料比较齐备，可以通过会计资料追溯计算。假设所得税税率为25%，公司按净利润的10%提取法定盈余公积，按净利润的5%提取任意盈余公积。该公司发行股票份额为4 500万股。未发行其他任何稀释性股票。两种方法计算的交易性金融资产账面价值如表17-1所示。

表17-1 两种方法计量的交易性金融资产 单位：元

股票	成本与市价孰低	2005年年末公允价值	2006年年末公允价值
A股票	4 500 000	5 100 000	5 100 000
B股票	1 100 000	—	1 300 000

要求：光明股份有限公司的会计处理应如何进行？

【答案】(1) 计算改变交易性金融资产计量方法后的累积影响数，如表17-2所示。

表17-2 改变交易性金融资产计量方法后的累积影响数 单位：元

时间	公允价值	成本与市价孰低	税前差异	所得税影响	税后差异
2005年年末	5 100 000	4 500 000	600 000	150 000	450 000
2006年年末	1 300 000	1 100 000	200 000	50 000	150 000
总计	6 400 000	5 600 000	800 000	200 000	600 000

光明股份公司2007年12月31日的比较财务报表最早期初为2006年1月1日。

光明公司在2005年按公允价值计算的税前利润为5 100 000元，按成本与市价孰低计算的税前利润为4 500 000元，两者的所得税影响为150 000元，两者差异的税后净影响额为450 000元，即为该公司2006年期初由成本与市价孰低改为公允价值的累积影响数。

光明公司在2006年年末按公允价值计量的账面价值为6 400 000元，按成本与市价孰低计算的税前利润为5 600 000元，两者的所得税影响为200 000元，两者差异的税后净影响额为600 000元，其中，450 000元是调整2006年累积影响数，150 000元是调整2006年当期金额。

光明公司按照公允价值重新计量2006年年末B股票账面价值，其结果为公允价值变动收益少计了200 000元，所得税费用少计了50 000元，净利润少计了150 000元。

(2) 编制有关项目的调整分录(单位：元)

① 对2005年有关事项的调整分录：

调整会计政策变更累积影响数

借：交易性金融资产——公允价值变动 600 000

　　贷：利润分配——未分配利润 450 000

　　　　递延所得税负债 150 000

调整利润分配

借：利润分配——未分配利润(450 000×15%) 67 500

　　贷：盈余公积 67 500

② 2006年有关项目的调整分录：

调整交易性金融资产

借：交易性金融资产——公允价值变动 200 000

贷：利润分配——未分配利润 150 000

　　　　递延所得税负债 50 000

调整利润分配

借：利润分配——未分配利润(150 000×15%)　　22 500

　　贷：盈余公积　　22 500

(3) 财务报表调整和重述(财务报表略)

光明公司在列报2007年年度的财务报表时，应调整2007年资产负债表有关项目的年初余额、利润表有关项目上年金额及所有者权益变动表有关项目上年金额和本年金额。

① 资产负债表项目的调整。调增以公允价值计量的交易性金融资产年初数800 000元；调增递延所得税负债200 000元；调增盈余公积年初余额90 000元；调增未分配利润年初余额510 000元。

② 利润表项目的调整。调增公允价值变动收益上年金额200 000元；调增所得税费用上年金额50 000元；调增净利润上年金额150 000元；调增基本每股收益0.0033[(150 000÷10 000÷4 500)]元。

③ 股东权益变动表项目的调整。调增盈余公积上年年初金额的67 500元，未分配利润上年年初金额382 500元，所有者权益合计上年年初金额450 000元；调增盈余公积上年金额22 500元，未分配利润上年金额127 500元，所有者权益合计上年金额150 000元；调增盈余公积本年年初金额90 000元，未分配利润本年年初金额510 000元，所有者权益合计本年年初金额600 000元。

例17-2　2018年1月1日，甲股份有限公司按照企业会计准则规定，对建造合同的收入确认由完成合同法改为完工百分比法，公司保存的会计资料比较齐备，可以通过会计资料追溯计算。假设所得税税率为25%，税法按完工百分比法计算收入并计入应纳税所得额。该公司按净利润的10%提取法定盈余公积，两种方法计算的税前会计利润如表17-3所示。

表17-3　不同方法确认的建造合同税前会计利润　　单位：元

年度	完工百分比法	完成合同法
2013	2 000 000	1 500 000
2014	1 200 000	1 000 000
2015	900 000	1 200 000
2016	1 000 000	800 000
2017	1 300 000	1 100 000
2018	1 500 000	1 600 000

根据上述资料，甲股份有限公司的会计处理应如何进行?

【答案】(1) 计算改变建造合同收入确认方法后的累积影响数，如表17-4所示。

表17-4　改变建造合同收入确认方法后的累积影响数　　单位：元

年度	完工百分比	完成合同法	税前差异	所得税影响	税后差异
2013年以前	2 000 000	1 500 000	500 000	125 000	375 000
2013	1 200 000	1 000 000	200 000	50 000	150 000

(续表)

年度	完工百分比	完成合同法	税前差异	所得税影响	税后差异
2014	900 000	1 200 000	-300 000	-75 000	-225 000
2015	1 000 000	800 000	200 000	50 000	150 000
2016	1 300 000	1 100 000	200 000	50 000	150 000
小计	6 400 000	5 600 000	800 000	200 000	600 000
2017	1 500 000	1 600 000	-100 000	-25 000	-75 000
总 计	7 900 000	7 200 000	700 000	175 000	525 000

甲股份有限公司在2018年以前按完工百分比法计算的税前利润为6 400 000元，按完成合同法计算的税前利润为5 600 000元，两者的所得税影响合计为200 000元，两者差异的税后净影响额=(6 400 000-5 600 000)×(1-25%)=600 000元，即为该公司由完成合同法改为完工百分比法的累积影响数。

(2) 会计处理如下：

① 调整会计政策变更累积影响数

借：工程施工　　800 000

　　贷：利润分配——未分配利润　　600 000

　　　　递延所得税资产　　200 000

② 调整利润分配

借：利润分配——未分配利润(600 000×10%)　　60 000

　　贷：盈余公积　　60 000

(3) 报表调整

甲股份有限公司在编制2018年度的财务报表时，应调整资产负债表的年初余额(见表17-5)；利润表(见表17-6)，股东权益变动表的本年金额(见表17-7)也应作相应调整。2018年12月31日资产负债表的期末数栏、股东权益变动表的未分配利润项目上年数栏数据应以调整后的数字为基础编制。

表17-5　资产负债表　　会企01表

编制单位：甲股份有限公司　　2018年12月31日　　单位：元

资产	年初余额		负债和股东权益	年初余额	
	调整前	调整后		调整前	调整后
……					
存货	9 800 000	10 600 000	盈余公积	1 700 000	1 760 000
……			未分配利润	600 000	1 140 000
……				……	

表17-6 利润表 会企02表

编制单位：甲股份有限公司 2018年度 单位：元

项目	上年金额	
	调整前	调整后
一、营业收入	18 000 000	18 500 000
减：营业成本	13 000 000	13 300 000
……		
二、营业利润	3 900 000	4100 000
……….		
三、利润总额	4 060 000	4 260 000
减：所得税费用	1 339 800	1 389 800
四、净利润	2 720 200	2 870 200
……..		

表17-7 股东权益变动表 会企04表

编制单位：甲股份有限公司 2018年度 单位：元

项目	本年金额			
……	……	盈余公积	未分配利润	……
一、上年年末余额		700 000	600 000	
加：会计政策变更		60 000	540 000	
前期会计差错更正				
二、本年年初余额		1 760 000	1 140 000	
……				

(4) 附注说明

2018年甲股份有限公司按照企业会计准则规定，对建造合同的收入确认由完成合同法改为完工百分比法。此项会计政策变更采用追溯调整法。2018年运用新的方法追溯计算的会计政策变更累积影响数为(6 400 000−5 600 000)×(1−25%)×(1−10%)540 000元。会计政策变更对2018年损益的影响为减少净利润75 000元，调增2018年的期初留存收益450 000元，其中，调增未分配利润405 000元。

(三) 未来适用法

确定会计政策变更对列报前期影响数不切实可行的，企业应当从可追溯调整的最早期间期初开始应用变更后的会计政策。在当期期初确定会计政策变更对以前各期累积影响数不切实可行的，应当采用未来适用法处理。

未来适用法，是指将变更后的会计政策应用于变更日及以后发生的交易或者事项，或者在会计估计变更当期和未来期间确认会计估计变更影响数的方法。

在未来适用法下，不需要计算会计政策变更产生的累积影响数，也无须重编以前年度的财务报表。企业会计账簿记录及财务报表上反映的金额，变更之日仍保留原有的金额，不因会计政策变更而改变以前年度的既定结果，只是在现有金额的基础上再按新的会计政策进行核算。企业如果因账簿、凭证超过法定期限而销毁，或因不可抗力而毁坏、遗失，如火灾、水灾等，或因人为因素，如盗窃、故意毁坏等，也可能使会计政策变更的累积影响数无法计算。在这种情况下，会计政策变更可以采用未来适用法进行处理。

例17-3 乙公司原对发出存货采用先进先出法，由于物价持续上涨，企业从2018年1月1日起改用移动加权平均法。2018年1月1日存货的账面价值为3 000 000元，2018年度公司购入存货实际成本为20 000 000元，2018年12月31日按移动加权平均法计算确定的存货价值为2 800 000元，当年销售额为30 000 000元，假定本年度其他费用为2 500 000元，所得税税率为25%。2018年年末按先进先出法计算的存货价值为5 500 000元。

要求：对该事项进行相应的会计处理。

【答案】乙公司由于法律环境变化而改变会计政策，因而属于会计政策变更。由于采用移动加权平均法对以前年度的存货成本不能进行合理调整，因而，采用未来适用法进行处理，即对存货采用移动加权平均法从2018年及以后才适用，不需要计算2018年1月1日以前按移动加权平均法计算存货应有的余额，以及对留存收益的影响金额。

计算确定会计政策变更对当期净利润的影响数如表17-8所示。

表17-8 当期净利润的影响数计算表 单位：元

项目	先进先出法	移动加权平均法
营业收入	30 000 000	30 000 000
减：营业成本	20 200 000	17 500 000
营业利润	9 800 000	12 500 000
减：其他费用	2 500 000	2 500 000
利润总额	7 300 000	10 000 000
减：所得税费用	1 825 000	2 500 000
净利润	5 475 000	7 500 000
差 额	−2 025 000	

公司由于会计政策变更，使当期净利润减少了2 025 000元。其中，采用移动加权平均法的销售成本=期初存货 + 购入存货实际成本−期末存货=3 000 000+20 000 000−2 800 000 =20 200 000(元)；采用先进先出法的销售成本=期初存货+购入存货实际成本−期末存货 =3 000 000 + 20 000 00−5 500 000 = 17 500 000(元)。

四、会计政策的披露

企业应当在附注中披露与会计政策变更有关的下列信息。

(1) 会计政策变更的性质、内容和原因。主要包括以下几项内容：对会计政策变更的简要阐述、变更的日期、变更前采用的会计政策和变更后所采用的新会计政策及会计政策变更的原因。

(2) 当期和各个列报前期财务报表中受影响的项目名称和调整金额。主要包括以下内容：采用追溯调整法时，计算出的会计政策变更的累积影响数；当期和各个列报前期财务报表中需要调整的净损益及其影响金额，以及其他需要调整的项目名称和调整金额。

(3) 无法进行追溯调整的，说明该事实和原因以及开始应用变更后的会计政策的时点、具体应用情况。主要包括以下内容：无法进行追溯调整的事实；确定会计政策变更对列报前期累积影响数不切实可行的原因；在当期期初确定会计政策变更对以前各期累积影响数不切实可行的原因；开始应用新会计政策的时点和具体应用情况。

需要注意的是，在以后期间的财务报表中，不需要重复披露在以前期间的附注中已披露的会计政策变更的信息。

第二节　会计估计及其变更

一、会计估计概述

(一) 会计估计的概念

会计估计是指企业对其结果不确定的交易或事项以最近可利用的信息为基础所做出的判断。

(二) 会计估计的特点

1. 会计估计的存在是由于经济活动中内在的不确定性因素的影响

在会计核算中，企业总是力求保持会计核算的准确性，但有些交易或事项本身具有不确定性。因而需要根据经验做出估计；同时，采用权责发生制原则编制财务报表这一事项本身，也使得有必要充分估计未来交易或事项的影响。可以说，在会计核算和信息披露过程中，会计估计是不可避免的。例如，估计固定资产折旧年限和净残值，需要根据固定资产消耗方式、性能、技术发展等情况进行估计。会计估计的存在是由于经济活动中内在的不确定性因素的影响所造成的。

2. 会计估计应当以最近可利用的信息或资料为基础

由于经营活动内在的不确定性，企业在会计核算中不得不经常进行估计。某些估计主要用于确定资产或负债的账面价值，例如，经济诉讼可能引起的赔偿等；另一些估计主要用于确定将在某一期间记录的收益或费用的金额，例如，某一期间的折旧、摊销费用的金额；在某一期间内采用完工百分比法核算长期建造合同已获取收益的金额；等等。企业在进行会计估计时，通常应根据当时的情况和经验，以最近可利用的信息或资料为基础进行。但是，随着时间的推移、环境的变化，进行会计估计的基础可能会发生变化。因此，进行会计估计所依据的信息或资料不得不经常发生变化。由于最新的信息是最接近目标的信息，以其为基础所做出的估计最接近实际，所以，进行会计估计时应以最近可利用的信息或资料为基础。

3. 进行会计估计并不会削弱会计核算的可靠性

进行合理的会计估计是会计核算中必不可少的部分，它不会削弱会计核算的可靠性。企业为了定期、及时地提供有用的会计信息，将延续不断的经营活动人为划分为一定的期间，并在权责发生制的基础上对企业的财务状况和经营成果进行定期确认和计量。例如，在会计分期的情况下，许多企业的交易跨越若干会计年度，以至于需要在一定程度上做出决定：哪些费用可以在利润表中作为当期费用处理；哪些费用应当递延至以后各期等。由于存在会计分期和货币计量的前提，在确认和计量过程中，企业不得不对许多尚在延续中、其结果不确定的交易或事项予以估计入账。但是，估计是建立在具有确凿证据的前提下，而不是随意的。例如，企业估计固定资产预计使用年限，应当考虑该项固定资产的技术性能、历史资料、同行业同类固定资产的预计使用年限、本企业经营性质等诸多因素，并掌握确凿证据后再确定。企业根据当时所掌握的可靠证据做出的最佳估计，不会削弱会计核算的可靠性。

(三) 常见的会计估计

下列各项属于常见的需要进行估计的项目：①坏账；②存货遭受毁损，全部或部分陈旧过时；③固定资产的耐用年限与净残值；④无形资产的受益期；⑤或有事项中的估计；⑥收入确认中的估计；等等。

二、会计估计变更概述

(一) 会计估计变更的概念

会计估计变更，是指由于资产和负债的当前状况及预期经济利益和义务发生了变化，从而对资产或负债的账面价值或者资产的定期消耗金额进行调整。

由于企业经营活动中内在的不确定因素，许多财务报表项目不能准确地计量，只能进行估计，估计过程涉及以最近可以得到的信息为基础所做出的判断。但是，估计毕竟是就现有资料对未来所做出的判断，随着时间的推移，如果赖以进行估计的基础发生变化，或者由于取得了新的信息、积累了更多的经验或后来的发展可能不得不对估计进行修正。

(二) 会计估计变更的原因

通常情况下，企业可能由于以下原因而发生会计估计变更。

1. 赖以进行估计的基础发生了变化

企业进行会计估计，总是依赖于一定的基础。如果其所依赖的基础发生了变化，则会计估计也应相应发生变化。例如，企业的某项无形资产摊销年限原定为10年，以后发生的情况表明，该资产的受益年限已不足10年，则相应调减摊销年限。

2. 取得了新的信息、积累了更多的经验

企业进行会计估计是就现有资料对未来所做出的判断，随着时间的推移，企业有可能取得新的信息、积累更多的经验，在这种情况下，企业可能不得不对会计估计进行修正，即发生会计估计变更。例如，企业原根据当时能够得到的信息，对应收账款每年按其余额的5%计提坏账准备。现在掌握了新的信息，判定不能收回的应收账款比例已达15%，企业则应改按15%的比例计提坏账准备。

会计估计变更，并不意味着以前期间会计估计是错误的，只是由于情况发生变化，或者掌握了新的信息，积累了更多的经验，使得变更会计估计能够更好地反映企业的财务状况和经营成果。如果以前期间的会计估计是错误的，则属于前期会计差错，按前期会计差错更正进行会计处理。

三、会计估计变更的会计处理

会计估计变更应采用未来适用法处理，即在会计估计变更当期及以后期间，采用新的会计估计，不改变以前期间的会计估计，也不调整以前期间的报告结果。会计估计变更的会计处理包括以下几种情况。

(1) 如果会计估计的变更仅影响变更当期，有关估计变更的影响应于当期确认。

(2) 如果会计估计的变更既影响变更当期又影响未来期间，有关估计变更影响在当期及以后各期确认。例如，应计提折旧的固定资产，其有效使用年限或预计净残值的估计发生的变更，常常影响变更当期及资产以后使用年限内各个期间的折旧费用。因此，这类会计估计的变更，应于变更当期及以后各期确认。

会计估计变更的影响数应计入变更当期与前期相同的项目中。为了保证不同期间的财务报表具有可比性，如果以前期间会计估计变更的影响数计入企业日常活动的损益，则以后期间也应计入相应的损益，如果以前期间会计估计变更的影响数计入特殊项目中，则以后期间也应作为特殊项目来反映。

(3) 企业难以对某项变更区分为会计政策变更或会计估计变更的，应当将其作为会计估计变更处理。

例17-4　新华有限责任公司有一台管理用设备，原始价值为84 000元，预计使用寿命为8年，净残值为4 000元，自2017年1月1日起按直线法计提折旧。2021年1月，由于新技术的发展等原因，需要对原预计使用寿命和净残值做出修正，修改后的预计使用寿命为6年，净残值为2 000元。假定税法允许按变更后的折旧额在税前扣除。请作新华有限责任公司对上述会计估计变更的会计处理。

【答案】新华有限责任公司对上述会计估计变更的会计处理如下：

(1) 不调整以前各期折旧，也不计算累积影响数。

(2) 变更日以后发生的经济业务改按新估计使用寿命提取折旧。

按原估计，每年折旧额为10 000元，已提折旧4年，共计40 000元，固定资产净值为44 000元，则第5年相关科目的期初余额如下：

固定资产原值	84 000	
减：累计折旧		40 000
固定资产净值		44 000

改变估计使用寿命后，2021年1月1日起每年计提的折旧费用为21 000元[(44 000−2 000)÷(6−4)]。2021年不必对以前年度已提折旧进行调整，只需按重新预计的尚可使用寿命和净残值计算确定的年折旧费用，编制会计分录如下：

借：管理费用　　21 000

　　贷：累计折旧　　21 000

(3) 附注说明。本公司一台管理用设备，原始价值为84 000元，原预计使用寿命为8年，预计净残值为4 000元，按直线法计提折旧。由于新技术的发展，该设备已不能按原预计使用寿命计提折旧，本公司于2021年年初变更该设备的使用寿命为6年，预计净残值为2 000元，以反映该设备的真实耐用寿命和净残值。此估计变更影响本年度净利润减少数为8250元[(21 000−10 000)×(1−25%)]。

第三节　前期差错更正

一、前期差错概述

(一) 前期差错的概念

前期差错，是指由于没有运用或错误运用下列两种信息，而对前期财务报表造成省略或错报：①编报前期财务报表时预期能够取得并加以考虑的可靠信息。②前期财务报告批准报出时能够取得的可靠信息。

(二) 前期差错的范围

前期差错通常包括以下几个方面。

1. 计算错误

例如，企业本期应计提折旧8 000万元，但由于计算出现差错得出错误数据为8 500万元。

2. 应用会计政策错误

例如，按照企业会计准则规定，为购建固定资产而发生的借款费用，在固定资产达到预定可使用状态前发生的，满足一定条件时应予以资本化，计入所购建固定资产的成本；在固定资产达到预定可使用状态后发生的，计入当期损益。如果企业固定资产达到预定可使用状态后发生的借款费用，也计入该项固定资产价值，予以资本化则属于采用法律、行政法规或者国家统一的会计制度等所不允许的会计政策。

3. 疏忽或曲解事实以及舞弊产生的影响

例如，企业对某项建造合同应按建造合同规定的方法确认营业收入，但该企业按确认商品销售收入的原则确认收入。又如，企业销售一批商品，商品已经发出，开出增值税专用发票，商品销售收入确认条件均已满足，但企业在期末时未将已实现的销售收入入账。

4. 存货、固定资产盘盈等

例如，企业本期期末对财产进行清查盘点时，出现存货盘盈3 000万元、固定资产盘盈5 000万元，分别占企业当年年末存货和固定资产余额的10%以上。

二、前期差错重要性的判断

重要的前期差错，是指足以影响财务报表使用者对企业财务状况、经营成果和现金流量做出正确判断的前期差错。不重要的前期差错，是指不足以影响财务报表使用者对企业财务状况、经营成果和现金流量做出正确判断的前期差错。

前期差错的重要性取决于在相关环境下对遗漏或错误表述的规模和性质的判断。前期差错所影响的财务报表项目的金额或性质，是判断该前期差错是否具有重要性的决定性因素。一般来说，前期差错所影响的财务报表项目的金额越大、性质越严重，其重要性水平越高。

企业应当严格区分会计估计变更和前期差错更正，对于前期根据当时的信息、假设等做了合理估计，在当期按照新的信息、假设等需要对前期估计金额做出变更的，应当作为会计估计变更处理，不应作为前期差错更正处理。

三、前期差错更正的会计处理及披露

(一) 前期差错更正的会计处理

会计差错产生于财务报表项目的确认、计量、列报或披露的会计处理过程中，如果财务报表中包含重要差错，或者差错不重要但是故意造成的(以便形成对企业财务状况、经营成果和现金流量等会计信息某种特定形式的列报)，即应认为该财务报表未遵循企业会计准则的规定进行编报。在当期发现的差错应当在财务报表发布之前予以更正。当重要差错直到下一期间才被发现，就形成了前期差错。

企业应当采用追溯重述法更正重要的前期差错，但确定前期差错累积影响数不切实可行的除外。追溯重述法，是指在发现前期差错时，视同该项前期差错从未发生过，从而对财务报表相关项目进行更正的方法。

1. 不重要的前期差错的处理

对于不重要的前期差错，企业不需调整财务报表相关项目的期初数，但应调整发现当期与前期相同的相关项目，属于影响损益的，应直接计入本期与上期相同的净损益项目；属于不影响损益的，应调整本期与前期相同的相关项目。

2. 重要的前期差错的处理

对于重要的前期差错，企业应当在其发现当期的财务报表中调整前期比较数据。具体地说，企业应当在重要的前期差错发现当期的财务报表中，通过下述处理对其进行追溯更正：①追溯重述差错发生期间列报的前期比较金额；②如果前期差错发生在列报的最早前期之前，则追溯重述列报的最早前期的资产、负债和所有者权益相关项目的期初余额。

对于发生的重要前期差错，如影响损益，企业应将其对损益的影响数调整至发现当期的期初留存收益，财务报表其他相关项目的期初数也应一并调整；如不影响损益，企业应调整财务报表相关项目的期初数。

在编制比较财务报表时，对于比较财务报表期间的重要的前期差错，企业应调整相关期间的净损益和其他相关项目，视同该差错在产生的当期已经更正；对于比较财务报表期间以前的重要的前期差错，企业应调整比较财务报表最早期间的期初留存收益，财务报表其他相关项目的数字也应一并调整。

确定前期差错影响数不切实可行的，企业可以从可追溯重述的最早期间开始调整留存收益的期初余额，财务报表其他相关项目的期初余额也应当一并调整，也可以采用未来适用法。企业在确定前期差错对列报的一个或者多个前期比较信息的特定期间的累积影响数不切实可行时，当追溯重述切实可行的最早期间的资产、负债和所有者权益相关项目的期初余额(可能是当期)；企业在当期期初确定前期差错对所有前期的累积影响数不切实可行时，应当从确定前期差错影响数切实可行的最早日期开始采用未来适用法追溯重述比较信息；企业在确定所有前期差错(例如，采用错误的会计政策)累积影响数不切实可行时，应当从确定前期差错影响数切实可行的最早日期开始采用未来适用法追溯重述比较信息。为此在该日期之前的资产、负债和所有者权益相关项目的累积重述部分可以忽略不计。

需要注意的是，为了保证经营活动的正常进行，企业应当建立健全的内部稽核制度，保证会计资料的真实、完整。但是，在日常会计核算中也可能由于各种原因造成会计差错，如抄写差错、可能对事实的疏忽和误解以及对会计政策的误用。企业发现会计差错时，应当根据差错的性质及时纠正。对于当期发现的、属于当期的会计差错，应调整本期相关项目。例如，企业将本年度在建工程人员的工资计入了管理费用，则应将计入管理费用的在建工程人员工资调整计入工程成本。对于年度资产负债表日至财务报告批准报出日之间发现的报告年度会计差错及报告年度前不重要的前期差错，企业应按照《企业会计准则第29号——资产负债表日后事项》的规定进行处理。

(二) 前期差错更正的披露

企业应当在附注中披露与前期差错更正有关的下列几种信息。

(1) 前期差错的性质。

(2)各个列报前期财务报表中受影响的项目名称和更正金额。

(3)无法进行追溯重述的，说明该事实和原因以及对前期差错开始进行更正的时点、具体更正情况。

在以后期间的财务报表中，企业不需要重复披露在以前期间的附注中已披露的前期差错更正的信息。

(三) 前期差错更正的会计处理及披露核算举例

例17-5　2018年12月31日，新华公司发现2018年漏记了一项固定资产的折旧费用150 000元，但在所得税申报表中扣除了该项折旧。假设该公司2018年适用的所得税税率为25%，采用会计方法计提的折旧额与按照税法规定计提的折旧额相同。除该事项外，无其他纳税调整事项。该公司按净利润的10%提取法定盈余公积。

要求：根据上述资料进行相关的会计处理。

(1) 分析新华公司漏记折旧费的后果

2018年少计折旧费用　　150 000

少计累计折旧　　150 000

多计净利润　　150 000

多提法定盈余公积　　15 000

(2) 会计差错更正的会计处理

① 补提折旧

借：以前年度损益调整　　150 000

贷：累计折旧　　150 000

② 将“以前年度损益调整”科目的余额转入利润分配

借：利润分配——未分配利润　　150 000

贷：以前年度损益调整　　150 000

③ 调整利润分配有关数字

借：盈余公积　　15 000

贷：利润分配——未分配利润　　15 000

(3) 附注说明

本年度发现2018年漏记固定资产折旧150 000元，在编制2018年与2017年可比的财务报表时，已对该项差错进行了更正。由于此项错误的影响，2017年虚增净利润及留存收益150 000元，少计累计折旧 150 000元。

例17-6 新华公司在2018年发现，2017年公司漏记一项固定资产的折旧费用150 000元，但在所得税申报表中扣除了该项折旧。假设2017年适用所得税税率为25%，对上述折旧费用记录了37 500元的递延所得税负债，无其他纳税调整事项。该公司按净利润的10%提取法定盈余公积，按净利润的5%提取任意盈余公积。该公司发行股票份额为1800 000股。新华公司的相关会计处理应如何进行？

【答案】新华公司的会计处理如下：

(1) 分析差错的影响数(单位：元)

2017年少计提折旧费用	150 000
少计累计折旧	150 000
多计所得税费用(150 000×25%)	37 500
多计净利润	112 500
多计递延所得税负债(150 000×25%)	37 500
多提法定盈余公积(112 500 × 10%)	11 250
多提任意盈余公积 (112 500 × 5%)	5 625

(2) 编制有关项目的调整分录(单位：元)

① 补提折旧

借：以前年度损益调整	150 000	
贷：累计折旧		150 000

② 调整递延税款

借：递延所得税负债	37 500	
贷：以前年度损益调整		37 500

③ 将“以前年度损益调整”科目的余额转入利润分配

借：利润分配——未分配利润	112 500	
贷：以前年度损益调整		112 500

④ 调整利润分配有关数字：

借：盈余公积	16 875	
贷：利润分配——未分配利润		16 875

(3) 财务报表调整和重述(财务报表略)

新华公司在列报2018年财务报表时，应调整2018年资产负债表有关项目的年初余额、利润表有关项目及所有者权益变动表的上年金额。

① 资产负债表项目的调整。调增累计折旧150 000元；调减所得税负债37 500元；调减盈余公积16 875元；调减未分配利润 95 625元。

② 利润表项目的调整。调增营业成本150 000元；调减所得税费用37 500元；调增利润112 500元；调减基本每股收益0.0531(95 625 ÷ 1 800 000)元。

③ 股东权益变动表项目的调整。调减盈余公积项目下前期差错更正影响数16 875元，未分配利润上年金额95 625元，所有者权益会计上年金额112 500元。

(4) 附注说明。本年度发现2017年漏记固定资产折旧150 000元，在编制2017年与2018

年可比的财务报表时，已对该项差错进行了更正。由于此项错误的影响，2017年虚增净利润及留存收益112 500元，少计累计折旧150 000元。

本章小结

会计政策，是指企业在会计确认、计量和报告中所采用的原则、基础和会计处理方法。会计政策变更，是指企业对相同的交易或事项由原来采用的会计政策改用另一会计政策的行为。如果会计政策的变更能够提供有关企业财务状况、经营成果和现金流量等更可靠、更相关的会计信息，企业应变更会计政策。会计政策变更的会计处理方法有追溯调整法和未来适用法两种，企业应当根据具体情况分别采用。企业对其结果不确定的交易或事项以最近可利用的信息为基础所做出的新的判断为会计估计变更，会计估计变更应采用未来适用法。会计估计变更和会计政策变更不易分清时，应将其视为会计估计变更进行会计处理。在会计核算时，计量、确认、记录等方面出现的错误为差错，前期差错的更正应分别按不同情况进行会计处理。

第十八章　资产负债表日后事项

引导案例

新华公司2018年8月向光明公司购买商品，货款未付，反映在光明公司账上即有一笔应收新华公司的账款。如果2021年11月新华公司财务状况不佳，到年末还未偿付，光明公司已按应收账款的5%提取了坏账准备。

(1) 假设2012年2月，光明公司收到通知，新华公司已破产，无法偿还所欠货款，那么光明公司应将此事项如何处理呢？是否需要调整2021年年度财务报表呢？

(2) 假设2022年2月，新华公司发生了一场火灾，这一事项应在新华公司又该如何处理呢？

学习目标

通过本章学习，学生要理解资产负债表日后事项的概念、内容；掌握资产负债表日后事项的概念；掌握资产负债表日后事项涵盖的期间；掌握资产负债表日后调整事项的概念及处理方法；掌握资产负债表日后非调整事项的概念及处理方法。

第一节　资产负债表日后事项概述

财务报告是反映企业某一特定日期(资产负债表)财务状况和某一会计期间经营成果、现金流量等会计信息的文件。在实际工作中，某些交易或事项是在资产负债表日后、财务报告批准前报出日之前发生的，这些交易或事项可能会对企业的财务状况、经营成果和现金流量产生影响，为使提供的会计信息更加准确、全面，便于报告使用者做出经济决策，需要对这些交易或事项进行认真分析，以确定是否需要调整报告期财务报表，或仅在附注中说明。

一、资产负债表日后事项的概念

资产负债表日后事项，是指资产负债表日至财务报告批准报出日之间发生的有利或不利事项。理解这一概念，需要注意以下几个方面。

(1) 资产负债表日是指会计年度末和会计中期期末。按照《会计法》规定，我国的会计年度采用公历年度，即1月1日至12月31日。因此，年度资产负债表日是指每年的12月31

日，中期资产负债表日是指各会计中期期末，包括月末、季末和半年末。

(2) 财务报告批准报出日是指董事会或类似机构批准财务报告报出的日期，通常是指对财务报告的内容负有法律责任的单位或个人批准财务报告对外公布的日期。

公司制企业(包括有限责任公司和股份有限公司)，董事会有权批准对外公布财务报告。因此，公司制企业财务报告批准报出日是指董事会批准财务报告报出的日期，不是股东大会审议批准的日期，也不是注册会计师出具审计报告的日期。非公司制企业的财务报告批准报出日是指经理(厂长)会议或类似机构批准财务报告报出的日期。

(3) 资产负债表日后事项包括有利事项和不利事项，但对于资产负债表日后有利或不利事项的处理原则相同。

资产负债表日后事项，如果属于调整事项，对有利和不利的调整事项均应进行处理，并调整报告年度或报告中期的财务报表；如果属于非调整事项，对有利和不利的非调整事项均应在报告年度或报告中期的附注中进行披露。

(4) 资产负债表日后事项不是在这个特定期间内发生的全部事项，而是与资产负债表日存在状况有关的事项，或虽然与资产负债表日存在状况无关，但对企业财务状况具有重大影响的事项。例如，资产负债表日正在进行的诉讼案件在资产负债表日后事项期间结案，这一事项是与资产负债表日存在状况有关的事项；再如，某公司董事会在资产负债表日后事项期间内通过以发行可转换公司债券方式筹集资金的决议，此事项与资产负债表日存在状况不存在直接的关系，但如果发行了可转换公司债券，则将对公司的财务状况产生重大影响。

二、资产负债表日后事项涵盖的期间

资产负债表日后事项涵盖的期间是资产负债表日后至财务报告批准报出日之间。这一期间包括以下几个方面。

(1) 报告年度次年的1月1日或报告期间下一期第一天至董事会或类似机构批准财务报告对外公布的日期，即以董事会或类似机构批准财务报告对外公布的日期为截止日期。

(2) 董事会或类似机构批准财务报告对外公布的日期，与实际对外公布日之间发生的与资产负债表日后事项有关的事项，并由此影响财务报告对外公布日期的，应以董事会或类似机构再次批准财务报告对外公布的日期为截止日期。

如果公司管理层由此修改了财务报表，注册会计师应当根据具体情况实施必要的审计程序，并针对修改后的财务报表出具新的审计报告。新的审计报告日期不应早于董事会或类似机构批准修改后的财务报表对外公布的日期。例如，新华股份有限责任公司2018年度的财务报告于2018年2月15日编制完成，注册会计师完成整个年度审计工作并签署审计报告的日期为2018年4月18日，董事会批准财务报告对外公布的日期为2018年4月22日，财务报告实际对外公布的日期为2018年4月25日、股东大会召开日期为2018年5月6日。那么，根据资产负债表日后事项涵盖期间的规定，财务报告批准报出日为2018年4月22日，资产负债表日后事项涵盖的期间为2018年1月1日至2018年4月22日。假如新华公司在4月22日至

4月25日之间发生了重大事项，需要调整财务报表相关项目，经调整的财务报告再经董事会批准对外报出的日期为2018年4月28日，实际对外公布的日期为2018年4月30日，则资产负债表日后事项涵盖的期间为2018年1月1日—2018年4月28日。

三、资产负债表日后事项的内容

资产负债表日后事项包括资产负债表日后调整事项和资产负债表日后非调整事项。

(一) 调整事项

资产负债表日后调整事项，是指对资产负债表日已经存在的情况提供了新的或进一步证据的事项。

调整事项具有如下特点：①在资产负债表日已经存在，资产负债表日后得以证实的事项；②对按资产负债表日存在状况编制的财务报表产生重大影响的事项。

企业发生的资产负债表日后调整事项，通常包括下列各项：①资产负债表日后诉讼案件结案，法院判决证实了企业在资产负债表日已经存在现时义务，需要调整原先确认的与该诉讼案件相关的预计负债，或确认一项新负债；②资产负债表日后取得确凿证据，表明某项资产在资产负债表日发生了减值或者需要调整该项资产原先确认的减值金额；③资产负债表日后进一步确定了资产负债表日前购入资产的成本或售出资产的收入；④资产负债表日后发现了财务报表舞弊或差错。

例如，引导案例中的第一个问题，新华公司于2021年12月31日结账时已经知道光明公司财务状况不佳，即在2021年12月31日光明公司财务状况不佳的事实已经存在，但未得到光明公司破产的确切证据，表明根据2021年12月31日存在情况提供的资产负债表反映的应收光明公司款项中的大部分已经成为坏账，依据资产负债表日存在状况编制的财务报表所提供的信息已不能真实反映企业的实际情况，因此，应据此对财务报表相关项目的数字进行调整。

例18-1·多选 新华公司2018年度财务报告经董事会批准对外公布的日期为2018年3月30日，实际对外公布的日期为2018年4月3日。新华公司2018年1月1日至4月3日发生的下列事项中，应当作为资产负债表日后调整事项核算的有(　　)。

A. 3月1日发现2018年10月接受捐赠获得的一项固定资产尚未入账

B. 3月11日临时股东大会决议购买光明公司51%的股权并于4月2日执行完毕

C. 4月2日新华公司为从建设银行借入8 000万元长期借款而签订重大资产抵押合同

D. 2月1日与丁公司签订的债务重组协议执行完毕，该债务重组协议系新华公司于2011年1月5日与丁公司签订

E. 3月10日新华公司被法院判决败诉并要求支付赔款1 000万元，对此项诉讼新华公司已于2018年年末确认预计负债800万元

【解析】本例中，3月1日发现2018年10月接受捐赠获得的一项固定资产尚未入账，属

于调整事项；3月10日新华公司被法院判决败诉并要求支付赔偿1 000万元，对此项诉讼新华公司已于2018年年末确认预计负债800万元，属于调整事项。正确的选项是A和E。

(二) 非调整事项

资产负债表日后非调整事项，是指表明资产负债表日后发生的情况的事项。资产负债表日后非调整事项虽然不影响资产负债表日的存在情况，但不加以说明将会影响财务报告使用者做出正确估计和决策，因此，应在附注中加以披露。

企业发生的资产负债表日后非调整事项，通常包括下列各项：①资产负债表日后发生重大诉讼、仲裁、承诺；②资产负债表日后资产价格、税收政策、外汇汇率发生重大变化；③资产负债表日后因自然灾害导致资产发生重大损失；④资产负债表日后发行股票和债券以及其他巨额举债；⑤资产负债表日后资本公积转增资本；⑥资产负债表日后发生巨额亏损；⑦资产负债表日后发生企业合并或处置子公司。

例18-2·多选　自年度资产负债表日至财务报告批准日之间发生的下列事项中，属于非调整事项的有(　　)。

A. 董事会做出出售子公司协议

B. 董事会提出现金股利分配方案

C. 董事会做出与债权人进行债务重组的决议

D. 债务人因资产负债表日后发生的自然灾害而无法偿还到期债务

【解析】本例中，A项、C项、D项很明显属于非调整事项。对于选项B，资产负债表日后事项会计准则规定，资产负债表日后，企业利润分配方案中拟分配的以及经审议批准宣告的股利或利润，不确认资产负债表的负债，但应在附注中单独披露。正确的选项是ABCD。

第二节　资产负债表日后调整事项的会计处理

一、调整事项的处理原则

企业发生的资产负债表日后调整事项，应当调整资产负债表日已编制的财务报表。由于资产负债表日后事项发生在次年，上年度的有关账目已经结转，特别是损益类科目在结账后已无余额。因此，资产负债表日后发生的调整事项，应具体分别按以下情况进行处理。

(1) 涉及损益的事项，通过“以前年度损益调整”科目核算。调整增加以前年度利润或调整减少以前年度亏损的事项，计入“以前年度损益调整”科目的贷方；调整减少以前年度利润或调整增加以前年度亏损的事项，计入“以前年度损益调整”科目的借方。

由于以前年度损益调整增加的所得税费用，计入“以前年度损益调整”科目的借方，同时贷记“应交税费——应交所得税”等科目；由于以前年度损益调整减少的所得税费用，计入“以前年度损益调整”科目的贷方，同时借记“应交税费——应交所得税”等科目。调整完成后，应将“以前年度损益调整”科目的贷方或借方余额，转入“利润分配——未分配利润”科目。

(2) 涉及利润分配调整的事项，直接在“利润分配——未分配利润”科目核算。

(3) 不涉及损益以及利润分配的事项，调整相关科目。

(4) 进行上述账务处理的同时，还应调整财务报表相关项目的数字，包括：①资产负债表日编制的财务报表相关项目的期末或本年发生数；②当期编制的财务报表相关项目的期初数或上年数；③上述调整如果涉及附注内容的，还应当调整附注相关项目的数字。

二、调整事项的具体会计处理方法

为简化处理，本章所有举例均假定：财务报告批准报出日是次年3月31日，所得税税率为25%，按净利润的10%提取法定盈余公积，提取法定盈余公积后不再作其他分配。如无特别说明，调整事项按税法规定均可调整应交纳的所得税；涉及递延所得税资产的，均假定未来期间很可能取得用来抵扣暂时性差异的应纳税所得额。不考虑报表附注中有关现金流量表项目的数字，金额单位以万元表示。

1. 资产负债表日后诉讼案件结案，法院判决证实了企业在资产负债表日已经存在现时义务，需要调整原先确认的与该诉讼案件相关的预计负债，或确认一项新负债

这一事项是指在资产负债表日已经存在的现时义务尚未确认，资产负债表日后至财务报告批准报出日之间获得了新的或进一步的证据，表明符合负债的确认条件，应在财务报告中予以确认，从而需要对财务报表相关项目进行调整；或者资产负债表日已确认的某项负债，在资产负债表日至财务报告批准日之间获得新的或进一步的证据，表明需要对已经确认的金额进行调整。

例18-3 新华公司与光明公司签订一项供销合同，约定新华公司在2018年11月份供应给光明公司一批物资。由于新华公司未能按照合同发货，致使光明公司发生重大经济损失。光明公司通过法律程序要求新华公司赔偿经济损失55 000万元，该诉讼案件在12月31日尚未判决，新华公司确认了40 000万元的预计负债，并将该项赔款反映在12月31日的财务报表中，光明公司未确认应收赔偿款。2019年2月7日，经法院一审判决，新华公司需要偿付光明公司经济损失50 000万元，新华公司不再上诉，赔款已经支付。假定新华、光明两公司均于2019年2月15日完成了2018年度所得税汇算清缴；假定税法规定，上述预计负债产生的损失仅允许在实际支出时于税前扣除。

要求：作新华公司与光明公司相关的会计处理。

【答案】本例中，2019年2月7日法院的判决证实了新华、光明两公司在资产负债表日(2018年12月31日)分别存在现时义务和获赔权利。因此都应按调整事项的处理原则进行会计处理。

(1) 新华公司的会计处理(以万元为单位)：

① 记录支付的赔偿款

	借方	贷方
借：以前年度损益调整	10 000	
贷：其他应付款		10 000
借：预计负债	40 000	
贷：其他应付款		40 000
借：其他应付款	50 000	
贷：银行存款		50 000

注：资产负债表日后事项如涉及现金收支项目，均不调整报告年度资产负债表的货币资金项目和现金流量表各项目数字。本例中，虽然已经支付了赔偿款，但在调整会计报表相关数字时，只需调整上述第一笔和第二笔分录，第三笔分录作为2019年的会计事项处理。

② 调整递延所得税资产

	借方	贷方
借：以前年度损益调整(40 000 × 25%)	10 000	
贷：递延所得税资产		10 000

③ 调整应交所得税

	借方	贷方
借：应交税费——应交所得税(50 000 × 25%)	12 500	
贷：以前年度损益调整		12 500

④ 将“以前年度损益调整”科目余额转入利润分配

	借方	贷方
借：利润分配——未分配利润	7 500	
贷：以前年度损益调整		7 500

⑤ 调整利润分配有关数字

	借方	贷方
借：盈余公积	750	
贷：利润分配——未分配利润(7 500×10%)		750

⑥ 调整报告年度财务报表相关项目的数字(财务报表略)

a. 资产负债表项目的调整。调减递延所得税资产10 000万元，调增其他应付款项目50 000万元，调减应交所得税12 500万元；调减预计负债40 000万元；调减盈余公积750万元；调减未分配利润6 750万元。

b. 利润表项目的调整。调增营业外支出 10 000万元，调增所得税费用2 500万元。

c. 所有者权益变动表项目的调整。调减净利润7 500万元，调减提取盈余公积 750万元。

⑦ 调整2019年2月份资产负债表相关项目的年初数(资产负债表略)

新华公司在编制2019年1月份的资产负债表时，按照调整前2018年12月31日的资产负债表的数字作为资产负债表的年初数，由于发生了资产负债表日后调整事项，新华公司除了调整2018年度资产负债表相关项目的数字外，还应当调整2019年2月份资产负债表相关项目的年初数，其年初数按照2018年12月31日调整后的数字填列。

(2) 光明公司的会计处理(以万元为单位)：

① 记录已收到的赔偿款

借：其他应收款　　50 000

　　贷：以前年度损益调整　　50 000

借：银行存款　　50 000

　　贷：其他应收款　　50 000

② 调整应交所得税

借：以前年度损益调整　　12 500

　　贷：应交税费——应交所得税(50 000 × 25%)　　12 500

③ 将"以前年度损益调整"科目余额转入利润分配

借：以前年度损益调整　　37 500

　　贷：利润分配——未分配利润　　37 500

④ 调整利润分配有关数字

借：利润分配——未分配利润　　3 750

　　贷：盈余公积　　3 750

⑤ 调整报告年度财务报表相关项目的数字(略)、2019年2月资产负债表项目的年初数(略)。

2. 资产负债表日后取得确凿证据，表明某项资产在资产负债表日发生了减值或者需要调整该项资产原先确认的减值金额

这一事项是指在资产负债表日，根据当时的资料判断某项资产可能发生了损失或减值，但没有最后确定是否会发生，因而按照当时的最佳估计金额反映在财务报表中；但在资产负债表日至财务报告批准报出日之间，所取得的确凿证据能证明该事实成立，即某项资产已经发生了损失或减值，则应对资产负债表日所做出的估计予以修正。

企业在年度资产负债表日至财务报告批准报出日之间发生的涉及资产减值准备的调整事项，如发生在报告年度所得税汇算清缴之前，应相应调整报告年度的所得税；如果发生在报告年度汇算清缴之后，应将与资产减值准备有关的事项产生的纳税调整金额，作为本年度的纳税调整事项，相应调整本年度应交所得税。

例18-4　新华公司2018年4月销售给光明公司一批产品，货款为58 000万元(含增值税)，光明公司于5月份收到所购物资并验收入库，按合同规定，光明公司应于收到所购物资后一个月内付款。由于光明公司财务状况不佳，到2018年12月31日仍未付款。新华公司于12月31日编制2018年度财务报表时，已为该项应收账款提取坏账准备2 900万元；12月31日资产负债表上"应收账款"项目的金额为76 000万元，其中55 100万元为该项应收账款。新华公司于2019年2月2日(所得税汇算清缴前)收到光明公司通知，光明公司已宣告破产清算，无力偿还所欠部分货款，新华公司预计可收回应收账款的40%。

【答案】本例中，新华公司在收到光明公司破产通知时，首先判断是属于资产负债表

日后事项中的调整事项，并根据调整事项的处理原则进行处理如下(以万元为单位)：

(1) 补提坏账准备

应补提的坏账准备=58 000 × 60%−2 900=31 900(万元)

借：以前年度损益调整　　31 900

　　贷：坏账准备　　31 900

(2) 调整递延所得税资产

借：递延所得税资产　　7 975

　　贷：以前年度损益调整(31 900 × 25%)　　7 975

(3) 将“以前年度损益调整”科目的余额转入利润分配

借：利润分配——未分配利润　　23 925

　　贷：以前年度损益调整(31 900−7 975)　　23 925

(4) 调整利润分配有关数字

借：盈余公积　　2 392.5

　　贷：利润分配——未分配利润(23 925×10%)　　2 392.5

(5) 调整报告年度财务报表相关项目的数字(财务报表略)

① 资产负债表项目的调整。调减应收账款31 900万元；调增递延所得税资产7 975万元；调减盈余公积2 392.5万元；调减未分配利润21 532.5万元。

② 利润表项目的调整。调增资产减值损失31 900万元；调减所得税费用 7 975万元。

③ 所有者权益变动表项目的调整。调减净利润23 925万元，调减提取盈余公积2 392.5万元。

(6) 调整2019年2月份资产负债表相关项目的年初数(资产负债表略)

新华公司在编制2019年1月份的资产负债表时，按照调整前2018年12月31日的资产负债表的数字作为资产负债表的年初数，由于发生了资产负债表日后调整事项，新华公司除了调整2018年度资产负债表相关项目的数字外，还应当调整2019年2月份的资产负债表相关项目的年初数，其年初数按照2018年12月31日调整后的数字填列。

3.资产负债表日后进一步确定了资产负债表日前购入资产的成本或售出资产的收入

这类调整事项包括两方面的内容：第一，若资产负债表日前购入的资产已经按暂估金额等入账，资产负债表日后获得证据，可以进一步确定该资产的成本，则应该对已入账的资产成本进行调整。例如，购建固定资产已经达到预定可使用状态，但尚未办理竣工决算，企业已办理暂估入账；资产负债表日后办理决算，此时应根据竣工决算的金额调整暂估入账的固定资产成本等。第二，企业符合收入确认条件确认资产销售收入，但资产负债表日后获得关于资产收入的进一步证据，如发生销售退回等，此时也应调整财务报表相关项目的金额。需要说明的是，资产负债表日后发生的销售退回，既包括报告年度或报告中期销售的商品在资产负债表日后发生的销售退回，也包括以前期间销售的商品在资产负债表日后发生的销售退回。

发生在资产负债表所属期间或以前期间所售商品的退回，在会计处理时作为资产负债表日后调整事项处理分两种情况。按照税法规定，企业年度申报纳税汇算清缴后发生的属于资产负债表日后事项的销售退回所涉及的应纳税所得额的调整，应作为本年度的纳税调整，而不作为报告年度的纳税调整。因此，发生于资产负债表日后至财务报告批准报出日之间的销售退回事项，可能发生于年度所得税汇算清缴之前，也可能发生于年度所得税汇算清缴之后。

(1) 资产负债表日后事项中涉及报告年度所属期间的销售退回发生于报告年度所得税汇算清缴之前，应调整报告年度利润表的收入、成本等，并相应调整报告年度的应纳税所得额以及报告年度应缴的所得税等。

例18-5 新华公司2018年12月15日销售一批商品给光明公司，取得收入100 000万元(不含税，增值税税率为16%)，新华公司发出商品后，按照正常情况已确认收入，并结转成本80 000万元。此笔货款到年末尚未收到，新华公司按应收账款的4%计提了坏账准备4 680 万元。2019年1月15日，由于产品质量问题，本批货物被退回。按税法规定，公司计提的坏账准备不可以在税前扣除，且无其他纳税调整事项。2019年2月28日完成了2018年所得税汇算清缴。根据上述资料分析该事项是否属于资产负债表日后调整事项，并作相关会计处理。

【答案】本例中，销售退回业务应属于资产负债表日后调整事项。

新华公司的账务处理如下(以万元为单位)：

① 2019年1月15日，调整销售收入

借：以前年度损益调整　　100 000

　　应交税费——应交增值税(销项税额)　　16 000

　　贷：应收账款　　116 000

② 调整坏账准备余额

借：坏账准备　　4 680

　　贷：以前年度损益调整　　4 680

③ 调整销售成本

借：库存商品　　80 000

　　贷：以前年度损益调整　　80 000

④ 调整应缴纳的所得税

借：应交税费——应交所得税　　5 000

　　贷：以前年度损益调整[(100 000−80 000)×25%]　　5 000

⑤ 调整已确认的递延所得税资产

借：以前年度损益调整　　1 170

　　贷：递延所得税资产(4 680 × 25%)　　1 170

⑥ 将“以前年度损益调整”科目余额转入未分配利润

借：利润分配——未分配利润　　11 490

　　贷：以前年度损益调整(100000−80000−4680−5000+1170)　　11 490

⑦ 调整盈余公积

借：盈余公积(11 490×10%)　　1 149

　　贷：利润分配——未分配利润　　1 149

⑧ 调整相关财务报表(略)

(2) 资产负债表日后事项中涉及报告年度所属期间的销售退回发生于报告年度所得税汇算清缴之后，应调整报告年度会计报表的收入、成本等，但按照税法规定在此期间的销售退回所涉及的应缴所得税，应作为本年度的纳税调整事项。

例18-6　沿用例18-5，假定销售退回的时间改为2019年3月1日。请作新华公司的账务处理。

【答案】新华公司的账务处理如下(以万元为单位)：

① 2019年3月1日，调整销售收入

借：以前年度损益调整　　100 000

　　应交税费——应交增值税(销项税额)　　16 000

　　贷：应收账款　　116 000

② 调整坏账准备余额

借：坏账准备　　4 680

　　贷：以前年度损益调整　　4 680

③ 调整销售成本

借：库存商品　　80 000

　　贷：以前年度损益调整　　80 000

④ 调整所得税费用

借：递延所得税资产　　5 000

　　贷：以前年度损益调整　　5 000

⑤ 调整已确认的递延所得税资产

借：以前年度损益调整　　1 170

　　贷：递延所得税资产　　1 170

⑥ 将“以前年度损益调整”科目余额转入未分配利润

借：利润分配——未分配利润　　11 490

　　贷：以前年度损益调整　　11 490

⑦ 调整盈余公积

借：盈余公积　　1 149

　　贷：利润分配——未分配利润　　1 149

⑧ 调整相关财务报表(略)

4. 资产负债表日后发现了财务报表舞弊或差错

这一事项是指资产负债表日至财务报告批准报出日之间发生的、属于资产负债表期间或以前期间存在的财务报表舞弊或差错，这种舞弊或差错应当作为资产负债表日后调整事项，调整报告年度的年度财务报告或中期财务报告相关项目的数字。具体会计处理可以参见第十七章。

第三节 资产负债表日后非调整事项的会计处理

一、非调整事项的处理原则

资产负债表日后发生的非调整事项，不影响资产负债表日存在状况，不应当调整资产负债表日的财务报表。但若事项重大，如不加以说明，将会影响财务报告使用者做出正确估计和决策，就应在附注中加以披露。

资产负债表日后，企业利润分配方案中拟分配的以及经审议批准宣告发放的股利或利润，不确认为资产负债表日后负债，但应当在附注中单独披露。

二、非调整事项的具体会计处理方法

资产负债表日后发生的非调整事项，应当在报表附注中披露每项重要的资产负债表日后非调整事项的性质、内容，及其对财务状况和经营成果的影响。无法做出估计的，应当说明原因。

资产负债表日后非调整事项的主要事项及其会计处理举例如下所述。

1. 资产负债表日后发生重大诉讼、仲裁、承诺

例18-7 新华公司是房地产的销售代理商，在买卖双方同意房地产的销售条款时确认佣金收入，佣金由卖方支付。2018年，新华公司同意替光明公司的房地产寻找买主。在2018年后期，新华公司找到一位有意向的买主丁公司，丁公司以其获得银行融资的能力与光明公司签订购买该房地产的合同。2019年1月，丁公司通知新华公司，其在获得银行贷款方面有困难，但仍然能够履行合同。之后不久，新华公司找到另一位以现金购买该房地产的买主。2019年2月，丁公司通过法律手段起诉新华公司违背受托责任。2019年3月，新华公司同意付给丁公司500 000元的现金以使其撤回法律诉讼。根据上述资料分析该事项是否属于资产负债表日后披露事项。

【答案】本例中，由于资产负债表日后发生的重大诉讼、仲裁、承诺等事项影响较大，为防止误导投资者及其他财务报表使用者，应当在报表附注中披露诉讼事项的信息。

2. 资产负债表日后资产价格、税收政策、外汇汇率发生重大变化

例18-8　新华公司有一笔长期美元贷款，在编制2018年12月31日的财务报表时已按2018年年末汇率进行折算(假定2018年年末的汇率为1美元兑换8.3元人民币)。假定国家规定从2019年1月1日起进行外汇管理体制改革，外汇管理体制改革后人民币对美元的汇率发生重大变化。根据上述资料分析该事项是否属于资产负债表日后披露事项。

【答案】本例中，新华公司在资产负债表日已经按照当天的资产计量方式进行处理，或按照规定的汇率对有关账户进行调整，因此，无论资产负债表日后价格和汇率如何变化，均不应影响资产负债表日的财务状况和经营成果。但是，如果资产负债表日后的资产价格、外汇汇率发生重大变化，应对由此产生的影响在报表附注中进行披露。同样，国家税收政策发生重大变化将会影响企业的财务状况和经营成果，也应在报表附注中及时披露信息，即新华公司应在报表附注中披露汇率的变化。

3. 资产负债表日后因自然灾害导致资产发生重大损失

例18-9　新华公司拥有某外国企业(光明公司)15%的股权，无重大影响，投资成本2 000 000元。光明公司的股票在国外的某家股票交易所上市交易。在编制2018年12月31日的资产负债表时，新华公司对光明公司投资的账面价值按初始投资成本反映。2019年1月，该国发生海啸，造成光明公司的股票市场价值大幅度下跌，新华公司对光明公司的股权投资遭受重大损失。根据上述资料分析该事项是否属于资产负债表日后披露事项。

【答案】本例中，自然灾害导致资产重大损失对企业资产负债表日后财务状况的影响较大，如果不加以披露，有可能使财务报告使用者做出错误的决策，因此应作为非调整事项在报表附注中进行披露。本例中海啸发生在2019年1月，是资产负债表日后才发生或存在的事项，应当作为非调整事项在2018年度报表附注中进行披露。

4. 资产负债表日后发行股票和债券以及其他巨额举债

例18-10　新华公司于2018年1月15日经批准发行3年期债券500 000万元，面值100元，年利率10%，企业按110元的价格发行，并于2018年3月15日结束发行。根据上述资料分析该事项是否属于资产负债表日后披露事项。

【答案】本例中，企业发行股票、债券以及向银行或非银行金融机构举借巨额债务都是比较重大的事项，虽然这一事项与企业资产负债表日的存在状况无关，但这一事项的披露能使财务报告使用者了解与此有关的情况及可能带来的影响，故应披露。

5. 资产负债表日后资本公积转增资本

例18-11　新华公司2019年2月经批准将5 600万元资本公积转增资本。根据上述资料

分析该事项是否属于资产负债表日后披露事项。

【答案】本例中，公司以资本公积转增资本将会改变企业的资本(或股本)结构，影响较大，需要在报表附注中进行披露。

6. 资产负债表日后发生巨额亏损

例18-12 新华公司2019年1月出现巨额亏损，净利润由2018年12月的18 000万元变为亏损300万元。根据上述资料分析该事项是否属于资产负债表日后披露事项。

【答案】本例中，公司资产负债表日后发生巨额亏损将会对企业报告期以后的财务状况和经营成果产生重大影响，应当在报表附注中及时披露该事项，以便为投资者或其他财务报告使用者做出正确决策提供信息。

7. 资产负债表日后发生企业合并或处置子公司

例18-13 新华公司2019年1月20日将其全资子公司光明公司出售给中华公司。

【答案】本例中，企业合并或者处置子公司的行为可以影响股权结构、经营范围等方面，对企业未来生产经营活动会产生重大影响。因此甲企业应在2018年报表附注中披露处置子公司的信息。

本章小结

本章主要内容包括：一是资产负债表日后事项的概念和资产负债表日后事项涵盖的期间。资产负债表日后事项，是指资产负债表日至财务报告批准报出日之间发生的有利或不利事项。资产负债表日后事项涵盖的期间，是资产负债表日后至财务报告批准报出日之间。财务报告批准报出日，是指董事会或类似机构批准财务报告报出的日期。二是资产负债表日后调整事项的内容及处理方法。企业发生的资产负债表日后调整事项，应当调整资产负债表日已编制的财务报表。三是资产负债表日后非调整事项的内容及处理方法。资产负债表日后发生的非调整事项，不应当调整资产负债表日的财务报表。

第十九章 财务报告

引导案例

解密“顾雏军谜团”背后的监管漏洞

2005年4月29日，科龙电器公布2004年年报：亏损6 000多万元，这与前三季度盈利4 760万元和上一年盈利2亿多元的业绩形成巨大反差，引起各界广泛关注。2005年5月，中国证监会就科龙电器违反《证券法》问题立案调查，科龙危机爆发。

顾雏军一直在玩“财务游戏”吗？科龙内部人士反映，顾雏军收购科龙电器前后该公司的经营状况并无明显差异。收购当年，大量拔高各项费用，造成上市公司巨亏。第2年，压低各项费用，使上市公司一举扭亏。收购当年科龙亏损达14亿元之多，第2年盈利1亿多元。

“数字游戏”为什么能够在几年内顺利进行，“顾雏军谜团”的背后还有多少我们不知道的“黑洞”呢？暨南大学经济学院教授、广东股份经济与证券市场研究会副秘书长杜金岷认为，股市一开始的定位产生了偏差，把解决企业融资困难放在了第一位，总有一天要付出代价。

“财务游戏”让投资者无法了解公司的真实财务状况，上市公司信息披露不规范造成诚信危机、导致股民信心受挫。有关部门所说的救市，不但要考虑资金，而且要从财务的基本要素出手另外要提高违约成本像香港联交所和廉政公署那样，使违规个人受到刑事重罚或在资本市场失去融资资格，这样做将具有更大的威慑力。

资料改编：黄平. 顾雏军事件的思考：他为何能连续“跨越”危机. [DB/OL]. [2005-08-08]. http://news.stockstar.com/SS2005080730251909.shtml.

学习目标

通过本章学习，学生能够掌握财务报告的相关知识；掌握财务报表的概念和组成；掌握资产负债表、利润表、现金流量表的编制；熟悉合并资产负债表、合并利润表和合并现金流量表的编制方法。

第一节　财务报告

一、财务报告及其编制

财务报告是企业对外提供的反映企业某一特定日期的财务状况和某一会计期间的经营成果、现金流量等会计信息的文件。

根据财务报告的定义，财务报告具有以下几层含义：一是财务报告应当是对外报告，其服务对象主要是投资者、债权人等外部使用者，专门为了内部管理需要的、特定目的的报告不属于财务报告的范畴；二是财务报告应当综合反映企业的生产经营状况，包括某一时点的财务状况和某一时期的经营成果与现金流量等信息，以勾画出企业财务的整体和全貌；三是财务报告必须形成一个完整的文件，不应是零星的或者不完整的信息。

财务报告是企业财务会计确认与计量最终结果的体现，投资者等使用者主要是通过财务报告来了解企业当前的财务、经营成果和现金流量等情况，从而预测未来的发展趋势。因此，财务报告是向投资者等财务报告使用者提供有用决策信息的媒介和渠道，是沟通投资者、债权人等使用者与企业管理层之间信息的桥梁和纽带。

随着我国改革开放的深入和市场经济体制的完善，财务报告的作用日益突出，我国会计法、公司法、证券法等出于保护投资者、债权人等利益的需要，也规定企业应当定期编报财务报告。

二、财务报告的构成

财务报告包括财务报表和其他应当在财务报告中披露的相关信息和资料。其中，财务报表由报表本身及其附注两部分构成，附注是财务报表的有机组成部分，而报表至少应当包括资产负债表、利润表和现金流量表等报表。考虑到小企业规模较小，外部信息需求相对较低，小企业编制的报表可以不包括现金流量表。全面执行企业会计准则体系的企业所编制的财务报表，还应当包括所有者权益(股东权益)变动表。

1. 资产负债表

资产负债表是反映企业在某一特定日期的财务状况的会计报表。企业编制资产负债表的目的是通过如实反映企业的资产、负债和所有者权益金额及其结构情况，从而有助于使用者评价企业资产的质量以及短期偿债能力、长期偿债能力和利润分配能力等。

2. 利润表

利润表是反映企业在一定会计期间的经营成果的会计报表。企业编制利润表的目的是通过如实反映企业实现的收入、发生的费用、应当计入当期利润的利得和损失以及其他综合收益等金额及其结构情况，从而有助于使用者分析评价企业的盈利能力及其构成与质量。

3. 现金流量表

现金流量表是反映企业在一定会计期间的现金和现金等价物流入和流出的会计报表。企业编制现金流量表的目的是通过如实反映企业各项活动的现金流入、流出情况，从而有助于使用者评价企业的现金流和资金周转情况。

4. 附注

附注是对在会计报表中列示项目所做出的进一步说明，以及对未能在这些报表中列示项目的说明等。企业编制附注的目的是通过对财务报表本身作补充说明，以更加全面、系统地反映企业财务状况、经营成果和现金流量的全貌，从而有助于向使用者提供更为有用的信息，做出更加科学合理的决策。

财务报表是财务报告的核心内容，但是除了财务报表之外，财务报告还应当包括其他相关信息，具体可以根据有关法律法规的规定和外部使用者的信息需求而定，例如，企业可以在财务报告中披露其承担的社会责任、对社区的贡献、可持续发展能力等信息。这些信息尽管属于非财务信息，无法包括在财务报表中，但是如果有规定或者与使用者的决策相关，企业应当在财务报告中予以披露，有时企业也可以自愿在财务报告中披露相关信息。

第二节 财务报表

一、财务报表的作用

企业编制的财务报表可以向财务报表使用者提供与企业财务状况、经营成果和现金流量等有关的会计信息，反映企业管理层受托责任的履行情况，有助于财务报表使用者做出经济决策。财务报表使用者通常包括投资者、债权人、政府及其有关部门和社会公众等。

二、财务报表的组成和分类

(一) 财务报表的组成

财务报表是对企业财务状况、经营成果和现金流量的结构性表述。一套完整的财务报表至少应当包括资产负债表、利润表、现金流量表、所有者权益(或股东权益)变动表以及附注。

资产负债表、利润表和现金流量表分别从不同角度反映企业的财务状况、经营成果和现金流量。资产负债表反映企业在某一特定日期所拥有的资产、需偿还的债务以及股东(投资者)拥有的净资产情况；利润表反映企业在一定会计期间的经营成果，即利润或亏损的情况，表明企业运用所拥有的资产的获利能力；现金流量表反映企业在一定会计期间现金和现金等价物流入和流出的情况。所有者权益变动表反映构成所有者权益的各组成部分当期的增减变动情况。企业的净利润及其分配情况是所有者权益变动的组成部分，相关信息已经在所有者权益变动表及其附注中反映，企业不需要再单独编制利润分配表。

附注是财务报表不可或缺的组成部分，是对在资产负债表、利润表、现金流量表和所有者权益变动表等报表中列示项目的文字描述或明细资料，以及对未能在这些报表中列示项目的说明等。

(二) 财务报表的分类

财务报表可以按照不同的标准进行分类。

1. 按财务报表编报期间的不同，可以分为中期财务报表和年度财务报表

中期财务报表是以短于一个完整会计年度的报告期间为基础编制的财务报表，包括月报、季报和半年报等。中期财务报表至少应当包括资产负债表、利润表、现金流量表和附注，其中，中期资产负债表、利润表和现金流量表应当是完整报表，其格式和内容应当与年度财务报表相一致。与年度财务报表相比，中期财务报表中的附注披露可适当简略。

2. 按财务报表编报主体的不同，可以分为个别财务报表和合并财务报表

个别财务报表是由企业在自身会计核算基础上对账簿记录进行加工而编制的财务报表，它主要用以反映企业自身的财务状况、经营成果和现金流量情况。合并财务报表是以母公司和子公司组成的企业集团为会计主体，根据母公司和所属子公司的财务报表，由母公司编制的综合反映企业集团财务状况、经营成果及现金流量的财务报表。

第三节　资产负债表

一、资产负债表概述

资产负债表是指反映企业在某一特定日期的财务状况的报表。资产负债表主要反映资产、负债和所有者权益三方面的内容。并满足“资产=负债+所有者权益”等式。

(一) 资产

资产，反映由过去的交易、事项形成并由企业在某一特定日期所拥有或控制的、预期会给企业带来经济利益的资源。资产应当按照流动资产和非流动资产两大类别在资产负债表中列示，在流动资产和非流动资产类别下进一步按性质分项列示。

1. 流动资产

流动资产是指预计在一个正常营业周期中变现、出售或耗用，或者主要为交易目的而持有，或者预计在资产负债表日起一年内(含一年)变现的资产，或者自资产负债表日起一

年内交换其他资产或清偿负债的能力不受限制的现金或现金等价物。

资产负债表中列示的流动资产项目通常包括货币资金、交易性金融资产、应收票据及应收账款、预付款项、其他应收款、存货和一年内到期的非流动资产等。

2. 非流动资产

非流动资产是指流动资产以外的资产。资产负债表中列示的非流动资产项目通常包括长期股权投资、固定资产、在建工程、工程物资、固定资产清理、无形资产、开发支出、长期待摊费用以及其他非流动资产等。

(二) 负债

负债，反映在某一特定日期企业所承担的、预期会导致经济利益流出企业的现时义务。负债应当按照流动负债和非流动负债在资产负债表中进行列示，在流动负债和非流动负债类别下进一步按性质分项列示。

1. 流动负债

流动负债是指预计在一个正常营业周期中清偿，或者主要为交易目的而持有，或者自资产负债表日起一年内(含一年)到期应予以清偿，或者企业无权自主将清偿推迟至资产负债表日后一年以上的负债。资产负债表中列示的流动负债项目通常包括短期借款、应付票据及应付账款、预收款项、应付职工薪酬、应交税费、其他应付款、一年内到期的非流动负债等。

2. 非流动负债

非流动负债是指流动负债以外的负债。非流动负债项目通常包括长期借款、应付债券和其他非流动负债等。

(三) 所有者权益

所有者权益，是企业资产扣除负债后的剩余权益，反映企业在某一特定日期股东(或投资者) 拥有的净资产的总额。它一般按照实收资本(或股本)、其他权益工具、资本公积、盈余公积和未分配利润分项列示。

二、资产负债表的结构

我国企业的资产负债表采用账户式结构。账户式资产负债表分左右两方，左方为资产项目，大体按资产的流动性大小排列，流动性大的资产如“货币资金”“交易性金融资产”等排在前面，流动性小的资产如“长期股权投资”“固定资产”等排在后面。右方为负债及所有者权益项目，一般按要求清偿时间的先后顺序排列：“短期借款”“应付票据”“应付账款”等需要在一年以内或者长于一年的一个正常营业周期内偿还的流动负债排在前面，“长期借款”等在一年以上才需偿还的非流动负债排在中间，在企业清算之前不需要偿还的所有者权益项目排在后面。

账户式资产负债表中的资产各项目的合计等于负债和所有者权益各项目的合计，即资产负债表左方和右方平衡。因此，通过账户式资产负债表，可以反映资产、负债、所有者权益之间的内在关系，即资产=负债+所有者权益。

我国资产负债表格式如表19-1所示。

表19-1　资产负债表　　会企01表

编制单位：　　年　月　日　　单位：元

资产	期末余额	年初余额	负债及所有者权益	期末余额	年初余额
流动资产：			流动负债：		
货币资金			短期借款		
交易性金融资产			交易性金融负债		
衍生金融资产			衍生金融资产		
应收票据及应收账款			应付票据及应付账款		
预付账款			预收账款		
应收利息			合同负债		
其他应收款			应付职工薪酬		
存货			应交税费		
合同资产			其他应付款		
持有待售资产			持有待售负债		
一年内到期的非流动资产			一年内到期的非流动负债		
其他流动资产			其他流动负债		
流动资产合计			**流动负债合计**		
非流动资产：			非流动负债：		
可供出售金融资产			长期借款		
持有至到期投资			应付债券		
长期应收款			长期应付款		
长期股权投资			预计负债		
投资性房地产			递延收益		
固定资产			递延所得税负债		
在建工程			其他非流动负债		
工程物资			**非流动负债合计**		
固定资产清理			**负债合计**		
生产性生物资产			所有者权益：		
油气资产			实收资本(或股本)		
无形资产			其他权益工具		
开发支出			其中：优先股		
商誉			永续债		
长期待摊费用			资本公积		
递延所得税资产			减：库存股		
其他非流动资产			盈余公积		
非流动资产合计			未分配利润		
资产总计			**所有者权益合计**		
			负债及所有者权益合计		

三、资产负债表的编制

资产负债表各项目均需填列“年初余额”和“期末余额”两栏。其中“年初余额”栏内各项数字，应根据上年年末资产负债表的“期末余额”栏内所列数字填列。

“期末余额”栏主要有以下几种填列方法。

(1) 根据总账科目余额填列。如“交易性金融资产”“短期借款”“应付职工薪酬”等项目，分别根据“交易性金融资产”“短期借款”“应付职工薪酬”总账科目的余额直接填列；有些项目则需根据几个总账科目的期末余额计算填列，如“货币资金”项目，需根据“库存现金”“银行存款”“其他货币资金”三个总账科目的期末余额的合计数填列。

例19-1 光明公司2018年12月31日结账后的“库存现金”科目余额为10 000元，“银行存款”科目金额为6 000 000元，“其他货币资金”科目余额为1 000 000元。则光明公司2018年12月31 日资产负债表中的“货币资金”项目金额为(　　)元。

【解析】本例中，企业应当按照“库存现金”“银行存款”和“其他货币资金”三个总账科目余额加总后的金额，作为资产负债表中“货币资金”项目的金额。“货币资金”项目金额=10 000+6 000 000+1 000 000=7 010 000(元)。

例19-2 光明公司2018年12月31日结账后的“交易性金融资产”科目余额为200 000元。则光明公司2018年12月31日资产负债表中的“交易性金融资产”项目金额为(　　)元。

【解析】本例中，由于企业是以公允价值计量交易性金融资产，每期交易性金融资产价值的变动，无论上升还是下降，均已直接调整“交易性金融资产”科目金额，因此，企业应当直接以“交易性金融资产”总账科目余额填列在资产负债表中。

例19-3 光明公司2018年3月1日向银行借入1年期借款320 000元，向其他金融机构借款230 000元，无其他短期借款业务发生。则光明公司2018年12月31日资产负债表中的“短期借款”项目金额为(　　)。

【解析】本例中，企业直接以“短期借款”总账科目余额填列在资产负债表中。“短期借款”项目金额=320 000+230 000=550 000(元)。

例19-4 光明公司年末向股东发放现金股利400 000元，股票股利 100 000元，现金股利尚未支付。则光明公司2018年12月31日资产负债表中的“应付股利”项目金额为(　　)元。

【解析】本例中，企业发放的股票股利不通过“应付股利”科目核算，因此，资产负债表中“应付股利” 即为尚未支付的现金股利金额，即400 000元。

例19-5 光明公司2018年12月31日应付新华公司商业票据32 000元，应付兴华公司商业票据56 000，尚未支付。则光明公司2018年12月31日资产负债表中“应付票据”项目金额为(　　)元。

【解析】本例中，企业直接以“应付票据”总账科目余额填列在资产负债表中。“应付票据”项目金额=32 000+56 000=88 000(元)。

例19-6　光明公司2018年12月31日应付管理人员工资300 000元，应计提福利费42 000元，应付车间工作人员工资57 000元，无其他应付职工薪酬项目。则光明公司2018年12月31日资产负债表中“应付职工薪酬”项目金额为(　　)元。

【解析】本例中，管理人员工资、车间工作人员工资和福利费都属于职工薪酬的范围，应当以各种应付未付职工薪酬加总后的金额，即“应付职工薪酬”总账科目金额填列在资产负债表中。“应付职工薪酬”项目金额=300 000+42 000+57 000=399 000(元)。

例19-7　光明公司2018年1月1日发行了一次还本付息的公司债券，面值为1 000 000元，当年12月31日应计提的利息为10 000元。则光明公司2018年12月31日资产负债表中“应付债券”填列金额为(　　)元。

【解析】本例中，企业应当将债券面值和应计提的利息作为“应付债券”填列为资产负债表中“应付债券”项目的金额。“应付债券”项目金额=1000 000+ 10 000=1 010 000(元)。

(2) 根据明细账科目余额计算填列。如“应付账款”项目，需要根据“应付账款”和“预付账款”两个科目所属的相关明细科目的期末贷方余额计算填列；“应收账款”项目，需要根据“应收账款”和“预收账款”两个科目所属的相关明细科目的期末借方余额计算填列。

例19-8　光明公司2018年12月31日结账后有关科目所属明细科目借贷方余额如表19-2所示。

表19-2　有关科所属明细科目借贷方余额表　　单位：元

科目名称	明细科目借方余额合计	明细科目贷方余额合计
应收账款	1 600 000	100 000
预付账款	800 000	60 000
应付账款	400 000	1 800 000
预收账款	600 000	1 400 000

光明公司2018年12月31日资产负债表中相关项目中

①“应收账款”项目金额为(　　)元

②“预付账款”项目金额为(　　)元

③“应付账款”项目金额为(　　)元

④“预收账款”项目金额为(　　)元

【解析】本例中，应收账款项目，应当根据“应收账款”科目所属明细科目借方余额

1 600 000元和“预收账款”科目所属明细科目借方余额600 000元加总，作为资产负债表中“应收账款”的项目金额，即2 200 000元。

预付款项项目，应当根据“预付账款”科目所属明细科目借方余额800 000元和“应付账款”科目所属明细科目借方余额400 000元加总，作为资产负债表中“预付款项”的项目金额，即1 200 000元。

应付账款项目，应当根据“应付账款”科目所属明细科目贷方余额1 800 000元和“预付账款”科目所属明细科目贷方余额60 000元加总，作为资产负债表中“应付账款”的项目金额，即1 860 000元。

预收款项项目，应当根据“预收账款”科目所属明细科目贷方余额1 400 000元和“应收账款”科目所属明细科目贷方余额100 000元加总，作为资产负债表中“预收款项”的项目金额，即1 500 000元。

(3) 根据总账科目和明细科目余额分析计算填列。资产负债表的有些项目，需要依据总账科目和明细科目两者的余额分析填列，如“长期借款”项目，应根据“长期借款”总账科目余额扣除“长期借款”科目所属的明细科目中将在资产负债表日起一年内到期且企业不能自主将清偿义务展期的长期借款后的金额填列。

例19-9 光明公司2018年12月31日长期借款情况如表19-3所示。

表19-3 有关长期借款情况

借款起始日期	借款期限/年	金额/元
2018年1月1日	3	1 000 000
2017年1月1日	5	2 000 000
2015年6月1日	4	1 500 000

则该企业2018年12月31日资产负债表中“长期借款”项目金额为(　　)元。

【解析】本例中，企业应当根据“长期借款”总账科目余额4 500 000(1 000 000+2 000 000+1 500 000)元，减去一年内到期的长期借款1 500 000元，作为资产负债表中“长期借款”的金额，即3 000 000元。

(4) 根据有关科目余额减去其备抵科目余额后的净额填列。如资产负债表中的“应收账款”“长期股权投资”等项目，应根据“应收账款”“长期股权投资”等科目的期末余额减去“坏账准备”“长期股权投资减值准备”等科目余额后的净额填列；“固定资产”项目，应根据“固定资产”科目期末余额减去“累计折旧”“固定资产减值准备”科目余额后的净额填列；“无形资产”项目，应根据“无形资产”科目期末余额减去“累计摊销”“无形资产减值准备”科目余额后的净额填列。

例19-10 光明公司2018年12月31日结账后“应收账款”科目所属各明细科目的期末借方余额合计450 000元，贷方余额合计220 000元，对应收账款计提的坏账准备为50 000

元，假定“预收账款”科目所属明细科目无借方余额。则该企业2018年12月31日资产负债表中的“应收账款”项目金额为(　　)元。

【解析】本例中，企业应当以“应收账款”科目所属明细科目借方余额450 000元，减去对应收账款计提的坏账准备50 000元后的净额，作为资产负债表“应收账款”项目的金额，即400 000元。应收账款科目所属明细科目贷方余额，应与“预收账款”科目所属明细科目贷方余额加总，填列为“预收款项”项目。

(5) 综合运用上述填列方法分析填列。如资产负债表中的“存货”项目，需根据“原材料”“库存商品”“委托加工物资”“周转材料”“材料采购”“在途物资”“发出商品”“材料成本差异”等总账科目期末余额的分析汇总数，再减去“存货跌价准备”备抵科目余额后的金额填列。

例19-11　光明公司采用计划成本核算材料，2018年12月31日结账后有关科目余额为：“材料采购”科目余额为140 000元(借方)，“原材料”科目余额为2 400 000元(借方)，“周转材料”科目余额为1 800 000元(借方)，“库存商品”科目余额为1 600 000元(借方)，“生产成本”科目余额为600 000元(借方)，“材料成本差异”科目余额为120 000元(贷方)，“存货跌价准备”科目余额为210 000元(贷方)。则光明公司2018年12月31日资产负债表中的“存货”项目金额为(　　)元。

【解析】本例中，企业应当以“材料采购”(表示在途材料采购成本)、“原材料”“周转材料”(比如包装物和低值易耗品等)、“库存商品”“生产成本”(表示期末在产品金额)等总账科目余额加总后，再减去“材料成本差异”总账科目的余额(若为借方余额，应加上)，再减去“存货跌价准备”总账科目余额后的金额。作为资产负债表中“存货”的项目金额，即“存货”项目金额=140 000+2 400 000+1 800 000+1 600 000+600 000−120 000−210 000=6 210 000(元)。

第四节　利润表

一、利润表概述

利润表是指反映企业在一定会计期间的经营成果的报表。

利润表可以反映企业在一定会计期间收入、费用、利润(或亏损)的数额、构成情况，帮助财务报表使用者全面了解企业经营成果，分析企业获利能力及盈利增长趋势，从而为其做出经营决策提供依据。

利润表的格式主要有多步式和单步式。我国采用多步式利润表。

二、利润表的编制

(一) 利润表的主要编制步骤

第一步，以营业收入为基础，计算营业利润。其计算公式为

营业利润=营业收入-营业成本-税金及附加-销售费用-管理费用-财务费用-资产减值损失-信用减值损失+其他收益+投资收益(-投资损失)+公允价值变动收益(-公允价值变动损失)+资产处置收益(-资产处置损失)

第二步，以营业利润为基础，计算利润总额。其计算公式为

利润总额=营业利润+营业外收入-营业外支出

第三步，以利润总额为基础，计算净利润。其计算公式为

净利润=利润总额-所得税费用

第四步，以净利润(或净亏损)为基础，计算出每股收益。

第五步，以净利润(或净亏损)和其他综合收益为基础，计算出综合收益总额。

普通股或潜在普通股已公开交易的企业，以及正处于公开发行普通股或潜在普通股过程中的企业，还应当在利润表中列示每股收益信息。

(二) 利润表的编制方法

按照我国企业利润表的格式要求，利润表一般设有“本期金额”和“上期金额”两栏。利润表中“本期金额”栏反映各项目的本期实际发生数。在编报月度报表时，应根据有关损益类账户的本月发生额分析填列；利润表中“上期金额”栏反映各项目上年累计实际发生数。

利润表中各项目主要根据各损益类账户的发生额分析填列，具体填列方法如下所述。

(1) “营业收入”项目，反映企业经营主要业务和其他业务所确认的收入总额。根据“主营业务收入”和“其他业务收入”之和填列。

(2) “营业成本”项目，反映企业经营主要业务和其他业务发生的实际成本总额。根据“主营业务成本”和“其他业务成本”之和填列。

(3) “税金及附加”项目，反映企业经营业务应负担的消费税、城市维护建设税、资源税、土地增值税和教育费附加、印花税等。根据“税金及附加”账户的发生额填列。

(4) “销售费用”项目，反映企业在销售商品过程中发生的包装费、广告费等和为销售本企业商品而专设的销售机构的职工薪酬、业务费等经营费用。根据“销售费用”账户的发生额填列。

(5) “管理费用”项目，反映企业为组织和管理生产经营发生的管理费用。根据“管理费用”账户的发生额分析填列。

(6)“研发支出”项目，反映企业进行研究与开发过程中发生的费用化支出。该项目应根据“管理费用”科目下的“研发费用”明细科目的发生额分析填列。

(7) “财务费用”项目，反映企业筹集生产经营所需资金等而发生的筹资费用。根据“财务费用”账户的发生额分析填列。

(8) “资产减值损失”项目，反映企业各项资产发生的减值损失。根据“资产减值损失”账户的发生额填列。

(9) “信用减值损失”项目，反映企业计提的各项金融工具减值准备所形成的预期信用损失。该项目应根据“信用减值损失” 账户的发生额分析填列。

(10) “公允价值变动损益”项目，反映企业交易性金融资产、交易性金融负债以及采用公允价值模式计量的投资性房地产等公允价值变动形成的应计入当期损益的利得或损失。根据“公允价值变动损益”账户填列。

(11)“资产处置收益”项目，反映企业出售划分为持有待售的非流动资产(金融工具、长期股权投资和投资性房地产除外)或处置组时确认的处置利得或损失，以及处置未划分为持有待售的固定资产、在建工程、生产性生物资产及无形资产而产生的处置利得或损失。债务重组中因处置非流动资产产生的利得或损失、非货币性资产交换产生的利得或损失也包括在本项目内。本项目应根据“资产处置损益”科目的发生额分析填列；如为处置损失，以“-”号填列。

(12) “投资收益”项目，反映企业以各种方式对外投资所取得的收益。根据“投资收益”账户分析填列。

(13) “营业外收入”“营业外支出”项目，反映企业发生的与其经营活动无直接关系的各项收入和支出。根据“营业外收入”和“营业外支出”账户的发生额分析填列。其中，处置非流动资产损失，应当单独列示，根据“营业外支出”账户的明细账户发生额填列。

(14) “所得税费用”项目，反映企业根据所得税准则确认的应从当期利润总额中扣除的所得税费用。根据“所得税费用”账户的发生额填列。

(15)“净利润”项目，反映企业实现的净利润。如为亏损，以“-”来表示。

(16)“其他综合收益的税后净额”项目，反映企业根据企业会计准则规定未在损益中确认的各项利得和损失扣除所得税影响后的净额。

(17)“综合收益总额”项目，反映企业净利润与其他综合收益(税后净额)的合计金额。

(18)“每股收益”项目，包括基本每股收益和稀释每股收益两项指标，反映普通股或潜在普通股已公开交易的企业，以及正处在公开发行普通股或潜在普通股过程中的企业的每股收益信息。

例19-12 光明公司2018年度有关损益类账户的科目发生额如表19-4所示。

表19-4 科目发生额表

单位：元

科目名称	借方发生额	贷方发生额
主营业务收入		1 200 000
其他业务收入		80 000
营业外收入		16 000
主营业务成本	730 000	
税金及附加	50 000	
其他业务成本	24 000	
销售费用	16 000	

(续表)

科目名称	借方发生额	贷方发生额
管理费用	39 000	
财务费用	8 800	
所得税费用	156 000	

根据光明公司的损益类账户发生额表，编制公司2018年度的利润表。

【答案】光明公司2018年度利润表如表19-5所示。

表19-5　利润表

编制单位：光明公司　　2018年度　　单位：元

项目	本期金额	上期金额(略)
一、营业收入	1 280 000	
减：营业成本	754 000	
税金及附加	50 000	
销售费用	16 000	
管理费用	39 000	
研发费用		
财务费用	8 800	
其中：利息费用		
利息收入		
资产减值损失		
信用减值损失		
加：其他收益		
投资收益(损失以“-”号填列)		
其中：对联营企业和合营企业的投资收益		
公允价值变动收益(损失以“-”号填列)		
资产处置收益		
二、营业利润(亏损以“-”号填列)	412 200	
加：营业外收入	16 000	
减：营业外支出		
其中：非流动资产处置损失		
三、利润总额(亏损总额以“-”号填列)	428 200	
减：所得税费用	156 000	
四、净利润(净亏损以“-”号填列)	272 200	
五、其他综合收益税后净额	0	
(一) 以后不能重分类进损益的其他综合收益		
(二) 以后将重分类进损益的其他综合收益		
六、综合收益总额	272 200	
七、每股收益	略	
(一) 基本每股收益	略	
(二) 稀释每股收益	略	

例19-13 光明公司当期应交纳的增值税为54 000元，当期交纳的消费税、资源税、城建税和教育费附加分别为5 000元、600元、8 500元、6 810元，则反映在利润表上的“税金及附加”项目的金额应为(　　)元。

A. 74 910　　B. 20 910　　C. 14 100　　D. 54 000

【解析】应交增值税不计入利润表，因此在利润表“税金及附加”项目反映的金额=5 000+600+8 500+6 810=20 910(元)。

例19-14 光明公司为增值税一般纳税企业，销售的产品为应纳增值税产品，增值税税率为13%，产品销售价格中不含增值税额。产品销售成本按经济业务逐笔结转。所得税税率25%。光明公司2019年发生如下经济业务：

(1) 向B公司销售甲产品一批，销售价格535 000元，产品成本305 000元。产品已经发出，并开出增值税专用发票，已向银行办妥托收手续。

(2) 根据债务人的财务状况，对应收账款计提20 000元坏账准备。

(3) 采用预收款方式销售商品，当年收到第一笔款项10 000元，已存入银行。

(4) 收到B公司甲产品退货。该退货为光明公司2018年售出的，售出时售价共计2 000元，成本1 750元，该货款当时已如数收存银行。光明公司用银行存款支付退货款项，退回的甲产品已验收入库，并按规定开出红字增值税专用发票。

(5) 年末公司持有的交易性金融资产账面价值为40 000元，公允价值为41 000元。

(6) 计提已完工工程项目的长期借款利息3 000元；用银行存款支付发生的管理费用5 000元，销售费用2 000元。

(7) 销售产品应交的城市维护建设税1 400元，应交的教育费附加600元。

(8) 计算应交所得税不考虑纳税调整事项。

要求：(1) 编制光明公司有关经济业务的会计分录(除“应交税费”科目外，其余科目可不写明细科目)。

(2) 编制光明公司2019年度的利润表。

【答案】(1) 编制会计分录：

① 向新华公司销售甲产品并结转销售成本

借：应收账款　　604 550
　　贷：主营业务收入　　535 000
　　　　应交税费——应交增值税(销项税额)　　69 550

借：主营业务成本　　305 000
　　贷：库存商品　　305 000

② 借：信用减值损失　　20 000
　　贷：坏账准备　　20 000

③ 借：银行存款　　10 000
　　贷：预收账款　　10 000

④ 销售退回:

借: 主营业务收入　　2 000

　应交税费——应交增值税(销项税额)　　260

　　贷: 银行存款　　2 260

借: 库存商品　　1 750

　　贷: 主营业务成本　　1 750

⑤ 借: 交易性金融资产——公允价值变动　　1 000

　　贷: 公允价值变动损益　　1 000

⑥ 计提借款利息和支付费用

借: 财务费用　　3 000

　　贷: 应付利息　　3 000

借: 管理费用　　5 000

　销售费用　　2 000

　　贷: 银行存款　　7 000

⑦ 计提相关税金及附加

借: 税金及附加　　2 000

　　贷: 应交税费——应交城市维护建设税　　1 400

　　　　　　——应交教育费附加　　600

⑧应纳税所得额=535 000-305 000+1 750-20 000-2 000+1 000-3 000-5 000-2 000-2 000=198 750(元)

应交所得税=198 750×25%=4 9687.5(元)

借: 所得税费用　　49 687.5

　　贷: 应交税费——应交所得税　　49 687.5

(2) 编制的利润表如表19-6所示。

表19-6 利润表

编制单位: 光明公司　　2019年度　　单位: 元

项目	本期金额
一、营业收入	533 000
减: 营业成本	303 250
税金及附加	2 000
销售费用	2 000
管理费用	5 000
研发费用	3 000
财务费用	
其中: 利息费用	
利息收入	
信用减值损失	20 000
信用减值损失	

(续表)

项目	本期金额
加：其他收益	
投资收益(损失以“-”号填列)	
其中：对联营企业和合营企业的投资收益	
公允价值变动收益(损失以“-”号填列)	1 000
资产处置收益	
二、营业利润(亏损以“-”号填列)	198 750
加：营业外收入	—
减：营业外支出	—
其中：非流动资产处置损失	—
三、利润总额(亏损总额以“-”号填列)	198 750
减：所得税费用	49 687.5
四、净利润(净亏损以“-”号填列)	149 062.5
五、其他综合收益税后净额	0
(一) 以后不能重分类进损益的其他综合收益	
(二) 以后将重分类进损益的其他综合收益	
六、综合收益总额	149 062.5
七、每股收益：	
(一) 基本每股收益	—
(二) 稀释每股收益	—

第五节　现金流量表

一、现金流量表概述

(一) 现金流量表及相关概念

现金流量表是反映企业在一定会计期间现金和现金等价物流入和流出的报表。

企业现金流量可以分为经营活动产生的现金流量、投资活动产生的现金流量和筹资活动产生的现金流量。

现金是指企业库存现金以及可以随时用于支付的存款，包括库存现金、银行存款和其他货币资金等。不能随时用于支付的存款不属于现金。

现金等价物是指企业持有的期限短、流动性强、易于转换为已知金额现金、价值变动风险很小的投资。期限短，一般是指从购买日起三个月内到期。现金等价物通常包括三个月内到期的债券投资等。权益性投资变现的金额通常不确定，因而不属于现金等价物。企业应当根据具体情况，确定现金等价物的范围，一经确定，不得随意变更。

(二) 现金流量的分类

企业产生的现金流量分为以下几种。

1. 经营活动产生的现金流量

经营活动是指企业投资活动和筹资活动以外的所有交易和事项。经营活动产生的现金流量主要包括销售商品或提供劳务、购买商品、接受劳务、支付工资和交纳税款等流入和流出的现金和现金等价物。

2. 投资活动产生的现金流量

投资活动是指企业长期资产的购建和不包括在现金等价物范围内的投资及其处置活动。投资活动产生的现金流量主要包括购建固定资产、处置子公司及其他营业单位等流入和流出的现金和现金等价物。

3. 筹资活动产生的现金流量

筹资活动是指导致企业资本及债务规模和构成发生变化的活动。筹资活动产生的现金流量主要包括吸收投资、发行股票、分配利润、发行债券、偿还债务等流入和流出的现金和现金等价物。偿付应付账款、应付票据等商业应付款等属于经营活动，不属于筹资活动。

二、现金流量表的结构

现金流量表采用报告式结构，分类反映经营活动产生的现金流量、投资活动产生的现金流量和筹资活动产生的现金流量，最后汇总反映企业某一期间现金及现金等价物净增加额。

(一) 经营活动产生的现金流量

1. 销售商品、提供劳务收到的现金

本项目反映企业销售商品、提供劳务实际收到的现金，包括销售收入和应向购买者收取的增值税销项税额，具体包括以下内容：本期销售商品、提供劳务收到的现金，以及前期销售商品、提供劳务本期收到的现金和本期预收的款项，减去本期销售本期退回的商品和前期销售本期退回的商品支付的现金。

需要注意的是，企业销售材料和代购代销业务收到的现金，也在本项目反映。

企业本期销售商品、提供劳务收到的现金金额的计算公式如下

销售商品、提供劳务收到的现金=本期销售商品、提供劳务收到的现金+本期收到前期的应收账款+本期收到前期的应收票据+本期的预收账款-本期因销售退回而支付的现金+本期收回前期核销的坏账损失

2. 收到的税费返还

本项目反映企业收到返还的各种税费，如收到的增值税、所得税、消费税、关税和教育费附加返还款等。

3. 收到其他与经营活动有关的现金

本项目反映企业除上述各项目外，收到的其他与经营活动有关的现金，如经营租赁收到的租金、罚款收入、流动资产损失中由个人赔偿的现金收入等。其他与经营活动有关的现金，如果价值较大的，应单列项目反映。

4. 购买商品、接受劳务支付的现金

本项目反映企业购买材料、商品、接受劳务实际支付的现金，包括支付的货款以及与货款一并支付的增值税进项税额，具体包括以下内容：本期购买商品、接受劳务支付的现金，以及本期支付前期购买商品、接受劳务的未付款项和本期预付款项，减去本期发生的购货退回收到的现金。

企业购买材料和代购代销业务支付的现金，也在本项目反映。

企业本期购买商品、接受劳务支付的现金金额的计算公式如下

购买商品、接受劳务支付的现金=本期购买商品、接受劳务支付的现金+本期支付前期的应付账款+本期支付前期的应付票据+本期预付的账款-本期因购货退回收到的现金

5. 支付给职工以及为职工支付的现金

本项目反映企业实际支付给职工的现金以及为职工支付的现金，包括本期实际支付给职工的工资、奖金、各种津贴和补贴等职工薪酬(包括代扣代缴的职工个人所得税)。不包括支付的离退休人员的各项费用和支付给在建工程人员的工资等。支付的离退休人员的各项费用，包括支付的统筹退休金以及未参加统筹的退休人员的费用，在“支付的其他与经营活动有关的现金”项目中反映；支付的在建工程人员的工资，在“购建固定资产、无形资产和其他长期资产所支付的现金”项目中反映。

需要注意的是，企业为职工支付的养老、失业等社会保险基金、企业年金(补充养老保险)，支付给职工的住房困难补助，企业为职工缴纳的商业保险金，企业支付给职工或为职工支付的其他福利费用等，应根据职工的工作性质和服务对象，分别在“购建固定资产、无形资产和其他长期资产所支付的现金”和“支付给职工以及为职工支付的现金”项目中反映。

6. 支付的各项税费

本项目反映企业按规定支付的各项税费，包括本期发生并支付的税费，以及本期支付以前各期发生的税费和预交的税金，如支付的增值税款、支付的所得税款、支付的除增值税、所得税以外的其他税费(支付的教育费附加、矿产资源补偿费、印花税、房产税、土地增值税、车船使用税)等。本项目不包括计入固定资产价值、实际支付的耕地占用税等，也不包括本期退回的增值税、所得税。本期退回的增值税、所得税，在“收到的税费返还”项目中反映。

7. 支付其他与经营活动有关的现金

本项目反映企业除上述各项目外，支付的其他与经营活动有关的现金，如经营租赁所支付的现金、罚款支出、支付的差旅费、业务招待费、保险费等。其他与经营活动有关的现金，如果价值较大的，应单列项目反映。

(二) 投资活动产生的现金流量

1. 收回投资所收到的现金

本项目反映企业出售、转让或到期收回除现金等价物以外的对其他企业的权益工具、债务工具和合营中的权益等投资收到的现金。不包括长期债权投资收回的利息，以及收回的非现金资产。长期债权投资收回的利息，不在本项目中反映，而在“取得投资收益所收到的现金”项目中反映。

2. 取得投资收益收到的现金

本项目反映企业除现金等价物以外的对其他企业的权益工具、债务工具和合营中的权益投资分回的现金股利和利息等。

需要注意的是，股票股利不在本项目中反映；包括在现金等价物范围内的债券性投资，其利息收入在本项目中反映。

3. 处置固定资产、无形资产和其他长期资产收回的现金净额

本项目反映企业出售固定资产、无形资产和其他长期资产所取得的现金减去为处置这些资产而支付的有关费用后的净额。处置固定资产、无形资产和其他长期资产所收到的现金，与处置活动支付的现金，两者在时间上比较接近，以净额更能反映处置活动对现金流量的影响，且由于金额不大，故以净额反映。

需要注意的是，固定资产报废、毁损的变卖收益以及遭受灾害而收到的保险赔偿收入等，也包括在本项目中反映；处置固定资产、无形资产和其他长期资产所收回的现金净额为负数，则应作为投资活动产生的现金流量，在“支付的其他与投资活动有关的现金”项目中反映。

4. 处置子公司及其他营业单位收到的现金净额

本项目反映企业处置子公司及其他营业单位所取得的现金减去相关处置费用以及子公司及其他营业单位持有的现金和现金等价物后的净额。

5. 收到其他与投资活动有关的现金

本项目反映企业除上述各项目外收到的其他与投资活动有关的现金。其他与投资活动有关的现金，如果价值较大的，应单列项目反映。

6. 购建固定资产、无形资产和其他长期资产支付的现金

本项目反映企业购买、建造固定资产，取得无形资产和其他长期资产所支付的现金，包括购买机器设备所支付的现金及增值税款、建造工程支付的现金、支付在建工程人员的薪酬等现金支出，不包括为购建固定资产而发生的借款利息资本化部分，以及融资租入固定资产所支付的租赁费。为购建固定资产而发生的借款利息资本化部分，以及融资租入固定资产所支付的租赁费，应在“筹资活动产生的现金流量——支付其他与筹资活动有关的现金”项目中反映，不在本项目中反映。企业以分期付款方式购建的固定资产，其首次付款支付的现金在本项目中反映，以后各期支付的现金在“筹资活动产生的现金流量——支付的其他与筹资活动有关的现金”项目中反映。

7. 投资支付的现金

本项目反映企业取得除现金等价物以外的对其他企业的权益工具、债务工具和合营中的权益所支付的现金以及支付的佣金、手续费等附加费用。

企业购买债券的价款中含有债券利息的，以及溢价或折价购入的，均按实际支付的金额反映。

需要注意的是，企业购买股票和债券时，实际支付的价款中包含的已宣告但尚未领取的现金股利或已到付息期但尚未领取的债券利息，应在“支付的其他与投资活动有关的现金”项目中反映；企业收回购买股票和债券时，支付的已宣告但尚未领取的现金股利或已到付息期但尚未领取的债券利息，应在“收到的其他与投资活动有关的现金”项目中反映。

8. 取得子公司及其他营业单位支付的现金净额

本项目反映企业购买子公司及其他营业单位购买出价中以现金支付的部分减去子公司及其他营业单位持有的现金和现金等价物后的净额。

整体购买一个单位，其结算方式是多种多样的，如购买方全部以现金支付或一部分以现金支付而另一部分以实物清偿。同时，企业购买子公司及其他营业单位是整体交易，子公司和其他营业单位除有固定资产和存货外，还可能持有现金和现金等价物。这样，整体购买子公司或其他营业单位的现金流量，就应以购买出价中以现金支付的部分减去子公司或其他营业单位持有的现金和现金等价物后的净额反映。

9. 支付其他与投资活动有关的现金

本项目反映企业除上述各项目外，支付的其他与投资活动有关的现金。其他与投资活动有关的现金，如果价值较大的，应单列项目反映。

(三) 筹资活动产生的现金流量

1. 吸收投资收到的现金

本项目反映企业以发行股票、债券等方式筹集资金实际收到的款项净额(发行收入减去支付的佣金等发行费用后的净额)。

需要注意的是，以发行股票、债券等方式筹集资金而由企业直接支付的审计、咨询等费用，不在本项目中反映，而在“支付的其他与筹资活动有关的现金”项目中反映；由金融企业直接支付的手续费、宣传费、咨询费、印刷费等费用，从发行股票、债券取得的现金收入中扣除，以净额列示。

2. 取得借款收到的现金

本项目反映企业举借各种短期、长期借款而收到的现金。

3. 收到其他与筹资活动有关的现金

本项目反映企业除上述各项目外收到的其他与筹资活动有关的现金。其他与筹资活动有关的现金，如果价值较大的，应单列项目反映。本项目可根据有关科目的记录分析填列。

4. 偿还债务支付的现金

本项目反映企业以现金偿还债务的本金，包括归还金融企业的借款本金、偿付企业到期的债券本金等。

需要注意的是，企业偿还的借款利息、债券利息，在“分配股利、利润或偿付利息所支付的现金”项目中反映，不在本项目中反映。

5. 分配股利、利润或偿付利息支付的现金

本项目反映企业实际支付的现金股利、支付给其他投资单位的利润或用现金支付的借款利息、债券利息所支付的现金。

需要说明的是，“分配股利或利润所支付的现金”“偿付利息所支付的现金”项目应在“分配股利、利润或偿付利息所支付的现金”项目中反映。此外，不同用途的借款，其利息的开支渠道不一样，如在建工程、财务费用等，但均在本项目中反映。

6. 支付其他与筹资活动有关的现金

本项目反映企业除上述各项目外，支付的其他与筹资活动有关的现金(如“发生筹资费用所支付的现金”“融资租赁所支付的现金”“减少注册资本所支付的现金”)。其他与筹资活动有关的现金，如果价值较大的，应单列项目反映。

(四) 现金流量表格式及列示说明

现金流量表格式分别按一般企业、商业银行、保险公司、证券公司等企业类型予以规定。企业应当根据其经营活动的性质，确定本企业适用的现金流量表格式。

政策性银行、信托投资公司、租赁公司、财务公司、典当公司应当执行商业银行现金流量表格式规定，如有特别需要，可以结合本企业的实际情况，进行必要调整和补充。

担保公司应当执行保险公司现金流量表格式规定，如有特别需要，可以结合本企业的实际情况，进行必要调整和补充。

资产管理公司、基金公司、期货公司应当执行证券公司现金流量表格式规定，如有特别需要，可以结合本企业的实际情况，进行必要调整和补充。

一般企业现金流量表的格式如表19-7所示。

表19-7 现金流量表 会企03表

编制单位： ________年度 单位：元

项目	本期金额	上期金额
一、经营活动产生的现金流量：		
销售商品、提供劳务收到的现金		
收到的税费返还		
收到的其他与经营活动有关的现金		
经营活动现金流入小计		
购买商品、接受劳务支付的现金		
支付给职工以及为职工支付的现金		
支付的各项税费		
支付其他与经营活动有关的现金		
经营活动现金流出小计		
经营活动产生的现金流量净额		

(续表)

项目	本期金额	上期金额
二、投资活动产生的现金流量:		
收回投资收到的现金		
取得投资收益收到的现金		
处置固定资产、无形资产和其他长期资产收回的现金净额		
处置子公司及其他营业单位收到的现金净额		
收到的其他与投资活动有关的现金		
投资活动现金流入小计		
购建固定资产、无形资产和其他长期资产支付的现金		
投资支付的现金		
取得子公司及其他营业单位支付的现金净额		
支付其他与投资活动有关的现金		
投资活动现金流出小计		
投资活动产生的现金流量净额		
三、筹资活动产生的现金流量:		
吸收投资收到的现金		
取得借款收到的现金		
收到其他与筹资活动有关的现金		
筹资活动现金流入小计		
偿还债务支付的现金		
分配股利、利润或偿付利息支付的现金		
支付其他与筹资活动有关的现金		
筹资活动现金流出小计		
筹资活动产生的现金流量净额		
四、汇率变动对现金及现金等价物的影响		
五、现金及现金等价物净增加额		
加:期初现金及现金等价物余额		
六、期末现金及现金等价物余额		
补充资料		
1. 将净利润调节为经营活动现金流量:		
净利润		
加:资产减值准备		
固定资产折旧、油气资产折耗、生产性生物资产折旧		
无形资产摊销		
长期待摊费用摊销		
处置固定资产、无形资产和其他长期资产的损失(减:收益)		
固定资产报废损失		
公允价值变动损失		
财务费用(减:收益)		
投资损失(减:收益)		

(续表)

项目	本期金额	上期金额
递延所得税资产减少(减：增加)		
递延所得税负债增加(减：减少)		
存货的减少(减：增加)		
经营性应收项目的减少(减：增加)		
经营性应付项目的增加(减：减少)		
其他		
经营活动产生的现金流量净额		
2. 不涉及现金收支的重大投资和筹资活动：		
债务转为资本		
一年内到期的可转换公司债券		
融资租入固定资产		
3. 现金及现金等价物净变动情况：		
现金的期末余额		
减：现金的期初余额		
加：现金等价物的期末余额		
减：现金等价物的期初余额		
现金及现金等价物净增加额		

三、现金流量表的编制

(一) 现金流量表的编制目的

现金流量表，是反映企业一定会计期间现金和现金等价物流入和流出的报表。编制现金流量表的主要目的，是为会计报表使用者提供企业一定会计期间内现金和现金等价物流入和流出的信息，以便会计报表使用者了解和评价企业获取现金和现金等价物的能力，并据以预测企业未来现金流量。

(二) 现金流量表的编制基础

绝大多数国家以现金和现金等价物作为现金流量表的编制基础。只有英国是例外的，它的编制基础是现金和流动资源。《企业会计准则第31号——现金流量表》采用现金和现金等价物作为现金流量表的编制基础，并将现金定义为企业的库存现金以及可以随时用于支付的存款。这一定义与世界上大多数国家对现金的定义基本相似。

会计上所说的现金通常指企业的库存现金，而现金流量表中的"现金"不仅包括"现金"账户核算的库存现金，还包括企业"银行存款"账户核算的存入金融企业、随时可以用于支付的存款，也包括"其他货币资金"账户核算的银行汇票存款、银行本票存款、信用卡存款、信用证保证金存款和存出投资款等其他货币资金。

需要注意的是，银行存款和其他货币资金中有些不能随时用于支取的存款。例如，不能随时支取的定期存款等，不应作为现金，而应列作投资；提前通知金融企业便可支取的定期存款，则应包括在现金范围内。

《企业会计准则第31号——现金流量表》中指出，现金等价物是指企业持有的期限短、流动性强、易于转换为已知金额现金、价值变动风险很小的投资。其中所称的期限较短，一般是指从购买之日起，三个月内到期。具体到一个企业来说，哪些投资可以确认为现金等价物，需要根据具体情形加以判断。典型的现金等价物是自购买之日起三个月内到期的短期债券。企业作为交易性金融资产而购买的、市场上可以流通的股票，虽然期限短、变现能力强，但是其变现的金额并不确定，变现价值并不稳定，所以不属于现金等价物。

(三) 现金流量表编制的基本要求

现金流量表的编制有以下几点要求。

(1) 企业应在年末编制年度财务报表时编报现金流量表。小企业编制的会计报表可以不包括现金流量表。企业编报现金流量表以后，不再编报财务状况变动表。

(2) 现金流量表应标明企业名称、会计期间、货币单位和报表编号。

(3) 现金流量表应由制表人、单位负责人和主管会计工作的负责人、会计机构负责人(会计主管人员)签名并盖章；设置总会计师的单位，还须由总会计师签名并盖章。

(4) 企业应当根据编制现金流量表的需要，做好有关现金账簿、有关辅助账簿的设置等会计基础工作。

(5) 企业应当就现金等价物的确认标准，做出明确规定，并加以披露。现金等价物的确认标准如有变更，应对其加以说明，并应披露确认标准变更对现金流量的影响程度。

(四) 现金流量表编制的方法

编制现金流量表时，列报经营活动现金流量的方法有两种：一种是直接法；另一种是间接法。这两种方法通常也称为编制现金流量表的方法。

1. *直接法*

所谓直接法，是指按现金收入和现金支出的主要类别直接反映企业经营活动产生的现金流量，如销售商品、提供劳务收到的现金；购买商品、接受劳务支付的现金等就是按现金收入和支出的来源直接反映的。

在直接法下，一般是以利润表中的营业收入为起算点，调节与经营活动有关项目的增减变动，然后计算出经营活动产生的现金流量。

在我国，采用直接法编制现金流量表时经营活动产生的现金流入项目主要包括：①销售商品、提供劳务收到的现金；②收到的税费返还；③收到的其他与经营活动有关的现金。

经营活动产生的现金流出项目主要包括：①购买商品、接受劳务支付的现金；②支付给职工以及为职工支付的现金；③支付的各项税费；④支付的其他与经营活动有关的现金。

采用直接法编报的现金流量表，便于分析企业经营活动产生的现金流量的来源和用途，预测企业现金流量的未来前景；采用间接法编报现金流量表，便于将净利润与经营活动产生的现金流量净额进行比较，了解净利润与经营活动产生的现金流量差异的原因，从现金流量的角度分析净利润的质量。所以，《企业会计准则第31号——现金流量表》规定企业应当采用直接法编报现金流量表，同时要求提供在净利润基础上调节为经营活动产生的现金流量的信息。也就是说，同时采用直接法和间接法两种方法编报现金流量表。

2. 间接法

所谓间接法，是指以净利润为起算点，调整不涉及现金的收入、费用、营业外收支等有关项目，据此计算出经营活动产生的现金流量。

由于净利润是按照权责发生制原则确定的，且包括了投资活动和筹资活动收益和费用，将净利润调节为经营活动现金流量，实际上就是将按权责发生制原则确定的净利润调整为现金净流入，并剔除投资活动和筹资活动对现金流量的影响。

具体来说，需要在净利润基础上进行调节的项目主要包括以下几项：资产减值准备；固定资产折旧、油气资产折耗、生产性至物资产折旧；无形资产摊销；长期待摊费用摊销；处置固定资产、无形资产和其他长期资产的损益；固定资产报废损失；公允价值变动损益；财务费用；投资损益；递延所得税资产和递延所得税负债；存货；经营性应收项目；经营性应付项目。下面分别举例予以说明。

(1) 资产减值准备。这里所指的资产减值准备包括坏账准备、存货跌价准备、长期股权投资减值准备、持有至到期投资减值准备、投资性房地产减值准备、固定资产减值准备、在建工程减值准备、无形资产减值准备、商誉减值准备、生产性生物资产减值准备、油气资产减值准备等。企业计提的资产减值准备，包括在利润表中，属于利润的减除项目，但没有发生现金流出，在将净利润调节为经营活动现金流量时，企业需要予以加回。本项目可根据减值准备账户等科目记录分析填列，也可根据“管理费用”“投资收益”“营业外支出”等科目的记录分析填列。

(2) 固定资产折旧、油气资产折耗、生产性生物资产折旧。“固定资产折旧”“油气资产折耗”“生产性生物资产折旧”项目分别反映企业本期计提的固定资产折旧、油气资产折耗、生产性生物资产折旧。

企业计提的固定资产折旧，有的包括在管理费用中，有的包括在制造费用中。计入“管理费用”的，作为期间费用在计算净利润时从中扣除，但没有发生现金流出，在将净利润调节为经营活动现金流量时，需要予以加回。计入制造费用中的已经变现的部分，在计算净利润时通过销售成本予以扣除，但没有发生现金流出；计入制造费用中的没有变现的部分，由于在调节存货时，已经从中扣除，但是，也不涉及现金收支，在此处将净利润调节为经营活动现金流量时，需要予以加回。本项目可根据“累计折旧”科目的贷方发生额分析填列。

(3) 无形资产摊销、长期待摊费用摊销。企业的无形资产摊销，计入管理费用；企业的长期待摊费用摊销，有的计入管理费用，有的计入销售费用，有的计入制造费用。计入管理费用、销售费用中的部分，作为期间费用在计算净利润时已从中扣除，但没有发生现金流出，所以在将净利润调节经营活动现金流量时，需要予以加回。计入制造费用中的已经变现的部分，在计算净利润时通过销售成本已经扣除，但没有发生现金流出；计入制造费用中的没有变现部分，由于在调节存货时，已经从中扣除，但不涉及现金收支，所以在此处将净利润调节为经营活动现金流量时，需要予以加回。这两个项目可根据“无形资产”“长期待摊费用”科目的贷方发生额分析填列。

(4) 处置固定资产、无形资产和其他长期资产的损益。本项目反映企业本期处置固定资产、无形资产和其他长期资产发生的损益。

企业处置固定资产、无形资产和其他长期资产发生的损益，属于投资活动产生的损益，不属于经营活动产生的损益，所以在将净利润调节为经营活动现金流量时，需要予以剔除。如为损失，在将净利润调节为经营活动现金流量时，应当将其加回；如为收益，在将净利润调节为经营活动现金流量时，应当将其扣除。本项目可根据“营业外收入”“营业外支出”“其他业务收入”“其他业务支出”等科目所属有关明细科目的记录分析填列；如为净收益，以“-”号填列。

(5) 固定资产报废损失。本项目反映企业本期固定资产盘亏发生的损失。

企业发生的固定资产报废损益，属于投资活动产生的损益，不属于经营活动产生的损益，所以在将净利润调节为经营活动现金流量时，需要予以剔除。如为净损失，在将净利润调节为经营活动现金流量时，应当将其加回；如为净收益，在将净利润调节为经营活动现金流量时，应当将其扣除。本项目可根据“营业外支出”“营业外收入”等科目所属有关明细科目中固定资产盘亏损失减去固定资产盘盈收益后的差额填列。

(6) 公允价值变动损失。本项目反映企业持有的采用公允价值计量且其变动计入当期损益的金融资产、金融负债等的公允价值变动损益。

(7) 财务费用。企业发生的财务费用中，有些项目属于筹资活动或投资活动。例如，购买固定资产所产生的汇兑损益属于投资活动；支付的利息属于筹资活动。为此，应当将其从净利润中剔除。本项目可根据“财务费用”科目的本期借方发生额分析填列；如为收益，以“-”号填列。

在实务中，企业的“财务费用”明细账一般是按费用项目设置的，为了编制现金流量表，企业可在此基础上，再按“经营活动”“筹资活动”“投资活动”分设明细分类账。每一笔财务费用发生时，即将其归入“经营活动”“筹资活动”或“投资活动”中。

(8) 投资损益。企业发生的投资损益，属于投资活动产生的损益，不属于经营活动产生的损益，所以在将净利润调节为经营活动现金流量时，需要予以剔除。如为净损失，在将净利润调节为经营活动现金流量时，应当将其加回；如为净收益，在将净利润调节为经营活动现金流量时，应当将其扣除。本项目可根据利润表中“投资收益”项目的数字填列；如为投资收益，以“-”号填列。

(9) 递延所得税资产减少、递延所得税负债增加。本项目反映企业资产负债表“递延所得税资产”项目的期初余额与期末余额的差额。“递延所得税负债增加”项目，反映企业资产负债表“递延所得税负债”项目的期初余额与期末余额的差额。

(10) 存货的减少。期末存货比期初存货减少，说明本期生产经营过程耗用的存货有一 部分是期初的存货，耗用这部分存货并没有发生现金流出，但在计算净利润时已经扣除，所以，在将净利润调节为经营活动现金流量时，应当将其加回。期末存货比期初存货增加，说明当期购入的存货除耗用外，还余留了一部分，这部分存货也发生了现金流出，但在计算净利润时没有包括在内，所以在将净利润调节为经营活动现金流量时，需要将其扣除。当然，存货的增减变化过程还涉及应付项目，这一因素在“经营性应付项目的增加(减：减少)”中考虑。本项目可根据资产负债表中“存货”项目的期初数、期末数之间的差额填列；期末数大于期初数的差额，以“－”号填列。

需要注意的是，如果存货的增减变化过程属于投资活动，应当将这一因素剔除。

(11) 经营性应收项目的减少。本项目反映企业本期经营性应收项目(包括应收票据、应收账款、预付款项、长期应收款和其他应收款中与经营活动有关的部分及应收的增值税销项税额等)的期初余额与期末余额的差额。

经营性应收项目期末余额小于经营性应收项目期初余额，说明本期收回的现金大于利润表中所确认的销售收入，所以在将净利润调节为经营活动现金流量时，需要将其加回。经营性应收项目期末余额大于经营性应收项目期初余额，说明本期销售收入中有一部分没有收回现金，但是，在计算净利润时这部分销售收入已包括在内，所以在将净利润调节为经营活动现金流量时，需要将其扣除。

(12) 经营性应付项目的增加。本项目反映企业本期经营性应付项目(包括应付票据、应付账款、预收款项、应付职工薪酬、应交税费、应付利息、应付股利、长期应付款、其他应付款中与经营活动有关的部分及应付的增值税进项税额等)的期初余额与期末余额的差额。

经营性应付项目期末余额大于经营性应付项目期初余额，说明本期购入的存货中有一部分没有支付现金，但是，在计算净利润时却通过销售成本把其包括在内，所以在将净利润调节为经营活动现金流量时，需要将其加回；经营性应付项目期末余额小于经营性应付项目期初余额，说明本期支付的现金大于利润表中所确认的销售成本，所以在将净利润调节为经营活动产生的现金流量时，需要将其扣除。

(五) 现金流量表的编制具体方法及其程序

在具体编制现金流量表时，企业可以根据业务量的大小及复杂程度，采用工作底稿法、T形账户法，或直接根据有关账户的记录分析填列。

1. 工作底稿法

工作底稿法编制现金流量表，就是以工作底稿为手段，以利润表和资产负债表数据为基础，对每一项目进行分析并编制调整分录，从而编制出现金流量表。

在直接法下，整个工作底稿纵向分成3段，第1段是资产负债表项目，其中又分为借方项目和贷方项目两部分；第2段是利润表项目；第3段是现金流量表项目。工作底稿横向分为5栏，在资产负债表部分，第1栏是项目栏，填列资产负债表各项目名称；第2栏是期初数，用来填列资产负债表项目的期初数；第3栏是调整分录的借方；第4栏是调整分录的贷方；第5栏是期末数，用来填列资产负债表各项目的期末数。在利润表和现金流量表部分，第1栏也是项目栏，用来填列利润表和现金流量表项目名称；第2栏空置不填；第3、4栏分别是调整分录的借方和贷方；第5栏是本期数，利润表部分这一栏数字应和本期利润表数字核对相符，现金流量表部分这一栏的数字可直接用来编制正式的现金流量表。

采用工作底稿法编制现金流量表的程序如下所述。

(1) 将资产负债表的期初数和期末数过入工作底稿的期初数栏和期末数栏。

(2) 对当期业务进行分析并编制调整分录。调整分录大体有这样几类：第一类涉及利润表中的收入、成本和费用项目以及资产负债表中的资产、负债及所有者权益项目，通过调整，将权责发生制下的收入、费用转换为现金基础；第二类是涉及资产负债表和现金流量表中的投资、筹资项目，反映投资和筹资活动的现金流量；第三类是涉及利润表和现金流量表中的投资和筹资项目，目的是将利润表中有关投资和筹资方面的收入和费用列入现金流量表投资、筹资现金流量中去。此外，还有一些调整分录并不涉及现金收支，只是为了核对资产负债表项目的期末、期初变动。

在调整分录中，有关现金和现金等价物的事项，并不直接借记或贷记现金，而是分别计入“经营活动产生的现金流量”“投资活动产生的现金流量”“筹资活动产生的现金流量”有关项目，借记表示现金流入，贷记表示现金流出。

(3) 将调整分录过入工作底稿中的相应部分。

(4) 核对调整分录，借贷合计应当相等，资产负债表项目期初数加减调整分录中的借贷金额以后，应当等于期末数。

(5) 根据工作底稿中的现金流量表项目部分编制正式的现金流量表。

2. T形账户法

T形账户法，就是以T形账户为手段，以利润表和资产负债表数据为基础，对每一项目进行分析并编制调整分录，从而编制出现金流量表。

采用T形账户法编制现金流量表的程序如下所述。

(1) 为所有的非现金项目(包括资产负债表项目和利润表项目)分别开设T形账户，并将各自的期末期初变动数过入相关账户。

(2) 开设一个大的“现金及现金等价物”T形账户，每边分为经营活动、投资活动和筹资活动三个部分，左边记现金流入，右边记现金流出。与其他账户一样，过入期末期初变动数。

(3) 以利润表项目为基础，结合资产负债表分析每一个非现金项目的增减变动，并据此编制调整分录。

(4) 将调整分录过入各T形账户，并进行核对，该账户借贷相抵后的余额与原先过入的期末期初变动数应当一致。

(5) 根据大方面的“现金及现金等价物”T形账户编制正式的现金流量表。

3. 分析填列法

分析填列法是指直接根据资产负债表、利润表和有关会计科目明细账的记录，分析计算出现金流量表各项目的金额，并据以编制现金流量表的一种方法。

四、现金流量表的编制举例

例19-15 新华有限责任公司相关资料如下：

1. 新华有限责任公司为一般纳税人，适用的增值税税率为16%，所得税税率为25%；原材料采用计划成本进行核算。该公司2017年12月31日的资产负债表如表19-8所示。其中，"应收账款"科目的期末余额为4 000 000元，"坏账准备"科目的期末余额为9 000元。其他诸如存货、长期股权投资、固定资产、无形资产等都没有计提资产减值准备。

表19-8 资产负债表 会企01表

编制单位：新华有限责任公司 2017年12月31日 单位：元

资产	金额	负债和股东权益	金额
流动资产：		**流动负债：**	
货币资金	14 063 000	短期借款	3 000 000
交易性金融资产	150 000	交易性金融负债	0
应收票据	2 460 000	应付票据	2 000 000
应收账款	3 991 000	应付账款	9 548 000
预付款项	1 000 000	预收款项	0
应收利息	0	应付职工薪酬	1 100 000
应收股利		应交税费	366 000
其他应收款	3 050 000	应付利息	0
存货	25 800 000	应付股利	
一年内到期的非流动资产	0	其他应付款	500 000
其他流动资产	0	一年内到期的非流动负债	10 000 000
流动资产合计	47 514 000	其他流动负债	0
非流动资产：		**流动负债合计**	
可供出售金融资产	0	**非流动负债：**	
持有至到期投资	0	长期借款	6 000 000
长期应收款	0	应付债券	0
长期股权投资	2 500 000	长期应付款	0
投资性房地产		专项应付款	0
固定资产	8 000 000	预计负债	0
在建工程	15 000 000	递延所得税负债	0
工程物资		其他非流动负债	0
固定资产清理		**非流动负债合计**	6 000 000
生产性生物资产		**负债合计**	32 514 000
油气资产		**股东权益：**	
无形资产	6 000 000	股本	50 000 000
开发支出	0	其他权益工具	0
商誉	0	资本公积	0
长期待摊费用	0	减：库存股	
递延所得税资产	0	盈余公积	1 000 000
其他非流动资产	2 000 000	未分配利润	500 000
非流动资产合计	36 500 000	**股东权益合计**	51 500 000
资产总计	84 014 000	**负债和股东权益总计**	84 014 000

2. 2018年新华公司共发生如下业务：

(1) 收到银行通知，用银行存款支付到期的商业承兑汇票1 000 000元。

(2) 购入原材料一批，收到增值税发票上注明的原材料价款为1 500 000元，增值税进项税额为240 000元，款项已通过银行转账支付，材料尚未验收入库。

(3) 收到材料一批，实际成本1 000 000元，计划成本950 000元，材料已验收入库，货款已于上月支付。

(4) 用银行汇票支付采购材料价款，公司收到开户银行转来的银行汇票多余款收账通知，通知上填写的多余款为2 340元，购入材料费用及运费一共合计998 000元，支付的增值税进项税额159 680元，原材料已验收入库，该批原材料计划价格1 000 000元。

(5) 销售产品一批，开出的增值税专用发票上注明的销售价款为3 000 000元，增值税销项税额为480 000元，货款尚未收到。该批产品实际成本1 800 000元，产品已发出。

(6) 公司将交易性金融资产(股票投资)兑现165 000元，该投资成本为130 000元，公允价值变动为增值20 000元，处置收益为15 000元，均存入银行。

(7) 购入不需要安装的设备一台，收到增值税专用发票上注明的设备价款为1 000 000元，增值税进项税额为160 000元，支付包装费、运费10 000元。价款及包装费、运费均已银行存款支付。设备已交付使用。

(8) 购入工程物资一批，收到增值税专用发票上注明的物资价款为1 500 000元，增值税进项税额合计为240 000元，款项已通过银行转账支付。

(9) 工程应付职工薪酬2 280 000元。

(10) 一项工程完工，交付生产使用，已办理竣工手续，固定资产价值14 000 000元。

(11) 基本生产车间一台机床报废，原价2 000 000元，已提折旧1 800 000元，清理费用5 000元，残值收入8 000元，均通过银行存款收支。该项固定资产已清理完毕。

(12) 从银行借入3年期借款10 000 000元，借款已存入银行账户。

(13) 销售产品一批，开出的增值税专用发票上注明的销售价款为7 000 000元，增值税销项税额为1 120 000元，款项已存入银行。销售产品的实际成本为4 200 000元。

(14) 公司将要到期的一张面值为2 000 000元的无息银行承兑汇票(不含增值税)，连同解讫通知和进账单交银行办理转账。收到银行盖章退回的进账单一联。款项银行已收妥。

(15) 公司出售一台不需要的设备，收到价款300 000元，该设备原价4 000 000元，已提折旧155 000元。该项设备已由购入单位运走。

(16) 取得交易性金融资产(股票投资)，价款1 030 000元，交易费用20 000元，已用银行存款支付。

(17) 支付工资5 000 000元，其中包括支付在建工程人员的工资2 000 000元。

(18) 分配应支付的职工工资3 000 000元(不包括在建工程应负担的工资)，其中生产人员薪酬2 750 000元，车间管理人员薪酬100 000元，行政管理部门人员薪酬 150 000元。

(19) 提取职工福利费420 000元(不包括在建工程应负担的福利费280 000元)，其中生产工人福利费385 000元，车间管理人员福利费14 000元，行政管理部门福利费21 000元。

(20) 基本生产领用原材料，计划成本为7 000 000元，领用低值易耗品，计划成本

500 000元，采用一次摊销法摊销。

(21) 结转领用原材料应分摊的材料成本差异。材料成本差异率为5%。

(22) 计提无形资产摊销600 000元；以银行存款支付基本生产车间水电费900 000元。

(23) 计提固定资产折旧1 000 000元，其中计入制造费用800 000元、管理费用200 000元。计提固定资产减值准备300 000元。

(24) 收到应收账款510 000元，存入银行。计提应收账款坏账准备9 000元。

(25) 用银行存款支付产品展览费100 000元。

(26) 计算并结转本期完工产品成本12 824 000元。期末没有在产品，本期生产的产品全部完工入库。

(27) 广告费100 000元，已用银行存款支付。

(28) 公司采用商业承兑汇票结算方式销售产品一批，开出的增值税专用发票上注明的销售价款为2 500 000元，增值税销项税额为400 000元，收到2 900 000元的商业承兑汇票一张，产品实际成本为 1 500 000元。

(29) 公司将上述承兑汇票到银行办理贴现，贴现息为200 000元。

(30) 公司本期产品销售应交纳的教育费附加为20 000元。

(31) 用银行存款交纳增值税1 000 000元；教育费附加20 000元。

(32) 本期在建工程应负担的长期借款利息费用2 000 000元，长期借款为分期付息。

(33) 提取应计入本期损益的长期借款利息费用 100 000元，长期借款为分期付息。

(34) 归还短期借款本金2 500 000元。

(35) 支付长期借款利息2 100 000元。

(36) 偿还长期借款10 000 000元。

(37) 上年度销售产品一批，购货方开出商业承兑汇票116 200 元。本期由于购货方发生财务困难，无法按合同规定偿还债务，经双方协议，甲股份公司同意购货方用商品抵偿该应收票据，并减免债务23 400元。抵债商品市场价为80 000元，增值税税率为16%。

(38) 持有的交易性金融资产的公允价值为1 050 000元。

(39) 结转本期产品销售成本7 500 000元。

(40) 假设本例中，除计提固定资产减值准备300 000元造成固定资产账面价值与其计税基础存在差异外，不考虑其他项目的所得税影响。企业按照税法规定计算确定的应交所得税为1 252 218元，递延所得税资产为99 000元。

(41) 将各收支科目结转本年净利润。

(42) 按照净利润的10%提取法定盈余公积金。

(43) 将利润分配各明细科目的余额转入“未分配利润”明细科目，结转本年利润。

(44) 用银行存款交纳当年应交所得税。

要求：编制新华有限公司2018年度经济业务的会计分录，并在此基础上编制资产负债表、利润表和现金流量表。

【答案】1. 根据上述资料编制会计分录

(1) 借：应付票据　　　　　　　　　　　　　　　　　1 000 000

贷：银行存款　1 000 000

(2) 借：材料采购　1 500 000

应交税费——应交增值税(进项税额)　240 000

贷：银行存款　1 740 000

(3) 借：原材料　950 000

材料成本差异　50 000

贷：材料采购　1 000 000

(4) 借：材料采购　998 000

银行存款　2 340

应交税费——应交增值税(进项税额)　1 596 680

贷：其他货币资金　1 160 020

借：原材料　1 000 000

贷：材料采购　998 000

材料成本差异　2 000

(5) 借：应收账款　3 480 000

贷：主营业务收入　3 000 000

应交税费——应交增值税(销项税额)　480 000

(6) 借：银行存款　165 000

贷：交易性金融资产——成本　130 000

——公允价值变动　20 000

投资收益　15 000

借：公允价值变动损益　20 000

贷：投资收益　20 000

(7) 借：固定资产　1 010 000

应交税费——应交增值税(进项税额)　160 000

贷：银行存款　1 170 000

(8) 借：工程物资　1 500 000

应交税费——应交增值税(进项税额)　240 000

贷：银行存款　1 740 000

(9) 借：工程物资　2 280 000

贷：应付职工薪酬　2 280 000

(10) 借：固定资产　14 000 000

贷：在建工程　14 000 000

(11) 借：固定资产清理　200 000

累计折旧　1 800 000

贷：固定资产　2 000 000

借：固定资产清理　5 000

贷：银行存款 5 000

借：银行存款 8 000

贷：固定资产清理 8 000

借：营业外支出——处置固定资产净损失 197 000

贷：固定资产清理 197 000

(12) 借：银行存款 10 000 000

贷：长期借款 10 000 000

(13) 借：银行存款 8 120 000

贷：主营业务收入 7 000 000

应交税费——应交增值税(销项税额) 1 120 000

(14) 借：银行存款 2 000 000

贷：应收票据 2 000 000

(15) 借：固定资产清理 2 500 000

累计折旧 1 500 000

贷：固定资产 4 000 000

借：银行存款 3 000 000

贷：固定资产清理 3 000 000

借：固定资产清理 500 000

贷：营业外收入——处置固定资产净收益 500 000

(16) 借：交易性金融资产 1 030 000

投资收益 20 000

贷：银行存款 1 050 000

(17) 借：应付职工薪酬 5 000 000

贷：银行存款 5 000 000

(18) 借：生产成本 2 750 000

制造费用 100 000

管理费用 150 000

贷：应付职工薪酬 3 000 000

(19) 借：生产成本 385 000

制造费用 14 000

管理费用 21 000

贷：应付职工薪酬 420 000

(20) 借：生产成本 7 000 000

贷：原材料 7 000 000

借：制造费用 500 000

贷：周转材料 500 000

(21) 借：生产成本 350 000

制造费用 25 000
贷：材料成本差异 375 000
(22) 借：管理费用——无形资产摊销 600 000
贷：累计摊销 600 000
借：制造费用——水电费 900 000
贷：银行存款 900 000
(23) 借：制造费用——折旧费 800 000
管理费用——折旧费 200 000
贷：累计折旧 1 000 000
借：资产减值损失——计提的固定资产减值 300 000
贷：固定资产减值准备 300 000
(24) 借：银行存款 510 000
贷：应收账款 510 000
借：资产减值损失——坏账准备 9 000
贷：坏账准备 9 000
(25) 借：销售费用——展览费 100 000
贷：银行存款 100 000
(26) 借：生产成本 2 339 000
贷：制造费用 2 339 000
借：库存商品 12 824 000
贷：生产成本 12 824 000
(27) 借：销售费用——广告费 100 000
贷：银行存款 100 000
(28) 借：应收票据 2 900 000
贷：主营业务收入 2 500 000
应交税费——应交增值税(销项税额) 400 000
(29) 借：财务费用 200 000
银行存款 2 700 000
贷：应收票据 2 900 000
(30) 借：税金及附加 20 000
贷：应交税费——应交教育费附加 20 000
(31) 借：应交税费——应交教育费附加 20 000
——应交增值税(已交税金) 1 000 000
贷：银行存款 1 020 000
(32) 借：在建工程 2 000 000
贷：应付利息 2 000 000
(33) 借：财务费用 100 000

贷：应付利息 100 000

(34) 借：短期借款 2 500 000

贷：银行存款 2 500 000

(35) 借：应付利息 2 100 000

贷：银行存款 2 100 000

(36) 借：长期借款 10 000 000

贷：银行存款 10 000 000

(37) 借：库存商品 80 000

应交税费——应交增值税(进项税额) 12 800

营业外支出——债务重组损失 23 400

贷：应收票据 116 200

(38) 借：交易性金融资产——公允价值变动 20 000

贷：公允价值变动损益 20 000

(39) 借：主营业务成本 7 500 000

贷：库存商品 7 500 000

(40) 借：所得税费用——当期所得税费用 1 252 218

贷：应交税费——应交所得税 1 252 218

借：递延所得税资产 99 000

贷：所得税费用——递延所得税费用 99 000

(41) 借：主营业务收入(3 000 000+7 000 000+2 500 000) 12 500 000

营业外收入 500 000

投资收益 15 000

贷：本年利润 13 015 000

借：本年利润 9 520 400

贷：主营业务成本 7 500 000

税金及附加 20 000

销售费用(100 000+100 000) 200 000

管理费用(150 000+21 000+600 000+200 000) 971 000

财务费用(200 000+100 000) 300 000

资产减值损失(300 000+9 000) 309 000

营业外支出(197 000+23 400) 220 400

借：本年利润 1 153 218

贷：所得税费用(1 252 218−99 000) 1 153 218

(42) 借：利润分配——提取法定盈余公积 234 138.2

贷：盈余公积——法定盈余公积 234 138.2

提取法定盈余公积数额= (13 015 000−9 520 400−1 153 218)×10%=234 138.2(元)

(43) 借：利润分配——未分配利润 234 138.2

贷：利润分配——提取法定盈余公积　　234 138.2

借：本年利润　　2 341 382

贷：利润分配——未分配利润　　2 341 382

(44) 借：应交税费——应交所得税　　1 252 218

贷：银行存款　　1 252 218

2. 根据年初的资产负债表和上述的会计分录编制年末资产负债表，如19-9所示。

表19-9　资产负债表　　会企01表

编制单位：新华有限责任公司　　2018年12月31日　　单位：元

资产	年末余额	年初余额	负债和股东权益	年末余额	年初余额
流动资产：			流动负债：		
货币资金	9 731 102	14 063 000	短期借款	500 000	3 000 000
交易性金融资产	1 050 000	150 000	交易性金融负债	0	0
应收票据	343 800	2 460 000	应付票据	1 000 000	2 000 000
应收账款	6 952 000	3 991 000	应付账款	9 548 000	9 548 000
预付款项	1 000 000	1 000 000	预收款项	0	0
应收利息	0	0	应付职工薪酬	180 0000	1 100 000
应收股利			应交税费	553 520	366 000
其他应收款	30 50 000	3 050 000	应付利息	0	0
存货	25 827 000	25 800 000	应付股利		
一年内到期的非流动资产	0	0	其他应付款	500 000	500 000
其他流动资产	0	0	一年内到期的非流动负债	100 000 00	10 000 000
流动资产合计	48 463 102	47 514 000	其他流动负债	0	0
非流动资产：			流动负债合计	24 410 720	
可供出售金融资产	0	0	非流动负债：		
持有至到期投资	0	0	长期借款	6 000 000	6 000 000
长期应收款	0	0	应付债券	0	0
长期股权投资	2 500 000	2 500 000	长期应付款	0	0
投资性房地产			专项应付款	0	0
固定资产	19 010 000	8 000 000	预计负债	0	0
在建工程	5 280 000	15 000 000	递延所得税负债	0	0
工程物资	1 500 000		其他非流动负债		0
固定资产清理	0		非流动负债合计	6 000 000	6 000 000
生产性生物资产			负债合计	30 400 740	32 514 000
油气资产			股东权益：		
无形资产	5 400 000	6 000 000	股本	50 000 000	50 000 000

(续表)

资产	年末余额	年初余额	负债和股东权益	年末余额	年初余额
开发支出	0	0	其他权益工具		
商誉	0	0	资本公积	0	0
长期待摊费用	0	0	减：库存股		
递延所得税资产	99 000	0	盈余公积	1 234 138.20	1 000 000
其他非流动资产	2 000 000	2 000 000	未分配利润	2 607 243.80	500 000
非流动资产合计	35 789 000	36 500 000	**股东权益合计**	53 841 382	51 500 000
资产总计	84 252 102	84 014 000	**负债和股东权益总计**	84 242 122	84 014 000

注："应收账款"科目的年末余额为7 000 000元，"坏账准备"科目的年末余额为18 000元。

3. 编制年度利润表

(1) 根据上述业务的会计处理，新华公司2018年度利润表科目本年累计发生额如表19-10所示。

表19-10 2018年度利润表科目本年累计发生额 单位：元

科目名称	借方发生额	贷方发生额
营业收入		12 500 000
营业成本	7 500 000	
税金及附加	20 000	
销售费用	200 000	
管理费用	971 000	
财务费用	300 000	
资产减值损失	309 000	
投资收益		15 000
营业外收入		500 000
营业外支出	220 400	
所得税费用	1 153 218	

(2) 根据本年度相关科目发生额编制利润表，如表19-11所示。

表19-11 利润表 会企02表

编制单位：新华有限责任公司 2018年 单位：元

项目	本年金额
一、营业收入	12 500 000
减：营业成本	7 500 000
税金及附加	20 000
销售费用	200 000
管理费用	971 000

(续表)

项目	本年金额
财务费用	300 000
资产减值损失	309 000
加：公允价值变动收益	0
投资收益	15 000
其中：对联营企业和合营企业的投资收益	
二、营业利润	3 215 000
加：营业外收入	500 000
减：营业外支出	220 400
其中：非流动资产处置损失	
三、利润总额	3 494 600
减：所得税费用	1 153 218
四、净利润(净亏损以“-”号填列)	2 341 382
五、其他综合收益税后净额	0
(一) 以后不能重分类进损益的其他综合收益	
(二) 以后将重分类进损益的其他综合收益	
六、综合收益总额	2 341 382
七、每股收益	(略)
(一) 基本每股收益	(略)
(二) 稀释每股收益	(略)

4. 编制年度现金流量表

用本例资料以及编制的资产负债表和利润表，采用工作底稿法编制现金流量表的具体有5个步骤。

(1) 将资产负债表的年初余额和年末余额过入工作底稿的期初数栏和期末数栏。

(2) 对当期业务进行分析并编制调整分录。编制调整分录时，要以利润表项目为基础，从“营业收入” 开始，结合资产负债表项目逐一进行分析。本例调整分录如下所述。

① 分析调整营业收入

借：经营活动现金流量——销售商品收到的现金　　13 646 200
　　应收账款　　2 970 000
　　贷：营业收入　　12 500 000
　　　　应收票据　　2 116 200
　　　　应交税费　　2 000 000

利润表中的营业收入是按权责发生制反映的，应转换为现金制。所以，应调整应收账款和应收票据的增减变动。本例应收账款增加2 970 000元，增值税销项税额为2 000 000

元，应减少经营活动产生的现金流量，而应收票据减少2 116 200元，均为货款，应增加经营活动产生的现金流量。

② 分析调整营业成本

借：营业成本　　7 500 000

　　应付票据　　1 000 000

　　应交税费　　812 480

　　存货　　27 000

　　贷：经营活动现金流量——购买商品支付的现金　　9 339 480

应付票据减少1 000 000元，表明本期用于购买存货的现金支出增加1 000 000元，增值税进项税额812 480元；存货增加27 000元，表明本期用于购买商品的现金增加270 000元。

③ 调整本年税金及附加

借：税金及附加　　20 000

　　贷：应交税费　　20 000

本年支付的税金及附加。

④ 计算销售费用付现

借：销售费用　　200 000

　　贷：经营活动现金流量——支付其他与经营活动有关的现金　　200 000

本例中利润表中所列销售费用与现金制下确认数是一致的。

⑤ 分析调整管理费用

借：管理费用　　971 000

　　贷：经营活动现金流量——支付其他与经营活动有关的现金　　971 000

管理费用中包含着不涉及现金支出的项目，此笔分录先将管理费用全额转入“经营活动现金流量——支付其他与经营活动有关的现金”项目中，至于不涉及现金支出的项目，再分别进行调整。

⑥ 分析调整财务费用

借：财务费用　　300 000

　　贷：经营活动现金流量——销售商品收到的现金　　200 000

　　　　筹资活动现金流量——偿付利息支付的现金　　100 000

本期增加的财务费用中，有200 000元是票据贴现利息，由于在调整应收票据时已全额计入“经营活动现金流量——销售商品收到的现金”，所以要从“经营活动现金流量——销售商品收到的现金”项目内冲回。不能作为现金流出；支付长期借款利息100 000元，作为偿付利息所支付的现金。

⑦ 分析调整资产减值损失

借：资产减值损失　　309 000

　　贷：坏账准备　　9 000

　　　　固定资产减值准备　　300 000

本期计提的坏账准备和固定资产减值准备影响净利润，但不影响现金流量。

⑧ 分析调整公允价值变动收益

借：交易性金融资产　　20 000

　　贷：投资收益　　20 000

本期发生的公允价值变动收益影响净利润，但不影响现金流量。资产负债表日，交易性金融资产公允价值增加20 000元。本期处置交易性金融资产，调整公允价值变动损益20 000元，转入投资收益。

⑨ 分析调整投资收益

借：投资活动现金流量——收回投资收到的现金　　165 000

　　交易性金融资产　　1 030 000

　　投资收益　　5 000

　　贷：交易性金融资产　　150 000

　　　　投资活动现金流量——投资支付的现金　　1 050 000

投资收益应从利润表项目中调整出来，列入投资活动现金流量中。本例投资收益包括两个部分：一是购买交易性金融资产发生了20 000元的交易费用，二是出售交易性金融资产获利 35 000元，其中20 000元已在分录⑧中调整。

⑩ 分析调整营业外收入

借：投资活动现金流量——处置固定资产收到的现金　　3 000 000

　　累计折旧　　1 500 000

　　贷：营业外收入　　500 000

　　　　固定资产　　4 000 000

编制现金流量表时，需对营业外收入和支出进行分析，以列入现金流量表的不同部分。本例中营业外收入500 000元是处置固定资产的利得，处置过程中收到的现金应列入投资活动现金流量中。

⑪ 分析调整营业外支出

借：营业外支出　　197 000

　　投资活动现金流量——处置固定资产收到的现金　　3 000

　　累计折旧　　1 800 000

　　贷：固定资产　　2 000 000

借：营业外支出　　23 400

　　经营活动现金流量——购买商品支付的现金　　92 800

　　贷：经营活动现金流量——销售商品收到的现金　　116 200

本例中营业外支出220 400元是由两个部分组成：一部分营业外支出197 000元是处置固定资产的损失，处置过程中收到的现金应列入投资活动现金流量中；一部分营业外支出是债务重组损失，债务重组中增加存货和增值税进项税额93 600元，已经计入。“经营活动现金流量——购买商品支付的现金”，债务重组中减少的应收票据117 000元，也已经计入了“经营活动现金流量——销售商品收到的现金”，应作补充调整。

⑫ 分析调整所得税费用

借：所得税费用 1 153 218

递延所得税资产 99 000

贷：应交税费 1 252 218

将利润表中的所得税费用调入应交税费。

⑬ 分析调整固定资产

借：固定资产 15 010 000

贷：投资活动现金流量——购建固定资产支付的现金 1 010 000

在建工程 14 000 000

本期固定资产的增加包括两个部分，一是购入设备1 010 000元，二是在建工程完工转入14 000 000元。本期处置固定资产已在分录⑪中调整。

⑭ 分析调整累计折旧

借：经营活动现金流量——支付其他与经营活动有关的现金 200 000

——购买商品支付的现金 800 000

贷：累计折旧 1 000 000

本期计提的折旧 1000 000元中，计入管理费用的200 000元，计入制造费用的800 000元，基于和第(13)笔分录同样的理由，应作补充调整。

⑮ 分析调整在建工程

借：在建工程 4 280 000

工程物资 1 500 000

贷：投资活动现金流量——购建固定资产支付的现金 3 500 000

筹资活动现金流量——偿付利息支付的现金 2 000 000

应付职工薪酬 280 000

本期在建工程增加的原因，包括以下几个方面：一是以现金购买工程物资1500 000元及支付工资2 000 000元；二是支付的长期借款利息2 000 000元，资本化到在建工程成本中；三是为建造工人计提的福利费280 000元，资本化到在建工程成本中。

⑯ 分析调整累计折旧

借：经营活动现金流量——支付的其他与经营活动有关的现金 600 000

贷：累计摊销 600 000

无形资产摊销时已经计入管理费用，所以应作补充调整。

⑰ 分析调整短期借款

借：短期借款 2 500 000

贷：筹资活动现金流量——偿付债务支付的现金 2 500 000

偿还短期借款应列入筹资活动的现金流量。

⑱ 分析调整应付职工薪酬

借：经营活动现金流量——购买商品支付的现金 3 249 000

——支付的其他与经营活动有关的现金 171 000

贷：经营活动现金流量——支付给职工以及为职工支付的现金　　3 000 000

应付职工薪酬　　420 000

本期应付职工薪酬的期末起初差额为700 000元，由计提的职工福利费构成，包括在建工程应负担的职工福利费420000元。本例中没有出现使用应付职工福利费的情况。若本期使用了应付福利费，则应将这部分金额列入“经营活动现金流量——支付给职工以及为职工支付的现金”项目中，上述分录中，由于工资费用分配时已分别计入制造费用和管理费用，所以要补充调整。

⑲ 分析调整应交税费

借：应交税费　　2 272 218

贷：经营活动现金流量——支付的各项税费　　2 272 218

本期支付的各项税费包括税金及附加 20 000元、已交增值税 1 000 000元，以及已交所得税1 252 218元。为便于分析，企业在日常核算中，应按应交税费的税种分设明细账，以便取得分析所需的数据。

⑳ 分析调整长期借款：

借：长期借款　　10 000 000

贷：筹资活动现金流量——偿还债务支付的现金　　10 000 000

以现金偿还长期借款。

借：筹资活动现金流量——借款收到的现金　　10 000 000

贷：长期借款　　10 000 000

举借长期借款。

㉑ 结转净利润

借：净利润　　2 341 382

贷：未分配利润　　2 341 382

㉒ 提取盈余公积

借：未分配利润　　234 138.2

贷：盈余公积　　234 138.2

㉓ 后调整现金净变化额

借：现金净减少额　　4 331 898

贷：库存现金　　4 331 898

(3) 将调整分录过入工作底稿的相应部分，如表19-12所示。

表19-12　现金流量表工作底稿

编制单位：新华有限责任公司　　2018年度　　单位：元

项目	期初数	调整分录		期末数
		借方	贷方	
一、资产负债表项目				
借方项目：				
货币资金	14 063 000		(23)4 331 898	9 731 102

(续表)

项目	期初数	调整分录		期末数
		借方	贷方	
交易性金融资产	150 000	(8)20 000 (9)880 000		1 050 000
应收票据	2 460 000		(1)2 117 000	343 000
应收账款	4 000 000	(1)2 216 200		343 800
预付款项	1 000 000			1 000 000
应收利息				
应收股利				
其他应收款	3 050 000			3 050 000
存货	25 800 000	(2)27 000		25 827 000
一年内到期的非流动资产				
其他流动资产				
可供出售金融资产				
持有至到期投资				
投资性房地产				
长期股权投资	2 500 000			2 500 000
长期应收款				
固定资产	11 000 000	(13)15 010 000	(10)4 000 000 (11)2 000 000	20 010 000
在建工程	1 5000 000	(15)4 280 000	(13)14 000 000	5 280 000
工程物资		(15)1 500 000		1 500 000
固定资产清理				
无形资产	6 000 000			6 000 000
开发支出				
商誉				
长期待摊费用				
递延所得税资产		(12)99 000		99 000
其他非流动资产	2 000 000			2 000 000
借方项目合计				85 860 122
贷方项目				
坏账准备	9 000		(7)9 000	18 000
累计折旧	3 000 000	(10)1 500 000 (11)1 800 000	(14)1 000 000	700 000
累计摊销			(16)600 000	600 000
固定资产减值准备			(7)300 000	300 000
短期借款	3 000 000	(17)2 500 000		500 000
应付票据	2 000 000	(2)1 000 000		1 000 000
应付账款	9 548 000			9 548 000
预收款项				

(续表)

项目	期初数	调整分录		期末数
		借方	贷方	
应付职工薪酬	1 100 000		(15)280 000 (18)420 000	1 800 000
应交税费	366 000	(2)812 480 (19)2 272 218	(1)2 000 000 (3)20 000 (12)1 252 218	553 520
应付利息				
应付股利				
其他应付款	500 000			500 000
一年内到期的非流动负债	10 000 000			10 000 000
长期借款	6 000 000	(20)10 000 000	(20)10 000 000	6 000 000
应付债券				
长期应付款				
专项应付款				
递延所得税负债				
其他非流动负债				
实收资本(股本)	50 000 000			50 000 000
资本公积				
盈余公积	1 000 000		(22)234 138.2	1 234 138.2
未分配利润	500 000	(22)234 138.2	(21)2 341 382	2 607 243.8
减：库存股				
贷方项目合计				85 860 122
二、利润表项目				
营业收入			(1)12 500 000	12 500 000
营业成本		(2)7 500 000		7 500 000
税金及附加		(3)20 000		20 000
销售费用		(4)200 000		200 000
管理费用		(5)971 000		971 000
财务费用		(6)300 000		300 000
资产减值损失		(7)309 000		309 000
公允价值变动收益				
投资收益		(9)5 000	(8)20 000	15 000
营业外收入			(10)500 000	500 000
营业外支出		(11)220 400		220 400
所得税费用		(12)1 153 218		(12)1 153 218
净利润		(21)2 341 382		2 341 382
三、现金流量表项目				
(一)经营活动产生的现金流量:				
销售商品收到的现金		(1)13 646 200	(6)200 000 (11)116 200	13 330 000

(续表)

项目	期初数	调整分录		期末数
		借方	贷方	
收到的税费返还				
收到其他与经营活动有关的现金				
经营活动现金流入小计				13 330 000
购买商品支付的现金		(11)92 800	(2)9 339 480 (14)800 000 (18)3 249 000	5 197 680
支付给职工以及为职工支付的现金			(18)3 000 000	3 000 000
支付的各项税费			(19)2 272 218	2 272 218
支付其他与经营活动有关的现金		(14)200 000 (16)600 000 (18)171 000	(4)200 000 (5)971 000	200 000
经营活动现金流出小计				10 669 898
经营活动产生的现金流量净额				2 660 102
(二)投资活动产生的现金流量:				
收回投资收到的现金		(9)165 000		165 000
取得投资收益收到的现金				
处置固定资产、无形资产和其他长期资产收回的现金净额		(10)3 000 000		30 000 000
处置子公司及其他营业单位收到的现金净额		(11)3 000		3 000
收到的其他与投资活动有关的现金				
投资活动现金流入小计				3 368 000
购建固定资产、无形资产和其他长期资产支付的现金			(13)1 010 000 (15)3 500 000	4 510 000
投资支付的现金			(9)1 050 000	1 050 000
取得子公司及其他营业单位支付的现金净额				
支付其他与投资活动有关的现金				
投资活动现金流出小计				5 960 000
投资活动产生的现金流量净额				−2 392 000
(三)筹资活动产生的现金流量:				
吸收投资收到的现金				
取得借款收到的现金		(20)10 000 000		10 000 000
收到其他与筹资活动有关的现金				
筹资活动现金流入小计				10 000 000
偿还债务支付的现金			(17)2 500 000 (20)10 000 000	12 500 000

(续表)

项目	期初数	调整分录		期末数
		借方	贷方	
分配股利、利润或偿付利息支付的现金			(6)100 000 (15)2 000 000	2 100 000
支付其他与筹资活动有关的现金				
筹资活动现金流出小计				14 600 000
筹资活动产生的现金流量净额				-4 600 000
(四) 汇率变动对现金及现金等价物的影响				
(五)现金及现金等价物净减少额		(23)4 331 898		4 331 898
调整分录借贷合计		4 333 734.2	4 333 734.2	

(4) 核对调整分录，借方、贷方合计数均已经相等，资产负债表项目期初数加减调整分录中的借贷金额以后，也已等于期末数。

(5) 根据工作底稿中的现金流量表项目部分编制正式的现金流量表，如表19-13所示。

表19-13　现金流量表　　会企03表

编制单位：新华有限责任公司　　2018年度　　单位：元

项目	本期金额
一、经营活动产生的现金流量：	
销售商品、提供劳务收到的现金	13 330 000
收到的税费返还	
收到的其他与经营活动有关的现金	
经营活动现金流入小计	13 330 000
购买商品、接受劳务支付的现金	5 197 680
支付给职工以及为职工支付的现金	3 000 000
支付的各项税费	2 272 218
支付其他与经营活动有关的现金	200 000
经营活动现金流出小计	10 669 898
经营活动产生的现金流量净额	2 660 102
二、投资活动产生的现金流量：	
收回投资收到的现金	165 000
取得投资收益收到的现金	
处置固定资产、无形资产和其他长期资产收回的现金净额	3 000 000
处置子公司及其他营业单位收到的现金净额	3 000
收到的其他与投资活动有关的现金	
投资活动现金流入小计	3 168 000
购建固定资产、无形资产和其他长期资产支付的现金	4 510 000
投资支付的现金	1 050 000
取得子公司及其他营业单位支付的现金净额	
支付其他与投资活动有关的现金	

(续表)

项目	本期金额
投资活动现金流出小计	5 560 000
投资活动产生的现金流量净额	−2 392 000
三、筹资活动产生的现金流量：	
吸收投资收到的现金	
取得借款收到的现金	10 000 000
收到其他与筹资活动有关的现金	
筹资活动现金流入小计	10 000 000
偿还债务支付的现金	12 500 000
分配股利、利润或偿付利息支付的现金	2 100 000
支付其他与筹资活动有关的现金	
筹资活动现金流出小计	14 600 000
筹资活动产生的现金流量净额	−4 600 000
四、汇率变动对现金及现金等价物的影响	
五、现金及现金等价物净增加额	−4 331 898
加：期初现金及现金等价物余额	14 063 000
六、期末现金及现金等价物余额	9 731 102

第六节　所有者权益变动表

一、所有者权益变动表概述

所有者权益(或股东权益)变动表是用以反映构成所有者权益的各组成部分当期的增减变动情况的报表。所有者权益变动表有以下几方面的作用。

(1) 所有者权益变动表可以反映各种交易或事项导致所有者权益增减变动的情况。权益的增减变动直接反映主体在一定期间的总收益和总费用。

(2) 所有者权益变动表可以反映所有者权益各组成部分增减变动的结构性信息。

(3) 所有者权益变动表在一定程度上反映企业的综合收益。所有者权益变动表除列示直接计入所有者权益的利得和损失外，同时包含最终属于所有者权益变动的净利润，从而构成企业的综合收益。

由于所有者权益变动表中已经列示了净利润及其利润分配情况，所以不需要再单独编制利润分配表。

二、所有者权益变动表的内容

所有者权益变动表至少应当单独列示反映下列信息的项目：实收资本(或股本)、资本公积、盈余公积、未分配利润的期初余额及其调整情况(指会计政策变更和差错更正的累计影响金额)；净利润、直接计入所有者权益的利得和损失项目及其总额、所有者投入资本和向所有者分配利润、按照规定提取的盈余公积；实收资本(或股本)、资本公积、盈余公积、未分配利润的期末余额。

三、所有者权益变动表的格式

所有者权益变动表的格式如表19-14所示。

表19-14　所有者权益变动表

编制单位：　　　　　　　　　　　　　　______年度　　　　　　　　　　　　　　单位：元

项目	本年金额						上年金额					
	实收资本	资本公积	减：库存股	盈余公积	未分配利润	所有者权益合计	实收资本	资本公积	减：库存股	盈余公积	未分配利润	所有者权益合计
一、上年年末余额												
加：会计政策变更												
前期差错更正												
二、本年年初余额												
三、本年增减变动金额												
(一) 净利润												
(二) 直接计入所有者权益的利得和损失												
1. 可供出售金融资产公允价值变动金额												
2. 权益法下被投资单位其他所有者权益变动的影响												
3. 与计入所有者权益项目相关的所得税影响												
4. 其他												
上述(一)和(二)小计												
(三) 所有者投入和减少资本												
1. 所有者投入资本												
2. 股份支付计入所有者权益的金额												
3. 其他												
(四) 利润分配												
1. 提取盈余公积												

(续表)

项目	本年金额						上年金额					
	实收资本	资本公积	减：库存股	盈余公积	未分配利润	所有者权益合计	实收资本	资本公积	减：库存股	盈余公积	未分配利润	所有者权益合计
2. 对所有者(或股东)的分配												
3. 其他												
(五) 所有者权益内部结转												
1. 资本公积转增资本(或股本)												
2. 盈余公积转增(或股本)												
3. 盈余公积弥补亏损												
4. 其他												
四、本年年末余额												

四、所有者权益变动表的编制方法

1.“上年年末余额”项目，按上年资产负债表中实收资本、资本公积、盈余公积、未分配利润的年末余额填列。

2.“会计政策变更”“前期差错更正”项目，按企业采用追溯调整法处理会计政策变更的累积影响数、采用追溯重述法处理的会计差错更正累积影响数填列。

3.“本年增减变动金额”项目，按净利润、直接计入所有者权益的利得和损失、实收资本(股本)的增减变动、提取盈余公积、向所有者分配利润等具体情况分析填列。

第七节 合并财务报表

一、合并财务报表概念

合并财务报表，是指反映母公司和其全部子公司形成的企业集团整体财务状况、经营成果和现金流量的财务报表。其中，母公司是指有一个或一个以上子公司的企业；子公司是指被母公司控制的企业。

合并财务报表至少应当包括下列组成部分：①合并资产负债表；②合并利润表；③合并现金流量表；④合并所有者权益(或股东权益，下同)变动表；⑤附注。

二、合并财务报表的编制原则

(一) 以个别财务报表为基础

合并财务报表是在个别财务报表的基础上，通过抵销企业集团内部会计事项对合并财务报表的影响后编制的。

(二) 一体性原则

合并财务报表反映的是企业集团的财务状况、经营成果及现金流量，反映的是由多个法人企业组成的一个会计主体的财务状况。在编制合并财务报表时，企业财务人员应当将母公司与子公司之间的经济业务，视同在同一企业内部的业务处理，合并中予以抵销。为了更好地体现一体性原则，还要求企业集团内部应采取统一的会计期间和统一的会计政策。

(三) 重要性原则

合并财务报表涉及多个法人企业，其经营活动的范围和内容也各不相同，在编制合并财务报表时，应遵循重要性原则。例如，在个别企业中具有重要性而在企业集团中不一定重要的项目，则可以在编制合并报表时予以取舍。又如，对企业集团内部影响不大的交易事项，在编制合并报表时，为简化手续也可以不予抵销。

三、合并财务报表合并范围的确定

合并财务报表的合并范围应当以控制为基础予以确定。

(一) 控制的特征

所谓的控制具有以下几个特征。

(1) 控制的主体是唯一的，不是两方或多方。

(2) 控制的内容是另一个企业的日常生产经营活动的财务和经营政策。

(3) 控制的性质是一种权力，是一种法定权力，也可以是通过公司章程或协议、投资者之间的协议授予的权力。

(4) 控制的目的是为了获取经济利益，包括增加经济利益、维持经济利益、保护经济利益或者降低所分担的损失等。

(二) 合并范围的确定

在编制合并财务报表时，应明确合并财务报表的合并范围。

(1) 母公司直接或通过子公司间接拥有被投资单位半数以上的表决权，表明母公司能够控制被投资单位，应当将该被投资单位认定为子公司，纳入合并财务报表的合并范围。但是，有证据表明母公司不能控制被投资单位的除外。

(2) 母公司拥有被投资单位半数或以下的表决权，且满足下列条件之一的，视为母公司能够控制被投资单位，但是，有证据表明母公司不能控制被投资单位的除外：①通过与被投资单位其他投资者之间的协议，拥有被投资单位半数以上的表决权；②根据公司章程或协议，有权决定被投资单位的财务和经营政策；③有权任免被投资单位的董事会或类似机构的多数成员；④在被投资单位的董事会或类似机构占多数表决权。

(3) 在确定能否控制被投资单位时，应当考虑投资企业和其他企业持有的被投资单位的当期可转换的可转换公司债券、当期可执行的认股权证等潜在表决权因素。

(4) 所有子公司都应纳入母公司的合并财务报表的合并范围。

母公司应当将其全部子公司纳入合并财务报表的合并范围。即，只要是由母公司控制的子公司，不论子公司的规模大小、子公司向母公司转移资金能力是否受到严格限制，也不论子公司的业务性质与母公司或企业集团内其他子公司是否有显著差别，都应当纳入合并财务报表的合并范围。需要说明的是，受所在国外汇管制及其他管制，资金调度受到限制的境外子公司，在这种情况下，如果该被投资单位的财务和经营政策仍然由本公司决定，资金调度受到限制并不妨碍本公司对其实施控制，应将其纳入合并财务报表的合并范围。

下列被投资单位不是母公司的子公司，不应当纳入母公司的合并财务报表的合并范围：①已宣告被清理整顿的原子公司；②已宣告破产的原子公司；③母公司不能控制的其他被投资单位。母公司不能控制的其他被投资单位，是指母公司不能控制的除上述情形以外的其他被投资单位，如联营企业等。

例19-16 · 判断　报告中期新增的符合纳入合并财务报表范围条件的子公司，如无法提供可比中期合并财务报表，可不将其纳入合并范围。（　）

【解析】合并财务报表的合并范围应当以控制为基础予以确定。该说法是错误的。

例19-17 · 多选　甲公司(制造企业)投资的下列各公司中，应当纳入其合并财务报表合并范围的有(　　)。

A. 主要从事金融业务的子公司　　B. 设在实行外汇管制国家的子公司

C. 发生重大亏损的子公司　　D. 与乙公司共同控制的合营公司

【解析】选项D中控制的主体不是唯一的，不能纳入合并范围。所以选择ABC。

四、合并财务报表的前期准备工作

(一) 母公司为编制合并财务报表应做好的前期准备工作

母公司为编制合并账务报表应做好的前期准备工作有以下几个方面。

(1) 统一母公司、子公司的会计政策。

(2) 统一母公司、子公司的会计期间。

(3) 按权益法调整对子公司的长期股权投资。

(4) 对子公司外币财务报表进行折算。

(二) 子公司为编制合并财务报表应做好的前期准备工作子公司

子公司必须向母公司提供与编制合并财务报表有关的如下资料。

(1) 子公司的财务报表。

(2) 采用的与母公司不一致的会计政策及其影响金额。

(3) 与母公司不一致的会计期间的说明。

(4) 与母公司、其他子公司之间发生的所有内部交易的相关资料。

(5) 所有者权益变动的有关资料。

(6) 编制合并财务报表所需要的其他资料。

五、编制合并财务报表的程序

编制合并财务报表的程序如下所述。

(1) 编制合并工作底稿。

(2) 编制调整分录和抵销分录。

(3) 计算合并财务报表各项目的合并金额。

(4) 填列合并财务报表。

第八节　合并资产负债表

一、合并资产负债表的编制程序

合并资产负债表的编制程序如下所述。

(1) 编制合并工作底稿，作为合并资产负债表的基础。将母公司、纳入合并范围的子公司的个别资产负债表的数据过入合并工作底稿。

(2) 编制抵销分录，抵销母公司与子公司、子公司相互之间发生的经济业务对合并资产负债表的影响。将抵销分录过入合并工作底稿。

(3) 计算抵销后的资产、负债和所有者权益等项目的合并数额。

(4) 正式编制合并资产负债表。

二、合并资产负债表编制时应抵销的项目及处理

企业集团内部发生的经济业务，在各成员企业的个别财务报表中都进行了反映。作为

反映企业集团整体财务状况的合并财务报表，则必须将这些重复计算的因素予以扣除。

(一) 母公司对子公司权益性资本投资项目与子公司所有者权益项目的相抵销

母公司与子公司权益性资本投资，母公司增加长期投资，减少某项资产；子公司接受母公司投入的资本，一方面增加某项资产，另一方面增加实收资本。从整个企业集团来看，这项投资活动不会增加整个集团的实收资本，因此，如果将母公司与子公司的投资简单相加，则会产生重复计算问题。所以，应抵销重复计算的内容。

1. 对于全资子公司的摊销

对于全资子公司，合并资产负债表时，应将母公司对子公司长期投资的数额与子公司的实收资本、资本公积、盈余公积和未分配利润数额全部抵销。

例19-18　某公司只有一个全资子公司。母公司个别资产负债表项目如表19-15所示。

表19-15　母公司和子公司的个别资产负债表项目　　单位：元

资产	母公司	子公司	负债及所有者权益	母公司	子公司
流动资产	86 380	54 040	流动负债	84 000	24 640
长期股权投资	65 800		非流动负债	36 400	9 800
对于子公司	49 000		实收资本	56 000	28 000
其他	16 800		资本公积	11 200	5 600
固定资产	57 400	29 400	盈余公积	14 000	7 000
无形资产及其他非流动资产	8 820		未分配利润	16 800	8 400
合计	218 400	83 440	合计	218 400	83 440

要求：根据上述资料，编制抵消分录。

【答案】借：实收资本　　28 000
　　资本公积　　5 600
　　盈余公积　　7 000
　　未分配利润——期末　　8 400
　　贷：长期股权投资　　49 000

当母公司对子公司权益性资本投资数额与子公司所有者权益总额的公允价值不一致时，其正数差额作为商誉处理，借记“商誉”项目，其负数差额作为营业外收入处理，贷记“营业外收入”项目。

例19-19　假设某公司对于子公司权益性资本投资为50 000元，其他资料同例19-18，编制抵销分录。

【答案】借：实收资本　　28 000
　　资本公积　　5 600

盈余公积 7 000
未分配利润——期末 8 400
商誉 1 000
贷：长期股权投资 50 000

2. 对于非全资子公司的抵销

对于非全资子公司，应将母公司对子公司长期股权投资的数额和子公司所有者权益中属于母公司的数额抵销。

例19-20 某公司拥有子公司80%的股份。母公司和子公司个别资产负债表数据如表19-16所示。

表19-16 母公司和子公司的个别资产负债表项目 单位：元

资 产	母公司	子公司	负债及所有者权益	母公司	子公司
流动资产	86 380	54 040	流动负债	84 000	24 640
长期股权投资	65 800		非流动负债	36 400	9 800
对于子公司	39 200		实收资本	56 000	28 000
其他	26 600		资本公积	11 200	5 600
固定资产	57 400	29 400	盈余公积	14 000	7 000
无形资产及其他非流动资产	8 820		未分配利润	16 800	8 400
合计	218 400	83 440	合计	218 400	83 440

要求：根据上述资料，编制抵销会计分录。

【答案】借：实收资本 28 000
资本公积 5 600
盈余公积 7 000
未分配利润——期末 8 400
贷：长期股权投资 39 200
少数股东权益 9 800

当母公司对子公司权益性资本投资数额与子公司所有者权益中母公司所拥有的份额的公允价值不一致时，其正数差额也应该作为商誉处理，借记“商誉”项目，其负数差额作为营业外收入处理，贷记“营业外收入”项目。

(二) 母公司与子公司、子公司相互之间的债券债务项目的抵销

母公司与子公司、子公司相互之间的应收账款与应付账款、预付账款与预收账款、应付债券与债券投资、其他应收款与其他应付款等项目，在其个别资产负债表中一方表现为资产，另一方表现为负债。但从整个企业集团来看，其属于内部往来，既不增加企业集团

的资产总额，也不增加负债总额，所以，在编制合并报表时予以抵销。

1. 应收应付项目的抵销和预收预付项目的抵销

企业集团内部各公司之间相互销售、提供劳务等而产生的内部应收应付、预收预付等款项应予以抵销。

例19-21　某公司应收账款7 000元中有4 200元为子公司应付账款；预收账款9 800元中有1 400元为子公司的应付账款；应收票据11 200元中有5 000元为子公司应付票据；子公司应付债券5 600元中有2 800元为母公司所持有。根据上述资料编制抵销会计分录。

【答案】借：应付账款　　4 200

　　贷：应收账款　　4 200

借：预收账款　　1 400

　　贷：预付账款　　1 400

借：应付票据　　5 600

　　贷：应收票据　　5 600

借：应付债券　　2 800

　　贷：持有至到期投资——债券投资　　2 800

2. 企业集团内部产生的应收账款提取的坏账准备的抵销

企业集团内部产生的应收账款，在期(年)末已经按照一定的比例计提了坏账准备，并计入资产减值损失。但由于内部产生的应收账款已经抵销，则相应计提的坏账准备也应该抵销。

例19-22　如果例19-21中母公司应收子公司的应收账款4 200元，期末已经按照0.5%计提了坏账准备。则如何编制抵销的会计分录？

【答案】借：坏账准备　　21

　　贷：资产减值损失　　21

在连续编制合并会计报表的情况下，由于上期末应收账款计提坏账准备的抵销增加了上期合并的利润，最终使合并利润表中期初未分配利润数额增加。本期合并利润表的期初未分配利润应与上期合并利润表的期末未分配利润数额相一致。但本期编制合并财务报表是以本期母公司和子公司当期个别财务报表为基础的，这样导致以此为基础合并得出的本期合并利润表的期初未分配利润与上期合并利润表的期末未分配利润的数额不一致。为了使两者的数额一致，则必须将上期抵销的内部应收账款计提的坏账准备对本期期初未分配利润的影响予以抵销，调整本期期初未分配利润。

例19-23　假设某母公司第1年合并财务报表资料同例19-21、例19-22。该公司第2年年末内部应收账款余额为10 000元，第3年年末内部应收账款余额为6 000元。母公司在编制各年的合并财务报表时，应如何 编制抵销会计分录？

【答案】第1年年末，应编制的抵销分录同例19-21、例19-22。

第2年年末，调整第1年年末编制合并报表时抵销的坏账准备，抵销第2年年末提取的坏账准备。

借：坏账准备　　21

　　贷：年初未分配利润　　21

借：坏账准备(10 000× 0.5% −21)　　29

　　贷：资产减值损失　　29

第3年年末，调整上年年末编制合并报表时抵销的坏账准备，抵销第3年年末提取的坏账准备。

借：坏账准备　　50

　　贷：年初未分配利润　　50

借：资产减值损失　　20

　　贷：坏账准备(6 000× 0.5% − 50)　　29

(三) 存货中包含的未实现内部销售利润的抵销

存货中包含的未实现内部销售利润是指企业集团内部公司之间的商品购销活动所引起的，在期末存货中包括的销售方已作为利润确认的部分。从企业集团整体角度来看，购入方期末存货中包含的销售方已作为利润实现的部分，并不是真正实现的利润，而是企业集团内部相互调拨商品所引起的。在编制合并资产负债表时，应予以抵销。

例19-24　某子公司期末存货28 000元全部为从母公司购入的，母公司销售毛利率为30%。如何编制抵销的分录？

【答案】借：营业收入　　28 000

　　　　　贷：营业成本　　19 600

　　　　　　　存货　　8 400

在连续编制合并财务报表的情况下，有关分录的处理参见合并利润表内容。

(四) 固定资产中所包含的未实现内部销售利润的抵销

固定资产中包含的未实现内部销售利润是指企业集团内部销售中，企业以高于成本或固定资产净值的价格将产成品或固定资产销售给企业集团内部其他公司作为固定资产使用，在期末固定资产中包含的销售方已作为利润确认的部分。从企业集团整体来看，这项交易活动既不增加固定资产价值，也不实现利润，只是固定资产内部销售或内部转移。在编制合并资产负债表时，应当将其抵销。

例19-25　某子公司有一项原价7 000元的设备是从母公司购入的，母公司出售该设备时固定资产取得净收益1 400元。则如何编制抵销分录？

【答案】借：营业收入　　1 400

　　贷：固定资产　　1 400

在抵销固定资产所包含的未实现内部销售利润中，有一方产品销售而另一方为固定资产购进和连续编制合并报表的会计处理，参见合并利润表内容。

第九节　合并利润表

一、编制合并利润表的程序

编制合并利润表的程序如下所述。

(1) 编制合并工作底稿，作为合并利润表编制的基础。将母公司、纳入合并范围的子公司的个别利润表的数据过入工作底稿。

(2) 编制抵销分录，抵销母公司与子公司、子公司与子公司相互之间发生的经济业务对合并利润表的影响。将抵销分录过入合并工作底稿。

(3) 计算抵销后的收入、费用、利润项目的合并数额。

(4) 正式编制合并利润表。

二、合并利润表编制时应抵销的项目及处理

(一) 母公司与子公司、子公司相互之间发生的内部销售收入的抵销

内部销售收入是指企业集团内部母公司与子公司、子公司相互之间发生的购销活动所产生的销售收入。企业集团内部相互之间销售所产生的收入，不是企业集团所产生的最终的销售收入。因此，在编制合并财务报表时，应将内部销售收入予以抵销。抵销时，应分为以下几种情况。

1. 本期内部销售收入的抵销

(1) 母公司与子公司、子公司相互之间销售商品，期末全部实现对外销售。

在这种情况下，从整个企业集团来看，这一购销业务只是实现了一次对外销售，其销售收入只是购买企业向企业集团外部企业销售该产品的销售收入，其销售成本只是销售企业向购买企业销售该商品的成本。销售企业向购买企业销售该商品实现的收入属于内部销售收入，同时，购买企业向企业集团外部企业销售该商品的销售成本则属于内部销售成本。因此在编制合并利润表时，就必须将重复反映的内部销售收入与内部销售成本予以抵销。应编制的抵销分录为：借记“营业收入”项目，贷记“营业成本”项目。

例19-26 某母公司销售产品给子公司，价款7 000元，成本4 200元。子公司将该批产品于当年全部对外出售，售价为7 700元。应如何编制抵销会计分录？

【答案】借：营业收入　　7 000

　　贷：业务成本　　7 000

(2) 母公司与子公司、子公司相互之间销售商品，期末未实现对外销售而形成存货的抵销处理。

在内部购进的商品未实现对外销售的情况下，在编制合并利润表时，企业应当将销售企业由此确认的内部销售收入和内部销售成本予以抵销。对于这一内部交易，从购买企业来说，则以支付的购货价款作为存货成本入账，并在其个别资产负债表中作为资产列示。这样，购买企业的个别资产负债表中存货的价值中就包含销售企业实现的销售毛利。编制合并资产负债表时，应将购买企业存货价值中包含的未实现内部销售损益予以抵销。应编制抵销分录为：按内部销售收入的金额，借记“营业收入”项目，贷记“营业成本”项目；同时，对于存货价值中包含的未实现内部销售损益，借记“营业成本”项目，贷记“存货”项目。

例19-27 某母公司销售产品给子公司，价款7 000元，成本4 200元。子公司至编制合并财务报表日该产品仍全部未对外出售。母公司销售毛利率为40%。应如何编制抵销会计分录？

【答案】借：营业收入　　7 000

　　贷：业务成本　　4 200

　　　　存货(7000× 40%)　　2 800

(3) 母公司与子公司、子公司之间销售商品，期末部分实现对外销售、部分形成期末存货的抵销处理。

在这种情况下，可以将内部购买的商品分解为两部分来理解：一部分为当期购进并全部实现对外销售；另一部分为当期购进但未实现对外销售而形成期末存货。

对于内部销售收入的抵销，企业也可按照如下方法进行抵销处理：按内部销售收入的金额，借记“营业收入”项目，按期末存货价值中包含的未实现内部销售损益的金额，贷记“存货”项目，按其差额，贷记“营业成本”项目。

例19-28 某母公司销售产品给子公司，价款11 200元，成本8 400元。子公司购进后，对外销售了50%，售价7 000元。母公司销售毛利率为25%。则如何编制抵销会计分录？

【答案】(1) 已实现内部销售的抵销分录

借：营业收入　　5 600

　　贷：业务成本　　5 600

(2) 未已实现内部销售的抵销分录

借：营业收入　　5 600
　贷：业务成本　　4 200
　　存货(5600×25%)　　2 400

2. 对上一期未实现内部销售利润的处理

在连续编制合并财务报表的情况下，上期期末未分配利润的数额为本期期初未分配利润数额。由于在编制合并财务报表时，是以母公司和子公司的个别财务报表为基础编制的，以个别财务报表中期初未分配利润为基础计算得出的期初未分配利润合计数额可能与上期合并财务报表期末未分配利润的数额不一致。因此，企业需要对上期抵销的未实现内部销售利润对本期期初未分配利润的影响进行调整。调整时，应分以下几种情况进行处理。

(1) 本期未购入商品，也未销售商品。

例19-29　上年某母公司销售商品给子公司，价款7 000元，成本4 200元。子公司购进后上年未对外销售，母公司销售毛利率为40%。假设子公司本期本期未从母公司购入商品，也未销售上期从母公司购入的商品。编制抵销会计分录。

【答案】借：未分配利润——年初　　2 800
　贷：存货(7000×40%)　　2 800

(2) 本期未购入商品，销售上期从母公司购入的全部商品。

例19-30　沿用例19-29的资料。假设子公司本期对外销售上期从母公司购进的全部商品，售价9 100元。编制抵销会计分录。

【答案】借：未分配利润——年初　　2 800
　贷：营业成本(7000×40%)　　2 800

(3) 本期未购入商品，销售上期从母公司购入的部分商品。

例19-31　沿用例19-29的资料。假设子公司本期对外销售上期从母公司购进的全部商品的50%，售价4 500元。编制抵销会计分录。

【答案】借：未分配利润——年初　　1 400
　贷：存货　　1 400

借：未分配利润——年初　　1 400
　贷：营业成本　　1 400

(4) 本期购入商品，但本期未销售商品。

例19-32 沿用例19-29的资料。假设子公司本期又从母公司购进商品，母公司售价4 000元，成本2 400元。本期子公司全部未销售。编制抵销会计分录。

【答案】借：未分配利润——年初　　2 800

　　贷：存货　　2 800

借：营业收入　　4 000

　　贷：营业成本　　2 400

　　　　存货　　1 600

(5) 本期购入商品，本期销售上期和本期购入的全部商品。

例19-33 沿用例19-29的资料。假设子公司本期又从母公司购进商品，母公司售价4 000元，成本2 400元。本期子公司将上期购入未销售的商品和本期购入的商品全部销售，售价14 300元。编制抵销会计分录。

【答案】借：未分配利润——年初　　2 800

　　贷：营业成本　　2 800

借：营业收入　　4 000

　　贷：营业成本　　4 000

(6)本期购入商品，本期销售部分商品。

例19-34 沿用例19-29的资料。假设子公司本期又从母公司购进商品，母公司售价4 000元，成本2 400元。本期子公司只将上期购入未销售的商品全部销售，售价9 100元。编制抵销会计分录。

【答案】借：未分配利润——年初　　2 800

　　贷：营业成本　　2 800

借：营业收入　　4 000

　　贷：营业成本　　2 400

　　　　存货　　1 600

(二) 母公司与子公司、子公司与子公司相互之间发生的固定资产的交易所产生的未实现内部销售利润的抵销

母公司与子公司、子公司与子公司相互之间发生的固定资产的交易是指母公司与子公司、子公司相互之间发生的一方销售自身的产品(或固定资产)。另一方购买对方产品(或固定资产)作为固定资产使用的固定资产购销活动。从企业集团来看，企业集团内部销售所产生的利润不是真正的利润，而是相当于企业自行建造的固定资产。因此，企业必须将销售方的内部销售收入和内部销售成本与购入方的固定资产原价中包含的内部销售利润抵销。

1. 不计提折旧的固定资产中包含的未实现内部销售利润的抵销

(1) 在固定资产交易的当期抵销。

在这种情况下，应当将内部销售收入与该内部销售成本和固定资产原价项目中所包含的未实现内部销售利润相互抵销。

例19-35 某母公司销售产品给子公司，售价7 000元，成本4 200元。子公司购入后作为固定资产，按照7 000元入账。应如何编制抵销会计分录？

【答案】借：营业收入 7 000

贷：营业成本 4 200

固定资产原值 2 800

(2) 在固定资产交易以后的会计期间抵销。

在连续编制合并财务报表的情况下，在该固定资产使用期间内，每期都必须将固定资产原价所包含的未实现销售利润抵销，直至该固定资产退出企业集团为止。由于这部分利润反映在年初未分配利润中，所以应抵销年初未分配利润。

例19-36 沿用例19-35的资料。假设在下一会计期间编制合并财务报表时，应如何编制抵销会计分录？

【答案】借：未分配利润——年初 2 800

贷：固定资产原值 2 800

(3) 变卖内部交易形成的固定资产的抵销。

从企业集团整体来看，该项固定资产已经售出企业集团之外，包含在该内部交易固定资产中的未实现内部销售利润已在当期实现。因此，企业必须将期初未分配利润中包含的未实现利润予以抵销，调整期初未分配利润。

例19-37 沿用例19-35、19-36的资料。假设将该固定资产变卖，取得净收益4 500元，列示于个别利润表营业外收入项目中。应如何编制抵销会计分录？

【答案】借：未分配利润——年初 2 800

贷：营业外收入 2 800

2. 计提折旧的固定资产中包含的未实现内部销售利润的抵销

(1) 在固定资产交易的当期抵销。

在这种情况下，应当将内部销售收入与该内部销售成本和固定资产原价项目中所包含的未实现内部销售利润相互抵销以及已计提的折旧中包含的未实现内部销售利润与当期管理费用相互抵销。

例19-38 某母公司销售产品给子公司，售价11 200元，成本8 200元。子公司购入后作为固定资产，并按照直线法计提折旧，该固定资产预计使用期限为8年，试用期满后无残值。应如何编制抵销会计分录?

【答案】(1) 抵销内部未实现内部销售利润

借：营业收入　　11 200

　贷：营业成本　　8 200

　　　固定资产原值　　3 000

(2) 抵销已计提的折旧

借：累计折旧　　375

　贷：管理费用(3000 ÷ 8)　　375

(2) 在固定资产交易以后的会计期间抵销。

在连续编制合并财务报表的情况下，在该固定资产使用期间内，每期都必须将固定资产原价所包含的未实现销售利润抵销，将固定资产计提折旧中包含的未实现内部销售利润抵销，将固定资产原价中所包含的未实现销售利润中以前看见期间已计入累计折旧的数额抵销。

例19-39 沿用例19-38的资料。编制第2年和第3年的抵销会计分录。

【答案】(1) 第2年的抵销分录为

① 抵销未实现内部销售利润

借：未分配利润——年初　　3 000

　贷：固定资产原值　　3 000

② 抵销未实现内部销售利润中的本期折旧

借：累计折旧　　375

　贷：管理费用　　375

③ 抵销以前会计期间计提的累计折旧中包含的未实现内部销售利润的折旧

借：累计折旧　　375

　贷：未分配利润——年初　　375

(2) 第3年的抵销分录为

① 抵销未实现内部销售利润

借：未分配利润——年初　　3 000

　贷：固定资产原值　　3 000

② 抵销未实现内部销售利润中的本期折旧

借：累计折旧　　375

　贷：管理费用　　375

③ 抵销以前会计期间计提的累计折旧中包含的未实现内部销售利润的折旧

借：累计折旧　　750

贷：未分配利润——年初 750

(3) 内部交易固定资产清理时的抵销。

固定资产清理报废时，企业应当将该固定资产原价中包含的未实现内部销售利润数额减去报废清理以前固定资产原价中包含的未实现内部销售利润中已计入以前各期折旧费用的数额(即已实现内部销售利润的数额)后的余额予以抵销。在合并工作底稿中编制的抵销分录时，借记“未分配利润——年初”项目，贷记“管理费用项目”“营业外支出(或营业外收入)”项目。其中抵销管理费用项目的数额为该固定资产当期计提的折旧额减去不含未实现内部销售利润的固定资产原价计提折旧的差额。

例19-40 沿用例19-38资料。分别编制第7年报废或第8年报废时的合并处理。

【答案】抵销会计分录如下

(1) 假设第7年报废处理

固定资产余额=3000−375×6=750(元)

借：未分配利润——年初 750

　　贷：管理费用 375

　　　　营业外支出 375

(2) 假设第8年报废处理

固定资产余额=3000−375×7=375(元)

借：未分配利润——年初 375

　　贷：管理费用 375

需要注意的是，内部交易的固定资产超龄使用后清理报废，不存在抵销问题；企业集团内部的企业将自身使用的固定资产变卖给集团内部的其他企业作为固定资产的事项，由于这种内部交易的情况比较少，根据重要性原则，在编制合并财务报表时可以不予抵销；企业集团内部相互之间固定资产交易不多，或者其交易对企业集团财务状况和经营结果影响不大，也可不按照上述规定进行处理。

(三) 母公司与子公司、子公司相互之间债券投资收益的抵销

母公司与子公司、子公司相互之间持有对方债券所发生的投资收益应当与其对应的利息支出相互抵销。在合并工作底稿中，抵销会计分录时，借记“投资收益”项目，贷记“财务费用”项目。

(四) 母公司对子公司权益性资本投资收益抵销

1. 对于全资子公司的抵销

在母公司拥有子公司100%的权益性资本的情况下，应当将子公司所有者权益变动表年初未分配利润项目，母公司对子公司权益性资本投资项目，子公司所有者权益变动表中

提取的盈余公积项目、应付利润项目相互抵销。在合并工作底稿中编制抵销分录时，借记“投资收益”“未分配利润——年初”项目，贷记“提取盈余公积”“应付现金股利和利润”“未分配利润——年末”项目。

例19-41 沿用例19-38资料。甲公司拥有子公司100%的股份，母公司和子公司的个别利润表如表19-17所示。

表19-17 母公司与子公司的个别利润表发票数据 单位：元

项目	母公司	子公司
净利润	22 400	11 200
加：年初未分配利润	11 200	4 200
可供分配利润	33 600	15 400
减：提取法定盈余公积	2 800	1 400
应付现金股利或利润	14 000	5 600
未分配利润	16 800	8 400

要求：编制抵销分录。

【答案】根据上述资料，由于母公司拥有子公司100%的权益性资本。子公司本期净利润为11 200元，则母公司对应的投资收益(按照权益调整后)也为11 200元。编制的抵销分录为

借：投资收益 11 200
  未分配利润——年初 4 200
  贷：提取盈余公积 1 400
    应付现金股利或利润 5 600
    未分配利润——年末 8 400

需要注意的是，在编制合并财务报表实务中，上述抵销分录应与例19-18的抵销分录合并编制，这样使得两笔分录的“未分配利润——年末”借贷方数额正好抵销，于是企业可以不考虑期末未分配利润因素。

2. 对于非全资子公司的抵销

在母公司拥有子公司半数以上的权益性资本的情况下，应当将子公司利润表中年初未分配利润项目、母公司利润表中投资收益项目、少数股东损益项目、与子公司利润分配表中提取盈余公积项目、应付利润项目相互抵销。在合并工作底稿中编制抵销分录时，借记“投资收益”“少数股东损益”“未分配利润——年初”项目，贷记“提取盈余公积”“应付现金股利和利润”“未分配利润——年末”项目。

例19-42 沿用例19-38资料。甲公司拥有子公司80%的股份，母公司和子公司的个别利润表如表19-18所示。根据资料，编制合并报表分录。

【答案】根据上述资料，由于母公司拥有子公司80%的权益性资本。子公司本期净利润为11 200元，则母公司对应的投资收益(按照权益调整后)为8 960元，少数股东损益为2 240元。编制的抵销分录为

借：投资收益　　8 960
　　少数股东损益　　2 240
　　未分配利润——年初　　4 200
　　贷：提取盈余公积　　1 400
　　　　应付现金股利或利润　　5 600
　　　　未分配利润——年末　　8 400

需要注意的是，在编制合并财务报表实务中，上述抵销分录应与例19-20的抵销分录合并编制，这样使得两笔分录的“未分配利润——年末”借贷方数额正好抵销，于是企业可以不考虑期末未分配利润因素。

第十节　合并现金流量表

一、合并现金流量表的概念

合并现金流量表反映企业集团在某一时期内营业活动、投资活动和筹资活动所产生的现金流入、现金流出和现金净变化情况的会计报表。与个别现金流量表一样，合并现金流量表中的现金流量也分为营业活动现金流量、投资活动现金流量和筹资活动现金流量三类。

二、合并现金流量表编制的方法

(一) 以合并资产负债表和合并利润表为基础编制

合并现金流量表以合并资产负债表和合并利润表为基础编制，采用与个别现金流量表相同的方法编制合并现金流量表。

(二) 以母公司和子公司的个别现金流量表为基础编制

以母公司和纳入合并范围的子公司的个别现金流量表为基础，通过编制抵销分录，将母公司和纳入合并范围的子公司以及子公司相互之间发生的经济业务对合并现金流量表中的现金流量的影响予以抵销，从而编制出合并现金流量表。在采用这一方法编制现金流量表的情况下，其编制原理、编制方法和编制程序与合并资产负债表、合并利润表的编制原理、编制方法和编制程序相同。

三、合并现金流量表格式

合并现金流量表的格式与个别现金流量表的格式基本相同。所不同的只是合并现金流量表比个别现金流量表增加了部分项目，如“子公司吸收少数股东投资收到的现金”“子公司支付少数股东的股利、利润”等项目。

四、合并现金流量表的编制

(一) 合并现金流量表编制时应进行抵销处理的项目及会计分录

1. 母公司与子公司、子公司相互之间当期以现金投资或收购股权增加的投资所产生的现金流量

此类项目的抵销分录如下所述。

借：取得子公司及其他营业单位支付的现金净额

　　贷：吸收投资收到的现金

2. 母公司与子公司、子公司相互之间当期取得投资收益收到的现金与分配股利、利润或偿付利息支付的现金

此类项目的抵销分录如下所述。

借：分配股利、利润或偿付利息支付的现金

　　贷：取得投资收益收到的现金

3. 母公司与子公司、子公司相互之间以现金结算债权与债务所产生的现金流量

此类项目的抵销分录如下所述。

(1) 发行和购买债券时

借：投资支付的现金

　　贷：吸收投资收到的现金

(2) 兑付债券时

借：偿还债务支付的现金

　　贷：收回投资收到的现金

4. 母公司与子公司、子公司相互之间当期销售商品所产生的现金流量

此类项目的抵销分录如下所述。

借：购买商品、接受劳务支付的现金

　　贷：销售商品、提供劳务收到的现金

5. 母公司与子公司、子公司相互之间处置固定资产、无形资产和其他长期资产收回的现金净额与购建固定资产、无形资产和其他长期资产支付的现金等

此类项目的抵销分录如下所述。

借：购建固定资产、无形资产和其他长期资产支付的现金

　　贷：处置固定资产、无形资产和其他长期资产收回的现金净额

(二) 母公司报告期增减子公司在合并现金流量表的反映

1. 增加子公司

(1) 因同一控制下企业合并增加的子公司，在编制合并现金流量表时，应当将该子公司合并当期期初至报告期末的现金流量纳入合并现金流量表。

(2) 因非同一控制下企业合并增加的子公司，在编制合并现金流量表时，应当将该子公司购买日至报告期末的现金流量纳入合并现金流量表。

2. 处置子公司

公司在报告期内处置子公司，应将该子公司期初至处置日的现金流量纳入合并现金流量表。

(三) 合并现金流量表中有关少数股东权益项目的反映

1. 子公司的少数股东增加在子公司的权益性资本投资

在“筹资活动产生的现金流量”之下的“吸收投资收到的现金”项目下“其中：子公司吸收少数股东投资收到的现金”项目反映。

2. 子公司向少数股东支付现金股利或利润

在“筹资活动产生的现金流量”之下的“分配股利、利润或偿付利息支付的现金”项目下“其中：子公司支付给少数股东的现金股利、利润”项目反映。

3. 子公司向少数股东依法抽回在子公司中的权益性投资

在“筹资活动产生的现金流量”之下的“支付其他与筹资活动有关的现金”项目反映。

4. 在企业合并当期，母公司购买子公司及其他营业单位支付对价中以现金支付的部分与子公司及其他营业单位在购买日持有的现金和现金等价物应相互抵销

(1) 子公司及其他营业单位在购买日持有的现金和现金等价物小于母公司支付对价中以现金支付的部分，按其差额在“取得子公司及其他营业单位支付的现金净额”项目反映。其抵销分录如下所述。

借：取得子公司及其他营业单位支付的现金净额

　　贷：年初现金及现金等价物余额

(2) 子公司及其他营业单位在购买日持有的现金和现金等价物大于母公司支付对价中以现金支付的部分，按其差额在“收到其他与投资活动有关的现金”项目反映。其抵销分录如下所述。

借：取得子公司及其他营业单位支付的现金净额

　　收到其他与投资活动有关的现金

　　贷：年初现金及现金等价物余额

第十一节　合并财务报表举例

为了综合理解合并资产负债表、合并利润表和合并所有者权益变动表(部分项目)编制过程，现综合举例。

一、编制合并财务报表的基础资料

假设某母公司拥有一子公司80%的权益性资本，2017年度母公司和子公司个别资产负债表、利润表的数据如表19-18、19-19所示。

表19-18　母公司与子公司资产负债表(分析表)　　单位：万元

资产	母公司	子公司	负债及所有者权益	母公司	子公司
流动资产：			**流动负债：**		
货币资金	4 200	2 100	短期借款	3 500	1 400
交易性金融资产	2 520	1 680	应付票据	4 200	3 500
应收票据	2 800	1 820	应付账款	7 000	2 800
应收账款	4 200	1 400	预收账款	2 800	700
减：坏账准备	21	7	应付职工薪酬	3 059	1 533
应收账款净额	4 179	1 393	应交税费	0	0
预付账款	1 540	1 400	其他应付款	0	0
存货	7 280	8 540	其他流动负债	1 400	0
流动资产合计	22 519	16 933	**流动负债合计**	21 959	9 933
非流动资产：			**非流动负债：**		
长期股权投资	10 500	0	长期借款	4 200	1 400
持有至到期投资	4 900	0	应付债券	5 600	2 800
长期投资合计	15 400	0	长期应付款	1 400	1 400
固定资产原值	21 000	7 000	递延所得税负债	0	0
减：累计折旧	4 200	1 400	其他非流动负债	0	0
固定资产净额	16 800	5 600	**非流动负债合计**	11 200	5 600
在建工程	9 800	7 000	**负债合计**	33 159	15 533
无形资产	1 750	0	**所有者权益：**		
长期待摊费用	1 890	0	实收资本	14 000	8 400
递延所得税资产	0	0	资本公积	7 000	3 080
其他非流动资产	0	0	盈余公积	8 400	700
非流动资产合计	45 640	12 600	未分配利润	5 600	1 820
			所有者权益合计	35 000	14 000
资产总计	68 159	29 533	**负债及所有者权益合计**	68 159	29 533

表19-19 母公司与子公司利润表及分配情况(相关内容) 单位：万元

项目	母公司	子公司
一、营业收入	38 000	24 400
减：营业成本	24 000	16 700
税金及附加	1 120	560
销售费用	1 680	1 120
管理费用	1 120	560
财务费用	400	280
资产减值损失	20	0
加：投资收益(损失用-)	3 080	0
二、营业利润	12 740	5 180
加：营业外收入	560	840
减：营业外支出	700	840
三、利润总额(亏损用-)	12 600	5 180
减：所得税费用	4 200	1 680
四、净利润(亏损用-)	8 400	3 500
加：年初未分配利润	3 500	1 120
五、可供分配利润	11 900	4 620
减：提取法定盈余公积	1 400	700
应付现金股利和利润	4 900	2 100
六、未分配利润	5 600	1 820

二、编制合并财务报表的程序

1. 编制合并工作底稿

根据上述资料，母公司应当设置工作底稿，并将母公司和子公司个别资产负债表、利润表和所有者权益变动表(相关内容)的数据过入合并工作底稿。

2. 编制调整分录与抵销分录

母公司应当编制抵销会计分录，将母公司与子公司之间得内部会计事项对合并财务报表的影响予以抵销。

例19-43 (1) 子公司所有者权益总计14 000万元，母公司拥有11 200万元，少数股东权益为2 800万元，而母公司对子公司的投资额为10 500万元，出现差额700万元。子公司实收资本8 400万元、资本公积3 080万元、盈余公积700万元、未分配利润(期末)1 820万元。

(2) 母公司应收账款4 200万元中有2 800万元为子公司的应付账款。

(3) 母公司对子公司内部应收账款，本期已按照0.5%计提坏账准备金。

(4) 母公司应收票据2 800万元中有1 400万元为子公司应付票据。

(5) 母公司预收账款2 800万元中有1 400万元为子公司预付账款。

(6) 母公司长期股权投资中包含持有子公司发行的债券2 800万元。

(7) 母公司因上述债券投资取得投资收益280万元。

(8) 母公司销售产品给子公司，售价2 800万元。成本2 240万元，毛利率20%。子公司将该产品作为固定资产入账(不考虑折旧因素)。

(9) 母公司销售产品给子公司，售价14 000万元。成本11 200万元，毛利率20%。子公司将该批产品销售了80%。

(10) 子公司本期实现净利润为3 500万元，母公司拥有子公司80%的股份，则母公司投资收益(按权益法调整后)为2 800万元，少数股东权益收益为700万元。子公司起初未分配利润1 120万元，提取法定盈余公积700万元，向投资者分配利润2 100万元，期末未分配利润1 820万元。

请该企业2019年度编制抵销会计分录。

【答案】(1) 借：实收资本　84 000 000
　　资本公积　30 800 000
　　盈余公积　7 000 000
　　未分配利润——期末　18 200 000
　　贷：长期股权投资　105 000 000
　　　　营业外收入　7 000 000
　　　　少数股东权益　28 000 000

上述分录按照规定可与下面分录(10)合并编制。

(2) 借：应付账款　28 000 000
　　贷：应收账款　28 000 000
(3) 借：坏账准备　140 000
　　贷：资产减值损失　140 000
(4) 借：应付票据　14 000 000
　　贷：应收票据　14 000 000
(5) 借：预收账款　14 000 000
　　贷：预付账款　14 000 000
(6) 借：应付债券　28 000 000
　　贷：持有至到期投资——债券投资　28 000 000
(7) 借：投资收益　2 800 000
　　贷：财务费用　2 800 000
(8) 借：营业收入　28 000 000
　　贷：营业成本　22 400 000
　　　　固定资产原值　5 600 000
(9) 借：营业收入　112 000 000
　　贷：营业成本　112 000 000

借：营业收入　　28 000 000
　　贷：营业成本　　22 400 000
　　　　存货　　5 600 000

(10) 借：投资收益　　28 000 000
　　少数股东权益　　7 000 000
　　未分配利润——期初　　11 200 000
　　贷：提取法定盈余公积　　7 000 000
　　　　应付利润　　21 000 000
　　　　未分配利润——期末　　18 200 000

(11) 上述会计分录按照现行规定可与分录(1)合并编制。如将(1)、(10)合并抵销会计分录，则为：

借：实收资本　　84 000 000
　　资本公积　　30 800 000
　　盈余公积　　7 000 000
　　投资收益　　28 000 000
　　少数股东权益　　7 000 000
　　未分配利润——期初　　11 200 000
　　贷：长期股权投资　　105 000 000
　　　　营业外收入　　7 000 000
　　　　少数股东权益　　28 000 000
　　　　提取法定盈余公积　　7 000 000
　　　　应付利润　　21 000 000

3. 计算各项目合并数额

将抵销分录过入合并工作底稿，并在合并工作底稿上计算出各项目的合并数。沿用例19-43，编制合并工作底稿如表19-20所示。

表19-20　合并工作底稿　　单位：万元

项目	母公司	子公司	合计数	抵销分录		少数股东权益	合并数
				借方	贷方		
(资产负债表)							
流动资产：							
货币资金	4 200	2 100	6 300				6 300
交易性金融资产	2 520	1 680	4 200				4 200
应收票据	2 800	1 820	4 620		(4)1 400		3 220
应收账款	4 200	1 400	5 600		(2)2 800		2 800
减：坏账准备	21	7	28	(3)14			14
应收账款净额	4 179	1 393	5 572				2 786

(续表)

项目	母公司	子公司	合计数	抵销分录		少数股东权益	合并数
				借方	贷方		
预付账款	1 540	1 400	2		(5)1 400		1 540
存货	7 280	8 540	15 820		(9)560		15 260
非流动资产：							
长期股权投资	10 500	0	10 500		(1)10 500		0
持有至到期投资	4 900	0	4 900		(6)2 800		2 100
固定资产原值	21 000	7 000	28 000		(8)560		27 440
减：累计折旧	4 200	1 400	5 600				5 600
固定资产净额	16 800	5 600	22 400				21 840
在建工程	9 800	7 000	16 800				16 800
无形资产	1 750	0	1 750				1 750
长期待摊费用	1 890	0	1 890				1 890
资产总计	68 159	29 533	97 692	14	20 020		77 686
流动负债：							
短期借款	3 500	1 400	4 900				4 900
应付票据	4 200	3 500	7 700	(4)1 400			6 300
应付账款	7 000	2 800	9 800	(2)2 800			7 000
预收账款	2 800	700	3 500	(5)1 400			2 100
应付职工薪酬	3 059	1 533	4 592				4 592
其他流动负债	1 400	0	1 400				1 400
非流动负债：							
长期借款	4 200	1 400	5 600				5 600
应付债券	5 600	2 800	8 400	(6)2 800			5 600
长期应付款	1 400	1 400	2 800				2 800
负债合计	33 159	15 533	48 692	8 400			40 292
所有者权益：							
实收资本	14 000	8 400	22 400	(1)8 400			14 000
资本公积	7 000	3 080	10 080	(1)3 080			7 000
盈余公积	8 400	700	9 100	(1)700			8 400
未分配利润	5 600	1 820	7 420	22 820	21 294	借700	5 194
少数股东权益						(1)贷2 800	2 800
负债及所有者权益合计	68 159	29 533	97 692	43 400	21 294	贷2 100	77 686
抵销发生额合计				43 414	41 314	贷2 100	
(利润及所有者权益变动表)							
营业收入	38 000	24 400	62 400	(8)2 800 (9)13 440			45 600
营业成本	24 000	16 700	40 700		(8)2 240 (9)13 440		25 020

(续表)

项目	母公司	子公司	合计数	抵销分录		少数股东权益	合并数
				借方	贷方		
税金及附加	1 120	560	1 680				1 680
销售费用	1 680	1 120	2 800				2 800
管理费用	1 120	560	1 680				1 680
财务费用	400	280	680		(7)280		400
资产减值损失	20	0	20		(3)14		6
投资收益	3 080	0	3 080	(7)280 (9)2 800			0
营业利润	12 740	5 180	17 920	19 880	15 974		14 014
营业外收入	500	840	1 400		(1)700		2 100
营业外支出	700	840	1 540				1 540
利润总额	12 600	5 180	17 780	19 880	16 674		14 574
所得税费用	4 200	1 680	5 880				5 880
净利润	8 400	3 500	11 900	19 880	16 674		8 694
少数股东收益						(1)借700	700
归属于母公司股东损益							7 994
未分配利润——期初	3 500	1 120	4 620	(10)1 120			3 500
本年增减变动金额							
净利润	8 400	3 500	11 900	19 880	16 674	借700	7 994
利润分配							
提取法定盈余公积	1 400	700	2 100		(10)700		2 800
应付股利	4 900	2 100	7 000		(10)2 100		9 100
未分配利润——年末	5 600	1 820	7 420	(1)1 820	(10)1 820		
				22 820	21 294	借700	5 194

4. 编制合并财务报表

根据合并工作底稿，编制合并资产负债表、合并利润表。沿用上述资料编制合并资产负债表、合并利润表如表19-21、19-22所示。

表19-21　合并资产负债表

编制单位：×××　　　　2019年12月31日　　　　单位：万元

资产	期末余额	年初余额	负债及所有者权益	期末余额	年初余额
流动资产：			流动负债：		
货币资金	6 300		短期借款	4 900	
交易性金融资产	4 200		应付票据	6 300	
应收票据	3 220		应付账款	7 000	
应收账款	2 786		预收账款	2 100	
预付账款	1 540		应付职工薪酬	4 592	
应收利息	0		其他应付款	0	
应收股利	0		其他流动负债	1 400	

(续表)

资产	期末余额	年初余额	负债及所有者权益	期末余额	年初余额
其他应收款	0		**流动负债合计**	26 292	
存货	15 260		**非流动负债：**		
其他流动资产	0		长期借款	5 600	
流动资产合计	33 306		应付债券	5 600	
非流动资产：			长期应付款	2 800	
长期股权投资	0		递延所得税负债	0	
持有至到期投资	2 100		其他非流动负债	0	
固定资产	21 840		**非流动负债合计**	14 000	
在建工程	16 800		**负债合计**	40 292	
工程物资	0		**所有者权益：**		
无形资产	1 750		实收资本	14 000	
长期待摊费用	1 890		资本公积	7 000	
递延所得税资产	0		盈余公积	8 400	
其他非流动资产	0		未分配利润	5 194	
非流动资产合计	44 380		外币报表折算差额	0	
			少数股东权益	2 800	
			所有者权益合计	37 394	
资产总计	77 686		**负债及所有者权益合计**	77 686	

表19-22 合并利润表

编制单位：××× 2019年度 单位：万元

项目	本期累计数	上期累计数
一、营业总收入	45 600	
其中：营业收入	45 600	
二、营业总成本	31 586	
其中：营业成本	25 020	
税金及附加	1 680	
销售费用	2 800	
管理费用	1 680	
财务费用	400	
资产减值损失	6	
加：投资收益	0	
三、营业利润	14 014	
加：营业外收入	2 100	
减：营业外支出	1 540	
四、利润总额	14 574	
减：所得税费用	5 880	

(续表)

项目	本期累计数	上期累计数
五、净利润(亏损用“-”号填列)	8 694	
归属于母公司所有者的净利润	7 994	
少数股东损益	700	
六、每股收益	略	
七、综合收益	略	

第十二节 会计报表附注

一、会计报表附注概念

会计报表中所规定的内容具有一定的固定性和规定性，只能提供定量的会计信息，其所能反映的会计信息受到一定的限制。附注是会计报表的重要组成部分，是对会计报表本身无法或难以充分表达的内容和项目，以及对未能在报表中列示的项目所做出的补充说明和详细解释。通过编制会计报表附注，有助于会计报表使用者理解会计报表的内容，包括会计报表的编制基础、编制依据、编制原则和方法及主要项目等。

二、会计报表附注的作用

(一) 增进会计信息的可理解性

附注对有关重要的数据做出解释或说明，将抽象的数据具体化，有助于报表使用者正确理解会计报表，合理利用所需的会计信息。

(二) 促使会计信息充分披露

附注主要以文字说明的方式，充分披露会计报表所提供的信息以及会计报表以外但与报表使用者决策有关的重要信息，从而便于广大投资者全面掌握企业财务状况、经营成果和现金流量情况，为投资者正确决策提供信息服务。

(三) 提高会计信息的可比性

会计报表主要是依据会计准则编制而成的，但会计准则在某些方面提供了多种会计处理方法，企业可以根据具体情况进行选择、这就造成了不同行业或同一行业的不同企业所提供的会计信息之间的差异。另外，在某些情况下，企业所采用的会计政策也可能允许有所变动，这就容易造成企业因所选用的会计政策发生变动而导致不同会计期间的会计信息失去可比基础。通过编制会计报表附注，有利于了解会计信息的上述差异及其影响，从而提高会计信息的可比性。

由于会计报表附注拓展了企业财务会计等方面的信息，在一定程度上可以满足信息相关性、可靠性要求，对决策具有有用性和重要性、针对性和可比性等优点，所以应当引起报表使用者的重视。

三、会计报表附注的主要内容

(一) 企业的基本情况

企业的基本情况包括企业注册地、组织形式和总部地址；企业的业务性质和主要经营活动；母公司以及集团最终母公司的名称；财务报告的批准报出者和报出日；财务报表的编制基础。

(二) 遵循企业会计准则的声明

企业应当在附注中声明编制的财务报表符合企业会计准则的要求，真实、完整地反映了企业的财务状况、经营成果和现金流量等有关信息。

(三) 重要会计政策和会计估计

企业应当披露采用的重要会计政策和会计估计，不重要的会计政策和会计估计可以不披露。在披露重要会计政策和会计估计时，应当披露重要会计政策的确定依据和财务报表项目的计量基础，以及会计估计中所采用的关键假设和不确定因素。

(四) 会计政策和会计估计变更以及差错更正的说明

(五) 报表重要项目的说明

企业应当按照资产负债表、利润表、现金流量表和所有者权益变动表及其项目列示的顺序，采用文字和数字描述相结合的方式对报表的重要项目进行披露和说明。报表重要项目的明细金额合计，应当与报表项目金额相互参照。

(六) 或有事项

(七) 资产负债表日后事项

每项重要的资产负债表日后非调整事项的性质、内容，及其对财务状况和经营成果的影响。无法做出估计的，应当说明原因；企业还应当在附注中披露在资产负债表日后，财务报表批准报出日前提议或宣布发放的股利总额和每股股利金额(或分配给投资者的利润总额)。

(八) 关联方关系及其交易

本章小结

财务报告是指对外提供的反映企业某一特定日期财务状况和某一会计期间经营成果、现金流量的文件。我国现行会计准则规定，企业财务报告主要包括资产负债表、利润表、所有者权益变动表、现金流量表、报表附注等。正确编制资产负债表、利润表和现金流量表，可以为有关方面进行管理和决策提供所需的会计信息。编制和提供报表附注，有利于财务报表使用者全面、正确地理解财务报表。

编制合并报表的实质就是要综合反映企业集团整体的财务状况、经营成果和现金流量情况，满足母公司的财务报表使用者了解其综合实力的信息要求。合并财务报表主要包括合并资产负债表、合并利润表和合并现金流量表。编制合并财务报表时，要遵循合并财务报表的编制原则，正确编制主要合并财务报表。

参考文献

[1] 财政部会计资格评价中心. 初级会计实务[M]. 北京：中国财政经济出版社，2018.

[2] 财政部会计资格评价中心. 中级会计实务[M]. 北京：经济科学出版社，2018.

[3] 董惠良. 会计学[M]. 北京：高等教育出版社，2007.

[4] 陈德萍. 财务会计[M]. 8版. 大连：东北财经大学出版社，2016.

[5] 中华人民共和国财政部，企业会计准则编审委员会. 企业会计准则——应用指南(含会计准则及会计科目)[M]. 上海：立信会计出版社，2016.

[6] 中华人民共和国财政部. 企业会计准则2014[M]. 北京：经济科学出版社，2014.

[7] 财政部会计司编写组. 企业会计准则讲解[M]. 北京：人民出版社，2016.

[8] 贺志东. 最新企业会计准则——经典案例名家评析[M]. 北京：电子工业出版社，2009.

[9] 全国会计专业技术资格考试财政部会计资格评价中心. 中级会计实务[M]. 北京：中国经济科学出版社，2017.

[10] 企业会计准则实务操作指南编委会. 企业会计准则——实务操作指南[M]. 北京：经济管理出版社，2016.